Münchener Schriften
zum
Internationalen Steuerrecht

Herausgegeben
von
Prof. Dr. Moris Lehner

Forschungstelle für Europäisches und
Internationales Steuerrecht der Universität München

Heft 27

Europäisches Gesellschafts- und Steuerrecht

Grundlagen – Entwicklungen – Verbindungslinien

Referate und Diskussionen einer Speyerer Tagung
der Fachschaft Jura im Cusanuswerk e.V.

Herausgegeben von

Meiko Dillmann

Matthias Laier   Stefan Lammel

Ekkehart Reimer   Matthias M. Schmitz

Mit Beiträgen von

Alexandra Altrogge, Walter Bayer,
Georg Bitter, Meiko Dillmann,
Tina Dondorf, Stephan Eilers,
Johanna Hey, Stephanie Honnefelder,
Hanno Kube, Ulrich Lambrecht,
Stefan Lammel, Georg Lanfermann,
Stephanie Lumpp, Silja Maul,
Ekkehart Reimer, Gerd Sassenrath,
Matthias M. Schmitz, Christoph Spengel,
Felix Steffek, Christoph Teichmann und
Stefan Zimmermann

Verlag C. H. Beck München 2007

Verlag C. H. Beck im Internet:
beck.de

ISBN 978 3 406 55187 1

© 2007 Verlag C. H. Beck oHG
Wilhelmstraße 9, 80801 München
Druck und Bindung: Nomos Verlagsgesellschaft
In den Lissen 12, 76547 Sinzheim

Satz: DTP-Vorlagen des Autors

Gedruckt auf säurefreiem, alterungsbeständigem Papier
(hergestellt aus chlorfrei gebleichtem Zellstoff)

Vorwort

Die Europäische Gemeinschaft ist im Kern eine Wirtschaftsgemeinschaft. Sowohl für das Handels- und Gesellschaftsrecht als auch für das Steuer- und Abgabenrecht ist das ökonomische Bedürfnis nach Anpassung unterschiedlicher mitgliedstaatlicher Regelungen aufeinander groß. Treibende Kräfte sind dabei zunächst die Teilnehmer am privaten Wirtschaftsverkehr, teilweise (aber keinesfalls durchgehend) auch die Mitgliedstaaten selber.

Auch rechtlich ist die Europäische Integration im Gesellschaftsrecht und im Steuerrecht weit vorangeschritten. Dabei beruht die Integration zunächst auf gemeinsamen Grundlagen, namentlich den Grundfreiheiten des EG-Vertrags. Sie entfaltet sich dann aber in unterschiedliche Richtungen: Ähnlich wie das Recht vieler indirekter Steuern (das in diesem Buch nur am Rande behandelt wird) ist das Gesellschaftsrecht in hohem Maße durch positive Integration auf der Grundlage von Verordnungen und Richtlinien geprägt. Dahinter bleibt das Recht der direkten Steuern, für das hier v.a. die Körperschaftsteuer steht, weit zurück: Punktuelle sekundärrechtliche Regelungen treten hinter der übermächtigen negativen Integration zurück, die von der Judikatur des EuGH zu den Grundfreiheiten ausgeht.

Damit stehen wir mitten in einem Vergleich der Europäisierung des Gesellschaftsrechts einerseits, des Steuerrechts andererseits. Der vorliegende Band möchte einen Beitrag zu diesem Vergleich leisten. Dazu bündelt er eine Reihe von Überblicksdarstellungen. Teilweise sind die Darstellungen unmittelbar aufeinander abgestimmt, teilweise werden sie durch die Diskussionsberichte miteinander verknüpft. Bei allem geht es darum, Parallelentwicklungen zu identifizieren, Unterschiede wahrzunehmen und sie – wo möglich – als Ungleichzeitigkeiten zu deuten.

Allen Beiträgen liegen Referate zugrunde, die die Verfasser auf der Fachschaftstagung Jura 2005 gehalten haben, zu der sich die gegenwärtigen und ehemaligen Stipendiaten der Bischöflichen Studienförderung Cusanuswerk vom 29. Oktober bis zum 1. November 2005 in Speyer versammelt hatten. Was für die Tagung galt, gilt auch für diesen Band: Ihr Anliegen lag gleichgewichtig in der systematischen Darstellung der jeweiligen Rechtsgebiete und in ihrer i.e.S. wissenschaftlichen Durchdringung.

Die Herausgeber danken den Referentinnen und Referenten der Tagung für ihre engagierten Vorträge und für die Überlassung der – teils sehr gründlich überarbeiteten – Manuskripte, die überwiegend auf den Stand vom Sommer 2006 gebracht worden sind. Es ist nicht selbstverständlich, dass sich alle Referentinnen und Referenten zu dieser intensiven Form der Mitarbeit bereitgefunden haben. Auf diese Weise ist es möglich geworden, einen in sich geschlossenen Band zusammenzustellen.

Unser Dank gebührt darüber hinaus den Verfassern der Diskussionsberichte, Herrn Professor Dr. *Moris Lehner* für die freundliche Aufnahme in die Münchener Reihe, Frau *Irmgard Deringer* am Institut für Finanz- und Steuerrecht der Universität Heidelberg für die Zusammenstellung dieses Bandes und die äußere Vereinheitlichung der Beiträge, Frau *Gabriele Wichmann-Woge* und Herrn *Albert Buchholz* für die konstruktive verlegerische Betreuung.

Erlangen, Freiburg, Heidelberg
und München, im Herbst 2006   Die Herausgeber

Inhaltsübersicht

Inhaltsverzeichnis IX
Abkürzungsverzeichnis XXI

Prof. Dr. Walter Bayer, Jena:
Der EuGH und das nationale Gesellschaftsrecht: Die Rechtsprechung des EuGH und seine Sichtweise der Problematik 1

Prof. Dr. Georg Bitter, Mannheim:
Die Rechtsfolgen der EuGH-Rechtsprechung in Sachen „Centros & Co.": Zukunft der Gesellschafter- und Geschäftsführerhaftung bei EG-Auslandsgesellschaften 25

Felix Steffek, LL.M., Bonn:
Diskussionsbericht zu den Vorträgen von Walter Bayer und Georg Bitter 55

Priv.-Doz. Dr. Christoph Teichmann, Heidelberg:
Grenzüberschreitende Verschmelzungen in Europa 59

Meiko Dillmann, Freiburg/Berlin:
Diskussionsbericht 83

RAin Dr. Silja Maul, Brüssel und WP/StB Georg Lanfermann, Brüssel:
Europäische Entwicklungen im Bereich Corporate Governance 89

Alexandra Altrogge, Hamburg:
Diskussionsbericht 111

RA Dr. Gerd Sassenrath, Düsseldorf:
Entwicklung und Reform des Europäischen Übernahmerechts 114

Dr. Stephanie Honnefelder, Köln:
Diskussionsbericht 159

RA Stefan Lammel, Freiburg/Priv.-Doz. Dr. Ekkehart Reimer, München:
Europäisches Unternehmenssteuerrecht. Eine Einführung 164

RA Dr. Stephan Eilers, LL.M./RAin Tina Dondorf, Köln:
Steuerrechtliche Probleme bei der Ausübung der neuen gesellschaftsrechtlichen Möglichkeiten – Wegzug, grenzüberschreitende Verschmelzung, EU-Umstrukturierung 193

Ulrich Lambrecht, Dusslingen:
Diskussionsbericht 223

Prof. Dr. Hanno Kube, Mainz:
EuGH und Steuerrecht – Steuerrechtliche Probleme bei Ausübung der Grundfreiheiten 225

Matthias Michael Schmitz, Erlangen:
Diskussionsbericht 249

Prof. Dr. Christoph Spengel, Mannheim:
Gewinnermittlung und Bemessungsgrundlage als eigentliches Problem des Steuerwettbewerbs? 253

Dipl.-Kfm. Stefan Zimmermann, Würzburg:
Diskussionsbericht 291

Prof. Dr. Johanna Hey, Düsseldorf:
Wettbewerb der Rechtsordnungen oder Europäisierung des Steuerrechts? 295

Priv.-Doz. Dr. Christoph Teichmann, Heidelberg:
Wettbewerb der Gesetzgeber im europäischen Gesellschaftsrecht 313

Dr. Stephanie Lumpp, Würzburg:
Diskussionsbericht zu den Vorträgen von Johanna Hey und Christoph Teichmann 337

Teilnehmerverzeichnis 343

Inhaltsverzeichnis

Abkürzungsverzeichnis XXI

Prof. Dr. Walter Bayer, Jena:
Der EuGH und das nationale Gesellschaftsrecht: Die Rechtsprechung des EuGH und seine Sichtweise der Problematik 1

  A. Einleitung 1
      I. Der kollisionsrechtliche Hintergrund der Problematik:
      Sitztheorie und Gründungstheorie 1
      II. Das Recht der freien Niederlassung 5
  B. Entwicklung der EuGH-Rechtsprechung 6
      I. Daily Mail 6
      II. Centros 8
      III. Überseering 11
      IV. Exkurs: Der erfolglose Rettungsversuch (BGH v. 1.7.2002) 13
      V. Inspire Art 15
  C. Würdigung der EuGH-Rechtsprechung 17
      I. Anerkennung der Gründungstheorie 17
      II. Gläubigerschutz 18
      III. Organisationsverfassung und Arbeitnehmermitbestimmung 21
  D. Handlungsbedarf de lege ferenda? 22

Prof. Dr. Georg Bitter, Mannheim:
Die Rechtsfolgen der EuGH-Rechtsprechung in Sachen „Centros & Co.": Zukunft der Gesellschafter- und Geschäftsführerhaftung bei EG-Auslandsgesellschaften 25

  A. Einführung 25
  B. Zum Stand der Diskussion in Deutschland 26
  C. Klarstellung der Grundlagen 29
      I. Kollisionsrechtliche Irrwege 29
         1. Insolvenzrecht als „sicherer Hafen"? 30
         2. Gefahr begrifflicher Fehlschlüsse 31
      II. Die Lösung im Europarecht 32
         1. Plädoyer für eine differenzierende Beurteilung der Rechtfertigung 32
         2. Missbrauch und „Vier-Kriterien-Test" 35
         3. Informationskosten und -risiken 35
  D. Anwendung einzelner deutscher Haftungstatbestände 36
      I. Kapitalerhaltungsregeln 36

1. Vermögensbindung im Gesellschafterinteresse 37
   2. Vermögensbindung im Gläubigerinteresse 37
  II. Durchgriffshaftung 41
   1. Vermögensvermischung 42
   2. Existenzvernichtung durch Vermögensabzug 43
   3. Spekulation auf Kosten der Gläubiger 45
  III. Insolvenzverschleppungshaftung 49
 E. Fazit 51
 F. Thesen 53

Felix Steffek, LL.M., Bonn:
**Diskussionsbericht zu den Vorträgen von
Walter Bayer und Georg Bitter** 55

Priv.-Doz. Dr. Christoph Teichmann, Heidelberg:
Grenzüberschreitende Verschmelzungen in Europa 59
 A. Rechtsentwicklung von 1957 bis heute 59
 B. Europäischer Rechtsrahmen 62
  I. Verschmelzung auf Grundlage der SE-Verordnung 63
   1. SE-Gründungsformen 63
   2. Anwendbares Recht 63
  II. Verschmelzung gestützt auf die Niederlassungsfreiheit 66
   1. Traditionelle Sichtweise des deutschen Rechts 66
   2. Die „Sevic-Entscheidung" des Europäischen Gerichtshofs 68
  III. Verschmelzungen auf Basis der Zehnten Richtlinie 69
 C. Das Verschmelzungsverfahren nach der SE-Verordnung 71
  I. Ablauf der Verschmelzung 71
   1. Verschmelzungsplan 71
   2. Verschmelzungsbericht 73
   3. Verschmelzungsprüfung 73
   4. Offenlegung des Verschmelzungsvorhabens 73
   5. Hauptversammlungsbeschluss 74
  II. Verhandlungen mit den Arbeitnehmern 75
  III. Rechtmäßigkeitsprüfung 76
  IV. Eintragung und Wirkungen der Verschmelzung 77
  V. Kontrolle des Umtauschverhältnisses 77
  VI. Barabfindung widersprechender Aktionäre 78
  VII. Gläubigerschutz 79
   1. SE mit Sitz in Deutschland 79
   2. SE mit Sitz im Ausland 79
 D. Schlussbemerkung 80

Meiko Dillmann, Freiburg/Berlin:
Diskussionsbericht 83

RAin Dr. Silja Maul, Brüssel und WP/StB Georg Lanfermann, Berlin:
Europäische Entwicklungen im Bereich Corporate Governance 89

    A. Gesellschaftsrecht 89
        I. Empfehlung zu den Aufgaben der Aufsichtsratsmitglieder 89
            1. Systematik 90
            2. Anwendungsbereich 90
            3. Besetzung des Aufsichtsrats mit einer ausreichenden Anzahl unabhängiger Mitglieder 91
            4. Kein Wechsel vom Vorstandsvorsitz in den Aufsichtsratsvorsitz 95
            5. Selbstevaluierung des Aufsichtsrats 96
            6. Profil der Aufsichtsratsmitglieder 97
            7. Ausschüsse 97
            8. Schlussfolgerungen 97
        II. Empfehlung zu den Vergütungen 98
            1. Systematik/Anwendungsbereich 99
            2. Vergütungspolitik 99
            3. Individuelle Offenlegung der Bezüge von Vorstand und Aufsichtsrat 101
            4. Zustimmung der Hauptversammlung 101
            5. Information der Aktionäre 102
            6. Schlussfolgerungen 102
    B. Maßnahmen zur Stärkung der Abschlussprüfung 102
        I. Audit Committees – Pflicht zur Einrichtung 103
        II. Zusammensetzung 104
        III. Aufgaben 104
        IV. Wahrung der Unabhängigkeit des Abschlussprüfers 104
        V. Schlussfolgerung 106
    C. Corporate Governance-Statement – Haftung – Transparenz von Konzerntransaktionen – IFRS 106
        I. Corporate Governance-Statement 106
        II. Haftung 107
        III. Offenlegung bestimmter Transaktionen 107
        IV. IFRS 108
        V. Schlussfolgerung 109
    D. Sarbanes-Oxley 109
    E. Ausblick 110

Alexandra Altrogge, Hamburg:
Diskussionsbericht 111

RA Dr. Gerd Sassenrath, Düsseldorf:
Entwicklung und Reform des Europäischen Übernahmerechts 114
   A. Einführung in die Grundthemen des Übernahmerechts 114
      I. Regelungsgegenstand des Übernahmerechts 114
      II. Gründe für die Existenz eines besonderen Übernahmerechts 115
      III. Die Europa-Relevanz 118
   B. Die Entwicklung des Europäischen Übernahmerechts 119
      I. Vorbemerkung 119
      II. Entstehung der Übernahmerichtlinie 119
         1. Pennington Bericht 120
         2. Richtlinienvorschläge 1989/1990 120
         3. Richtlinienvorschläge 1996/1997 122
         4. Der Gemeinsame Standpunkt 124
         5. Winter-Kommission 126
         6. Richtlinienentwurf von 2002 128
   C. Die Entwicklung des deutschen Übernahmerechts 131
      I. Leitsätze für Unternehmensübernahmen – 1979 132
      II. Übernahmekodex – 1995 133
      III. Vorbereitung und Verabschiedung des WpÜG 134
      IV. Die wesentlichen Charakteristika des WpÜG 136
      V. Praktische Erfahrungen mit dem WpÜG 137
   D. Der Anpassungsbedarf im deutschen Übernahmerecht 137
      I. Anwendungsbereich des Gesetzes/
         Überwachungszuständigkeit der BaFin 137
      II. Preis bei einem Pflichtangebot 138
      III. Transparenzpflichten 139
      IV. Neutralitätspflicht 139
      V. Durchgriffsregel 140
      VI. Opt-Out und Opt-In 141
      VII. Informationspflichten 142
      VIII. Squeeze-Out und Sell-Out 143
         1. Squeeze-Out 143
         2. Sell-Out 145
   E. Übernahmerecht und Kapitalverkehrsfreiheit 145
      I. Die Entscheidungen des EuGH zu Golden Shares 145
         1. Die Definition des Kapitalverkehrs 146
         2. Die Beschränkung des Kapitalverkehrs 146
         3. Unzulässigkeit des Einwands fehlender Diskriminierung 147
         4. Rechtfertigung eines Eingriffs
            in die Kapitalverkehrsfreiheit 147
      II. Alternativen der Mitgliedstaaten 148
      III. Weitere Schlupflochsuche der Mitgliedstaaten 149

F. Resümee und Ausblick 149
   I. Wettbewerb der Übernahmerechte ist eröffnet 150
   II. Vom Getriebenen zum Treiber 150
   III. Reflexwirkungen für das deutsche Konzernrecht 151
   IV. Schub für die Fortentwicklung des Gesellschaftsrechts 152
   V. Auswahl zukünftiger Themen im Übernahmerecht 153
      1. Bestand der Rechtfertigung des Verbots
         von Abwehrmaßnahmen und der Durchgriffsregel 153
      2. Stärkere Betonung der Auktionspflicht 153
      3. Erzwingung eines Pflichtangebotes 154
      4. Verhinderung des Unterlaufens der Pflichtangebots-
         Pflicht (acting in concert) 155
      5. Vom Regen in die Traufe bei Gegenleistung in Aktien? 156
      6. Gesellschaftliche Akzeptanz 156

Dr. Stephanie Honnefelder, Köln:
Diskussionsbericht 159

RA Stefan Lammel, Freiburg/Priv.-Doz. Dr. Ekkehart Reimer, München:
Europäisches Unternehmenssteuerrecht. Eine Einführung 164
   A. Überblick 164
   B. Sekundärrecht 165
      I. Mutter-Tochter-Richtlinie 166
         1. Besteuerung im Sitzstaat der Tochtergesellschaft 166
         2. Besteuerung im Sitzstaat der Muttergesellschaft 166
      II. Richtlinie über Zahlung von Zinsen und Lizenzgebühren 168
      III. Fusionsrichtlinie 170
         1. Grundlagen 170
         2. Sitzstaat der übertragenden/wegziehenden Gesellschaft 171
         3. Sitzstaat der übernehmenden/zuziehenden Gesellschaft 172
         4. Sitzstaat der Gesellschafter 172
      IV. Amtshilferichtlinie 173
      V. Beitreibungsrichtlinie 174
      VI. Vergleichende Würdigung 174
   C. Grundfreiheiten 176
      I. Schutzbereich 177
      II. Die Tatbestände von Diskriminierung und Beschränkung 178
      III. Rechtfertigungsgründe 179
      IV. Vergleichende Würdigung 181
   D. Beihilfenrecht 183
      I. Grundlagen 183
      II. Ausgestaltung des Steuertatbestandes 185
      III. Gewährung regionaler Privilegien 185

E. Sonstige Regelungen 186
   I. Verhaltenskodex zur Bekämpfung des Steuerwettbewerbs 186
   II. Verhaltenskodex über Verrechnungspreise 187
   III. EG-Gewinnberichtigungsübereinkommen (Schiedsverfahrenskonvention) 189
      1. Rechtsqualität des Übereinkommens 189
      2. Inhalt des Übereinkommens 189
F. Ausblick 190

RA Dr. Stephan Eilers, LL.M./RAin Tina Dondorf, Köln:
Steuerrechtliche Probleme bei der Ausübung der neuen gesellschaftsrechtlichen Möglichkeiten – Wegzug, grenzüberschreitende Verschmelzung, EU-Umstrukturierung 193

A. Einleitung 193
B. Wegzugs-/Zuzugsfälle bei der SE 195
   I. Wegzug 195
      1. Nationales Steuerrecht 195
      2. Fusionsrichtlinie 197
      3. SEStEG 198
      4. Europäische Grundfreiheiten 199
   II. Zuzug 203
      1. Nationales Steuerrecht 203
      2. Fusionsrichtlinie 204
      3. SEStEG 204
      4. Europäische Grundfreiheiten 205
C. Wegzug/Zuzug einer sonstigen Kapitalgesellschaft 205
   I. Wegzug 205
      1. Nationales Steuerrecht 205
      2. SEStEG 207
      3. Europäische Grundfreiheiten 208
      4. Auswirkungen der Differenzen 210
   II. Zuzug 210
      1. Nationales Steuerrecht 210
      2. SEStEG 212
      3. Europäische Grundfreiheiten 212
D. Verschmelzungsgründung einer SE 212
   I. Herausverschmelzung 213
      1. Nationales Steuerrecht 214
      2. Fusionsrichtlinie 215
      3. SEStEG 216
      4. Europäische Grundfreiheiten 216
   II. Hereinverschmelzung 217
      1. Nationales Steuerrecht 217

2. Fusionsrichtlinie/SEStEG 219
　　3. Europäische Grundfreiheiten 219
　E. Verschmelzung jenseits der Gründung einer SE 220
　F. EU-Umstrukturierungen 220

Ulrich Lambrecht, Dusslingen:
Diskussionsbericht 223

Prof. Dr. Hanno Kube, Mainz:
**EuGH und Steuerrecht – Steuerrechtliche Probleme
bei Ausübung der Grundfreiheiten** 225
　A. EG-rechtliche Grundfreiheiten und nationales Steuerrecht 225
　　I. Unterschiedliche Perspektiven auf denselben Sachverhalt 225
　　II. Unterschiedliche dogmatische Ebenen 226
　B. Marks & Spencer 227
　　I. Sachverhalt 227
　　II. Die Schlussanträge des Generalanwalts 228
　　　1. Tatbestandsebene: Nachteile aufgrund des Orts des Sitzes
　　　　 der Tochtergesellschaft 229
　　　2. Rechtfertigungsebene: Zum Territorialitätsgrundsatz und
　　　　 zur Kohärenz 231
　　III. Kritische Würdigung 234
　　　1. Tatbestandsebene: Die Sachgerechtigkeit einer gleich-
　　　　 heitsrechtlichen Prüfungsstruktur 234
　　　2. Rechtfertigungsebene: Das Erfordernis internationaler
　　　　 steuerrechtlicher Abstimmung 236
　　　3. Kohärenz als internationale steuerrechtliche Abstimmung
　　　　 als sachgerechtes Element der Tatbestandsebene 237
　　　4. Die Grenzen grundfreiheitsrechtlicher Zurechnung an den
　　　　 Staat 239
　C. Weitere jüngere EuGH-Verfahren 242
　　I. Lankhorst-Hohorst 242
　　II. de Lasteyrie du Saillant 243
　　III. Manninen/Meilicke 244
　　IV. Sonstige aktuelle Verfahren 245
　D. Ausgleich und Kooperation als Elemente
　　 europäischer Rechtstradition 246

Matthias Michael Schmitz, Erlangen:
Diskussionsbericht 249

Prof. Dr. Christoph Spengel, Mannheim:
Gewinnermittlung und Bemessungsgrundlage als eigentliches Problem des Steuerwettbewerbs? 253

    A. Ziele des Europäischen Binnenmarkts 253
    B. Unternehmensbesteuerung in Europa: Bestandsaufnahme 257
        I. Nationale Investitionen 257
            1. Tarifliche Belastung der Unternehmensgewinne 257
            2. Steuerliche Gewinnermittlung 258
            3. Körperschaftsteuersysteme 262
            4. Lokale Ertrag- und Substanzsteuern 265
            5. Effektive Steuerbelastungen 265
        II. Grenzüberschreitende Investitionen 269
            1. Besteuerungsregeln 269
            2. Effektive Steuerbelastungen 272
    C. Die Fortentwicklung der Unternehmensbesteuerung 273
    D. EU-weite Körperschaftsteuerbemessungsgrundlage 276
        I. Hintergrund und Grundidee 276
        II. Funktionsweise, Fragestellungen und Modelle der Konzernbesteuerung 277
        III. Gewinnermittlungsvorschriften 279
            1. Anknüpfung am Einzel- oder am Konzernabschluss 279
            2. Internationale Rechnungslegungsvorschriften (IFRS) als Ausgangspunkt der steuerlichen Gewinnermittlung 281
        IV. Vorteile einer gemeinsamen Körperschaftsteuerbemessungsgrundlage 284
            1. Ausschließliche Angleichung der Gewinnermittlungsvorschriften 284
            2. Konsolidierung und formelhafte Gewinnaufteilung 286
        V. Begründung einer formelhaften Gewinnaufteilung und Folgen für Steuerwettbewerb und Steuersätze in der EU 288
    E. Zusammenfassung in Thesen 290

Dipl.-Kfm. Stefan Zimmermann, Würzburg:
Diskussionsbericht 291

Prof. Dr. Johanna Hey, Düsseldorf:
Wettbewerb der Rechtsordnungen oder Europäisierung des Steuerrechts? 295

    A. Einführung 295
    B. Begriffsklärung 295
    C. Wettbewerb um Steuersubstrat 297
        I. Vor- und Nachteile aus theoretischer Sicht 297

II. Maßnahmen gegen unfairen Steuerwettbewerb 298
III. Vom unfairen zum fairen Steuersubstratwettbewerb 299
IV. Ausmaß des fairen Steuersubstratwettbewerbs 300
V. Möglichkeiten der Eindämmung des
   fairen Steuersubstratwettbewerbs? 302
VI. Steuersubstratwettbewerb versus Direkttransfers 303

D. Wettbewerb der Steuerrechtsordnungen 303
   I. Flexibilität und Vielfalt im Wettbewerb der Rechtsordnungen 303
   II. Betonung des Wettbewerbs als Antwort auf die
       Schwerfälligkeit der Harmonisierungspolitik 304
   III. Harmonisierung im Wettbewerb
        der Steuerrechtsordnungen? 305
        1. Selbsttätige (stille) Harmonisierung 305
        2. Einvernehmliche Beseitigung
           internationaler Doppelbesteuerung? 307
        3. Harmonisierende Wirkung der Rechtsprechung
           des Europäischen Gerichtshofs? 308
        4. Mangelnde Effizienz der Europäisierung
           im Wettbewerb der Systeme 309

E. Fortbestehende Notwendigkeit der Koordinierung 310

Priv.-Doz. Dr. Christoph Teichmann, Heidelberg:
Wettbewerb der Gesetzgeber im europäischen Gesellschaftsrecht 313

A. Wettbewerb der Gesetzgeber in den USA 314
   I. „... not a penny contributed by the people" 314
   II. Gründe für die Führungsstellung Delawares 316
   III. Bewertung des gesetzgeberischen Wettbewerbs
        in der US-amerikanischen Diskussion 317
        1. „Race to the bottom" 317
        2. „Race to the top" 318
        3. Differenzierende Sicht: Markterfolg und Marktversagen 319

B. Rahmenbedingungen für gesetzgeberischen Wettbewerb 321
   I. Nachfrageseite: Rechtswahlfreiheit
      im europäischen Gesellschaftsrecht 321
      1. Abschied vom Schutzzaun der „Sitztheorie" 321
      2. Freie Rechtswahl bei der Gründung einer Gesellschaft 323
      3. Überlagerung des Gründungsstatuts im Tätigkeitsstaat 323
      4. Sitzverlegung über die Grenze 325
   II. Angebotsseite: Wettbewerbs-Anreize für die europäischen
       Mitgliedstaaten 325

C. Bewertung des gesetzgeberischen Wettbewerbs in Europa 327
   I. Allgemeine Bewertung zentraler Regelsetzung 328
      1. Vorteile zentraler Regelsetzung 328
      2. Nachteile zentraler Regelsetzung 329
   II. Themenbereiche für eine zentrale Rechtsetzung 330
      1. Innenverhältnis zwischen Geschäftsleitern
         und Gesellschaftern 330
      2. Schutz der Investoren am Kapitalmarkt 331
      3. Regeln zum Schutze von Gläubigern und Arbeitnehmern 332
      4. Erweiterung von Gestaltungsoptionen 333
D. Schlussbemerkung 334

Dr. Stephanie Lumpp, Würzburg:
Diskussionsbericht zu den Vorträgen von
   Johanna Hey und Christoph Teichmann 337

Teilnehmerverzeichnis 343

Abkürzungsverzeichnis

a.A.	anderer Ansicht
a.a.O.	angegebenen Ort
abgedr.	abgedruckt
ABl.	Amtsblatt
Abs.	Absatz
a.F.	alte Fassung
AfA	Absetzung für Abnutzung
AG	Aktiengesellschaft
AktG	Aktiengesetz
AStG	Außensteuergesetz
Aufl.	Auflage
Art.	Artikel
BaFin	Bundesanstalt für Finanzdienstleistungsaufsicht
BB	Betriebs-Berater
Bd.	Band
BFHE	Amtliche Sammlung der Entscheidungen des Bundesfinanzhofs
BFuP	Betriebswirtschaftliche Forschung und Praxis
BGBl.	Bundesgesetzblatt
BGH	Bundesgerichtshof
BGHZ	Amtliche Sammlung der Entscheidungen des Bundesgerichtshofes in Zivilsachen
BKR	Zeitschrift für Bank- und Kapitalmarktrecht
BMF	Bundesministerium der Finanzen
BR-Drucks.	Bundesratsdrucksache
bspw.	beispielsweise
BStBl.	Bundessteuerblatt
BT-Drucks.	Bundestagsdrucksache
BVerfG	Bundesverfassungsgericht
bzw.	beziehungsweise
CEPS	Center for European Policy Studies (Brüssel)
CFC	Controlled Foreign Corporation(s)
DAX	Deutscher Aktien-Index
DB	Der Betrieb
DBA	Doppelbesteuerungsabkommen
ders.	derselbe
d.h.	das heißt
DStJG	Veröffentlichungen der Deutschen Steuerjuristischen Gesellschaft e.V.
DStR	Deutsches Steuerrecht
E	Entwurf
ebda.	ebenda
EG	Europäische Gemeinschaft
EGV	EG-Vertrag
Einl.	Einleitung

endg.	endgültig
EStG	Einkommensteuergesetz
ET	European Taxation
etc.	et cetera
EUV	EU-Vertrag
EuGH	Europäischer Gerichtshof
EuZW	Europäische Zeitschrift für Wirtschaftsrecht
EWG	Europäische Wirtschaftsgemeinschaft
FAZ	Frankfurter Allgemeine Zeitung
FinDAG	Finanzdienstleistungsaufsichtsgesetz
Fn.	Fußnote
f., ff.	folgender, folgende
FRL	Fusionsrichtlinie
FS	Festschrift
GA	Generalanwalt
GG	Grundgesetz
ggf.	gegebenenfalls
GmbH	Gesellschaft mit beschränkter Haftung
GmbHG	GmbH-Gesetz
GmbHR	GmbH-Rundschau
GoB	Grundsätze ordnungsmäßiger Buchführung
HGB	Handelsgesetzbuch
h.M.	herrschende Meinung
Hrsg.	Herausgeber
HS	Halbsatz
HV	Hauptversammlung
ICCLR	International Company and Commercial Law Review
i.d.F.	in der Fassung
i.d.R.	in der Regel
i.d.S.	in diesem Sinne
i.e.S.	im engeren Sinne
IFRS	International Financial Reporting Standards
IFSC	International Financial Service Center
IFSt	Institut Finanzen und Steuern e.V.
insb.	insbesondere
IntGesR	Internationales Gesellschaftsrecht
IPR	Internationales Privatrecht
IPRax	Praxis des Internationalen Privat- und Verfahrensrechts
IStR	Internationales Steuerrecht
i.S.	im Sinne
i.S.d.	im Sinne der/des
i.S.v.	im Sinne von
i.V.m.	in Verbindung mit
i.w.S.	im weiteren Sinne
JStG	Jahressteuergesetz
KK-WpÜG	Kölner Kommentar zum Wertpapiererwerbs- und Übernahmegesetz
KoR	Zeitschrift für internationale und kapitalmarktorientierte Rechnungslegung
KSt	Körperschaftsteuer
KStG	Körperschaftsteuergesetz
KWG	Gesetz über das Kreditwesen
LG	Landgericht

lit.	littera (Buchstabe)
m. Anm.	mit Anmerkung
m.a.W.	mit anderen Worten
M-DAX	Midcap-Index der Deutschen Börse
m. Bespr.	mit Besprechung
mglw.	möglicherweise
m.N.	mit Nachweisen
m.w.N.	mit weiteren Nachweisen
MTRL	Mutter-Tochter-Richtlinie
NJW	Neue Juristische Wochenschrift
Nr.	Nummer
NVwZ	Neue Zeitschrift für Verwaltungsrecht
NZG	Neue Zeitschrift für Gesellschaftsrecht
o.ä.	oder ähnliche(s)
OECD-MA	OECD-Musterabkommen zur Vermeidung der Doppelbesteuerung auf dem Gebiet der Steuern vom Einkommen und vom Vermögen
RA	Rechtsanwalt
RabelsZ	Rabels Zeitschrift
RefE	Referentenentwurf
RegE	Regierungsentwurf
RIW	Recht der internationalen Wirtschaft
RL	Richtlinie
Rn.	Randnote
Rnr.	Randummer
Rs.	Rechtssache
Rspr.	Rechtsprechung
Rz.	Randziffer
S.	Seite
s.	siehe
sbr	Schmalenbachs Business Review
SE	Societas Europaea (Europäische Gesellschaft)
SE-AG	Gesetz zur Ausführung der Verordnung (EG) Nr. 2157/2001 des Rates v. 8.10.2001 über das Statut der Europäischen Gesellschaft (SE)
SEStEG	Gesetz über steuerliche Begleitmaßnahmen zur Einführung der Europäischen Gesellschaft und zur Änderung weiterer steuerrechtlicher Vorschriften
SE-VO	Verordnung (EG) Nr. 2157/2001 des Rates v. 8.10.2001 über das Statut der Europäischen Gesellschaft (SE)
Slg.	Sammlung
sog.	so genannt
StGB	Strafgesetzbuch
StuW	Steuer und Wirtschaft
ÜRU	Gesetz zur Umsetzung der Richtlinie 2004/25/EG des Europäischen Parlaments und des Rates v. 21.4.2004 betreffend Übernahmeangebote (Übernahmerichtlinie-Umsetzungsgesetz)
UmwG	Umwandlungsgesetz
UmwStG	Umwandlungssteuergesetz
UN-MA	Musterabkommen der Vereinten Nationen für Doppelbesteuerungsabkommen zwischen entwickelten Ländern und Entwicklungsländern

u.U.	unter Umständen
v.a.	vor allem
VersR	Zeitschrift für Versicherungsrecht
vgl.	vergleiche
Vol.	Volume (Band)
WM	Wertpapiermitteilungen
WpHG	Wertpapierhandelsgesetz
z.B.	zum Beispiel
ZEW	Zentrum für Europäische Wirtschaftsforschung
ZGR	Zeitschrift für Unternehmens- und Gesellschaftsrecht
ZHR	Zeitschrift für das gesamte Handelsrecht und Wirtschaftsrecht
ZIP	Zeitschrift für Wirtschaftsrecht
zust.	zustimmend
zutr.	zutreffend
ZVglRWiss	Zeitschrift für vergleichende Rechtswissenschaft

Der EuGH und das nationale Gesellschaftsrecht: Die Rechtsprechung des EuGH und seine Sichtweise der Problematik

Walter Bayer

A. Einleitung

I. Der kollisionsrechtliche Hintergrund der Problematik: Sitztheorie und Gründungstheorie – zwei unterschiedliche Philosophien

Hintergrund der Problematik ist der Streit über die richtige Bestimmung des Gesellschaftsstatuts: Soll für die Errichtung und Verfassungsstruktur der Gesellschaft sowie für die persönliche Haftung der Gesellschafter das Gründungsrecht der Gesellschaft maßgeblich sein oder ist richtiger, an den tatsächlichen Sitz der Gesellschaft anzuknüpfen?

a) Für die *Gründungstheorie*, die insbesondere im angloamerikanischen Rechtskreis verbreitet ist, ergibt sich das Personalstatut einer Gesellschaft allein nach ihrem Gründungsrecht; der Ort, von dem aus die Gesellschaft effektiv geleitet wird (Sitz der Verwaltung), ist unerheblich. Es gilt stets das Recht des Inkorporationsstaates, d.h. es erfolgt eine Anknüpfung an das Recht am Ort der Registrierung.[1] Dagegen knüpft die zuerst in Belgien und Frankreich entwickelte und bislang sowohl in Deutschland[2] als auch in zahlreichen weiteren kontinentaleuropäischen Staaten vorherrschende *Sitztheorie* an den tatsächlichen Sitz der Gesellschaft an,[3] vorrangig an den Sitz der Verwaltung.[4]

---

[1] Überblick bei *B. Knobbe-Keuk,* ZHR 154 (1990), 325 ff; vgl. weiter die Darstellungen bei *P. Kindler,* in: MünchKomm/IntGesR, 4. Aufl. 2006, Rz. 339 ff.; *B. Großfeld,* in: J. v. Staudinger, IntGesR, 13. Bearbeitung 1998, Rz. 22, 31 ff.

[2] St. Rspr. des RG und des BGH; vgl. zuletzt noch BGHZ 151, 204, 206 = NJW 2002, 3539 = BB 2002, 2031 m.Anm. *S. Gronstedt;* vgl. weiter BGH BB 2002, 1106 (Vorlagebeschluss an EuGH – *Überseering*); BGHZ 53, 181 ff.; BGHZ 97, 269 ff. = ZIP 1986, 643; EWiR 1986, 627 (beide zur liechtensteinischen Anstalt); OLG München, NJW 1986, 2197; OLG Hamburg, NJW 1986, 2199 (beide zur Ltd.); *P. Kindler,* NJW 2003, 1073; sowie die weiteren Nachw. bei *P. Kindler* (Fn. 1), Rdnr. 338.

[3] Überblick bei *P. Kindler* (Fn. 1), Rdnr. 400 ff.; *B. Großfeld* (Fn. 1), Rz. 20 f., 26 ff., 38 ff.

[4] BGHZ 97, 269, 272; zu Einzelheiten *P. Kindler* (Fn. 1), Rz. 400 ff.

Die Gründungstheorie hat den Vorteil der Rechtsklarheit (eindeutige Anknüpfung) und führt zur Beständigkeit und uneingeschränkten rechtlichen Anerkennung der einmal wirksam errichteten Gesellschaft in allen Rechtsordnungen, die der Gründungstheorie folgen. Die Gesellschaft lebt mit ihrem Gründungsrecht ungeachtet der Entwicklung ihrer geschäftlichen Aktivitäten und des Ortes, an dem diese stattfinden oder die Verwaltung ihren Sitz hat. Die Sitztheorie stellt dagegen Schutzinteressen in den Vordergrund:[5] Im inländischem Recht vorgesehene Rechte von Arbeitnehmern (Stichwort: Unternehmensmitbestimmung) und Gläubigern (Stichwort: Kapitalaufbringung und -erhaltung) sollen nicht dadurch unterlaufen werden, dass Gesellschaften, die den Schwerpunkt ihrer Tätigkeit im Inland entfalten, insbesondere von dort aus verwaltet werden, sich einem ausländischen (häufig „laxeren") Recht unterstellen. Auch müsse der Staat für gleichmäßige Wettbewerbsbedingungen zwischen in- und ausländischen Gesellschaften Sorge tragen. Zu verhindern sei insbesondere die Errichtung von sog. Scheinauslandsgesellschaften (pseudo-foreign-corporations).[6] Der Nachteil der Sitztheorie liegt zum einen in der problematischen Feststellung des Gesellschaftsstatuts bei nicht eindeutigem Sitz,[7] zum anderen – und das wiegt schwerer – in der Behinderung grenzüberschreitender Mobilität, da nicht nur eine Verlegung des Satzungssitzes, sondern bereits die Verlegung des Verwaltungssitzes zu einem Wechsel des Statuts führt (unten c).

Über die Vor- und Nachteile beider Anknüpfungen besteht im wesentlichen Einigkeit; streitig ist allein, welche Gründe überwiegen. Darüber hinaus ist festzustellen, dass auch zahlreiche Vertreter der Gründungstheorie bislang die bewusste Umgehung eines strengeren inländischen Rechts durch Scheinauslandsgesellschaften nicht anerkennen wollten (Rechtsmissbrauch)[8] und auch darüber hinaus im Falle einer späteren Verlegung des Verwaltungssitzes zwingendes nationales Recht im Wege der Sonderanknüpfung, des ordre-public-Vorbehalts oder öffentlich-rechtlicher Eingriffsnormen gegenüber dem Gesellschaftsstatut zur Geltung kommen lassen.[9] Überwiegend wurde daher die Gründungstheorie in der Vergangenheit nur in modifizierter Form vertreten.[10] Umgekehrt wurde allerdings auch von Vertretern der Sitztheorie

---

[5] BGH BB 2000, 1106 (Vorlagebeschluß an EuGH); *W. H. Roth,* ZGR 2000, 311, 331 ff; *P. Kindler,* NJW 2003, 1073, 1074; ausf. *P. Kindler* (Fn. 1), Rz. 401; *B. Großfeld* (Fn. 1), Rdnr. 41 ff.

[6] Dazu ausf. *P. Kindler* (Fn. 1), Rz. 348 ff.

[7] Ausf. *D. Zimmer,* FS R. M. Buxbaum 2000, 655 ff; vgl. weiter *P. Kindler* (Fn. 1), Rz. 434 ff.

[8] Dazu nur *P. Kindler* (Fn. 1) Rz. 355 ff. m.w.N; so z.B. auch Dänemark (im Fall *Centros*) und die Niederlande (im Fall *Inspire* Art).

[9] Dazu nur *B. Knobbe-Keuk,* ZHR 154 (1990), 325, 345 ff.; vgl. weiter *P. Kindler* (Fn. 1), Rz. 349, 355 ff. m.w.N.

[10] S. nur *O. Sandrock,* RabelsZ 42 (1978), 227, 246 ff.; *ders.,* BB 1999, 1337 ff.; *ders.,* ZVglRWiss 102 (2003), 447, 449 ff. (Überlagerungstheorie); *P. Behrens,* in:

eingeräumt, dass diese innerhalb der EU nur solange ihre Berechtigung habe, bis die Rechtsangleichung weiter fortgeschritten sei („Theorie auf Zeit").[11]

b) Die deutsche Rechtsprechung sowie die h.M. im Schrifttum waren daher bis zum Jahre 2002 noch der Auffassung, dass ausländische Gesellschaften, die nach dem Recht ihres (satzungsmäßigen) Heimatstaates ordnungsgemäß errichtet wurden, in Deutschland nur dann als rechtlich existent anerkannt werden, wenn sie auch ihren tatsächlichen Sitz im Ausland – und nicht im Inland – haben. Nicht anerkannt wurden daher zum einen Gesellschaften, die von Anfang an allein im Ausland gegründet wurden, aber in Deutschland geschäftlich tätig wurden (sog. originäre Scheinauslandsgesellschaften),[12] zum anderen aber auch Gesellschaften, die nach ausländischem Recht wirksam errichtet wurden und auch zunächst im Ausland tatsächlich ansässig waren, später aber ihren *Verwaltungssitz ins Inland* verlegten (sog. inländische Auslandsgesellschaften):[13] Denn nach der Sitztheorie führt bereits diese Verlegung des Verwaltungssitzes trotz Beibehaltung des satzungsmäßigen Sitzes im Ausland zu einem Wechsel des Gesellschaftsstatuts.[14] Rechtsfolge dieses Statutenwechsels war bis zum Sommer 2002, dass der – aus der Sicht der Sitztheorie nur formal ausländischen – Gesellschaft im Inland jedwede Anerkennung als Rechtspersönlichkeit abgesprochen wurde; sie war weder rechts- noch parteifähig.[15] *Knobbe-Keuk* geißelte denn auch die Sitztheorie als „reine Nichtanerkennungstheorie" mit einem fremdenrechtlichen, prohibitiven Charakter,[16] *Sandrock* kritisierte die Sitztheorie als Ausfluss nationalstaatlichen und merkantilistischen Denkens.[17] Dieser – auch von Vertretern der Sitztheorie vielfach kritisierte Standpunkt[18] – ist allerdings durch das Urteil des II. Zivilsenats des BGH vom 01.07.2002 überholt: Danach soll eine ausländische Kapitalgesellschaft auch im Inland grundsätzlich aner-

---

M. Hachenburg, GmbHG, 8. Aufl. 1992, Einl. Rz. 108 ff., 128 (eingeschränkte Gründungstheorie); *D. Zimmer*, IntGesR, 1996, S. 232 ff., 325 ff. (Kombinationslehre).

[11] *B. Großfeld/D. Jasper*, RabelsZ 53 (1989), 52, 57; *B. Großfeld/T. König*, RIW 1992, 423, 424.

[12] So bereits RGZ 83, 367, 369 im Anschluss an RG JW 1904, 231.

[13] So auch die Terminologie bei *St. Leible/J. Hoffmann*, ZIP 2003, 925; dagegen ohne Unterscheidung *P. Kindler*, NJW 2003, 1073, 1074: Ausländische Gesellschaft wird durch Verlegung des Verwaltungssitzes zur Scheinauslandsgesellschaft.

[14] BGH NJW 2002, 3539; *P. Kindler*, NJW 2003, 1073, 1074; *W. Ebke*, JZ 2003, 927, 928.

[15] BGH BB 2002, 1106 (Vorlagebeschluß an EuGH); ebenso die Vorinstanz: OLG Düsseldorf, JZ 2000, 203 m.Anm. *W. Ebke*; vgl. weiter BGHZ 97, 269, 271; BGHZ 53, 181, 183; OLG München, NJW 1986, 2197; OLG Hamburg, NJW 1986, 2199; vgl. weiter *P. Kindler* (Fn. 1), Rz. 448 ff.; *B. Großfeld* (Fn. 1), Rz. 58 ff; a.A. *P. Behrens*, ZGR 1994, 1, 9 ff.; *B. Knobbe-Keuk*, ZHR 154 (1990), 325, 334 f.

[16] *B. Knobbe-Keuk*, ZHR 154 (1990), 325, 341.

[17] *O. Sandrock*, RIW 1989, 505 ff.

[18] *B. Großfeld/D. Jasper*, RabelsZ 53 (1989), 52 ff.; *K. Schmidt* ZGR 1999, 20, 22 ff.

kannt werden, allerdings nicht als Kapitalgesellschaft, sondern als rechtsfähige Personengesellschaft.[19]

Für Gesellschaften aus Mitgliedstaaten der EG gilt diese Umqualifizierung allerdings nicht, wie zuerst der VII. Zivilsenat im Anschluss an die *Überseering*-Entscheidung des EuGH mit Urteil vom 05.11.2002 festgestellt hat[20]. Ebenfalls abweichend hat der BGH für den deutsch-amerikanischen Rechtsverkehr nach dem Freundschafts-, Handels- und Schifffahrtsvertrag zwischen Deutschland und USA vom 29.10.1954[21] entschieden.[22] Mit Urteil vom 29.01.2003 hat der VIII. Zivilsenat des BGH entschieden, dass die Rechts- und Parteifähigkeit einer in den USA errichteten Gesellschaft nach dem Recht der USA zu beurteilen ist.[23] Dies wurde wenig später in zwei weiteren Entscheidungen des I.[24] und II. Zivilsenates[25] bestätigt.

c) Im umgekehrten Fall, nämlich der Verlegung des Verwaltungssitzes einer nach deutschem Recht gegründeten Gesellschaft ins Ausland, wird von der h.M. im Ergebnis stets eine Auflösung der Gesellschaft angenommen; zum Teil wird dieses Ergebnis kollisionsrechtlich, zum Teil – falls nämlich das ausländische Recht der Gründungstheorie folgt und somit auf das inländische materielle Recht zurückverwiesen wird – sachrechtlich begründet.[26]

---

[19] BGHZ 151, 204 = NJW 2002, 3539 = BB 2002, 2031 m.Anm. *S. Gronstedt*; zust. *P. Kindler*, NJW 2003, 1073, 1074; dazu noch ausf. unten D.

[20] BGH NJW 2003, 1461 = BB 2003, 915 = ZIP 2003, 718 m.Bespr. *St. Leible/ J. Hoffmann*, ZIP 2003, 925 ff; dazu auch *J. Wertenbruch*, NZG 2003, 618 ff.

[21] BGBl. II 487; in Kraft seit 14.07.1956, BGBl. II 763.

[22] Hier gilt vielmehr die Anknüpfung an das Gründungsrecht: BGH 11. ZS, BB 2002, 1227; zust. BGH 8. ZS, BGHZ 153, 353 = BB 2003, 810 m.krit.Anm. *P. Kindler*; krit. auch *P. Mankowski*, EWiR 2003, 661; zust. dagegen *H. Bungert*, DB 2003, 1043 ff. Der Auffassung, dass Scheinauslandsgesellschaften nicht anerkannt werden könnten (so OLG Düsseldorf, ZIP 1995, 1009 ff. mit Bespr. *C. T. Ebenroth/ M. J. Kemner/A. Willburger*, ZIP 1995, 972 ff.; vgl. auch *P. Kindler* (Fn. 1), Rz. 322 ff. m.w.N.), folgt der BGH nicht: zutr. *St. Leible/J. Hoffmann*, ZIP 2003, 925, 930; i.d.S. auch schon *H. Bungert*, WM 1995, 2125, 2128 ff. Das Problem völlig übersehen hat offensichtlich OLG München, ZIP 2002, 2132.

[23] BGHZ 153, 353 = NJW 2003, 1607 = BB 2003, 810; dazu *H. Bungert*, DB 2003, 1043 ff.; *P. Mankowski*, EWiR 2003, 661 f.; *O. Thömmes*, DB 2003, 1203 ff.; *M.-P. Weller*, IPrax 2003, 324 ff.; *W. Paefgen*, DZWiR 2003, 441 ff.; *H. Merkt*, RIW 2003, 458 ff.

[24] BGH NZG 2005, 44 (I. ZS) (*Gedios*); dazu *S. Elsing*, BB 2004, 2596 f.; *U. Thölke*, DNotZ 2005, 142 ff.; *P. Sinewe*, EWiR 2005, 115 f.; *R. Stürner*, IPrax 2005, 305 ff.

[25] BGH NZG 2004, 1001 (II. ZS); dazu *W. Ebke*, RIW 2004, 740; *H. Fleischer*, RIW 2005, 92; *S. Lach*, MittBayNot 2005, 243; *C. Mellert*, BB 2004, 1869; *W. Paefgen*, EWiR 2004, 919; *R. Stürner*, IPrax 2005, 305.

[26] Für Auflösung: OLG Düsseldorf, NJW 2001, 2184; vgl. weiter BayObLG, NJW-RR 2004, 836; OLG Brandenburg, GmbHR 2005, 484 m.Anm. *W.-G. Ringe*, GmbHR 2005, 487; BayObLG, ZIP 1992, 842, 843 = EuZW 1992, 548 m.krit.Anm. *P. Behrens* = DNotZ 1993, 187 m.krit.Anm. *B. Großfeld* = EWiR 1992, 785 m.Anm. Zust. *R. Thode*; OLG Hamm, ZIP 1997, 1696, 1697 = EWiR 1997, 1031 m. zust. Anm. *B. Großfeld* (jeweils bei gleichzeitiger Verlegung des Satzungssitzes);

d) Vom Auseinanderfallen zwischen Satzungssitz und Verwaltungssitz streng zu unterscheiden ist die einen Statutenwechsel bedeutende *Verlegung des satzungsmäßigen Sitzes*: Ein solcher identitätswahrender grenzüberschreitender Rechtsformwechsel ist nach der aktuellen Rechtslage noch nicht möglich, und zwar weder vom Ausland nach Deutschland noch von Deutschland ins Ausland. Vielmehr erfordert der *Zuzug* der bislang ausländischen Kapitalgesellschaft grundsätzlich eine Neugründung nach Maßgabe des deutschen Gesellschaftsrechts.[27] Im Anschluß an BGHZ 151, 204 ist eine solche ausländische Gesellschaft allerdings zumindest als inländische Personengesellschaft rechts- und parteifähig (dazu noch unten B.IV.).[28] Im Falle des *Wegzugs* wird in der Rechtsprechung seit der Entscheidung des Reichsgerichts zur rumänischen Eisenbahn-AG,[29] die in Deutschland gegründet wurde[30] und ihren satzungsmäßigen Sitz von Berlin nach Bukarest verlegen wollte, die Auffassung vertreten, dass die Sitzverlegung über die Grenze ipso iure zur Auflösung der nach inländischem Recht gegründeten Gesellschaft führt.[31] Teilweise wird im Schrifttum dem Sitzverlegungsbeschluss auch die Wirksamkeit abgesprochen (arg. e § 241 Nr. 3 AktG).

II. Das Recht der freien Niederlassung – eine europäische Grundfreiheit

Der EG-Vertrag gewährt den Staatsangehörigen der Mitgliedstaaten das Recht, sich auf dem Gebiet eines anderen Mitgliedstaates niederzulassen und dort einer selbständigen Tätigkeit nach zu gehen. Die Niederlassungsfreiheit gilt nicht nur für natürliche Personen, sondern auch für Gesellschaften. Zu unterscheiden ist die sog. *primäre Niederlassungsfreiheit*, nämlich das Recht, den Schwerpunkt der unternehmerischen Tätigkeit in einem anderen Mitgliedstaat durch eine Hauptniederlassung auszuüben (Art. 43 Abs. 1 S. 1,

---

A. Baumbach/G. Hueck, GmbHG 17. Aufl. 2000 § 4a Rz. 10 a.E.; *G. H. Roth,* in: *G. H. Roth/H. Altmeppen,* GmbHG 4. Aufl. 2003 § 4a Rz. 22 i.V.m. Rz. 11; diff. *P. Kindler* (Fn. 1), Rz. 497 ff.

[27] OLG Zweibrücken, NJW 1990, 3092f. = IPRax 1991, 406 m.Anm. *B. Großfeld/ T. König,* IPRax 1991, 380; *P. Kindler* (Fn. 1), Rdnr. 512, 514 m.w.N.; s. auch *K. Schmidt,* ZGR 1999, 20 ff; vgl. für einen franz. Idealverein auch OLG Zweibrücken, NZG 2005, 1019; a.A. *P. Behrens,* RIW 1986, 590 ff.

[28] *P. Kindler* (Fn. 1) Rz. 512.

[29] RGZ 7, 68, 69 f.; bestätigt für bergrechtliche Gewerkschaft durch RGZ 88, 53, 55.

[30] Ausf. bereits RGZ 3, 123 ff.

[31] BayObLG, ZIP 1992, 842, 843 = EuZW 1992, 548 m.krit.Anm. *P. Behrens* = EWiR 1992, 785 m.Anm. *R. Thode,* OLG Hamm, ZIP 1997, 1696, 1697 = EWiR 1997, 1031 m.Anm. *B. Großfeld*; *C. T. Ebenroth/T. Auer,* RIW-Beil. 1/1992 S. 1, 7; *B. Großfeld* (Fn. 1), Rz. 608 ff.

48 EG), von der *sekundären Niederlassungsfreiheit*, die zur Gründung von Agenturen, Zweigniederlassungen oder Tochtergesellschaften berechtigt (Art. 43 Abs. 1 S. 2, 48 EG). Darüber hinaus besteht die Möglichkeit, sich in den anderen Mitgliedstaaten an bereits bestehenden Unternehmen nach Maßgabe der dafür geltenden Rechtsvorschriften zu beteiligen; hier überschneiden sich die Niederlassungsfreiheit und die Kapitalverkehrsfreiheit nach Art. 56, 58 EG.

Beschränkungen der Niederlassungsfreiheit sind – ebenso wie Beschränkungen der Kapitalverkehrsfreiheit[32] – grundsätzlich unzulässig. Eine Ausnahme gilt nur dann, wenn zwingende Gründe des Allgemeininteresses eine Beschränkung rechtfertigen; diese Beschränkung muss dann aber auch geeignet und verhältnismäßig sein. Schließlich darf sie auch nicht diskriminieren. Dies ist heute gesicherte Rechtspraxis des EuGH.[33]

B. Entwicklung der EuGH-Rechtsprechung

I. Daily Mail

Die Daily-Mail-Entscheidung des EuGH vom 27.09.1988[34] betraf den *faktischen Wegzug* – konkret die steuerlich motivierte Verlegung der Geschäftsleitung und damit verbunden auch des steuerrelevanten Sitzes – der nach englischem Recht gegründeten Investmentgesellschaft *Daily Mail* and *General Trust PLC* mit Satzungssitz und tatsächlichem Verwaltungssitz im Vereinigten Königreich in die Niederlande. Es sollte damit vermieden werden, dass bei dem späteren Verkauf großer Teile von Papieren des Betriebsvermögens für die aus dem Wertzuwachs resultierenden stillen Reserven die nach britischem Recht fälligen Steuern zu zahlen waren. Das britische Schatzamt verweigerte die damals erforderliche Wegzugsgenehmigung. Der High Court of Justice legte dem EuGH die Frage vor, ob das Verbot nach s. 482(1)(a) des Income and Corporation Taxes Act von 1970, den (steuerli-

---

[32] Dazu nur EuGH 04.06.2002 – C-483/99, C-367/98, C-503/99 (Goldene Aktien I, II, III) BB 2002, 1282 ff. = NJW 2002, 2303 ff. = ZIP 2002, 1085 ff. m.Bespr. *W. Bayer*, BB 2002, 2289 ff.; *St. Grundmann/F. Möslein*, ZGR 2003, 317 ff., *H. Krause*, NJW 2002, 2747 ff.; *P. C. Müller-Graff*, FS P. Ulmer, 2003, S. 929 ff.; ferner EuGH 13.05.2003 – C-463/00, C-98/01 (Goldene Aktien IV, V) BB 2003, 1520 ff. = EuZW 2003, 529 ff. m.Bespr. *R. Ruge*, EuZW 2003, 540 ff.; dazu auch *W. Bayer*, BB 2003, Heft 30, Erste Seite.

[33] Zusammenfassend etwa *J. Bröhmer*, in: C. Calliess/M. Ruffert, EG, 2. Aufl. 2002, Art. 43 Rz. 22 ff.; vgl. auch unten C. und E.

[34] EuGH – Rs 81/87, Slg. 1988, 5483 = NJW 1989, 2186 = JZ 1989, 385 m.Anm. *B. Großfeld/C. Luttermann*; vgl. auch die Bespr. von *O. Sandrock/A. Austmann*, RIW 1989, 249 ff.; *P. Behrens*, IPrax 1989, 374 ff.; *C. T. Ebenroth/U. Eyles*, DB 1989, 363 ff., 413 ff.

chen) Sitz ohne Zustimmung des Staates zu verlegen, gegen die Niederlassungsfreiheit verstößt. Diese Frage wurde vom EuGH – ebenso wie von der Kommission, die auf die Unterschiede in den Gesellschaftsrechten der Mitgliedstaaten hinwies, aber in Abweichung zum Generalanwalt *Darmon*, der eine Besteuerung der stillen Reserven für ausreichend hielt[35] – verneint: Eine Beschränkung *der tatsächlichen Sitzverlegung durch den Wegzugstaat* stelle keinen Verstoß gegen die Niederlassungsfreiheit dar; die Niederlassungsfreiheit für Gesellschaften werde vielmehr – anders als für natürliche Personen – „im allgemeinen" durch die Errichtung von Agenturen, Zweigniederlassungen und Tochtergesellschaften verwirklicht (Art. 52 Abs. 1 S. 2 EWGV), weiterhin durch die Möglichkeit der Teilnahme an einer Neugründung in einem anderen Mitgliedstaat.[36] Im Übrigen sei jedoch für die Existenz einer Gesellschaft nur die Rechtsordnung maßgeblich, nach der sie gegründet wurde. Inwieweit nachträgliche Veränderungen zulässig seien, werde in den Mitgliedstaaten unterschiedlich geregelt. Diesen Unterschieden werde in den Art. 58 und 220 EWGV Rechnung getragen. Daraus folge, dass die Frage der Verlegung des satzungsmäßigen oder auch des tatsächlichen Sitzes „nicht durch die Bestimmungen über die Niederlassungsfreiheit ... gelöst sind, sondern einer Lösung im Wege der Rechtsetzung oder des Vertragsschlusses bedürfen". Im Ergebnis beantwortet der EuGH die Vorlagefrage dahin, „dass die Art. 52 und 58 EWGV (heute: Art. 43, 48 EG) *beim derzeitigen Stand des Gemeinschaftsrechts* (im Original nicht kursiv, scil.) einer Gesellschaft, die nach dem Recht eines Mitgliedstaates gegründet ist und in diesem ihren satzungsmäßigen Sitz hat, nicht das Recht gewähren, den Sitz ihrer Geschäftsleitung in einen anderen Mitgliedstaat zu verlegen".[37]

Rechtsprechung[38] und h.L.[39] in Deutschland fühlten sich in ihrem Standpunkt, dass die Sitztheorie auch gegenüber Gesellschaften anzuwenden sei, die in einem EG-Mitgliedstaat gegründet worden waren,[40] durch den EuGH

---

[35] GA *M. Darmon*, Schlussanträge v. 07.06.1988, Slg. 1988, 5483, 5500 (Rz. 12 f.).
[36] GA *M. Darmon*, Schlussanträge v. 07.06.1988, Slg. 1988, 5483, 5500 (Rz. 6).
[37] EuGH Slg. 1988, 5483, 5512 (Rz. 25).
[38] BayVerfGH, NJW 1985, 2894; BayObLG AG 1986, 45 m.Anm. *F. Niessen*, AG 1996, 116 = IPRax 1986, 161 m.Bespr. *B. Großfeld*, IPrax 1986, 145 = RIW 1986, 295 m.Anm. *R. Deville* = EWiR 1985, 697 (*H. Wiedemann*) (*Landshuter Druckhaus Ltd. I*); OLG Hamburg, NJW 1986, 2199; OLG München, NJW 1986, 2197; LG Köln GmbHR 1986, 314 (zur engl. Ltd.).
[39] Ausf. *W. Ebke*, ZGR 1987, 245, 249 ff m.w.N; *B. Großfeld*, IPRax 1986, 145; *ders.*, IPRax 1986, 351; a.A. jedoch *R. Deville*, RIW 1986, 298; *F. Niessen*, AG 1986, 116; *ders.*, NJW 1986, 1408; *C. Timmermans*, RabelsZ 48 (1984), 1, 39; *P. Behrens*, RabelsZ 52 (1988), 498, 517 ff.
[40] Einzig das BayObLG hatte in den Entscheidungen *Landshuter Druckhaus Ltd. II* (BayObLG, NJW 1986, 3029 m.Bespr. *R. Riegel*, NJW 1986, 2999 = RIW 1986, 548 = ZIP 1986, 840 = IPRax 1986, 368 m.Bespr. *B. Großfeld*, IPRax 1986, 351; dazu

nachhaltig bestätigt.[41] Die Feststellung von *Klinke*: „Das internationale Gesellschaftsrecht der Mitgliedstaaten und in der Folge auch die Sitztheorie sind niederlassungsfreiheitsresistent. Gesellschaftsrecht geht vor Niederlassungsfreiheit"[42] war in der nachfolgenden Praxis der Gerichte unbestritten[43] und wurde – wenngleich teilweise kritisch – auch von den Anhängern der Gründungstheorie weitgehend akzeptiert.[44]

Dass *Daily Mail* einen Wegzugsfall betraf, der zudem von einem Gründungstheorie-Staat (Vereinigtes Königreich) in einen anderen Gründungstheorie-Staat (Niederlande) erfolgte, so dass die Frage nach der Vereinbarkeit der Sitztheorie mit dem Gemeinschaftsrecht überhaupt nicht zur Diskussion stand, wurde im Schrifttum zwar teilweise bemerkt, doch wurde diesem Umstand von der Mehrzahl der Autoren keine Bedeutung beigemessen.[45] Aus der ex-post-Betrachtung wurde die Entscheidung des EuGH von der h.M. eindeutig überinterpretiert.

II. Centros

Auch der bereits mit *Centros*[46] vollzogene Paradigmenwechsel blieb vielen Autoren lange Zeit verborgen: Die Entscheidung betraf nämlich die *Errichtung einer Zweigniederlassung*, also formal nur den Anwendungsbereich der *sekundären Niederlassungsfreiheit* (Art. 43 Abs. 1 S. 2 EG n.F. = Art. 52 Abs. 1 S. 2 EG a.F.). Im konkreten Sachverhalt verweigerten die dänischen Behörden die Registrierung der Zweigniederlassung einer im Vereinigten Königreich von zwei Dänen nach englischem Recht wirksam

---

ausf. – *W. Ebke,* ZGR 1987, 245 ff.) und *Landshuter Druckhaus Ltd III* (RIW 1987, 52) Zweifel geäußert.

[41] Zust. zu Daily Mail: *C. T. Ebenroth/U. Eyles,* DB 1989, 413 ff.; *B. Großfeld/ C. Luttermann,* JZ 1989, 386 ff.; *B. Großfeld/T. König,* RIW 1992, 433, 435; krit. allerdings *W. Schön,* ZHR 160 (1996), 221, 245.

[42] *U. Klinke,* ZGR 1993, 1, 7; vgl. aus dem Schrifttum nur *B. Großfeld* (Fn. 1), Rz. 123 ff. m.w.N.

[43] BayObLG DNotZ 1993, 187 m.Anm. *C. T. Ebenroth/T. Auer* = EuZW 1992, 548 m.Anm. *Behrens* = WuB II C. § 3 GmbHG 1.92 m.Anm. *W. Ebke*; BayObLG, DB 1998, 2318 = NJW-RR 1999, 401; dazu *P. Behrens,* IPRax 1999, 331 ff.; *K. Thorn,* IPRax 2001, 102 ff.; OLG Zweibrücken, NJW 1990, 3092 = IPRax 1991, 406 m.Anm. *B. Großfeld/T. König,* IPRax 1991, 380; OLG Hamm, DB 1998, 1865.

[44] Vgl. *P. Behrens,* ZGR 1994, 1, 20 f.; a.A. allerdings *B. Knobbe-Keuk,* ZHR 154 (1990), 325, 333, 342 ff.; *W. Meilicke,* BB 1995, Beilage 9 S. 1 ff.

[45] S. aber auch die Kommentierung durch den EuGH-Richter *U. Everling,* in: DB 1990, 1853, 1856: Daily Mail betrifft nur die „Auswanderungsfreiheit"; ebenso *B. Knobbe-Keuk,* ZHR 154 (1990), 325, 333; *dies.,* DB 1990, 2573 ff.

[46] EuGH v. 09.03.1999, Rs. C-212/97, Slg. 1999, I-1459 = NJW 1999, 2027 = RIW 1999, 447 m.Anm. *D. Cascante* = BB 1999, 809 (LS) m.Anm. *J. T. Sedemund/ F. Hausmann* = ZIP 1999, 438 m.Bespr. *G. H. Roth,* ZIP 1999, 861 ff. = NZG 1999, 298 m.Anm. *St. Leible* = EWiR 1999, 259 (*H.-W. Neye*).

errichteten private limited company mit dem – nie bestrittenen und tatsächlich auch zutreffenden – Argument, die ausschließliche Geschäftstätigkeit solle in Dänemark stattfinden, so dass in Wirklichkeit nicht die Errichtung einer Zweig-, sondern einer Hauptniederlassung beantragt werde und somit auch die Anforderungen des dänischen Gesellschaftsrechts (nämlich die Mindestkapitalvorschriften) zu erfüllen seien.

Auf Vorlage durch den letztinstanzlichen Højesteret – das BayObLG hatte demgegenüber noch am 26.08.1998 in einem Parallelfall die Vorlage verweigert[47] – stellte indes der EuGH fest, dass die Eintragungsverweigerung gegen die Niederlassungsfreiheit verstößt. Die Zweigniederlassung einer wirksam gegründeten Gesellschaft sei vielmehr auch dann einzutragen, wenn im Registrierungsstaat keine geschäftlichen Aktivitäten entwickelt würden, sondern die Auslandsgründung nur deshalb erfolgt sei, um die strengeren Gründungsvorschriften im Inland (hier: Dänemark) zu umgehen.[48] Ein Missbrauch sei hierin nicht zu erblicken. Eine zulässige Einschränkung der Niederlassungsfreiheit könne zwar aus zwingenden Gründen des Allgemeininteresses erfolgen; die dänischen Mindestkapitalerfordernisse seien indes zum Schutze der Gläubiger bereits deshalb ungeeignet, weil die Gläubigerinteressen zum einen bereits durch die Publizitätsregelungen der 4. und 7. Richtlinie[49] geschützt würden, zum anderen, weil auch im Falle einer zusätzlichen Hauptniederlassung im Vereinigten Königreich das Niveau des Gläubigerschutzes nicht verbessert würde, in dieser Konstellation jedoch die Eintragung der Zweigniederlassung – ebenfalls ohne jede Mindestkapitalausstattung – unstreitig nicht verweigert werden könnte.[50]

Die Bedeutung dieser Entscheidung wurde im Schrifttum so kontrovers beurteilt, „dass man mitunter daran zweifeln konnte, dass die Verfasser ein- und dasselbe Urteil besprachen".[51] Diese unterschiedliche Sichtweise ist wohl auf zwei Ursachen zurückzuführen: Zum einen hat es der EuGH offensichtlich nicht verstanden, die zentralen Aussagen von *Centros* deutlich genug zu kommunizieren; Irritationen dürfte insbesondere die fehlende Auseinandersetzung mit *Daily Mail* ausgelöst haben. Zum anderen hielten es manche Autoren in völliger Verkennung des politischen Gehalts der Entscheidung für möglich, dass der EuGH die Eintragungsverweigerung der

---

[47] BayObLG, DB 1998, 2318 = NJW-RR 1999, 401; dazu *P. Behrens,* IPRax 1999, 323, 324.
[48] EuGH (Fn. 46), Rdnr. 23 ff.
[49] Vierte RL 78/660/EWG des Rates v. 25.07.1978 aufgrund von Art. 54 Abs. 3 Buchst. g des Vertrages über den Jahresabschluss von Gesellschaften bestimmter Rechtsformen, ABl. EG v. 14.08.1978, L 295/36; Siebente RL 83/ 349/EWG des Rates v. 13.06.1983 aufgrund von Art. 54 Abs. 3 Buchst. g) des Vertrages betreffend den konsolidierten Abschluss, ABl. EG 1983 L 193/1; abgedr. bei *M. Lutter,* Europäisches Unternehmensrecht, 4. Aufl. 1996, S. 147 ff. bzw. S. 211 ff.
[50] EuGH (Fn. 46), Rdnr. 35.
[51] So zutr. *D. Zimmer,* BB 2003, 1.

Zweigniederlassung nur deshalb beanstandet habe, weil vom dänischen IPR – abgesehen vom Missbrauchseinwand – gegen die Anerkennung der im Vereinigten Königreich errichteten Gesellschaft keine kollisionsrechtlichen Bedenken erhoben wurden; da indes vom Standpunkt der Sitztheorie die Gesellschaftsgründung wegen des fehlenden Sitzes der Verwaltung im Vereinigten Königreich nicht anerkannt werde (dazu oben II.2.), sei Deutschland – ebenso wie andere Rechtsordnungen, die der Sitztheorie folgten – von dem Urteilsspruch überhaupt nicht betroffen.[52]

Dagegen interpretierten andere Autoren das *Centros*-Urteil zutreffend als wegweisende Hinwendung des EuGH zur Gründungstheorie.[53] Eine vermittelnde Auffassung beschränkte die Aussage des Urteils zunächst auf die sekundäre Niederlassungsfreiheit – so dass ein Widerspruch zu *Daily Mail* vermieden wurde – und stellte fest, dass die Sitztheorie jedenfalls der Abwicklung der gesamten Geschäftstätigkeit über eine Zweigniederlassung nicht entgegenstehe. Mit diesem Ergebnis sei indes ein „Abschied von *Daily Mail* in Raten" eingeleitet.[54] Denn konsequenterweise könne dann auch die mit der Errichtung der einzigen (Zweig-)Niederlassung einhergehende Verlegung oder auch erstmalige Begründung des tatsächlichen Verwaltungssitzes nicht zur Anerkennungsverweigerung führen.[55]

Während die deutsche Rechtsprechung auf *Centros* zunächst nicht reagierte,[56] hat der österreichische OGH in einem Sachverhalt, der mit *Centros* vergleichbar war, die Eintragung der Zweigniederlassung einer englischen private company angeordnet und sich dabei zugleich für die Maßgeblichkeit der Gründungstheorie ausgesprochen.[57]

---

[52] *W. Ebke*, JZ 1999, 656, 660 f.; *P. Kindler*, NJW 1999, 1993, 1997; *W. H. Roth*, ZGR 2000, 311 ff. („viel Lärm um nichts?"); *P. O. Mülbert/K. U. Schmolke*, ZVglRWiss 100 (2001), 233, 262.

[53] *G. H. Roth*, ZIP 1999, 861, 867; *O. Sandrock*, BB 1999, 1337 ff.; *J. T. Sedemund/F. Hausmann*, BB 1999, 810; *W. Meilicke*, DB 1999, 625, 627 („EuGH macht Sitztheorie den Garaus"); *H.-W. Neye*, EWiR 1999, 259f.

[54] So *St. Leible*, NZG 1999, 300, 301; ähnlich *H.-J. Sonnenberger/H. Großerichter*, RIW 1999, 721, 727; vgl. auch *H. Bungert*, DB 1999, 1841, 1843; *O. Sandrock*, BB 1999, 1337, 1341; *Steindorff*, JZ 1999, 1140, 1141; *D. Zimmer*, ZHR 164 (2000), 23, 33; aus dänischer Sicht auch *E. Werlauff*, ZIP 1999, 867 ff.

[55] *P. Behrens*, IPrax 1999, 323, 325 ff.; *H. Bungert*, DB 1999, 1841, 1843; *R. Freitag*, EuZW 1999, 267, 269; *E.-M. Kieninger*, ZGR 1999, 724, 746; *O. Sandrock*, BB 1999, 1337, 1341.

[56] LG Potsdam ZIP 1999, 2021; LG München ZIP 1999, 1680.

[57] OGH NZG 2000, 36 = JZ 2000, 199 m.Anm. *G. Mäsch*; zust. *P. Behrens*, IPRax 2000, 384, 386 f.; krit. allerdings *E.-M. Kieninger*, NZG 2000, 39 ff.; *G. Jaeger*, NZG 2000, 918, 919.

III. Überseering

Die mit großer Spannung erwartete Entscheidung *Überseering*[58] brachte dann die endgültige Weichenstellung, wenngleich noch nicht die Klärung sämtlicher Zweifelsfragen. Nachdem andere Vorlagen ohne Sachaussage geblieben waren,[59] gab der Vorlagebeschluss des VII. Zivilsenats des BGH[60] dem EuGH die Gelegenheit, Fehlinterpretationen von *Daily Mail* auszuräumen und auch zu sachrechtlichen wie auch kollisionsrechtlichen Beschränkungen der Niederlassungsfreiheit Stellung zu beziehen. Es ging hier um die Frage, ob der in den Niederlanden gegründeten und dort auch nach wie vor registrierten *Überseering* BV[61] nach der Verlegung ihres tatsächlichen Verwaltungssitzes nach Deutschland die rechtliche Anerkennung zu versagen oder ob sie als rechts- und parteifähig i.S.v. § 50 ZPO anzusehen war. In Übereinstimmung mit dem OLG Düsseldorf als Vorinstanz[62] sowie der ganz h.M.[63] hatte sich der BGH in seinem Vorlagebeschluss dafür ausgesprochen, die von der *Überseering* BV erhobene Zahlungsklage gegen einen Werkunternehmer, der mangelhaft gearbeitet hatte, wegen fehlender Parteifähigkeit als unzulässig abzuweisen. Dieses Ergebnis begründete der BGH mit der Sitztheorie, die der Gründungstheorie in jeder Hinsicht weit überlegen sei.[64]

Diesen Standpunkt hat der EuGH – insoweit in völliger Übereinstimmung mit den Schlussanträgen des Generalanwalts *Ruiz-Jarabo Colomer*[65] – mit großer Entschiedenheit als Verstoß gegen die Niederlassungsfreiheit zurück-

---

[58] EuGH v. 05.11.2002, Rs. C-208/00 (*Überseering* BV v Nordic Construction Company Baumanagement GmbH [NCC]), Slg. 2002, I-9919 = BB 2002, 2402 = NJW 2002, 3614 = ZIP 2002, 2037; dazu *M. Lutter,* BB 2003, 7 ff.; *D. Zimmer,* BB 2003, 1 ff.; *St. Leible/J. Hoffmann,* RIW 2002, 925 ff.; *H.-W. Neye,* EWiR 2002, 1003; *W. H Roth,* IPRax 2003, 117 ff.; *H. Merkt,* RIW 2003, 458 ff.

[59] Die Vorabentscheidungsverfahren LG Salzburg, NZG 2001, 459 m.Anm. *St. Leible* und Bespr. *B. Lurger,* IPRax 2001, 346 sowie AG Heidelberg RIW 2000, 557 = ZIP 2000, 1617 = NZG 2000, 927 (SNH) – dazu *D. Zimmer,* BB 2000, 1361 ff.; *P. Behrens,* IPRax 2000, 384, 388 f.; *G. Jaeger,* NZG 2000, 918; *W. H. Roth,* ZIP 2000, 1597 ff. – waren offensichtlich unzulässig und wurden daher vom EuGH zurückgewiesen (EuGH, NZG 2001, 1027 f. und NZG 2002, 127 f.). Die weitere Vorlage des Kantongerecht Groningen, EWS 2000, 280 (dazu ausf. *C. Timmermans,* FS M. Lutter, 2000, S. 173, 184 ff.) hat sich durch Klagerücknahme erledigt.

[60] BGH BB 2000, 1106 = ZIP 2000, 967 = EWiR 2000, 793 (*W. H. Roth*); dazu *H. Altmeppen,* DStR 2000, 1061 ff.; *W. Bechtel,* NZG 2001, 21 ff.; *P. Behrens,* EuZW 2000, 385 ff.; *U. Forsthoff,* DB 2000, 1109 ff.; *G. Jaeger,* NZG 2000, 918 ff.; *P. Kindler,* RIW 2000, 649 ff.; *W. Meilicke,* GmbHR 2000, 693 ff.; *W. H. Roth,* ZIP 2000, 1597 ff.; *D. Zimmer,* BB 2000, 1361 ff.

[61] BV = Besloten Venootschap met beperkte aansprakeijkheid (entspricht der GmbH).

[62] OLG Düsseldorf, JZ 2000, 203 m.Anm. *W. Ebke.*

[63] Dazu oben B.II (Fn. 15).

[64] BGH BB 2000, 1106, 1107 f.

[65] ZIP 2002, 75 ff. = BB 2002, 326 ff. m.Bespr. *U. Forsthoff,* BB 2002, 318 ff.

gewiesen: Die Auffassung des BGH, dass einer nach ausländischem Recht gegründeten Gesellschaft nach der Verlegung ihres Verwaltungssitzes nach Deutschland jedwede rechtliche Anerkennung versagt werde, sie vielmehr unter Beachtung aller inländischen Vorschriften vollständig neu gegründet werden müsse und bis dahin als nichtexistente Rechtspersönlichkeit angesehen werde, komme „einer Negierung der Niederlassungsfreiheit gleich"[66], für die es keine Rechtfertigung gebe. Denn auch zwingende Gründe des Gemeinwohls könnten in keinem Fall dazu führen, der *Überseering* BV generell die Rechts- und Parteifähigkeit abzusprechen.[67]

Die dem Vorlagebeschluß des BGH zugrunde liegende Rechtsauffassung hatten bereits vor der *Überseering*-Entscheidung zahlreiche deutsche Gesellschaftsrechtler nachdrücklich kritisiert.[68] Da sich der EuGH jedoch auf die Entscheidung der Vorlagefrage nach der Rechts- und Parteifähigkeit der *Überseering* BV beschränken konnte, war die Wissenschaft geteilter Meinung, wie die Ausführungen des EuGH, wonach „zwingende Gründe des Gemeinwohls, wie der Schutz der Interessen der Gläubiger, Minderheitsgesellschafter, Arbeitnehmer oder auch des Fiskus, *unter bestimmten Umständen und unter Beachtung bestimmter Voraussetzungen* (im Original nicht kursiv, scil.) Beschränkungen der Niederlassungsfreiheit rechtfertigen können",[69] zu verstehen seien. Die überwiegende Auffassung im Schrifttum hielt Durchbrechungen des grundsätzlich anwendbaren ausländischen Gesellschaftsstatuts durchaus für möglich; insbesondere sei auch eine Durchgriffshaftung auf die Gesellschafter oder – weitergehend –eine Außenhaftung der Geschäftsführer nicht ausgeschlossen.[70] Bestärkt wird diese Auffassung sowohl durch den *Report of the High Level Group of Company Law Experts* vom 04.11.2002[71] als auch durch die insoweit zustimmende Stellungnahme der *Group of German Experts on Corporate Law*:[72] Beide Expertengruppen halten vorsichtige Korrekturen des Gesellschaftsstatuts zugunsten legitimer allgemeiner Interessen des „Sitzstaates" für möglich und auch erforderlich. Allerdings finden sich auch Stimmen, die Ansatzpunkte für Modifikationen des Gesellschaftsstatuts generell verneinen.[73]

Festzuhalten ist darüber hinaus, dass der EuGH in der *Überseering*-Entscheidung auch die in *Centros* noch unterlassene Abgrenzung zu *Daily*

---

[66] EuGH (Fn. 58), Rz. 81, 93.
[67] EuGH (Fn. 58), Rz. 93.
[68] S. nur bei II.2. Fn. 21.
[69] EuGH (Fn. 58), Rdnr. 92.
[70] *M. Lutter*, BB 2003, 7, 10 im Anschluss an *P. Ulmer*, JZ 1999, 662, 664; i.d.S. auch *H.-W. Neye*, EWiR 2002, 1003, 1004; *St. Leible/J. Hoffmann*, ZIP 2003, 925, 930; *E. Schanze/A. Jüttner*, AG 2003, 30, 34 f.; eher skeptisch allerdings *D. Zimmer*, BB 2003, 1, 6.
[71] Text (160 Seiten) abrufbar unter
http://europa.eu.int/comm/internal_market/en/company/company/modern/index.htm.
[72] Die Stellungnahme ist abgedr. in: ZIP 2003, 863, 877.
[73] So insb. *W. Meilicke*, GmbHR 2003, 793 ff.

Mail nachholte. Er interpretierte nunmehr sein damaliges Urteil in der Weise, dass dort nur über die Frage von Wegzugsbeschränkungen zu befinden war und dass nach wie vor gelte, dass das Recht, dem die Gesellschaft ihre Gründung und ihre Existenz verdanke, auch über die Voraussetzungen entscheiden dürfe, nach denen dieser Status beibehalten oder verloren gehen könne.[74] Keineswegs habe der EuGH in *Daily Mail* – trotz seiner allgemein gehaltenen Formulierungen – den Mitgliedstaaten die Möglichkeit einräumen wollen, die Inanspruchnahme der Niederlassungsfreiheit von der Beachtung ihres nationalen Gesellschaftsrechts abhängig zu machen.[75] Daher habe aus *Daily Mail* auch nicht gefolgert werden können, dass die Frage der Anerkennung und Rechtsfähigkeit von Gesellschaften, die nach dem Recht eines Mitgliedstaats gegründet wurden und danach Rechtspersönlichkeit erlangt haben, außerhalb des Anwendungsbereiches der Niederlassungsfreiheit entschieden werden könne.[76]

IV. Exkurs: Der erfolglose Rettungsversuch des BGH vom 1. Juli 2002

Einen letztlich erfolglosen Versuch, das unerwünschte Auftreten EU-ausländischer Kapitalgesellschaften mit Verwaltungssitz in Deutschland doch noch zu unterbinden, hatte kurze Zeit vor der *Überseering*-Entscheidung des EuGH noch der II. Zivilsenat des BGH mit seinem Urteil vom 01.07.2002 unternommen: Im Anschluss an Vorarbeiten im Schrifttum[77] schwächte er nämlich im Falle einer auf der Kanalinsel Jersey registrierten, jedoch von Deutschland oder Portugal aus verwalteten limited company die Sitztheorie ab, indem er die Anerkennung der Rechts- und Parteifähigkeit nicht mehr generell ausschloss, jedoch zu dem Ergebnis gelangte, dass die ausländische Kapitalgesellschaft ex lege in die Rechtsform einer BGB-Gesellschaft „umqualifiziert" werde und somit auch der Haftungsprivilegierung ihrer ausländischen Rechtsform verlustig gehe.[78]

---

[74] EuGH (Fn. 58), Rz. 61 ff., 70 ff.
[75] EuGH (Fn. 58), Rz. 72 f.
[76] EuGH (Fn. 58), Rz. 73.
[77] S. nach Veröffentlichung des Vorlagebeschlusses des VII. ZS des BGH nur *W. H. Roth*, ZIP 2000, 1597, 1599 ff.; *D. Zimmer*, BB 2000, 1361, 1363 f.; *ders.*, ZHR 164 (2000), 23, 25; *P. Kindler*, RIW 2000, 649, 650 f.; vgl. zuvor bereits *K. Schmidt*, ZGR 1999, 20, 22 ff.; *H. Eidenmüller/G. Rehm*, ZGR 1997, 89 ff.; *H.-F. Müller*, ZIP 1997, 1049 ff.; *F. Kösters*, NZG 1998, 241, 245 ff. sowie auch *P. Kindler*, in: MünchKomm/IntGesR, 3. Aufl. 1999, Rz. 352 f.; *B. Großfeld* (Fn. 1), Rz. 441.
[78] BGHZ 151, 204, 206 = BB 2002, 2031 m.Anm. *S. Gronstedt* = ZIP 2002, 1763 = EWiR 2002, 971 (*Emde*); dazu krit. *P. Behrens*, IPRax 2003, 193, 199; *M. Heidenhain*, NZG 2002, 1141, 1142; *E. Schanze/A. Jüttner*, AG 2003, 30, 32; zust. dagegen *P. Kindler*, NJW 2003, 1073 ff.; *ders.*, IPRax 2003, 41 ff. und auch (noch) *St. Leible/J. Hoffmann*, DB 2002, 2203 ff.; so auch AG Hamburg ZIP 2003, 1008 ff.

Auf diesen „Rettungsversuch"[79] hat der EuGH – da er an die Rechtsausführungen des VII. Zivilsenats des BGH im Vorlagebeschluss gebunden war (und die Vorlage – was zulässig gewesen wäre – auch nicht zurückgezogen wurde) – in *Überseering* zunächst noch nicht ausdrücklich reagiert. Indirekt erfolgte indes eine Absage: Denn in der Beantwortung der (zweiten) Vorlagefrage stellte der EuGH eindeutig fest, dass die Mitgliedstaaten verpflichtet seien, im Falle einer Verlegung des Verwaltungssitzes die Rechtsfähigkeit und Parteifähigkeit der Gesellschaft nach dem Recht zu achten, das diese Gesellschaft „nach dem Recht ihres Gründungsstaats besitzt".[80] Und bereits zuvor heißt es: „*Überseering* ... genießt ... das Recht, *als Gesellschaft niederländischen Rechts* (im Original nicht kursiv, scil.) in Deutschland von der Niederlassungsfreiheit Gebrauch zu machen".[81]

Entgegen einer verbreiteten Auffassung im Schrifttum[82] kommt daher eine Umqualifizierung einer ausländischen Kapitalgesellschaft in eine Personengesellschaft deutschen Rechts nicht in Betracht.[83] Denn nicht allein in der Nichtanerkennung der „Scheinauslandsgesellschaft" liegt eine unzulässige Beschränkung der Niederlassungsfreiheit,[84] sondern in gleicher Weise schon im Verlust der Haftungsprivilegierung, den die Gesellschafter der Kapitalgesellschaft ausländischen Rechts erleiden würden.[85] Dieser Auffassung hat sich auch der VII. Zivilsenat in der abschließenden Entscheidung zu *Überseering*[86] und nach *Inspire Art* (dazu 5.) auch der II. Zivilsenat des BGH angeschlossen.[87]

---

[79] So richtig *M. Heidenhain*, NZG 2002, 1142.
[80] EuGH (Fn. 58), Rz. 95.
[81] EuGH (Fn. 58), Rz. 80.
[82] *P. Kindler*, NJW 2003, 1073, 1076 f.; *T. Wernicke*, EuZW 2002, 758, 760; *H.-W. Neye*, EWiR 2002, 1003, 1004; *W. H. Roth*, IPRax 2003, 117, 120 ff.
[83] Wie hier auch die *Group of German Experts on Corporate Law* ZIP 2003, 863, 877; ebenso *D. Zimmer*, BB 2003, 1, 4 f.; *U. Forsthoff*, BB 2002, 316, 321; *E. Schanze/A. Jüttner*, AG 2003, 30, 32 f.; *W. Ebke*, JZ 2003, 925, 928; nunmehr auch *St. Leible/J. Hoffmann*, ZIP 2003, 925, 926.
[84] So aber insb. *P. Kindler*, RIW 2000, 649, 652 f.; ders., NJW 2003, 1073, 1076 f.
[85] So zutr. bereits *H. Eidenmüller*, ZIP 2002, 82, 84; *S. Gronstedt*, BB 2002, 2033, 2034; *St. Leible/J. Hoffmann*, ZIP 2003, 925, 928; *U. Forsthoff*, BB 2002, 318, 321; *D. Zimmer*, BB 2003, 1, 5; *M. Lutter*, BB 2003, 7, 9; *A. Schulz*, NJW 2003, 2707.
[86] BGH NJW 2003, 1461 = BB 2003, 915 = ZIP 2003, 718; zust. *St. Leible/J. Hoffmann*, ZIP 2003, 925 ff.; *U. Forsthoff*, DB 2003, 979 ff.; *J. Wertenbruch*, NZG 2003, 618 ff.; *A. Schulz*, NJW 2003, 2707 ff.
[87] BGH ZIP 2005, 805 = GmbHR 2005, 630 = NJW 2005, 1648; dazu *P. Bruns*, EWiR 2005, 431; *W. Ebke*, BB 2005, Heft 23, I; *H. Eidenmüller*, NJW 2005, 1618; *W. Goette*, ZIP 2005, 1481, 1481 f.; *G. Hohloch*, JuS 2005, 844; *M. Lehmann*, NZG 2005, 580; *St. Leible/J. Hoffmann*, RIW 2005, 544; *P. Mankowski*, RIW 2005, 481, 488; *W. Paefgen*, GmbHR 2005, 957; *M. Rehberg*, JZ 2005, 849; *A. Ressos*, DB 2005, 1048; *T. Wachter*, DStR 2005, 1817; *P. Wand*, BB 2005, 1017.

V. Inspire Art

Inspire Art – ein im Kunsthandel tätiges Unternehmen – wurde am 28.07.2000 als private company limited by shares nach englischem Recht gegründet und ist im Vereinigten Königreich registriert. Ihr einziger Geschäftsführer ist wohnhaft in den Niederlanden; dort ist auch eine Zweigniederlassung eingetragen. Der Rechtsstreit geht um die Frage, ob die speziellen niederländischen Vorschriften über Scheinauslandsgesellschaften auf *Inspire Art* anzuwenden sind, d.h. i.S.d. niederländischen Fachterminologie, ob *Inspire Art* eine „formal ausländische Gesellschaft" ist. Darunter ist nach dem einschlägigen niederländischen Wet op de formeel buitenlandse vennootschappen vom 17.12.1997 (WFBV)[88] eine Kapitalgesellschaft zu verstehen, die nach einem anderen als dem niederländischen Recht gegründet wurde, ihre Tätigkeit vollständig oder nahezu vollständig in den Niederlanden ausübt und daneben keine tatsächliche Bindung an den Staat hat, nach dessen Recht sie gegründet wurde. Trifft dies zu, dann wäre *Inspire Art* nach den Art. 2 ff. WFBV verpflichtet, bestimmte formelle und materielle Erfordernisse zu erfüllen; außerdem hätte ihr Geschäftsführer weitere besondere Pflichten zu beachten.[89]

Sowohl die Kamer van Koophandel en Fabrieken voor Amsterdam (Handelskammer) als auch das Kantongerecht Amsterdam qualifizierten *Inspire Art* – völlig zu Recht – als Scheinauslandsgesellschaft. Allerdings hatte das Kantongerecht Amsterdam Zweifel an der Europarechtskonformität des WFBV und ersuchte den EuGH durch Beschluss vom 05.02.2001 um eine Vorabentscheidung nach Art. 234 EG zu der Frage, ob das WFBV mit der Niederlassungsfreiheit vereinbar sei, konkret, ob eine Beschränkung der Art. 43, 48 EG vorliege und falls dies der Fall sei, ob eine solche Beschränkung nach Art. 46 EG oder aus einem zwingenden Allgemeininteresse gerechtfertigt sei.[90]

Nach Auffassung der Handelskammer Amsterdam sowie der niederländischen, der deutschen, der italienischen und der österreichischen Regierung stehen die Art. 43, 48 EG der Anwendung des WFBV nicht entgegen.[91] Zum einen werde weder die Anerkennung der Gesellschaftsgründung noch die Eintragung ihrer Zweigniederlassung verweigert. Zum anderen seien die beanstandeten formellen wie materiellen Erfordernisse nicht diskriminierend und sowohl aus Gründen der Gleichbehandlung mit nach niederländischem Recht gegründeten Gesellschaften als auch aus Gründen des Verbraucher-

---

[88] Staatsblad 1997 Nr. 697.
[89] Ausf. dazu EuGH v. 30.09.2003, Rs. 167/01 (Kamer van Koophandel en Fabrieken voor Amsterdam v. *Inspire Art Ltd*), Slg. 2003, I-10155, Rz. 21-32; vgl. auch *C. Timmermans*, FS M. Lutter, 2000, S. 173, 183 ff.
[90] EuGH (Fn. 89), Rz. 38-51; vgl. bereits ABl. EG 2001 Nr. C 200/41.
[91] EuGH (Fn. 89), Rz. 73-88.

und Gläubigerschutzes gerechtfertigt. Schließlich bezwecke das WFBV den Schutz vor Missbräuchen einer ausländischen Rechtsform.

Inspire Art, die Regierung des Vereinigten Königreichs sowie die Kommission nahmen dagegen den Standpunkt ein, dass durch die Regelungen des WFBV die Niederlassungsfreiheit beeinträchtigt sei.[92] Sie stützen ihre Ansicht insbesondere auf die *Centros*-Entscheidung.[93]

Auch Generalanwalt *Siegbert Alber* kam in seinen Schlussanträgen vom 30.01.2003 zu dem Ergebnis, dass durch die Vorschriften des WFBV die Niederlassungsfreiheit von *Inspire Art* beschränkt werde, und dass diese Beschränkung weder aus Gründen des Allgemeininteresses noch zur Bekämpfung von Missbrauch gerechtfertigt sei. Dass *Inspire Art* die nach wie vor bestehenden Unterschiede im Gesellschaftsrecht der Mitgliedstaaten zum eigenen Vorteil ausnutze, sei vielmehr von der Niederlassungsfreiheit gedeckt; es sei Sache der Mitgliedstaaten, hiergegen durch eine weitere Harmonisierung – sei es nach Art. 44 EG, sei es nach Art. 293 EG – vorzugehen.[94]

Der EuGH bekräftigt zunächst seinen bereits in der *Centros*-Entscheidung[95] mitgeteilten Standpunkt, dass es für die Niederlassungsfreiheit ohne Bedeutung sei, dass die Auslandsgründung ausschließlich zu dem Zwecke vorgenommen werde, um in den Genuss von Rechtsvorschriften zu kommen, die vorteilhafter sind, als die Rechtsvorschriften des Staates, in dem mittels der formalen Errichtung einer Zweigniederlassung die überwiegende oder gar ausschließliche Geschäftstätigkeit erfolgen solle.[96] Anschließend wird der Einwand zurückgewiesen, dass die Niederlassungsfreiheit nicht berührt sei, da *Inspire Art* doch anerkannt werde und nur besondere Erfordernisse zu beachten habe. Der EuGH stellt vielmehr eindeutig fest, dass die vom englischen Gründungsrecht (Gesellschaftsstatut) abweichenden Regelungen über Mindestkapitalausstattung und Geschäftsführerhaftung die Niederlassungsfreiheit beeinträchtigten.[97] Im Anschluss an die *Überseering*-Entscheidung[98] wird nochmals dargelegt, dass die abweichenden Ausführungen in *Daily Mail* nur die Rechtsbeziehungen zwischen dem Gründungsstaat und der Gesellschaft im Falle der Verlegung des tatsächlichen Verwaltungssitzes betreffen, also einen völlig anders gelagerten Sachverhalt.[99]

Schließlich kommt der EuGH zu dem Ergebnis, dass die Beschränkungen der Niederlassungsfreiheit weder durch Art. 46 EG (hierzu seien überhaupt

---

[92] EuGH (Fn. 89), Rz. 89-93.
[93] S. oben C.II.
[94] GA *S. Alber*, Schlussanträge v. 30.01.2003, abgedr. in: NZG 2003, 262 ff.; dazu auch *V. Geyrhalter/P. Gänßler*, EWiR 2003, 569.
[95] Dazu oben B.II.
[96] EuGH (Fn. 89), Rz. 94-96.
[97] EuGH (Fn. 89), Rz. 98-104.
[98] Dazu oben B.III.
[99] EuGH (Fn. 89), Rz. 102.

keine Argumente vorgetragen) noch aus zwingenden Gründen des Allgemeininteresses gerechtfertigt seien: *Inspire Art* sei eine Gesellschaft englischen Rechts und trete auch als solche auf, nicht als Gesellschaft niederländischen Rechts. Daher seien ihre potentiellen Gläubiger hinreichend darüber unterrichtet, dass sie im Hinblick auf Mindestkapital und Geschäftsführerhaftung anderen Vorschriften unterliege. Schließlich habe *Inspire Art* auch die gemeinschaftsrechtlichen Schutzregelungen der 4.[100] und 11. Richtlinie[101] zu beachten. Missbräuchen *im Einzelfall* könne nach wie vor begegnet werden. Allein die Gründung einer Gesellschaft nach ausländischem Recht und die Errichtung einer Zweigniederlassung in dem Mitgliedstaat, in dem die überwiegende oder ausschließliche Geschäftstätigkeit erfolgen solle, seien jedoch keineswegs missbräuchlich.[102]

C. Würdigung der EuGH-Rechtsprechung

Die dargestellten Entscheidungen fügen sich nahtlos in die EuGH-Rechtsprechung ein. Ebenso wie die Kapitalverkehrsfreiheit[103] wird vom EuGH auch die Niederlassungsfreiheit vehement verteidigt, und alle Beschränkungen, die sich nicht *im konkreten Einzelfall* durch das Allgemeininteresse rechtfertigen lassen und zudem auch geeignet und verhältnismäßig sind, werden vom EuGH scharf missbilligt.

I. Anerkennung der Gründungstheorie

Spätestens seit *Inspire Art* – richtigerweise jedoch schon durch *Überseering*[104] – hat der EuGH jeder Beschränkung der *Zuzugsmöglichkeit* von Gesellschaften, die in der EG errichtet wurden, eine eindeutige Absage erteilt und damit auch der Sitztheorie in dieser Konstellation definitiv den Boden entzogen. Es gilt insoweit auch für Scheinauslandsgesellschaften nur noch die Gründungstheorie: *Inspire Art* muss EU-weit als private company limited by shares anerkannt werden und kann unter ihrer Firma *Inspire Art Ltd* ihre Geschäftstätigkeit ausüben.

---

[100] Dazu bereits oben B.II. (Fn. 49).
[101] Elfte RL 89/666/EWG des Rates v. 21.12.1989 über die Offenlegung von Zweigniederlassungen, die in einem Mitgliedstaat von Gesellschaften bestimmter Rechtsformen errichtet wurden, die dem Recht eines anderen Staates unterliegen, ABl. EG 1989 L 395/36, abgedr. bei M. Lutter (Fn. 49), S. 269 ff.
[102] EuGH (Fn. 89), Rz. 135-138.
[103] S. nur die EuGH-Entscheidungen zur Unzulässigkeit sog. goldener Aktien: Nachw. in Fn. 32.
[104] So zutr. *W. Ebke,* JZ 2003, 927, 928 f.; *St. Leible/J. Hoffmann,* ZIP 2003, 925, 926; *P. Behrens,* IPRax 2003, 193; dezidiert auch BGH BB 2003, 915.

Immer noch nicht endgültig geklärt ist dagegen das Recht zur *Wegzugsbeschränkung.* Denn trotz der Bestätigung von *Daily Mail* durch *Centros, Überseering* und nunmehr auch *Inspire Art* steht keineswegs fest, dass die Einmauerung durch den Gründungsstaat im Falle der Verlegung des Verwaltungssitzes bis zum Entzug der Rechtsfähigkeit führt.[105] Diese Frage wird vom EuGH nochmals gesondert zu prüfen sein, wenn er hierzu Gelegenheit erhält.[106] Rechtspolitisch ist jedenfalls eine solche Wegzugsbeschränkung nicht überzeugend und kann sich im Hinblick auf künftige Neugründungen auch als deutlicher Standortnachteil erweisen.[107]

Darüber hinaus stellt sich die Frage, ob es Sinn macht, künftig für Wegzugsfälle sowie auch für Zuzugsfälle aus *Drittstaaten* die Sitztheorie zur Anwendung zu bringen, im übrigen aber dem EuGH zu folgen, und an das Gründungsrecht anzuknüpfen. Für die generelle Maßgeblichkeit der Gründungstheorie[108] sprechen sicherlich gute Gründe, doch sollten die mit der Sitztheorie verfolgten und bislang doch überwiegend für richtig erachteten Ziele nicht außer Acht gelassen werden. Daher könnte es durchaus vernünftig sein, im Hinblick auf die angestrebte Rechtsangleichung innerhalb der EU der Gründungstheorie zu folgen, aber gegenüber in „Oasenstaaten" registrierten Scheinauslandsgesellschaften nach wie vor auf die Sitztheorie abzustellen. Sollte sich allerdings der Schutz von Gläubigern und Arbeitnehmern auch bei Zugrundelegung der Gründungstheorie durch das Delikts- und Insolvenzrecht (dazu sogleich 2.) sowie durch eine Sonderanknüpfung in angemessener Weise verwirklichen lassen, so könnte auf eine solche „Zweigleisigkeit" verzichtet werden.

II. Gläubigerschutz

Die wichtigste Aussage von *Inspire Art* lautet sicherlich: Regeln über Kapitalaufbringung und Kapitalerhaltung, die für inländische Kapitalgesell-

---

[105] Dagegen insb. *B. Knobbe-Keuk,* ZHR 154 (1990), 325, 353 ff.; *W. Meilicke,* GmbHR 2003, 793, 803; *K. R. Wagner,* GmbHR 2003, 684, 691.

[106] Vgl. zur Parallelproblematik im Zusammenhang mit der grenzüberschreitenden Verschmelzung: EuGH v. 13.12.2005, C-411/03, *Sevic Systems AG,* ZIP 2005, 2311; dazu *W. Bayer/ J. Schmidt,* ZIP 2006, 210 ff.

[107] S. auch *Group of German Experts on Corporate Law;* für Wegzugsfreiheit auch *M. Lutter,* BB 2003, 7, 9; *E. Dubovizkaja,* GmbHR 2003, 694, 697; *U. Forsthoff,* in: H. Hirte/T. Bücker (Hrsg.), Grenzüberschreitende Gesellschaften, 2005, § 2 Rz. 22 f.; *E.-M. Kieninger,* EWS 2006, 49, 51.

[108] Dafür *H. Eidenmüller,* ZIP 2002, 2233, 2244; *E.-M. Kieninger,* ZEuP 2004, 685, 702f.; *St. Leible/J. Hoffmann,* RIW 2002, 925, 935 f.; *dies.,* ZIP 2003, 925, 930; wohl auch *E. Schanze/A. Jüttner,* AG 2003, 30, 36; a.A. *N. Horn,* NJW 2004, 893, 897; *P. Kindler,* NJW 2003, 1073, 1079; krit. etwa auch *W. Ebke,* in: O. Sandrock/C. F. Wetzler (Hrsg.), Deutsches Gesellschaftsrecht im Wettbewerb der Rechtsordnungen, 2004, 101, 128.

schaften gelten, können generell nicht auf Gesellschaften ausländischer Rechtsform erstreckt werden. Maßgeblich ist vielmehr ausschließlich das Gesellschaftsstatut. Das Umgehungsargument (Missbrauch) lässt der EuGH nicht gelten: Auch Scheinauslandsgesellschaften dürfen dem Mindestkapital-Regime nicht unterstellt werden.

Dieser Teil der Entscheidung ist rechtspolitisch nicht unbedenklich. Denn dass allein die vom EuGH hervorgehobene Transparenz (Auftreten der Auslandsgesellschaft unter ihrer ausländischen Firmenbezeichnung) potentielle Gläubiger in ausreichendem Maße warnen soll, erscheint nicht sehr überzeugend:[109] Zum einen gilt diese Aussage generell nicht für deliktisch Geschädigte. Zum anderen bestimmt sich das Auftreten eines jeden Unternehmens im Rechtsverkehr nach seinem Firmenrecht, d.h. kollisionsrechtlich nach seinem Gesellschaftsstatut.[110] Eine Harmonisierung dieses Rechtsgebietes ist in der EU noch nicht erreicht. Ist der EuGH etwa so zu verstehen, dass der Sitzstaat der inländischen Auslandsgesellschaft im Interesse des inländischen Rechtsverkehrs eine transparente Firmierung vorschreiben kann? Falls dies zutrifft – dafür spricht einiges –, dann kann der Sitzstaat an firmenrechtliche Verstöße auch Sanktionen knüpfen, wie z.B. eine c.i.c.-Haftung gegenüber dem Geschäftsführer oder jeder anderen Person, die im Rahmen eines Vertragsabschlusses als Vertreter einer Auslandsgesellschaft auftritt, ohne die ausländische Rechtsform in korrekter Weise kenntlich zu machen.[111]

Zu vermuten ist allerdings, dass der EuGH – wenn auch unausgesprochen – der Konzeption „Gläubigerschutz durch Kapitalaufbringung und Kapitalerhaltung" grundsätzlich kritisch gegenübersteht. Deutlich formuliert hatte solche Vorbehalte Generalanwalt *Siegbert Alber* in seinen Schlussanträgen: Ob die Kapitalschutzregelungen der WFBV ein „geeignetes" Instrument zum Schutze der Gläubiger darstellten, sei zweifelhaft.[112] Er folgt insoweit ausdrücklich den früheren Ausführungen – im *Centros*-Verfahren[113] – von Generalanwalt *Antonio La Pergola,* der nunmehr Richter am EuGH ist und sowohl hier als auch schon an der *Überseering*-Entscheidung beteiligt war. *Alber* stützt seine Überlegungen aber noch durch zwei weitere Argumente: Die Tatsache, dass die Mitgliedstaaten diese Problematik bislang unterschiedlich behandeln, zeige, dass es insoweit „keine allein richtige Auffas-

---

[109] S. auch *H. Eidenmüller,* in: H. Eidenmüller (Hrsg.), Ausländische Kapitalgesellschaften im deutschen Recht, 2004, § 3 Rz. 38 ff.; *V. Geyrhalter/P. Gänßler,* NZG 2003, 409, 412 f.

[110] BGH NJW 1958, 17 f.; BayObLG NJW 1986, 3029; *L. Michalski,* NZG 1998, 762, 763; *K Schmidt,* in: M. Lutter (Hrsg.), Europäische Auslandsgesellschaften in Deutschland, 2005, 15, 27 m.w.N.

[111] Zur Haftung des Verhandlungsführers bei fehlendem Hinweis auf die ausländische Rechtsform des Vertragspartner (hier: Gesellschaft ungarischen Rechts mit Sitz in Budapest): BGH NJW-RR 2002, 1309.

[112] GA *S. Alber,* NZG 2003, 273 (Rz. 141 ff.).

[113] GA *A. La Pergola,* NZG 2003, 273 (Rz. 21).

sung" gebe. Und neuerdings hätte auch die *Winter*-Gruppe in ihrem Bericht[114] die Wirksamkeit des in der 2. Richtlinie[115] für Aktiengesellschaften kodifizierten Kapitalschutzsystems in Frage gestellt.[116]

Ungeachtet der Tatsache, dass diese Kritik bereits im Grundsatz nicht überzeugt, weil das aktienrechtliche Kapitalbindungssystem bislang durch keine Alternative übertroffen wird, jedenfalls einen gewissen Mindestschutz garantiert und darüber hinaus noch effektiver wäre, wenn es von den anderen Mitgliedstaaten ebenso umfassend gegen Umgehungen abgesichert wäre, wie dies im deutschen Recht der Fall ist (die Rechtsfiguren der verdeckten Sacheinlage, des eigenkapitalersetzenden Darlehens und die Reglementierung von Mantelgründung und -erwerb sind daher keine Verkomplizierung, sondern eine notwendige Ergänzung dieses Systems, und die von der *Winter*-Gruppe befürworteten großzügigen Regelungen zum Rückkauf eigener Aktien oder zur finanziellen Unterstützung von Aktienerwerbungen durch Dritte schwächen naturgemäß dieses Schutzsystem, so dass es geradezu aberwitzig ist, dieser Konzeption Unzulänglichkeiten vorzuwerfen),[117] negiert jedoch auch der EuGH nicht das Argument, dass die Gläubigerinteressen grundsätzlich zu den schützenswerten Allgemeininteressen zählen und daher Beschränkungen der Niederlassungsfreiheit – sofern sie geeignet und verhältnismäßig sind – rechtfertigen können. Dies wurde so in *Überseering* ausgesprochen (dazu o. II.3.), vom Generalanwalt *Alber* in seinen Schlussanträgen ausdrücklich aufgegriffen[118] und hier nur im Hinblick auf das niederländische Mindestkapitalerfordernis – und damit verbunden auch für die Geschäftsführerhaftung bei Verletzung dieser Pflichten – in Abrede gestellt, nicht jedoch generell bestritten.

Daher ist es der Rechtspraxis auch durch *Inspire Art* nicht untersagt, den Schutz der Gläubiger in bestimmten Fällen durch die ergänzende Anwendung inländischer Rechtsvorschriften sicher zu stellen, nämlich stets dann, wenn der Rückgriff auf das grundsätzlich anzuwendende ausländische Gesellschaftsrecht[119] zu nicht hinnehmbaren Haftungslücken führen würde.

---

[114] S.o. Fn. 71.

[115] Zweite RL 77/91/EWG des Rates v. 13.12.1976 zur Koordinierung der Schutzbestimmungen, die in den Mitgliedsstaaten den Gesellschaften i.S.d. Art. 58 Abs. 2 des Vertrages im Interesse der Gesellschafter sowie Dritter für die Gründung der Aktiengesellschaft sowie für die Erhaltung und Änderung ihres Kapitals vorgeschrieben sind, um diese Bestimmungen gleichwertig zu gestalten, ABl. EG 1977 L 26/1; abgedr. bei *M. Lutter* (Fn. 49), S. 114 ff.

[116] GA *S. Alber*, NZG 2003, 273 (Rz. 142).

[117] Dazu ausf. *Group of German Experts on Corporate Law* (zu IV.8 + 11) ZIP 2003, 863, 873 f.; vgl. auch *W. Bayer*, BB 2004, 1 ff.

[118] GA *S. Alber*, NZG 2003, 273 (Rz. 127).

[119] Dazu BGHZ 154, 185 = NJW 2003, 1461 *(Überseering)*; BGH, NJW 2005, 1648; BGH, AG 2005, 886; sowie aus dem nahezu unübersehbaren Schrifttum *O. Palandt/A. Heldrich*, 65. Aufl. 2006, Anh zu EGBGB 12 Rz. 6; *W. Bayer*, BB 2004, 1, 4; *P. Behrens*, IPrax 2004, 20, 25; *H. Eidenmüller*, NJW 2005, 1618;

Unzulässig, weil die Grenzen zwischen Personengesellschaft und haftungsprivilegierter Kapitalgesellschaft verwischend, ist allerdings eine allzu großzügige Durchgriffshaftung auf die Gesellschafter. Ein solcher Durchgriff kann insbesondere nicht damit gerechtfertigt werden, dass die Gesellschafter anstelle einer GmbH missbräuchlich eine englische Limited gegründet hätten, um sich den formellen und materiellen Erfordernissen des deutschen Rechts zu entziehen. Denn auf diese Weise würde wieder durch die Hintertür die vom EuGH gerügte Beschränkung der Niederlassungsfreiheit durch Haftungsverschärfung vorgenommen.[120] Außerdem ist der Gläubigerschutz in den anderen Mitgliedstaaten nicht per se schwächer ausgestaltet als in Deutschland; häufig ist er nur anders verwirklicht.[121] Abzustellen ist daher stets auf den Einzelfall. Die Einzelheiten sind nach wie vor ungeklärt und streitig.[122]

III. Organisationsverfassung und Arbeitnehmermitbestimmung

Mit der Maßgeblichkeit der Gründungstheorie hat der EuGH zugleich entschieden, dass sich auch die Organisationsverfassung jeder inländischen Auslandsgesellschaft vorrangig nach ihrem ausländischen Gesellschaftsstatut bestimmt. Diese Anknüpfung bedeutet allerdings nicht zwingend, dass hierdurch die Vorschriften der deutschen Unternehmensmitbestimmung überhaupt nicht mehr zur Anwendung kommen können. Ein solches Ergebnis lässt sich aus *Inspire Art* nicht mit Sicherheit entnehmen. Vielmehr gilt auch insoweit noch die Aussage aus *Überseering*, dass Beschränkungen der Niederlassungsfreiheit zum Schutze der Arbeitnehmerinteressen durchaus zulässig sein können. Allerdings stellt sich auch hier wieder die Frage der Geeignetheit und der Erforderlichkeit: Lässt sich etwa – um das Argument von Generalanwalt *Alber* aufzunehmen – die deutsche Mitbestimmung mit dem Hinweis auf völlig unterschiedliche Meinungen und Konzeptionen innerhalb der Mitgliedstaaten verhindern? Entgegen einer verbreiteten Auffassung[123] teile ich diesen Standpunkt nicht: Die gleiche Teilhabe aller inländischen

---

N. Horn, NJW 2004, 893, 896; *W. Paefgen,* ZIP 2004, 2253; *G. Rehm,* JZ 2005, 304; *C. Teichmann,* ZIP 2006, 355, 361; *W. Zöllner,* GmbHR 2006, 1, 2.

[120] Verfehlt daher der dogmatische Ansatz von AG Hamburg, ZIP 2003, 1008.

[121] Dazu etwa *D. Zimmer,* BB 2000, 1361, 1364; ausf. *ders.,* IntGesR, 1996, S. 275 ff.

[122] Wegen weiterer Einzelheiten darf auf den nachfolgenden Beitrag von *G. Bitter* (unten S. 25 ff.) verwiesen werden.

[123] *W. Ebke,* JZ 2003, 927, 931; *H. Eidenmüller,* ZIP 2002, 2233, 2242; *H. Eidenmüller/G. Rehm,* ZGR 2004, 159, 184 f.; *H. Kallmeyer,* DB 2002, 2521, 2552; *W. Paefgen,* DB 2003, 487, 491; *O. Sandrock,* ZVglRWiss 102 (2003) 447, 486 ff.; *M. Veit/J. Wichert,* AG 2004, 14, 17 ff.; *B. Riegger,* ZGR 2004, 510, 518 ff.; *E. Schwark,* AG 2004, 173, 178.

Arbeitnehmer an der Mitbestimmung über Unternehmen bestimmter Art und Größe dürfte bei inländischen Auslandsgesellschaften vielmehr ein zulässiger Grund für eine Durchbrechung des Gesellschaftsstatuts sein.[124] Modelle für eine Anpassung der Mitbestimmung an die ausländische Organisationsverfassung wurden im Schrifttum bereits entwickelt[125] und bedürfen nunmehr praktischer Erprobung.[126] Vorbildfunktion könnte insoweit der Mitbestimmung in der SE zukommen.

D. Handlungsbedarf de lege ferenda?

Mit seiner Rechtsprechung unterstützt der EuGH zwar vordergründig den von Generalanwalt *La Pergola* bereits in seinen Schlussanträgen zu *Centros* propagierten Wettbewerb der Rechtsordnungen. Jedoch erfolgt stets der Hinweis, dass es dem Rat unbenommen sei, die Rechtsangleichung in der EU weiter voran zu treiben. Diese Feststellung ist keineswegs „fast sarkastisch angesichts der bestehenden Schwierigkeiten",[127] sondern ein dringendes rechtspolitisches Desiderat,[128] dem sich die Mitgliedstaaten lange Zeit verweigert haben. Aktuell hat es allerdings den Anschein, als wenn Kommission und EuGH um die Vorreiterrolle bei der Reform des europäischen Gesellschaftsrechts konkurrieren. Diese Reformen werden nun nicht mehr auf das Recht der Aktiengesellschaft begrenzt werden können, sondern müssen sich auf alle Kapitalgesellschaften erstrecken.

Der Handlungsbedarf ist gewaltig: So ist insbesondere die Mitbestimmungsproblematik künftig europäisch zu lösen; Deutschland wird sich eine Sonderrolle nicht mehr leisten können. Zum anderen schwebt über allen delikts- und insolvenzrechtlichen Ersatzanknüpfungen stets das Damoklesschwert einer abweichenden Beurteilung durch den EuGH. Als europäischer

---

[124] Ausf. *W. Bayer*, AG 2004, 534 ff.; vgl. auch *G. Thüsing*, ZIP 2004, 381 ff.; *M. Kamp*, BB 2004, 1496 ff.; vgl. weiter *Group of German Experts on Corporate Law* in Übereinstimmung mit der *High Level Group* (zu VI.3.) ZIP 2003, 877; ebenso bereits *B. Knobbe-Keuk*, ZHR 154 (1990), 325, 347 ff.; vgl. auch *E.-M. Kieninger*, Wettbewerb der Privatrechtsordnungen im europäischen Binnenmarkt, 2002, S. 217 ff.

[125] *E. Schanze/A. Jüttner* AG 2003, 30, 36; *P. Kindler*, NJW 2003, 1073, 1079; ausf. *H. Grothe*, Die „ausländische Kapitalgesellschaft & Co", 1989, S. 318 ff.

[126] Hiervon zu trennen ist die völlig andere Frage, ob de lege ferenda die deutsche Unternehmensmitbestimmung in ihrer gegenwärtigen Form noch zeitgemäß ist: Dazu krit. etwa *M. Rehberg*, in: H. Eidenmüller (Fn. 109), § 6 Rz. 180 f.; *P. Ulmer*, ZHR 166 (2002), 271 ff.; befürwortend jedoch *Th. Raiser*, FS R. M. Buxbaum 2000, S. 415, 422 ff.

[127] So *P. Kindler*, NJW 1999, 1993, 1996.

[128] So auch *H. Merkt*, RabelsZ 59 (1995), 545 ff.; *W. Schön*, ZHR 160 (1996), 221, 232 ff.; *P. Behrens*, FS E.-J. Mestmäcker, 1996, S. 831, 839 ff.; *St. Leible/J. Hoffmann*, RIW 2002, 925.

Standard sollte daher zumindest eine einheitliche Haftung für „wrongful trading" geschaffen werden,[129] noch besser ein einheitliches Kapitalschutzsystem auch für Kapitalgesellschaften unterhalb der Aktiengesellschaft.[130] Denn es sollte kein Zweifel daran bestehen, dass ein ruinöser Wettbewerb der Rechtsordnungen mit dem Ziel, durch größtmögliche Liberalität ausländische Investoren zu gewinnen, für die Allgemeinheit schädlich ist und daher den Zielen des gemeinsamen Marktes völlig zuwiderläuft. Die wirtschaftlichen Rahmenbedingungen sollen als Standortfaktor konkurrieren, nicht das Recht sich um Wohltaten für Gesellschaftsgründer zu Lasten Dritter bemühen.

Es darf auch nicht übersehen werden, dass zahlreiche Gründungstheoriestaaten – namentlich im angloamerikanischen Rechtskreis – über ein strenges öffentlich-rechtliches Aufsichtssystem verfügen. Allerdings sind die Wirkungen dieses Schutzmechanismus bislang territorial begrenzt, so dass sich nach ausländischem Recht gegründete Gesellschaften der Aufsicht durch nachträgliche Verlegung ihres tatsächlichen Verwaltungssitzes entziehen können. Im Rahmen der Harmonisierung wird daher über eine effektive Aufsichts- und Kontrollverpflichtung der Mitgliedstaaten über die nach ihrem Recht gegründeten Gesellschaften gesprochen werden müssen (Stichwort: Herkunftslandprinzip).[131]

Das deutsche GmbH-Recht ist im kommenden Prozess der Rechtsangleichung nicht chancenlos. Denn es verbindet in hervorragender Weise die Organisationsfreiheit für die Gesellschafter mit den Belangen des Gläubigerschutzes. Die Rechtsprechung hat allerdings insbesondere das gesetzliche Gläubigerschutzsystem kontinuierlich fortentwickelt; der heute erreichte Stand der Dogmatik ist konsistent und hat auch rechtspolitisch durchaus Überzeugungskraft. Doch gilt dieses deutsche Modell im Ausland als zu kompliziert und steht daher international unter Druck. Auf der aktuellen Agenda verschiedener Nachbarstaaten wird vielmehr als „GmbH light" die sog. „Blitz-GmbH" favorisiert.[132]

Der EuGH zwingt uns dazu, über die Deregulierung des GmbH-Rechts nachzudenken. Denn es ist nicht unwahrscheinlich, dass der Versuch, das deutsche GmbH-Modell zum Standard einer europäischen Regelung zu machen, nicht gelingen wird. Größere Chancen gegenüber dem „Hauptkon-

---

[129] So auch *Group of German Experts on Corporate Law,* ZIP 2003, 863, 870 im Anschluss an die Vorschläge der *High Level Group* (zu III.13).

[130] So bereits die Forderung von *M. Lutter,* ZGR 2000, 1, 13; vgl. auch *H. Wiedemann,* EWiR 1985, 697, 698.

[131] So richtig schon *H. Eidenmüller,* ZIP 2002, 2233, 2241; *St. Leible/J. Hoffmann,* RIW 2002, 925, 936; *P. Mankowski,* EWiR 2003, 273, 274 m.w.N.

[132] S. etwa zur Blitz-GmbH in Spanien: *N. Vietz,* GmbHR 2003, 26 ff.; *J. Fröhlingsdorf,* RIW 2003, 584 ff.; zur franz. Blitz-S.A.R.L. *P. Becker,* GmbHR 2003, 1120 ff.; *J. Meyer/S. Ludwig,* GmbHR 2004, 459 ff.

kurrenten", nämlich dem angloamerikanischen Modell der Limited,[133] sind dagegen einem „verschlankten" GmbH-Recht einzuräumen, d.h. einer modernen Konzeption, die nach Möglichkeit den materiellen Schutzstandard für Gläubiger und Minderheitsgesellschafter nicht deutlich absenkt, jedoch alle Vorschriften beseitigt, die von der Praxis als zu umständlich empfunden werden und heute möglicherweise auch schon ihren ursprünglichen Sinn verloren haben oder durch alternative Regelungen ersetzt wurden. Der frühere „Exportschlager" GmbH gilt nicht nur im Ausland, sondern auch in den Kreisen des deutschen Mittelstands als „überreguliert". Und zumindest optisch ist das formalisierte GmbH-Recht strenger als auf den ersten Blick „einfache" Gesellschaftsrechtsordnungen, die dann aber im Einzelfall Verfehlungen mittels des Delikts- oder auch des Strafrechts streng sanktionieren. Spätestens zum Jahresende 2006 soll die Reform des GmbH-Rechts, über die aktuell heftig diskutiert wird, abgeschlossen sein. Es wäre zu wünschen, dass sich der Gesetzgeber für eine Lösung mit Augenmaß entscheidet.

---

[133] Zur Konkurrenz der Limited: *V. Triebel,* BB 2003, Heft 36, Erste Seite; zu Risiken und Kosten der Limited etwa *W. Happ/L. Holler,* DStR 2004, 730 ff.; zur Limited als möglichem Vorbild einer GmbH-Reform kürzlich *V. Triebel/G. Otte,* ZIP 2006, 311 ff.; näher zur aktuellen Reform des englischen company law: *J. Kadel,* MittBayNot 2006, 111 ff.; *Sheik (*2006) 17 ICCLR 13.

Die Rechtsfolgen der EuGH-Rechtsprechung in Sachen „Centros & Co.": Zukunft der Gesellschafter- und Geschäftsführerhaftung bei EG-Auslandsgesellschaften[*]

Georg Bitter

A. Einführung

Die Wissenschaft hat zu jeder Zeit ihre Lieblingsthemen. In den 1980er und 1990er-Jahren ist die Diskussion zum sog. qualifiziert faktischen GmbH-Konzern als „Gesellschaftsrechtsthema Nr. 1" bezeichnet worden.[1] Nach den Urteilen *Autokran*,[2] *Tiefbau*[3] und *Video*[4] war vom „Durchzug von drei schweren Gewittern" die Rede.[5] Dem letzten Gewitter folgte ein „Sturm des Protestes".[6] Beim neuen Gesellschaftsrechtsthema Nr. 1, der Frage des Gläubigerschutzes bei EG-Auslandsgesellschaften, wiederholen sich die Dinge. Auch hier sind drei schwere Gewitter am Himmel des – internationalen – Gesellschaftsrechts vorbeigezogen, die EuGH-Urteile *Centros*[7], *Überseering*[8] und *Inspire Art*.[9] Sie haben eine Flut von Veröffentlichungen ausgelöst, so dass *Karsten Schmidt* jüngst mit Recht feststellen konnte, die „*Inspire Art*-Bibliothek" habe schon jetzt den Umfang der „Videothek" von vor 13 Jahren erreicht, ihr Wachstum scheine unaufhörlich.[10]

---

[*] Nachdr. des in WM 2004, 2190 ff. unter dem Titel „Flurschäden im Gläubigerschutzrecht durch *Centros & Co.*? – Eine Zwischenbilanz" erschienenen Aufsatzes. Der Herausgebergemeinschaft WERTPAPIER-MITTEILUNGEN Keppler, Lehmann GmbH & Co. KG sei für die Nachdruckgenehmigung herzlich gedankt.

[1] Von *W. Zöllner*, JZ 1992, 170, 175.

[2] BGHZ 95, 330 = WM 1985, 1263 = WuB II C. § 13 Abs. 2 GmbHG 1.86 *V. Emmerich* = NJW 1986, 188 (*Autokran*).

[3] BGHZ 107, 7 = WM 1989, 528 = WuB II A. § 302 AktG 1.89 *W. Timm* = NJW 1989, 1800 (*Tiefbau*).

[4] BGHZ 115, 187 = WM 1991, 1837 = WuB II C. § 13 GmbHG 1.92 *H. Hirte* = NJW 1991, 3142 (*Video*).

[5] *M. Lutter*, in: P. Hommelhoff/W. Stimpel/P. Ulmer, Heidelberger Konzernrechtstage: Der qualifiziert faktische Konzern, 1992, S. 183.

[6] So *F. Kübler*, NJW 1993, 1204, 1205.

[7] EuGHE I 1999, 1459 = WM 1999, 956 = NJW 1999, 2027 (*Centros*).

[8] EuGHE I 2002, 9919 = WM 2002, 2372 = NJW 2002, 3614 (*Überseering*).

[9] EuGHE I 2003, 10155 = WM 2003, 2042 = NJW 2003, 3331 (*Inspire Art*).

[10] *K. Schmidt*, ZHR 168 (2004), 493, 494.

So wird es Zeit, einmal innezuhalten und den Blick auf die aktuelle Landschaft des (internationalen) Gesellschaftsrechts zu werfen. Welche Flurschäden haben die Gewitter angerichtet? Sind die in ersten Reaktionen angestellten Katastrophenszenarien berechtigt oder steht zu erwarten, dass sich die Lage – wie damals beim Konzernrecht – in naher Zukunft beruhigen wird?

Erste Reparaturbemühungen haben zum Ziel, der vermeintlich vom EuGH vorgegebenen Gründungstheorie dadurch zu entgehen, dass die dem Gläubigerschutz dienenden Haftungstatbestände dem Delikts- oder Insolvenzrecht zugeschlagen werden.[11] Es ist sogar vorgeschlagen worden, den Gläubigerschutz insgesamt vom Gesellschafts- in das Insolvenzrecht zu verlagern.[12] Doch gibt es wirklich *Inspire Art*-geschützte Anknüpfungen?[13] Der nachfolgende Beitrag will vor kollisionsrechtlichen Scheinlösungen warnen. Plädiert wird stattdessen für eine differenzierende Beurteilung verschiedener Gläubigerschutzinstrumente im Rahmen der europarechtlichen Prüfung am Maßstab der Niederlassungsfreiheit.

B. Zum Stand der Diskussion in Deutschland

Die drei Gewitter des EuGH und die folgende Flutwelle von Veröffentlichungen haben das internationale Gesellschaftsrecht grundlegend verändert. Während früher die ganz h.M. in Deutschland auf dem Standpunkt stand, das Gesellschaftsstatut richte sich nach dem tatsächlichen, dem Verwaltungssitz der Gesellschaft (Sitztheorie),[14] ist nun allenthalben zu lesen, für EG-Auslandsgesellschaften gelte die an den Satzungssitz der Gesellschaft anknüpfende Gründungstheorie.[15] Die EuGH-Rechtsprechung soll der Sitztheorie „den Garaus gemacht" haben.[16]

---

[11] Nachw. in Fn. 29.

[12] *M. Fischer*, ZIP 2004, 1477.

[13] Dazu *K. Schmidt*, ZHR 168 (2004), 493, 496 ff.

[14] Umfassende Nachw. bei MünchKommBGB/*P. Kindler*, Band 11, 3. Aufl. 1999, IntGesR Rz. 264.

[15] Aus der Rspr. – jeweils bezüglich der Anerkennung der Rechtsfähigkeit und/oder der Möglichkeit einer Eintragung im Handelsregister – BGHZ 154, 185, 190 = WM 2003, 835, 836 = WuB II N Art. 43 EG 2.03 *P. Buck* = NJW 2003, 1461, 1462 (*Überseering*); OGH, IPRax 2000, 418, 421 f. = NZG 2000, 36, 38 f.; OLG Celle, IPRax 2003, 245, 246 = GmbHR 2003, 532, 533; OLG Naumburg, GmbHR 2003, 533 (LS); OLG Zweibrücken, WM 2003, 1329, 1330 = WuB II N. Art. 43 EG 3.03 *S. Schmahl* = BB 2003, 864, 865; aus der Literatur – dort jeweils allgemein vertreten –*P. C. Müller-Graff*, in: R. Streinz, EUV/EGV, 2003, Art. 48 EGV Rz. 15; *W. Bayer*, BB 2003, 2357, 2363; *ders.*, BB 2004, 1, 4; *P. Behrens*, IPRax 2004, 20, 25; *H. Eidenmüller*, JZ 2004, 24 f. (mit der Ausnahme für Fälle von Missbrauch und Betrug); *H. Eidenmüller/G. Rehm*, ZGR 2004, 159, 161; *N. Horn*, NJW 2004, 893, 896 f.; *H. Kallmeyer*, DB 2004, 636; *C. Kersting/C. P. Schindler*, RdW 2003, 621 und 622 f.; *T. Lanzius*, ZInsO 2004, 296; *W. Meilicke*, GmbHR 2003, 1271 ff.;

Diese „weitgehend unstreitige"[17] Erkenntnis darf allerdings nicht darüber hinwegtäuschen, dass innerhalb dieser ganz h.M. zwei verschiedene Lager auszumachen sind.[18] Das erste Lager mag man als anerkennungsfreundlich in dem Sinne bezeichnen, dass die ihm zugehörigen Autoren die EuGH-Rechtsprechung nicht nur zustimmend aufnehmen, sondern sie fortschreiben: Die Anwendung deutschen (Gesellschafts-)Rechts auf EG-Auslandsgesellschaften mit Verwaltungssitz im Inland soll überhaupt nur noch dann und insoweit in Betracht kommen, wie das ausländische Recht Schutzlücken lässt.[19] Wohlgemerkt: Der EuGH hat bislang nur drei Dinge entschieden: 1. Die Eintragung der Zweigniederlassung einer ausländischen Gesellschaft darf nicht mit der Begründung abgelehnt werden, die Geschäftstätigkeit der Gesellschaft beschränke sich praktisch auf das Inland, es handele sich um eine sog. Scheinauslandsgesellschaft (*Centros*),[20] 2. Jeder Mitgliedstaat ist beim Zuzug einer Gesellschaft aus einem anderen Mitgliedstaat nach den Art. 43 und 48 EG verpflichtet, „die Rechtsfähigkeit und damit die Parteifähigkeit zu achten, die diese Gesellschaft nach dem Recht ihres Gründungsstaates besitzt." (*Überseering*),[21] und 3. Die Tätigkeit der Auslandsgesellschaft darf im Inland weder von einer stigmatisierende Firmierung („formal

---

H.-F. Müller, NZG 2003, 414, 416 und 417; *W. Paefgen*, DB 2003, 487 f.; *S. Riedemann*, GmbHR 2004, 345, 346; *B. Riegger*, ZGR 2004, 510, 517; *O. Sandrock*, BB 2003, 2588; *A. Schumann*, DB 2004, 743; *G. Spindler/O. Berner*, RIW 2003, 949 ff.; *P. Ulmer*, NJW 2004, 1201; *M.-P. Weller*, DStR 2003, 1800 und 1804; *ders.*, IPRax 2003, 520; *S. Wimmer-Leonhardt*, Konzernhaftungsrecht, 2004, S. 701 ff. mit Ergebnis S. 747 ff. (mit Ausdehnung auf Gesellschaften aus Drittstaaten); wohl auch *T. Wachter*, GmbHR 2003, 1254; *ders.*, GmbHR 2004, 88, 89; zurückhaltender *C. Kersting*, NZG 2003, 9 f.; *H. Hirte*, EWS 2003, 521, 522; *D. Zimmer*, ZHR 168 (2004), 355, 360.

[16] *O. Sandrock*, BB 2003, 2588; ähnlich *ders.*, in: O. Sandrock/C. F. Wetzler (Hrsg), Deutsches Gesellschaftsrecht im Wettbewerb der Rechtsordnungen, S. 33: „Die Sitztheorie ist tot."

[17] Vgl. *G. Borges*, ZIP 2004, 733.

[18] Zutr. *P. Ulmer*, NJW 2004, 1201, 1202, wobei sich aber die hiesige Zuordnung der Autoren zu den beiden Lagern nicht ganz mit derjenigen von *P. Ulmer* deckt.

[19] Besonders deutlich *P. Behrens*, IPRax 2003, 193, 203 und 206; *ders.*, IPRax 2004, 20, 25; *E.-M. Kieninger*, ZEuP 2004, 685 ff.; *O. Sandrock*, in: O. Sandrock/C. F. Wetzler, a.a.O. (Fn. 16), S. 37 ff. („Subsidiaritätsprinzip"); ähnlich *St. Leible*, ZGR 2004, 531, 533 f.; *B. Riegger*, ZGR 2004, 510, 523 f.; *V. Triebel*, BB 2003, Heft 33, Die erste Seite; *S. Wimmer-Leonhardt*, a.a.O. (Fn. 15), S. 701 ff. mit Ergebnis S. 747 ff.; *H. Ziemons*, ZIP 2003, 1913, 1917; ferner *H. Eidenmüller*, JZ 2004, 24, 28; *H. Eidenmüller/G. Rehm*, ZGR 2004, 159, 173 ff. und 182, die allein Fälle des Normenmangels als Ausnahme anerkennen; restriktiv auch *E. Schanze/A. Jüttner*, AG 2003, 661, 666 ff.; *G. Spindler/O. Berner*, RIW 2003, 949, 954; *dies.*, RIW 2004, 7, 14; im Ansatz auch *W. Bayer*, BB 2003, 2357, 2364; *ders.*, BB 2004, 1, 4, der jedoch an die ausnahmsweise Anwendung inländischer Rechtsvorschriften geringere Anforderungen stellt.

[20] Urteil *Centros*, a.a.O. (Fn. 7).

[21] Urteil *Überseering*, a.a.O. (Fn. 8), Leitsatz 2 und Rdnr. 80 f.

ausländische Gesellschaft") noch von der Einhaltung der im Inland gültigen Mindestkapitalvorschriften abhängig gemacht werden (*Inspire Art*).[22] Aus diesen drei Entscheidungen schließen die Autoren des ersten Lagers, dass die EG-Auslandsgesellschaft bei ihrer Tätigkeit im Inland (fast) gänzlich nach dem Gesellschaftsrecht ihres Heimatlandes lebt. Anwendbar wäre auf der Basis dieser Ansicht im Grundsatz nur das allgemeine deutsche Verkehrsrecht (Vertrags-, Bereicherungs- und Deliktsrecht).[23/23a]

Ein zweites, ähnlich starkes Lager geht zwar auch von der grundsätzlichen Geltung der Gründungstheorie aus, will aber doch im Interesse des inländischen Rechtsverkehrs einen teilweisen Rückgriff auf nationales Recht zulassen. Die dazu beschrittenen Wege sind dogmatisch sehr unterschiedlich: Eine erste Lösung geht dahin, einzelne gesellschaftsrechtliche Vorschriften im Wege einer Sonderanknüpfung zur Anwendung zu bringen und diesen Rückgriff auf deutsches Recht mit dem in *Centros*[24] anerkannten, aus dem *Gebhard*-Urteil[25] übernommenen „Vier-Kriterien-Test"[26] oder als Missbrauchsfall[27] zu rechtfertigen. Andere begründen die Anwendung des nationalen Rechts über den ordre public.[28] Besonders stark ist jedoch die bereits angedeutete Tendenz zu beobachten, der angeblich vom EuGH vorgegebenen Gründungstheorie durch die Einordnung bestimmter Haftungsregeln wie der Insolvenzverschleppungshaftung, der Durchgriffshaftung oder des Eigenkapitalersatzrechts unter das Delikts- oder Insolvenzstatut zu entkommen.[29]

---

[22] Urteil *Inspire Art*, a.a.O. (Fn. 9).

[23] *E. Schanze/A. Jüttner*, AG 2003, 661, 667 ff. (mit der Einschränkung für extrem formulierte Deliktsnormen); s. dazu noch unten C.II. bei Fn. 53.

[23a] I.d.S. wohl auch der II. Zivilsenat des BGH in seinem Urteil v. 14.03.2005, ZIP 2005, 805, 806 a.E.: „Der Klägerin ist ... Gelegenheit zu geben, ... ihr Klagebegehren nunmehr auf ... etwaige Haftungstatbestände des materiellen englischen Rechts oder des (deutschen) Deliktsrechts (§§ 823 ff. BGB) zu stützen ..."

[24] Urteil *Centros*, a.a.O. (Fn. 7), Rdnr. 34.

[25] EuGHE I 1995, 4165 = NJW 1996, 579 (*Gebhard*), Rdnr. 37.

[26] Dafür *P. Ulmer*, JZ 1999, 662, 665; NJW 2004, 1201, 1208 f.; wohl auch LG Stuttgart, NJW-RR 2002, 463, 466.

[27] Dafür bezüglich der Durchgriffshaftung *G. H. Roth*, NZG 2003, 1081, 1085, und *D. Zimmer*, NJW 2003, 3585, 3589 (vgl. zusätzlich Fn. 29); bezüglich des Durchgriffs wegen Existenzvernichtung *N. Horn*, NJW 2004, 893, 899; beschränkt auf die Durchgriffshaftung wegen Vermögensvermischung *M.-P. Weller*, DStR 2003, 1800, 1804.

[28] Dafür insb. *W. Paefgen*, DB 2003, 487, 489 ff.; für eine – allerdings sehr restriktive – Anwendung des ordre public beim Durchgriff auch *B. Riegger*, ZGR 2004, 510, 523 f.; *A. Schumann*, DB 2004, 743, 745, diskutiert die Anwendung von Art. 6 EGBGB hinsichtlich §§ 30, 31 GmbHG, lehnt einen Rückgriff auf den ordre public letztlich aber ab.

[29] Zur Insolvenzverschleppungshaftung z.B. *H.-F. Müller*, NZG 2003, 414, 417 (Insolvenzrecht); *M. Habersack/D. Verse*, ZHR 168 (2004), 174, 207 (Insolvenzrecht); *S. Riedemann*, GmbHR 2004, 345, 349 (Deliktsrecht); *M.-P. Weller*, DStR 2003, 1800, 1804 (Insolvenzrecht); *D. Zimmer*, NJW 2003, 3585, 3590 (Delikt-

Zu den Skeptikern einer Anwendung ausländischen Gläubigerschutzrechts gehören schließlich auch *Holger Altmeppen* und *Jan Wilhelm*. Doch bestreiten sie im Gegensatz zur ganz h.M. bereits die grundsätzliche Geltung der Gründungstheorie.[30] Ausländische Gesellschaften hätten bei einer Tätigkeit im Inland generell kein Recht, diejenigen Verhaltensregeln zu missachten, die das deutsche Kapitalgesellschaftsrecht aufstellt.[31]

C. Klarstellung der Grundlagen

Wer die Anwendbarkeit einzelner deutscher Haftungstatbestände auf EG-Auslandsgesellschaften analysieren will (unten D.), tut gut daran, zunächst die dafür maßgeblichen kollisions- und europarechtlichen Grundlagen klarzustellen. Da der *Verfasser* sich hierzu bereits an anderer Stelle eingehend geäußert hat,[32] soll insoweit eine knappe Zusammenfassung genügen:

I. Kollisionsrechtliche Irrwege

Der Versuch, die EuGH-Rechtsprechung in Sachen *Centros & Co.* durch kollisionsrechtliche Manöver wie die Einordnung bestimmter Haftungstatbestände ins Delikts- oder Insolvenzrecht zu umgehen, muss ein untauglicher bleiben. Die kollisionsrechtliche Einordnung einer Haftungsregel ist nämlich für die Frage der europarechtlichen Zulässigkeit ihrer Anwendung

---

srecht); wohl auch *T. Wachter*, GmbHR 2003, 1254, 1257 (Insolvenzrecht); zum Durchgriff z.B. *W. Bayer*, BB 2003, 2357, 2365 (Deliktsrecht); *G. H. Roth*, NZG 2003, 1081, 1085 (Regel vorinsolvenzrechtlicher Qualität); *M.-P. Weller*, IPRax 2003, 207, 208 und 210 (Delikts- oder Insolvenzrecht); dem folgend *T. Wachter*, GmbHR 2003, 1254, 1257 (wohl Deliktsrecht); vgl. auch *D. Zimmer*, NJW 2003, 3585, 3588 f. (Delikts- oder Insolvenzrecht); zum Eigenkapitalersatzrecht z.B. *P. Ulmer*, NJW 2004, 1201, 1207 (Insolvenzrecht); für alle drei Tatbestände *U. Haas*, NZI 2003, Heft 12, S. V, VI (Insolvenzrecht); *M.-P. Weller*, IPRax 2004, 412, 414 (Insolvenzrecht); allgemein auch *P. Kindler*, NZG 2003, 1086, 1089 f. (als Hilfsbegründung).

[30] *H. Altmeppen*, NJW 2004, 97 ff.; *H. Altmeppen/J. Wilhelm*, DB 2004, 1083 ff.; vgl. im Ergebnis auch *C. Schäfer*, NZG 2004, 785 ff. unter Heranziehung der für die SE geltenden Grundsätze; ferner *P. Kindler*, NZG 2003, 1086, 1089, nach dessen Ansicht die Einordnung der Gesellschaft als inländische durch das nationale IPR der Prüfung der Niederlassungsfreiheit vorgeht (dagegen mit Recht *H. Eidenmüller/ G. Rehm*, ZGR 2004, 159, 163 f.; *W. Schön*, in: FS M. Lutter, S. 685, 687, jeweils m.w.N.; vgl. auch *P. Behrens*, IPRax 2004, 20, 23).

[31] *H. Altmeppen*, NJW 2004, 97, 100 ff.

[32] *G. Bitter*, in: A. Tietze/M. R. McGuire et al., Europäisches Privatrecht – Über die Verknüpfung von nationalem und Gemeinschaftsrecht, Jahrbuch Junger Zivilrechtswissenschaftler 2004, 2005, S. 299, 310 ff. Der Text ist auch erhältlich über www.georg-bitter.de unter dem Stichwort „Lehrstuhlinhaber – Veröffentlichungen".

auf EG-Auslandsgesellschaften im Grundsatz ohne Bedeutung. Jede Rechtsanwendung, wie auch immer sie im nationalen Recht zustande kommt, muss sich im Gebiet der EG an deren Recht messen lassen.[33]

1. Insolvenzrecht als „sicherer Hafen"?

Entgegen einer jüngst vor allem von *Peter Ulmer*[34] vertretenen Ansicht ist nicht einmal im Anwendungsbereich der Europäischen Insolvenzverordnung (EuInsVO)[35] von einer *Inspire Art*-freien Zone auszugehen. Es gibt keinen „sicheren Hafen" der Anwendung deutschen Rechts.

Richtig ist zwar, dass über das Vermögen einer EG-Auslandsgesellschaft mit Verwaltungssitz in Deutschland (Scheinauslandsgesellschaft) wegen des inländischen Mittelpunkts der hauptsächlichen Interessen das Insolvenzverfahren in Deutschland zu eröffnen ist (Art. 3 Abs. 1 EuInsVO) und das zuständige deutsche Gericht dabei das inländische Insolvenzrecht der lex fori concursus anzuwenden hat (Art. 4 Abs. 1 EuInsVO).[36] Das auf diese Weise kollisionsrechtlich zur Anwendung berufene materielle deutsche Insolvenzrecht muss sich jedoch in seiner Wirkung auf EG-Auslandsgesellschaften – wie jede andere inländische Rechtsanwendung auch – am Maßstab der Niederlassungsfreiheit messen lassen.

Wenn ein „sicherer Hafen Insolvenzrecht" existieren würde, kämen wir zu nicht akzeptablen Ergebnissen. Ein einfaches Beispiel mag das verdeutlichen[37]: Würde der deutsche Gesetzgeber vor dem Hintergrund vieler masseloser Insolvenzverfahren über Scheinauslandsgesellschaften eine Vorschrift in die Insolvenzordnung aufnehmen, nach der die Geschäftsführer und/oder Gesellschafter einer Scheinauslandsgesellschaft einen Verfahrenskostenbeitrag in Höhe von 10.000 Euro zu leisten hätten, um so die Eröffnung derartiger Verfahren zu ermöglichen, dann würde es sich bei einer solchen auf das Insolvenzverfahren beschränkten Regelung wohl unstreitig um (deutsches) Insolvenzrecht handeln. Und dennoch ist eine solche mate-

---

[33] *G. Bitter*, a.a.O. (Fn. 32), S. 311 f.; krit. zur kollisionsrechtlichen Diskussion auch *O. Brand*, JR 2004, 89, 93; *E.-M. Kieninger*, ZEuP 2004, 685, 696 f.; *K. Schmidt*, ZHR 168 (2004), 493, 498 f.; *W. Schön*, ZHR 168 (2004), 268, 293.

[34] *P. Ulmer*, NJW 2004, 1201, 1205 und 1207; ders., KTS 2004, 291 ff.; im Anschluss daran auch *M. Fischer*, ZIP 2004, 1477, 1479; *M.-P. Weller*, IPRax 2004, 412, 414 mit Fn. 35.

[35] Verordnung (EG) Nr. 1346/2000 des Rates v. 29.05.2000 über Insolvenzverfahren, ABl. EG Nr. L 160 v. 30.06.2000, S. 1 ff. (Abdruck auch in: NZI 2000, 407).

[36] Dazu AG Hamburg, IPRax 2003, 534, 535 = DB 2003, 1618; *M. Fischer*, ZIP 2004, 1477, 1484 f.; *H.-F. Müller*, NZG 2003, 414, 415; *S. Riedemann*, GmbHR 2004, 345, 346 und 347; *B. Riegger*, ZGR 2004, 510, 526; *A. Schumann*, DB 2004, 743, 746; *P. Ulmer*, NJW 2004, 1201, 1204; *T. Wachter*, GmbHR 2003, 1254, 1257; *M.-P. Weller*, IPRax 2003, 520, 521; *D. Zimmer*, NJW 2003, 3585, 3589.

[37] Vgl. bereits *G. Bitter*, a.a.O. (Fn. 32), S. 312 unter Ziff. III.2.

rielle Regelung nicht deshalb der Prüfung am Maßstab der Niederlassungsfreiheit entzogen, weil eine europäische Norm (Art. 4 EuInsVO) dieses Recht zur Anwendung beruft. Gäbe es *Inspire Art*-geschützte Anknüpfungen, ließen sich EG-Auslandsgesellschaften fortan im Anwendungsbereich dieser Anknüpfungen in der Ausübung der Grundfreiheiten beschränken oder sogar diskriminieren, ohne dass der – im Beispielsfall auf der Hand liegende – Verstoß gegen die Niederlassungsfreiheit Folgen hätte.

Im Übrigen ist die auf der EuInsVO aufbauende Argumentation auch deshalb nur von beschränktem Wert, weil sich das anwendbare Recht nicht nach dieser Verordnung ermitteln lässt, wenn das Insolvenzverfahren nicht eröffnet wird.[38] Gerade in diesen Fällen wird jedoch die Haftung der Gesellschafter oder Geschäftsführer gegenüber den Gläubigern besonders akut.

2. Gefahr begrifflicher Fehlschlüsse

Unerheblich ist es für die europarechtliche Prüfung auch, ob die Anwendung deutscher Haftungsregeln auf der Sitztheorie oder auf Sonderanknüpfungen im Rahmen einer grundsätzlich geltenden Gründungstheorie beruht.[39] Wenn überhaupt eine – über Sonderanknüpfungen begründete – Anwendung deutschen Gläubigerschutzrechts vor der Niederlassungsfreiheit Bestand haben sollte, wäre die Prämisse unrichtig, dass die Sitztheorie, soweit sie ebenfalls zur Anwendung dieses Rechts führt, gegen Europarecht verstößt. Der EuGH stellt jedenfalls außerhalb derjenigen Rechtsbereiche, in denen das Europarecht unmittelbar selbst das Kollisionsrecht bestimmt,[40] keine eigene Kollisionsregel auf[41] und macht damit erst recht keine Vorgaben über den konkreten kollisionsrechtlichen Weg, der zur Anwendung bestimmter materieller Vorschriften führt. Soweit das Gemeinschaftsrecht als Schranke nationaler Rechtsanwendung in Rede steht, hat er allein darüber zu entscheiden, ob das Ergebnis, sprich die nationale kollisions- und sachrechtliche Behandlung EG-ausländischer Kapitalgesellschaften, gegen europäisches Recht verstößt.[42]

---

[38] Insoweit zutr. *U. Haas*, NZI Heft 12/2003, Seite VI; zur Beschränkung der EuInsVO auf – nicht notwendig durch ein „Gericht" i.e.S. durchgeführte – Verfahren s. Erwägungsgrund 10 und Art. 1 der Verordnung.

[39] *G. Bitter*, a.a.O. (Fn. 32), S. 310 unter Ziff. III.1.; zur Gleichbehandlung von Sitztheorie und Sonderanknüpfungen auch *W. Schön*, Der Konzern 2004, 162, 163 nach Fn. 15.

[40] Dazu *W.-H. Roth*, RabelsZ 55 (1991), 623, 630 ff.

[41] So aber die Interpretation von *Überseering* bei *St. Grundmann*, Europäisches Gesellschaftsrecht, 2004, Rz. 768; *S. Wimmer-Leonhardt*, a.a.O. (Fn. 15), S. 721.

[42] Ebenso GA *Colomer* in der Sache *Überseering*, Rdnr. 39 f., 43, 65 und 69 (abgedr. in: NZG 2002, 16, 20 und 22); *H. Altmeppen/J. Wilhelm*, DB 2004, 1083, 1084; *St. Leible*, ZGR 2004, 531, 534; *A. Martin-Ehlers*, in: O. Sandrock/C. F. Wetzler, a.a.O. (Fn. 16), S. 1, 13 ff.; *E. Schanze/A. Jüttner*, AG 2003, 661, 665 f.; *M.-P. Wel-*

Mit Recht ist deshalb bezweifelt worden, dass die Argumentation mit einer angeblich europarechtlich gebotenen (internationalprivatrechtlichen) Gründungstheorie[43] besonders hilfreich ist.[44] Allenfalls könnte von einer „europarechtlichen Gründungstheorie" insoweit gesprochen werden, wie die Niederlassungsfreiheit die Anwendung des Gründungsrechts gebietet.[45] Da jedoch die Begriffe „Gründungstheorie" und „Sitztheorie" national und methodisch vorgeprägt sind, bestünde bei einer derartigen Terminologie die Gefahr, dass aus ihr begriffsjuristische Schlüsse gezogen werden und dabei der – völlig anders gelagerte – gemeinschaftsrechtliche Sachverhalt aus dem Blick gerät.[46]

II. Die Lösung im Europarecht

1. Plädoyer für eine differenzierende Beurteilung der Rechtfertigung

Die Lösung der Gläubigerschutzproblematik ist im Europarecht[47] selbst zu finden: Die Anwendung inländischer Haftungsregeln auf ausländische Gesellschaften unterliegt bei ihrer Prüfung am Maßstab der Niederlassungsfreiheit einer differenzierenden Beurteilung. Als Kernthese gilt: Je weniger die Anwendung einer nationalen Vorschrift die Grundfreiheit – hier die Niederlassungsfreiheit – beschränkt, desto geringer sind die Anforderungen an die Rechtfertigung. Es gibt ein System fließender Übergänge, das von der Anwendung allgemeinen Verkehrsrechts, die nach Maßgabe der *Keck*-Rechtsprechung[48] schon keine Beschränkung begründet, über die leicht zu

---

ler, Europäische Rechtsformwahlfreiheit und Gesellschafterhaftung, 2004, S. 41 f. m.w.N. (anders aber S. 51 ff.); früher schon *W.-H. Roth*, ZEuP 1994, 5, 18 ff.; die Forderung des Urteils *Überseering*, a.a.O. (Fn. 8), Leitsatz 2 und Rdnr. 95, die Rechts- und Parteifähigkeit der Auslandsgesellschaft zu achten (!), die sie „nach dem Recht ihres Gründungsstaates besitzt", ändert daran nichts (zurückhaltend auch *W.-H. Roth*, Int. Comp. L. Q. 2003, 177, 207; *D. Zimmer*, BB 2003, 1, 4).

[43] *M. Fischer*, ZIP 2004, 1477, 1478 spricht gar von einer „auf das Gesellschaftsstatut bezogenen Rspr. des EuGH".

[44] *E. Schanze/A. Jüttner*, AG 2003, 661, 665.

[45] So *St. Leible*, ZGR 2004, 531, 534 und 556 f.

[46] Vgl. auch *G. Rehm*, in: H. Eidenmüller (Hrsg.), Ausländische Kapitalgesellschaften im deutschen Recht, 2004, § 2 Rz. 71; *E. Schanze/A. Jüttner*, AG 2003, 661, 665, die deshalb den Arbeitsbegriff „europarechtlich moderierte Kontrolltheorie" vorschlagen; a.A. *E.-M. Kieninger*, ZEuP 2004, 685, 690 f.

[47] Ebenfalls europarechtlich argumentierend *C. Schäfer*, NZG 2004, 785 ff., der aber entscheidend auf die Wertungen der SE-Verordnung abstellt und diese für die Auslandsgesellschaften nutzbar machen will.

[48] EuGHE I 1993, 6097 = ZIP 1993, 1813 = NJW 1994, 121 (*Keck* und *Mithouard*); dazu näher *St. Leible*, in: E. Grabitz/M. Hilf, Das Recht der Europäischen

rechtfertigenden Beschränkungen der Tätigkeitsausübung bis hin zu den selten zu rechtfertigenden absoluten Zutrittsschranken reicht.[49]

Im Ansatz kommt diese Differenzierung in jener Passage des *Centros*-Urteils zum Ausdruck, in der der EuGH zwischen den Vorschriften über die Errichtung von Gesellschaften und den Vorschriften über die Tätigkeitsausübung differenziert.[50] Soweit eine nationale Regelung der EG-Auslandsgesellschaft insgesamt den Zutritt verwehrt, sei es durch Verweigerung der Eintragung einer Zweigniederlassung (*Centros*) oder durch Aberkennung der Rechtsfähigkeit (*Überseering*), ist die Rechtsprechung des EuGH besonders streng.[51] Ähnliches gilt für eine Regelung des nationalen Rechts, die von den Gesellschaftern der zugezogenen Gesellschaft die Aufbringung des auch im Inland gesetzlich angeordneten Mindestkapitals fordert (*Inspire Art*). Eine solche Bestimmung hindert ebenfalls schon den „Marktzutritt" der ausländischen Gesellschaft als solchen, weil die Gesellschaft jedenfalls so, wie sie im Ausland wirksam gegründet wurde, im Inland nicht tätig werden kann. Ein Verstoß gegen die Niederlassungsfreiheit liegt bei solchen Zutrittshindernissen auf der Hand und eine Rechtfertigung ist praktisch nicht möglich.

Am entgegengesetzten Ende des Systems fließender Übergänge liegt das allgemeine Verkehrsrecht, dessen Anwendung allenfalls marginal eine Auswirkung auf die Bereitschaft der ausländischen Gesellschaft zur Niederlassung im Inland haben kann. Die Geschäftsführer und Mitarbeiter der ausländischen Gesellschaft müssen sich bei ihrer Tätigkeit im Inland an die allgemeinen deutschen Strafgesetze, an wettbewerbsrechtliche, deliktische oder gewerberechtliche Normen halten, die gegebenenfalls vom Heimatrecht abweichen.[52] Diese – wohl allgemein anerkannte[53] – Anwendung der allge-

---

Union, Kommentar, Stand: August 2003, Art. 28 EGV Rz. 27 ff.; *A. Epiney*, in: C. Calliess/M. Ruffert (Hrsg.), EUV/EGV, 2. Aufl. 2002, Art. 28 EG-Vertrag Rz. 27 ff., 34 ff.

[49] Näher *G. Bitter*, a.a.O. (Fn. 32), S. 316 ff. unter Ziff. IV.2.; ähnlich *M.-P. Weller*, a.a.O. (Fn. 42), S. 34 ff., 200 ff., der für ein abgestuftes System aus Marktzugangshindernissen einerseits, Tätigkeitsausübungs- und Marktrückzugsregelungen andererseits plädiert; zur generellen Bedeutung von Markt*zutritts*beschränkungen bei den Grundfreiheiten s. auch *H. Eidenmüller*, in: ders. (Hrsg.), a.a.O. (Fn. 46), § 3 Rz. 13 ff.; *F. Kainer*, ZHR 168 (2004), 542.

[50] Urteil *Centros*, a.a.O. (Fn. 7), Rdnr. 26; deutlich auch die Schlussanträge des GA *A. La Pergola*, EuGHE I 1999, 1461, 1480 (Rdnr. 20) und 1483 (Rdnr. 22); näher *M.-P. Weller*, a.a.O. (Fn. 42), S. 35 ff. und 58, ferner S. 65 f. zu *Inspire Art*.

[51] Vgl. auch GA *A. La Pergola* in der Rs. *Centros*, EuGHE I 1999, 1461, 1472 (Rdnr. 16); *M.-P. Weller*, a.a.O. (Fn. 42), S. 51 (zu *Überseering*) und S. 58 (zu *Centros*).

[52] Dazu auch *H. Eidenmüller/G. Rehm*, ZGR 2004, 159, 167.

[53] S. bereits oben Fn. 23; ferner *P. Ulmer*, NJW 2004, 1201, 1205; *ders.*, KTS 2004, 291, 292 („im Grundsatz unbestritten"); anders wohl nur *O. Sandrock*, in:

meinen Rechtsvorschriften begründet nach Maßgabe der im *Keck*-Urteil für die Warenverkehrsfreiheit entwickelten, auf die Niederlassungsfreiheit übertragbaren[54] Grundsätze in aller Regel[55] schon keine Beschränkung der Niederlassungsfreiheit.

Zwischen diesen beiden Polen der absoluten Zutrittsschranken und der Anwendung allgemeinen Verkehrsrechts gibt es nun einen Zwischenbereich. Der Übergang wird gebildet von Vorschriften, die die Tätigkeitsausübung mehr oder weniger weit reichend tangieren und die einer Rechtfertigung unter erleichterten Bedingungen als Zutrittsschranken zugänglich sind.

Überträgt man beispielsweise die in Deutschland geltende Insolvenzantragspflicht bei Überschuldung oder Zahlungsunfähigkeit (§§ 64 Abs. 1 GmbHG, 92 Abs. 2 AktG) auf eine Auslandsgesellschaft, so ist die damit verbundene Beschränkung der Niederlassungsfreiheit eine völlig andere als bei den vom EuGH zu beurteilenden nationalen Vorschriften: Der „Marktzutritt" als ausländische Gesellschaft wird nicht per se beschränkt, weil die Gesellschaft solange in Deutschland tätig sein kann, bis Überschuldung oder Zahlungsunfähigkeit eintritt. Geht man von einem System fließender Übergänge aus, muss nicht notwendig festgestellt werden, ob eine solche nationale Regelung schon als allgemeines Verkehrsrecht i.S.d. *Keck*-Rechtsprechung aufzufassen wäre. Denn jedenfalls könnte an eine Rechtfertigung dieser Regel nicht derselbe rigorose Erforderlichkeitsmaßstab der Urteile *Centros*, *Überseering* und *Inspire Art*[56] angelegt werden. Beschränkungen, die bereits eine Nähe zu den eindeutig als Verkehrsrecht einzuordnenden Vorschriften aufweisen, müssen unter erleichterten Voraussetzungen einer Rechtfertigung zugänglich sein. Darin und nicht in der Behauptung, die europarechtliche Erforderlichkeit bestimme sich generell nach dem Rege-

---

O. Sandrock/C. F. Wetzler, a.a.O. (Fn. 16), S. 41 f. und 57 ff., der sogar die ausländischen deliktsrechtlichen Normen vorrangig heranziehen will.

[54] Eingehend *W.-H. Roth*, in: Gedächtnisschrift B. Knobbe-Keuk, 1997, S. 729, 740 ff.; ferner *H. Eidenmüller*, in: ders. (Hrsg.), a.a.O. (Fn. 46), § 3 Rz. 14 ff.; ders., JZ 2004, 24, 26 f.; *H. Eidenmüller/G. Rehm*, ZGR 2004, 159, 168; *St. Leible*, ZGR 2004, 531, 543 in Fn. 56; *E. Schanze/A. Jüttner*, AG 2003, 661, 667; *G. Spindler/ O. Berner*, RIW 2003, 949, 955; *dies.*, RIW 2004, 7, 10 f.; a.A. *E.-M. Kieninger*, ZEuP 2004, 685, 691.

[55] Eine – auf ihre Rechtfertigung zu prüfende – Beschränkung der Grundfreiheiten liegt gleichwohl vor, soweit solche allgemeinen Regelungen im Einzelfall doch eine wesentliche Behinderung des Marktzugangs und damit des Binnenmarktes darstellen; vgl. *H. Eidenmüller*, JZ 2004, 24, 27; *E. Schanze/A. Jüttner*, AG 2003, 661, 667.

[56] Zur strengen Handhabung des „Vier-Kriterien-Tests" durch den EuGH s. *H. Eidenmüller/G. Rehm*, ZGR 2004, 159, 173 f.; *N. Horn*, NJW 2004, 893, 898; *E. Schanze/A. Jüttner*, AG 2003, 661, 666.

lungsplan des deutschen Rechts,[57] liegt der Schlüssel zur Anwendung der gläubigerschützenden Rechtsregeln des jeweiligen Gastlandes.[58]

2. Missbrauch und „Vier-Kriterien-Test"

Ob die Rechtfertigung über die vom EuGH in *Centros*[59] und *Inspire Art*[60] zugestandene Missbrauchsausnahme oder über die allgemeine Rechtfertigung nach Maßgabe des „Vier-Kriterien-Tests" (*Gebhard*-Formel) erfolgt, ist im Bereich der Niederlassungsfreiheit im Ergebnis ohne Belang[61]: Ist die Anwendung einer nationalen (Missbrauchs-)Regelung – z.B. der gesellschaftsrechtlichen Durchgriffshaftung[62] – europarechtlich gerechtfertigt und beruft sich der Betroffene gegenüber dieser Anwendung auf die Grundfreiheit, stellt dies eine „missbräuchliche oder betrügerische Berufung auf Gemeinschaftsrecht" i.S.d. EuGH-Rechtsprechung dar. Da die Anwendung nationaler Missbrauchsinstitute in der Sache nicht anders zu behandeln ist als die Anwendung sonstiger nationaler Rechtsregeln, die sich am Gemeinschaftsrecht messen lassen müssen,[63] führt der – bei der Niederlassungsfreiheit allein relevante – *unspezifische* Missbrauch von Gemeinschaftsrecht nur in das allgemeine System der Rechtfertigung nach dem „Vier-Kriterien-Test" zurück.[64]

3. Informationskosten und -risiken

Im Rahmen der Rechtfertigung sind sodann die Informationskosten und -risiken ein wesentlicher Aspekt, der jedenfalls bei Scheinauslandsgesellschaften für die Anwendung des inländischen Gläubigerschutzrechts streitet.[65] Das Problem liegt weniger darin begründet, ob gleichwertige ausländische Haftungsregeln existieren, sondern in der Frage, ob der deutsche Gläubiger diese Regeln *tatsächlich* durchsetzt, wenn er das (aktuelle) ausländische Recht nicht kennt und sich darüber mit vertretbarem (finanziellem)

---

[57] So *H. Altmeppen/J. Wilhelm*, DB 2004, 1083, 1089.
[58] Näher unten D.
[59] Urteil *Centros*, a.a.O. (Fn. 7), Rdnr. 24 und 38.
[60] Urteil *Inspire Art*, a.a.O. (Fn. 9), Rdnr. 136.
[61] Eingehend *G. Bitter*, a.a.O. (Fn. 32), S. 320 ff. unter Ziff. IV.3.
[62] Dazu unten D.II.
[63] Vgl. GA *Tesauro* in der Rs. *Kefalas*, EuGHE I 1996, 2845, 2858 (Rdnr. 27).
[64] Zur Unterscheidung zwischen spezifischem und unspezifischem Missbrauch von Gemeinschaftsrecht *G. Bitter*, a.a.O. (Fn. 32), S. 320 ff. unter Ziff. IV.3.
[65] Näher *W.-H. Roth*, IPRax 2003, 117, 124 f. und 126 oben; *ders.*, Int. Comp. L. Q. 2003, 177, 181 f. und 202 ff.; im Anschluss daran auch *M.-P. Weller*, a.a.O. (Fn. 42), S. 104; im Grundsatz a.A. *H. Eidenmüller*, in: ders. (Hrsg.), a.a.O. (Fn. 46), § 3 Rz. 37.

Aufwand auch keine Kenntnis verschaffen kann.[66] Vorbehalte gegen die vollständige Zurückdrängung des inländischen Gläubigerschutzrechts haben nichts mit Protektionismus, sondern mit Sinn für die Realität zu tun: Es wäre unrealistisch anzunehmen, ein um einige tausend Euro geschädigter deutscher (Klein-)Gläubiger könne vor einem deutschen Amts- oder Landgericht den Gesellschafter oder Geschäftsführer einer EG-Auslandsgesellschaft mit vertretbaren Informationskosten nach lettischem, slowenischem oder griechischem Recht in Anspruch nehmen. Wer den deutschen Gläubiger mit dem Hinweis zu beruhigen versucht, er könne getrost darauf vertrauen, dass ihn auch das Recht der anderen EG-Mitgliedstaaten ausreichend schützt,[67] gibt ihm Steine statt Brot. Denn erstens lässt sich mit derart pauschalen Hinweisen auf einen vergleichbaren Schutz vor deutschen Gerichten kein Prozess gewinnen. Und zweitens fragt man sich, warum denn die Anwendung der deutschen Gläubigerschutzregeln eine nicht zu rechtfertigende Beschränkung der Niederlassungsfreiheit darstellen soll, soweit die sanktionierten Verhaltensweisen ohnehin auch im Ausland verboten sind.[68]

D. Anwendung einzelner deutscher Haftungstatbestände

Was sind nun die Folgen dieser allgemeinen Erwägungen für die Anwendung der deutschen Gläubigerschutzvorschriften? Einige ausgewählte Haftungstatbestände sollen hier einer näheren Untersuchung unterzogen werden:

I. Kapitalerhaltungsregeln

Soweit die Anwendung der deutschen Regeln über die Kapitalerhaltung in Rede steht, ist zunächst klar zwischen der Vermögensbindung im Gläubigerinteresse einerseits sowie der Vermögensbindung im Gesellschafter- oder Minderheitsinteresse andererseits zu trennen.[69] Diese Unterscheidung ist namentlich bei der Anwendung der §§ 57, 62 AktG von Bedeutung, weil die aktienrechtliche Regelung der Kapitalerhaltung beide Aspekte in ein und derselben gesetzlichen Vorschrift miteinander vereint.[70]

---

[66] Näher *G. Bitter*, a.a.O. (Fn. 32), S. 324 ff. unter Ziff. IV.4.
[67] So *O. Sandrock*, in: O. Sandrock/C. F. Wetzler, a.a.O. (Fn. 16), S. 53.
[68] Vgl. auch den pragmatischen Ansatz bei *P. Ulmer*, NJW 2004, 1201, 1208 a.E.
[69] Dazu eingehend *G. Bitter*, ZHR 168 (2004), 302 ff.
[70] *G. Bitter*, ZHR 168 (2004), 302, 342.

1. Vermögensbindung im Gesellschafterinteresse

Für die Vermögensbindung im Gesellschafterinteresse ist eine allgemein für die Innenbeziehungen der Gesellschafter gültige Überlegung einschlägig: Die Anwendung des Rechts des Gründungsortes ist unproblematisch, weil die Gründer keines Schutzes bedürfen.[71] Die gegebenenfalls erforderlichen Informationskosten zur Ermittlung des ausländischen Rechts, die bei den Gläubigerschutzregeln ein gewichtiges Argument für die Anwendung inländischen Rechts sind,[72] stehen ebenfalls nicht entgegen, weil der Gesellschafter mit der Wahl der ausländischen Rechtsform eine bewusste Abwägungsentscheidung getroffen hat.[73] Wer allerdings erkennt, dass der verschuldensunabhängige gesellschaftsrechtliche Rückgewähranspruch bei Sondervorteilen einzelner Gesellschafter ganz selbstverständlich aus der gemeinsamen Zweckverfolgung der Gesellschafter innerhalb der Gesellschaft, also aus dem Wesen der Gesellschaft selbst folgt,[74] der wird keine Schwierigkeiten haben, diesen Grundsatz auch als notwendiges Element jeder ausländischen Rechtsordnung anzuerkennen.

2. Vermögensbindung im Gläubigerinteresse

Für den in dieser Untersuchung im Mittelpunkt stehenden Gläubigerschutz gilt das nicht in gleicher Weise. Der Umfang der Vermögensbindung im Gläubigerinteresse ist schon in Deutschland je nach Rechtsform (AG oder GmbH) unterschiedlich ausgestaltet und variiert erst recht gegenüber ausländischen Rechtsformen.

a) Unterscheidung zwischen Mindestkapital und Kapitalerhaltung

Nach *Inspire Art* steht zunächst fest, dass die Mitgliedstaaten ihre Mindestkapitalregeln nicht auf EG-Auslandsgesellschaften übertragen dürfen.[75] Wenn daraus nun aber verbreitet gefolgert wird, die deutschen Kapitalerhaltungsvorschriften (insbesondere §§ 30, 31 GmbHG) seien generell nicht auf

---

[71] So allgemein *P. Ulmer*, JZ 1999, 662; *ders.*, NJW 2004, 1201, 1206; *W. Paefgen*, DB 2003, 487, 489; *B. Riegger*, ZGR 2004, 510, 518; früher schon *B. Knobbe-Keuk*, ZHR 154 (1990), 325, 346.

[72] Vgl. soeben bei Fn. 65.

[73] S. allgemein zu den mit der Auslandsgründung verbundenen Kosten *B. Riegger*, ZGR 2004, 510, 517; *P. Ulmer*, NJW 2004, 1201 in Fn. 6; *T. Wachter*, GmbHR 2004, 88, 93 und 94.

[74] *W. Flume*, AT des Bürgerlichen Rechts, Erster Band, Zweiter Teil, Die juristische Person, 1983, S. 293 ff.; *ders.*, ZHR 144 (1980), 18, 25 ff.; *ders.*, ZIP 1996, 161, 162; *G. Bitter*, Konzernrechtliche Durchgriffshaftung bei Personengesellschaften, 2000, S. 299 f.

[75] Urteil *Inspire Art*, a.a.O. (Fn. 9), Rdnr. 134 ff.

derartige Auslandsgesellschaften anwendbar,[76] dann ist dies zumindest partiell unrichtig. Bei einer solchen Schlussfolgerung wird die Pflicht zur Aufbringung eines Mindestkapitals unzutreffend mit der Pflicht zur Kapitalerhaltung gleichgesetzt,[77] obwohl beide Fragen in Wirklichkeit zu trennen sind.[78] Deutlich zeigt dies die englische Limited. Obwohl sie kein gesetzliches Mindestkapital kennt, besteht dennoch eine das Verbot verdeckter Gewinnausschüttungen einschließende Vermögensbindung, die sogar strenger als im deutschen GmbH-Recht ist.[79] Nichts anderes gilt in den USA.[80]

b) Anwendung der §§ 30, 31 GmbHG bei höherem Schutzstandard des ausländischen Rechts

Daraus lässt sich für die Pflicht zur Rückgewähr von zumeist im Vorfeld der Insolvenz stattfindenden offenen oder verdeckten Vermögensverlagerungen auf die Gesellschafter einer Auslandsgesellschaft zunächst Folgendes herleiten: Kennt das ausländische Recht ohnehin ein Verbot verdeckter Gewinnausschüttungen, kann sich die Anwendung der §§ 30, 31 GmbHG jedenfalls insoweit nicht als Verstoß gegen europäisches Recht erweisen, wie die Vermögensbindung des ausländischen Rechts über diejenige des deutschen hinausgeht. Eine Beschränkung der Niederlassungsfreiheit ist bei der Anwendung gleichen oder milderen Rechts ausgeschlossen.[81] Allerdings wäre der deutsche Rechtsanwender wiederum verpflichtet, vor einer Anwendung der deutschen Vorschriften zu prüfen, ob eine gleiche oder höhere Vermögensbindung im ausländischen Recht besteht. Um die damit verbun-

---

[76] Nach Ansicht von *W. Bayer*, BB 2004, 1, 4, hat der EuGH in *Inspire Art* vom inländischen Kapitalaufbringungs- und -erhaltungsrecht dispensiert; ähnlich *H. Eidenmüller/G. Rehm*, ZGR 2004, 159, 181; *A. Hirsch/R. Britain*, NZG 2003, 1100, 1102; *W. Meilicke*, GmbHR 2003, 1271, 1272; *H. Merkt*, ZGR 2004, 305, 310; *P. O. Mülbert*, Der Konzern 2004, 151 (vgl. aber auch S. 159); *W. Paefgen*, DB 2003, 487, 490; *A. Schumann*, DB 2004, 743, 745; *G. Spindler/O. Berner*, RIW 2003, 949, 953 (richtiger S. 954, wo nur vom *Mindest*kapital die Rede ist); *T. Wachter*, GmbHR 2004, 88, 91; *M.-P. Weller*, DStR 2003, 1800, 1802.
[77] Besonders deutlich bei *H. Eidenmüller/G. Rehm*, ZGR 2004, 159, 181; *O. Sandrock*, in: O. Sandrock/C. F. Wetzler, a.a.O. (Fn. 16), S. 49.
[78] Vorbildlich klar *W. Schön*, Der Konzern 2004, 162 ff., insb. S. 168, sowie die Trennung in die Abschnitte II. und IV.; *ders.*, ZHR 166 (2002), 1, 4 f.; Group of German Experts on Corporate Law, ZIP 2002, 1310, 1316 f.
[79] Eingehend zum Kapitalschutz bei der englischen Limited *E. Micheler*, ZGR 2004, 324, 325 ff., zur Einlagenrückgewähr insb. S. 328 f. m.N. zur Rspr.; ferner *P. O. Mülbert*, Der Konzern 2004, 151, 152 und 159; *G. Rehm*, in: H. Eidenmüller (Hrsg.), a.a.O. (Fn. 46), § 10 Rz. 39 f.; *A. Schumann*, DB 2004, 743, 744; *H. Kallmeyer*, DB 2004, 636, 637; unrichtig *H. Merkt*, ZGR 2004, 305, 312, der ohne Beleg behauptet, das Vereinigte Königreich kenne kein Verbot verdeckter Einlagenrückgewähr.
[80] *P. O. Mülbert*, Der Konzern 2004, 151, 161; dazu auch *W. Schön*, Der Konzern 2004, 162, 168, sowie *F. Kübler* in der bei *M. Winter*, Der Konzern 2004, 171, 172, wiedergegebenen Diskussion.
[81] *G. Spindler/O. Berner*, RIW 2004, 7, 8.

denen Probleme praktischer Rechtsdurchsetzung[82] zu vermeiden, erscheint es daher sinnvoll, nach einem gemeinsamen Mindestmaßstab der Vermögensbindung zu suchen, der bei jeder juristischen Person anwendbar ist, sei sie nun inländisch oder ausländisch.

c) Vermögensbindung ab der „Null-Grenze" als Mindestschutz

Ein solcher Mindestmaßstab ist die Vermögensbindung ab der „Null-Grenze". Wird einem Gesellschafter, nachdem die Aktiva die Passiva nicht mehr decken, die Gesellschaft also überschuldet ist, noch weiter Vermögen der Gesellschaft ausgeschüttet, dann sind diese Beträge schlechthin zurückzugewähren, also unabhängig von §§ 57, 62 AktG oder §§ 30, 31 GmbHG. Die Haftung der Gesellschafter bei Ausschüttungen im Zustand der Überschuldung folgt notwendig aus dem Wesen der *Kapital*gesellschaft,[83] weil solche Ausschüttungen, die zur Überschuldung führen oder diese vertiefen, letztlich nur noch auf Kosten der Gläubiger geleistet werden können.[84] Sie stellen in der Sache nichts anderes dar als die Aneignung fremden Vermögens über das Vehikel der juristischen Person.[85] Ob ein Schutz der Gläubiger gegen eine derartige Aneignung des (auch) zu ihren Gunsten in der Gesellschaft gebundenen Vermögens schon durch höherrangiges Recht geboten ist,[86] mag hier dahinstehen. Jedenfalls würde die Anwendung der Kapitalerhaltungsvorschriften ab der „Null-Grenze" keinen Verstoß gegen die Niederlassungsfreiheit begründen. Einiges spricht dafür, von einer Vorschrift des allgemeinen Verkehrsrechts auszugehen, die ohnehin keiner Rechtfertigung bedarf. Jedenfalls aber wäre eine aus der Anwendung folgende Beschränkung i.S.d. „Vier-Kriterien-Tests" gerechtfertigt. Der „Marktzutritt" wird nur geringfügig beeinträchtigt, so dass i.S.d. aufgezeigten Systems fließender Übergänge keine hohen Anforderungen an die Rechtfertigung zu stellen sind.[87] Die Gläubigerinteressen reichen deshalb zur Rechtfertigung aus, zumal sie – anders als bei der Nichteinhaltung eines

---

[82] Dazu oben C.II.3. sowie ausführlich *G. Bitter*, a.a.O. (Fn. 32), S. 324 ff. unter Ziff. IV.4.

[83] Zutr. *H. Altmeppen/J. Wilhelm*, DB 2004, 1083, 1088 f.

[84] Zutr. *H. Altmeppen*, NJW 2004, 97, 102.

[85] Dazu auch *F. Kübler* in der bei *M. Winter*, Der Konzern 2004, 171, 172, wiedergegebenen Diskussion: „Kein entwickeltes Gesellschaftsrecht könne es hinnehmen, dass fremdes Kapital an die Gesellschafter verteilt wird."

[86] Rechtsmittel gegen nicht kompensierte Aneignungen von Seiten der Gesellschafter dürften durch den Schutz des Privateigentums geboten sein, der nicht nur vom deutschen Verfassungsrecht gewährleistet wird (Art. 14 GG), sondern auf dem auch der EU-Vertrag aufbaut (dazu *I. Pernice/F. Mayer*, in: E. Grabitz/M. Hilf [Fn. 48], nach Art. 6 EUV Rz. 11 m.w.N.). Im Anwendungsbereich der Kapitalrichtlinie kommt zudem schon oberhalb der „Null-Grenze" ein richtlinienwidriges Umsetzungsdefizit in Betracht (vgl. *P. O. Mülbert*, Der Konzern 2004, 151, 161).

[87] Dazu oben C.II.

gesetzlichen Mindestkapitals – bei einer Ausschüttung im Zustand der Überschuldung sehr konkret betroffen sind.

Dem Gläubigerschutz ist mit einer auf die „Null-Grenze" bezogenen Anwendung der Kapitalerhaltungsvorschriften[88] bereits sehr weitgehend gedient, weil der Ausgleich der Überschuldung in der Insolvenz der Gesellschaft für den Schutz der Gläubiger ausreicht. Eine darüber hinausgehende Rückerstattung auch der oberhalb der „Null-Grenze" bis zur Höhe des Stammkapitals geleisteten Beträge ist nicht unbedingt notwendig.[89]

d) Keine generelle Haftung in Höhe des gezeichneten Kapitals

Nicht gefolgt werden kann *Altmeppen/Wilhelm* allerdings, soweit sie darüber hinaus generell eine Kapitalaufbringungs- und Kapitalerhaltungshaftung in Höhe der Summe des gezeichneten Kapitals befürworten.[90] Damit würde die ausländische gegenüber der inländischen Gesellschaft im Einzelfall diskriminiert. Bei der Anwendung der §§ 30, 31 GmbHG auf die deutsche GmbH kommt es auf eine Beeinträchtigung des *Stamm*kapitals an, während bei der ausländischen Gesellschaft eine Rückgewährpflicht schon bei einem Eingriff in das – im Einzelfall darüber hinausgehende – gezeichnete Kapital eingreifen würde. Nur soweit das ausländische Recht selbst für das gesamte gezeichnete Kapital eine Vermögensbindung kennt, käme eine erweiterte Haftung in Betracht, weil die Anwendung des (strengeren) Auslandsrechts per se keinen Verstoß gegen die Niederlassungsfreiheit begründet.[91]

---

[88] Zu den hier nicht behandelten Bilanzierungsfragen in diesem Fall *W. Schön*, Der Konzern 2004, 162, 169.

[89] Zutr. *H. Altmeppen*, NJW 2004, 97, 102. Zwar wird der Zweck der Kapitalschutzregeln auch in der Insolvenzprophylaxe gesehen, weil ein Risikopuffer bereitzuhalten sei (so z.B. *P. O. Mülbert*, Der Konzern 2004, 151, 154 und 161). Diese Prophylaxe funktioniert aber in der Praxis ohnehin nur bei einer Personenverschiedenheit von Management und Eigentümern, bei der sich die Geschäftsleiter gegen Ausschüttungswünsche der Gesellschafter/Aktionäre sperren (vgl. dazu auch den Diskussionsbericht von *C. Teichmann*, ZGR 2004, 348, 353). Zudem ist die ständige Bereithaltung des Risikopuffers ohnehin nicht gesichert, weil dieser Puffer auch durch operative Verluste aufgebraucht werden kann. Die Pflicht zur Rückerstattung der nach Eintritt der Überschuldung noch geleisteten Auszahlungen entfaltet damit im Vergleich zu §§ 30, 31 GmbHG jedenfalls bei Gesellschaften, deren Stammkapital ohnehin nur dem Mindestkapital entspricht, eine nur geringfügig schwächere Präventivwirkung.

[90] *H. Altmeppen/J. Wilhelm*, DB 2004, 1083, 1089.

[91] Vgl. allgemein *G. Spindler/O. Berner*, RIW 2004, 7, 8; *J. Basedow*, RabelsZ 59 (1995), 1, 17; a.A. *W.-H. Roth*, RabelsZ 55 (1991), 623, 645 f.

II. Durchgriffshaftung

Wer die Anwendbarkeit der deutschen Durchgriffshaftung auf EG-Auslandsgesellschaften analysieren will, muss zunächst einige Grundlagen des Durchgriffs klarstellen. Beim Durchgriff geht es allgemein gesprochen darum, trotz einer durch das Gesetz grundsätzlich angeordneten Haftungsbeschränkung für Verbindlichkeiten der Gesellschaft ausnahmsweise auf die „hinter der Gesellschaft stehenden" Gesellschafter zurückzugreifen. Dabei ist die hier vorrangig diskutierte echte Durchgriffshaftung vom unechten Durchgriff zu unterscheiden, bei dem der Gesellschafter aus einem besonderen Rechtsgrund (Vertrag, Vertrauen oder Delikt) haftet.[92] Beide Haftungsansätze können nebeneinander bzw. unabhängig voneinander eingreifen[93] und in den Fallkonstellationen der echten Durchgriffshaftung liegt sogar oft zugleich ein Delikt i.S.v. §§ 826, 823 Abs. 2 BGB i.V.m. §§ 263, 266 StGB vor, wenn der dafür erforderliche Vorsatz auf Seiten des Gesellschafters hinzutritt. Die echte Durchgriffshaftung ist von einem schuldhaften Verhalten jedoch nicht abhängig, dies jedenfalls dann nicht, wenn man der auch vom II. Zivilsenat seit jeher vertretenen[94] und zuletzt im *KBV*-Urteil[95] für die sog. Existenzvernichtungshaftung bestätigten objektiven Missbrauchslehre folgt, die die Rechtsgrundlage der Gesellschafterhaftung in einer teleologischen Reduktion der Haftungsbeschränkung sieht.[96] Entscheidend ist allein die Feststellung, dass eine bestimmte tatsächliche Konstellation nicht mit dem Zweck der haftungsbeschränkenden Norm vereinbar ist.

---

[92] Vgl. BGHZ 31, 258, 271 = WM 1960, 41, 44; *K. Schmidt*, Gesellschaftsrecht, 4. Aufl. 2002, § 9 IV 1 b (S. 233 f.) und 4 b (S. 241); eingehend *G. Bitter*, a.a.O. (Fn. 74), S. 67 ff. m.w.N.

[93] BSG DB 1984, 1103, 1104; *G. Bitter*, a.a.O. (Fn. 74), S. 71; *H. Henze*, NZG 2003, 649, 658.

[94] BGHZ 20, 4, 14 = WM 1956, 349, 351; BGHZ 22, 226, 231 = WM 1957, 59, 60; BGHZ 31, 258, 271 = WM 1960, 41, 44; ebenso BSG DB 1984, 1103, 1104.

[95] BGHZ 151, 181, 186 f. = WM 2002, 1804 = NJW 2002, 3024, 3025 = ZIP 2002, 1578 (*KBV*). Damit folgt der BGH in der vorher stark umstrittenen Frage zwischen Innen- und Außenhaftung dem bereits zuvor vom *Verfasser* vertretenen Durchgriffsmodell (vgl. *P. Ulmer*, JZ 2002, 1049, 1050; s. auch *ders.*, KTS 2004, 291, 302 ff.).

[96] Eingehend zu den Grundlagen der Durchgriffshaftung *G. Bitter*, a.a.O. (Fn. 74), S. 82 ff., zur Normzwecklehre insb. S. 90 ff. und 100 ff.; kürzer *ders.*, WM 2001, 2133, 2139 f.; s. auch *P. Ulmer*, KTS 2004, 291, 302 ff. mit Fn. 59; unklar jüngst OLG Rostock, DZWIR 2004, 249, 251, wo die *objektive* Missbrauchslehre mit dem Erfordernis eines Verschuldens verknüpft wird (ebenso *G. Hölzle*, ZIP 2004, 1729, 1730 und 1735 f.; mit Recht kritisch hingegen *J. Lieder*, DZWIR 2004, 252, 254; *A. Wahl*, GmbHR 2004, 994, 997 und 999).

1. Vermögensvermischung

Allgemein anerkannt ist in Rechtsprechung[97] und Literatur[98] die Fallgruppe der (generellen) Vermögensvermischung.[99] Dabei hat allerdings die Rechtsprechung auch nicht immer klar zwischen der echten Durchgriffshaftung und einer Haftung gemäß § 826 BGB unterschieden.[100] Ist bei einer Vermögensvermischung die Absicht der Gläubigergefährdung auf Seiten des Gesellschafters nachweisbar und damit § 826 BGB einschlägig,[101] dürfte die Inanspruchnahme des Gesellschafters einer EG-Auslandsgesellschaft vor dem Europarecht unproblematisch Bestand haben.

Die echte Durchgriffshaftung wegen Vermögensvermischung stützt sich hingegen auf den zweckwidrigen Einsatz der Haftungsbeschränkung. Nach der Rechtsprechung des BGH ist erforderlich, dass die *Vermögensabgrenzung* zwischen Gesellschafts- und Privatvermögen durch eine undurchsichtige Buchführung oder auf andere Weise *allgemein verschleiert* wird; denn in diesem Fall können die Kapitalerhaltungsvorschriften, deren Einhaltung ein unverzichtbarer Ausgleich für die Beschränkung der Haftung auf das Gesellschaftsvermögen (§ 13 Abs. 2 GmbHG) ist, nicht funktionieren.[102]

Von vorneherein unproblematisch wäre die Anwendung auf EG-Auslandsgesellschaften, wenn sich ein allgemeiner, gemeinschaftsweit geltender Grundsatz feststellen ließe, der die Vermögensvermischung verbietet. Wie bereits ausgeführt, kennen auch solche Staaten, die dem System des gesetzlichen Mindestkapitals ablehnend gegenüberstehen, durchaus eine Vermögensbindung im Gläubigerinteresse.[103] Auch bei einer englischen Limited oder sonstigen Auslandsgesellschaft ist daher i.S.d. angeführten BGH-Rechtsprechung zumindest die Erhaltung des Vermögens ab der „Null-Grenze" ein *unverzichtbarer* Ausgleich für die Haftungsbeschränkung. Die Vermögenstrennung ist sodann ihrerseits funktionale Notwendigkeit für diese – wenn auch beschränkte – Vermögensbindung.

Nun hat allerdings der EuGH in *Centros* und *Inspire Art* sehr allgemein auf die Kenntnis der Gesellschaftsgläubiger von einer Unanwendbarkeit

---

[97] BGHZ 95, 330, 332 ff. = WM 1985, 1263, 1264 = NJW 1986, 188 f. (*Autokran*); BGH, WM 1994, 896; BAG ZIP 1991, 884, 889; BSGE 75, 82, 84 = ZIP 1994, 1944, 1945 f. = NJW-RR 1995, 730; BSG ZIP 1996, 1134, 1135.

[98] *G. Hueck/L. Fastrich*, in: A. Baumbach/G. Hueck, GmbHG, 17. Aufl. 2000, § 13 Rz. 15; *H. J. Mertens*, in: M. Hachenburg, GmbHG, Erster Band, 8. Aufl. 1992, Anh. § 13 Rz. 17; im Grundsatz wohl auch *K. Schmidt*, a.a.O. (Fn. 92) § 9 IV 2 a (S. 234 f.), der einer Durchgriffshaftung insgesamt sehr reserviert gegenübersteht.

[99] Eingehend *G. Bitter*, a.a.O. (Fn. 74), S. 103 ff.

[100] Näher *G. Bitter*, a.a.O. (Fn. 74), S. 104 f. m.N.

[101] Vgl. nur *H. J. Mertens*, in: M. Hachenburg (Fn. 98), Anh. § 13 Rz. 15.

[102] BGHZ 95, 330, 334 = WM 1985, 1263, 1264 = WuB II C. § 13 Abs. 2 GmbHG 1.86 = NJW 1986, 188, 189 (*Autokran*); BGH WM 1994, 896; zust. *M. Rehbinder*, in: FS F. Kübler, 1997, S. 493, 501; *K. Boujong*, in: FS W. Odersky, 1996, S. 739, 742.

[103] Dazu oben D.I.2.a.

inländischer Haftungsnormen und damit indirekt auf die Möglichkeit des Eigenschutzes der Gläubiger verwiesen.[104] Daraus kann aber nicht abgeleitet werden, der EuGH wolle das Prinzip der Vermögenstrennung generell im Hinblick auf die Sicherungsmöglichkeiten der Gläubiger (Bürgschaften, Eigentumsvorbehalte, Verzicht auf Vorleistung etc.) in Frage stellen. Er würde sich damit nämlich seinerseits in Widerspruch zum Gemeinschaftsrecht setzen, das – wie insbesondere die Publizitätsrichtlinie[105] zeigt – von einer klaren Trennung zwischen der Gesellschafts- und Gesellschaftersphäre ausgeht.[106] Einen Verstoß gegen das auch europarechtlich vorgegebene Prinzip der Vermögenstrennung darf daher der mitgliedstaatliche Gesetzgeber zum Anlass nehmen, diejenigen Instrumente des nationalen Rechts zur Anwendung zu bringen, welche der Schutz der Gläubiger in diesen Fällen erfordert.[107]

Soweit das Recht des Gründungsstaates auf die Vermögensvermischung nur konzeptionell anders reagieren sollte, läge in der gleichwohl erfolgenden Anwendung der deutschen Durchgriffshaftung eine nur geringfügige Beschränkung der Niederlassungsfreiheit, die leichter zu rechtfertigen ist.[108] Da gläubigerschädigende Vermögensabflüsse bei einer generellen Vermögensvermischung überhaupt nicht mehr feststellbar sind, die Gläubigergefährdung also offenkundig ist, wäre die eventuelle Berufung des Gesellschafters auf die Niederlassungsfreiheit als missbräuchlich, die Anwendung der deutschen (objektiven) Durchgriffshaftung wegen Vermögensvermischung mithin als erforderlich[109] anzusehen.[110]

2. Existenzvernichtung durch Vermögensabzug

Eine zweite, im Anschluss an die Urteile *Bremer Vulkan*[111] und *KBV*[112] anerkannte Fallgruppe der Durchgriffshaftung ist die Existenzvernichtung

---

[104] Urteil *Centros*, a.a.O. (Fn. 7), Rdnr. 36; Urteil *Inspire Art*, a.a.O. (Fn. 9), Rdnr. 135; dazu auch *H. Eidenmüller*, in: ders. (Hrsg.), a.a.O. (Fn. 46), § 3 Rz. 33; *E.-M. Kieninger*, ZEuP 2004, 685, 700 f.

[105] Erste RL v. 09.03.1968 (EWG) Nr. 65/151 des Rates, ABl. EG Nr. L 65 v. 14.03.1968, 8 ff., abgedr. bei *M. Lutter*, Europäisches Unternehmensrecht, 4. Aufl. 1996, S. 104 ff.

[106] Näher *W. Schön*, ZHR 168 (2004), 268, 293 ff.

[107] Ebenso *W. Schön*, ZHR 168 (2004), 268, 295.

[108] Vgl. *G. Bitter*, a.a.O. (Fn. 32), S. 327 f. nach Fn. 158.

[109] Zum Verhältnis von Missbrauch und Rechtfertigung oben C.II.2.

[110] Im Ergebnis wie hier *P. Ulmer*, NJW 2004, 1201, 1208 f.; a.A. *H. Eidenmüller*, in: ders. (Hrsg.), a.a.O. (Fn. 46), § 4 Rz. 27; *E. Schanze/A. Jüttner*, AG 2003, 661, 669; auch *M.-P. Weller*, DStR 2003, 1800, 1804, der die Anwendbarkeit auf eine Verschuldenshaftung beschränkt.

[111] BGHZ 149, 10 = WM 2001, 2062 = NJW 2001, 3622 = ZIP 2001, 1874 (*Bremer Vulkan*); dazu aus Sicht des Verfassers *G. Bitter*, WM 2001, 2133.

[112] BGHZ 151, 181 = WM 2002, 1804 = Fn. 95 (*KBV*).

durch Vermögensabzug (Liquidation auf kaltem Wege).[113] Sie zeichnet sich dadurch aus, dass zugunsten der Gesellschafter in das Vermögen der Gesellschaft eingegriffen, letztere dadurch in die Insolvenz getrieben und in der Folge ein Schaden angerichtet wird, der über den reinen, nach §§ 30, 31 GmbHG kompensierbaren Vermögensabzug hinausgeht. Der Grund für eine derartige Verfahrensweise liegt in dem persönlichen Vorteil der Gesellschafter: Der Vermögenstransfer in das Privatvermögen oder in das Vermögen einer von ihnen gehaltenen (neuen) Gesellschaft (GmbH-Stafette) kommt ihnen direkt zugute, während die Gläubiger der insolventen Gesellschaft auf ihrem Forderungsausfall sitzen bleiben. Es erfolgt letztlich eine Trennung der Aktiva von den Passiva der Gesellschaft.[114]

Vor allem für diesen Tatbestand der Durchgriffshaftung wird im Anschluss an *Inspire Art* die Möglichkeit der Anwendung auf EG-Auslandsgesellschaften diskutiert. Soweit die Entscheidung, ob die Anwendung inländischen Rechts vor der Niederlassungsfreiheit Bestand hat, von der kollisionsrechtlichen Einordnung[115] abhängig gemacht wird,[116] ist dazu schon das Nötige gesagt.[117] Entscheidend ist auch hier die Weite des Tatbestandes und die damit verbundene Frage nach einer Beschränkung der Niederlassungsfreiheit[118]: Wie die genannten Urteile zeigen, kommt in den Fällen der Existenzvernichtung durch Vermögensabzug immer auch eine deliktische Haftung aus § 826 BGB,[119] § 823 Abs. 2 BGB i.V.m. § 266 StGB[120] oder § 263 StGB[121] in Betracht, wenn der dafür erforderliche Vorsatz nachweisbar ist. Der Unterschied zur echten Durchgriffshaftung ist nur ein gradueller, so dass eine völlig unterschiedliche Beurteilung im Rahmen der europarechtlichen Rechtfertigung kaum überzeugen könnte. Bedenkt man zusätzlich, dass die Rechtsprechung im Rahmen der Deliktshaftung oftmals die Anfor-

---

[113] Dazu *H. Henze*, NZG 2003, 649, 655 ff.; *M. Lutter/N. R. Banerjea*, ZGR 2003, 402 ff.; *G. H. Roth*, NZG 2003, 1081 ff. m.w.N.; zur instanzgerichtlichen Rspr. *A. Wahl*, GmbHR 2004, 994 ff.

[114] Meine frühere Skepsis gegenüber der praktischen Relevanz dieser Fallgruppe (*G. Bitter*, WuB II C. § 13 GmbHG 2.02 unter Ziff. 4) ist deshalb teilweise unbegründet.

[115] Eingehend zur Anknüpfung von Durchgriffstatbeständen *D. Zimmer*, IntGesR, 1996, S. 344 ff.

[116] Zur delikts- oder insolvenzrechtlichen Einordnung s. die Nachw. oben in Fn. 29; auf die Bedeutung der Qualifikation hinweisend auch *C. Kersting/ C. P. Schindler*, RdW 2003, 621, 625; für eine Einordnung unter das Gesellschaftsstatut und in der Folge gegen eine Anwendbarkeit auf EG-Auslandsgesellschaften *W. Meilicke*, GmbHR 2003, 1271, 1272; *A. Schumann*, DB 2004, 743, 749.

[117] Vgl. oben C.I.

[118] Dazu oben C.II.

[119] Dazu BGHZ 151, 181, 183 ff. = WM 2002, 1804, 1805 f. = Fn. 95 (*KBV*).

[120] Dazu BGHZ 149, 10, 17 f. = WM 2001, 2062, 2064 = Fn. 111 (*Bremer Vulkan*).

[121] Dazu BGHZ 149, 10, 18 ff. = WM 2001, 2062, 2064 f. = Fn. 111 (*Bremer Vulkan*).

derungen an den subjektiven Tatbestand senkt und vom objektiven Tatbestand auf den Schädigungsvorsatz schließt,[122] wird die europarechtliche Unterscheidung zwischen der Anwendung der gesellschaftsrechtlichen und deliktischen Haftung in Existenzvernichtungsfällen noch weniger plausibel. Die auf dem Vorsatz aufbauende deliktische Haftung ist zwar tendenziell eher dem allgemeinen Verkehrsrecht zuzurechnen, das keiner Rechtfertigung nach dem „Vier-Kriterien-Test" bedarf,[123] und zwar ungeachtet des Umstandes, dass sich die Vermögensbetreuungspflicht aus dem gesellschaftsrechtlichen Pflichtenprogramm ableitet.[124] Gleichwohl lässt sich auch die Anwendung der tatbestandlich zumindest sehr nahe stehenden echten Durchgriffshaftung wegen Existenzvernichtung auf die EG-Auslandsgesellschaften trotz ihres gleichfalls gesellschaftsrechtlichen Kerns[125] vor dem Europarecht rechtfertigen: Einerseits beeinträchtigt sie den „Marktzutritt" der Auslandsgesellschaft nur geringfügig,[126] andererseits stehen konkrete Gläubigergefahren in Rede, deren Abwehr das hier missbrauchte, auch europarechtlich verankerte[127] Trennungsprinzip dient.[128] Letztlich wird durch eine Anwendung der deutschen Missbrauchsregeln in Fällen der Existenzvernichtung daher die volle Wirksamkeit der Grundfreiheiten ebenso wenig wie durch die Anwendung sonstigen allgemeinen Verkehrsrechts tangiert.

3. Spekulation auf Kosten der Gläubiger

Als dritte Fallgruppe der Durchgriffshaftung ist die Spekulation auf Kosten der Gläubiger zu nennen, bei der es – ökonomisch gesprochen – um eine Externalisierung von Kosten mittels Haftungsbeschränkung geht.[129] Die

---

[122] Dazu *K. Boujong*, in: FS W. Odersky, 1996, 739, 746 mit Fn. 46; ferner *H. Henze*, NZG 2003, 649, 658, der dieser Lösung aber kritisch gegenübersteht.

[123] Für die Einordnung als allgemeines Verkehrsrecht *M. Fischer*, ZIP 2004, 1477, 1481; *P. Ulmer*, NJW 2004, 1201, 1205 und 1208; sogar *E. Schanze/A. Jüttner*, AG 2003, 661, 669 f., und *G. Spindler/O. Berner*, RIW 2004, 7, 11, die allgemein für eine sehr restriktive Anwendung des Inlandsrechts plädieren (vgl. oben Fn. 19).

[124] *A. Schumann*, DB 2004, 743, 746, und *B. Riegger*, ZGR 2004, 510, 525 f., wollen für diese „Vorfrage" auf das Auslandsrecht abstellen, was in der praktischen Rechtsdurchsetzung zu Problemen führt (dazu oben C.II.1).

[125] Zutr. *H. Altmeppen*, NJW 2004, 97, 101; s. auch *P. Ulmer*, KTS 2004, 291, 303 f.; allgemein für die Durchgriffshaftung *D. Zimmer*, a.a.O. (Fn. 115), S. 351.

[126] Von *H. Eidenmüller*, in: ders. (Hrsg.), a.a.O. (Fn. 46), § 4 Rz. 24 a.E. wird dies zwar zugestanden, aber dennoch eine Anwendbarkeit der deutschen Existenzvernichtungshaftung ablehnt (Rz. 25 f.).

[127] S. oben bei Fn. 106.

[128] Für die Rechtfertigung auch *G. Borges*, ZIP 2004, 733, 742 f.; *W. Paefgen*, DB 2003, 487, 491; *P. Ulmer*, NJW 2004, 1201, 1208 f.; beschränkt auf eine Verschuldenshaftung *M.-P. Weller*, a.a.O. (Fn. 42), S. 209 ff., insb. S. 213; a.A. z.B. *G. Spindler/O. Berner*, RIW 2004, 7, 11.

[129] Dazu *G. Bitter*, WM 2001, 2133, 2136 f.

Gläubigergefährdung besteht in dieser Fallgruppe darin, dass der Unternehmer – insbesondere in Fällen materieller Unterkapitalisierung[130] – selbst nicht ausreichend am unternehmerischen Risiko beteiligt ist. Er realisiert ein Risikoprojekt unter einseitiger Risikoüberwälzung auf die Gläubiger, obwohl das Prinzip der Haftungsbeschränkung auf einer angemessenen Risikobeteiligung des Gesellschafters in Gestalt des Eigenkapitals aufbaut.[131] Der BGH hat diese Fallgruppe des Missbrauchs – allerdings seinerzeit noch unter dem konzernrechtlichen Haftungsansatz – anerkannt.[132] Man könnte – im Gegensatz zur vorgenannten Fallgruppe der Existenz*vernichtung* – von „Existenz*gefährdung*"[133] oder „Gefahr einer Existenzvernichtung"[134] sprechen. Doch leiten diese Begriffe insoweit in die Irre, als es nicht generell verboten ist, die Existenz der juristischen Person durch risikoreiche Geschäfte zu gefährden. Verboten ist allein die Eingehung spekulativer Risiken,[135] die eine gegenüber dem Normalmaß deutlich erhöhte Insolvenzwahrscheinlichkeit mit sich bringen.[136]

Der Übertragbarkeit dieser Grundsätze auf die englische Limited wird entgegengehalten, diese dürfe nach ihrem Herkunftsrecht ohne Vermögen

---

[130] *G. Hölzle*, ZIP 2004, 1729 ff.; *G. H. Roth*, NZG 2003, 1081, 1082 f.; eingehend zur Unterkapitalisierung *P. Ulmer*, in: M. Hachenburg, a.a.O. (Fn. 98), Anh. § 30 Rz. 50 ff., 64; *G. Bitter*, a.a.O. (Fn. 74), S. 110 ff.; umfassend *T. Eckhold*, Materielle Unterkapitalisierung, 2002, der sich jedoch für eine Innenhaftung ausspricht; insgesamt a.A. aus jüngerer Zeit z.B. *M.-P. Weller*, IPRax 2003, 520, 524, und *D. Zimmer*, NJW 2003, 3585, 3588, nach deren Ansicht die Unterkapitalisierung nicht für einen Haftungsdurchgriff ausreicht.

[131] S. dazu die ökonomische Analyse der Haftungsbeschränkung bei *G. Bitter*, a.a.O. (Fn. 74), S. 193 ff.; zusammenfassend *ders.*, WM 2001, 2133, 2136.

[132] BGH WM 1994, 203, 204 = ZIP 1994, 207, 209 = NJW 1994, 446, 447 (EDV) unter 1. d) der Gründe; BGH WM 2000, 575, 576 = NJW 2000, 1571, 1572; vgl. dazu *G. Bitter*, a.a.O. (Fn. 74), S. 540 ff.; *M. Grüner*, NZG 2000, 601, 602 f.; *G. Hölzle*, ZIP 2004, 1729 ff.; *V. Röhricht*, in: FS aus Anlass des fünfzigjährigen Bestehens von Bundesgerichtshof, Bundesanwaltschaft und Rechtsanwaltschaft beim Bundesgerichtshof, 2000, S. 83, 109 ff.; *G. H. Roth*, NZG 2003, 1081, 1082 f.; in der Sache ebenso *H.-G. Koppensteiner*, in: H. Rowedder/C. Leithoff, GmbHG, 4. Aufl. 2002, § 43 Rz. 71, der von einer „Risikoverlagerung zu Lasten der Gesellschaftsgläubiger" spricht; tendenziell wie hier *H. Wiedemann*, in: 50 Jahre BGH, Festgabe aus der Wissenschaft, Bd. II, 2000, S. 337, 363 ff. („Systemwidrige Risikoüberwälzung").

[133] So *T. Eckhold*, a.a.O. (Fn. 130), S. 715 f.

[134] So *V. Röhricht*, a.a.O. (Fn. 132), S. 110.

[135] Vgl. BGH WM 2000, 575, 576 = NJW 2000, 1571, 1572: „Geschäfte mit spekulativem Charakter, deren Risiken außer Verhältnis zu den Vermögensverhältnissen der Gesellschaft stehen und deshalb im Verwirklichungsfall die Gläubiger treffen müssen".

[136] Näher *G. Bitter*, WM 2001, 2133, 2136 und insb. 2141; ähnlich *G. H. Roth*, NZG 2003, 1081, 1083.

rechtmäßig errichtet werden und sei daher nicht „unterkapitalisiert".[137] Doch vermag diese Argumentation nicht zu überzeugen. Die fehlende Pflicht zur Aufbringung eines Mindestkapitals hat mit der hier diskutierten Spekulation auf Kosten der Gläubiger nichts zu tun, die insbesondere unter Einsatz unterkapitalisierter Gesellschaften möglich ist. Die angemessene Risikobeteiligung der Gläubiger hängt nämlich von der konkreten Risikostruktur des Unternehmens ab: Ein risikoloses Geschäft kann mit einer überhaupt nicht oder wenig kapitalisierten Gesellschaft durchaus betrieben werden; die 100prozentige Fremdfinanzierung ist dann problemlos.[138] Werden aber Risiken eingegangen, die die Insolvenzwahrscheinlichkeit über das normalerweise von den Gläubigern einer juristischen Person zu tragende Maß hinaus deutlich erhöhen, ist die damit verbundene Spekulation auf Kosten der Gläubiger bei einer englischen Limited ebenso verboten wie bei einer deutschen GmbH, deren *gesetzliches Mindest*kapital ja auch nicht in einem angemessenen Verhältnis zu den im Einzelfall eingegangenen Risiken steht.

Allerdings ließe sich auch hier wieder das aus den Urteilen *Centros* und *Inspire Art* bekannte Argument möglichen Selbstschutzes der Gläubiger vorbringen.[139] Das vom EuGH favorisierte „Informationsmodell"[140] greift aber – wie schon von anderer Seite mit Recht betont wurde – nicht bei Deliktsgläubigern und solchen vertraglichen Kleingläubigern, bei denen eine effiziente Eigensicherung nicht möglich ist.[141] Und für genau diese Gläubigergruppen ist die Durchgriffshaftung in der Fallgruppe „Spekulation auf Kosten der Gläubiger" gedacht. Während die Fallgruppen Vermögensvermischung und Existenzvernichtung durch Vermögensabzug an der Verletzung des zugunsten *aller* Gläubiger bestehenden, zudem europarechtlich vorgegebenen Prinzips der Vermögenstrennung anknüpfen und daher zu einem allgemeinen Durchgriff führen, ist der Missbrauch der Haftungsbeschränkung durch Risikoprojekte von der jeweiligen Risikobereitschaft der Gläu-

---

[137] *E. Schanze/A. Jüttner*, AG 2003, 661, 669; ähnlich *H. Eidenmüller*, in: ders. (Hrsg.), a.a.O. (Fn. 46), § 3 Rz. 104; ders., JZ 2004, 24, 26; *T. Wachter*, GmbHR 2004, 88, 91; *M.-P. Weller*, a.a.O. (Fn. 42), S. 91.

[138] Dazu *G. Bitter*, a.a.O. (Fn. 74), S. 201.

[139] S. Fn. 104.

[140] So treffend *H. Eidenmüller*, in: ders. (Hrsg.), a.a.O. (Fn. 46), § 3 Rz. 35 m.w.N.; ähnlich *H. Merkt*, RIW 2004, 1, 6: „Publizitäts- oder Informationsmodell"; *E. Schanze/A. Jüttner*, AG 2003, 661, 663 („Konzept des mündigen Verbrauchers").

[141] Besonders deutlich *H. Eidenmüller*, in: ders. (Hrsg.), a.a.O. (Fn. 46), § 3 Rz. 38 ff.; ders., JZ 2004, 24, 27; ferner *W. Bayer*, BB 2003, 2357, 2364; *H. Eidenmüller/G. Rehm*, ZGR 2004, 159, 172; vgl. auch *E. Schanze/A. Jüttner*, AG 2003, 661, 663 f.; das gegen die Gläubigerdifferenzierung jüngst wieder von *O. Sandrock*, in: O. Sandrock/C. F. Wetzler, a.a.O. (Fn. 16), S. 60, ins Feld geführte Argument, auch bei einer natürlichen Person sei der Deliktsgläubiger dem gleichen Insolvenzrisiko ausgesetzt, überzeugt nicht, weil die Externalisierungsanreize bei einer „künstlichen" Haftungsbeschränkung größer sind als bei einer „natürlichen" (näher *G. Bitter*, a.a.O. [Fn. 74], S. 184 f.).

biger abhängig: Geht ein Gläubiger ausnahmsweise ein für ihn bei Vertragsschluss bereits erkennbar hohes Risiko ein, so kann er sich später nicht auf eine – insbesondere durch Unterkapitalisierung hervorgerufene – Kostenexternalisierung berufen.[142] Wer aus diesen Gründen mit dem vom *Verfasser* vertretenen und an anderer Stelle näher begründeten Modell den Durchgriff in dieser Fallgruppe nur bei unfreiwilligen Gläubigern (dort insbesondere bei fehlendem Versicherungsschutz) sowie bei solchen freiwilligen Gläubigern befürwortet, die über keine effiziente Möglichkeit der Eigensicherung verfügen,[143] gerät auch mit der Rechtsprechung des EuGH nicht in Konflikt. Die Argumentation der Urteile *Centros* und *Inspire Art* erfasst diese Gläubigergruppen aus den genannten Gründen nicht.

Daher ist nicht nur bei einer vorsätzlichen Gläubigerschädigung durch unterkapitalisierte Gesellschaften (§ 826 BGB)[144] die Anwendung deutschen Rechts auf EG-Auslandsgesellschaften möglich,[145] sondern auch der Rückgriff auf die echte Durchgriffshaftung wegen Spekulation auf Kosten der Gläubiger zulässig. Die Möglichkeit des „Marktzutritts" wird für die ausländische Gesellschaft in der hier vertretenen Variante eines nach Gläubigergruppen differenzierenden Durchgriffs nicht wesentlich tangiert, so dass die gegebenenfalls vorliegende geringfügige Beschränkung der Niederlassungsfreiheit aufgrund der konkreten Gläubigergefährdung gerechtfertigt ist.[146]

---

[142] Gute Beispiele hierfür bieten OLG Hamburg BB 1973, 1231, 1232 (bestätigt durch BGH WM 1977, 73, 75), und OLG Rostock NZG 1999, 170 m.Anm. *M. Habersack.*

[143] *G. Bitter*, a.a.O. (Fn. 74), S. 135 f. und insb. S. 554 ff.; zusammenfassend *ders.*, WM 2001, 2133, 2140 f.; zust. *H.-G. Koppensteiner*, in: FS H. Honsell, 2002, S. 607, 617; für die Differenzierung zuvor schon *F. Kübler*, Gesellschaftsrecht, 5. Aufl. 1998, § 30 III 3 b und c (S. 383); *ders.*, in: FS T. Heinsius, 1991, S. 397, 415 ff., insb. 420; *ders.*, NJW 1993, 1204, 1205; *G. Teubner*, in: FS G. Steindorf, 1990, S. 261, 276; *ders.*, ZGR 1991, 189, 207; *W. Timm/M. Geuting*, ZIP 1992, 821, 824; *K. Hofstetter*, Sachgerechte Haftungsregeln für Multinationale Konzerne, 1995, S. 95; ausführlich *H. Drüke*, Die Haftung der Muttergesellschaft für Schulden der Tochtergesellschaft, 1990, S. 23 ff., 50 ff.; für den Durchgriff bei Einsatz der Haftungsbeschränkung zur Abschirmung gegenüber deliktischen Haftungsrisiken auch *P. O. Mülbert*, Der Konzern 2004, 151, 157; offen, aber tendenziell anders *W. Schön*, Der Konzern 2004, 162, 165 f. und 167; insgesamt ablehnend zur Gläubigerdifferenzierung *H. Henze*, NZG 2003, 649, 657 f.

[144] Zur GmbH BGH NJW 1979, 2104; BGH DB 1988, 1848; BGH WM 1995, 396, 398.

[145] *G. Borges*, ZIP 2004, 733, 740 f.: „Dieses Schutzinstrument ist schon ... kein Eingriff in die Niederlassungsfreiheit. Jedenfalls wäre dieser europarechtlich gerechtfertigt".

[146] Im Ergebnis wie hier *G. Borges*, ZIP 2004, 733, 742 f.

III. Insolvenzverschleppungshaftung

Ganz besonders ist die Frage der europarechtlichen Zulässigkeit einer Anwendung der deutschen Insolvenzverschleppungshaftung auf EG-Auslandsgesellschaften durch die kollisionsrechtliche Diskussion[147] geprägt. Unstreitig wird – soweit ersichtlich – davon ausgegangen, dass sich die Insolvenzfähigkeit (§ 11 InsO),[148] das Insolvenzantrags*recht* (§ 15 InsO)[149] und die Eröffnungsgründe (§§ 16 ff. InsO)[150] nach deutschem Recht richten. Für die nicht im Beispielskatalog des Art. 4 Abs. 2 Satz 2 EuInsVO enthaltene[151] Insolvenzantrags*pflicht* ist dies hingegen umstritten. Während teilweise aufgrund der engen Verbindung zum Insolvenzantragsrecht für eine insolvenzrechtliche Qualifizierung plädiert[152] und eingehend begründet wird, warum die Verortung der Insolvenzantragspflicht im Gesellschaftsrecht (§§ 64 Abs. 1 GmbHG, 92 Abs. 2 AktG) allein historisch bedingt ist,[153] nehmen andere eine gesellschaftsrechtliche Pflicht an und treten deshalb für die (vorrangige) Anwendung des ausländischen Rechts ein.[154]

Entsprechend wird auch die an die Antragspflicht anknüpfende Insolvenzverschleppungshaftung unterschiedlich eingeordnet. Verbreitet wird sie dem Insolvenz- oder Deliktsstatut zugeschlagen und in der Folge für eine Anwendbarkeit der deutschen Haftungsregeln auf ausländische Gesellschaften plädiert.[155] Andere befürworten eine gesellschaftsrechtliche Einordnung und leiten daraus eine unmittelbare Anwendung der ausländischen Haftungsregeln, z.B. der englischen Haftung aus *wrongful trading*,[156] her[157] und/oder eine deliktische Insolvenzverschleppungshaftung gemäß § 823 Abs. 2 BGB i.V.m. den Haftungsnormen des ausländischen Rechts als Schutzgesetz.[158] Nur selten wird eine delikts- oder insolvenzrechtliche Qua-

---

[147] Dazu oben A., B. und C.I.

[148] Die ausländische Gesellschaft ist dabei trotz fehlender Nennung in § 11 InsO aufgrund der EuGH-Rspr. als rechts- und damit insolvenzfähig anzusehen, und zwar als (ausländische) juristische (!) Person (*H.-F. Müller*, NZG 2003, 414, 415 f.; *S. Riedemann*, GmbHR 2004, 345, 347; *M.-P. Weller*, IPRax 2003, 520, 521 f.).

[149] *S. Riedemann*, GmbHR 2004, 345, 348.

[150] *H.-F. Müller*, NZG 2003, 414, 416; *S. Riedemann*, GmbHR 2004, 345, 348; *D. Zimmer*, NJW 2003, 3585, 3589.

[151] Dazu *P. Ulmer*, NJW 2004, 1201, 1207; *ders.*, KTS 2004, 291, 300 f.

[152] *H.-F. Müller*, NZG 2003, 414, 416; *S. Riedemann*, GmbHR 2004, 345, 348; vgl. auch *M.-P. Weller*, IPRax 2003, 520, 522 mit Fn. 27; *T. Wachter*, GmbHR 2003, 1254, 1257; *ders.*, 2004, 88, 101.

[153] Ausführlich *G. Borges*, ZIP 2004, 733, 737 ff.

[154] *G. Spindler/O. Berner*, RIW 2004, 7, 12; vgl. auch *A. Schumann*, DB 2004, 743, 746.

[155] S. die Nachw. in Fn. 29.

[156] Dazu eingehend *M. Habersack/D. Verse*, ZHR 168 (2004), 174 ff.

[157] *A. Schumann*, DB 2004, 743, 747; wohl auch *G. Spindler/O. Berner*, RIW 2004, 7, 11 f.

[158] *A. Schumann*, DB 2004, 743, 748; *B. Riegger*, ZGR 2004, 510, 526 f.; vgl. auch *E. Schanze/A. Jüttner*, AG 2003, 661, 670, die bei fehlender Antragspflicht im

lifikation abgelehnt, aber dennoch die Anwendung der deutschen Insolvenzverschleppungshaftung für möglich gehalten.[159]

Auch hierzu sei klargestellt: Die Qualifikation als Insolvenzrecht kann weder allgemein noch im Anwendungsbereich der EuInsVO die Prüfung der Rechtsanwendung anhand des (sonstigen) europäischen Rechts – hier der Niederlassungsfreiheit – hindern. Es überzeugte nicht, wenn der Bestand ein und derselben Haftungsregel vor der Niederlassungsfreiheit davon abhängig wäre, welchem Rechtsgebiet sie zuzuordnen ist.[160] Entsprechend hätte die rechtspolitische Verlagerung der Insolvenzantragspflicht aus den gesellschaftsrechtlichen Gesetzen in die Insolvenzordnung[161] allein „kosmetische" Funktion[162]: Der EuGH ließe sich möglicherweise eher überzeugen, eine in der InsO befindliche Regelung als allgemeines Verkehrsrecht anzuerkennen als eine Regel des GmbHG oder AktG. In Wahrheit würde diese Verlagerung jedoch nichts an der Beurteilung nach dem europäischen Recht ändern.

Entscheidend ist für diese Beurteilung, ob und inwieweit mit der Anwendung der inländischen Insolvenzverschleppungshaftung eine Beschränkung der Niederlassungsfreiheit verbunden ist und ob diese Beschränkung gegebenenfalls gerechtfertigt ist. In dem angeführten System fließender Übergänge[163] ist die Insolvenzverschleppungshaftung eindeutig stärker dem Verkehrsrecht zuzuordnen. Zumindest die Außenhaftung gegenüber den Neugläubigern gemäß § 823 Abs. 2 BGB i.V.m. § 64 Abs. 1 GmbHG soll seit der Neuorientierung der Rechtsprechung in BGHZ 126, 181 explizit den betroffenen Rechtsverkehr gegen Falschdispositionen schützen. Es geht daher – nicht anders als bei einer Eigenhaftung aus culpa in contrahendo (§ 311 Abs. 3 BGB)[164] – um ein klassisches Problem des Marktrechts.[165] Der strafrechtliche Betrugstatbestand ist oftmals greifbar nahe, nur eben der für eine Haftung aus §§ 823 Abs. 2 BGB i.V.m. § 263 StGB erforderliche Vorsatz mitunter schwer nachweisbar. Ob deshalb bei einer Anwendung der Insolvenzverschleppungshaftung auf EG-Auslandsgesellschaften ebenso wie bei jener deliktischen Haftung bereits eine Beschränkung der Grundfreiheiten – hier der Niederlassungsfreiheit – auszuscheiden hat (*Keck*-Rechtspre-

---

ausländischen Recht den Rückgriff auf § 64 GmbHG für europarechtlich gerechtfertigt ansehen.

[159] *H. Altmeppen/J. Wilhelm*, DB 2004, 1083, 1088; wohl auch *P. Ulmer*, NJW 2004, 1201, 1207 f.

[160] Oben C.II.

[161] Dafür z.B. *T. Wachter*, GmbHR 2004, 88, 101.

[162] Dazu auch *K. Schmidt*, ZHR 168 (2004), 493, 499 („taktische Komponente").

[163] Oben C.II.

[164] Für deren Anwendbarkeit auf EG-Auslandsgesellschaften bei inländischer lex contractus z.B. *P. Ulmer*, NJW 2004, 1201, 1205 und 1207; *ders.*, KTS 2004, 291, 292; *A. Schumann*, DB 2004, 743, 745; a.A. (Beschränkung der Niederlassungsfreiheit) *G. Spindler/O. Berner*, RIW 2004, 7, 12 f.

[165] Zutr. *E. Schanze/A. Jüttner*, AG 2003, 661, 670.

chung),[166] muss nicht abschließend entschieden werden. Denn auch bei Annahme einer gegebenenfalls geringfügigen Beschränkungswirkung wäre diese bei einem dann anwendbaren niedrigen Maßstab der Rechtfertigung jedenfalls deshalb gerechtfertigt, weil es um die Abwehr konkreter Gläubigergefahren geht. Ist die Gesellschaft bereits insolvent, insbesondere überschuldet, besteht von vornherein eine große Gefahr für die Befriedigung der Gläubiger. Jeder Mitgliedstaat muss die Möglichkeit haben, insolvente Rechtsträger mit beschränkter Haftung aus dem Verkehr zu ziehen,[167] und zwar auch dann, wenn das ausländische Recht eine Insolvenzantragspflicht nicht kennen sollte. Auf eine gegebenenfalls abweichende *Ausgestaltung* der ausländischen Insolvenzverschleppungshaftung kommt es auch hier nicht an.[168] Daher wäre der in solchen Fällen konkreter Gläubigergefährdung gegenüber einer persönlichen Inanspruchnahme nach deutschem Recht vorgebrachte Hinweis des Geschäftsführers auf die Niederlassungsfreiheit eine „missbräuchliche oder betrügerische Berufung auf Gemeinschaftsrecht" i.S.d. EuGH-Rechtsprechung. Der Rückgriff auf das deutsche Haftungsrecht ist gerechtfertigt.[169]

E. Fazit

Flurschäden im Gläubigerschutzrecht durch *Centros & Co.* wären in der Tat zu erwarten, wenn sich jene – jüngst offenbar auch vom II. Zivilsenat des BGH[169a] übernommene – Rechtsansicht durchsetzen sollte, nach der deutsche Gerichte auf EG-Auslandsgesellschaften allein die Schutzregeln des Heimatrechts der Gesellschaft anwenden dürfen. Entscheidend sind dafür in erster Linie Probleme praktischer Rechtsdurchsetzung und weniger das Fehlen vergleichbarer Gläubigerschutzinstrumente im Auslandsrecht.

Die Beschränkung der inländischen Gerichte auf eine Anwendung ausländischen Gläubigerschutzrechts entspräche nicht einmal der Vorstellung des – oft als liberal gepriesenen – anglo-amerikanischen Rechtskreises. Nach dortigem Verständnis sind das Gesellschaftsrecht und das Gläubigerschutzrecht säuberlich voneinander zu trennen. Aufgabe des Gesellschafts-

---

[166] So *G. Borges*, ZIP 2004, 733, 740; für die Einordnung der Dritthaftung als Verkehrsrecht sogar *H. Eidenmüller*, in ders. (Hrsg.), a.a.O. (Fn. 46), § 9 Rz. 33; *E. Schanze/A. Jüttner*, AG 2003, 661, 670, die einer Anwendung des inländischen Rechts insgesamt restriktiv gegenüberstehen (vgl. Fn. 19); a.A. *O. Brand*, JR 2004, 89, 93.
[167] Zutr. *H.-F. Müller*, NZG 2003, 414, 417.
[168] Vgl. erneut *G. Bitter*, a.a.O. (Fn. 32), S. 327 f. nach Fn. 158.
[169] Zum Verhältnis von (unspezifischem) Missbrauch und Rechtfertigung C.II.2.; im Ergebnis ebenso *G. Borges*, ZIP 2004, 733, 740; *H.-F. Müller*, NZG 2003, 414, 417; *E. Schanze/A. Jüttner*, AG 2003, 661, 670.
[169a] BGH ZIP 2005, 805 = WM 2005, 889; vgl. bereits oben Fn. 23a.

rechts ist allein die Regelung der inneren Organisation der Gesellschaft, während der Gläubigerschutz anderen Rechtsgebieten und ihren Instrumenten überantwortet wird.[170] Nicht von ungefähr wird die in den verschiedenen Bundesstaaten der USA angewendete Gründungstheorie als „Internal Affairs Rule" bezeichnet.[171] Nur vor dem Hintergrund der beschränkten Aufgabenstellung des Gesellschaftsrechts ist erklärlich, warum die Gründungstheorie im anglo-amerikanischen Rechtskreis die Möglichkeit eines Wechsels des Gesellschaftsrechts ohne Genehmigung und ohne Mitteilung an die Gläubiger erlaubt.[172] Der notwendige Gläubigerschutz wird unabhängig von der Gründungstheorie über die gleichwohl anwendbaren nationalen Schutzregeln anderer Rechtsgebiete erzielt.[173] Vor diesem Hintergrund erscheint es angebracht, auch in Deutschland den traditionellen Begriff des Gesellschaftsstatuts künftig enger zu fassen.[174] Ob die Lücke sodann durch ein „Gläubigerschutzstatut" (Gesellschaftsstatut II) aufgefüllt wird, für das weiterhin die Sitztheorie gilt, oder ob die Gläubigerschutzregeln dem Delikts- oder Insolvenzstatut zugeordnet werden sollten, ist eine noch unausgetragene Frage.[175] Jedenfalls bei den Scheinauslandsgesellschaften mit ausschließlicher oder überwiegender Tätigkeit im Inland führen beide Lösungen zum selben Ergebnis, der kollisionsrechtlichen Anwendbarkeit deutschen Rechts.

---

[170] Näher *H. Merkt*, ZGR 2004, 305, 312 ff.; vgl. auch *N. Horn*, NJW 2004, 893, 899.

[171] Dazu eingehend *C. Kersting*, 28 Brookl. J. Int'l L. 1, 2 ff.; zur Anwendbarkeit des Inkorporationsrechts auf die „internal affairs" s. auch *E. F. Scoles/P. Hay/P. J. Borchers/S. C. Symeonides*, Conflict of Laws, Third Edition, 2000, §§ 23.1 und 23.9.

[172] *H. Merkt*, ZGR 2004, 305, 316.

[173] Die in England dem Gläubigerschutz dienenden hoheitlichen Eingriffs-, Aufsichts- und Kontrollbefugnisse werden auf englische und ausländische Gesellschaften in England gleichermaßen angewendet (*V. Geyrhalter/P. Gänßler*, NZG 2003, 409, 413 f.; *M.-P. Weller*, a.a.O. [Fn. 42], S. 116 f.; vgl. auch *N. Horn*, NJW 2004, 893, 899). Insb. gilt dies für die *directors disqualification* nach dem Companies Directors Disqualification Act 1986 = CDDA (*T. Lanzius*, ZInsO 2004, 296, 299). Anwendung findet ferner die Haftung aus *wrongful trading* (*M.-P. Weller*, a.a.O. [Fn. 42], S. 113 f.).

[174] Gleichsinnig *N. Horn*, NJW 2004, 893, 899.

[175] Die Anknüpfung nach Maßgabe der Sitztheorie hat den Vorteil, dass sie die deutschen Haftungsregeln nur auf solche Gesellschaften erstreckt, die auch schwerpunktmäßig mit dem Inland in Beziehung stehen. Diese mit Blick auf die Informationskosten (oben C.II.3.) sachgerechte Lösung sieht sich nach der Argumentation des EuGH im *Centros*-Urteil, a.a.O. (Fn. 7), Rdnr. 35, aber dem Einwand der Inkonsistenz ausgesetzt. Es wäre erfreulich, wenn der EuGH von dieser Linie abrücken würde (*W.-H. Roth*, Int. Comp. L. Q. 2003, 177, 204 f.). Sie ist auch nicht mit dem Ansatz der EuInsVO vereinbar: Gemäß Art. 3 und 4 InsO kommt das Recht jenes Staates zur Anwendung, in dem der Mittelpunkt der hauptsächlichen Interessen liegt (vgl. oben C.I.3.). Danach unterliegt eine Scheinauslandsgesellschaft ebenfalls nicht denselben (insolvenzrechtlichen) Regeln wie eine echte Auslandsgesellschaft.

Bitter

F. Thesen

1. Die Anwendung inländischen Rechts auf EG-Auslandsgesellschaften ist, wie auch immer sie kollisionsrechtlich begründet wird, am Maßstab der Niederlassungsfreiheit zu messen. *Inspire Art*-freie Anknüpfungen gibt es nicht, auch nicht im Anwendungsbereich der EuInsVO.

2. Nationale Regeln, die nicht den „Marktzutritt" der ausländischen Gesellschaft als solchen, sondern nur deren Tätigkeit im Inland beschränken, unterliegen nicht dem rigorosen Erforderlichkeitskriterium der Urteile *Centros*, *Überseering* und *Inspire Art*. Je konkreter die von der inländischen Haftungsregel bekämpfte Gefahr für die Gläubiger ist, desto eher ist ihre Anwendung auf EG-Auslandsgesellschaften gerechtfertigt.

3. Zwischen Mindestkapital und Kapitalerhaltung ist zu trennen. Offene und verdeckte Vermögensausschüttungen an die Gesellschafter nach Unterschreiten der „Null-Grenze" (Überschuldung) sind bei jeder juristischen Person verboten. Die aus dem Wesen der juristischen Person folgende Pflicht zur Rückgewähr besteht auch bei EG-Auslandsgesellschaften.

4. Die Gesellschafter der EG-Auslandsgesellschaft können ohne Verstoß gegen die Niederlassungsfreiheit nach den Grundsätzen der deutschen Durchgriffshaftung in Anspruch genommen werden. Dies gilt in allen drei Fallgruppen: 1. Vermögensvermischung, 2. Existenzvernichtung durch Vermögensabzug, und 3. Spekulation auf Kosten der Gläubiger (Kostenexternalisierung), die insbesondere bei materieller Unterkapitalisierung relevant ist. Ein Konflikt mit dem Europarecht lässt sich in der dritten Fallgruppe allerdings nur vermeiden, wenn bei diesem Durchgriffsfall nach Gläubigergruppen differenziert wird.

5. Die Anwendung der deutschen Insolvenzverschleppungshaftung auf EG-Auslandsgesellschaften verstößt nicht gegen die Niederlassungsfreiheit.

Diskussionsbericht zu den Vorträgen von Walter Bayer und Georg Bitter

Felix Steffek

Im Anschluss an die Vorträge von *Bayer* und *Bitter* wurde die Diskussion über die Thesen und weiterführenden Fragestellungen der beiden Referenten im Plenum eröffnet. Einleitend bezog *Bayer* Stellung zu den Thesen von *Bitter*, Gesellschafter von EG-Auslandsgesellschaften seien zur Rückgewähr von Vermögensausschüttungen im Stadium der Überschuldung verpflichtet, sie könnten zudem nach den Grundsätzen der deutschen Durchgriffshaftung in Anspruch genommen werden und die Anwendung der deutschen Insolvenzverschleppungshaftung auf EG-Auslandsgesellschaften verstoße nicht gegen die Niederlassungsfreiheit. Als rechtspolitisches Modell – so *Bayer* – seien diese Thesen durchaus schlüssig. Es stelle sich aber die Frage, ob eine so verstandene lex lata vor der Rechtsprechung des EuGH zur europäischen Niederlassungsfreiheit Bestand hätte. Denn das Gericht gehe grundsätzlich von der Gleichwertigkeit der Gesellschaftsrechte der Mitgliedstaaten aus. Vor diesem Hintergrund sei es problematisch, auf eine (Schein-)Auslandsgesellschaft statt der gesellschaftsrechtlichen Institute ihres Herkunftslandes die entsprechenden gesellschaftsrechtlichen Regeln des Zuzugstaates anzuwenden. Als Beispiel führte *Bayer* die Vorschriften der Kapitalerhaltung an. Das englische Recht verfüge über Gesetzes- und Fallrecht, um die Rechtmäßigkeit von Vermögensabflüssen aus der Kapitalgesellschaft an die Gesellschafter zu überprüfen und zivil- oder gar strafrechtlich zu sanktionieren. Erlaube das englische Recht einer (ausschließlich) in Deutschlang tätigen *Limited* eine Ausschüttung, sei fraglich, ob man dem Gesellschafter abverlangen dürfe, zusätzlich die Kapitalerhaltungsregeln des deutschen Rechts einzuhalten. Daher sei auch die ältere Rechtsprechung des BGH zur europäischen Niederlassungsfreiheit mit einem Fragezeichen zu versehen, soweit sie die Anwendung strengeren deutschen Gesellschaftsrechts auf EG-Auslandsgesellschaften zur Folge gehabt habe. Statt dessen sei der deutsche Gesetzgeber aufgerufen, Schutzlücken durch europarechtlich zulässige Normsetzung, z.B. Haftungstatbestände, zu schließen. Problematisch, fügte ein Diskussionsteilnehmer ergänzend hinzu, sei also, dass auf EG-(Schein-)Auslandsgesellschaften nicht die organisch im gegenseitigen Zusammenspiel gewachsenen Institute *einer* Rechtsordnung zur Anwendung kämen, sondern die teilweise aus ihrem Kontext gerissenen Rechtsstrukturen *zweier* Rechtsordnungen. Welche Folgen zeige dies z.B. bei einer Gesellschaft aus einer Rechtsordnung mit schwachem gesellschaftsrechtlichen und starkem verkehrsrechtlichen Gläubigerschutz, die ausschließlich in einer Rechtsordnung mit starkem gesellschaftsrechtlichen und dafür schwachem verkehrsrechtlichen Gläubigerschutz tätig werde? Hier würde ein schwaches gesellschaftsrechtliches mit einem schwachen verkehrsrechtlichen Schutzniveau kombiniert – ein Ergebnis, das keines der beteiligten Rechtsregime bezweckt habe.

Danach beschäftigte sich der Meinungsaustausch mit dem Wettbewerb der Gesellschaftsrechte und seinen praktischen Implikationen. Er begann mit der Frage, woher die häufig anzutreffende Angst vor dem ausländischen Gesellschaftsrecht komme. Auch der Gläubigerschutz im deutschen GmbH-Recht habe seine Schwachpunkte; zu denken sei etwa an die hohe Quote massearmer und masseloser Insolvenzen. Hinzu kämen bislang ungeklärte Fragen des Gesellschaftsrechts und schwer vorhersehbare Änderungen der Rechtsprechung (z.B. die Aufgabe der Spruchpraxis zum qualifiziert faktischen Konzern), die es den beteiligten Verkehrskreisen erheblich erschwerten, sich auf die Rechtlage einzustellen. Warum sollte man sich also nicht auf einen Wettbewerb der Rechtsordnungen um das Angebot attraktiver rechtlicher Organisationsformen für Unternehmen einlassen? Daraufhin konzedierte *Bayer* die Existenz ungeklärter bzw. verkomplizierter Rechtsfragen im bestehenden GmbH-Recht. Er wies zugleich auf die bevorstehende GmbH-Reform hin, welche eine Chance zur Klärung auch solcher Probleme biete. Zudem müsse bei einem Aufruf zum Wettbewerb der Rechtsordnungen bedacht werden, dass in den europäischen Staaten unterschiedliche Rechtskulturen bestünden, die dann mit rechtlichen Organisationsformen der jeweils anderen konfrontiert würden.

Ergänzen ließen sich an dieser Stelle zwei – in der Diskussion nicht erwähnte – Beispiele zur Stützung dieser These. Erstens ist das Prinzip des *caveat creditor* in den europäischen Jurisdiktionen unterschiedlich stark ausgeprägt. Das englische Kapitalgesellschaftsrecht setzt darauf traditionell mehr Vertrauen als das deutsche. Im über hundert Jahre alten Leiturteil des *House of Lords* in Sachen *Salomon v. Salomon & Co. Ltd* bedauerten die Richter zwar den Ausfall der Gläubiger in der Insolvenz, verwiesen sie aber gleichzeitig auf sich selbst. Aufgrund des Rechtsformzusatzes der Firma hätten sie gewusst, dass sie sich mit einer haftungsbeschränkten Kapitalgesellschaft einließen. Ihre Ausfälle in der Insolvenz hätten sie folglich selbst zu verantworten. Zweitens kennen die Vertragsrechte unterschiedlicher Jurisdiktionen auch unterschiedliche Instrumente zur Absicherung des Insolvenzrisikos. Bestes Beispiel ist die häufig gebrauchte *floating charge* über das Vermögen einer englischen Kapitalgesellschaft, ein vertragsrechtliches Sicherungsmittel, das deutschen Gläubigern kaum bekannt sein dürfte. Die *floating charge* hat eine entscheidende Funktion in der frühzeitigen Auslösung von Insolvenzverfahren, was bei einer nur in Deutschland agierenden englischen *Limited* ersatzlos entfällt.

Bitter wies auf die Rechtsanwendungsschwierigkeiten hin, denen deutsche Richter vor dem Hintergrund der europäischen Niederlassungsfreiheit nunmehr ausgesetzt seien. Wie solle ein Richter die Gesellschaftsrechte von fünfundzwanzig Staaten beherrschen und im laufenden Tagesgeschäft fehlerfrei anwenden können? *Bayer* merkte dazu an, diese Problematik wiege für den EuGH weniger schwer. Das Gericht kreiere vielmehr ganz bewusst einen Reformdruck auf nationaler und europäischer Ebene. *Reimer* schlug daran anschließend die Brücke ins Steuerrecht. Die grundsätzliche Anwendbarkeit des Gründungsrechts führe zu Folgeproblemen steuerrechtlicher Art. So sei etwa zu fragen, ob der bislang bei der Prüfung der Körperschaftsteuersubjektivität angestellte Typenvergleich Bestand haben könne, der innerstaatliche Gesellschaftsformen zum Maßstab mache. Vieles spreche dafür, dass die bisherige steuerrechtliche Diskussion nur die direkten Einwirkungen der Grundfreiheiten auf das Steuerrecht berücksichtige und ausblende, dass das Steuerrecht zusätzlich durch den gesellschaftsrechtlichen Reformdruck auch bestimmten indirekten Einwirkungen der Grundfreiheiten unterliege. Aus dem Kreis der Diskussionsteilnehmer wurde anschließend in Frage gestellt, ob die deutschen Richter nun tatsächlich Akten betreffend fünfundzwanzig Gesellschaftsrechte auf ihrem Schreibtisch vorfänden. Die breite Verwendung von Gesellschaftsformen aus fünfundzwanzig Rechtsregimen stoße auf erhebliche Sprachbarrieren. Letztlich seien daher nur diejenigen Rechtsordnungen attraktiv, deren Sprache von Unternehmern und Beratern problemlos beherrscht werde und deren Gesellschaftsrecht zudem attraktiver sei als das Heimatrecht. Entsprechend dieser These konzentriere sich die Nutzung der Niederlassungsfreiheit in Deutschland im wesentlichen auf die englische *Limited*. Ein Diskussionsteilnehmer aus der Praxis fügte hinzu, man solle weniger über das Auftauchen ausländischer Gesellschaftsformen in Deutschland lamentieren als vielmehr rechtspolitische Energie darauf verwenden, das GmbH-Recht attraktiver zu gestalten und damit im Wettbewerb zu stärken. Beispielsweise ergäben sich deutliche Vorteile für die *Limited* im Bereich der Beurkundungspflichten. Während die GmbH-Anteilsübertragung gem. § 15 GmbHG einer notariellen Beurkundung bedürfe, bürde das englische Recht den Gesellschaftern solche Kosten, denen ein nur fragwürdiger Nutzen gegenüber stehe, nicht auf.

Daneben kamen auch Nachteile und der Missbrauch der englischen *Limited* zur Sprache. Die Anbieter von *Limited*-Gründungen für deutsche Unternehmer verschwiegen gerne erst später anfallende Folgekosten der Auslandsgründung sowie die bestehende Rechtsunsicherheit, insbesondere hinsichtlich der Haftungsgefahren. Wenn erst einmal die Haftungsurteile betreffend die *Limited*, ihre Gesellschafter und Geschäftsführer veröffentlicht würden, drohe der in der gegenwärtigen öffentlichen Wahrnehmung bestehende Vorteil der Scheinauslandsgesellschaft dahinzuschmelzen. Die Rechtsanwendungsproblematik bleibe allerdings auch dann bestehen. Allgemeiner Konsens bestand vor allem darüber, dass der gezielte Missbrauch ausländischer Gesellschaftsrechte – und hier insbesondere des Rechts der englischen *Limited* – rechtspraktisch nur schwer in den Griff zu bekommen sei. Dies gelte etwa für *Limiteds*, die darauf angelegt sind, bereits vor dem ersten fälligen Jahresabschluss faktisch liquidiert zu werden. Vor besonderen Schwierigkeiten des Selbstschutzes stünden auch unfreiwillige Gläubiger (Deliktsgläubiger etc.). Die Warnung durch den Rechtsformzusatz der Firma spiele für sie keine Rolle.

Abschließend lenkte *Sassenrath* die Aufmerksamkeit auf die Frage, ob das Deliktsrecht zur Lösung der Probleme der Scheinauslandsgesellschaften nicht besser geeignet sei als vielfach angenommen. Vorteilhaft sei zum einen, dass das Deliktsrecht EU-fest sei und daher z.B. die Anwendung von § 826 BGB statt der deutschen Durchgriffshaftung vom EuGH kaum beanstandet werden würde. Zum anderen knüpfe das Recht der Kapitalerhaltung an das national je unterschiedliche Bilanzrecht an. Deshalb stelle sich bei einer gesellschaftsrechtlichen Lösung stets die Folgefrage, welches Bilanzrecht einschlägig sei: deutsches HGB oder englische Rechnungslegungsvorschriften? Das Deliktsrecht habe demgegenüber den Vorzug, nicht akzessorisch zur Bilanz zu sein. Darauf antwortete *Bitter*, der BGH habe ja in seiner Entscheidung vom 14.03.2005 auf das Deliktsrecht verwiesen.[1] Da allerdings der praktische Unterschied zwischen einer auf § 826 BGB gestützten Gesellschafterhaftung und der auf eine teleologische Reduktion des § 13 Abs. 2 GmbHG gestützten Durchgriffshaftung nicht sehr groß sei, bestünden Zweifel, ob das Deliktsrecht europarechtskonform auf EG-Auslandsgesellschaften angewendet werden könne, die gesellschaftsrechtliche Durchgriffshaftung hingegen nicht. Bei einer Verlagerung der Gesellschafterhaftung ins Deliktsrecht bestehe – worauf *Karsten Schmidt*[2] mit Recht hingewiesen habe – die Gefahr einer Erosion des deutschen Gesellschaftsrechts. Gesellschaftsrechtliche Sachprobleme sollten auch in Zukunft gesellschaftsrechtlich gelöst werden.

---

[1] BGH NJW 2005, 1648, 1650 = ZIP 2005, 805, 806 a.E.
[2] ZHR 168 (2004), 493 ff.

Grenzüberschreitende Verschmelzungen in Europa

Christoph Teichmann

Grenzüberschreitende Verschmelzungen wurden in der Frühzeit der Europäischen Wirtschaftsgemeinschaft als der Königsweg zur Schaffung europäischer Champions angesehen, mit denen man der Konkurrenz auf dem Weltmarkt Paroli bieten wollte. Dennoch blieb das europäische Recht trotz vielfältiger Bemühungen jahrzehntelang den Rechtsrahmen für grenzüberschreitende Verschmelzungen schuldig (*unter I.*). Dieses Bild hat sich erst vor kurzem gewandelt; mittlerweile stehen sogar drei Varianten der Durchführung einer grenzüberschreitenden Verschmelzung zur Wahl (*unter II.*). Exemplarisch ist das Verschmelzungsverfahren nach der SE-Verordnung, an dem deutlich wird, welche Schwierigkeiten bei der Zusammenführung von Gesellschaften aus verschiedenen Rechtsordnungen zu überwinden sind (*unter III.*).

A. Rechtsentwicklung von 1957 bis heute

Nach Abschluss der europäischen Verträge reifte schon bald die Erkenntnis, dass im Gemeinsamen Markt eine Kluft entstehen würde zwischen dem europaweit eröffneten wirtschaftlichen Aktionsradius und dem weiterhin an mitgliedstaatliches Recht gebundenen Organisationsstatut der Unternehmen. Die naheliegende Vision einer Europäischen Aktiengesellschaft, auch Societas Europaea (SE) genannt, entwarf als einer der ersten der niederländische Rechtsprofessor *Pieter Sanders* in seiner Rotterdamer Antrittsvorlesung aus dem Jahre 1959.[1] Im gleichen Jahr sprach sich der französische Notar *Thibièrge* für die Schaffung einer Gesellschaft europäischen Rechts aus. Eine Arbeitsgruppe unter Leitung von *Sanders* leistete in den darauffolgenden Jahren wichtige Vorarbeiten, auf deren Basis die Europäische Kommission im Jahre 1970 einen ersten Entwurf für das Statut einer Europäischen Aktiengesellschaft vorstellte, dem 1975 ein zweiter Entwurf folgte.[2] Im Bereich der Gründung war das Recht der Verschmelzung ein zentrales Element, um durch den grenzüberschreitenden Zusammenschluss die Entstehung europä-

---

[1] Abgedr. in: Außenwirtschaftsdienst des BB (heute: RIW) 1960, 1 ff.
[2] Zur Entwicklung von 1959 bis 1975: *M. Lutter*, Europäisches Gesellschaftsrecht, 1. Aufl. 1979, S. 34 ff.

ischer Großunternehmen zu fördern. In einem Memorandum aus dem Jahre 1988 beschrieb die Europäische Kommission die Dringlichkeit des von ihr vorgeschlagenen Statuts für eine Europäische Aktiengesellschaft:[3] „Wir werden mit unseren Hauptkonkurrenten, USA und Japan, nicht Schritt halten und viel weniger die Führung übernehmen können, wenn es uns nicht gelingt, unsere Industrie dazu zu bewegen, ihre Kräfte zu vereinen."

Doch die so bestechend erscheinende Vorstellung, aus den europäischen Champions mit Hilfe eines gemeinsamen Rechtsrahmens „Global player" zu schmieden, scheiterte am Individualismus der europäischen Nationen. Nicht die Verschmelzung selbst war dabei das Problem, sondern das anschließend entstehende Unternehmen. Welchen Regeln sollte die künftige Europäische Aktiengesellschaft unterworfen sein? Würde sie einen Vorstand und einen Aufsichtsrat nach deutschem Muster haben, ein „Board" wie in England oder einen „Conseil d'Administration" wie in Frankreich? Sollte es ein Konzernrecht nach Muster des deutschen Aktiengesetzes von 1965 geben oder konnte man darauf verzichten? Und wie ließ sich die unternehmerische Mitbestimmung der Arbeitnehmer in ihrer für Deutschland typischen Erscheinungsform auf eine europäische Gesellschaft übertragen? Die zahlreich zutage tretenden Unterschiede zwischen den nationalen Aktienrechten verbauten lange Zeit den Weg zu einer für alle europäischen Unternehmen einheitlichen Rechtsform.[4] Konzernrecht, Bilanzrecht, Gläubigerschutz und immer wieder die unternehmerische Mitbestimmung verzögerten die Verhandlungen über das gesamteuropäische Statut bis in das Jahr 2001, als auf dem Gipfel von Nizza das von der Fachwelt kaum noch für möglich Gehaltene eintrat und die im Jahre 1991 auf Eis gelegte SE-Verordnung dann doch verabschiedet wurde.

In der Zwischenzeit war aber auch die Angleichung des Gesellschaftsrechts ein gutes Stück Weges voran gekommen, so dass die Idee einer einheitlichen Europäischen Aktiengesellschaft vieles von ihrer Strahlkraft verloren hatte. Von der ersten gesellschaftsrechtlichen Richtlinie aus dem Jahre 1968 zur Publizität von Gesellschaften spannt sich der thematische Bogen über die Kapitalrichtlinie (1976), die Richtlinie über innerstaatliche Verschmelzungen (1978), die drei Richtlinien zu Bilanzrecht und Wirtschaftsprüfung (1978, 1983 und 1984) bis hin zur Spaltungsrichtlinie (1982), Zweigniederlassungs- (1989) und Einpersonen-GmbH-Richtlinie (1989).[5]

---

[3] Memorandum der Kommission der Europäischen Gemeinschaften: Binnenmarkt und industrielle Zusammenarbeit – Statut für die Europäische Aktiengesellschaft, KOM (88) 320 endg; BR-Drucks. 392/88, S. 5.

[4] S. den Überblick der Diskussion bis zur Verabschiedung des Statuts bei *F. Blanquet*, ZGR 2002, 20 ff.

[5] Vgl. den Überblick zum Stand der Rechtsangleichung bei *M. Habersack*, Europäisches Gesellschaftsrecht, 2. Aufl. 2003, S. 41 ff. (Rz. 45 ff.), *M. Lutter*, Europäisches Unternehmensrecht, 4. Aufl. 1996, S. 45 ff. und *G.C. Schwarz*, Europäisches Gesellschaftsrecht, 2000, S. 167 ff.

Das mitgliedstaatliche Gesellschaftsrecht ist also heutzutage keineswegs mehr so disparat wie zu den Zeiten von *Thibièrge* und *Sanders*. Die Redaktoren des SE-Statuts zogen daraus die Konsequenz, diejenigen Rechtsbereiche zu streichen, für die es mittlerweile Angleichungsrichtlinien gab. So wurde aus dem „Vollstatut" der siebziger Jahre ein „Torso".[6] Das heutige SE-Statut regelt im Wesentlichen nur noch die Gründung und das Leitungssystem der Gesellschaft; ansonsten verweist es auf die Regelungen des nationalen Aktienrechts und damit auf eine Rechtsmaterie, die trotz aller Angleichungsbemühungen im Detail auch weiterhin so manche nationale Besonderheit aufweist. Die Einheitlichkeit ging damit zwar in vielen Bereichen verloren. Andererseits passt diese neu konzipierte SE in das moderne Bild eines Wettbewerbs der Rechtsordnungen;[7] denn sie genießt das Privileg, ihren Sitz über die Grenze verlegen zu können, und kann sich auf diese Weise in diejenige Rechtsordnung begeben, die ihren Bedürfnissen am besten gerecht wird.

Die europäische Wirtschaft hingegen hat sich ihre Global Player mittlerweile auch ohne Mithilfe des europäischen Gesetzgebers geschaffen – wenn auch unter Inkaufnahme teilweise hoch komplexer Rechtsstrukturen: Der Zusammenschluss der deutschen *Hoechst AG* und der französischen *Rhone-Poulenc S.A.* vollzog sich über eine Dreieckskonstruktion mit Aktientausch zur *Aventis S.A.* mit Sitz in Straßburg,[8] die niederländisch-britische *Unilever* besteht bis heute aus zwei rechtlich getrennten Gesellschaften und wird – zumindest formal – von zwei Leitungsorganen gleichzeitig geleitet.[9] Dies sind nur zwei Beispiele der rechtlichen Realität im europäischen Binnenmarkt. Inwieweit die SE in diesem veränderten Umfeld überhaupt noch benötigt wird, muss die Zukunft erweisen. Immerhin hat sich nach zunächst verhaltenen Reaktionen aus der deutschen Wirtschaft die *Allianz AG* als erstes Großunternehmen auf den Weg in die SE gemacht; auch andere Konzerne denken offenbar über diese Lösung nach.

---

[6] Kritisch dazu *M. Lutter*, AG 1990, 413 ff.

[7] Worin bspw. *L. Enriques*, ZGR 2004, 735 ff., einen Vorteil der aktuellen Regelungskonzeption der SE-Verordnung erblickt.

[8] *J. Hoffmann*, NZG 1999, 1077 ff., beschreibt die hierfür gewählte Rechtskonstruktion.

[9] Die geschäftspolitische Einheit der beiden Gesellschaften wird durch Personalunion auf Führungsebene und eine spezielle Vereinbarung zur Gleichbehandlung der Aktionäre beider Gesellschaften sichergestellt (vgl. Geschäftsbericht des Jahres 2004, abrufbar über www.unilever.co.uk, sowie die Informationen unter http://www.unilever.com/ourcompany/investorcentre/corp_governance).

B. Europäischer Rechtsrahmen

Der heutige Stand der Rechtsentwicklung bietet nach alledem ein verwirrend vielfältiges Bild: Das Recht der Verschmelzung ist harmonisiert, aber nur für innerstaatliche Verschmelzungen; denn die dritte gesellschaftsrechtliche Richtlinie, die in allen Mitgliedstaaten umgesetzt wurde, gilt nur für den Zusammenschluss von Gesellschaften, die derselben Rechtsordnung unterliegen.[10] Der Erlass der zehnten Richtlinie, die grenzüberschreitende Verschmelzungen regeln sollte, war – ebenso wie das Statut der SE – jahrelang durch die Frage der unternehmerischen Mitbestimmung blockiert; erst im Jahre 2005 gelang hier der Durchbruch, die Umsetzungsfrist läuft allerdings noch bis Ende 2007.[11] Dessen ungeachtet hat der Europäische Gerichtshof jüngst das Recht, an einer grenzüberschreitenden Verschmelzung teilzunehmen, unmittelbar aus der primärrechtlichen Niederlassungsfreiheit abgeleitet.[12]

Erschien eine grenzüberschreitende Verschmelzung über viele Jahrzehnte hinweg überhaupt nicht möglich, offeriert somit das Gemeinschaftsrecht heute gleich drei Möglichkeiten dafür. Eine grenzüberschreitende Verschmelzung kann, wenn man die bis Ende 2007 umzusetzende zehnte Richtlinie einbezieht, auf dreierlei Weise vollzogen werden: Zwei Aktiengesellschaften können nach den Vorschriften der SE-Verordnung verschmelzen, wobei der aufnehmende Rechtsträger die Rechtsform der Societas Europaea annimmt (dazu *unter 1.*). Zwei Gesellschaften können auf Basis der jüngsten EuGH-Rechtsprechung unter Anwendung der für innerstaatliche Verschmelzungen geltenden Regeln verschmelzen; Ergebnis dieser Verschmelzung ist eine Gesellschaft nationalen Rechts (dazu *unter 2.*). Schließlich werden nach Umsetzung der zehnten Richtlinie auch im nationalen Recht Regelungen bereitstehen, die speziell den Vorgang der grenzüberschreitenden Verschmelzung regeln; Ergebnis der Verschmelzung ist aber auch in diesem Fall immer eine Gesellschaft nationalen Rechts (dazu *unter 3.*).

---

[10] RL 78/855/EWG v. 09.10.1978, abgedr. bei *M. Habersack*, Europäisches Gesellschaftsrecht, 2. Aufl. 2003, S. 194 ff. und *M. Lutter*, Europäisches Unternehmensrecht, 4. Aufl. 1996, S. 131 ff.

[11] RL 2005/56/EG v. 26.10.2005, ABl. L 310, 1 ff.; dazu *H.-W. Neye*, ZIP 2005, 1893 ff. und *B. Nagel*, NZG 2006, 97 ff.

[12] EuGH, Rs. C-411/03 *(Sevic)*, ZIP 2005, 2311 ff.

I. Verschmelzung auf Grundlage der SE-Verordnung

1. SE-Gründungsformen

Die im Jahre 2001 erlassene und im Oktober 2004 in Kraft getretene SE-Verordnung[13] kennt vier primäre Gründungsarten: Verschmelzung, Holding-SE, Tochter-SE und die Umwandlung einer Aktiengesellschaft in eine SE. Möglich ist auch eine sekundäre Gründung:[14] Bestehende SE können ihrerseits Tochtergesellschaften in der Rechtsform der SE gründen. Hingegen ist die Gründung einer SE durch natürliche Personen nicht möglich; die Gründung einer SE geht immer von bereits existierenden Rechtsträgern aus.

Die Verschmelzung ist das am ausführlichsten geregelte Verfahren. Sie führt zum Vermögensübergang im Wege der Gesamtrechtsnachfolge und wird mit der Eintragung wirksam (Art. 29 SE-Verordnung). Die Verschmelzung kann vollzogen werden (Art. 17 SE-VO):
– als Verschmelzung durch *Aufnahme*; in diesem Fall nimmt die aufnehmende Gesellschaft die Rechtsform der SE an;
– als Verschmelzung durch *Neugründung*; die neu gegründete Gesellschaft ist eine SE, die zuvor existierenden nationalen Gesellschaften erlöschen.

2. Anwendbares Recht

Die Gründung einer supranationalen Gesellschaft in Form der SE beruht auf einem komplizierten Zusammenspiel von europäischem und nationalem Recht.[15] Bei der Verschmelzung zur SE unter Beteiligung einer Gesellschaft deutschen Rechts sind folgende Rechtsgrundlagen heranzuziehen: Die SE-Verordnung, das allgemeine nationale Aktien- und Umwandlungsrecht sowie das speziell für die SE erlassene SE-Ausführungsgesetz. Hinzu kommen für die Frage der Arbeitnehmerbeteiligung die SE-Richtlinie[16] und das zu ihrer Umsetzung erlassene SE-Beteiligungsgesetz.

---

[13] Verordnung (EG) Nr. 2157/2001 des Rates v. 08.10.2001 über das Statut der Europäischen Gesellschaft (SE), ABl. EG v. 10.10.2001, Nr. L 294, S. 1 ff.

[14] Zur Terminologie bspw. *P. Hommelhoff*, AG 2001, 279, 280 und *W. Bayer*, in: M. Lutter/P. Hommelhoff, Die Europäische Gesellschaft, 2005, S. 26 ff.

[15] Allgemein zur Verknüpfung der Regelungsebenen bei supranationalen Rechtsformen *C. Teichmann*, Binnenmarktkonformes Gesellschaftsrecht, 2006 (im Erscheinen), § 5 IV.

[16] RL 2001/86/EG des Rates v. 08.10.2001 zur Ergänzung des Statuts der Europäischen Gesellschaft hinsichtlich der Stellung der Arbeitnehmer, ABl. EG Nr. L 294 v. 10.10.2001, S. 22 ff.

a) Gesellschaftsrecht: SE-Verordnung, allgemeines Aktienrecht, SE-Ausführungsgesetz

Ausgangspunkt ist die SE-Verordnung, die wie jede europäische Verordnung unmittelbar in jedem Mitgliedstaat gilt (Art. 249 Abs. 2 EG-Vertrag). Entgegen der Konzeption der frühen Entwürfe regelt die heutige SE-Verordnung aber keineswegs mehr alle Fragen des Gesellschaftsrechts in der nötigen Ausführlichkeit. Sie verzichtet auf eine umfassende Regelung, und verweist statt dessen in vielen Bereichen auf das nationale Aktienrecht.[17] Bei Gründung einer SE übernimmt *Art. 15 SE-Verordnung* die Scharnierfunktion zwischen europäischem und nationalem Recht: Vorbehaltlich anderweitiger Bestimmungen der Verordnung gilt für die Gründung der SE das für Aktiengesellschaften geltende Recht des Staates, in dem die SE ihren Sitz begründet. Für eine in Deutschland einzutragende SE gelten also grundsätzlichen dieselben Gründungsvorschriften wie für eine in Deutschland gegründete Aktiengesellschaft. Dies aber immer nur insoweit, als die SE-Verordnung keine eigene Regelungen trifft; soweit die SE-Verordnung einen Sachverhalt regelt, hat dies naturgemäß Vorrang vor nationalem Recht.[18]

In Fragen des anwendbaren Rechts ist weiterhin zu bedenken, dass die „Gründer" der SE Gesellschaften nationalen Rechts sind und bis zur Eintragung der Verschmelzung als solche auch fortbestehen. Bedeutung hat dies insbesondere für die Willensbildung im Vorfeld der Verschmelzung: Einberufung und Durchführung der Hauptversammlung unterliegen grundsätzlich dem nationalen Recht. Dies regelt *Art. 18 SE-Verordnung*, der bestimmt, dass für das Verfahren in den Gründungsgesellschaften deren Gesellschaftsstatut gilt.

Der Verweis auf das Gründungsrecht (Art. 15 SE-VO) und auf das Recht der Gründungsgesellschaften (Art. 18 SE-VO) gilt jeweils nur insoweit, als die SE-Verordnung nichts anderes bestimmt. Denn auch wenn in vielerlei Hinsicht auf nationales Recht verwiesen werden kann, bedarf es doch der punktuellen Ergänzung und Überlagerung durch die SE-Verordnung, um dem grenzüberschreitenden Charakter der Verschmelzung Rechnung zu tragen. Beispielsweise wäre es höchst misslich, wenn die Hauptversammlungen der beteiligten Gesellschaften Beschlüsse verschiedenen Inhaltes fassten. Art. 20 SE-VO regelt daher den Inhalt des Verschmelzungsplans und aus Art. 26 Abs. 3 SE-VO lässt sich der Schluss ziehen, dass beide Gesellschaften einem gleich lautenden Verschmelzungsplan zustimmen müssen.

Die Artikel 15 und 18 SE-VO verweisen auf das allgemeine Aktienrecht der Mitgliedstaaten. Zusätzlich ermöglicht die SE-Verordnung den Mitg-

---

[17] Hierzu *P. Hommelhoff*, in: M. Lutter/P. Hommelhoff (Hrsg.), Die Europäische Gesellschaft, 2005, S. 5 ff.

[18] Dies entspricht dem allgemeinen Vorrang des Gemeinschaftsrechts gegenüber dem nationalen Recht (s. etwa *T. Oppermann*, Europarecht, 2. Aufl. 1999, S. 228 ff.).

liedstaaten aber auch den Erlass spezieller Regelungen, die besonders auf die SE zugeschnitten sind. Dies gilt insbesondere für den Schutz von Minderheitsgesellschaftern. Art. 24 Abs. 2 SE-VO gewährt jedem Mitgliedstaat das Recht, in Bezug auf die Gesellschaften, die seinem Recht unterliegen, Vorschriften zu erlassen, die einen angemessenen Schutz der Minderheitsaktionäre sicherstellen, die sich gegen die Verschmelzung ausgesprochen haben. Der deutsche Gesetzgeber hat zur Ausfüllung dieser und anderer Regelungsoptionen das *SE-Ausführungsgesetz* erlassen.[19]

b) Beteiligung der Arbeitnehmer: SE-Richtlinie, SE-Beteiligungsgesetz

Die SE-Richtlinie spiegelt in Fragen der Arbeitnehmerbeteiligung einen Kompromiss wieder, der in jahrzehntelangen Verhandlungen der Mitgliedstaaten mühsam entwickelt werden musste.[20] Anfängliche Versuche, ein bestimmtes Mitbestimmungsmodell zwingend vorzuschreiben, fanden keine Mehrheit; ebensowenig wollten die Staaten, in denen Arbeitnehmer ein Mitbestimmungsrecht haben, über die SE eine „Flucht aus der Mitbestimmung" eröffnen. Die SE-Richtlinie statuiert nun einen Vorrang der Verhandlungen.[21] Dem Grundgedanken nach sollen also die Sozialpartner selbst entscheiden, welches Modell der Arbeitnehmerbeteiligung für „ihre" SE am besten ist. Bezogen auf das Gründungsverfahren bedeutet dies, dass bei jeder SE-Gründung Verhandlungen zwischen Unternehmensleitung und Arbeitnehmern in Gang zu setzen sind. Kommt eine Vereinbarung zustande, so gilt diese, selbst wenn das nationale Recht im Sitzstaat der SE ein anderes Modell der Mitbestimmung regeln sollte, als in der Vereinbarung festgelegt wurde.[22] Scheitern die Vereinbarungen, greift eine gesetzliche Auffanglösung, die einerseits die Unterrichtung und Anhörung der Arbeitnehmer und andererseits die Mitbestimmung in den Organen der SE (unternehmerische Mitbestimmung) regelt. Diese Vorgaben der SE-Richtlinie sind über das SE-Beteiligungsgesetz in das deutsche Recht eingeführt worden.

---

[19] Gesetz zur Einführung der Europäischen Gesellschaft (SEEG) v. 22.10.2004 (BGBl. I, 3675 ff.), Art. 1: Gesetz zur Ausführung der Verordnung (EG) Nr. 2157/2001 des Rates v. 08.10.2001 über das Statut der Europäischen Gesellschaft (SE) (SE-Ausführungsgesetz – SEAG). Zu Inhalt und Entstehungsgeschichte des Gesetzes *C. Teichmann* in: M. R. Theisen/M. Wenz (Hrsg.), Die Europäische Aktiengesellschaft, 2. Aufl. 2005, S. 691 ff.

[20] Ausführlich referiert von *G. Mävers*, Die Mitbestimmung der Arbeitnehmer in der Europäischen Aktiengesellschaft, 2002.

[21] S. hierzu etwa *R. Köstler* in: M. R. Theisen/M. Wenz (Hrsg.), Die Europäische Aktiengesellschaft, 2. Aufl. 2005, S. 331 ff.

[22] Vgl. *W. Heinze/A. Seifert/C. Teichmann*, BB 2005, 2542 ff. mit einem ausformulierten Beispiel für eine derartige Vereinbarung.

II. Verschmelzung gestützt auf die Niederlassungsfreiheit

In einer aufsehenerregenden Entscheidung *Sevic* aus dem Dezember 2005 hat der Europäische Gerichtshof neben der SE-Verordnung und der mittlerweile verabschiedeten zehnten gesellschaftsrechtlichen Richtlinie einen neuen Weg für die Durchführung grenzüberschreitender Verschmelzungen aufgezeigt. Nach dieser Entscheidung darf es einem ausländischen Rechtsträger nicht generell verwehrt werden, sich an einer Verschmelzung im Inland zu beteiligen. Deutsche Registergerichte sahen dies bislang anders (dazu *unter a*), werden jedoch im Lichte der *unter b)* erläuterten EuGH-Entscheidung eine Verschmelzung ausländischer Rechtsträger auf Basis des inländischen Verschmelzungsrechts nicht mehr generell verweigern können.

1. Traditionelle Sichtweise des deutschen Rechts

Nach Umsetzung der dritten gesellschaftsrechtlichen Richtlinie aus dem Jahre 1978 bieten die Rechtsordnung der europäischen Mitgliedstaaten einen weitgehend einheitlichen Rechtsrahmen für die innerstaatliche Verschmelzung von Aktiengesellschaften. Die Richtlinie verpflichtet die Mitgliedstaaten nicht dazu, ein Verfahren für grenzüberschreitende Verschmelzungen einzuführen; dies sollte einer eigenständigen Richtlinie überlassen bleiben.[23] Denn grenzüberschreitende Verschmelzungen führen zu besonderen Komplikationen, für die bei Erlass der dritten Richtlinie noch keine einheitliche Lösung in Sicht war. Beispielsweise kennen die europäischen Staaten verschiedene Regelungen zum Schutz von Gläubigern und Minderheitsgesellschaftern bei einer Verschmelzung und mussten diese im Zuge der Umsetzung der dritten Richtlinie auch nicht anpassen, weil die Richtlinie insoweit die nationalen Besonderheiten weiterhin zuließ. Außerdem bereitet die unternehmerische Mitbestimmung Probleme, wenn etwa eine mitbestimmte deutsche Gesellschaft auf eine ausländische Gesellschaft verschmolzen werden soll, deren nationales Recht keine Mitbestimmung kennt.

Die Wissenschaft hat sich dennoch mit der Frage befasst, ob und wie eine grenzüberschreitende Verschmelzung auf Basis des nationalen Rechts der beteiligten Staaten möglich sein könne. Im Ausgangspunkt ist dies eine Problematik des Kollisionsrechts: Welche Rechtsordnung soll auf den Vorgang Anwendung finden? Nach der im deutschen Recht lange Zeit herrschenden Sitztheorie richtet sich das auf eine Kapitalgesellschaft anwendbare Recht nach dem Sitz der Hauptverwaltung. Gemeint ist damit der „Tätigkeitsort der Geschäftsführung und der dazu berufenen Vertretungsorgane, also der Ort, wo die grundlegenden Entscheidungen der Unternehmenslei-

---

[23] Diese wurde erst im Jahre 2005 erlassen; dazu sogleich unter III.

tung effektiv in laufende Geschäftsführungsakte umgesetzt werden".[24] Nach den Entscheidungen des EuGH in Sachen *Centros*, *Überseering* und *Inspire Art*[25] kann die Sitztheorie zwar gegenüber Gesellschaften, die nach der Rechtsordnung eines anderen EG-Mitgliedstaats wirksam gegründet worden sind, nicht mehr in der bisher praktizierten Form angewandt werden;[26] gegenüber Gesellschaften, die nach deutschem Recht gegründet wurden, dürfte die Sitztheorie aber bis auf Weiteres Gültigkeit behalten. Eine Gesellschaft, deren Hauptverwaltung in Deutschland liegt, ist damit dem Verschmelzungsrecht des deutschen Umwandlungsgesetzes (UmwG) unterworfen.

Allerdings führt die Bestimmung des Gesellschaftsstatuts der beteiligten Rechtsträger in der Regel zu dem Ergebnis, dass die grenzüberschreitende Verschmelzung mehreren Rechtsordnungen zugleich unterliegt. Sie kann daher nur gelingen, wenn sie von allen beteiligten Rechtsordnungen übereinstimmend beurteilt und als wirksam anerkannt wird. Die Lehre folgt insoweit mit Modifikationen im Detail einer Vereinigungstheorie, die das Recht aller beteiligten Rechtsträger berücksichtigt und weitgehend kumulativ anwendet.[27] In einzelnen Fällen sollen derartige Verschmelzungen auch geglückt sein. Allerdings wird berichtet, dass es einer erheblichen Überredungskunst bedurfte, das zuständige Handelsregister von der Zulässigkeit einer solchen Verschmelzung und der Richtigkeit des vorgeschlagenen Verfahrens zu überzeugen.[28]

In den allermeisten Fällen lehnten deutsche Registergerichte die Eintragung einer grenzüberschreitenden Verschmelzung ab. Grund dafür ist ein Passus im deutschen Umwandlungsgesetz, der als ein Verbot grenzüberschreitender Verschmelzungen interpretiert wurde. § 1 Abs. 1 UmwG regelt die Umwandlungsarten und bestimmt, dass eine Umwandlung nach diesem Gesetz nur für Rechtsträger „mit Sitz im Inland" in Betracht kommt. Zwar wurde mit guten Gründen eingewandt, die Vorschrift schließe es nicht aus, bei der Verschmelzung mit einem ausländischen Rechtsträger dessen Verschmelzungsrecht anzuwenden und lediglich für den inländischen Rechts-

---

[24] BGHZ 97, 269, 272. Die Formel geht zurück auf *O. Sandrock*, FS *G. Beitzke*, 1979, 669, 683.

[25] EuGH, Rs. C-212/97, *Centros*, Slg. 1999, I-1459 ff.; EuGH, Rs. C-208/00, *Überseering*, Slg. 2002, I-9919 ff.; EuGH, Rs. C-167/01, *Inspire Art*, Slg. 2003, I-10155 ff.

[26] S. zur Problematik aus der umfangreichen Literatur nur *H. Eidenmüller/ G. Rehm*, ZGR 2004, 159 ff., *H. Hirte*, in: H. Hirte/T. Bücker (Hrsg.), Grenzüberschreitende Gesellschaften, S. 56 ff., *E. Schanze/A. Jüttner*, AG 2003, 661 ff. sowie *C. Teichmann*, Binnenmarktkonformes Gesellschaftsrecht, 2006 (im Erscheinen), § 3 und § 7. Die Rspr. folgt gegenüber EU-Auslandsgesellschaften mittlerweile der Gründungstheorie: BGHZ 154, 185 ff.; BGH, JZ 2005, 848.

[27] Näher *P. Kindler*, MüKo-IntGesR, 4. Aufl. 2006, Rz. 848 ff. sowie *U. Lennerz*, Die internationale Verschmelzung und Spaltung unter Beteiligung deutscher Gesellschaften, 2001, S. 141 ff.

[28] So eindrücklich S. *Rixen/L. Böttcher*, GmbHG 1993, 572, 575.

träger das Umwandlungsgesetz heranzuziehen.[29] Der deutsche Gesetzgeber hatte allerdings seinerzeit deutlich gemacht, dass er grenzüberschreitende Verschmelzungen nicht regeln wolle.[30] Denn er hielt dies für eine Transaktion, die nur im Zusammenwirken der betroffenen Rechtsordnungen gelöst werden könne und daher einer europäischen Lösung bedürfe.[31] Folglich verweigerten die Registergerichte – bis auf wenige Ausnahmen[32] – Verschmelzungen deutscher mit ausländischen Gesellschaften die Eintragung.

2. Die „Sevic-Entscheidung" des Europäischen Gerichtshofs

Die soeben geschilderte Praxis der Registergerichte führte im Fall *Sevic* zu einer Vorlage an den Europäischen Gerichtshof. Das Landgericht Koblenz stellte die Frage, ob die Verweigerung grenzüberschreitender Verschmelzungen gegen die europäische Niederlassungsfreiheit verstoße.[33] Der EuGH kam zu dem Schluss, dass eine Strukturmaßnahme, die im nationalen Recht unter bestimmten Voraussetzungen möglich sei, ausländischen Gesellschaften jedenfalls nicht generell verweigert werden dürfe.[34] Ausgangspunkt der europarechtlichen Erörterung ist die Feststellung, dass innerstaatliche und grenzüberschreitende Verschmelzungen unterschiedlich behandelt werden.[35] Dies lässt sich nicht bestreiten, denn grenzüberschreitende Verschmelzungen werden generell verweigert, während innerstaatliche Verschmelzungen zwar an die Einhaltung bestimmter Voraussetzungen gebunden, ansonsten aber ohne weiteres möglich sind. Nach Auffassung des EuGH tangiert dies den Anwendungsbereich der Niederlassungsfreiheit, die ausländischen Wirtschaftssubjekten die Teilnahme am inländischen Wirtschaftsleben unter denselben Bedingungen gestattet, die für inländische

---

[29] Namentlich *H. Kallmeyer*, ZIP 1996, 535 ff.; vgl. weiterhin die Nachw. bei U. Lennerz, Die internationale Verschmelzung und Spaltung unter Beteiligung deutscher Gesellschaften, 2001, S. 40, Fn. 143.

[30] Ausführlich referiert bei *U. Lennerz*, Die internationale Verschmelzung und Spaltung unter Beteiligung deutscher Gesellschaften, 2001, S. 50 ff., vgl. auch den Bericht von Ministerialrat *J. Ganske*, WM 1993, 1117, 1120.

[31] Kritisch dazu etwa *H. Kronke*, ZGR 1994, 26, 35 und *M. Lutter/T. Drygala*, in: M. Lutter/M. Winter (Hrsg.), Umwandlungsgesetz, 3. Aufl. 2004, § 1 UmwG, Rz. 14 m.w.N. in Fn. 7.

[32] Von ausnahmsweise gelungenen Verschmelzungen über die Grenze berichten *R. Dorr/G. Stukenborg*, DB 2003, 647 ff., *S. Rixen/L. Böttcher*, GmbHR 1993, 572 ff., und *G. Wenglorz*, BB 2004, 1061 ff.

[33] LG Koblenz, ZIP 2003, 2210 f.

[34] EuGH, Rs. C-411/03 (*Sevic*), 13.12.2005, ZIP 2005, 2311 (= BB 2006, 11 ff. m.Anm. *C. Schmidt/S. Maul*); dazu *W. Bayer/Schmidt*, ZIP 2006, 210 ff., *H. Bungert*, BB 2006, 53 ff., *V. Geyrhalter/Th. Weber*, DStR 2006, 146 ff., *J. Oechsler*, NJW 2006, 812 ff., *C. Teichmann*, ZIP 2006, 355 ff.

[35] Rdnr. 14 der Entscheidung (ZIP 2006, 2311, 2312).

Wirtschaftsbeteiligte gelten.[36] Darüber hinaus sei die Verschmelzung eine für das reibungslose Funktionieren des Binnenmarktes wichtige Modalität der Ausübung der Niederlassungsfreiheit und gehöre zu den wirtschaftlichen Aktivitäten, hinsichtlich derer die Mitgliedstaaten die Niederlassungsfreiheit beachten müssen.[37]

Die *Sevic*-Entscheidung wirft vielfältige Fragen zur Dogmatik der europäischen Grundfreiheiten auf, die hier aber nicht näher vertieft werden sollen.[38] Entscheidend ist, dass die bisherige Rechtslage als Beschränkung der Niederlassungsfreiheit aufzufassen ist. Beschränkungen können im Einzelfall gerechtfertigt sein, wenn dies im Interesse eines zwingenden Allgemeininteresses notwendig erscheint. Auch gegenüber einer grenzüberschreitenden Verschmelzung sind Beschränkungen denkbar. Denn sie berührt die Interessen der Gläubiger, der Minderheitsgesellschafter und der Arbeitnehmer. Allerdings muss jede Schutzmaßnahme den Verhältnismäßigkeitstest bestehen, den der EuGH in seiner Rechtsprechung zu den Grundfreiheiten seit längerem anwendet. Sie muss also zur Erreichung des mit ihr verfolgten Ziels geeignet sein und darf nicht über das Maß dessen hinaus gehen, was hierzu erforderlich ist.[39] Daran scheiterte die Rechtfertigung im konkreten Fall. Denn die generelle Verweigerung jeglicher Verschmelzung über die Grenze geht über das Maß des Erforderlichen hinaus. Im Fall *Sevic* wurde eine ausländische Gesellschaft auf eine deutsche Gesellschaft verschmolzen. Dadurch werden jedenfalls die Interessen der Gläubiger, Arbeitnehmer und Minderheitsgesellschafter des inländischen Rechtsträgers entweder überhaupt nicht gefährdet oder aber durch die Anwendung der deutschen Sachnormen hinreichend geschützt.[40] Der EuGH konnte die Vorlagefrage demnach mit der allgemeinen Feststellung beantworten, dass jedenfalls die vom deutschen Recht praktizierte generelle Verweigerung grenzüberschreitender Verschmelzungen nicht zu rechtfertigen und folglich ein Verstoß gegen die Niederlassungsfreiheit sei.

III. Verschmelzungen auf Basis der Zehnten Richtlinie

Mit der *Sevic*-Entscheidung konstatiert der EuGH allerdings nur, dass eine grenzüberschreitende Verschmelzung nicht generell verweigert werden dürfe. Wie sie konkret durchzuführen sei, erläutert der Gerichtshof, dessen Aufgabe die Auslegung europäischen Rechts ist, naturgemäß nicht. Das Bedürfnis nach einem verlässlichen Rechtsrahmen für die Praxis bleibt also

---

[36] Ebda., Rdnr. 18.
[37] Ebda., Rdnr. 19.
[38] Ausführlich zu diesen Fragen *C. Teichmann*, ZIP 2006, 355 ff.
[39] Rdnr. 23 der Entscheidung.
[40] Vgl. hierzu *H. Bungert*, BB 2006, 53, 54, und *T. Drygala*, ZIP 2005, 1995, 1996.

bestehen und wird möglicherweise schon bald mit Umsetzung der zehnten gesellschaftsrechtlichen Richtlinie erfüllt werden. Diese wurde am 26.10.2005 verabschiedet und im November 2005 im Amtsblatt der EU veröffentlicht.[41] Die Umsetzungsfrist läuft bis zum Dezember 2007.

Die Richtlinie orientiert sich in vielen Einzelheiten an der SE-Verordnung. Die Frage des anwendbaren Rechts wird ebenso wie bei der SE teilweise mit Verweisungen in die mitgliedstaatlichen Rechtsordnungen beantwortet, teilweise aber auch durch eigenständige Regelungen in der Richtlinie. Auf das Gesellschaftsstatut der beteiligten Gesellschaften wird beispielsweise hinsichtlich der Verschmelzungsfähigkeit (Art. 4) verwiesen. Europäisch vorgegeben ist demgegenüber der Inhalt des gemeinsam abzufassenden Verschmelzungsplans (Art. 5) und die Regelung einer Vorabbescheinigung zur Abstimmung der Registerverfahren (Art. 10). Eventuelle Divergenzen über den Zeitpunkt der Wirksamkeit der Verschmelzung beseitigt Art. 11, der die Rechtsordnung des Mitgliedstaats für maßgeblich erklärt, dem die aus der Verschmelzung hervorgehende Gesellschaft unterliegt. Für die Beteiligungsrechte der Arbeitnehmer gilt mit geringfügigen Modifikationen das gleiche Konzept, wie es bereits für die SE entwickelt wurde (Art. 16).

Die Richtlinie lässt in ihrem Art. 4 Abs. 2 außerdem Raum für einen angemessenen Schutz der Gläubiger und Minderheitsgesellschafter. Diese Fragen wurden bereits anlässlich der Einführung der Societas Europaea (SE) intensiv diskutiert[42] und im SE-Ausführungsgesetz geregelt. Demnach haben die Gläubiger einen vor der Verschmelzung zu erfüllenden Anspruch auf Sicherheitsleistung, wenn sie glaubhaft machen können, dass ihre Forderung gerade durch den grenzüberschreitenden Charakter der Verschmelzung gefährdet wird (§§ 8, 13 SEAG). Minderheitsgesellschafter haben ein Austrittsrecht bei der Herausverschmelzung, nicht aber bei einer Hineinverschmelzung (§ 7 SEAG). Ein vom Bundesjustizministerium im Februar 2006 vorgelegter Entwurf zur Umsetzung der zehnten Richtlinie orientiert sich weitgehend an diesen für die SE entwickelten Lösungen.[43]

---

[41] RL 2005/56/EG, ABl. EU v. 25.11.2005, L 310/1; hierzu *H.-W. Neye*, ZIP 2005, 1893 ff. und *B. Nagel*, NZG 2006, 97 ff.

[42] Zum Verlauf der Diskussion um das deutsche SE-Ausführungsgesetz *C. Teichmann*, in: M. R. Theisen/M. Wenz (Hrsg.), Europäische Aktiengesellschaft, 2. Aufl. 2005, S. 691 ff., insb. zu Gläubiger- und Minderheitenschutz bei der Verschmelzung S. 705 ff.

[43] RefE für ein „Zweites Gesetz zur Änderung des Umwandlungsgesetzes"; abrufbar unter der Rubrik „Gesetzesentwürfe" (dort „Handels- und Wirtschaftsrecht") bei www.bmj.bund.de

C. Das Verschmelzungsverfahren nach der SE-Verordnung

Um den Ablauf eines grenzüberschreitenden Verschmelzung konkret zu verdeutlichen, sollen im Folgenden die Grundzüge des Verschmelzungsverfahrens nach SE-Verordnung und SE-Ausführungsgesetz dargestellt werden. Die Verschmelzung zur SE ist nur bestimmten Rechtsträgern eröffnet und enthält zwingend ein Element der Mehrstaatlichkeit: Die Verschmelzung steht Aktiengesellschaften offen, von denen mindestens zwei dem Recht verschiedener Mitgliedstaaten unterliegen (Art. 2 Abs. 1 SE-VO). Welche nationalen Rechtsformen als „Aktiengesellschaft" einzuordnen sind, regelt Anhang I der SE-Verordnung. In Deutschland ist dies die nach dem Aktiengesetz gegründete Aktiengesellschaft, in England beispielsweise die „*public company limited by shares*" und in Frankreich die „*société anonyme*".

I. Ablauf der Verschmelzung

1. Verschmelzungsplan

Erster Schritt auf dem Weg zur Verschmelzung ist die Aufstellung eines Verschmelzungsplans, dessen Inhalt Art. 20 Abs. 1 SE-Verordnung regelt. Der Verschmelzungsplan muss die folgenden Angaben enthalten:
— Die *Firma* und den *Sitz* der sich verschmelzenden Gesellschaften sowie die für die SE vorgesehene Firma und ihren geplanten Sitz.
— Das *Umtauschverhältnis* der Aktien und gegebenenfalls die Höhe der Ausgleichsleistung: Das Umtauschverhältnis ist eine zentrale Kennziffer für die Verschmelzung, denn es bestimmt, wie viele Aktien der neu gegründeten SE die Aktionäre der Gründungsgesellschaften im Tausch für ihre bisherigen Aktien erhalten. Im grenzüberschreitenden Kontext ist darauf zu achten, dass bei Bewertung der beteiligten Gesellschaften einheitliche Bewertungsmethoden verwendet werden.[44] Die Ausgleichsleistung hat den Zweck, nach dem Umtausch verbleibende Spitzenbeträge auszugleichen.
— Die Einzelheiten hinsichtlich der *Übertragung der Aktien* der SE: Die Aktionäre der übertragenden Gesellschaft werden zwar gemäß Art. 29 Abs. 1 lit. b SE-VO mit Eintragung der Verschmelzung automatisch Aktionäre der übernehmenden Gesellschaft. Zum Verfahren des Anteilsübergangs muss der Verschmelzungsplan jedoch die nötigen Angaben enthalten. Dazu gehört der Hinweis auf die regelmäßig in der übernehmenden

---

[44] Zum Problem der Unternehmensbewertung im grenzüberschreitenden Kontext *B. Großfeld*, NZG 2002, 353 ff.

Gesellschaft nötig werdende Kapitalerhöhung[45] und die Abwicklung der Anteilsübertragung über den nach § 71 UmwG zu bestellenden Treuhänder.[46]

— Den Zeitpunkt, von dem an diese Aktien das Recht auf Beteiligung am Gewinn gewähren, sowie alle Besonderheiten in Bezug auf dieses Recht.
— Den Zeitpunkt, von dem an die Handlungen der sich verschmelzenden Gesellschaften unter dem Gesichtspunkt der Rechnungslegung als für die Rechnung der SE vorgenommen gelten (*Verschmelzungsstichtag*).
— Die Rechte, welche die SE den mit Sonderrechten ausgestatteten Aktionären der Gründungsgesellschaften und den Inhabern anderer Wertpapiere als Aktien gewährt, oder die für diese Personen vorgeschlagenen Maßnahmen. Diese Information soll die Aktionäre darüber aufklären, ob und inwieweit der Grundsatz der Gleichbehandlung der Aktionäre in der künftigen gemeinsamen SE durchbrochen sein wird.
— Jeder besondere Vorteil, der den Sachverständigen, die den Verschmelzungsplan prüfen, oder den Mitgliedern der Verwaltungs-, Leitungs-, Aufsichts- oder Kontrollorgane der sich verschmelzenden Gesellschaften gewährt wird. Diese Angaben informieren die Aktionäre darüber, wer von den mitwirkenden Personen im Zusammenhang mit der Verschmelzung besondere Vorteile erlangt und daher möglicherweise in seinem objektiven Urteil beeinträchtigt sein könnte.[47]
— Die *Satzung* der SE: Bezüglich der Satzung der neu entstehenden SE ist zu beachten, dass die Gesellschaft auf Grund der zahlreichen Verweisungen in das nationale Recht weitgehend dem Aktienrecht ihres Sitzstaates unterliegen wird. Auf diese Rechtsordnung muss die Satzung der SE abgestimmt werden.[48]
— Angaben zu dem Verfahren, nach dem die Vereinbarung über die *Beteiligung der Arbeitnehmer* gemäß der Richtlinie 2001/86/EWG geschlossen wird.
— Neben den in der Verordnung zwingend vorgeschriebenen Angaben können die Gesellschaften dem Verschmelzungsplan weitere Punkte hinzufügen (Art. 20 Abs. 2 SE-VO).

---

[45] S. zum nationalen Umwandlungsrecht *M. Lutter/T. Drygala* in: M. Lutter/ M. Winter (Hrsg.), UmwG, 3. Aufl. 2004, § 5, Rz. 37

[46] *M. Lutter/T. Drygala* in: M. Lutter/M. Winter (Hrsg.), UmwG, 3. Aufl. 2004, § 5, Rz. 38; *M. Scheifele*, Die Gründung der Europäischen Aktiengesellschaft, 2004, S. 158; *G. C. Schwarz*, Kommentar SE-VO, 2006, Art. 20, Rz. 30.

[47] Vgl. zur entsprechenden Regelung im nationalen Recht: *M. Lutter/T. Drygala*, in: M. Lutter/M. Winter (Hrsg.), UmwG, 3. Aufl. 2004, § 5, Rz. 47 ff.

[48] Vgl. *M. Scheifele*, Die Gründung der Europäischen Aktiengesellschaft, 2004, S. 165 ff., der die wichtigsten Satzungsbestandteile einer SE mit Sitz in Deutschland nennt, wie sie sich aus dem Zusammenspiel von SE-Verordnung und nationalem Recht ergeben.

– Verschmilzt eine deutsche Aktiengesellschaft auf eine SE mit Sitz im Ausland, muss in den Verschmelzungsplan gemäß § 7 Abs. 1 SEAG ein *Barabfindungsangebot* für widersprechende Minderheitsaktionäre aufgenommen werden.

2. Verschmelzungsbericht

Im innerstaatlichen Recht der Verschmelzung ist die Erstellung eines besonderen Verschmelzungsberichts vorgeschrieben (§ 8 UmwG). Die SE-Verordnung erwähnt den Verschmelzungsbericht nicht ausdrücklich. Es gilt jedoch, vermittelt über Art. 18 SE-VO, die Regelung des nationalen Rechts, in Deutschland also das Umwandlungsgesetz. Folglich hat der Vorstand der sich verschmelzenden Aktiengesellschaft nach § 8 UmwG einen ausführlichen schriftlichen Bericht zu erstatten, der Verschmelzung und Verschmelzungsplan rechtlich und wirtschaftlich erläutert und begründet. Die Berichtspflicht der beteiligten Gesellschaften, die nicht deutschem Recht unterliegen, richtet sich nach dem für sie geltenden nationalen Verschmelzungsrecht. Da Art. 9 der dritten gesellschaftsrechtlichen Richtlinie einen Verschmelzungsbericht zwingend vorschreibt, sollte hierzu in allen Mitgliedstaaten eine Regelung anzutreffen sein.

3. Verschmelzungsprüfung

Auch die Verschmelzungsprüfung durch unabhängige Wirtschaftsprüfer ist in der SE-Verordnung nicht geregelt. Sie setzt aber unausgesprochen voraus, dass dies über die dritte gesellschaftsrechtliche Richtlinie ohnehin europaweiter Standard ist. Mittelbar wird das erkennbar an der Regelung des Art. 22 SE-VO zur gemeinsamen Prüferbestellung. Demnach können die beteiligten Gesellschaften die Prüfung einem gemeinsam bestellten Prüfer übertragen. Art. 22 SE-VO regelt auch ausdrücklich das Recht der Prüfer, von den beteiligten Gesellschaften alle für die Prüfung erforderlichen Auskünfte zu verlangen. Im Übrigen richtet sich die Prüfung nach den für die nationale Verschmelzung geltenden Grundsätzen. Sie dient vor allem einer korrekten Ermittlung des Umtauschverhältnisses der Aktien.[49]

4. Offenlegung des Verschmelzungsvorhabens

Im Gründungsverfahren ist jede der beteiligten Gesellschaften grundsätzlich noch ihrem eigenen Gesellschaftsrecht unterworfen und muss daher die

---

[49] Vgl. § 12 Abs. 2 UmwG: In ihrem Prüfungsbericht müssen die Prüfer ausdrücklich erklären, ob das vorgeschlagene Umtauschverhältnis der Anteile angemessen ist.

nach nationalem Recht geltenden Offenlegungspflichten beachten. Auch diese Regeln sind indessen durch die erste und die dritte gesellschaftsrechtliche Richtlinie weitgehend angeglichen. Eine an der Verschmelzung beteiligte Gesellschaft deutschen Rechts muss gemäß § 61 UmwG den Verschmelzungsplan vor der Einberufung der Hauptversammlung zum Handelsregister einreichen. Das Gericht wird dies bekannt machen und darauf hinweisen, dass der Verschmelzungsplan eingereicht worden ist (§ 61 Satz 2 UmwG).

Für die SE-Verschmelzung wird diese nationale Regelung überlagert durch den Art. 21 SE-VO, der die Bekanntmachung folgender Mindestangaben vorschreibt:

a) Rechtsform, Firma und Sitz der sich verschmelzenden Gesellschaften,

b) das Register bei dem die in Artikel 3 Absatz 2 der Richtlinie 68/151/EWG genannten Urkunden für jede der sich verschmelzenden Gesellschaften hinterlegt worden sind, sowie die Nummer der Eintragung in das Register,

c) einen Hinweis auf die Modalitäten für die Ausübung der Rechte der Gläubiger der betreffenden Gesellschaft gemäß Artikel 24 sowie die Anschrift, unter der erschöpfende Auskünfte über diese Modalitäten kostenlos eingeholt werden können,

d) einen Hinweis auf die Modalitäten für die Ausübung der Recht der Minderheitsaktionäre der betreffenden Gesellschaft gemäß Artikel 24 sowie die Anschrift, unter der erschöpfende Auskünfte über diese Modalitäten kostenlos eingeholt werden können,

e) die für die SE vorgesehene Firma und ihr künftiger Sitz.

Um die Offenlegungspflichten des nationalen Rechts und der SE-Verordnung zu koordinieren, bestimmt § 5 SE-Ausführungsgesetz, dass das Register, dem der Verschmelzungsplan eingereicht wurde, bei der nach § 61 Satz 2 UmwG gebotenen Bekanntmachung zugleich die nach Artikel 21 vorgeschriebenen Angaben bekannt zu machen hat.

5. Hauptversammlungsbeschluss

Die Verschmelzung zur SE bedarf ebenso wie die innerstaatliche Verschmelzung eines Hauptversammlungsbeschlusses, der mit einer Mehrheit von mindestens drei Viertel des bei der Beschlussfassung vertretenen Grundkapitals gefasst werden muss.[50] Einberufung und Durchführung der Hauptversammlung richten sich nach dem allgemeinen Aktien- und Um-

---

[50] Art. 23 Abs. 1 SE-VO ordnet an, dass die Hauptversammlung jeder sich verschmelzenden Gesellschaft dem Verschmelzungsplan zustimmen muss. Das Mehrheitserfordernis ergibt sich über den Verweis des Art. 18 SE-VO aus § 65 UmwG (*G. C. Schwarz*, Kommentar SE-VO, 2006, Art. 23, Rz. 17).

wandlungsrecht.[51] Der Hauptversammlungsbeschluss der beteiligten deutschen Aktiengesellschaft unterliegt damit auch der – von den Unternehmensleitungen vielfach gefürchteten – Anfechtungsklage. Ebenso wie im nationalen Verschmelzungsrecht ist jedoch auch bei der Verschmelzung zur SE eine Anfechtungsklage unzulässig, die sich allein darauf stützt, dass das Umtauschverhältnis nicht angemessen sei (§ 6 Abs. 1 SEAG) oder eine zum Austritt angebotene Barabfindung zu niedrig bemessen oder im Verschmelzungsplan nicht oder nicht ordnungsgemäß angeboten sei (§ 7 Abs. 5 SEAG). Diese Rechtsfragen sollen nicht im Wege der Anfechtungsklage geklärt werden, weil dies zu einer erheblichen Verzögerung der Verschmelzung führen würde; die Verschmelzung kann nämlich grundsätzlich erst eingetragen werden, wenn über alle Anfechtungsklagen rechtskräftig entschieden wurde (vgl. § 16 Abs. 2 UmwG). Um diese Blockade zu vermeiden, gibt es im deutschen Recht für die Kontrolle des Umtauschverhältnisses und der Barabfindung das sogenannte Spruchverfahren nach dem Spruchverfahrensgesetz; dieses ist auch bei Gründung einer SE anwendbar (§§ 6 Abs. 4, 7 Abs. 7 SEAG). Ist allerdings ein derartiges Verfahren in der Rechtsordnung der anderen beteiligten Gesellschaften unbekannt, hängt seine Anwendung davon ab, dass die Aktionäre der ausländischen Gesellschaft zustimmen (Art. 25 Abs. 3 SE-VO).[52] Wird diese Zustimmung nicht erteilt, können die Aktionäre der deutschen Gesellschaft Mängel des Umtauschverhältnisses oder der Barabfindung im Wege der allgemeinen Anfechtungsklage rügen.[53]

II. Verhandlungen mit den Arbeitnehmern

Jede SE-Gründung löst zwingend Verhandlungen über die künftigen Beteiligungsrechte der Arbeitnehmer aus.[54] Damit die Arbeitnehmer aller beteiligten Gesellschaften in diesen Verhandlungen mit einer Stimme sprechen können, sieht die SE-Richtlinie die Bildung eines besonderen Verhandlungsgremiums vor, in dem die Arbeitnehmer entsprechend ihrer Aufteilung auf die verschiedenen Mitgliedstaaten gleichberechtigt repräsentiert sind. Dieses Verfahren in Gang zu setzen, ist Aufgabe der Unternehmensleitung der Gründungsgesellschaften. Sie muss nach Offenlegung des Verschmelzungsplanes so rasch wie möglich die erforderlichen Schritte einleiten, um

---

[51] Grundlage ist auch hier der Verweis in Art. 18 SE-VO.
[52] Zur Problematik der möglicherweise divergierenden Interessen der Anteilseigner der deutschen Gesellschaft und derjenigen ausländischer Gesellschaften C. Teichmann, ZGR 2002, 383, 427 ff.
[53] § 6 Abs. 1 und § 7 Abs. 5 SEAG stellen den Ausschluss der Anfechtungsklage ausdrücklich unter den Vorbehalt, dass die Voraussetzung des Art. 25 Abs. 3 Satz 1 SE-VO erfüllt sei.
[54] Dazu bereits oben unter B.I.2.b.

mit den Verhandlungen beginnen zu können. Am Ende der Verhandlungen steht im günstigsten Fall eine Vereinbarung über die Beteiligungsrechte der Arbeitnehmer.[55]

Gelingt keine Einigung, greifen die Auffangregeln des SE-Beteiligungsgesetzes zu Information und Konsultation der Arbeitnehmer und zur unternehmerischen Mitbestimmung. Es ist dann ein SE-Betriebsrat zu bilden, der die Beteiligungsrechte im Bereich der Information und Konsultation wahrnimmt (§§ 22 ff. SE-Beteiligungsgesetz); außerdem setzt sich grundsätzlich die zuvor in der deutschen Gesellschaft bestehende unternehmerische Mitbestimmung in den Unternehmensorganen der SE fort (§§ 34 ff. SE-Beteiligungsgesetz).

Allerdings können die Leitungsorgane der Gründungsgesellschaft auch die gesamte SE-Gründung abbrechen, indem sie es einfach unterlassen, den Antrag auf Eintragung der SE im Handelsregister zu stellen. Zudem kann sich die Hauptversammlung im Verschmelzungsbeschluss das Recht vorbehalten, die Eintragung der SE davon abhängig zu machen, dass die Vereinbarung über die Arbeitnehmerbeteiligung von ihr genehmigt wird (Art. 23 Abs. 2 Satz 2 SE-VO).

III. Rechtmäßigkeitsprüfung

Die Rechtmäßigkeitsprüfung bereitet bei einer grenzüberschreitenden Verschmelzung erhebliche praktische Probleme, weil Registerbehörden aus verschiedenen Staaten tätig werden, die das materielle Recht der anderen beteiligten Rechtsordnungen nicht immer beherrschen und daher den ordnungsgemäßen Ablauf der im Ausland vollzogenen Gründungsschritte nur selten zuverlässig einschätzen können. Die SE-Verordnung sieht daher für die Verschmelzung eine zweistufige Rechtmäßigkeitsprüfung vor:[56] Die erste Stufe bezieht sich auf die beteiligten Gründungsgesellschaften und wird abgeschlossen mit einer Rechtmäßigkeitsbescheinigung, die das zuständige Gericht über das in der jeweiligen Gründungsgesellschaft vollzogene Verfahren ausstellt (Art. 25 Abs. 2 SE-VO). Die Bescheinigung ist der eintragenden Behörde im künftigen Sitzstaat der SE vorzulegen (Art. 26 Abs. 2 SE-VO). Diese prüft, ob die Gesellschaften einem gleich lautenden Verschmelzungsplan zugestimmt haben (Art. 26 Abs. 3 SE-VO); weiterhin werden die Gründungsvoraussetzungen des Sitzstaatrechts geprüft und der Abschluss einer Vereinbarung über die Arbeitnehmerbeteiligung. Eine Pflicht, die Einhaltung der Verfahrensvorschriften derjenigen Rechtsordnungen zu überprüfen, denen die Gründungsgesellschaften unterliegen,

---

[55] Ein Formulierungsbeispiel für eine solche Vereinbarung findet sich bei *W. Heinze/A. Seifert/C. Teichmann*, BB 2005, 2524 ff.
[56] *G. C. Schwarz*, Kommentar SE-VO, Art. 25, Rz. 5 ff.

besteht grundsätzlich nicht; insoweit hat die Rechtmäßigkeitsbescheinigung des Herkunftsstaats abschließenden Charakter.[57]

IV. Eintragung und Wirkungen der Verschmelzung

Die Verschmelzung wird mit ihrer Eintragung im künftigen Sitzstaat der SE wirksam (Art. 27 SE-VO). Die Wirkungen der Verschmelzung regelt Art. 29 SE-VO: Es geht das gesamte Aktiv- und Passivvermögen aller übertragenden Gründungsgesellschaften auf die SE über; die Aktionäre der übertragenden Gesellschaften werden Aktionäre der übernehmenden Gesellschaft; die übertragenden Gesellschaften erlöschen; die übernehmende Gesellschaft nimmt – bei einer Verschmelzung zur Aufnahme – die Rechtsform der SE an. Die Verschmelzung ist für jede sich verschmelzende Gesellschaft offen zu legen (Art. 28 SE-VO), bei der beteiligten deutschen Gesellschaft also gemäß §§ 8 ff. HGB in das Handelsregister einzutragen.[58] Die Verschmelzung kann nach Eintragung der SE nicht mehr für nichtig erklärt werden (Art. 30 Satz 1 SE-VO). Das Fehlen der Rechtmäßigkeitskontrolle nach Art. 25 und 26 SE-VO kann allerdings einen Grund für die Auflösung der SE darstellen (Art. 30 Satz 2 SE-VO).

V. Kontrolle des Umtauschverhältnisses

Bei Verschmelzungen nach nationalem Recht gewährt § 15 UmwG den Aktionären des übertragenden Rechtsträgers ein Recht auf Kontrolle des Umtauschverhältnisses und – bei einem unangemessenen Umtauschverhältnis – einen Ausgleich durch bare Zuzahlung. Die Höhe der Zuzahlung wird in einem Gerichtsverfahren nach dem Spruchverfahrensgesetz ermittelt (§ 1 Nr. 4 SpruchG). Eine Anfechtungsklage gegen den Verschmelzungsbeschluss, die sich auf die Unangemessenheit des Umtauschverhältnisses stützt, ist unzulässig (§ 14 Abs. 2 UmwG).

Diesen Mechanismus überträgt § 6 SEAG auf die Verschmelzung zur SE. Dies soll zum einen verhindern, dass die Verschmelzung mit Anfechtungsklagen wegen des Umtauschverhältnisses belastet wird; zum zweiten soll den Aktionären einer deutschen Aktiengesellschaft auch bei einer Verschmelzung zur SE der nach deutschem Recht übliche Schutzstandard zustehen.[59] Das Ergebnis des Spruchverfahrens bindet die Gesellschaft und alle ihre Aktionäre, auch diejenigen, die bereits gegen Barabfindung ausge-

---

[57] G. C. Schwarz, Kommentar SE-VO, Art. 26, Rz. 16
[58] G. C. Schwarz, Kommentar SE-VO, Art. 28, Rz. 7.
[59] Zu den gesetzgeberischen Überlegungen vor Erlass des SE-Ausführungsgesetzes C. Teichmann, in: M. R. Theisen/M. Wenz (Hrsg.), Die Europäische Aktiengesellschaft, 2. Aufl. 2005, S. 705 f., ders., ZGR 2002, 383, 425 ff.

schieden sind (§ 13 SpruchG). Im Kontext der SE-Gründung stellt Art. 25 Abs. 3 Satz 4 SE-VO sicher, dass die Entscheidung auch für die übernehmende Gesellschaft und deren Aktionäre bindend ist.

Wegen der Besonderheit des deutschen Spruchverfahrens, das über den Zeitpunkt der Verschmelzung hinaus Wirkungen zeitigt, fordert Art. 25 Abs. 3 SE-VO allerdings, dass diejenigen Gesellschaften, deren Rechtsordnung ein Verfahren zur Kontrolle und Änderung des Umtauschverhältnisses nicht kennt, der Anwendung des Spruchverfahrens im Verschmelzungsplan ausdrücklich zustimmen müssen.

VI. Barabfindung widersprechender Aktionäre

Aktionäre, die der Verschmelzung widersprechen, haben Anspruch auf ein Barabfindungsangebot, wenn der Sitz der künftigen SE im Ausland liegen soll (§ 7 SEAG). Hintergrund dieser Schutzvorschrift ist die Überlegung, dass sich für die Aktionäre der gesellschaftsrechtliche Rahmen und das sonstige rechtliche Umfeld ihrer Gesellschaft erheblich verändern, wenn eine deutsche Aktiengesellschaft in einer SE aufgeht, die ihren Sitz in einem anderen Mitgliedstaat hat. Dem wurde in der Literatur entgegengehalten, die SE als eine europäische Rechtsform sei den nationalen Gesellschaften gleichwertig und als eine europäisch „im Kern einheitliche" Rechtsform anzusehen.[60] Allerdings erschöpft sich diese Einheitlichkeit weitgehend in der Regelung der Gründungsformen. Zieht man die zur Gründung gehörenden Vorschriften ab, widmet sich die SE-Verordnung nur in etwa dreißig Artikeln dem Innenleben der Gesellschaft; ein Teil dieser Vorschriften hat allein die Funktion auf das Aktienrecht des Sitzstaates der SE zu verweisen. De facto gibt es also keine einheitliche SE, sondern so viele SE-Variationen wie es Mitgliedstaaten gibt. Die nationalen Aktienrechtssysteme wiederum weisen ungeachtet aller Harmonisierungsbestrebungen gerade im Bereich der Aktionärsrechte noch erhebliche Unterschiede auf. Man sollte daher Minderheitsaktionäre, die den von der Mehrheit gewollten Wechsel der Rechtsordnung ablehnen, nicht zwingen, in einer Gesellschaft auszuharren, die nicht mehr dieselbe ist, der sie einst beigetreten sind. Die SE-Verordnung selbst erkennt dies Schutzbedürfnis an, indem sie nicht nur bei der Verschmelzung, sondern auch bei der Sitzverlegung ausdrücklich nationale Regelungen zum Schutz der Minderheitsaktionäre zulässt (Art. 8 Abs. 5 SE-VO).

---

[60] S. bspw. *F. Kübler*, ZHR 167 (2003), 627, 629.

VII. Gläubigerschutz

1. SE mit Sitz in Deutschland

Auch für die Gläubiger bedeutet die Verschmelzung eine gravierende Veränderung. Sie erhalten nämlich im Zuge der Verschmelzung einen neuen Schuldner. Die Forderungen der sich verschmelzenden Gesellschaften gehen im Wege der Gesamtrechtsnachfolge auf den übernehmenden Rechtsträger über, ohne dass hierfür – in Abweichung von den allgemeinen zivilrechtlichen Regeln (§§ 414 ff. BGB) – die Zustimmung der Gläubiger eingeholt werden müsste. Zum Schutz der Gläubiger regelt daher § 22 UmwG einen an bestimmte Voraussetzungen geknüpften Anspruch auf Sicherheitsleistung. Diese Regelung gilt – für die beteiligte Gesellschaft deutschen Rechts – auch bei einer Verschmelzung zur SE.[61] Die Gläubiger der an der Verschmelzung beteiligten Gesellschaft deutschen Rechts haben demnach für ihre noch nicht fälligen Leistungen einen Anspruch auf Sicherheitsleistung, wenn sie glaubhaft machen, dass durch die Verschmelzung die Erfüllung ihrer Forderungen gefährdet wird.[62] Eine Gefährdung kann insbesondere die Zusammenführung der Vermögensmasse des bisherigen Schuldners mit einer Gesellschaft von geringerer Bonität bedeuten. Zur schriftlichen Anmeldung ihres Anspruchs setzt das Gesetz den Gläubigern eine Frist von sechs Monaten, die mit dem Tag zu laufen beginnt,[63] an dem die Eintragung der Verschmelzung in das Register des Sitzes desjenigen Rechtsträgers, dessen Gläubiger sie sind, nach § 19 Abs. 3 UmwG als bekannt gemacht gilt.

2. SE mit Sitz im Ausland

Nimmt die durch die Verschmelzung gegründete SE ihren Sitz im Ausland, ordnet § 8 SEAG einen zeitlich vorgeschalteten Gläubigerschutz an. Die Gläubiger können in diesem Fall noch vor dem Wirksamwerden der Verschmelzung Sicherheit verlangen, wenn sie glaubhaft machen können, dass durch die (sitzverlegende) Verschmelzung die Erfüllung ihrer Forderungen gefährdet wird. Das Gefährdungspotential resultiert hier einerseits aus der Verschmelzung selbst, insoweit unterscheidet sich die Lage nicht

---

[61] § 22 UmwG gilt kraft der Spezialverweisung des Art. 24 Abs. 1 SE-VO. Es handelt sich um eine „distributive" Anknüpfung, die vermeidet, dass kumulativ die Rechtsordnungen aller beteiligten Rechtsträger angewandt werden müssten (hierzu *M. Scheifele*, Die Gründung der Europäischen Aktiengesellschaft, 2004, S. 223).

[62] Näher zu den Anspruchsvoraussetzungen *B. Grunewald* in: M. Lutter/M. Winter (Hrsg.), UmwG, § 22, Rz. 5 ff.

[63] Fristberechnung nach §§ 187 ff. BGB. Der Tag, in den das fristauslösende Ereignis fällt, wird demnach nicht mitgerechnet.

von derjenigen des § 22 UmwG; eine Gefährdung kann sich zum zweiten aber auch aus dem sitzverlegenden Charakter der Verschmelzung ergeben, wenn beispielsweise die Rechtsverfolgung dadurch erheblich erschwert würde[64]. Eine Sicherheitsleistung setzt allerdings voraus, dass eine Gefährdung glaubhaft gemacht werden kann und der Anspruch binnen zwei Monate nach der Offenlegung des Verschmelzungsplanes angemeldet wurde. Die für den Vollzug der Verschmelzung nötige Bescheinigung des Registergerichts wird erst ausgestellt, wenn die Vorstandsmitglieder der sich verschmelzenden deutschen AG versichert haben, dass allen Gläubigern, die hierauf Anspruch haben, angemessene Sicherheit gewährt wurde (§ 8 Satz 2 SEAG).

D. Schlussbemerkung

Die grenzüberschreitende Verschmelzung ist ungeachtet der gesetzgeberischen Bemühungen, die schon kurz nach Gründung der Europäischen Wirtschaftsgemeinschaft einsetzten, erst vor wenigen Jahren Realität geworden. Nachdem es mit Verabschiedung der SE-Verordnung im Jahre 2001 gelang, für das zentrale Problem der unternehmerischen Mitbestimmung der Arbeitnehmer einen Kompromiss zu finden, konnte wenige Jahre später im Herbst 2005 auch die Richtlinie zur grenzüberschreitenden Verschmelzung verabschiedet werden. Ungeachtet dieser sekundärrechtlichen Regelungen leitet der Europäische Gerichtshof in seiner jüngst ergangenen *Sevic*-Entscheidung das Recht eines ausländischen Rechtsträgers auf Teilnahme an einer inländischen Verschmelzung unmittelbar aus der Niederlassungsfreiheit des EG-Vertrages ab. Die Niederlassungsfreiheit von Gesellschaften ist also nicht länger – wie von *Boucourechliev* noch Ende der 90er Jahre beklagt – ein „verweigertes Recht"[65]. Es gibt ganz im Gegenteil geradezu verwirrend viele Möglichkeiten, eine Verschmelzung über die Grenze durchzuführen. Die Ausgangsproblematik bleibt dabei immer die gleiche: Es sind zwei Gesellschaften, die verschiedenen Rechtsordnungen unterliegen, zusammenzuführen; dies erfordert zumindest in weiten Teilen eine kumulative Berücksichtigung der rechtlichen Anforderung aller beteiligten Rechtssysteme. Die SE-Verordnung koppelt hierfür Verweise auf nationales Recht mit gemeineuropäischen Vorgaben und bietet damit einen sicheren Rechtsrahmen für den grenzüberschreitenden Zusammenschluss. Die zehnte Richtlinie folgt dieser Systematik. Nach ihrer Umsetzung in nationales Recht wird für eine

---

[64] Dass dies auch im europäischen Rechtsraum immer noch denkbar ist, zeigt der Fall eines dänischen Versäumnisurteils, das in Deutschland nicht vollstreckt werden konnte (hierzu *M. Fogt/H. Schack*, IPRax 2005, 118 ff.).

[65] *J. Boucourechliev,* in: J. Boucourechliev/P. Hommelhoff (Hrsg.), Vorschläge für eine Europäische Privatgesellschaft, Köln, 1999, S. 53.

auf die *Sevic*-Entscheidung gestützte Verschmelzung, bei der unter Anwendung der kollisionsrechtlichen Vereinigungstheorie die beteiligten Rechtsordnungen jeweils aufs Neue zusammengefügt werden müssen, in den meisten Fällen kein praktisches Bedürfnis mehr bestehen.

Teichmann

Diskussionsbericht zu dem Vortrag von Christoph Teichmann

Meiko Dillmann

In der Diskussion wurde zunächst die Frage aufgeworfen, warum die SE-VO nur die Möglichkeiten vorsieht, eine SE durch Verschmelzung mehrerer Gesellschaften zur SE, durch Bildung einer gemeinsamen Holding-SE oder gemeinsamen Tochter-SE von mehreren Gesellschaften oder durch Umwandlung einer Aktiengesellschaft zu gründen, es also nicht möglich ist, eine Gesellschaft originär als Europäische Aktiengesellschaft neu zu gründen.

Einen zwingenden rechtsdogmatischen Grund dafür, die originäre SE-Gründung auszuschließen, gab es nicht. Die Europäische Aktiengesellschaft wirft keine besonderen Probleme im Vergleich zu anderen, nationalen Formen der Aktiengesellschaft auf, die im Gegensatz zu diesen eine originäre Gründung ausschließen würden.[1] Außerdem lässt sich der Ausschluss der originären Gründung ohnehin über die Schaffung einer Vorratsgesellschaft umgehen.

Die heutige Regelung ist aber damit zu erklären, dass die SE primär für das „Big Business" konzipiert worden ist. Hinter der Bewegung zur Schaffung dieser Rechtsform stand die Idee, großen international tätigen Unternehmen eine neue Möglichkeit der grenzüberschreitenden Umstrukturierung und Kooperation zu bieten. Ursprünglich waren weitere Einschränkungen der Gründungsvoraussetzungen, wie etwa Bilanzanforderungen, diskutiert worden. Wie in der späteren Diskussion vertieft erörtert wurde, wird diese Konzeption zu den vermutlichen Anwendungsfällen in der Praxis in Diskrepanz stehen, die nach Einschätzung von Teichmann eher in Restrukturierungsmaßnahmen von Unternehmensgruppen und kleineren Unternehmenszusammenschlüssen liegen werden.

Weiter wurden noch einmal die Besonderheiten des Spruchverfahrens über das Umtauschverhältnis, das bei der Gründung einer SE im Wege einer Verschmelzung zum Schutz der Minderheitsaktionäre stattfindet, gegenüber einer Anfechtungsklage herausgestellt, mit der die Aktionäre bei sonstigen

---

[1] Die Möglichkeit einer originären Gründung wurde daher auch gefordert etwa von *A. Schulz/B. Geismar*, Die Europäische Aktiengesellschaft – Eine kritische Bestandsaufnahme, DStR 2001, 1081; *P. Hommelhoff*, Einige Bemerkungen zur Organisationsverfassung der Europäischen Aktiengesellschaft, AG 2001, 280.

Verschmelzungen ihre Rechte wahren können. Auch im Spruchverfahren muss zwar ein gewöhnliches, oft langwieriges ordentliches Gerichtsverfahren durchgeführt werden. Der Verschmelzungsbeschluss kann aber trotz des laufenden Verfahrens schon eingetragen und auch bestandskräftig werden. Im Falle des Obsiegens im Spruchverfahren erhält der Aktionär lediglich eine Entschädigung in Geld. So werden einerseits die Interessen der Aktionäre geschützt, die finanziell voll entschädigt werden, andererseits haben unwillige Aktionäre keine Handhabe, um den Verschmelzungsprozess durch die Einreichung von Anfechtungsklagen hinauszuzögern und zu boykottieren. Notwendige Umstrukturierungsmaßnahmen können so zügig durchgeführt werden.

Die Gründung einer SE durch Verschmelzung setzt nach Art. 2 SE-VO voraus, dass die zu verschmelzenden Gesellschaften „unterschiedlichen Rechtsordnungen" angehören. Hierzu wurde die Frage aufgeworfen, welcher Rechtsordnung eine Gesellschaft zuzuordnen ist, bei der Gründungsstaat und tatsächlicher Sitz auseinander fallen, und (damit zusammenhängend) wann von „unterschiedlichen Rechtsordnungen" gesprochen werden kann.

Versucht man beispielsweise, eine in England gegründete Gesellschaft mit Sitz in Deutschland einer bestimmten nationalen Rechtsordnung zuzuordnen, könnte dies als Konsequenz der EuGH-Rechsprechung, nach der auf die Gesellschaft das Recht des Gründungsstaates zur Anwendung kommt, das Land sein, in dem die Gesellschaft gegründet worden ist – mithin England. Ob dann aber beispielsweise eine in England gegründete Gesellschaft mit Sitz in Deutschland und eine in England gegründete Gesellschaft mit Sitz in England i.S.d. Art. 2 SE-VO „unterschiedlichen Rechtsordnungen" unterworfen sind oder nicht, ist fraglich. *Georg Bitter* bejahte die Unterschiedlichkeit der Rechtsordnungen, da das „Recht" nicht nur das Gesellschaftsrecht umfasse, sondern sämtliche Regeln, denen die Gesellschaft bei ihrer Tätigkeit unterworfen ist. Dazu gehörten etwa auch das nationale Insolvenzrecht oder andere nationale Regelungen zum Verkehrschutz, deren Anwendbarkeit sich gerade nach dem tatsächlichen Sitz der Gesellschaft richtet.

Lebhaft diskutiert wurde die Frage, inwieweit die SE in der Praxis wohl angenommen werden und welche Rolle sie in der Zukunft voraussichtlich spielen wird.

Bekanntermaßen wird die SE in der Praxis bisher – entgegen den euphorischen Erwartungen des europäischen Gesetzgebers – nur zögerlich angenommen. Grundsätzlich scheint zwar ein gewisses Interesse an der Rechtsform der SE zu bestehen. So erhalten Kanzleien durchaus Anfragen, ob die Gründung einer Europäischen Aktiengesellschaft in bestimmten Fällen möglich sei. Letztlich scheint sich der Aufwand aber als zu hoch zu erweisen; in nahezu allen Fällen sehen die Mandanten deshalb von der Gründung einer SE ab und wählen eine andere Lösung.

Ein Beispiel für die wenigen bisherigen SE-Gründungen bildet die *Strabag Bauholding* in Österreich, die im Oktober 2004 im Wege einer Umwandlung gegründet wurde. Dabei kam es allerdings insoweit zu Unstimmigkeiten, als die eigentlich erforderliche Bildung eines Euro-Betriebsrates unterblieben ist und mithin die Arbeitnehmer nicht ordnungsgemäß beteiligt wurden. Trotz dieses Fehlers im Gründungsverfahren ist die SE-Gründung in das Register eingetragen worden. Es stellt sich hier die Frage nach der Rechtsfolge eines solchen Verfahrensfehlers. Nach Einschätzung des Referenten wird die Gesellschaft wohl bestehen bleiben, möglicherweise ist die Bildung des Betriebsrates aber nachzuholen.

Ein weiteres Beispiel einer SE-Gründung bildet die *Nordea Bank.* Im Falle dieser SE-Gründung ergaben sich Probleme bezüglich der Banksicherungseinlage. Die einzelnen Länder, in denen die ursprünglichen Gesellschaften Bankeinlagen geleistet hatten, sehen keinen Anlass, die Bankeinlagen zurückzuzahlen, während Schweden, wo die neue SE ihren Gründungssitz hat, nun erhöhte Einlagen beansprucht. Hier zeigt sich, dass die SE zwar eine europäische Rechtsform ist, aber vielen Einzelvorschriften des nationalen Rechts unterworfen ist, die auf eine europäische Rechtsform nicht eingestellt und nicht aufeinander abgestimmt sind.[2]

Ein weiterer Grund dafür, dass Unternehmen sich nicht der Rechtsform der SE bedienen, liegt darin, dass die steuerrechtliche Behandlung der Gründung einer Europäischen Aktiengesellschaft noch nicht befriedigend geregelt ist. Das geltende deutsche Steuerrecht behandelt zumindest die grenzüberschreitende Umwandlung, auch über die Gründung einer SE, als Auflösung, die zur sofortigen Besteuerung der stillen Reserven führt.[3] Darin zeigt sich wieder einmal die mangelnde Abstimmung der nationalen Rechtsordnungen auf die europäische Gesellschaftsform.

Eine Reihe von Staaten haben noch nicht einmal die ergänzende Richtlinie zur SE-VO, in Deutschland durch das am 29.12.2004 in Kraft getretene SE-AG umgesetzt, in nationales Recht transformiert – so etwa Griechenland, Spanien oder Irland. Die damit einhergehende Rechtsunsicherheit ist ein weiterer Grund dafür, dass es bisher nur wenige SE-Gründungen gab.

Auch wenn in Zukunft einmal in allen Rechtsordnungen ein SE-Ausführungsgesetz erlassen, die Besteuerungsfrage geklärt und die verschiedenen nationalen Regelungen insgesamt besser auf die europäische Rechtsform ausgerichtet und aufeinander abgestimmt sein sollten, ist aber zweifelhaft, ob die Beliebtheit der Rechtsform der Europäischen Aktiengesellschaft wachsen wird.

Wie schon eingangs angedeutet, war die SE in erster Linie als ein Mittel gedacht, international tätige Unternehmen effizienter zu strukturieren und zu

---

[2] Zu weiteren Beispielen s. *J. Wagner*, Praktische Erfahrungen mit der Europäischen Aktiengesellschaft, EWS 2005, 545 ff., 553.

[3] S. etwa *N. Horn*, Die Europa-AG im Kontext des deutschen und europäischen Gesellschaftsrechts, DB 2005, 152 f.; *J. Brandt*, Ein Überblick über die Europäische Aktiengesellschaft (SE) in Deutschland, BB-Special 3/2005, 6 f., *J. Wagner*, Praktische Erfahrungen mit der Europäischen Aktiengesellschaft, EWS 2005, 547 f.

organisieren. Europaweit vernetzte Konzerne und Konzerngesellschaften sollten sich zu einer Gesellschaft zusammenschließen und dadurch Kosten einsparen können. Die neue Gesellschaft sollte außerdem möglichst unabhängig von den unterschiedlichen einzelstaatlichen Gesellschaftsrechtsordnungen und dadurch von gesellschafts- und steuerrechtlichen Hindernissen frei sein.

Der Zusammenschluss zu einer Gesellschaft ist aber auch auf anderen Wegen erreichbar, während auf der anderen Seite das Ziel, eine von den nationalen Regelungen unabhängige Rechtsform zu schaffen, nicht erreicht wurde – auf europäischer Ebene konnte keine Einigkeit auf eine vollständige Regelung erzielt werden, so dass subsidiär noch in weiten Bereichen nationales Recht zur Anwendung kommen muss. Die Rechtsprechung des EuGH zur Niederlassungsfreiheit, insbesondere die Urteile *Centros* und *Inspire Art*, geben zudem Gesellschaften die Möglichkeit zur Wahl zwischen unterschiedlichen nationalen Rechtsformen, so dass die SE nur noch eine Alternative unter vielen bildet.[4]

Als einziger wirklicher Vorteil einer SE bleibt damit wohl der mögliche Imagegewinn und der Werbeeffekt durch die Organisation in einer Rechtsform, der ein „europäisches Label" zukommt und die zumindest in der Anfangsphase etwas Besonderes, Neues darstellt und daher die Aufmerksamkeit auf sich ziehen könnte.

Große Nachteile der Europäischen Aktiengesellschaft sind demgegenüber die Regelungen zur Mitbestimmung. Da bei Scheitern der Verhandlungen mit den Arbeitnehmervertretern zur Mitbestimmungsfrage als Auffanglösung immer die Regelung mit dem höheren Schutzniveau übernommen wird, besteht bei Beteiligung eines deutschen Unternehmens an einer Europäischen Aktiengesellschaft die Gefahr, dass die oft als lästig empfundenen deutschen Regelungen zur Mitbestimmung in der SE zur Anwendung kommen. Auch das umständliche und unter Umständen langwierige Verhandlungsverfahren selbst macht die Gründung einer Europäischen Aktiengesellschaft wenig attraktiv.[5]

Als weiterer Nachteil der Rechtsform der SE wurde aus dem Teilnehmerkreis zu bedenken gegeben, dass die SE für Geschäftspartner möglicherweise eine Unsicherheit aufweise, da es keine einheitliche Rechtsform der SE gäbe, sondern jede SE sich nicht nur nach den europäischen Regelungen, sondern auch – und sogar überwiegend – nach jeweils unterschiedlichem nationalem Recht regele. Der Referent wies jedoch darauf hin, dass zugleich ein Vorteil darin liege, dass die SE wenigstens zum Teil den dem Geschäfts-

---

[4] So auch *H. Hirte*, Die Europäische Aktiengesellschaft – ein Überblick nach In-Kraft-Treten der deutschen Ausführungsgesetzgebung (Teil I), DStR 2005, 654 f.; *S. Braun*, Die Europäische Aktiengesellschaft: nach *Inspire Art* bereits ein Auslaufmodell?, Jura 2005, 154 ff.

[5] So auch *C. Schäfer*, Das Gesellschaftsrecht (weiter) auf dem Weg nach Europa – am Beispiel der SE-Gründung, NZG 2004, 788 ff.

partner vertrauten nationalen Regelungen unterworfen sei und dieser sich daher weniger neu informieren müsse.

Ob sich die SE durchsetzen wird, muss letztendlich der Markt entscheiden. Der Referent wagte aber die Prognose, dass sich vermutlich auch in Zukunft, wenn sich die Rechtslage geklärt hat, die SE nicht gerade übermäßiger Beliebtheit erfreuen dürfte.

In bestimmten Fallkonstellation dürfte die Gründung einer SE ein vorteilhafter Weg sein; als Mittel für eine „Elefantenhochzeit", als das sie ursprünglich gedacht war, wird sie aber nur in Ausnahmefällen taugen. Die Rechtsform der SE dürfte sich hauptsächlich in zwei Fällen anbieten: zum einen für kleinere Unternehmen, die auffallen wollen, einen geschlossenen Aktionärskreis haben und deren Arbeitnehmerzahl sich unterhalb der Mitbestimmungsgrenze hält; zum anderen zur Umstrukturierung von Unternehmen, die in verschiedenen Ländern verstreut sind, wenn und soweit hier eine Verschmelzung anders nicht möglich wäre. Interessant dürfte es eventuell auch sein, innerhalb eines Konzerns eine SE zu bilden, um damit ein Mittel zu haben, mit dem man gegebenenfalls jederzeit den Sitz verlegen kann, ohne dass dies zur Auflösung im Wegzugsstaat oder zur Neugründung im Zuzugsstaat führen würde.

Aufgrund der ergänzenden Anwendbarkeit nationaler Regelungen gibt es also nicht nur eine Europäische Aktiengesellschaft, sondern 25 verschiedene Formen der SE – wobei jeweils auch noch die Möglichkeit zur Ausgestaltung nach dem dualistischen oder dem monistischen Modell besteht. In der Diskussion wurde die Frage aufgeworfen, ob es denn nicht irgendwann zu einer Vereinheitlichung der Regelungen zur Europäischen Aktiengesellschaft kommen werde. Hier mahnte der Referent zur Zurückhaltung und wies darauf hin, dass eine einheitliche Regelung weder möglich noch erstrebenswert sei.

Die Idee einer Europäischen Aktiengesellschaft als genuin europäischer Rechtsform existiert schon seit vier Jahrzehnten; es hat jedoch bis 2001 gedauert, bis endlich eine gemeinsame Regelung getroffen werden konnte. Einen großen Streitpunkt bildete etwa die Mitbestimmung. Die jetzige lückenhafte Regelung ist das Ergebnis des Konsenses, der gefunden werden konnte.[6] Eine weitergehende Vereinheitlichung ist aber nicht realistisch.

Zum anderen hat die Bewahrung einer gewissen Vielfalt den Vorteil, dass damit die unterschiedlichen nationalen Regelungen zu einem Wettbewerb der Rechtsordnungen führen, der für die einzelnen nationalen Regelungen Ansporn zu Reformen und einer möglichst attraktiven Regelung sein kann.

---

[6] Vgl. *St. Grundmann*, Die Struktur des Europäischen Gesellschaftsrechts von der Krise zum Boom, ZIP 2004, 2402 m.N.; *H. Hirte*, Die Europäische Aktiengesellschaft – ein Überblick nach In-Kraft-Treten der deutschen Ausführungsgesetzgebung (Teil I), DStR 2005, 653.

Dillmann

Damit klang hier bereits die grundsätzliche Frage danach an, ob das europäische Gesellschaftsrecht möglichst weit harmonisiert werden soll oder ob vielmehr unterschiedliche nationale Regelungen in Wettbewerb miteinander treten sollen – eine Frage, der später die Abschlussvorträge von *Johanna Hey* und *Christoph Teichmann* vertieft nachgingen.[7]

Weiter wurde diskutiert, ob die SE nicht von Unternehmen dazu missbraucht werden könnte, sich der paritätischen Mitbestimmung zu entziehen. Bei einer Verhandlungslösung wäre es in der Tat möglich, dass man sich etwa auf eine Drittelparität einigt und diese festschreibt, so dass sie sich auch bei Vergrößerung erhält. Bei einer strukturellen Veränderung besteht zwar grundsätzlich ein Nachverhandlungsanspruch; die Frage wird aber sein, ab wann ein organisches Wachstum eines Unternehmens eine solche „strukturelle Veränderung" darstellt.[8]

Kritisiert wurden an der SE auch die Regelungen zum Austrittsrecht gegen Barabfindung, wie sie das deutsche Ausführungsgesetz zur SE-VO in bestimmten Fällen einer Umwandlung in eine SE vorsieht. Die Barabfindungen verteuern die Gründung der SE und bilden zudem einen großen Unsicherheitsfaktor, da die Zahl der widersprechenden Aktionäre und damit die Höhe der Kosten nur schwer abschätzbar sind. Möglicherweise stellen die deutschen Regelungen das Interesse der Aktionäre zu sehr über das Gläubigerinteresse. Der Referent hielt allerdings einen Schutz der Aktionäre davor, eine andere Rechtsform aufgezwungen zu bekommen, für erforderlich.

Zu den Regelungen zur Abfindung der Minderheitsgesellschafter wurde weiter problematisiert, ob es gerechtfertigt ist, dass eine Abfindung nur bei einer Hinausverschmelzung vorgesehen ist. Bei einer Hinausverschmelzung (und nur hier) geht es aber um die Änderung der Rechtsform, und nur eine solche Änderung darf dem Gesellschafter nicht aufgezwungen werden. Im deutschen Recht ist dies ähnlich geregelt; nur bei der Umwandlung einer Aktiengesellschaft in eine andere Rechtsform haben Minderheitengesellschafter einen Abfindungsanspruch.

---

[7] Unten S. 295 ff., 313 ff.
[8] Für eine restriktive Auslegung *R. Wollburg/N. R. Banerjea*, Die Reichweite der Mitbestimmung in der Europäischen Gesellschaft, ZIP 2005, 278 ff.

Europäische Entwicklungen im Bereich Corporate Governance

Silja Maul und Georg Lanfermann

Corporate Governance – d.h. „Regeln für eine gute und wertorientierte Unternehmensführung" – zählen mit zu dem wichtigsten Gebiet, das in Europa derzeit vorangetrieben wird. Im Einzelnen lassen sich europäische Maßnahmen und solche mit internationalem Bezug, der über Europa hinausgeht, unterscheiden. In die erste Kategorie fallen die von Europäischer Kommission bzw. Europäischem Ministerrat und Europäischem Parlament beschlossenen Maßnahmen, die sich in drei Teilbereiche einteilen lassen: das Gesellschaftsrecht (s. unter A.), die Abschlussprüfung (s. unter B.) und das Bilanzrecht (s. unter C.). Die zweite Kategorie beinhaltet Corporate Governance-Regelungen von Drittstaaten, wie insbesondere den USA (s. unter D), die zusätzlich zu den europäischen Regelungen hinzutreten.

A. Gesellschaftsrecht

Der erste Bereich der Corporate Governance Bemühungen betrifft den Bereich des Gesellschaftsrechts und dort die Zusammensetzung und Aufgaben der Organe sowie die Offenlegung der bestehenden Strukturen und Regelungen. Die in Angriff genommenen Maßnahmen ergeben sich zunächst aus dem Aktionsplan und der EU-Empfehlung zur Schaffung unabhängiger Aufsichtsratsmitglieder und der Empfehlung zur Vorstandsvergütung.

I. Empfehlung zu den Aufgaben der Aufsichtsratsmitglieder

Zu einer der wesentlichen EU-Maßnahmen auf dem Gebiet des Gesellschaftsrechts zählt zunächst die Empfehlung zu den Aufgaben der Aufsichtsratsmitglieder vom 15.02.2005.[1] Sie befasst sich unter Heranziehung angelsächsischer Vorbilder mit der Schaffung möglichst unabhängiger und objektiver Kontrollinstanzen: Der Aufsichtsrat soll frei von jedweden Interessenkonflikten sein; eine in Deutschland bisher in dieser Weise unbekannte Vor-

---

[1] ABl. L 53/2 v. 25.02.2005, abrufbar unter:
http://europa.eu.int/comm/internal_market/company/independence/index_de.htm.

gehensweise. Zudem baut sie auf Arbeitserleichterungen durch die verstärkte Einsetzung von Ausschüssen ein und will in großem Umfang – zum Teil mit überschießender Tendenz – die Transparenz der Unternehmensstrukturen fördern.

1. Systematik

Die Empfehlung zu den Aufgaben der Aufsichtsratsmitglieder entfaltet keine unmittelbare Wirkung gegenüber der Bundesrepublik Deutschland, ihren Unternehmen und Aufsichtsräten, sondern beinhaltet lediglich Anregungen an die Mitgliedstaaten, die Empfehlungsregelungen in den jeweiligen Corporate Governance Kodex oder die nationalen Gesetze zu übernehmen, und zwar bis zum Sommer 2006. Von der Empfehlung geht daher nur ein faktischer Druck aus, der insbesondere darauf zurückzuführen ist, dass bei einer zu zurückhaltenden Umsetzung der Empfehlung in den Mitgliedstaaten ein bindender Richtlinientext nachfolgen könnte, wozu aber keine konkreten Pläne der Kommission vorhanden sind. Dieser nicht bindende Charakter erklärt auch, warum die deutsche Kodex-Kommission bislang nur einen kleinen Teil aller Maßnahmen übernommen hat.[2]

2. Anwendungsbereich

Die Empfehlung der Kommission zu den Aufgaben der Aufsichtsratsmitglieder ist an alle börsennotierten Gesellschaften gerichtet, wobei unter diese nach der Definition der Richtlinie 2004/39/EG neben Gesellschaften, die Aktien bzw. Aktienzertifikate ausgeben, auch solche fallen, deren Schuldverschreibungen oder verbriefte Schuldtitel notiert sind. Damit erstreckt sich der Anwendungsbereich der Empfehlung auch auf Gesellschaften, die Bonds oder vergleichbare Wertpapiere ausgeben. Die Befolgung dieser EU-Empfehlung würde zu einer erheblichen Erweiterung des Anwendungsbereichs des deutschen Corporate Governance Kodex führen; sie ist aber bislang nicht durch die deutsche Kodex Kommission übernommen worden, und es spricht vieles dafür, dass eine solche Übernahme auch nicht in nächster Zukunft erfolgen wird.

---

[2] Abrufbar unter: http://www.corporate.governance.code.de.

3. Besetzung des Aufsichtsrats mit einer ausreichenden Anzahl unabhängiger Mitglieder

Ihrem Inhalt nach verfolgt die Empfehlung das Ziel, Aufsichtsräte möglichst unabhängig zu besetzen. Dem ist der deutsche Kodex in gewissem Umfang nachgekommen; die volle Empfehlung wurde nicht übernommen.

a) Ausreichende Anzahl

Die Empfehlung sieht wie der Kodex vor, dass der Aufsichtsrat mit einer ausreichenden Anzahl unabhängiger Mitglieder besetzt sein muss (Ziff. 4 der Empfehlung und Ziff. 5.4.2. DKGK). Die ersten Entwürfe der Kommission sahen insoweit zunächst die Mehrheit der Mitglieder und damit weitergehende Kriterien vor, wovon aber wegen des Widerspruchs vor allem aus den Industriekreisen abgesehen wurde. Ebenso wie der Kodex definiert die Empfehlung nicht, was unter einer „ausreichenden Anzahl" unabhängiger Aufsichtsräte zu verstehen ist. Ihr lässt sich aber das Ziel entnehmen, dass mit der ausreichenden Anzahl unabhängiger Mitglieder sichergestellt werden soll, dass mit Interessenkonflikten ordnungsgemäß verfahren wird, in die Mitglieder der Unternehmensleitung involviert sind (Ziff. 4 der EU-Empfehlung). Die ausreichende Anzahl unabhängiger Mitglieder soll daher dazu dienen, dass im Aufsichtsrat pflichtgemäße und am Interesse der Gesellschaft orientierte Entscheidungen getroffen werden. Bei der Frage, wie viele Mitglieder unabhängig sein müssen, um einen solchen Zustand herzustellen, ist nach hier vertretener Auffassung zwischen den unterschiedlichen Tätigkeiten des Aufsichtsrats zu unterscheiden und in einem ersten Schritt seine Aufsichtstätigkeit näher zu untersuchen. Insoweit ist davon auszugehen, dass die Effizienz der Kontrolle – je nach Ausgestaltung des Rechtssystems – nicht zwingend etwas mit der Anzahl der unabhängigen Mitglieder zu tun haben muss. Da im deutschen Rechtssystem den einzelnen Mitgliedern des Aufsichtsrats die Möglichkeit zusteht, bei nicht ordnungsgemäßen Beschlüssen diese anzugreifen und ihre Nichtigkeit herbeizuführen,[3] reicht im Grundsatz ein unabhängiges Mitglied aus, soweit es den zu überwachenden Bereich alleine beurteilen kann.[4] Soweit gefächertes Wissen erforderlich ist, bspw. in den Bereichen Finanzberichterstattung und Produktion, und diese Kenntnisse nicht mehr in der Person eines unabhängigen Mitglieds kumuliert werden können, kann eine entsprechende höhere Anzahl unabhängiger Mitglieder erforderlich sein (in dem Beispiel jeweils ein unabhängiges Mitglied für den Bereich Produktion und eines für den Bereich Finanzen). Weitere Fragen stellen sich im Zusammenhang mit der Anzahl unabhängiger Mitglieder bei der Bestellung von Vorstandmitgliedern, die jedoch in diesem Zusammenhang nicht weiter vertieft werden können. Zu beachten bleibt

---

[3] MünchKomm-*J. Semler*, § 101, 252.
[4] S. a. *U. Hüffer*, ZIP 2006, 637, 640 f.

weiter, dass es den Unternehmen in jedem Fall möglich bleibt, kein unabhängiges Mitglied einzusetzen, wenn das durch die Entsprechenserklärung (§ 161 AktG) offengelegt wird.

b) Unabhängigkeit

Im Hinblick auf die Frage, wann ein Mitglied des Aufsichtsrats als unabhängig angesehen werden kann, beinhaltet die Empfehlung eine allgemeine Definition für mangelnde Unabhängigkeit. Hiernach gilt ein Mitglied als unabhängig, wenn es in keiner geschäftlichen, familiären oder sonstigen Beziehung zu der Gesellschaft, ihrem Mehrheitsaktionär oder deren Geschäftsführung steht, die einen Interessenkonflikt begründet, die sein Urteilsvermögen beeinflussen könnte (Ziff. 13.2). Zudem beinhaltet sie in ihrem Anhang II eine Liste von Beispielsfällen, an denen sich die Mitgliedstaaten orientieren sollen. Hier geht die Empfehlung sehr viel weiter als der Deutsche Corporate Governance Kodex.

Die allgemeine Definition ist von der Kodex Kommission in Ziffer 5.4.2. DKGK bis auf eine wichtige Ausnahme – die Beziehung zum Mehrheitsaktionär – übernommen worden. Damit ist nach der Regelung des Deutschen Corporate Governance Kodex vorgesehen, dass eine ausreichende Anzahl der Aufsichtsratsmitglieder weder geschäftliche Beziehungen zur Gesellschaft (z.B. Bankenvertreter) oder familiäre Beziehungen zu Organen der Gesellschaft haben soll, wobei sich diese Kriterien nach dem Sinn und Zweck der EU-Empfehlung, die auch für den Kodex gelten, nicht auf die Vertreter der Arbeitnehmerseite im Aufsichtrat beziehen (s. Anhang II, Nr. 1 b). Die Entscheidung, ob ein Mitglied die genannten Kriterien erfüllt, also unabhängig ist oder nicht, soll nach der Empfehlung ebenso wie nach dem Deutschen Corporate Governance Kodex der Aufsichtsrat treffen (Ziff. 13.2. DCGK).

Weitere Unabhängigkeitskriterien, die die EU-Empfehlung in ihrem Anhang II niederlegt, sind durch die Kodex-Kommission bislang nicht übernommen worden. Es wird aber abzuwarten sein, ob in der nächsten Zeit nicht aufgrund der Entwicklungen der internationalen Kapitalmärkte und der Herausbildung internationaler Standards weitere Kriterien aus der EU-Liste übernommen werden. Sie umfasst im Einzelnen die folgenden Gestaltungen:

aa) Mehrheitsgesellschafter und ihre Repräsentanten

Anteilseigner mit einer Kontrollbeteiligung oder deren Repräsentanten sollen keinesfalls als unabhängig angesehen werden. Im Hinblick auf die Frage, wann ein Anteilseigner über Kontrolle verfügt, verweist die Empfehlung auf Art. 1 Abs. 1 der 7. Richtlinie über den konsolidierten Abschluss. Zwar beziehen sich die Kriterien der 7. Richtlinie nur auf Kapitalgesellschaften als konsolidierungspflichtige Gesellschaften. Der Wortlaut der Empfehlung spricht aber dafür, dass die Kriterien der 7. Richtlinie auf jegliche Art von Anteilseignern, auch wenn sie nicht die Form einer Kapitalgesellschaft

aufweisen, auszudehnen sind. Vor diesem Hintergrund wäre von einer Kontrollbeteiligung auszugehen, wenn ein Anteilseigner:
- über die Mehrheit der Stimmrechte verfügt, wobei sich diese aus dem Verhältnis seiner Stimmrechte zur Gesamtzahl aller Stimmrechte ergeben soll. Eine Präsenzmehrheit in der Hauptversammlung wäre nicht ausreichend (Art. 1 Abs. 1 Nr. a i.V.m. Abs. 4 der 7. Richtlinie);
- über das Recht verfügt, die Mehrheit der Mitglieder des Aufsichtsrats zu bestellen oder abzuberufen. Auch hier muss die Möglichkeit der Bestellung bzw. Abberufung rechtlich gesichert sein; die faktische Möglichkeit aufgrund einer Hauptversammlungspräsenz würde nicht ausreichen;
- über das Recht verfügt, einen beherrschenden Einfluss aufgrund eines Beherrschungsvertrages oder aufgrund einer Satzungsbestimmung auszuüben;
- die betreffende Gesellschaft mit weiteren Konzerngesellschaften einheitlich leitet, also bspw. für den gesamten Konzern die Geschäftspolitik bestimmt.

Im Ergebnis hat sich die Empfehlung daher – im Vergleich zu anderen gängigen Definitionen des kontrollierenden/herrschenden Gesellschafters – für eine spät ansetzende Definition entschieden. Das deutsche Aktienrecht (Konzernrecht) verfügt insoweit über eine früher einsetzende Definition, nach der auch eine Minderheitsbeteiligung zur Begründung einer beherrschenden Stellung ausreichen kann, wenn sie aufgrund der Zusammensetzung des Aktionärskreises und der regelmäßigen Präsenz in der Hauptversammlung wie eine Mehrheit wirkt (Beteiligung von 20 Prozent bei Präsenz von 37 Prozent im mehrjährigen Durchschnitt).[5] Noch geringere Anforderungen an den Kontrollbesitz stellen bspw. die PIRC-Kriterien (Pensions Investment Research Consultants – England); sie gehen bereits von mangelnder Unabhängigkeit bei einem Anteilsbesitz von 5 Prozent aus. Diese Kriterien von PIRC hatte sich auch die DSW zu eigen gemacht,[6] die daran aber nicht mehr festhält.

Weiter sieht die Empfehlung die folgenden Kriterien zur Bestimmung der Unabhängigkeit von Aufsichtsratsmitgliedern vor:

bb) Längere Zugehörigkeit als drei Amtszeiten

Personen, die mehr als drei Amtszeiten Aufsichtsratsmitglied waren, sollen nicht unabhängig sein; eine Regelung, die dem deutschen Recht nicht bekannt ist.

---

[5] OLG Braunschweig, AG 1996, 271, 273 (Volkswagen); *A. Hüffer*, AktG, 6. Aufl., § 16, 9.
[6] S. insoweit Präsentation zur Kuratoriums-Sitzung am 13.03.2003.

cc) Wechsel vom Vorstand in den Aufsichtsrat
(cooling off Periode für ehemalige Vorstände)

Vorstände der Gesellschaft oder eines Konzernunternehmens, die dieses Amt in den letzten fünf Jahren innehatten, sollen nicht unabhängig sein (cooling-off Periode); eine Regelung, die dem deutschen Recht ebenfalls nicht bekannt ist.

dd) Geschäftliche Beziehungen

Personen, die bedeutende geschäftliche Beziehungen mit der Gesellschaft oder einem Konzernunternehmen unterhalten oder in dem vorangegangenen Jahr unterhalten haben, sollen nicht unabhängig sein. Dabei sollen Leistungen von Waren und Diensten (z.B. Erbringung von finanziellen und rechtlichen Beratungsleistungen sowie Beratungsleistungen sonstiger Art) erfasst werden. Dabei geht diese Regelung weiter als das deutsche Recht, das Beratungsleistungen von Aufsichtsratsmitgliedern zulässt und von der Zustimmung des Gesamtaufsichtsrats abhängig macht (§ 114 Abs. 1 AktG).

ee) Vergütungsleistungen

Personen, die von der Gesellschaft oder einem Konzernunternehmen zusätzliche Vergütungsleistungen (insbesondere Aktienoptionen und erfolgsbezogene Vergütungen) in bedeutendem Umfang erhalten oder erhalten haben, mit Ausnahme von Vergütungen für die Aufsichtsratstätigkeit und solchen im Rahmen eines Pensionsplans, sollen nicht unabhängig sein. Aufgrund der Rechtsprechung des BGH, die die Ausgabe von Aktienoptionen an Aufsichtsratsmitglieder als unzulässig ansieht, kommen daher nur andere erfolgsbezogene Vergütungen in Betracht.

ff) Keine Familienmitglieder

Enge Familienangehörige von Vorstandsmitgliedern oder von Personen, die sich in einer der in den vorangegangenen Spiegelstrichen beschriebenen Positionen befinden, sollen nicht unabhängig sein. Erfasst werden beispielsweise Familienangehörige des Mehrheitsgesellschafters oder einer Person, die Beratungsleistungen erbringt – ein Ansatz, der dem deutschen Recht fremd ist.

gg) Arbeitnehmer, wenn nicht gesetzlich bestellt

Arbeitnehmer der Gesellschaft oder eines Konzernunternehmens oder Personen, die in den vergangenen drei Jahren als Arbeitnehmer beschäftigt waren, mit Ausnahme von gesetzlich bestellten Arbeitnehmervertretern, sollen nicht unabhängig sein. Die in Deutschland aufgrund des Mitbestimmungsgesetzes bestellten Arbeitnehmervertreter zählen mithin nicht zum Kreis der abhängigen Mitglieder.

hh) Überkreuzverflechtungen

Personen, die Vorstandsmitglied in einer anderen Gesellschaft sind, in der ein Vorstandsmitglied der Gesellschaft Aufsichtsratsmitglied ist, sollen nicht unabhängig sein (Überkreuzverflechtungen). Insoweit beinhaltet das Aktienrecht in § 100 Abs. 2 AktG entsprechende Wertungen.

ii) Kein ehemaliger Prüfer

Partner oder Angestellte des derzeitigen oder früheren externen Abschlussprüfers der Gesellschaft oder eines Konzernunternehmens sollen nicht unabhängig sein; das soll auch gelten, wenn sie diese Position in den letzten drei Jahren innegehabt haben. Insoweit beinhaltet das deutsche Recht vergleichbare allgemeine Wertungen zur Unabhängigkeit von Abschlussprüfern (§ 319 HGB).

c) Zusätzliche Offenlegung im Hinblick auf die Unabhängigkeit

Die Empfehlung sieht zudem verschiedene Offenlegungsverpflichtungen vor, die in Deutschland nicht bekannt sind. So soll die Gesellschaft bei dem Vorschlag zur Wahl jedes einzelnen Aufsichtsratsmitglieds offenlegen, ob sie diese Person als unabhängig ansieht (Ziff. 13.3.1.) – das ist in dieser Weise nicht übernommen worden: Der Kodex sieht zwar neuerdings in Ziff. 5.4.3. die Einzelwahl der Aufsichtsratsmitglieder, nicht aber die Offenlegung bezüglich der Unabhängigkeit vor. Bei mangelnder Erfüllung der nationalen Unabhängigkeitskriterien müsste dies begründet werden. Weiter soll nach der Empfehlung jährlich offengelegt werden, welche Mitglieder des Aufsichtsrats sie als unabhängig einstuft, und für den Fall, dass nationale Unabhängigkeitskriterien nicht erfüllt sein sollten – was möglich ist, wenn die mangelnde Unabhängigkeit über die Entsprechenserklärung offengelegt wird –, eine Begründung abgeben (Ziff. 13.3.1). Schließlich sollen die Aufsichtsratsmitglieder ihrerseits, damit die Gesellschaft ihren Offenlegungspflichten nachkommen kann, gegenüber der Gesellschaft regelmäßig ihre Unabhängigkeit bestätigen (Ziff. 13.3.2). Auch diese weiteren Offenlegungskriterien sind durch die Kodex-Kommission nicht in den Kodex übernommen worden. Dem ist zuzustimmen, da vor der Offenlegung von Umständen im Zusammenhang mit der Unabhängigkeit der Mitglieder zunächst Erfahrungen mit der Funktionsfähigkeit der Unabhängigkeit überhaupt gesammelt werden müssen.

4. Kein Wechsel vom Vorstandsvorsitz in den Aufsichtsratsvorsitz

Die nächste Empfehlung, die sich mit dem Wechsel vom Vorstands- in den Aufsichtsratsvorsitz befasst und diesen unterbinden will, ist im deutschen Kodex in gewissen Teilbereichen über das in der Empfehlung stehende hinaus umgesetzt worden. Die EU-Empfehlung sieht insoweit vor, dass der Vorstandsvorsitzende nicht sofort zum Aufsichtsratsvorsitzenden gewählt werden soll (Ziff. 3.2). Nach dem Deutschen Corporate Governance Kodex soll dieser Wechsel nicht die Regel sein, wobei der Begriff „nicht die Regel" an einer anderen Stelle ansetzt. Denn er lässt durchaus einen sofortigen Wechsel des Vorstandsvorsitzenden zu, wenn dies nicht regelmäßig geschieht, also bspw. in einem Turnus davon abgesehen wurde, dass der Vorstandsvorsitzende in den Aufsichtsratsvorsitz wechselt. Zudem dehnt der Deutsche Corporate Governance Kodex dieses „Wechselverbot" noch auf das sonstige Vorstandsmitglied aus. Auch soll der Wechsel in einen Ausschussvorsitz nicht die Regel sein. Warum der Deutsche Corporate Governance Kodex insoweit noch weiter geht als die Empfehlung, ist nicht klar. Möglicherweise hat man hier, wenn auch in anderer Form, die im Anhang sich befindliche Empfehlung, dass der Vorstand nicht nach Ablauf einer cooling off-Periode von fünf Jahren in den Aufsichtsrat wechseln soll, umgesetzt. Ob diese Empfehlung tatsächlich zu einer besseren Corporate Governance führt, ist sicher diskussionswürdig, zumal keine Erhebungen darüber existieren, inwieweit ehemalige Vorstände wirklich Interessenkollisionen unterliegen bzw. inwieweit diese nicht durch die bessere Sachkunde aufgewogen werden.[7]

5. Selbstevaluierung des Aufsichtsrats

Vorgeschlagen wird durch die Empfehlung, dass der Aufsichtsrat verpflichtet sein soll, jährlich eine Selbstevaluierung vorzunehmen (Ziff. S. 8), wobei weiter gehende Angaben als nach dem deutschen Corporate Governance Kodex vorgesehen sind (Ziff. 5.6 DCGK). Vorgesehen ist nämlich, dass auch eine Evaluierung der Beiträge des einzelnen Aufsichtsratsmitglieds durchgeführt werden soll. Zudem müsste berichtet werden, ob die Selbstevaluierung des Aufsichtsrats konkrete Änderungen zur Folge gehabt hat. Insoweit erscheint es besser, die weitere deutsche Entwicklung mit dem Instrument der Selbstevaluierung abzuwarten, was auch der Entscheidung der Kodex-Kommission entspricht.[8] Jedenfalls nicht vorzugswürdig erscheint die Evaluierung der Leistung jedes einzelnen Mitglieds, da sie regelmäßig mit Unfrieden im Organ verbunden ist und eine einheitliche Arbeitsweise stört.

---

[7] S. Maul/G. Lanfermann, BB 2004, 1861, 1862; K. Hopt, ZIP 2005, 461, 467; s. auch S. Maul, Gesellschaftsrechtliche Entwicklungen in Europa – Bruch mit deutschen Traditionen, Zentrum für Europäisches Wirtschaftsrecht, 2005, S. 9 f.

[8] H.-M. Ringleb/Th. Kremer/M. Lutter/A. v. Werder, Rdnr. 818; vgl. auch: Die Effizienzprüfung des Aufsichtsrats, Arbeitshilfen für Aufsichtsräte, No. 16, 2004, S. 6.

6. Profil der Aufsichtsratsmitglieder

Eine weitere bisher nicht übernommene Empfehlung beschäftigt sich mit dem Profil der Aufsichtsratsmitglieder. Nach ihr müsste der Aufsichtsrat im Hinblick auf seine Struktur und Tätigkeitsfelder eine Idealbesetzung festlegen und regelmäßig überprüfen (Ziff. 11.1). Insbesondere müsste der Aufsichtsrat dafür sorgen, dass die Aufsichtsratsmitglieder über die entsprechenden Fachkenntnisse, Urteilsfähigkeiten und Erfahrungen verfügen. Diese besonderen Fachkenntnisse müssten bei der Wahl eines neuen Aufsichtsratsmitglieds offengelegt werden (Ziff. 11.4). Zudem müsste der Aufsichtsrat, damit die Märkte überprüfen können, ob diese Kompetenzen der Aufsichtsratsmitglieder nach wie vor gegeben sind, jedes Jahr sein Profil mit Angaben zu den Kompetenzen seiner Mitglieder offenlegen (Ziff. 11.4). Der Transparenz müssten dann außerdem andere berufliche Verpflichtungen der Mitglieder des Aufsichtsrats[9] unterliegen (Ziff. 12.2). Letztere Angaben müssten im Jahresabschluss veröffentlicht werden.

7. Ausschüsse

Ein weiteres wesentliches Thema, dem sich die Empfehlung widmet, ist die Einrichtung von Ausschüssen im Aufsichtsrat. Dass im Aufsichtsrat Vergütungs-, Nominierungs- und Prüfungsausschüsse eingerichtet werden sollen (Ziff. 5), ist bereits eine bewährte Tradition für deutsche Unternehmen[10] und sicher auch sinnvoll, so dass diese Maßnahme im Grundsatz begrüßt wurde. Stärker diskutiert worden ist demgegenüber die von der Empfehlung vorgesehene Besetzung der Ausschüsse: Sie sollen regelmäßig aus mindestens drei Mitgliedern bestehen und *mehrheitlich* mit unabhängigen Aufsichtsratsmitgliedern besetzt sein, wobei auf die oben genannten Unabhängigkeitskriterien zurückzugreifen wäre (zur Definition s. oben unter A.I.3.). Auch diese Empfehlung ist bislang nicht übernommen worden.

8. Schlussfolgerungen

Will man diese Maßnahmen der Kommission charakterisieren, kann man klar feststellen, dass es sich bei ihnen um Traditionen aus dem englischen Rechtskreis handelt: Die unabhängigen Mitglieder beispielsweise sind im

---

[9] Auch wenn der Begriff der Unternehmensleitung Vorstandsmitglieder umfasst (s. Ziff. 2.2), spricht der allgemeine Anwendungsbereich der Empfehlung dafür, dass von dieser Empfehlung nur Aufsichtsräte betroffen sein sollen.
[10] MünchKomm-*J. Semler* § 107, 257; MünchHdbAG-*M. Hoffmann-Becking* § 32, 6, 7; *H. J. Mertens,* in: Kölner Komm § 107, 95; s. insoweit auch Ziff. 5.3 DCGK.

Maul/Lanfermann

Combined Code[11] niedergelegt; sie sind auch in den Empfehlungen der NYSE zu finden.

Man wird bei der weiteren Entwicklung beachten müssen, dass dieses neue angelsächsische Instrumentarium, dessen Wirksamkeit sicher in England und USA zu großen Teilen bestätigt wird, nicht eins zu eins zu den Verhältnissen in Deutschland passt. England, ein Land mit fast nur Streubesitz, hauptsächlicher Finanzierung über den Kapitalmarkt und dem Board-System, unterscheidet sich in erheblichem Umfang von Deutschland mit häufigem Mehrheitsbesitz, Familiengesellschaften, einer noch vorhandenen erheblichen Finanzierung über Banken und einem dualistischen Modell.[12] Es ist daher zu begrüßen, dass sich die Kodex-Kommission bei der Anpassung der EU-Empfehlung an den deutschen Corporate Governance Kodex nur auf die Übernahme einiger weniger Regelungen verständigt hat. Denn für Deutschland erscheint eine langsame Entwicklung angebracht, bei der man sicher die internationalen Kapitalmärkte im Auge haben muss, bei der aber auch eine Überlastung der Unternehmen durch die gleichzeitige Anwendung von zwei Corporate Governance-Systemen vermieden werden muss. Deutschland verfügt über viele Corporate Governance-Elemente im Aktiengesetz, die in anderen Mitgliedstaaten nicht vorhanden sind. Zu nennen sind beispielsweise die klare Trennung zwischen Geschäftsführungs- und Überwachungsorgan, die Mitbestimmung, die Begrenzungen und die Zustimmung der Hauptversammlung zu der Ausgabe von Aktienoptionen, die erforderliche Einrichtung von Risikomanagementsystemen, das Konzernrecht, der starke Minderheitenschutz, die vorsichtige Bilanzierung und der dadurch starke Gläubigerschutz.[13]

Diese Unterschiede im System werden es auch künftig erforderlich machen, genaue Effizienzstudien anzufertigen, um im Einzelnen feststellen zu können, welche konkreten Auswirkungen die vorgeschlagenen Maßnahmen tatsächlich nach sich ziehen und ob sie zu dem bisherigen rechtlichen und wirtschaftlichen System passen; dem wurde in den letzen Jahren in zu geringem Umfang nachgegangen.

II. Empfehlung zu den Vergütungen

Auf EU-Ebene ist zudem am 14.12.2004 eine Empfehlung, die sich mit der Vergütung von Organmitgliedern – im Einzelnen der Offenlegung der

---

[11] S. insoweit auch S. *Maul/G. Lanfermann*, BB 2004, 1861, 1864.

[12] Vgl. zu dieser Problematik auch *H. Schmidt*, Corporate Governance in Germany, An Economic Perspective, in: The German Financial System, hrsg. von J. P. Krahnen/R. H. Schmidt, S. 386, 401.

[13] *S. Maul*, Gesellschaftsrechtliche Entwicklungen in Europa – Bruch mit deutschen Traditionen, Zentrum für Europäisches Wirtschaftsrecht, 2005, S. 21 f.

Vergütungspolitik, der Offenlegung der individuellen Vergütung und den Rechten der Hauptversammlung – auseinandersetzt, verabschiedet worden.[14] Ebenso wie die Aufsichtsratsempfehlung baut auch sie in ihren zwei Kernpunkten – dem Bericht über die Vergütungspolitik und der Offenlegung der individuellen Vergütung – auf angelsächsischen Traditionen auf. Auch diese Empfehlung hat bereits Spuren im nationalen Recht hinterlassen, soweit es um die Offenlegung der individuellen Vergütung geht.

1. Systematik/Anwendungsbereich

Im Hinblick auf die Systematik und den Anwendungsbereich der Vergütungsempfehlung bestehen im Ergebnis keine Unterschiede zur Aufsichtsratsempfehlung, so dass auf die Ausführungen oben unter I. 1. und 2. verwiesen werden kann.

2. Vergütungspolitik

Im Hinblick auf die Vergütungspolitik ist vorgesehen, dass diese zunächst festgelegt und dann in einem gesonderten Bericht oder im Zusammenhang mit dem Abschluss offengelegt werden soll. Der Umstand, dass das Vergütungssystem gegenüber der Außenwelt dargelegt werden soll, wäre für Deutschland als solches noch nicht grundlegend neu, da der Kodex ebenfalls vorsieht, dass die Grundzüge des Vergütungssystems offengelegt werden sollen (4.2.4). Aber die Vorschläge der EU-Kommission gehen weiter: Zunächst ist der erfasste Zeitraum weiter: Denn die Angaben sollen sich nicht nur auf das abgelaufene Geschäftsjahr (dies ist bereits aus dem Kodex bekannt), sondern auch auf das folgende Geschäftsjahr und ggf. weitere Geschäftsjahre beziehen. Das wäre eine weit reichende Neuerung, die bereits in erheblichem Maße kritisiert worden ist, da sie u.a. zur Offenlegung von Betriebsgeheimnissen führen könnte. Weitere Abweichungen sind insbesondere auf Grund des größeren Detailliertheitsgrads der nach der Empfehlung offenzulegenden Angaben zu erwarten, denn es sollen die folgenden Angaben zur Vergütung des Vorstands und des Aufsichtsrats offengelegt werden:
– Erklärung zum relativen Gewicht von variablen und fixen Vergütungskomponenten;
– ausreichende Informationen über die Erfolgskriterien, an die der Bezug von Aktienoptionen, Aktien und variablen Vergütungskomponenten gebunden ist;
– ausreichende Angaben über die Erfolgsbindung der Vergütung;

---

[14] ABl. L 385/55 v. 29.12.2004, abrufbar unter:
http://europa.eu.int/comm/internal_market/company/index_de.htm

– die wichtigsten Parameter und Begründung etwaiger jährlicher Bonusregelungen und anderer unbarer Leistungen;
– eine Beschreibung der wichtigsten Merkmale der betrieblichen Altersversorgungs- und Vorruhestandsregelungen;
– eine Erläuterung der Vertragspolitik der Vorstände (u.a. Angaben zur Dauer, zu Kündigungsfristen und zu Abfindungsansprüchen).

Vergleicht man diese Angaben mit den bisherigen des Kodex, nach denen die Grundzüge des Vergütungssystems und die Ausgestaltung von Aktienoptionsplänen und anderen Bezügen mit langfristiger Anreizwirkung beschrieben werden müssen, fällt insbesondere auf, dass vor allem auch die auslösenden Momente beschrieben werden sollen: Es werden die Erfolgskriterien, die Erfolgsabhängigkeit, Begründungen für die Ausgabe etc. erfasst. Diese Angaben gehen weiter als die bislang nach dem deutschen Recht erforderlichen. Auch sollen die Rechte der Aktionäre gestärkt werden, wobei ein vom Aktiengesetz abweichendes Konzept gewählt werden soll. Vorgesehen ist, dass die Vergütungspolitik Gegenstand eines Tagesordnungspunktes der Hauptversammlung sein soll, der den Aktionären dann Gelegenheit gibt, Fragen der Vergütungspolitik zu diskutieren. Besser auf das dualistische Modell zugeschnitten erscheint hier das bisherige Modell, nach dem den Aufsichtsrat im Hinblick auf die Vergütungspolitik eine Informationspflicht gegenüber der Hauptversammlung trifft (4.2.3) und die Aktionäre über das Auskunftsrecht weitere Informationen einholen können (§ 131 AktG).[15]

Weiter soll die Hauptversammlung nach der EU-Empfehlung über die Vergütungspolitik abstimmen (zumindest mit beratendem Charakter), wobei der Mitgliedstaat das Abstimmungserfordernis von dem Verlangen einer bestimmten Anzahl von Aktionären (25 Prozent) abhängig machen könnte. Dieser Vorschlag konnte sich bislang – auch wenn er zwischenzeitlich zur Diskussion stand – noch nicht auf nationaler Ebene durchsetzen. Zuvor müsste auch der Frage nachgegangen werden, inwieweit solche Abstimmungen nicht von sachfremden Erwägungen geleitet sein können und ob einem Mehrheitsaktionär dann nicht freie Bahn für die Festsetzung der Vergütungspolitik gewährt wird.

Zudem werfen diese Vorschläge die Frage auf, inwieweit sie tatsächlich für die Weiterentwicklung der deutschen Corporate Governance erforderlich sind. Das ist zu bezweifeln, da das deutsche System mit geringen Ausnahmen, bei denen dann allerdings die Grenzen des Aktiengesetzes überschritten worden sind, gut funktioniert.

---

[15] Stellungnahme der Arbeitsgruppe Europäisches Gesellschaftsrecht, ZIP 2003, 863, 870.

3. Individuelle Offenlegung der Bezüge von Vorstand und Aufsichtsrat

Zudem sollen nach der EU-Empfehlung die Bezüge der Organmitglieder auf Grundlage des Kodex oder eines Gesetzes individuell offengelegt werden; eine Empfehlung, der man in Deutschland durch das Vorstandsvergütungs-Offenlegungsgesetz[16] nachgekommen ist. Die einzelnen offenzulegenden Angaben gehen aber teilweise weiter als die durch das Gesetz vorgesehenen Regelungen. Insoweit werden nämlich auch die folgenden Angaben empfohlen:
- Gesamtbetrag des Gehalts, ggf. einschließlich des Sitzungsgeldes;
- Vergütungen und Leistungen von Unternehmen, die zum gleichen Konzern gehören;
- in Form einer Gewinnbeteiligung und/oder Prämie gezahlte Vergütungen und die Gründe für deren Gewährung;
- signifikante Zusatzvergütungen für besondere Leistungen außerhalb der üblichen Aufgaben;
- Abfindungsleistungen, die an ehemalige Vorstandsmitglieder im Zusammenhang mit der Einstellung ihrer Tätigkeit gezahlt werden;
- geschätzter Wert von unbaren Vergütungsleistungen (Dienstwagen etc.);
- Pensionsansprüche: Veränderungen der erworbenen Pensionsansprüche bei leistungsdefinierten Pensionsplänen bzw. die Beiträge bei beitragsdefinierten Pensionsplänen;
- Beträge, die die Gesellschaft oder Konzerngesellschaften Organmitgliedern für Darlehen, Vorschüsse und Bürgschaften gewährt haben.

Mit Blick auf Aktien bzw. Aktienoptionen sollen darüber hinaus die folgenden Angaben offengelegt werden:
- die Anzahl der gewährten Aktien bzw. Aktienoptionen und ihre Konditionen;
- die Anzahl der ausgeübten Optionen, die Anzahl der betroffenen Aktien und der Ausübungskurs;
- die Anzahl der nicht ausgeübten Optionen sowie Ausübungskurs, Ausübungsdatum und wesentliche Konditionen für die Ausübung dieser Rechte sowie
- Konditionsänderungen.

4. Zustimmung der Hauptversammlung

Weiter sollen auch in diesem Zusammenhang die Rechte der Aktionäre gestärkt werden. Die Empfehlung sieht Zustimmungserfordernisse der Hauptversammlung zur Ausgabe von Aktienoptionen und bei der Gewährung von dividendenabhängigen Vergütungen vor. Im Hinblick auf die Zustimmung zur Ausgabe von Aktienoptionen sieht das deutsche Recht bereits

---

[16] V. 03.08.2005, BGBl. 2005 I, 2267 ff.

im AktG vergleichbare Regelungen vor, insoweit käme es nicht zu Neuerungen, auch wenn hier die Angaben zum Aktienoptionsplan weiter gehen sollen. Neu wäre für deutsche Unternehmen die Empfehlung, wonach die Hauptversammlung auch sonstigen langfristigen Incentive-Leistungen für Organmitglieder zustimmen müsste. Das wird bisher durch den Aufsichtsrat erledigt. Ob eine solche Zustimmung zur Ausgabe von dividendenabhängigen Vergütungen im dualistischen Modell wirklich erforderlich ist, erscheint zweifelhaft, da diese Aufgabe nach dem Aktiengesetz durch den Aufsichtsrat durchgeführt wird, der insoweit haftbar ist. Auch bestehen Unterschiede zwischen der Ausgabe von Aktienoptionen und anderen langfristigen Incentive-Leistungen, da durch die Ausgabe von Optionen neue Anteile geschaffen werden, was zur Verwässerung der bisherigen Anteile führt. Bei den Incentive-Leistungen besteht die Gefahr demgegenüber alleine in der Anreizwirkung, die in der Koppelung an die Dividende besteht. In diesem Zusammenhang erscheint die Entscheidung durch den Aufsichtsrat als ausreichend, zumal nach dem Aktiengesetz nur wesentliche Entscheidungen der Hauptversammlung übertragen werden.

5. Information der Aktionäre

Neben dem Inhalt des Beschlussantrages sieht die Empfehlung über das deutsche Recht hinausgehende Informationspflichten vor. So sollen die Aktionäre darüber informiert werden, wie die Gesellschaft die zur Erfüllung von Incentive-Leistungen benötigten Aktien bereitstellen will. Anzugeben ist zudem, auf welchen Betrag sich die Kosten der Vergütung belaufen werden. Die Informationen sollen über die Internetseite veröffentlicht werden.

6. Schlussfolgerungen

Auch bei diesen Maßnahmen handelt es sich vorwiegend um solche, die dem angelsächsischen Rechtskreis entnommen sind. Bei der weiteren Umsetzung wird sorgfältig geprüft werden müssen, inwieweit dieses System zu den deutschen Traditionen und gesetzlichen Regelungen passt, das gilt insbesondere für die Frage der Offenlegung und Abstimmung der Vergütungspolitik sowie der Einschaltung der Hauptversammlung zu Incentive-Leistungen (s. auch unter I. 1. h).

B. Maßnahmen zur Stärkung der Abschlussprüfung

Der zweite Bereich, der Einfluss auf die europäischen Corporate Governance-Bemühungen entfaltet, ist die Stärkung der Abschlussprüfung in Folge der großen weltweiten Finanzskandale der letzten Jahre, die die Glaubwürdigkeit der von den Unternehmen zur Verfügung gestellten Finanzinformationen stark beeinträchtigt hatten. Die in diesem Zusammenhang in Angriff genommenen Maßnahmen ergeben sich zunächst aus dem Aktionsplan zur Stärkung der Abschlussprüfung aus dem Jahre 2003[17] und dem Kernstück dieses Aktionsplanes, der Verabschiedung einer neuen EU-Prüferrichtlinie im April 2006 (PrüfRL).[18] Die Corporate Governance-Aspekte der neuen EU-Prüferrichtlinie beziehen sich im Wesentlichen auf Pflichtanforderungen zu Audit Committees,[19] denen auch eine wesentliche Rolle bei der Wahrung der Unabhängigkeit von Abschlussprüfern zugewiesen wird.

I. Audit Committees – Pflicht zur Einrichtung

Nach der neuen EU-Prüferrichtlinie trifft die Pflicht, ein Audit Committee einzurichten, prüfungspflichtige Unternehmen des „öffentlichen Interesses", sofern es sich nicht um eine kleine Gesellschaft[20] handelt, bei der das Gesamtorgan des Aufsichts- bzw. Verwaltungsrates dessen Pflichten übernehmen kann. Unter diesen Begriff der Unternehmen des öffentlichen Interesses fallen im Grundsatz alle börsennotierten Unternehmen – auch solche, die Schuldverschreibungen ausgeben – i.S.v. Art. 4 Abs. 1 der Richtlinie 2004/39/EG (s. insoweit oben unter I. 1. c), Banken i.S.d. Art. 1 der Richtlinie 200/12/EG und Versicherungsunternehmen i.S.d. Art. 2 der Richtlinie 1991/674/EG (Art. 2 Nr. 13 PrüfRL, Art. 41 PrüfRL).

Ausnahmen können von den Mitgliedstaaten für Tochtergesellschaften festgelegt werden (i.S.d. Art. 1 der Richtlinie 83/349/EG), wenn das Mutterunternehmen über das erforderliche Audit Committee verfügt, es sich um Banken oder Versicherungen handelt, die keine Aktien oder andere Wertpapiere ausgegeben haben, kapitalmarktorientierte Banken, die Schuldverschreibungen unter 100 Mio. Euro ausgeben oder Investmentgesellschaften betroffen sind (Organismen für gemeinsame Anlagen in Wertpapieren i.S.d. Art. 2 Abs. 1 der Richtlinie 85/611/EG). Der tatsächliche Anwendungsbereich der Audit Committee-Vorschriften der EU-Prüferrichtlinie wird aufgrund des komplizierten Geflechts der Ausnahmebestimmungen im Wesentlichen durch die Gesetzgebung der einzelnen Mitgliedstaaten bestimmt werden. Dennoch ist festzuhalten, dass insbesondere größere kapitalmarktorientierte Unternehmen zur zwingenden Einrichtung mit besonderen Anforde-

---

[17] Vgl. K. *van Hulle/G. Lanfermann*, BB, 1323 ff.
[18] Vgl. *G. Lanfermann,* DB 2005, 2645 ff.
[19] Vgl. *G. Lanfermann/S. Maul*, Der Aufsichtsrat 2004, 3 f.
[20] Nach dem insoweit anwendbaren Art. 2 Abs. 1 f der Publizitäts-RL sind Unternehmen, die mind. zwei der Kriterien erfüllen, klein: weniger als 250 Beschäftigte, höchstens Gesamtbilanzsumme von 43 Mio Euro bzw. höchstens Jahresnettoumsatz von 50 Mio Euro.

rungen hinsichtlich der Zusammensetzung und eines bestimmten Aufgabenkataloges des Audit Committees verpflichtet werden. Damit geht die EU-Prüferrichtlinie auch weiter als die entsprechende Kommissionsempfehlung zu Aufsichtsratsmitgliedern.

II. Zusammensetzung

Das Audit Committee setzt sich im deutschen Vorstands-/Aufsichtsrats-Modell aus Mitgliedern des Aufsichtsrates zusammen. Es muss zumindest über *ein* unabhängiges Mitglied verfügen, das zugleich Sachverstand in Fragen der Rechnungslegung oder der Abschlussprüfung aufweist (Art. 41 Abs. 1 PrüfRL). Eine höhere Anzahl unabhängiger Mitglieder – etwa vergleichbar derjenigen in der Aufsichtsratsempfehlung – war im Ministerrat nicht durchsetzbar. Das zeigt im Ergebnis, dass die Mitgliedstaaten das Konzept unabhängiger Mitglieder nur in gewissen Umfang mitzutragen bereit sind, was auf die unterschiedlichen Corporate Governance-Traditionen zurückzuführen ist.

III. Aufgaben

Der Vorschlag konkretisiert in Art. 41 Abs. 2 PrüfRL die Aufgaben des Audit Committees. Es soll zuständig sein für:
– die Überwachung der Finanzberichterstattung,
– die Überwachung des internen Kontrollsystems, der Innenrevision und des Risikomanagementsystems,
– die Überwachung der gesetzlichen Abschlussprüfung von Einzel- und Konzernabschluss,
– die Wahrung der Unabhängigkeit des Abschlussprüfers, und dabei insbesondere die Überwachung der Erbringung von Nichtprüfungsleistungen, und
– den Vorschlag für die Wahl des Abschlussprüfers des Unternehmens.

Im Vergleich zu den Vorschriften des Aktiengesetzes, das insoweit keine besonderen Regelungen für Aufsichtsratsmitglieder beinhaltet, ist hier eine stärkere Konkretisierung der Aufgaben der Audit Committee-Mitglieder vorhanden. Auch im Hinblick auf die Haftung sind die Grenzen damit klarer gezogen (bislang allgemeine Sorgfaltspflichten nach § 116 AktG).

IV. Wahrung der Unabhängigkeit des Abschlussprüfers

Die EU-Prüferrichtlinie sieht weiter vor, dass der Prüfungsausschuss an der Wahl des Abschlussprüfers bzw. der Prüfungsgesellschaft beteiligt ist: Er – der Prüfungsausschuss – trifft eine Vorauswahl, welcher Abschlussprüfer bzw. welche Prüfungsgesellschaft der Hauptversammlung zur Wahl vorgeschlagen wird. Das entspricht im Grundsatz der deutschen Gesetzeslage, wonach der Vorschlag zur Wahl des Abschlussprüfers vom Aufsichtsrat (§ 124 Abs. 3 S. 1 AktG) abzugeben ist.

In Ergänzung hierzu enthält die EU-Prüferrichtlinie weitere Maßnahmen, die zu einer größeren Unabhängigkeit des Abschlussprüfers von dem den Jahresabschluss erstellenden Management führen soll. Dies geschieht beispielsweise mittels EU-weit geltender Mindestregelungen zur Bestellung und Abberufung von Abschlussprüfern. Die Bestellung soll grundsätzlich durch die Hauptversammlung erfolgen und, sofern von diesem Grundsatz abgewichen wird, durch einen geeigneten Bestellungsprozess die Unabhängigkeit vom Management gewahrt bleiben. Zum Schutz gegen eine unterjährige willkürliche Abberufung des Abschlussprüfers darf dieser nur aus wichtigem Grund abberufen werden und, falls dies der Fall sein sollte, hierüber die entsprechende Berufsaufsicht des Abschlussprüfers informiert werden.

Weiterhin von zentraler Bedeutung für die Wahrung der Unabhängigkeit von Abschlussprüfern ist die Aufgabe des Audit Committees, sich mit der Vergabe von Nichtprüfungsleistungen an den Abschlussprüfer (z.B. Steuerberatungsleistungen) zu befassen. Diese Vorgehensweise dient der Eindämmung der Gefahr einer möglichen Einflussnahme des Managements auf den Abschlussprüfer mittels der Vergabe lukrativer Nicht-Prüfungsleistungen. Gleichzeitig wird aber auch einer zu weitgehenden gesetzlichen Vorschreibung vorgebeugt, wie es beispielsweise beim Sarbanes-Oxley Act[21] oder in noch drastischerer Weise jüngst in Frankreich[22] geschehen ist, wo sämtliche Nicht-Prüfungsleistungen durch den Abschlussprüfer an das geprüfte Unternehmen kategorisch untersagt sind. Eine im Aktionsplan zunächst vorgesehene Studie zu den Auswirkungen einer einschränkenderen Regelung für Nicht-Prüfungsleistungen dürfte angesichts des bereits in der EU-Prüferrichtlinie gefundenen EU-Kompromisses zur allgemeinen Behandlung der Unabhängigkeitsfragen („risk-safeguard approach") in absehbarer Zeit nicht mehr durchgeführt werden.

Die Regelungen zur Unabhängigkeit im Zusammenhang mit Audit Committes sind insofern von Bedeutung, als ein zentrales Merkmal für die Funktionsfähigkeit des Audit Committees in einer verbesserten Kommunikation zwischen Prüfer und Audit Committee liegt: Der Abschlussprüfer muss u.a. Schwächen des internen Kontrollsystems dem Audit Committee mitteilen. Insofern kommt dem Abschlussprüfer bei der Erfüllung der allgemeinen Aufgaben des Audit Committees, insbesondere der Überwachung der Finanzberichterstattung, eine wichtige Unterstützungsfunktion zu – auch wenn er, wie dies die Erwägungsgründe der EU-Prüferrichtlinie eindeutig klarstellen – nicht dem Audit Committee untergeordnet sein soll.

---

[21] Vgl. *J. Ferlings/G. Lanfermanm*, DB 2002, 2117 ff.
[22] Vgl. *G. Lanfermann*, DB 2006, 737 ff.

V. Schlussfolgerung

Damit wird über die Prüferrichtlinie ein wichtiges Corporate Governance-Element eingeführt, das insbesondere darauf abzielt, in Europa professionellere Aufsichtsratsausschüsse vorzuhalten, zu deren Hauptaufgaben es zählt, die Richtigkeit der Finanzberichterstattung, die Effizienz der internen Kontroll- und Risikomanagementsysteme und die Unabhängigkeit des Abschlussprüfers sicherzustellen. Dieses Element, das von den Mitgliedstaaten mitgetragen wurde, wird als Ausgangspunkt für weitere Entwicklungen angesehen werden müssen.

C. Corporate Governance-Statement – Haftung – Transparenz von Konzerntransaktionen – IFRS

Im Bereich des Bilanzrechts, das in engem Zusammenhang mit der Internationalisierung der Kapitalmärkte steht und aus dem Gesamtkonzept für einen effizienten Kapitalmarkt mit allseits verständlichen Finanzinformationen nicht hinweggedacht werden kann, lassen sich Corporate Governance-Maßnahmen aus der am 22.05.2005 verabschiedeten Richtlinie zur Änderung der 4. und 7. Richtlinie (Bilanzrichtlinien) entnehmen.[23]

Die Richtlinie beinhaltet Corporate Governance-Angaben insoweit, als sie Regelungen zum Corporate Governance-Statement, zur Haftung der Organmitglieder für die Richtigkeit der Abschlüsse und zu Angaben mit Blick auf Geschäfte mit nahe stehenden Personen und off-balance sheet transactions vorweist. Die Vorschläge zum Corporate Governance-Statement werden dabei anders als diejenigen zur Haftung zu Änderungen im deutschen Recht führen.

I. Corporate Governance-Statement

Das Corporate Governance Statement, mit dem das Ziel verfolgt wird, Angaben zu den verschiedenen Corporate Governance-Elementen von börsennotierten Gesellschaften an einem Ort zu bündeln, soll nach Art. 1 Abs. 2 RL in einem getrennten Teil des Lageberichts oder einem gesonderten Bericht offengelegt werden und die folgenden Angaben beinhalten:
– die Angabe, welchen Kodex die Gesellschaft anwendet, wo der Kodex verfügbar ist und inwieweit das Unternehmen dem Kodex entspricht – und wenn nicht, ist dies zu begründen –;
– eine Beschreibung der wesentlichen Elemente des internen Kontroll- und Risikomanagementsystems;

---

[23] Vgl. *W. Niemeier*, WPg 2006, 173 ff.; *G. Lanfermann*, BB, Beilage Europa 2004, S. 2 ff.

– die Funktionsweise der Hauptversammlung und ihrer wesentlichen Befugnisse und eine Beschreibung der Aktionärsrechte und wie diese ausgeübt werden können, soweit sich die Angaben nicht schon aus dem Gesetz ergeben; und
– die Zusammensetzung und Funktionsweise der Organe.

Im Konzernlagebericht soll weiter nach Art. 2 Abs. 2 RL eine Beschreibung der internen Kontroll- und Risikomanagementsysteme der Gruppe hinsichtlich des Prozesses zur Aufstellung des konsolidierten Abschlusses erfolgen.

Durch die Änderung der 4. und 7. Richtlinie wird damit der Offenlegungsaspekt verstärkt: Unternehmen sollen insbesondere gegenüber Anlegern ihre bestehenden Corporate Governance-Systeme beschreiben, wobei den Risikomanagementsystemen und den internen Kontrollsystemen eine besondere Bedeutung zukommt. Hierdurch werden die bestehenden Systeme vergleichbar und leichter überprüfbar gemacht, was wiederum Entwicklungen hin zu besonders effizienten Systemen anstoßen kann.

II. Haftung

Zudem beinhaltet die Richtlinie zur Änderung der 4. und 7. Richtlinie Haftungsregelungen der Organmitglieder für fehlerhafte Angaben im Jahres- und Konzernabschluss. Die Kommission hat sich für eine zurückhaltende Lösung entschieden. Nach dem Vorschlag sollen das Verwaltungs-, Leitungs- und Aufsichtsorgan kollektiv gegenüber dem Unternehmen verantwortlich dafür sein, dass die Jahres- und Konzernabschlüsse sowie die entsprechenden Lageberichte gemäß den Anforderungen der 4. und 7. Richtlinie aufgestellt und offengelegt sind. Das entspricht im Wesentlichen der gesamtschuldnerischen Haftung, die bislang schon in Deutschland existiert.

III. Offenlegung bestimmter Transaktionen

Zudem beschäftigen sich die Änderungen der Bilanzrichtlinien mit off-balance sheet transactions und den Angaben zu nahe stehenden Personen, die nach dem Zusammenbruch von *Parmalat* aufgenommen worden sind.

Nach dem Vorschlag sollen alle Kapitalgesellschaften im Anhang bzw. Konzernanhang Angaben zur Natur und dem wirtschaftlichen Zweck und den finanziellen Folgen von Geschäften, die nicht in der Bilanz erfasst sind, machen, soweit sie wesentlich sind. Für kleine Gesellschaften ist vorgesehen, dass die Mitgliedstaaten die Informationen darauf beschränken können, was wirklich erforderlich ist, um die finanzielle Position des Unternehmens einzuschätzen.

Zudem sollen Transaktionen mit nahe stehenden Personen im Anhang bzw. Konzernanhang offengelegt werden, wenn sie nicht unter normalen marktüblichen Bedingungen abgeschlossen worden sind. Abgestellt werden soll auf die IAS 24 im Hinblick auf die Definition der nahe stehenden Personen. Auch insoweit sind gewisse Ausnahmen zugelassen. Die Mitgliedstaaten sollen die Angaben auf die zwischen der Gesellschaft und dem Mehrheitsgesellschafter bzw. der Gesellschaft und ihren Organmitgliedern reduzieren können. Zudem soll es den Mitgliedstaaten möglich sein, Transaktionen zwischen Konzern-Gesellschaften auszunehmen, soweit es sich um 100prozentige Töchter handelt. Im Ergebnis sollen damit einzelne, besonders gefährliche Transaktionen offengelegt werden; ein weiteres Element der Corporate Governance.

IV. IFRS

Ein bedeutender Meilenstein zur Erlangung allgemeinverständlicher Finanzinformationen bildet die Verabschiedung der europäischen IAS-Verordnung vom 19.07.2002. Nach ihr sind bereits alle kapitalmarktorientierten Unternehmen zwingend verpflichtet worden, ab dem 01.01.2005 bzw. 01.01.2007 ihre Konzernabschlüsse nach den Internationalen Rechnungslegungsstandards IFRS aufzustellen. Die IAS-Verordnung erlaubt den einzelnen Mitgliedstaaten, die Anwendung der IFRS auf den Einzelabschluss sowie auf nicht-kapitalmarktorientierte Unternehmen zu erweitern. Damit wurde der bisherige Harmonisierungsprozess im Bereich der Rechnungslegung, die Vierte und Siebte Richtlinie, gestoppt, um stattdessen eine vollständige Harmonisierung auf Basis der IFRS zu erreichen. Diese Entwicklung zur zunehmenden Abkehr von den weitgehend national geprägten Bilanzierungsvorschriften zieht insbesondere für Deutschland viele Fragen nach sich: die eventuelle Aufgabe der HGB-Einzelabschlüsse zugunsten von IFRS Einzelabschlüssen (einschließlich der Konzeption von IFRS für kleine und mittlere Unternehmen,[24] die weitere Abkoppelung der Steuerbilanz mit endgültiger Durchbrechung der Maßgeblichkeit sowie eine alternative Konzeption der Kapitalerhaltung und Ausschuttungsfahigkeit von Unternehmen (Stichwort: Solvenztests), die aus gesellschaftsrechtlicher Sicht besonders bedeutungsvoll ist.

---

[24] Vgl. *G. Lanfermann,* IAS/IFRS für mittelständische Unternehmen aus europäischer Perspektive, in: Haller (Hrsg.): Internationale Rechnungslegungsstandards für Österreich, Wien 2004.

V. Schlussfolgerung

Die neuen bilanzrechtlichen Regelungen enthalten mit dem Corporate Governance-Statement und insbesondere der Erfassung von off-balance sheet transactions wichtige Elemente, um die Lage in den Unternehmen nach außen transparenter zu gestalten, wobei diese Elemente gut in das bisherige System einfügbar sind. Die weiteren möglichen Reformen, u.a. die Hinwendung zu Solvenztests oder die Anwendung der IFRS für den Mittelstand wären mit erheblichen Änderungen verbunden und bedürften zunächst einer genauen Analyse dahingehend, welche Auswirkungen sie für deutsche Unternehmen und ihre Gesellschafter und Gläubiger nach sich ziehen würden und ob sie bessere Ergebnisse als die bisherigen Systeme liefern.

D. Sarbanes-Oxley

Weitere Einflüsse auf die europäische Corporate Governance ergeben sich aus den gesetzgeberischen Aktivitäten von Drittstaaten. Von besonderer Bedeutung ist der Einfluss der US-amerikanischen Wertpapiergesetzgebung auf die Corporate Governance von EU-Unternehmen, die an den US-Börsen, dem weltweit größten Kapitalmarkt, gelistet sind. Die US-amerikanische Wertpapiergesetzgebung regelt erstmalig seit dem Jahre 2002 mittels des Sarbanes-Oxley Acts in nennenswertem Maß die Corporate Governance US-börsennotierter Unternehmen. Das war nach den spektakulären Unternehmenszusammenbrüchen mit Namen Enron und Worldcom erforderlich geworden, nachdem das Vertrauen (und die Altersvorsorge) vieler US-Anleger ernstlich in Mitleidenschaft gezogen worden war. Der Sarbanes-Oxley Act sieht daher auch weitreichende Maßnahmen im Bereich Corporate Governance vor. Im Mittelpunkt dieser Maßnahmen steht die Verantwortlichkeit des CEO und CFO für die Finanzberichterstattung von US-börsennotierten Unternehmen. Die Verantwortlichkeit und die Sorgfaltspflichten werden in der Weise konkretisiert, dass CEO und CFO schriftliche Bestätigungen zum Jahresabschluss und internen Kontrollsystem abgeben müssen. Diese neue Verantwortlichkeit des Managements wird ergänzt durch die Einrichtung kompetenter und unabhängiger Audit Committees, die die Finanzberichterstattung seitens des Managements mit präventiver Funktion überwachen. Für viele europäische Unternehmen war es schwer hinnehmbar, dass diese Regelungen auch auf Unternehmen mit Sitz in der EU anzuwenden sind, wenn ihre Aktien auch in den USA börsennotiert sind (in Deutschland 17). Dies gilt insbesondere für die kostenintensiven Anforderungen an das interne Kontrollsystem dieser Unternehmen – eine Diskussion, die bis zum heutigen Tage auch bei US-amerikanischen Unternehmen anhält.

Hieran zeigt sich, dass europäische Unternehmen unter gewissen Voraussetzungen zusätzlich zu den Corporate Governance-Anforderungen ihres

Landes bzw. der EU diejenigen der USA zu erfüllen haben. Eine belastende Situation für die dort notierten Unternehmen und die betroffenen Prüfer. Und eine Situation, die bei einer Ausweitung (z.B. Erfüllung der Corporate Governance-Regelungen in Japan etc. bei dortiger Notierung) zu einem Übermaß an Anforderungen führen wird und den eventuellen Wunsch nach einem Delisting immer greifbarer werden lässt. Das Thema Corporate Governance hört mithin nicht an der Grenze eines Staates auf, was eine weltweite Koordination der Regelungen erforderlich macht, damit es nicht zu Doppelungen und Überlastungen kommt.

E. Ausblick

Betrachtet man die verschiedenen auf EU-Ebene in Angriff genommenen Maßnahmen zur Unabhängigkeit der Aufsichtsräte, Stärkung der Abschlussprüfung und Vereinheitlichung der Rechnungslegung, wird klar, dass vieles in der EU unternommen wird, um einheitliche Rahmenbedingungen für eine Corporate Governance in Europa zu schaffen – auch wenn nicht alle Maßnahmen überzeugen können. Man muss erkennen, dass Regeln für die Corporate Governance heute zu großen Teilen aus Europa stammen, was im konkreten Fall zur Folge hat, dass in hchem Maße angelsächsische Traditionen in Deutschland Einzug halten bzw. ihre Übernahme angeregt wird. Soweit ein eigener Spielraum in den Verhandlungen bzw. der Umsetzung besteht, ist es daher von essentieller Bedeutung, dass – soweit wie möglich – nur solche Regelungen in Deutschland eingeführt werden, die zu dem bisherigen System passen, und dass eine Überfrachtung mit Regelungen aus verschiedenen Traditionen vermieden wird. Das wird auch bei den weiteren Maßnahmen, die die EU-Kommission in Zukunft in Angriff nehmen will, von Bedeutung sein. Zu den wichtigsten zählen: die Richtlinie zu den Aktionärsrechten,[25] die Offenlegung der Anlage- und Abstimmungspolitik institutioneller Anleger, die Sonderprüfung, Konkursverschleppung und das Berufsverbot für Manager sowie die bereits erwähnte Möglichkeit der Einführung eines alternativen Systems der Kapitalerhaltung.

---

[25] Richtlinienvorschlag abrufbar unter http://europa.eu.int/comm/internal_market/company/index_de.htm.

Diskussionsbericht zu dem Vortrag von Silja Maul

Alexandra Altrogge

Die Debatte im Anschluss an das Referat von *Silja Maul* knüpfte an die von ihr dargestellten zahlreichen Facetten der Corporate Governance auf europäischer Ebene an und leistete einen Beitrag zur Vertiefung sowie zur Betrachtung neuer Aspekte im Bereich der Corporate Governance. Besondere Beachtung fanden zwei gesellschaftsrechtliche Empfehlungen der Kommission: die Empfehlung bezüglich der Vergütung der Direktoren (bzw. Vorstände[1]) und die Empfehlung bezüglich der Zusammensetzung des Aufsichtsrates bzw. Charakteristika der Aufsichtsratsmitglieder.

Im Rahmen der Diskussion zeichnete sich zunächst das Bedürfnis nach der Klärung zahlreicher einschlägiger Begriffe ab. Dies zeigte auch, wie schwierig das Thema zu fassen ist und wie unterschiedlich einzelne Aspekte je nach Perspektive zu bewerten sind. Insbesondere wurde der Begriffe der „Corporate Governance" als Oberbegriff sowie die Definition der im Rahmen der Empfehlung ausgeschriebenen „Unabhängigkeit" der Aufsichtsratsmitglieder diskutiert.

Zunächst ließ sich feststellen, dass es keine allgemein gültige Definition von Corporate Governance gibt. Vielmehr umfasst dieser Begriff einen nicht eingrenzbaren Bereich guter Praktiken für die Steuerung eines Unternehmens. Die wichtigsten Diskussionsbeiträge hierzu werden im Folgenden kurz zusammengefasst. Hierbei sei allerdings betont, dass es sich um eine nicht abschließende Aufzählung handelt: So solle eine gute Unternehmensführung sicherstellen, dass die Interessen der Aktionäre ausreichend berücksichtigt werden. Eine erfolgreiche Corporate Governance müsse außerdem den Informationsvorsprung des Managements gegenüber den Aktionären ausgleichen und so eine Machtbalance innerhalb eines Unternehmens herstellen. Darüber hinaus sei ein zu hohes Machtvolumen zu verhindern, damit keiner „unterdrückt" werde. Ein guter Prozess der Unternehmens-Organisation habe ferner das Ziel der Transparenz und qualitativ hochwertiger Entscheidungen. So diene die Offenlegungsstrategie der Vermeidung möglicher „Schlupflöcher". Je transparenter die Entscheidungswege seien, desto geringer sei das Risiko des Versagens der unternehmensinternen Kontrollstrukturen.

---

[1] Vgl. die aktuelle Diskussion um das Vorstandsvergütungsoffenlegungsgesetz.

Im weiteren Verlauf der Diskussion wurde der Begriff der „Unabhängigkeit" eines Aufsichtsratsmitglieds genauer betrachtet. Die Übergänge zwischen der Bewertung eines Aufsichtsratsmitglieds als „abhängig" und in diesem Sinne schädlich für das Unternehmen oder als „unabhängig" seien fließend. Einigkeit bestand dahingehend, dass durch das Erfordernis der Unabhängigkeit Interessenkollisionen zwischen Aktionären und Management vermieden werden sollen. Derartige Interessenkollisionen könnten beispielsweise entstehen, wenn ein Aufsichtsratsmitglied Familieninteressen vorrangig vor Interessen des Unternehmens erachtete oder aber dann, wenn ein scheidender Vorstandsvorsitzender die Position des Aufsichtsratsvorsitzenden einnehme und so seinen eigenen Nachfolger beaufsichtige. Nach der Einschätzung von *Silja Maul* ist es richtig, dass der Deutsche Corporate Governance Kodex das Problem der Unabhängigkeit eines Mehrheitsgesellschafters nicht von der Empfehlung übernommen hat.

In der Debatte kam außerdem das Erfordernis der Berücksichtigung der Entscheidungen des EuGH wie *Centros*, *Inspire Art* etc. zur Sprache. Im einzelnen wurde dabei herausgestellt, dass die Entscheidungen des EuGH sowohl auf der nationalen Ebene der Mitgliedstaaten als auch auf europäischer Ebene – also bei der Kommissionsarbeit – Wirkung entfalten müssten. Festzustellen sei hierbei, dass die im Rahmen der Entscheidungen des EuGH betrachteten aktuellen Probleme in der europäischen Politik nicht ergebnisorientiert angegangen würden. Vielmehr sei der EuGH der Entwicklung weit voraus. In Ermangelung des erforderlichen Umfelds könnten aus den Entscheidungen keine unmittelbaren positiven Effekte folgen. In diesem Zusammenhang berichtete *Silja Maul*, dass die von der Kommission bereits in Angriff genommene Richtlinie zur grenzüberschreitenden Sitzverlegung wieder „ad acta" gelegt worden sei.

Im Anschluss wurde die Notwendigkeit eines Deutschen Corporate Governance Kodex in Frage gestellt. Denn die nicht ordnungsgemäße Unternehmensführung verwirkliche i.d.R. Straftatbestände, so dass im Grunde genommen kein Regelungserfordernis vorliege. Sinn und Zweck des Deutschen Corporate Governance Kodex sei es, durch das Mittel der Offenlegung dafür zu sorgen, dass Unstimmigkeiten eher erkannt würden. Durch das „Einbauen kleiner Hürden" solle ein früher Verdachtsmoment gewährleistet werden, damit Konflikte nicht zu spät gesehen würden. Allgemeine Erwartung sei, dass das „Selbstbedienungsproblem" durch die im Deutschen Corporate Governance Kodex niedergeschriebenen Maßnahmen zu lösen ist und, soweit noch nicht geschehen, gelöst werden wird. Allerdings finde sich die Grenze im Effektivitätsgedanken: So müsse ein Unternehmen auch noch in der Lage sein, geführt werden zu können.

Weiter diskutierten die Teilnehmer über die aus den Maßnahmen resultierenden Kosten. Dabei wurde festgestellt, dass die Regierungskommission Deutscher Corporate Governance Kodex nicht alle in der Empfehlung enthaltenen Aspekte umgesetzt hat. Sonst wären bei ihrer Befolgung zweifelsohne höhere Kosten entstanden. Im Ergebnis wurde das Erfordernis der Betrachtung der durch eine Maßnahme zu erwartenden Kosten und einer darauf aufbauenden Kosten-Nutzen-Analyse in Bezug auf die Maßnahme festgestellt.

Zum Abschluss der Diskussion wurde über die Vor- und Nachteile der Empfehlung diskutiert und diese gegeneinander abgewogen. Vorteilhaft sei zum einen der Zeitfaktor, da das Erstellen einer Richtlinie mehrere Jahre in Anspruch genommen hätte. Zum anderen sei jeder Mitgliedstaat im Rahmen der Umsetzung frei, die seiner Ansicht nach entscheidenden Kriterien der Empfehlung aufzugreifen und umzusetzen. Der Freiheit der einzelnen Mitgliedstaaten bezüglich der Umsetzung stehe allerdings die mangelnde Erzwingbarkeit der Empfehlung gegenüber. Nachteilhaft sei außerdem die mangelnde Beteiligung der Mitgliedstaaten innerhalb des Empfehlungsfindungsprozesses.

Im Ergebnis äußerte *Silja Maul* aber Zufriedenheit in Bezug auf den Erfolg des Instruments der Empfehlung. Sie erwarte auch nach Ablauf der Umsetzungsfrist im Juni 2006 keine Richtlinie im Bereich der Corporate Governance.

Altrogge

Entwicklung und Reform des Europäischen Übernahmerechts

Gerd Sassenrath

A. Einführung in die Grundthemen des Übernahmerechts[1]

I. Regelungsgegenstand des Übernahmerechts

Bevor wir in die Ideen- und Entstehungsgeschichte des Europäischen Übernahmerechts, ihrer nationalen Ausprägung und in die zukünftigen Entwicklungen eintauchen, sollten wir uns kurz mit dem Gegenstand unserer Betrachtung vertraut machen, da die Beschäftigung mit dem Übernahmerecht – bei aller Schönheit des Rechtsgebietes – nicht zum täglichen Brot der hier versammelten Juristen zu rechnen sein wird.

Das Übernahmerecht beschäftigt sich mit der Übernahme von Unternehmen,[2] deren Aktien in einem geregelten Markt an der Börse[3] gehandelt werden. Eine Übernahme liegt dabei dann vor, wenn sie zum Erwerb der Kontrolle über das Unternehmen führt[4], wobei Kontrolle nach der Regelung dann vorliegt, wenn der Übernehmer mindestens 30 Prozent der Stimmrechte des Unternehmens – d.h. der Zielgesellschaft – hält.[5]

Das Übernahmerecht regelt zum einen die Rechte und Pflichten aller Beteiligten im Zusammenhang mit einem freiwilligen Übernahmeangebot.[6] Darüber hinaus beschäftigt sich das Übernahmerecht mit der Frage, unter welchen Bedingungen und Voraussetzungen der Inhaber von Anteilen an einer Zielgesellschaft verpflichtet ist, den übrigen Anteilsinhabern an eben dieser Gesellschaft ein Übernahmeangebot in der Form des sog. Pflichtangebotes zu unterbreiten.[7]

---

[1] Frau RA Dr. *M. Spangenberg* sei für tatkräftige Unterstützung bei der Erstellung des Manuskripts herzlich gedankt.
[2] Im Geltungsbereich des WpÜG sind dies Aktiengesellschaften oder Kommanditgesellschaften auf Aktien mit Sitz im Inland – vgl. § 2 Abs. 3 WpÜG.
[3] Für das WpÜG sind das der amtliche Handel oder der geregelte Markt einer Börse im Inland – vgl. § 2 Abs. 7 WpÜG.
[4] Vgl. § 29 Abs. 1 WpÜG.
[5] Vgl. § 29 Abs. 2 WpÜG.
[6] Vgl. § 29 ff. WpÜG.
[7] Vgl. § 35 ff. WpÜG.

Schließlich beschäftigt sich das deutsche WpÜG, das „Gesetz zur Regelung von öffentlichen Angeboten zum Erwerb von Wertpapieren und von Unternehmensübernahmen", unabhängig von dem Vorliegen eines – immer auf Kontrollerwerb gerichteten – Übernahmeangebotes oder eines Pflichtangebotes allgemein mit den Rechten und Pflichten der Beteiligten im Zusammenhang mit einem freiwilligen Angebot öffentlicher Kauf- oder Tauschangebote zum Erwerb von Wertpapieren einer Zielgesellschaft.[8] Bei diesen Regelungen handelt es sich sozusagen um den allgemeinen Teil öffentlicher Erwerbsangebote, die um die besonderen Teile der freiwilligen Übernahmeangebote und der Pflichtangebote regelungstechnisch im WpÜG ergänzt werden.

II. Gründe für die Existenz eines besonderen Übernahmerechts

Die Existenz dieses Sonderrechtes für die Übernahme börsennotierter Unternehmen führt zur Frage, was eigentlich den Unterschied zwischen der Übernahme einer börsennotierten Gesellschaft und der Übernahme einer nicht börsennotierten Gesellschaft charakterisiert und dementsprechend die Existenz dieses Sonderrechtes rechtfertigt.

Die Beschäftigung mit diesem Fragenkomplex wird uns zugleich auch – wie wir sehen werden – einen guten Überblick über die Themenkreise bescheren, die im Übernahmerecht gemeinhin als diskussions- bzw. regelungsbedürftig angesehen werden.

In der begründeten Hoffnung, dass sich an der Bildung krasser Gegensatzpaare die neuralgischen Punkte am deutlichsten herauskristallisieren, wollen wir die „Übernahme" einer deutschen Muster-GmbH mit fünf Gesellschaftern, die jeweils 20 Prozent an der Muster-GmbH halten, betrachten und dabei die Unterschiede zur Übernahme einer börsennotierten großen deutschen Aktiengesellschaft mit 50.000 Aktionären weit verstreut über die Welt herausarbeiten.

a) Wer die Muster-GmbH übernehmen will, muss im Zweifel mit den Gesellschaftern einzeln darüber verhandeln, ob sie überhaupt mit einer Veränderung im Gesellschafterbestand einverstanden sind. In den deutschen GmbHs sind nämlich so genannte Vinkulierungsklauseln, die die Übertragbarkeit von Geschäftsanteilen an die Zustimmung der Mitgesellschafter oder der Gesellschaft binden,[9] weit verbreitet.

Das heißt, in unserer Muster-GmbH hat jeder Mitgesellschafter Einfluss je nach den notwendigen Quoren – einzeln oder gemeinsam mit anderen Gesellschaftern vielleicht sogar bestimmenden – Einfluss auf die Zusammensetzung des Gesellschafterkreises. Die Gesellschafter der Muster-GmbH

---

[8] Vgl. § 10 ff. WpÜG i.V.m. § 2 Abs. 1 WpÜG.
[9] Vgl. § 15 Abs. 5 GmbHG.

haben nach dem Gesetz die Möglichkeit, sich gesellschaftsvertraglich davor zu schützen, dass ihnen nicht genehme Gesellschafter in die Gesellschaft eintreten bzw. Geschäftsanteile an dieser Gesellschaft übernehmen und damit Stimmen und Kapital akkumulieren. Versäumen sie dies, sieht das Gesetz sie grundsätzlich nicht als schutzwürdig an, jedenfalls gibt es keine Pflicht zur Unterbreitung eines Übernahmeangebotes. Es ist dann eine Frage des Gesellschaft- und Konzernrechts,[10] ob und in welcher Weise die Gesellschafter vor „Schlittenfahrten" mit einem Großgesellschafter oder einem neuen Großgesellschafter geschützt werden.

Das ist sicherlich – jedenfalls im Regelfall – fundamental anders in einer großen börsennotierten Aktiengesellschaft. Hier besteht der Reiz der Aktien gerade darin, dass sie von – in Deutschland eher seltenen Vinkulierungsaktien[11] abgesehen – frei handelbar sind und daher jeder Aktionär damit rechnen muss, dass sich das Bild der Herren und Damen Mitaktionäre um ihn herum erheblich ändert. Das Übernahmerecht wird also klären müssen, ob und unter welchen Voraussetzungen und in welcher Weise ein Aktionär in solchen Fällen schutzbedürftig ist. Dies hat es getan und die Geburt der Figur des Pflichtangebotes, d.h. einem Ausstiegsrecht bei einem Erwerb von mindestens 30 Prozent der Stimmrechte, eingeleitet.

b) Hinsichtlich der Preis- und Konditionengestaltung ist unser Übernahmeinteressent bei der Muster-GmbH frei. Er kann versuchen, bei jedem einzelnen der Gesellschafter einen für ihn maximierten, d.h. möglichst niedrigen und ggf. im Vergleich zu seinen Mitgesellschaftern sogar unterschiedlichen Preis und einen entsprechend hohen Schutz durch die sonstigen Konditionen zu erreichen.

Bei unserer börsennotierten Aktiengesellschaft wird man sich im Zusammenhang mit der Preis- und Konditionengestaltung daran erinnern müssen, dass das Pflichtgebot und damit auch das ja ebenfalls auf Kontrollwechsel angelegte Übernahmeangebot darauf ausgerichtet sind, einen Schutz der übrigen Aktionäre durch ein Ausstiegsrecht zu bewerkstelligen. Wirtschaftlich wird ein solcher Schutz nur dann tauglich sein, wenn sowohl bezüglich der Höhe des zu bietenden Preises als auch in Bezug auf die Art der Gegenleistung eine Regulierung erfolgt. Ebenso wird man angeregt darüber nachdenken müssen, ob nicht die Aktionäre am Ende alle gleichbehandelt und dementsprechend Umgehungen verhindert werden müssen.[12]

c) Bei unserer Muster-GmbH sind die Beteiligten in der Gestaltung ihres Informationsaustausches und der Art und Weise des jeweiligen Vertragsschlusses frei. Dies ist anders bei der Übernahme unserer börsennotierten Aktiengesellschaft. Hier kann der Erwerber mit der Masse der Aktionäre letztlich nur typisierte Erwerbsverträge abschließen. Über seine Erwerbsab-

---

[10] Vgl. §§ 292 ff., 311 ff. AktG für die AG.
[11] Vgl. § 68 Abs. 2 AktG.
[12] Vgl. zu all dem die Regelung in § 31 WpÜG.

sicht, den Inhalt seines Angebotes und die Pläne, die er mit dem zu erwerbenden Unternehmen verfolgt, wird er im Zweifel nur öffentlich informieren können. Es drängt sich auf, diese Kommunikationen und Informationen zu regulieren: die Geburtsstunde der sog. Angebotsunterlage[13] und der diesbezüglichen Verfahrensregelungen.[14]

d) In unserer Muster-GmbH sind die primären Ansprechpartner unseres Übernahmeinteressenten die Gesellschafter. Bei einer börsennotierten Gesellschaft sind – von Großaktionären abgesehen – die Möglichkeiten zur individualisierten Kontaktaufnahme mit den Aktionären naturgemäß beschränkt. Auch die Einberufung einer Hauptversammlung, der Versammlung der Aktionäre, würde dies schon angesichts der schieren Zahl der Aktionäre und der HV-Präsenzen kaum ändern. Die natürlichen Ansprechpartner und ggf. auch Gegner eines Übernahmeinteressenten sind daher im Zweifel die Management- und Überwachungsorgane einer börsennotierten Gesellschaft, d.h. Vorstand und Aufsichtsrat bei einem dualistischen System bzw. der Board bei einem sog. monistischen System. Der Vorstand einer deutschen Aktiengesellschaft ist gegenüber der Hauptversammlung grundsätzlich nicht weisungsunterworfen und leitet die Gesellschaft in eigener Verantwortung.[15] Auch der Aufsichtsrat unterliegt keinen Weisungen durch die HV.[16] Von diesen Organen wird sich der Übernahmeinteressent daher u.U. Unterstützung z.B. durch Gewährung von Informationen über die Zielgesellschaften und/oder entsprechenden Empfehlungen an die Aktionäre versprechen oder aber Gegenwehr befürchten, z.B. durch Kampagnen gegen die Übernahme, die Veränderung der Aktionärsstruktur, des Kapitals, der Satzung, des Managements, der Geschäftstätigkeit und der Vermögenslage der Zielgesellschaft, d.h. durch so genannte Abwehrmaßnahmen. Die Frage, ob und unter welchen Voraussetzungen solche Abwehrmaßnahmen und/oder Hilfestellungen zulässig sind, muss in einem Übernahmerecht geklärt werden: die Geburtsstunde der Diskussion um das so genannte Neutralitätsgebot,[17] aber auch des sog. „level-playing field", insbesondere in Bezug auf die Frage, welche Erschwernisse das nationale Gesellschaftsrecht für Übernahmen vorsehen kann (z.B. Frage der Zulässigkeit von Mehrstimmrechten, Höchststimmrechten, *Golden Shares*, etc.).[18] In der Muster-GmbH besteht diese Notwendigkeit nicht. Jeder Gesellschafter kann mit allen gesetzlichen und gesellschaftsvertraglichen Mitteln gegen die Übernahme vorgehen und kann durch Gesellschafterbeschlüsse das Management anhalten, entweder für oder gegen die Transaktion zu arbeiten.

---

[13] Vgl. § 11 WpÜG.
[14] Vgl. §§ 14, 15, § 17-19, § 20-24 WpÜG.
[15] Vgl. § 76 Abs. 1 AktG.
[16] Vgl. § 119 AktG.
[17] Vgl. § 33 WpÜG.
[18] Vgl. hierzu *Th. Baums/G. F. Thoma*, WpÜG, Stand Mai 2004, Einl. Rz. 1.25.

e) Ebenso wie bei der Übernahme unserer Muster-GmbH kann es auch bei der Übernahme einer börsennotierten Aktiengesellschaft andere Erwerbsinteressenten geben. Bei der Muster-GmbH kann man diese Situation getrost dem Verhandlungsgeschick der einzelnen Beteiligten überlassen. Bei der börsennotierten Aktiengesellschaft muss man darüber nachdenken, ob man nicht Regelungen für das Gegenangebot selbst und die Interaktion der Angebote schaffen muss.[19]

f) Bei unserer Muster-GmbH käme man wahrscheinlich – mit Ausnahme des Kartellrechts – kaum auf den Gedanken, über eine Einschaltung von Behörden in den Verhandlungsprozess zwischen den Vertragsparteien nachzudenken. Die besondere Situation bei der Übernahme börsennotierter Gesellschaften hingegen lässt einen nachdenklich werden, ob die Beteiligten selbst ausreichend Motive und ökonomisch sinnvolle Möglichkeiten haben, ihre Interessen alleine durchzusetzen. Diese Zweifel waren die Geburtsstunde der Bundesanstalt für Finanzdienstleistungsaufsicht (BaFin) sowie ihrer Vorgängerorganisationen.[20]

g) Mag all das die große Aufmerksamkeit erklären, deren sich die Entwicklung des Übernahmerechts in den letzten Jahren und Jahrzehnten erfreut hat? Wahrscheinlich nicht. Wichtige Zutaten sind hierzu sicherlich, dass die großen börsennotierten Aktiengesellschaften i.d.R. in den einzelnen Jurisdiktionen verwurzelte Aktionärsschichten haben (mitunter sind die jeweiligen Heimatstaaten selbst wichtige Aktionäre), wichtige Verwaltungs- oder Produktionsstätten sich im Heimatland befinden, die wesentlichen Funktionen mit Management-Kräften aus der jeweiligen Nation besetzt sind oder dass die Unternehmen gar nationale strategische Interessen[21] – etwa im Energiesektor – verkörpern. Hinter den Emblemen der großen börsennotierten Gesellschaften scheinen demnach bisweilen die jeweiligen Nationalfarben deutlich durch. Dies macht leicht erklärlich, dass das Übernahmerecht zur Chefsache in einzelnen Regierungen werden kann und weite Teile der Bevölkerung und vor allen Dingen auch der Arbeitnehmerschaft fesseln und ggf. auch fürchten lassen kann.

III. Die Europa-Relevanz

Mit den letzten Gesichtspunkten ist aber auch schon aufgezeigt, warum ein Regelungsinteresse auf europäischer Ebene entstehen konnte. Im Kern geht es darum, die nationalen Interessen zurückzudrängen und einen effekti-

---

[19] Vgl. § 22 WpÜG.
[20] Vgl. § 4 Abs. 1 WpÜG.
[21] Vgl. EuGH NJW 2002, 2305 (*Elf-Aquitaine*); EuGH NJW 2002, 2306 (*golden share in Portugal*); EuGH NJW 2002, 2303 (*Energieversorgung Belgien*); EuGH NJW 2003, 2663 (*Tabak, Banken, Erdöl, Elektrizität und Telekommunikation in Spanien*); EuGH NJW 2003, 2666 (*British Airport Authority plc*).

ven Markt für Unternehmensübernahmen mit gleichen Chancen für die verschiedenen Beteiligten aus verschiedenen Nationen zu schaffen. Daneben geht es sicherlich auch darum, dem Umstand Rechnung zu tragen, dass bei der heutigen Verschränktheit der Wirtschaftsräume im Zweifel damit zu rechnen ist, dass ein Übernahmeangebot jeweils auch grenzüberschreitende Auswirkungen hat.[22] In Realisierung der Kapitalverkehrsfreiheit[23] soll demnach ein möglichst effektiver europäischer Kapitalmarkt geschaffen werden.

B. Die Entwicklung des Europäischen Übernahmerechts

I. Vorbemerkung

Nehmen wir das Ende vorweg: Nach fast 30-jährigem Ringen ist am 20.05.2004 die Europäische Übernahmerichtlinie[24] (nachfolgend „RL" genannt) in Kraft getreten.

Dass es fast 30 Jahre dauerte, ist auf die unterschiedliche Ausgestaltung der nationalen Gesellschaftsrechte, die unterschiedlichen Ausgangslagen in der Kodifikation eines Übernahmerechts, die in der ständigen Entwicklung befindliche Anschauung bezüglich der Berechtigung des Schutzes der verschiedenen, auch nationalen Interessen in Übernahmesituationen und letztlich der bange Blick auf die Möglichkeiten, die mit dem Übernahmerecht für Bieter aus außereuropäischen Jurisdiktionen geschaffen werden. Da das Übernahmerecht in so viele Kernbereiche eingreift und eingreifen muss, ist das lange Ringen jedenfalls erklärbar.

Dazu kam, dass einige Länder, vor allem Großbritannien, über ein ausgeprägtes System der Selbstkontrolle bei Übernahmen verfügte und sich nur ungern den Vorgaben einer detaillierten europäischen Richtlinie unterwerfen wollte.

II. Entstehung der Übernahmerichtlinie

Das Studium der Entstehung der Übernamerichtlinie gibt einen hervorragenden Einblick in die vielfältigen Problemlagen des Übernahmerechts, die Entwicklung einer gemeinsamen Anschauung über das zu schaffende Recht, aber auch in die Entstehung scheinbar unüberbrückbarer Unterschiede in dieser Anschauung sowie in die Funktionsweise und Rollen der verschiedenen EU-Gremien.

---

[22] Vgl. Regelung in § 24 WpÜG.
[23] Vgl. Art. 56 EGV.
[24] „RL des Europäischen Parlaments und des Rates v. 21.04.2004 betreffend öffentliche Übernahmeangebote", ABl. EG Nr. L 142 v. 30.04.2004, S. 12 ff.

1. Pennington Bericht

Bereits 1974 legte der britische Rechtswissenschaftler R. *Pennington* im Auftrag der EG-Kommission – ausgelöst durch den in einer Sachverständigenkommission bereits 1966 (*Segré*-Bericht)[25] festgestellten Regelungsbedarf im Übernahmebereich – einen Bericht über „Übernahmeangebote und andere Angebote" vor, der den Entwurf für eine EG-Übernahmerichtlinie enthielt. Übernahmeangebote hatten in den Jahren zuvor in den meisten westlichen Industriestaaten allmählich an Bedeutung gewonnen. Demgegenüber hatten die meisten europäischen Staaten noch keine nationalen Regelungen für Übernahmen gefasst. Lediglich Großbritannien hatte als erstes Land Übernahmeangebote zum Gegenstand von Regelungen gemacht, die vor allem im „Citycode on Takeovers and Mergers", der erstmals 1968 publiziert wurde, niedergelegt waren. Einige Länder, z.B. Italien und die Niederlande, verfügten immerhin über Verhaltenskodizes. In Frankreich waren einschlägige Bestimmungen in die allgemeine Börsenmaklerordnung eingearbeitet worden, die zusätzlich durch Richtlinien der Börsenkommission ergänzt wurden. Andere europäische Staaten, darunter Deutschland, Dänemark und Irland, hatten weder Gesetze noch Kodizes.

Der Pennington-Entwurf fand in Deutschland ebenso wie in den anderen Mitgliedstaaten nur wenig Beachtung, und auch auf europäischer Ebene hielt man eine einheitliche europäische Regelung von Übernahmeangeboten für verfrüht. Der Richtlinienvorschlag von Pennington wurde daher von der Kommission nicht weiterverfolgt. Stattdessen beschränkte sie sich darauf, eine für die Mitgliedstaaten nicht bindende Empfehlung zu „europäischen Wohlverhaltensregeln für Wertpapiertransaktionen"[26] zu verabschieden und dort auf den Grundsatz der Gleichbehandlung aller Aktionäre und das Erfordernis der Markttransparenz bei Kontrollerwerben hinzuweisen.

In der nachfolgenden Zeit waren Unternehmensübernahmen in den Mitgliedstaaten der Gemeinschaft ganz überwiegend nur in freiwilligen Übernahmekodizes geregelt. Auch in Deutschland wurde wegen der zum damaligen Zeitpunkt geringen praktischen Relevanz ein Übernahmegesetz als unnötig angesehen; ein Übernahmekodex wurde erst 1995 von der Börsensachverständigenkommission entwickelt.

2. Richtlinienvorschläge 1989/1990

Die EG-Kommission nahm erst 1985 das Thema einer europäischen Übernahmerichtlinie wieder auf. Im „Weißbuch der EG-Kommission über

---

[25] Der Aufbau eines europäischen Kapitalmarkts, Bericht einer von der EWG-Kommission eingesetzten Sachverständigengruppe (*Segré*-Bericht), 1966.
[26] Empfehlung der Kommission v. 25.07.1977, ABl. EG Nr. L 212 v. 20.08.1977, S. 37 ff.

die Vollendung des Binnenmarktes bis 1992[27] kündigte die EG-Kommission einen Vorentwurf für eine Richtlinie zur Angleichung der Rechtsvorschriften der Mitgliedstaaten über Übernahmeangebote an, der dann 1987 vorgelegt wurde.[28] Dieser Entwurf wurde von den Mitgliedstaaten vor allem wegen seiner Regelungsdichte stark kritisiert, und es wurden erneut Zweifel an einem generellen Regelungsbedürfnis auf europäischer Ebene geäußert. Doch die Unternehmenswirklichkeit bestärkte die Kommission in ihrem Bestreben, eine einheitliche europäische Regelung für Übernahmen zu schaffen. Seit 1986 nahmen grenzüberschreitende Unternehmenserwerbe zu. Im Januar 1988 versuchte der Italiener *Carlo de Benedetti* auf spektakuläre Weise durch eine zu seiner Unternehmensgruppe gehörende Gesellschaft, die Mehrheit an der größten belgischen Holding-Gesellschaft „*Société Générale de Belgique*" zu erwerben. Nach diesem aufsehenerregenden Übernahmeversuch hat die EG-Kommission den Vorentwurf von 1987 unter Berücksichtigung einiger Kritikpunkte überarbeitet.

Das Ergebnis dieser Arbeit war der „Vorschlag für eine 13. Richtlinie des Rates auf dem Gebiet des Gesellschaftsrechts über Übernahmeangebote",[29] der eine Vollharmonisierung des Übernahmerechts anstrebte. Der Kern dieses Richtlinienentwurfs lässt sich wie folgt zusammenfassen:

– Grundsatz der Gleichbehandlung der Aktionäre (Art. 3).
– Pflichtangebot bei Erwerbsabsicht von 33 1/3 Prozent der Stimmrechte (Art. 4).[30] Den einzelnen Mitgliedstaaten sollte es freistehen, den vorgenannten Schwellenwert niedriger (aber nicht höher) anzusetzen. Bei der Berechnung des Schwellenwerts sollten vom Bieter bereits gehaltene Wertpapiere ebenso mitzuzählen sein wie Stimmrechte von Mitgliedern des Verwaltungs- und Leitungsorgans einer bietenden Gesellschaft, Stimmrechte von verbundenen Unternehmen sowie Stimmrechte von solchen Personen, die gemeinsam mit dem Bieter oder für dessen Rechnung handelten.
– Pflicht zur Erstellung einer detaillierten Angebotsunterlage (Art. 10).
– Begrenzung von Abwehrmaßnahmen (Art. 8): Während der Laufzeit des Übernahmeangebots sollte die Entscheidung über die Ausgabe von (aktuell oder potentiell) stimmberechtigten Wertpapieren und über die „Durchführung anderer als der laufenden, zu normalen Bedingungen getä-

---

[27] KOM (85) 310 endg, EG-Dok. 7674/85, abgedr. als BR-Drucks. 289/85.
[28] EG-Kom.-Dok. XV/63/87-DE rev.1 ; Dazu *C. Hauschka/T. Roth*, AG 1988, 181 (184).
[29] ABl. EG Nr. C 64 v. 14.03.1989, S. 8 ff.
[30] Art. 4: „Wer eine bestimmte Anzahl oder einen bestimmten Vomhundertsatz von Wertpapieren erwerben will, die, gegebenenfalls unter Hinzuzählung der von ihm bereits gehaltenen Wertpapiere, mit einem Vomhundertsatz der Stimmrechte in einer Gesellschaft verbunden sind, der auf höchstens 33 1/3 Prozent der gesamten Stimmrechte in dieser Gesellschaft festgesetzt werden darf, ist zur Abgabe eines Angebots verpflichtet, das sich auf alle Wertpapiere dieser Gesellschaft erstreckt."

tigten Rechtsgeschäfte" durch die Zielgesellschaft nicht mehr bei der Verwaltung, sondern bei der Hauptversammlung liegen.

In Deutschland wurde dieser Vorschlag sowohl im Grundsatz als auch in den Details, vor allem im Hinblick auf das deutsche Konzernrecht, überwiegend kritisch aufgenommen.[31] Im Zentrum der Kritik standen die Regelung des Pflichtangebots gemäß Art. 4 des Richtlinienentwurfs sowie die Beschränkung der Befugnisse des Managements der Zielgesellschaft nach Art. 8. Auch von anderen europäischen Mitgliedstaaten wurde der Richtlinienentwurf überwiegend abgelehnt, so dass die EG-Kommission ihren Vorschlag erneut überarbeitete.

Im September 1990 legte sie einen geänderten Richtlinienvorschlag[32] vor, der sich in etlichen Details vom ursprünglichen Richtlinienvorschlag unterschied, jedoch in den entscheidenden Kritikpunkten (Art. 4, Art. 8) im Kern unverändert blieb.

Im Unterschied zur alten Fassung knüpfte die Angebotspflicht nun nicht mehr an den Willen des Bieters, die entsprechende Beteiligung zu erwerben, an, sondern an das Halten von Wertpapieren infolge eines Erwerbs.

In Deutschland stieß auch diese geänderte Fassung weiterhin auf Ablehnung,[33] denn ein Pflichtangebot als solches und die Beschränkung der Verteidigung durch den Vorstand der Zielgesellschaft nach Art. 8 des Richtlinienentwurfs waren beibehalten worden.

Die Reaktionen auf den geänderten Entwurf waren in den übrigen Mitgliedstaaten ebenfalls überwiegend negativ und nach wie vor wurde das Erfordernis einer europäischen Übernahmerichtlinie grundsätzlich in Frage gestellt.

Wegen der erheblichen Kritik aus den Mitgliedstaaten zog die Kommission den Entwurf im Dezember 1992 auf dem Gipfel von Edinburgh zurück.

3. Richtlinienvorschläge 1996/1997

Bis 1995 ruhte das Richtlinienvorhaben. Im Februar 1996 legte die Kommission den Vorschlag einer Rahmenrichtlinie[34] vor. Sie enthielt lediglich grundsätzliche Bestimmungen und eine begrenzte Anzahl allgemeiner von den Mitgliedstaaten zu konkretisierender Anforderungen.[35] Die Ausgestal-

---

[31] *B. Grunewald*, WM 1989, 1233 ff., *P. Hommelhoff/D. Kleindiek*, AG 1990, 106 ff., *K. Hopt*, FS. f. F. Rittner (1991), S. 187 ff.; *M. Peltzer*, ZGR-Sonderheft 9 (1990), S. 179 ff.
[32] ABl. EG Nr. C 240 v. 26.09.1990, S. 7 ff.
[33] *B. Grunewald*, WM 1991, 1361 ff.
[34] Vorschlag für eine 13. RL auf dem Gebiet des Gesellschaftsrechts über Übernahmeangebote, ABl. EG Nr. C162/5 v. 06.06.1996.
[35] S. dazu *H.-W. Neye*, AG 1996, 1121 ff.; *H. Krause*, AG 1996, 209 ff.; *K. Hopt*, ZHR 161 (1997), 368 ff.

tung als Rahmenrichtlinie sollte es den Mitgliedstaaten ermöglichen, die Richtlinie im Einklang mit ihren verschiedenen Rechtssystemen umzusetzen, wobei ihnen erheblich mehr Spielraum als bei den ursprünglich detaillierteren Richtlinienentwürfen bleiben sollte.

Vor allem in Art. 5 waren „Allgemeine Grundsätze" festgelegt, die die Mitgliedstaaten beachten sollten:
– „Alle Inhaber von Wertpapieren der Zielgesellschaft, die sich in gleichen Verhältnissen befinden, müssen gleich behandelt werden" (Art. 5 Abs. 1 lit. a).
– „Die Empfänger des Angebots müssen über genügend Zeit und hinreichende Informationen verfügen, um in voller Kenntnis der Sachlage entscheiden zu können." (Art. 5 Abs. 1 lit. b).
– Das Management der Zielgesellschaft sollte im Interesse der gesamten Gesellschaft handeln (Art. 5 Abs. 1 lit. c). In Ausfüllung dieses Grundsatzes beschränkte Art. 8 Abwehrmaßnahmen der Zielgesellschaft. Nach dem geänderten Art. 8 hatte sich die Zielgesellschaft während der Laufzeit des Angebots aller Maßnahmen zu enthalten, die das Angebot vereiteln könnten, es sei denn, die Hauptversammlung hätte dazu ihre Zustimmung erteilt. Anders als im früheren Vorschlag wird darauf verzichtet, derartige Abwehrmaßnahmen mit Ausnahme der Ausgabe neuer Wertpapiere im Einzelnen zu nennen.
– Beim Handel mit Aktien der Zielgesellschaft, der Bietergesellschaft oder anderer durch das Angebot betroffener Gesellschaften sollten keine Marktverzerrungen geschaffen werden dürfen (Art. 5 Abs. 1 lit. d).
– Die Zielgesellschaft sollte durch ein Übernahmeangebot in ihrer Geschäftstätigkeit nicht über einen angemessenen Zeitraum hinaus behindert werden dürfen (Art. 5 Abs. 1 lit. e).

Der Richtlinienvorschlag enthielt keine starre Verpflichtung mehr, ein Pflichtangebot infolge des Erwerbs von einem Drittel der Stimmrechte an einer Gesellschaft abzugeben. Stattdessen sollte den Mitgliedstaaten die Möglichkeit eröffnet werden, auch „andere geeignete und mindestens gleichwertige Vorkehrungen zum Schutz der Minderheitsaktionäre" vorzusehen. Diese Regelung zielte offensichtlich auf das deutsche Konzernrecht ab und sollte Deutschland dazu bewegen, der Verabschiedung der Richtlinie zuzustimmen. Auch Teilangebote sollten zulässig sein.

Die Rahmenrichtlinie wurde nach Stellungnahmen des Europäischen Parlaments[36] und des Wirtschafts- und Sozialausschusses,[37] die beide ein Mehr an arbeitnehmerschützenden Regelungen forderten, im November 1997

---

[36] ABl. EG Nr. C 162 v. 06.06.1996, S. 5 ff.
[37] ABl. EG Nr. C 295 v. 07.10.1996, S. 1 ff.

nochmals geändert[38]. Gravierende Änderungen gegenüber seinem Vorläufer sind in diesem Richtlinienvorschlag nicht enthalten. Insbesondere wird der Charakter als Rahmenrichtlinie beibehalten.[39] Die vorgenommenen Änderungen beziehen sich ganz überwiegend auf die informationelle Gleichbehandlung von Arbeitnehmern und Anteilseignern.

4. Der Gemeinsame Standpunkt

Nach intensiven, sehr kontroversen Beratungen dieses Richtlinienvorschlags im Ministerrat – von 1998 bis in die erste Jahreshälfte 1999 hinein – wurde im Juni 1999 unter deutscher Ratspräsidentschaft nach dem Wechsel von der Regierung *Kohl* auf die Regierung *Schröder* im Ministerrat eine politische Einigung erzielt, der mit einjähriger Verzögerung die Verabschiedung eines Gemeinsamen Standpunktes durch den Ministerrat am 19.06.2000[40] folgte.

Kernbestandteil des weiterhin als Rahmenrichtlinie konzipierten Gemeinsamen Standpunkts war eine modifizierte Regelung des Pflichtangebots. Die Abgabe eines Pflichtangebots war nunmehr für den Fall der Kontrollerlangung durch den Erwerb von Wertpapieren vorgesehen. Ausreichen sollte auch der mittelbare Kontrollerwerb. Die Bestimmung der Kontrollschwelle sollte den Mitgliedstaaten überlassen sein. Im Gemeinsamen Standpunkt nicht mehr enthalten war die grundsätzliche Möglichkeit alternativer Schutzvorschriften, nachdem unter deutscher Ratspräsidentschaft die Forderung nach einer dauerhaften Anerkennung des deutschen Konzernrechts als einer gleichwertigen Alternative zum Pflichtangebot fallen gelassen worden war. Lediglich für einen Zeitraum von einem Jahr nach Ablauf der Umsetzungsfrist sollten „andere geeignete und mindestens gleichwertige Vorkehrungen zum Schutz der Minderheitsaktionäre" statt eines Pflichtangebots angewendet werden dürfen. Das Pflichtangebot sollte an alle Wertpapierinhaber gerichtet sein und auf den Erwerb aller ihrer Wertpapiere abzielen (Art. 5 Abs. 1 Satz 2); Teilangebote waren nicht mehr vorgesehen. Das Pflichtangebot musste nicht zwingend ein Barangebot sein.

Zum anderen war die umstrittene Verpflichtung des Managements einer Zielgesellschaft, Abwehrmaßnahmen während eines Übernahmeangebots zu unterlassen („Neutralitätspflicht": Art. 9), modifiziert worden. Danach sollten grundsätzlich nur solche Abwehrmaßnahmen zulässig sein, zu denen die Hauptversammlung die oben genannten Organe während des Angebotsver-

---

[38] „Geänderter Vorschlag für eine 13. RL des Europäischen Parlaments und des Rates auf dem Gebiet des Gesellschaftsrechts über Übernahmeangebote" ABl. EG Nr. C 378 v. 13.12.1997, S. 10 ff.

[39] Großbritannien hatte sich für eine „Empfehlung" eingesetzt.

[40] ABl. EG Nr. C 23 v. 24.01.2001, S. 1 ff.; s. dazu *H. Krause*, NZG 2000, 905 ff.; *H.-W. Neye*, AG 2000, 289 ff.; *A. Körner*, DB 2001, 367 ff.

fahrens ermächtigt hatte. Weitere Ausnahmen sollten für die Suche nach einem konkurrierenden Bieter und für die Durchführung von Kapitalerhöhungen unter Wahrung des Bezugsrechts, sofern der zugrunde liegende Hauptversammlungsbeschluss innerhalb der letzten 18 Monate vor Beginn der Annahmefrist des Angebots gefasst worden war, bestehen.

Zwischenzeitlich hatte sich das politische und wirtschaftliche Umfeld, in dem die Richtlinienvorschläge geändert und diskutiert wurden, verändert:

Nach den Neuwahlen zum Europäischen Parlament im Juni 1999 wurde ein neuer Berichterstatter des federführenden Ausschusses für Recht und Binnenmarkt eingesetzt, der deutsche Abgeordnete *Klaus-Heiner Lehne*. Im Winter 1999/2000 hatte die *Vodafone AirTouch plc* ihr Angebot auf die *Mannesmann AG* abgegeben. Die nachfolgende „Abwehrschlacht" sorgte in ganz Europa für Aufsehen.

In diesem Zusammenhang ist dann auch die Stellungnahme des Europäischen Parlaments zum Gemeinsamen Standpunkt des Ministerrats zu sehen.[41] Im Parlament besonders kontrovers diskutiert wurde die Neutralitätspflicht des Managements. Da die Neutralitätspflicht nur bestimmte, enumerativ aufgeführte Abwehrmaßnahmen erfasste, während in einigen Mitgliedstaaten verbreitete andere Übernahmehemmnisse, wie z.B. Höchst- und Mehrstimmrechte sowie *Golden Shares*, unangetastet bleiben sollten und die Regelung zudem nur auf EU-Unternehmen Anwendung finden konnte, wurde ein fehlendes Level Playing Field innerhalb der EU und im Verhältnis zu Drittstaaten, insbesondere zu den USA, beanstandet. Weitere Kritikpunkte des Europäischen Parlaments betrafen unter anderem die unzureichende Berücksichtigung von Arbeitnehmerinteressen sowie die fehlende Harmonisierung im Hinblick auf die Möglichkeit des Ausschlusses von Minderheitsaktionären (Squeeze-Out).

Bei der Abstimmung über den Gemeinsamen Standpunkt im Dezember 2000 schlug das Europäische Parlament demgemäß insgesamt fünfzehn Änderungen vor:[42] Neben mehr Informationsrechten für die Arbeitnehmer, der Definition des Kontrollbegriffs, der Regelung der Gegenleistung beim Pflichtangebot und der Bereitstellung einer Squeeze-Out-Regelung zugunsten des Hauptaktionärs mit 95 Prozent Aktienanteil wurden vor allem erheblich weitere Spielräume des Managements einer Zielgesellschaft bei Abwehrmaßnahmen (z.B. durch Vorratsbeschlüsse) gefordert.

Der Ministerrat lehnte diese Änderungsanträge des Parlaments einstimmig ab; es kam zur Einberufung des Vermittlungsausschusses gemäß Art. 251 Abs. 3 Satz 2 EGV.

---

[41] Das Europäische Parlament war im Rahmen des Mitentscheidungsverfahrens nach Art. 251 EGV zu beteiligen.
[42] Legislative Entschließung des Europäischen Parlaments, ABl. EG Nr. C 232 v. 17.08.2001, S. 168 ff.

In den nun folgenden Verhandlungen, die zwischen Mitgliedern des Rates und des Europäischen Parlaments, unter Beteiligung der Kommission, erfolgten, war nach wie vor die Neutralitätspflicht des Managements der Zielgesellschaft eines der am heftigsten umstrittenen Themen. Schließlich wurde am 06.06.2001 vom Vermittlungsausschuss ein gemeinsamer Kompromiss[43] verabschiedet.

Dieser sah vor, die Neutralitätspflicht im Wesentlichen unverändert beizubehalten und nur für die Fortsetzung bereits eingeschlagener Unternehmensstrategien zu lockern. Im Übrigen wurden die Informationsrechte der Arbeitnehmer, wie vom Europäischen Parlament gefordert, gestärkt. Eine Squeeze-Out-Regelung war ebenso wenig aufgenommen worden wie die Regelung der Gegenleistung bei Pflichtangeboten.

Zur Annahme der Richtlinie bedurfte es noch der Zustimmung des Europäischen Parlaments und des Rates zu diesem Kompromiss. In der Abstimmung im Europäischen Parlament am 04.07.2001 wurde die erforderliche Mehrheit nicht erreicht: Mit 273 : 273 Stimmen bei 22 Enthaltungen scheiterte die Richtlinie. Zum ersten Mal in seiner Geschichte hatte das Europäische Parlament gegen einen im Vermittlungsverfahren erzielten Kompromiss entschieden.

5. Winter-Kommission

Aufgrund der zu Tage getretenen Meinungsverschiedenheiten beauftragte die Kommission im September 2001 eine „hochrangige Expertengruppe auf dem Gebiet des Gesellschaftsrechts" unter dem Vorsitz des niederländischen Gesellschaftsrechtlers *Jaap Winter*, die sog. „*Winter*-Kommission", Vorschläge vor allem zu den umstrittenen Fragen des Level Playing Field, zur Bestimmung der Gegenleistung bei Pflichtangeboten sowie zur Einführung einer Squeeze-Out-Regelung zu unterbreiten.

Die Kommission legte ihren „Bericht über die Abwicklung von Unternehmensübernahmen" am 10.01.2002[44] mit folgenden Kernpunkten vor.
– Die Entscheidung über die Annahme eines Übernahmeangebots müsse bei den Aktionären verbleiben. Danach seien Abwehrmaßnahmen des Managements einer Zielgesellschaft nur zulässig, wenn sie auf Grundlage einer Ermächtigung der Hauptversammlung erfolgten, die erst nach Ankündi-

---

[43] „Gemeinsamer Text gebilligt vom Vermittlungsausschuss i.S.d. Art. 251 Abs. 4 des EG-Vertrags", PE-CONS 3629/01, abgedr. in: ZIP 2001, 1120 m. Anm. *H.-W. Neye*.

[44] Abrufbar im Internet unter www.europa.eu.int/comm//internal-market/de/company/company/modern/consult/report-de.pdf. Am 04.11.2002 legte die Winter-Kommission ihren Schlussbericht vor; abrufbar im Internet a.a.O.

gung des Angebots erteilt worden sei. Vorratsbeschlüsse böten keine hinreichende Grundlage.[45]
- Zum anderen müssten Kontrollrechte an einem Unternehmen und Unternehmerrisiko, das durch Gesellschaftsanteile vermittelt werde, die ein uneingeschränktes Recht auf Beteiligung an den Unternehmensgewinnen oder am Liquidationserlös vermittelten (sog. „risikotragendes Kapital"), korrespondieren (Proportionalitätsprinzip). Der hier zum Ausdruck kommende Gedanke „one share, one vote" sei in zweifacher Hinsicht bei Übernahmen zu verwirklichen:

Erstens sollten bei der Entscheidung der Hauptversammlung über Abwehrmaßnahmen Höchst- und Mehrstimmrechte wirkungslos werden und Vorzugsaktien und Genussrechte ein Stimmrecht erhalten.

Zweitens sollte es einem Bieter, der aufgrund des Angebots eine bestimmte Schwelle erreiche, die maximal 75 Prozent des risikotragenden Kapitals betragen dürfe, ermöglicht werden, in der Satzung der Zielgesellschaft verankerte Regelungen, die der Ausübung der Kontrolle durch den Bieter in Höhe seines risikotragenden Kapitals entgegen stünden, z.B. Stimmrechtsbeschränkungen (z.B. Höchststimmrechte) oder Mehrstimmrechte, ohne Entschädigungspflicht außer Kraft zu setzen („Durchgriffsregel" bzw. auch „Durchbruchsregel" genannt). Davon nicht erfasst werden sollten, sofern gemeinschaftsrechtlich zulässig, *Golden Shares*, die den Grundsätzen des öffentlichen Rechts unterlägen. Diese Durchgriffsregel stellte eine wesentliche Neuerung in der Diskussion um die Berücksichtigung von Stimmrechtsbeschränkungen dar.
- Die Zielgesellschaften sollten ihre Kapital- und Kontrollstrukturen periodisch offen legen.
- Bei Pflichtangeboten soll sich die Gegenleistung grundsätzlich nach dem höchsten Preis bestimmen, den der Bieter innerhalb eines von den Mitgliedstaaten festzulegenden Zeitraums zwischen sechs und zwölf Monaten vor dem Angebot für den Erwerb von Aktien der Zielgesellschaft bezahlt habe.
- Squeeze-Out: Die für einen Squeeze-Out maßgebliche Schwelle solle zwischen 90 und 95 Prozent des Grundkapitals betragen. Das Ausschlussrecht sollte begleitet werden durch ein Austrittsrecht der Minderheitsaktionäre, sofern ein Großaktionär die für den Squeeze-Out maßgebliche Schwelle erreicht habe (so genannter „Sell-Out").

---

[45] Insofern bestätigte der Vorschlag die bislang in den Richtlinienentwürfen enthaltene Neutralitätspflicht und verschärfte diese gegenüber dem zuletzt diskutierten Richtlinienvorschlag sogar noch, der zumindest eine Ausnahme für die Durchführung von Kapitalerhöhungen unter Wahrung des Bezugsrechts auf der Basis eines Hauptversammlungsbeschlusses vorgesehen hatte, sofern der Beschluss innerhalb der letzten 18 Monate vor Beginn der Annahmefrist des Angebots gefasst worden war.

6. Richtlinienentwurf von 2002

Am 02.10.2002 legte die Kommission auf der Grundlage dieser Ergebnisse einen neuen Richtlinien-Entwurf vor.[46]

Dieser übernahm in weiten Bereichen Anregungen der Winter-Kommission, z.B. hinsichtlich der Gegenleistung bei Pflichtangeboten (Art. 5), der Verpflichtung zur periodischen Offenlegung von Kapital- und Kontrollstrukturen (Art. 10) sowie der Einführung eines Squeeze-Out (Art. 14) und Sell-Out (Art. 15).

Im Hinblick auf die Problematik des Level Playing Field folgte der Entwurf den Empfehlungen der Winter-Kommission allerdings nur zum Teil:
– Der neue Entwurf der Kommission beinhaltete, wie bisher, die weitgehende Neutralitätspflicht des Managements der Zielgesellschaft (Art. 9). Die Kommission folgte insoweit den Empfehlungen der Winter-Kommission, als nunmehr die Möglichkeit von Vorratsbeschlüssen entfallen sollte.
– Auch das Proportionalitätsprinzip und die Durchgriffsregel wurden aufgenommen, letztere allerdings nicht konsequent und nur in abgeschwächter Form (Art. 11):

Satzungsgemäße Beschränkungen für die Anteilsübertragung sollten während der Frist für die Annahme des Angebots unwirksam sein. Damit sollten insbesondere Vinkulierungen erfasst werden.

Ebenso unwirksam sein sollten zwischen der Zielgesellschaft und ihren Aktionären oder zwischen Aktionären untereinander vertraglich vereinbarte Beschränkungen betreffend die Anteilsübertragung.

Satzungsmäßige oder vertragliche Stimmrechtsbeschränkungen sollten bei der Beschlussfassung der Hauptversammlung über etwaige Abwehrmaßnahmen keine Wirkung entfalten. Darunter sollten zum Beispiel satzungsmäßige Höchststimmrechte, aber auch sämtliche Stimmbindungs-verträge fallen. Mehrfachstimmrechte sollten in dieser HV generell nur eine Stimme vermitteln.

In der ersten Hauptversammlung nach Schluss des Angebots sollten satzungsmäßige und vertragliche Übertragungsbeschränkungen und Stimmrechtsbeschränkungen und besondere Rechte einzelner Anteilsinhaber für die Bestellung oder Abberufung der Mitglieder von Leitungsorganen keine Wirkung haben, wenn ein Bieter, der über 75 Prozent der Stimmrechte verfügt, die Satzung ändern will oder Mitglieder von Leitungsorganen ernennen oder abberufen will. Auch in dieser HV vermitteln Mehrfachstimmrechte nur eine Stimme.

Für stimmrechtslose Vorzugsaktien sollten die vorgenannten Regelungen nicht gelten (Art. 11 Abs. 6 RL).

---

[46] Vorschlag für eine RL des Europäischen Parlaments und des Rates auf dem Gebiet des Gesellschaftsrechts betreffend Übernahmeangebote, ABl. EG Nr. C 45 E v. 25.02.2003, S. 1 ff., auch abgedr. als BR-Drucks. 800/02

Die Durchgriffsregel und das Proportionalitätsprinzip wurden jedoch mit Ausnahmen für (i) EU-vertragskonforme (satzungsmäßige) Sonderrechte von Mitgliedstaaten, (ii) sonstige EU-vertragskonforme Sonderrechte nach nationalem Recht und (iii) Genossenschaften versehen.

Die überwiegende Mehrzahl der Mitgliedstaaten begrüßte die Vorschriften zur Neutralitätspflicht. Einige der Mitgliedstaaten waren mit dem Umfang der Durchgriffsregel (Art. 11) zufrieden, andere forderten eine Ausweitung derselben. Deutschland stand dem Text von Anfang an ablehnend gegenüber. Für Deutschland war nur eine Ausweitung der Durchgriffsregel auf Mehrstimmrechte und die Begrenzung der gesamten Durchgriffsregel auf europäische Unternehmen hinnehmbar, weil dann in Europa in ausreichendem Maße gleiche Verteidigungsmöglichkeiten bestanden hätten und zudem der Markt gegenüber Drittstaaten nicht geöffnet wurde.[47]

Bestätigt wurden die Bedenken gegen den Richtlinienentwurf der Kommission auch durch ein im Auftrag des Europäischen Parlaments erstelltes Gutachten der Professoren *B. Dauer-Lieb* und *M. Lamandini* vom 09.12.2002,[48] in dem diese vor allem die Einbeziehung von Mehrstimmrechten in die Regelungen zur Herstellung gleicher Wettbewerbsbedingungen (Art. 11) forderten.

Vor diesem Hintergrund schlug schließlich die griechische Präsidentschaft die Einbeziehung der Mehrstimmrechte in die Durchgriffsregel vor, nachdem vermittelnde Vorschläge, wie etwa eine Lockerung der Neutralitätspflicht des Art. 9 und die Beibehaltung der Durchgriffsregel des Art. 11 keine Zustimmung gefunden hatten und auch der weitergehende Vorschlag Deutschlands, Art. 9 und Art. 11 der Richtlinie ganz zu streichen, sich nicht durchgesetzt hatte. Der Lösungsvorschlag der griechischen Präsidentschaft wurde zwar vom Berichterstatter des zuständigen Ausschusses *K.-H. Lehne* vorangetrieben, allerdings zeichnete sich ab, dass auch diese Lösung nicht mehrheitsfähig war. Vor allem die skandinavischen Staaten, unterstützt von Frankreich, das um seine Doppelstimmrechte fürchtete, waren gegen die Einbeziehung der Mehrstimmrechte in die Durchgriffsregel des Art. 11.

Diese erheblichen Meinungsunterschiede versuchte ein von der portugiesischen Delegation eingebrachter Kompromissvorschlag vom 02.06.2003[49]

---

[47] S. zu der Kritik allgemein: *K. Seibt/C. Heiser*, ZIP 2002, 2193 ff.; *H.-W. Neye*, NZG 2002, 1144 ff.; *K.-H. Lehne/A. Haak*, Der Konzern 2003, 163 ff.; *S. Pluskat*, WM 2001, 1937 ff.

[48] Report to the European Parliament on the Commission's new proposal of a directive on company law concerning takeover bids, with particular reference to the recommendations of the High Level Group of Company Law Experts set up by the European Commission and to the achievement of a level playing field in the domain of takeover bids. (Study no. IV/2002/06/01), Originalfassung in Englisch; s. auch die Zusammenfassung in BB 2003, 265 ff.

[49] Vorschlag der portugiesischen Delegation v. 02.06.2003 – Interinstitutional File 2002/0240 (COD).

zu überbrücken. Dieser sah vor, Mehrstimmrechte in die Richtlinienregelung des Art. 11 einzubeziehen und deren Inhabern nur ein einfaches Stimmrecht bei der Entscheidung der Hauptversammlung über Abwehrmaßnahmen sowie – wenn ein Bieter nach einem Angebot über mindestens 75 Prozent des stimmberechtigten Kapitals verfügte – in der ersten Hauptversammlung nach Angebotsschluss zuzugestehen.

Des Weiteren sollte ein zweistufiges Optionsmodell gelten:
— Auf der ersten Stufe sollten die Mitgliedstaaten das Wahlrecht haben, zu entscheiden, ob sie von der Neutralitätspflicht und/oder der Durchgriffsregel und der Proportionalitätsregel absehen wollen (Art. 11a Abs. 1, sog. „Opt-Out").
— Sofern die Mitgliedstaaten von diesem Recht Gebrauch machten, greife die zweite Stufe: Gesellschaften mit Sitz in ihrem Hoheitsgebiet sollte die widerrufliche Möglichkeit eröffnet werden, sich den Beschränkungen der Richtlinie (Neutralitätspflicht und/oder Durchbrechungsregel) durch Hauptversammlungsbeschluss mit satzungsändernder Mehrheit individuell zu unterwerfen und sich ggf. von diesen Beschränkungen auch wieder lösen zu können (Art. 11a Abs. 2, sog. „Opt-In"). Der Beschluss der Gesellschaft sollte der zuständigen Aufsichtsbehörde zu melden sein.

Ergänzt wurde dieses Optionsmodell durch die Reziprozitätsregelung des Art. 11a Abs. 3. Die Mitgliedstaaten sollten unter den nach nationalem Recht festgelegten Bedingungen Gesellschaften, die die Neutralitätspflicht und/oder die Durchgriffsregel anwendeten, von deren Anwendung befreien, wenn die betreffende Gesellschaft Ziel eines Übernahmeangebots seitens einer diese Artikel nicht anwendenden Gesellschaft würde. Dieser Kompromissvorschlag wurde von den Mitgliedstaaten begrüßt.

Die Richtlinie enthält im Übrigen auch kollisionsrechtliche Bestimmungen,[50] die im Wesentlichen auf Regelungen zurückgeht, die bereits im gemeinsamen Standpunkt von Kommission und Rat vom 19.06.2000 enthalten waren. Danach ergeben sich gespaltene Zuständigkeiten der Aufsichtsbehörden und des anwendbaren Rechtes. Dem Recht des Sitzstaates und der Überwachungszuständigkeit des dortigen Aufsichtsorgans unterliegen
– die Unterrichtung der Arbeitnehmer der Zielgesellschaft
– gesellschaftsrechtliche Fragen unter Einschluss der Anteile an Stimmrechten, die die Kontrolle begründen
– Festlegung des Schwellenwertes für das Pflichtangebot und
– Zulässigkeit von Abwehrmaßnahmen.
   Für die übrigen Themenkomplexe z.B.
– Angebotsverfahren
– Bestimmung der Gegenleistung und des Preises
– Inhalt der Angebotsunterlage
– Bekanntmachung des Angebotes

---

[50] Vgl. Art. 4 RL

wird bezüglich des anwendbaren Rechts und der zuständigen Aufsichtsstelle an den Sitz der Gesellschaft angeknüpft, wenn eine Börsennotierung in diesem Mitgliedstaat besteht. Andernfalls wird angeknüpft an den Staat der Börsennotierung, bzw. bei mehreren Börsennotierungen an der zeitlich ersten bzw. bei gleichzeitiger Börsennotierung in mehreren Mitgliedstaaten nach Wahl der Zielgesellschaft.

Am 27.11.2003 erzielte der Ministerrat auf der Basis des vorgenannten Kompromisses eine politische Einigung, die lediglich mit einer Enthaltung erfolgte.[51] Da diese Einigung ohne Gegenstimme erfolgte, war eine Zustimmung der Kommission nach Art. 250 Abs. 1 EGV nicht erforderlich. Im Dezember 2003 nahm das Parlament den Richtlinienvorschlag auf der Grundlage des im Ministerrat vereinbarten Kompromisses an. Die formelle Verabschiedung durch den Ministerrat erfolgte am 30.03.2004; am 20.05.2004 trat die Richtlinie in Kraft.

C. Die Entwicklung des deutschen Übernahmerechts

Die Entwicklung des deutschen Übernahmerechts verlief parallel zur Entwicklung des Europäischen Übernahmerechts und hat sie nach Startschwierigkeiten am Ende überholt. Am 01.01.2002 ist das als Artikelgesetz konzipierte Gesetz zur Regelung von öffentlichen Angeboten zum Erwerb von Wertpapieren und von Unternehmensübernahmen vom 20.12.2001[52] in seinen wesentlichen Teilen in Kraft getreten. Dessen Kern bildet mit Art. 1 das Wertpapiererwerbs- und Übernahmegesetz (WpÜG), mit dem in Deutschland erstmals eine gesetzliche Regelung des Rechts der öffentlichen Übernahmeangebote geschaffen wurde. Zweck des WpÜG ist es, Rahmenbedingungen bei Unternehmensübernahmen und anderen öffentlichen Angeboten von Wertpapieren in Deutschland festzuschreiben, die den Anforderungen der Globalisierung und der Finanzmärkte angemessen Rechnung tragen und hierdurch den Wirtschaftsstandort und Finanzplatz Deutschland auch im internationalen Wettbewerb weiter zu stärken, indem es Leitlinien für ein faires und geordnetes Übernahmeverfahren schafft, ohne dabei Unternehmensübernahmen zu fördern oder zu verhindern, Information und Transparenz für die betroffenen Wertpapierinhaber und Arbeitnehmer bei Unternehmensübernahmen verbessert, die rechtliche Stellung von Minderheitsaktionären stärkt und sich an international üblichen Standards orientiert.[53]

---

[51] Spanien hatte sich enthalten, da es sachfremde Zugeständnisse beim Europäischen Patent forderte.
[52] BGBl. I 2001, 3822 ff.
[53] Begründung im RegE WpÜG, BT-Drucks. 14/7034, S. 28

Vor Inkrafttreten des WpÜG gab es in Deutschland lediglich Regelungswerke, die auf dem Prinzip der freiwilligen Befolgung durch die Marktteilnehmer beruhten.

I. Leitsätze für Unternehmensübernahmen – 1979

1979 veröffentlichte die Börsensachverständigenkommission beim Bundesministerium der Finanzen[54] Leitsätze für öffentliche Kauf- und Umtauschangebote.[55] Inhaltlich betrafen die nicht verbindlichen Leitsätze nur öffentliche freiwillige Übernahmeangebote in amtlich notierten oder im geregelten Freiverkehr gehandelten Aktien, Bezugs- und Erwerbsrechten. Die Leitsätze enthielten einige allgemeine Grundsätze, Empfehlungen zur Vorbereitung des Angebots, zu dessen Inhalt und zu seiner Durchführung. Angestrebt wurde ein Interessenausgleich zwischen dem Bieter und den Aktionären der Zielgesellschaft vermittels verschiedener Sach- und Verfahrensgrundsätze, von denen drei besonders hervorzuheben sind: Gleichbehandlung der Aktionäre (A1), ausreichende Transparenz für Aktionäre durch zahlreiche Pflichtangaben des Angebots (C1-20) sowie Gewährung einer angemessenen Überlegungsfrist nach Angebotsveröffentlichung (B1). In den Leitsätzen nicht vorgesehen waren ein Pflichtangebot beim Erwerb der Kontrolle über eine Gesellschaft, Regelungen zu Abwehrmaßnahmen im Übernahmefall, ein formalisiertes Anerkennungsverfahren, eine Institution zu ihrer Überwachung sowie Sanktionen. In der Praxis erlangten die Leitsätze kaum Bedeutung. Es fehlten Durchsetzungs- und Sanktionsverfahren. Die Leitsätze bauten allein auf den moralischen Druck der Öffentlichkeit, Presse und Geschäftswelt. Vor allem aber mangelte es an einer praktischen Bewährungsprobe.[56]

Erst gegen Ende der achtziger Jahre gewann das Thema „Übernahmen" durch spektakuläre Fälle in der Wirtschaft an Bedeutung: 1988 unternahmen die Flick-Neffen *G.-R. Flick* und *F. C. Flick* den Versuch, einen beherrschenden Einfluss auf die *Feldmühle Nobel AG* zu gewinnen; 1990/91 folgte der Übernahmekampf zwischen der *Pirelli SpA* und der *Continental AG* und 1991/92 schließlich die Übernahme der *Hoesch AG* durch die *Krupp GmbH*.

---

[54] Bei der Börsensachverständigenkommission handelt es sich um ein Gremium, das die Bundesregierung in Kapitalmarkt- und Börsenfragen seit 1968 berät, und dem Vertreter der Anlegerschutzverbände, Kreditinstitute, Versicherungen, Investmentgesellschaften, Börsen, Industrie, Deutschen Bundesbank, Wissenschaft und des Länderarbeitskreises für Börsen- und Wertpapierfragen angehören.

[55] Börsensachverständigenkommission, Leitsätze für öffentliche Kauf- und Umtauschangebote bzw. Aufforderungen zur Abgabe derartiger Angebote in amtlich notierten oder im geregelten Freiverkehr gehandelten Aktien bzw. Erwerbsrechten vom Januar 1979, BMF-Finanznachrichten 6/1979, 1 ff., abgedr. in: Die Bank, 1979, 84 ff., und in *H. Fleischer/S. Kalss*, S. 197 ff.

[56] So auch *H.-D. Assmann*, AG 1995, 563 ff.; *H.-W. Neye*, ZIP 1995, 1464 ff.

Darüber hinaus wurde in dieser Zeit auf europäischer Ebene bereits über Richtlinienentwürfe diskutiert: Wir erinnern uns, dass die Kommission 1989 den „Vorschlag für eine 13. Richtlinie auf dem Gebiet des Gesellschaftsrechts über Übernahmeangebote" und 1990 bereits einen geänderten Entwurf dazu vorgelegt hatte, der in den Mitgliedstaaten kontrovers diskutiert wurde. Nachdem die Regelung von Unternehmensübernahmen nun auch in die deutsche rechtswissenschaftliche und rechtspolitische Diskussion Eingang gefunden hatte, bildete sich Mitte 1994 eine Arbeitsgruppe der Börsensachverständigenkommission, die sich aus hochrangigen Vertretern der Wirtschaft, der Deutschen Börse AG, der Aktionärsvereinigungen sowie des Bundesfinanz- und Bundesjustizministeriums zusammensetzte. Sie verfolgte das Ziel, den Finanzplatz Deutschland durch neue und zeitgemäße Übernahmeregeln attraktiver zu machen und der ausländischen Kritik Rechnung zu tragen, in Deutschland würden Unternehmensübernahmen „im Hinterzimmer" verabredet.[57] Der Arbeitsgruppe dienten der geänderte Vorschlag für eine 13. Übernahmerichtlinie aus dem Jahr 1990 sowie die damalige Fassung des britischen City Code on Takeovers and Mergers als Vorbild für den Entwurf deutscher Übernahmeregeln. Am 14.07.1995 legte die Arbeitsgruppe den „Übernahmekodex der Börsensachverständigenkommission beim Bundesminister der Finanzen" vor, der am 01.10.1995 „in Kraft" trat.[58]

II. Übernahmekodex – 1995

Auch bei dem Übernahmekodex handelt es sich um ein Regelwerk ohne Gesetzeskraft. Gemäß seiner Einleitung ist der Kodex „– unbeschadet gesetzlicher Regelungen – als flexibles Instrument konzipiert, das im Laufe der Zeit gemäß den Erfahrungen aus der Praxis angepasst werden kann. Er soll ferner dazu beitragen, dass öffentliche Angebote all die Informationen enthalten, die für eine sorgfältige und sachgerechte Entscheidung der Wertpapierinhaber und der Organe der betroffenen Gesellschaft (Zielgesellschaft) notwendig sind. Der Kodex soll darüber hinaus Marktmanipulationen vorbeugen und sicherstellen, dass alle Beteiligten die Grundsätze von Treu und Glauben beachten."

Institutionell sieht er eine Übernahmekommission vor (Art. 20), deren Mitglieder von der Börsensachverständigenkommission berufen werden und die sich aus den beteiligten Verkehrskreisen rekrutieren. Außerdem ist ein förmliches Anerkennungsverfahren vorgesehen, in dem sich potentielle Bieter, Zielgesellschaften und Wertpapierdienstleistungsunternehmen freiwillig den Regelungen des Kodex unterwerfen (Art. 21 Abs. 1). Weitrei-

---

[57] So der Hinweis bei *H. Fleischer/S. Kalss*, S. 44.
[58] Übernahmekodex v. 14.07.1995, abgedr. in ZIP 1995, 1464 ff. m.Anm. von *H.-W. Neye*; *H.-D. Assmann*, AG 1995, 563 ff.; *H. Kallmeyer*, AG 1996, 169 ff.

chende Sanktionen stehen der Übernahmekommission allerdings nicht zu; Zuwiderhandlungen gegen den Kodex können von ihr lediglich veröffentlicht werden (Art. 21 Abs. 2). Inhaltlich führt der Kodex vor allem zwei Neuerungen ein: Er normiert erstmals die Pflichten der Zielgesellschaft, insbesondere das Verbot, nach Bekanntgabe eines öffentlichen Angebots Maßnahmen zu ergreifen, die dem Interesse der annahmewilligen Wertpapierinhaber zuwiderlaufen (Art. 19). Zum anderen hält er den Bieter bei Kontrollerlangung an, unverzüglich allen anderen Wertpapierinhabern der Zielgesellschaft ein Pflichtangebot zu unterbreiten (Art. 16).

Obwohl der Kodex gegenüber den Leitsätzen deutliche Verbesserungen enthielt, erlangte er in der Praxis keine herausragende Bedeutung. Gründe dafür waren die fehlende Anerkennung durch zahlreiche Unternehmen[59] und die häufige Missachtung der in Art. 16 vorgesehenen Pflichtangebotsregelung. Die Novellierung des Kodex mit Wirkung vom 01.01.1998 änderte daran ebenso wenig wie der Umstand, dass ab diesem Zeitpunkt die Anerkennung des Kodex Voraussetzung für die Aufnahme in den DAX und M-DAX sowie die Zulassung am neuen Markt war, weil die in diesen Indizes bereits aufgenommenen Unternehmen von der Regelung nicht erfasst wurden. In Anbetracht dieses gescheiterten Modells der Selbstregulierung empfahl die Börsensachverständigenkommission im Februar 1999 dem Gesetzgeber, die allgemeine Verbindlichkeit von Übernahmeregeln durch ein Gesetz herzustellen.[60]

III. Vorbereitung und Verabschiedung des WpÜG

Schon bevor die Börsensachverständigenkommission 1999 nach dem Gesetzgeber rief, gab es ab 1997 vermehrt Stimmen, die eine entsprechende gesetzliche Regelung forderten.[61] Diese Forderungen konkretisierten sich 1997 im „Baums-Entwurf", der eine Regelung des Übernahmerechts im Rahmen eines neu zu schaffenden fünften Abschnitts des WpHG vorschlug.[62] Die SPD-Bundestagsfraktion brachte 1997 den „Baums-Entwurf" in leicht abgeänderter Form als Gesetzesinitiative in den 13. Bundestag ein,[63] wo er allerdings nicht die erforderliche Mehrheit fand.

---

[59] Von 1.016 börsennotierten inländischen Unternehmen hatten bis April 2001 lediglich 755 Gesellschaften, darunter 86 des DAX 100, den Kodex anerkannt.

[60] Standpunkte der Börsensachverständigenkommission zur künftigen Regelung von Unternehmensübernahmen, 1991, S. 9. Interessant ist, dass diese Anregung der Börsensachverständigenkommission sogar noch vor der Übernahme der *Mannesmann AG* durch die *Vodafone AirTouch plc* erfolgte, deren Verlauf zumindest auch die praktischen Schwächen des Übernahmekodex aufzeigte.

[61] Z.B. *H.-W. Neye*, DB 1996, 11231 ff.

[62] *Th. Baums*, ZIP 1997, 1310 ff.

[63] Entwurf der SPD-Fraktion eines Gesetzes zur Regelung von Unternehmensübernahmen, BT-Drucks. 13/8164.

Die Entwicklung des deutschen Übernahmerechts 135

Im Frühjahr 2000, also unter dem „frischen" Eindruck der Übernahme der *Mannesmann AG* durch die *Vodafone AirTouch plc*, berief die Bundesregierung eine hochrangige Expertenkommission[64] ein und beauftragte sie, die Notwendigkeit einer gesetzlichen Regelung in Deutschland zu untersuchen und Vorschläge zu erarbeiten. In ihrer abschließenden Sitzung am 17.05.2000 verständigte sich die Expertenkommission auf zehn Eckpunkte für ein Übernahmegesetz,[65] die zentrale Bereiche einer künftigen gesetzlichen Regelung betrafen (Anwendungsbereich, Regelung von Pflichtangeboten ab einer Kontrollschwelle von 30 Prozent, Bestimmung der Art und Höhe der Gegenleistung, Unterrichtung der Aktionäre und Arbeitnehmer der Zielgesellschaft, Verhalten des Vorstands und des Aufsichtsrats der Zielgesellschaft in Übernahmesituationen, zügiges Verfahren, wirksame Aufsicht, Sanktionen und Squeeze-Out von Minderheitsaktionären ab einer Beteiligung von 95 Prozent).

Das im Gesetzgebungsverfahren federführende Bundesministerium der Finanzen veröffentlichte am 29.06.2000 einen Diskussionsentwurf für ein Gesetz zur Regelung von Unternehmensübernahmen,[66] der sich an den Eckpunkten der Expertenkommission orientierte und inhaltlich den Vorgaben des kurz zuvor im EU-Rechtssetzungsverfahren verabschiedeten Gemeinsamen Standpunktes des Rates für eine Übernahmerichtlinie vom 19.06.2000 entsprach.

Am 12.03.2001 legte das Bundesministerium der Finanzen einen zweiten Entwurf des Gesetzes als Referentenentwurf[67] (nachfolgend „RefE ÜG") vor, der zahlreichen Anregungen aus Verbänden und Wissenschaft Rechnung trug.

Am 11.07.2001 folgte sodann der Regierungsentwurf eines Gesetzes zur Regelung von öffentlichen Angeboten zum Erwerb von Wertpapieren und Unternehmensübernahmen[68] (nachfolgend „RegE ÜG"). In seinen wesentlichen Teilen entsprach der Regierungsentwurf dem Referentenentwurf. Neu gestaltet worden war vor allem die Regelung zur Neutralitätspflicht, mit der die Handlungsspielräume des Vorstands der Zielgesellschaft während eines Übernahmeangebots erheblich erweitert wurden (§ 33 RegE WpÜG). Handlungen, die auch ein „ordentlicher und gewissenhafter Geschäftsleiter

---

[64] Dieser Expertenkommission gehörten Vertreter aus Wirtschaft, Wissenschaft, den Gewerkschaften, dem für die Erarbeitung des Gesetzentwurfs federführenden Bundesministerium der Finanzen sowie dem Bundesministerium der Justiz und dem Ministerium für Wirtschaft und Technologie an.
[65] Abgedr. bei *T. Pötzsch/A. Möller*, WM Sonderbeilage 2/2000, 37 f.
[66] Diskussionsentwurf eines Gesetzes zur Regelung von Unternehmensübernahmen v. 29.06.2000, abgedr. in: NZG 2000, 844 ff.
[67] Abgedr. bei *H. Fleischer/S. Kalss*, S. 237 ff.
[68] BT-Drucks. 14/7034. Interessant ist, dass der RegE nur wenige Tage nach dem Scheitern der Übernahmerichtlinie im Europa-Parlament am 04.07.2001 veröffentlicht wurde.

einer Gesellschaft, die nicht von einem Übernahmeangebot betroffen ist, vorgenommen hätte, sowie die Suche nach einem konkurrierenden Angebot" sollten Vorstand und Aufsichtsrat auch ohne Ermächtigung der Hauptversammlung nach Unterbreitung des Angebots vornehmen dürfen. Außerdem wurde erstmals die Möglichkeit geschaffen, den Vorstand einer Zielgesellschaft präventiv durch einen Hauptversammlungsbeschluss („Vorratsbeschluss") zu Abwehrmaßnahmen zu ermächtigen (§ 33 Abs. 2 RegE WpÜG).

Ohne weitere große Änderungen trat das WpÜG in seinen wesentlichen Teilen am 01.01.2002 in Kraft.

Gemeinsam mit dem WpÜG traten am 01.01.2002 u.a. die Verordnung über den Inhalt der Angebotsunterlage, die Gegenleistung bei Übernahmeangeboten und Pflichtangeboten und die Befreiung von der Verpflichtung zur Veröffentlichung und zur Abgabe eines Angebotes (WpÜG-Angebotsverordnung) in Kraft.

IV. Die wesentlichen Charakteristika des WpÜG

Die wesentlichen Charakeristika des WpÜG lassen sich wie folgt kennzeichnen:
- Es gilt der Gleichbehandlungsgrundsatz (§ 3 Abs. 1 WpÜG).
- Der Bieter muss durch eine Angebotsunterlage ausreichende Informationen zur Verfügung stellen (§ 3 Abs. 2 i.V.m. § 11 ff WpÜG).
- Verpflichtung zur Unterbreitung eines Pflichtangebotes für denjenigen, dem mindestens 30 Prozent der Stimmrechte einer Zielgesellschaft zuzurechnen sind (§ 35 ff WpÜG).
- Die angebotene Gegenleistung kann in bar oder in Aktien angeboten werden (§ 31 Abs. 2 WpÜG). Allerdings besteht unter bestimmten Voraussetzungen Barleistungspflicht, wenn vor oder nach dem Angebot entweder 5 oder 1 Prozent der Aktien gegen Barleistung erworben wurden (§ 31 Abs. 3 WpÜG).
- Die Gegenleistung muss angemessen sein (§ 31 Abs. 1 Satz 1 WpÜG). Dabei orientiert sich das Gesetz bzw. die Angebotsverordnung an dem durchschnittlichen Börsenkurs der Aktien der Zielgesellschaft bzw. der Gesellschaft, deren Aktien als Gegenleistung angeboten werden sollen (§ 31 Abs. 1 Satz 2 WpÜG, § 5 Abs. 1 WpÜG – Angebotsverordnung).
- Es besteht eine Neutralitätspflicht des Vorstandes mit Ausnahmen. Diese Ausnahmen betreffen Handlungen, die ein ordentlicher und gewissenhafter Geschäftsleiter vorgenommen hätte, die Suche nach einem konkurrierenden Angebot sowie Handlungen, denen der Aufsichtsrat zugestimmt hat (§ 33 Abs. 1 Satz 2 WpÜG). Darüber hinaus kann die Hauptversammlung den Vorstand zu Abwehrmaßnahmen „der Art nach" ermächtigen,

wobei diese Ermächtigung bis zu 18 Monaten im Voraus erfolgen kann (§ 33 Abs. 2 WpÜG).
- Teilangebote sind unzulässig (§ 32 WpÜG).
- Parallel zum WpÜG wird die Möglichkeit zum Squeeze-Out der Inhaberschaft von mindestens 95 Prozent des Grundkapitals geschaffen (§ 327a-f AktG). Der Squeeze-Out erfolgt aufgrund eines Hauptversammlungsbeschlusses und muss eine angemessene Barabfindung vorsehen, deren Angemessenheit von einem Prüfer zu bestätigen ist. Die Angemessenheit kann im Spruchstellenverfahren gerichtlich überprüft werden.

V. Praktische Erfahrungen mit dem WpÜG

In den Jahren 2002 bis 2004 gestattete die BaFin insgesamt 111 Angebote (2002: 34, 2003: 45, 2004: 32). In diesem Zeitraum wurden insgesamt 354 Anträge auf Befreiung vom Pflichtangebot oder auf Nichtberücksichtigung von Stimmrechten nach §§ 36, 37 WpÜG gestellt.[69] Praktisch bedeutungslos war bisher das heftig umstrittene Neutralitätsgebot nach § 33 WpÜG. Eine Bewährungsprobe vergleichbar mit dem Übernahmekampf *Mannesmann AG/Vodafone AirTouch plc* hat das WpÜG bisher noch nicht überstehen müssen.

D. Der Anpassungsbedarf im deutschen Übernahmerecht

Der deutsche Gesetzgeber hat die Vorgaben der Übernahmerichtlinie bis zum 20.05.2006 in nationales Recht umzusetzen. Dabei ist zu berücksichtigen, dass die Richtlinie lediglich einen Mindeststandard für die Abwicklung von öffentlichen Übernahmeangeboten setzt.[70] Im Folgenden sollen die wichtigsten Problemkreise beleuchtet werden, in denen der deutsche Gesetzgeber aufgrund der Übernahmerichtlinie Anpassungen des geltenden (Übernahme-)Rechts vornehmen muss:

I. Anwendungsbereich des Gesetzes/ Überwachungszuständigkeit der BaFin

Art. 4 RL regelt ausführlich die internationale Zuständigkeit der nationalen Aufsichtsorgane und das anwendbare Recht in grenzüberschreitenden Konstellationen. Ihre Umsetzung in nationales Recht verlangt bedeutende

---

[69] Die Statistik ist *H.-D. Assmann/T. Pötzsch/U. H. Schneider*, WpÜG, 2005, Einl. Rz. 38, entnommen.
[70] Vgl. Erwägungsgrund Nr. 25: „Mindestvorgaben"; ebenso Art. 3 Abs. 2 RL: „Mindestanforderungen".

Änderungen des WpÜG.[71] Aufgrund der Unterscheidung in der Richtlinie danach, ob die zu klärenden Fragen das Angebot selbst oder die Unterrichtung der Arbeitnehmer der Zielgesellschaft und gesellschaftsrechtliche Fragestellungen betreffen, kann es zu einer gespaltenen Rechtsanwendung und Aufsichtszuständigkeit kommen.

II. Preis bei einem Pflichtangebot

Anpassungsbedarf besteht in Bezug auf die Gegenleistung des Pflichtangebots. Nach Art. 5 Abs. 4 RL gilt als angemessener Preis des Pflichtangebots der höchste Preis, der vom Bieter oder einer mit ihm gemeinsam handelnden Person während eines Zeitraums von mindestens sechs und höchstens zwölf Monaten vor dem Angebot für die gleichen Wertpapiere der Zielgesellschaft gezahlt worden ist. Die Mitgliedstaaten können ihre Aufsichtsorgane unter genau festzulegenden Voraussetzungen und nach eindeutig festzulegenden Kriterien zur Erhöhung oder Ermäßigung dieses Preises ermächtigen (Art. 5 Abs. 4 RL), z.B. bei außergewöhnlichen Kursbeeinflussungen (etwa durch Manipulation oder außergewöhnliche Umstände). Jede derartige Preiskorrektur wäre zu begründen und bekannt zu machen.

Vor dem Hintergrund dieser Anforderungen ist die (für Übernahme- und Pflichtangebote geltende) in § 4 Satz 1 WpÜG-Angebotsverordnung geregelte Referenzperiode bei Vorerwerben jedenfalls für Pflichtangebote von derzeit drei auf mindestens sechs Monate zu verlängern. Im Übrigen ist bei Verlängerung der Referenzperiode für den Vorerwerb zu prüfen, ob außerdem die dreimonatige Referenzperiode des Börsenpreiskriteriums (vgl. §§ 5, 6 WpÜG-Angebotsverordnung) entsprechend verlängert werden sollte. Eine Pflicht hierzu besteht nicht.[72]

In Bezug auf die Art der vom Bieter angebotenen Gegenleistung gibt Art. 5 Abs. 5 RL dem Bieter ein Wahlrecht zwischen Wertpapieren, einer Geldleistung oder einer Kombination aus beiden. § 31 Abs. 2 WpÜG räumt dem Bieter dieses Wahlrecht nicht ein, sondern verpflichtet ihn als Gegenleistung zu einer Geldleistung oder „liquiden" Aktien. Die strengere Regelung im deutschen Recht führt hier allerdings nicht zu Anpassungsbedarf, da die Übernahmerichtlinie insofern nur einen Mindeststandard setzt.[73]

---

[71] So auch *H. Krause*, BB 2004, 113 ff. (117); vgl. auch §§ 1 und 2 RegE-ÜRU, BT-Drucks. 16/1003 i.d.F. gemäß den Beschlussempfehlungen des Finanzausschusses (BT-Drucks. 16/1541).
[72] RegE-ÜRU, BT-Drucks. 16/1003 sieht keine Verlängerung vor.
[73] S. dazu auch *A. Glade/A. M. Haak/P. Hellich*, Der Konzern 2004, 455 ff. (459).

III. Transparenzpflichten

Art. 10 RL schreibt für alle Gesellschaften, deren Wertpapiere ganz oder zum Teil zum Handel an einem geregelten Markt in einem oder mehreren Mitgliedstaaten zugelassen sind, umfangreiche Offenlegungspflichten im Hinblick auf Übernahmehindernisse vor. Die in Art. 10 RL aufgeführten elf offenlegungspflichtigen Übernahmehindernisse haben im deutschen WpÜG kein Vorbild. Insofern wird der Gesetzgeber neue Regelungen schaffen müssen. Dabei dürften sich ihm eine Vielzahl schwieriger Auslegungsfragen stellen.[74] Jedenfalls die Form der Offenlegung ist unproblematisch: Nach Art. 10 Abs. 2 RL hat die Offenlegung im Lagebericht der Gesellschaft zu erfolgen, so dass eine entsprechende Regelung in §§ 289, 315 HGB einzufügen sein wird.[75] Im Übrigen haben Vorstand und Aufsichtsrat nach Art. 10 Abs. 3 RL der ordentlichen Hauptversammlung einen erläuternden Bericht zu allen veröffentlichungspflichtigen Punkten vorzulegen. Diese Pflicht könnte gesetzlich in § 175 Abs. 2 Satz 1 AktG verankert werden.[76]

IV. Neutralitätspflicht

Nach Art. 9 RL darf das Leitungs- bzw. Verwaltungsorgan der Zielgesellschaft mit Ausnahme der Suche nach konkurrierenden Angeboten Maßnahmen, durch die das Angebot vereitelt werden könnte, nur nach Einholung der Ermächtigung der Hauptversammlung ergreifen. Eine solche Ermächtigung ist zumindest ab dem Zeitpunkt erforderlich, zu dem das Leitungs- bzw. Verwaltungsorgan der Zielgesellschaft Informationen über die Entscheidung zur Abgabe eines Angebots erhalten hat. Vor diesem Zeitpunkt gefasste Entscheidungen, die weder teilweise noch vollständig umgesetzt worden sind und damit insbesondere sog. „Vorratsbeschlüsse" der Hauptversammlung für Abwehrmaßnahmen bedürfen einer Ermächtigung oder Bestätigung der Hauptversammlung, wenn diese Entscheidungen außerhalb des normalen Geschäftsbetriebs gefasst wurden und ihre Umsetzung zu einer Vereitelung des Angebots führen könnte. In Anbetracht dieser strengen Neutralitätspflicht müssten die in § 33 Abs. 1 und Abs. 2 WpÜG statuierten Ausnahmen von der Neutralitätspflicht, nämlich Vorratsbeschlüsse, Handlungen, die auch ein ordentlicher und gewissenhafter Geschäftsleiter einer Nichtzielgesellschaft vorgenommen hätte sowie Handlungen, denen der Aufsichtsrat der Zielgesellschaft zugestimmt hat, gestrichen werden. Nur bei vor dem Ange-

---

[74] Vgl. *H. Krause*, BB 2004, 113 (116); *A. Glade/A. M. Haak/P. Hellich*, Der Konzern 2004, 455 ff. (459 f); *P. Wiesner*, ZIP 2004, 343 ff. (348).
[75] Vgl. Art. 4 des RegE-ÜRU, BT-Drucks. 16/1003.
[76] So der Vorschlag von *A. Glade/A. M. Haak/P. Hellich*, Der Konzern 2004, 455 ff. (460); vgl. Art. 6 des RegE-ÜRU, BT Drucks. 16/1003, der eine entsprechende Ergänzung in § 171 Abs 2 Satz 2 AktG vorsieht.

bot getroffenen und noch nicht umgesetzten Entscheidungen, deren Umsetzung innerhalb des „normalen Geschäftsbetriebs" liegt und das Angebot vereiteln könnte, existiert wohl noch ein kleiner Spielraum für den Gesetzgeber.

Von der Umsetzung der Vorschriften zur Neutralitätspflicht können die Mitgliedstaaten nach dem Optionsmodell gemäß Art. 12 RL allerdings absehen (sog. „Opt-Out"), wobei sich jedoch Gesellschaften mit Sitz in einem solchen „Opt-Out"-Mitgliedstaat individuell für ein „Opt-In" entscheiden können. Es würde nicht überraschen, wenn Deutschland von seinem Opt-Out-Recht im Hinblick auf die Neutralitätspflicht Gebrauch machen wird[77] (s. dazu ausführlich unter „Opt-Out und Opt-In").

V. Durchgriffsregel

Ausdrücklich geregelt wird in Art. 11 der Richtlinie, dass in der Satzung enthaltene Stimmrechtsbeschränkungen (z.B. Höchststimmrechte; nicht erfasst werden stimmrechtslose Vorzugsaktien, bei denen das fehlende Stimmrecht durch einen „finanziellen Vorteil" ausgeglichen wird) und Beschränkungen in Bezug auf die Übertragung von Wertpapieren (Vinkulierung) sowie Übertragungs- und Stimmrechtsbeschränkungen, die in nach Annahme der Übernahmerichtlinie getroffenen Vereinbarung zwischen Aktionären enthalten sind (Konsortialvereinbarung), während der Angebotsfrist gegenüber dem Bieter wirkungslos bleiben bzw. diesem nicht entgegen gehalten werden können. Insbesondere bleiben Stimmrechtsbeschränkungen dann wirkungslos, wenn die Hauptversammlung der Zielgesellschaft über Abwehrmaßnahmen entscheidet. Gleiches ist für Mehrstimmrechte geregelt.

Wenn der Bieter nach einem Angebot über eine Beteiligung in Höhe von 75 Prozent oder mehr des stimmberechtigten Kapitals verfügt, sollten Übertragungsbeschränkungen, Stimmrechtsbeschränkungen, Mehrstimmrechte sowie Entsendungs- und Abberufungsrechte für das Verwaltungsorgan einer Zielgesellschaft in der ersten Hauptversammlung nach dem Ende der Annahmefrist, die über eine Satzungsänderung oder die Ernennung und Abberufung von Aufsichtsratsmitgliedern beschließt, suspendiert sein. Es werden also alle Mechanismen außer Kraft gesetzt, die die Ausübung der Kontrolle über die Zielgesellschaft vereiteln. Den Inhabern der „Sonderrechte", denen ein Verlust entsteht, ist für die Entziehung eine angemessene Entschädigung zu gewähren. Die vorstehend beschriebenen Regelungen finden keine Anwendung auf Mitgliedstaaten, denen Sonderrechte (vor allem *Golden Shares*) eingeräumt sind, vorausgesetzt diese sind mit dem EG-Vertrag vereinbar.

---

[77] *H. Krause*, BB 2004, 113 ff. (114); so jetzt RegE-ÜRU, BT-Drucks. 16/1003.

Sassenrath

Die dargestellten Vorgaben der Übernahmerichtlinie sind neu für das deutsche Recht und daher durch entsprechende Änderungen bzw. Ergänzungen des WpÜG, des AktG oder des HGB umzusetzen.[78] Da das AktG keine Mehrstimmrechte und Stimmrechtsbeschränkungen mehr vorsieht, beschränkt sich der Änderungsbedarf auf Vinkulierungen, Entsendungs- und Abberufungsrechte sowie zwischen Aktionären bzw. zwischen der Gesellschaft und Aktionären getroffene Vereinbarungen über Übertragungs- und Stimmrechtsbeschränkungen.

Auch hier würde es nicht überraschen, wenn Deutschland im Hinblick auf diese Durchgriffsregeln ebenfalls von der Möglichkeit des „Opt-Out" Gebrauch machen wird.[79] Insofern dürften sich im deutschen Recht entsprechende Gesetzesänderungen nur auf den Fall beziehen, in dem Gesellschaften sich durch Hauptversammlungsbeschluss den Beschränkungen durch Art. 11 RL unterwerfen wollen (s. dazu ausführlich unter „Opt-Out und Opt-In").

VI. Opt-Out und Opt-In

Wir erinnern uns an das im Ansatz zweistufige Optionsmodell nach Art. 12 RL, das als Kompromiss in der letzten Phase des europäischen Rechtsetzungsverfahrens in die Übernahmerichtlinie aufgenommen wurde. Hiernach sind die Mitgliedstaaten berechtigt, von der Umsetzung der Neutralitätspflicht nach Art. 9 Abs. 2 und 3 RL und/oder der Durchgriffsregel nach Art. 11 RL abzusehen. Mitgliedstaaten, die von diesem Recht Gebrauch machen („Opt-Out"), müssen den Gesellschaften mit Sitz in ihrem Hoheitsgebiet jedoch die Möglichkeit eröffnen, sich den Beschränkungen der Richtlinie durch Hauptversammlungsbeschluss mit satzungsändernder Mehrheit[80] individuell unterwerfen und auch wieder lösen zu können (Opt-In, Art. 12 Abs. 2 RL). In Abs. 3 enthält Art. 12 eine Regelung zur Gewährleistung der Gegenseitigkeit für Gesellschaften, die die Neutralitätspflicht und/oder die Durchgriffsregel anwenden.

Wie bereits dargestellt, ist zu erwarten, dass Deutschland sowohl im Hinblick auf die Neutralitätspflicht als auch im Hinblick auf die Durchgriffsregel aller Voraussicht nach von der „Opt-Out"-Regelung Gebrauch ma-

---

[78] Vorgeschlagen wird auch, die Durchgriffsregeln einschließlich der Entschädigungsregel in einem neuen Paragraphen in den vierten Abschnitt des WpÜG aufzunehmen. So z.B. *A. Glade/A. M. Haak/P. Hellich*, AG 2004, 515 ff. (524); vgl. jetzt § 33b WpÜG i.d.F. des RegE-ÜRU (BT-Drucks. 16/1003) nach den Schlussempfehlungen des Finanzausschusses (BT-Drucks. 16/1541).
[79] *S. Maul/D. Muffat-Jeandet*, AG 2004, 306 ff. (310); vgl. RegE-ÜRU, BT-Drucks. 16/1003.
[80] Nach anderer, jedoch nicht zutr. Auffassung (*K. Hopt/P. O. Mülbert/C. Kumpan*, AG 2005, 109 ff. [112]) genügt in jedem Falle einfache Mehrheit.

chen wird.⁸¹ Der deutsche Gesetzgeber muss dann die gesetzlichen Grundlagen sowohl für das Verfahren des Opt-In als auch für das Regime, dem die Gesellschaften aufgrund des Opt-Ins unterstehen, schaffen.

Für Gesellschaften, die sich durch „Opt-In" den Vorschriften der Richtlinie im Hinblick auf die Neutralitätspflicht und/oder die Durchgriffsregel unterwerfen wollen, müsste der Gesetzgeber zunächst durch Verfahrensvorschriften dafür Sorge tragen, dass die Aktionäre angemessen über die Gründe und Folgen bei einer Anwendung der Neutralitätspflicht und/oder Durchgriffsregel informiert werden.⁸² Zum anderen müsste der deutsche Gesetzgeber berücksichtigen, dass die Hauptversammlung sich nur insgesamt der Neutralitätspflicht und/oder der Durchbrechungsregelung unterwerfen dürfte und innerhalb der jeweiligen Regelungsbereiche dann keine Ausnahmen zulässig sind.⁸³ Im Hinblick auf die Umsetzung der Neutralitätspflicht in nationales Recht sollte der Gesetzgeber sinnvollerweise eine gesonderte Vorschrift – etwa § 33a WpÜG – mit dem vorstehend zur Neutralitätspflicht festgestellten Inhalt in das WpÜG einfügen.⁸⁴ Gleiches gilt für Vorschriften, die die bisher in Deutschland unbekannte Durchgriffsregel umsetzen. Diese könnten systematisch in eine neue Bestimmung in den vierten Abschnitt des WpÜG aufgenommen werden.⁸⁵ Im Übrigen muss der deutsche Gesetzgeber die Gegenseitigkeitsregel nach Art. 12 Abs. 3 und 5, die bei einem „Opt-In" zu beachten ist, entsprechend den Vorgaben der Richtlinie umsetzen.⁸⁶

Für Gesellschaften, die weder einen „Opt-In"-Beschluss im Hinblick auf die Neutralitätspflicht noch im Hinblick auf die Durchgriffsregel fassen wollten, würde alles beim Alten bleiben. Sie könnten § 33 WpÜG einschließlich seiner Ausnahmetatbestände in der bisherigen Fassung anwenden; in das WpÜG oder andere Gesetze eingefügte Regelungen aufgrund von Art. 11 RL wären für sie ebenfalls ohne Bedeutung.

VII. Informationspflichten

Die Informationspflichten der Arbeitnehmervertreter im Hinblick auf die Entscheidung des Bieters zur Abgabe eines Übernahmeangebots (§ 10 Abs. 5 Satz 2 WpÜG) und die Angebotsunterlage (§ 14 Abs. 4 Satz 2

---

⁸¹ *T. Pötzsch,* in: H.-D. Assmann/T. Pötzsch/U. H. Schneider, Einl. Rz. 113; *H. Krause,* BB 2004, 113 ff. (114); *S. Maul/D. Muffat-Jeandet,* AG 2004, 306 ff. (310).

⁸² *R. Veil,* in: Reformbedarf im Übernahmerecht, Tagungsband zum Symposium der Bucerius Law School am 04.06.2004, S. 95 ff. (107).

⁸³ *H. Krause,* BB 2004, 113 ff. (114); vgl. jetzt RegE-ÜRU, BT-Drucks. 16/2003.

⁸⁴ *A. Glade/A. M. Haak/P. Hellich,* Der Konzern 2004, 515 ff. (521); vgl. § 33a WpÜG i.d.F. des RegE-ÜRU, BT-Drucks. 16/1003, nach dem Beschlussempfehlungen des Finanzausschusses, BT-Drucks. 16/1541.

⁸⁵ *A. Glade/A. M. Haak/P. Hellich,* Der Konzern 2004, 515 ff. (524).

⁸⁶ Vgl. § 33c WpÜG i.d.F. des RegE-ÜRU, BT-Drucks. 16/1003, nach den Beschlussempfehlungen des Finanzausschusses, BT-Drucks. 16/1541.

WpÜG) sind an die Richtlinienvorgaben anzupassen:[87] Die Übernahmerichtlinie schreibt eine Unterrichtung nicht nur der Arbeitnehmervertreter der Zielgesellschaft, sondern auch der Bietergesellschaft vor, wobei jede Seite ihre eigenen Arbeitnehmervertreter zu informieren hat (Art. 6 Abs. 1 Satz 3, Abs. 2 Unterabs. 1 Satz 3 RL).

VIII. Squeeze-Out und Sell-Out

1. Squeeze-Out

Art. 15 RL enthält erstmals europarechtliche Anforderungen an den Ausschluss von Minderheitsaktionären aus einer börsennotierten Aktiengesellschaft im Anschluss an ein Angebot an alle Wertpapierinhaber der Zielgesellschaft („Squeeze-Out"). Der sachliche Anwendungsbereich der Squeeze-Out-Regelung der Richtlinie ist danach enger als derjenige des Aktiengesetzes, wonach ein Minderheitsausschluss bei allen Aktiengesellschaften und Kommanditgesellschaften auf Aktien, d.h. auch solchen ohne Börsennotierung und ohne vorangehendes freiwilliges Angebot oder Pflichtangebot möglich ist. Außerdem ist der zeitliche Anwendungsbereich des Squeeze-Out begrenzt auf die Dreimonatsperiode nach Ablauf der Annahmefrist eines Übernahme- oder Pflichtangebots (Art. 15 Abs. 4 RL). Erwägungsgrund 24 Satz 3 und 4 der Richtlinie sehen jedoch ausdrücklich vor, dass die Mitgliedstaaten auf Ausschlussverfahren, die nicht im Zusammenhang mit auf den Erwerb aller Wertpapiere gerichteten Angeboten durchgeführt und damit nicht von der Richtlinie erfasst werden, weiterhin ihre innerstaatlichen Vorschriften anwenden können. Demnach kann der aktienrechtliche Squeeze-Out nahezu unverändert beibehalten werden; aus seinem Anwendungsbereich müsste lediglich der Ausschluss von Minderheitsaktionären während der dreimonatigen Ausschlussfrist nach einem öffentlichen Angebot entfernt werden.[88]

Vorschriften zum Squeeze-Out nach den Vorgaben der Richtlinie müssten neu in das WpÜG als „übernahmerechtlicher Squeeze-Out" eingefügt werden.[89] Im Hinblick auf den Schwellenwert, nach dessen Erreichen der Bieter

---

[87] So auch S. *Maul/D. Muffat-Jeandet* AG 2004, 221 ff. (232 f.); vgl. § 10 Abs 5 WpÜG i.d.F. des RegE-ÜRU, BT-Drucks. 16/1003 nach den Schlussempfehlungen des Finanzausschusses, BT-Drucks. 16/1541).

[88] So jedenfalls *A. Austmann/P. R. Mennicke*, NZG 2004, 846 ff. (855); a.A. *K. Hopt/P. O. Mülbert/C. Kumpan*, AG 2005, 109 ff. (118); wie hier jetzt § 39a Abs 5 WpÜG i.d.F. gemäß RegE-ÜRU, BT-Drucks. 16/1003, nach den Beschlussempfehlungen des Finanzausschusses, BT-Drucks. 16/1541.

[89] Z.B. als Abschnitt 5a hinter § 39 WpÜG; so der Vorschlag von *A. Austmann/P. R. Mennicke*, NZG 2004, 846 ff. (855). Im Ergebnis ebenso *H. Krause*, BB 2004,

zur Durchführung des Squeeze-Out berechtigt sein soll, stellt die Richtlinie den Mitgliedstaaten zwei Schwellenwerte zur Wahl: Erstens wenn der Bieter am stimmberechtigten Kapital der Gesellschaft zu mindestens 90 Prozent beteiligt ist und über 90 Prozent der Stimmrechte verfügt, wobei die Mitgliedstaaten diese Werte auf bis zu 95 Prozent anheben können oder zweitens wenn er durch Annahme des öffentlichen Angebots 90 Prozent der Stimmrechte, die Gegenstand des Angebots waren, erworben (oder sich zum Erwerb verpflichtet) hat. Entsprechend der deutschen Tradition ist davon auszugehen, dass der deutsche Gesetzgeber die erste Alternative wählt und den Schwellenwert – wie derzeit in § 327a Abs. 1 Satz 1 AktG – auf 95 Prozent festlegen wird.[90]

Im Hinblick auf Art und Höhe der Abfindung der ausgeschlossenen Minderheitsaktionäre schreibt die Richtlinie vor, dass sie „angemessen" sein muss. Im Hinblick auf die Frage, wie die Angemessenheit als solche zu bestimmen ist, schreibt die Richtlinie keine Berechnungsmethode vor. Sie beinhaltet in Art. 15 Abs. 5 Unterabs. 2 und 3 jeweils Angemessenheitsvermutungen bei einem freiwilligen Angebot (für die angebotene Leistung, wenn 90 Prozent des stimmberechtigten Kapitals durch Angebot erworben) und bei einem Pflichtangebot (für die Gegenleistung des Angebots). Es ist davon auszugehen, dass der deutsche Gesetzgeber die Angemessenheitsvermutungen der Richtlinie in das deutsche Recht aufnehmen wird.[91]

Zum Verfahren enthält die Richtlinie keine Vorgaben. Ein Hauptversammlungsbeschluss der Zielgesellschaft über den Ausschluss der Minderheitsaktionäre – so wie er im aktienrechtlichen Squeeze-Out vorgesehen ist – ist demnach nicht zwingend erforderlich. Der Gesetzgeber sollte deshalb für den Squeeze-Out lediglich das Ausschlussverlangen des Bieters vorsehen, um den Übergang der Aktien von den Minderheitsaktionären auf den Bieter zu bewirken; ergänzt werden sollte dieses durch ein aufsichtsrechtliches Verfahren und die Möglichkeit der gerichtlichen Überprüfung des Squeeze-Out durch die ausgeschlossenen Aktionäre.[92]

---

113 ff. (118); so jetzt §§ 39a und b des WpÜG i.d.F. des RegE-ÜRU, BT-Drucks. 16/1003, nach den Beschlussempfehlungen des Finanzausschusses, BT-Drucks. 16/1541.

[90] So auch S. *Maul/D. Muffat-Jeandet*, AG 2004, 306 ff. (316); *A. Austmann/ P. R. Mennicke*, NZG 2004, 846 ff. (848); vgl. § 39a Abs. 1 WpÜG i.d.F. des RegE-ÜRU, BT-Drucks. 16/1003, nach den Beschlussempfehlungen des Finanzausschusses, BT-Drucks. 16/1541.

[91] *A. Austmann/P. R. Mennicke*, NZG 2004, 846 ff. (849); *H. Krause*, BB 2004, 113 ff. (118); vgl. § 39a Abs. 3 Satz 3 WpÜG i.d.F. des RegE-ÜRU, BT-Drucks. 16/1003, nach den Beschlussempfehlungen des Finanzausschusses, BT-Drucks. 16/1541.

[92] So der Vorschlag von *A. Austmann/P. R. Mennicke*, NZG 2004, 846 (853); § 39a WpÜG i.d.F. des RegE-ÜRU, BT-Drucks. 16/1003, sieht jetzt einen Squeeze-Out durch gerichtliche Entscheidung vor.

2. Sell-Out

Art. 16 RL regelt das Recht der Minderheitsaktionäre, ihre Aktien dem Bieter im Anschluss an ein Übernahme- oder Pflichtangebot anzudienen (Sell-Out). Die Schwellenwerte und die weiteren Voraussetzungen dieses Andienungsrechts sind mit den Merkmalen des Squeeze-Out identisch (Art. 16 RL). Ein solches Andienungsrecht besteht im deutschen Recht bislang nicht. Insofern wird der Gesetzgeber Vorschriften zur Umsetzung des übernahmerechtlichen Sell-Out neu in das WpÜG aufnehmen müssen. In Anbetracht der sehr rudimentären[93] Regelung in Art. 16 RL wird der Gesetzgeber noch zahlreiche Fragen, z.B. im Hinblick darauf, welcher Art die Gegenleistung sein muss, die der Bieter für die angedienten Aktien enthält und wie die Abfindung ihrer Höhe nach zu bestimmen sein soll,[94] zu klären haben. Jedenfalls sollte der Gesetzgeber eine Regelung zur Bündelung der Verfahren erlassen, damit eine Vielzahl von Einzelverfahren vermieden werden kann.[95]

E. Übernahmerecht und Kapitalverkehrsfreiheit

Die RL enthält, wie gesehen, insbesondere in der Durchgriffsregel (Art. 11 RL) einen Vorbehalt für EG-vertragskonforme Sonderrechte. Damit richtet sich der Blick auf die Konturierung der Kapitalverkehrsfreiheit durch die Rechtsprechung des EuGH, die die Reichweite dieses Vorbehalts entscheidend prägen wird.

I. Die Entscheidungen des EuGH zu Golden Shares

Der EuGH hat bisher in fünf Entscheidungen (Golden Share I – V) zu Fragen im Zusammenhang mit der Zulässigkeit von *Golden Shares*, Stimmrechtsbeschränkungen, Beteiligungshöchstgrenzen und Asset- und Anteils-Übertragungsverboten bzw. entsprechenden Verbotsvorbehalten Stellung genommen.[96] Geradezu gebetsmühlenartig geht der EuGH dabei von folgenden rechtlichen Rahmenbedingungen aus:

---

[93] *A. Austmann/P. R. Mennicke*, NZG 2004, 846 (854).
[94] Dazu ausführlich *A. Austmann/P. R. Mennicke*, NZG 2004, 846 ff. (855); vgl. aber § 39c WpÜG i.d.F. des RegE-ÜRU, BT-Drucks. 16/1003, nach den Beschlussempfehlungen des Finanzausschusses, BT-Drucks. 16/1541.
[95] So *H. Krause*, BB 2004, 113 ff. (119); *S. Maul/D. Muffat-Jeandet*, AG 2005, 306 ff. (317).
[96] Vgl. EuGH NJW 2002, 2305; EuGH NZG 2002, 632; EuGH NJW 2002, 2303; EuGH NJW 2003, 2663; EuGH NJW 2003, 2666.

1. Die Definition des Kapitalverkehrs

Art. 56 Abs. 1 EGV verbietet Beschränkungen des Kapitalverkehrs zwischen den Mitgliedstaaten sowie zwischen den Mitgliedstaaten und Drittländern. Der Begriff des Kapitalverkehrs kann unter Rückgriff auf die Richtlinie 88/361/EWB ausgefüllt werden. Danach fällt die Beteiligung an einem Unternehmen durch den Erwerb von Aktien und der Erwerb von Wertpapieren auf dem Kapitalmarkt unter den Begriff des Kapitalverkehrs i.S.v. Art. 56 EGV. Entscheidend ist insoweit jeweils die Möglichkeit, sich tatsächlich an der Verwaltung einer Gesellschaft und an deren Kontrolle zu beteiligen.[97]

2. Die Beschränkung des Kapitalverkehrs

Danach soll eine Beschränkung des Kapitalverkehrs vorliegen, wenn (i) durch nationale Regelung eine Sonderaktie geschaffen wird, die dem Staat ein Informationsrecht bei Verfügungen über Vermögenswerte und ein Widerspruchsrecht bei Beeinträchtigung der nationalen Interessen einräumt,[98] (ii) eine Sonderaktie für einen Mitgliedstaat geschaffen wird, mit der eine vorherige Genehmigung durch den Mitgliedstaat bei Überschreiten bestimmter Schwellenwerte von Anteilen oder Stimmrechte sowie ein Widerspruchsrecht gegen Entscheidungen über die Abtretung oder die Verwendung als Sicherheit der Mehrheit des Kapitals von vier Tochtergesellschaften vorsieht,[99] (iii) Anleger aus einem anderen Mitgliedstaat nur eine begrenzte Anzahl von Anteilen an einem Unternehmen erwerben dürfen und/oder allgemein für den Erwerb einer über eine festgelegte Höhe hinausgehende Beteiligung eine staatliche Genehmigung eingeholt werden muss,[100] (iv) bestimmte Beschlüsse einer Gesellschaft, u.a. Satzungsänderungen und Erwerb oder Veräußerung von Beteiligungen einer vorherigen staatlichen Genehmigung bedarf, wenn die staatliche Beteiligung am Gesellschaftskapital um mindestens 10 Prozent verringert wurde und 50 Prozent unterschreitet oder wenn diese Beteiligung auf weniger als 15 Prozent verringert wurde[101] oder (v) die Satzung einer privatisierten Gesellschaft ein Verbot des Erwerbs von mehr als 15 Prozent der Stimmen beinhaltet bzw. Satzungsänderungen, die Veräußerung bestimmter Vermögensgegenstände und von Tochtergesell-

---

[97] Vgl. nur EuGH, NJW 2003, 2663 – Goldene Aktie IV.
[98] EuGH NJW 2002, 2303 *(Goldene Aktie I – Energieversorgung Belgien)*.
[99] EuGH NJW 2002, 2305 *(Golde Aktie II – Energieversorgung Frankreich)*.
[100] EuGH NZG 2002, 632, 634 *(Goldene Aktie III – Ausländerdiskriminierung Portugal)*.
[101] EuGH NJW 2003, 2663, 2664 *(Goldene Aktie IV – System vorheriger Genehmigungen in Spanien)*.

schaften von der vorherigen Genehmigung der nationalen Verwaltung abhängig macht.[102]

3. Unzulässigkeit des Einwands fehlender Diskriminierung

In allen vorgenannten Entscheidungen hat der EuGH ausdrücklich darauf hingewiesen, dass derart beschränkende Regeln auch dann eine unzulässige Beschränkung des freien Kapitalverkehrs darstellen, wenn sie keine diskriminierende Behandlung der Staatsangehörigen anderer Mitgliedstaaten enthalten. Das Verbot in Art. 56 EGV geht über die Beseitigung einer Ungleichbehandlung der Finanzmarktteilnehmer aufgrund ihrer Staatsangehörigkeit – so der EuGH – hinaus.[103]

4. Rechtfertigung eines Eingriffs in die Kapitalverkehrsfreiheit

Liegt ein Eingriff in die Kapitalverkehrsfreiheit des Art. 56 EGV vor, so kann dieser zulässig sein, wenn die Einschränkung aus den in Art. 58 Abs. 1 EGV genannten Gründen oder durch zwingende Gründe des allgemeinen Interesses gerechtfertigt ist. Eine Rechtfertigung ist aber nur dann gegeben, wenn die Regelung zur Erreichung des verfolgten Ziels geeignet ist und nicht über das hinausgeht, was zur Erreichung dieses Ziels erforderlich ist (Verhältnismäßigkeitsprinzip).[104]

a) Nicht anerkannte Interessen

Solche vorrangigen öffentlichen Interessen kommen bei der Tabakindustrie und im Bankenbereich, der keine öffentliche Dienstleistung erbringt, grundsätzlich nicht in Betracht.[105] Gleiches gilt wohl auch für Gesellschaften, die sich mit dem Betrieb von Flughäfen befassen.[106]

b) Anerkannte Interessen

Anerkannt wurde vom EuGH dagegen ein Schutzbedürfnis im Bereich der Energieversorgung (und zwar sowohl für die Beförderung von Energieerzeugnissen, die Infrastruktur, die Lagerung und den Umschlag, als auch für

---

[102] EuGH NJW 2003, 2666 *(Goldene Aktie V – British Airport Authority plc).*

[103] Vgl. nur EuGH NJW 2003, 2666, 2667 *(Goldene Aktie V – British Airport Authority plc).*

[104] Vgl. nur EuGH NJW 2003, 2663, 2664 *(Goldene Aktie IV – System vorheriger Genehmigung in Spanien).*

[105] EuGH NJW 2003, 2663, 2665 *(Goldene Aktie IV – System vorheriger Genehmigung in Spanien).*

[106] EuGH NJW 2003, 2666 *(Goldene Aktie V – British Airport Authority plc).*

die Produktion)¹⁰⁷ sowie im Bereich der Telekom und Elektrizität¹⁰⁸ und allgemein zur Sicherung eines gewissen Einflusses auf ursprünglich öffentliche und später privatisierte Unternehmen, wenn diese Unternehmen Dienstleistung von allgemeinem Interesse oder von strategischer Bedeutung erbringen.¹⁰⁹

c) Verhältnismäßigkeit des Eingriffs

Fällt die betroffene Beschränkung der Kapitalverkehrsfreiheit in einen der vorbezeichneten schutzwürdigen Bereiche, so muss sie verhältnismäßig sein. Dies hat der EuGH bei voraussetzungslos vorgesehenen Genehmigungsvorbehalten für Anteilserwerb, Satzungsänderungen und Asset-Veräußerungen verneint¹¹⁰ und bei einer an der Beeinträchtigung nationaler Interessen orientierten Untersagungsbefugnis für Verfügungen über Assets bejaht.¹¹¹

II. Alternativen der Mitgliedstaaten

In den Fällen, in denen der EuGH die entsprechenden Kapitalverkehrsbeschränkungen als mit dem EG-Vertrag nicht vereinbar qualifiziert hat, wird aber auch deutlich, dass damit das letzte Wort jeweils durchaus noch nicht gesprochen ist. Die jeweiligen Staaten hätten durchaus die Möglichkeit, in den vom EuGH anerkannten Branchen in ihren einzelnen Regelungen ähnlich dem Beispiel der Entscheidung zur Energieversorgung Portugal die Eingriffsbefugnisse bzw. Beschränkungen stärker an die Wahrung berechtigter nationaler Belange zu koppeln, um auf diese Weise von dem Freiraum Gebrauch zu machen, den die EuGH-Entscheidung Goldene Aktie I eröffnet hat. Auch machen die Entscheidungen deutlich, dass es zur Sicherung der Eingriffsmöglichkeiten der Mitgliedstaaten eigentlich des Mittels der Golden Share nicht bedarf. Vielmehr könnten öffentlich-rechtliche Verbote oder Genehmigungs- bzw. Untersagungsvorbehalte, wie sie für bestimmte Bereiche das deutsche Außenwirtschaftsgesetz und die Außenwirtschaftsverordnung bereithalten, durchaus ebenso grundsätzlich taugliche Abwehrmittel

---

¹⁰⁷ EuGH NJW 2002, 2303, 2304 *(Goldene Aktie I – Energieversorgung Belgien)*; EuGH NJW 2002, 2305, 2306 *(Goldene Aktie II – Energieversorgung Frankreich)*; EuGH NJW 2003, 2663, 2665 *(Goldene Aktie IV – System vorheriger Genehmigung in Spanien)*.

¹⁰⁸ EuGH NJW 2003, 2363, 2365 *(Goldene Aktie IV – System vorheriger Genehmigung in Spanien)*.

¹⁰⁹ Vgl. EuGH NJW 2003, 2363, 2364 *(Goldene Aktien IV – System vorheriger Genehmigung in Spanien)*.

¹¹⁰ EuGH NJW 2002, 2305 *(Goldene Aktie II – Energieversorgung Frankreich)*, EuGH NZG 2002, 632 *(Goldene Aktie III – Ausländerdiskriminierung Portugal)*, EuGH NJW 2003, 2363 *(Goldene Aktie IV – System vorheriger Genehmigung in Spanien)*; EuGH NJW 2003, 2666 *(Goldene Aktie V – British Airport Authority plc)*.

¹¹¹ EuGH NJW 2002, 2302 *(Goldene Aktie I – Energieversorgung Belgien)*.

sein.[112] Man darf durchaus gespannt sein, was den Mitgliedstaaten hier noch einfallen wird.

III. Weitere Schlupflochsuche der Mitgliedstaaten

Die vorstehenden Alternativstrategien setzen voraus, dass es sich um Industrien handelt, die in den vom EuGH anerkannten schutzwürdigen Bereich fallen. Ob zum Beispiel die Automobilindustrie zu diesem Bereich gehört, erscheint fraglich. Auf der anderen Seite ist natürlich zur Kenntnis zu nehmen, dass gerade im Automobilsektor in den jeweiligen Mitgliedstaaten noch eine erhebliche Anzahl attraktiver Arbeitsplätze besteht, die es aus der Sicht der Mitgliedstaaten vor „Fremdkontrolle" sowie Verlagerung in andere Staaten zu schützen gilt. Es sollte demnach nicht verwundern, wenn die Mitgliedstaaten hier in ganz besonderer Weise Kreativität walten lassen, um den Unternehmen, die ihnen besonders ans Herz gewachsen sind, Schutz angedeihen zu lassen. In diesen Kontext fällt sicherlich auch die Überlegung in Frankreich, durch eine als „Lex Renault" bezeichnete Neuregelung die Pflichtangebotspflichten nicht nur auf die Zielgesellschaft, sondern auch auf deren Tochtergesellschaft zu erstrecken, wenn die Zielgesellschaft mehr als 33 Prozent der Anteile an einer Tochtergesellschaft hält.[113] Diese Regelung soll angeblich auf die 44 Prozentige Beteiligung von Renault an Nissan zugestrickt sein. Darüber hinaus sollen Aktionäre für ihre besondere Treue einer Aktiengesellschaft gegenüber belohnt werden und demnach auf Veräußerungsgewinne keine Steuern mehr zahlen, wenn sie die Aktien mindestens 8 Jahre gehalten haben.[114] Man wird sehen, wie der EuGH in Zukunft mit solchen Ausweichbewegungen der Mitgliedstaaten verfahren wird.

---

[112] Vgl. z.B. § 7 AWG i.V.m. § 52 AWV – Es wäre durchaus vorstellbar, diese Vorschriften über den militärischen und kryptotechnischen Bereich hinaus auch auf andere, vom EuGH als schützenswert angesehene Wirtschaftszweige zu erstrecken. Dem Vernehmen nach winkt die Bundesregierung bisweilen schon einmal mit den Möglichkeiten dieser Vorschriften, um die Erwerbsinteressenten von Unternehmen zu Arbeitsplatzgarantien in Deutschland zu ermuntern.

[113] Zum WpÜG wird ganz überwiegend die Auffassung vertreten, dass für unmittelbare oder mittelbare Beteiligungsgesellschaften des Targets nicht schon bei Erreichen der 30-Prozent-Schwelle durch das Target, sondern erst bei einer Qualifikation der Beteiligungsgesellschaften als Tochterunternehmen (vgl. § 2 Abs. 6 i.V.m. § 30 Abs. 1 Nr. 1 WpÜG) des Targets (also i.d.R. ab 50 Prozent Beteiligung) ein Pflichtangebot abzugeben ist – vgl. hierzu *H. Krause/T. Pötzsch* a.a.O. § 35 Rz. 95 ff.

[114] Vgl. FAZ „Frankreich schützt seine Konzerne„ v. 24.10.2005, Nr. 247, S. 15.

F. Resümee und Ausblick

Hat der Berg beginnend mit dem Segré-Bericht 1966 bald 40 Jahre gekreißt, um ein kleines Mäuslein zu gebären, das nun allen Mitgliedstaaten mit piepsiger Stimme verkündet, sie können in wichtigen Fragen des Übernahmerechts doch so verfahren, wie sie wollen und kann man auch dem EuGH leichtfüßig von der Schippe springen? Ich glaube nicht, vor allem auch nicht aus deutscher Sicht. Aus deutscher Sicht hat der Berg gekreißt und ist danach ins Rutschen geraten (diese Bewegung hält an) und zwar quer durch das deutsche Gesellschafts- und Konzernrecht hindurch.

I. Wettbewerb der Übernahmerechte ist eröffnet

Mit der verabschiedeten Übernahmerichtlinie hat Europa nicht den Weg einer sklavischen Vereinheitlichung der Rechtsordnungen beschritten, sondern den Weg der Eröffnung eines möglichst offenen und fairen Wettbewerbs der verschiedenen Rechtsordnungen um die Gunst des Kapitalmarkts.[115] Nicht der europäische Gesetzgeber, sondern die Märkte werden demnach in Zukunft den Gesetzgeber und die einzelnen Gesellschaften in diesem Bereich treiben. Dabei handelt es sich keineswegs um eine neue Entwicklung. Wir kennen dieses Phänomen auch bereits im Bereich des Gesellschaftsrechts, wo mit der europarechtlichen Ächtung der Sitztheorie[116] der europaweite Wettbewerb der Gesellschaftsrechte eingeleitet worden ist. Der erste Teil der Tagung hat sich mit diesem Problemkreis bereits intensiv befasst.

II. Vom Getriebenen zum Treiber

Der Ablauf des Entstehungsprozesses der RL sollte allen ein Lehrstück sein. Gerade der deutsche Gesetzgeber und die deutschen Juristen sollten dringend davon abgehen, stets letzte Bastionen kontinentaleuropäischen oder deutschen Rechtes halten zu wollen, obwohl der Fall der Festung jeweils schon klar vorausgezeichnet ist. Wir sind diesen Weg im Übernahmerecht und auch im internationalen Gesellschaftsrecht über Jahrzehnte gegangen und sind im Augenblick dabei, z.B. im Bereich des Bilanzrechts diesen Weg wieder einmal zu beschreiten. Die Chancen der Zukunft liegen vielmehr darin, sich im Ernstfall an die Spitze der Bewegung zu setzen und zu versuchen, den nicht mehr aufzuhaltenden Zug jedenfalls in seiner Richtung noch entscheidend mit beeinflussen zu können.

---

[115] Vgl. auch *P. Kindler/H. Horstmann*, DStR 2004, 866, 873.
[116] EuGH ZIP 2002, 2037 (*Überseering*).

Dies setzt neben dem verständlichen Wunsch nach größtmöglicher dogmatischer Geschlossenheit (ein Wunsch, den wir uns in vielen Rechtsbereichen – auch im Gesellschaftsrecht[117] – seit langem schon nicht mehr erfüllen) voraus, dass man sich gerade in den Rechtsbereichen mit Kapitalmarktberührung aktiv an den empirischen und ökonomischen Analysen des jeweiligen Rechtsgebiets beteiligt.[118] Z.B. gerade in der wichtigen Frage, ob und in welchem Umfang sich das Management bei Übernahmeversuchen neutral verhalten muss, kann man wahrscheinlich aus der Empirie noch einige fruchtbare Erkenntnisse erzielen. Augenscheinlich haben im Fall Vodafone/Mannesmann die Gegenmaßnahmen des Mannesmann-Vorstandes zu erheblichen Wertsteigerungen der Mannesmann-Aktien im Interesse der Mannesmann-Aktionäre geführt.

III. Reflexwirkungen für das deutsche Konzernrecht

Ein möglicher Verlierer im Kampf um das Übernahmerecht ist das deutsche Konzernrecht. Über lange Jahre hinweg hat sich der deutsche Gesetzgeber gegen die Übernahmerichtlinie mit dem Hinweis darauf gewehrt, dass man mit dem deutschen Konzernrecht einen effektiven Schutzmechanismus der Minderheitsaktionäre vorhalte und insoweit kein Handlungsbedarf bestehe.[119] Dabei wurde übersehen, dass es neben einem Konzerneingangsschutz letztlich aber auch um die Förderung der anerkannt effizienz- und damit wohlstandssteigernden Wirkung von Unternehmensübernahmen[120] durch die Bereitstellung entsprechender Strukturen ging. Die Folge dieser im Nachhinein recht starrsinnig erscheinenden Haltung war, dass das Übernahmerecht neben dem Konzernrecht entwickelt worden ist. So steht im WpÜG heute eine eigenständige Kontrolldefinition[121] neben den Begriffen der Abhängigkeit, des herrschenden Unternehmens und des Konzernunternehmens aus dem Aktienrecht.[122] Auch bei den Zurechnungsnormen für die Feststellung der Kontrolle bzw. der Feststellung der Abhängigkeit findet sich im WpÜG[123] eine eigenständige und von den Regelungen des Konzern-

---

[117] Man denke nur an die 20-jährige Irrfahrt im Bereich des – jetzt doch nicht mehr existierenden – qualifiziert faktischen Konzerns – vgl. BGHZ 95, 330 (*Autokran*), BGHZ 107, 7 (*Tiefbau*), BGHZ 115, 187 (*Video*) und dann BGHZ 122, 123 (*TBB*) sowie der Wechel zur Figur des sog. existenzvernichtenden Eingriffs mit BGHZ 149, 10 (*Bremer Vulkan*), BGHZ 151, 181 (*KBV*)-

[118] Zu Recht sieht *Hirte*, in: KK-WpÜG, Einl. Rz. 11 in diesem Bereich ein Defizit der Rechtswissenschaften.

[119] Vgl. nur Darstellung bei *Th. Baums/G. F. Thoma*, WpÜG, a.a.O. Einl. Rz. 1.21 ff.

[120] Vgl. *H. Hirte*, in: KK-WpÜG, Einl. Rz. 33.

[121] Vgl. § 29 Abs. 2 WpÜG.

[122] §§ 17, 18 AktG.

[123] Vgl. § 30 WpÜG.

rechts[124] durchaus verschiedene Regelung. Das WpÜG folgt in den Zurechnungen dabei im Wesentlichen den Stimmrechtszurechnungsregelungen des WpHG.[125] Nicht nur an der europarechtlichen Verknüpfung der Kontrollregelung und der Zurechnungsregelung im WpÜG lässt sich somit ablesen, dass die deutschen eigenständigen konzernrechtlichen Regelungen ein wenig in das Abseits geraten sind. Das Übernahmerecht hat sich als Konzerneingangsschutzinstrument für börsennotierte Unternehmen durchgesetzt; die Sinnhaftigkeit der Pflichtangebotsregelung wird derzeit in der EU nicht mehr ernsthaft angezweifelt. Auf Dauer wird es eine Menge Sinn machen, eine Vereinheitlichung der Regelungsbereiche und der dort verwendeten Bausteine herbeizuführen. Man wird sehen, ob bei dieser Gelegenheit dem augenfällig farblosen und wenig gelebten Recht des faktischen Konzerns[126] insgesamt neues Leben eingehaucht werden kann[127] oder ob die Bedeutung jedenfalls bei börsennotierten Gesellschaften noch weiter abnehmen wird.

IV. Schub für die Fortentwicklung des deutschen Gesellschaftsrechts

Das Übernahmerecht hat uns quasi als Schwester die Regelung des Squeeze-Out[128] mitgebracht. Die Regelung ist geschaffen worden im Zuge der Diskussion von und im Vorgriff auf Art. 15 der Übernahmerichtlinie. Nach der Möglichkeit des „kalten" oder „warmen" Ausschlusses von Minderheiten hatte man lange gesucht.[129] Im europäisch getriebenen Erneuerungseifer hat man den Squeeze-Out auch gleich für Aktiengesellschaften eröffnet, die gar nicht börsennotiert sind.[130] Zugleich hat man damit dem althergebrachten Instrument der Eingliederung[131] aller Voraussicht nach die zukünftige Praxisrelevanz genommen. Die Eingliederung hat im Vergleich zum Squeeze-Out nämlich den Nachteil, dass den Minderheitsaktionären Aktien der zukünftigen Hauptgesellschaft als Abfindung angeboten werden müssen.[132] Ergänzend haben Gesetzgeber und Rechtsprechung das Delis-

---

[124] § 16 Abs. 4 AktG.
[125] Vgl. § 22 WpHG.
[126] §§ 311 ff. AktG.
[127] Die Einführung eines Initiativrechts von Aktionären zur Herbeiführung einer Sonderprüfung der Beziehung des herrschenden zum beherrschten Unternehmen im Rahmen des § 315 AktG durch das Gesetz zur Unternehmensintegrität und Modernisierung des Anfechtungsrechts (UMAG) BT-Drucks. 454/05, Art. 1 Nr. 36 kann hier sicher nur ein Anfang sein.
[128] §§ 327a-327f AktG.
[129] Vgl. auch BVerfG NJW 2001, 279 *(Motometer)*.
[130] Kritisch hierzu z.B. *U. Hüffer*, AktG, 7. Aufl. 2006, § 327a Rz. 4a.
[131] §§ 319 ff. AktG.
[132] Vgl. § 320b Abs. 1 Satz 3 AktG.

tung, d.h. den Rückzug einer AG von der Börse, geregelt[133] bzw. ausgestaltet.[134] Höchststimmrechte bei börsennotierten Gesellschaften und Mehrstimmrechte allgemein hatte man in Deutschland bereits mit dem KonTraG 1998 gerade unter Berufung auf das Proportionalitätsprinzip abgeschafft.[135] Damit hat innerhalb weniger Jahre im Sog des Übernahmerechts eine „Runderneuerung" durch wichtige Bereiche des Kapitalmarkt- und Gesellschaftsrechts stattgefunden.

V. Auswahl möglicher zukünftiger Themen im Übernahmerecht

1. Bestand der Rechtfertigung des Verbots von Abwehrmaßnahmen und der Durchgriffsregel

Es ist nur zu hoffen, dass wenigstens einige Mitgliedstaaten von der Durchgriffsregelung in Bezug auf das Verbot von Abwehrmaßnahmen Gebrauch machen, damit der Markt entscheiden und ausreichendes Anschauungsmaterial dafür liefern kann, welches Regelungssystem zu adäquaten Ergebnissen führt. Wer Abwehrmaßnahmen von HV-Beschlüssen abhängig macht, die erst nach der Angebotslegung gefasst werden dürfen, der sollte sich nicht wundern, wenn der Übernehmer in dieser HV bereits auftritt und den Versuch unternehmen wird, durch Anfechtung von Beschlüssen die Mehrheit gerade nicht mehr zu ihrem Recht kommen zu lassen. Dann verkehren sich all die dogmatisch schönen Ideen der Winter-Kommission in der Praxis in ihr Gegenteil. Ich halte es nicht für ausgeschlossen, dass man mit einem Übernahmerecht, das sich in Bezug auf die Rechte und Pflichten des Managements in einer Übernahmesituation im Wesentlichen an der Business Judgement Rule orientiert, zu flexibleren und in vielen Fällen einem strikten Verbot gegenüber überlegenen Lösungen kommt.[136]

In diesem Zusammenhang wäre dann empirisch auch zu prüfen, ob der sehr weitgehende Eingriff in satzungsmäßige und/oder vertraglich fixierte Rechte, die die Durchgriffsregel mit sich bringt, in der Tat zu adäquaten Ergebnissen führt. Interessant dürfte es hier sicherlich auch sein zu sehen, ob es den Mitgliedstaaten gelingt, brauchbare Entschädigungsregelungen für

---

[133] § 38 Abs. 4 Börsengesetz.
[134] BGH NJW 2003, 1032 ff. *(Macroton)*.
[135] KonTraG v. 27.04.1998, BGBl. I. 786.
[136] Vgl. etwa das Übernahmerecht im Staat Delaware *UNOCAL Corp. vs Mesa Petroleum Co.*, 493 A. 2d 946 (1985); vgl. hierzu auch Übersicht bei *H. Krause/ T. Pötzsch*, in: H.-D. Assmann/T. Pötzsch/U. H. Schneider, WpÜG, 2005, § 33 Rz. 43 ff; kritisch zum US-Recht KK-WpÜG/*H. Hirte*, 2003, § 33 Rz. 17.

den Verlust von Rechten aufgrund der Durchgriffsregel zu entwickeln.[137] Ich gehe davon aus, dass diese Problembereiche die Rechtsprechung in den nächsten Jahren nicht unerheblich beschäftigen wird.

2. Stärkere Betonung der Auktionspflicht

Die Fokussierung der Diskussion auf das Verbot von Abwehrmaßnahmen hat den Blick darauf ein wenig verstellt, was das Management eigentlich tun muss, wenn es einer Übernahme grundsätzlich positiv gegenüber eingestellt ist. Das deutsche Recht hat sich darauf beschränkt, in § 33 Abs. 1 Satz 2, 2. Abs. WpÜG die Zulässigkeit der Suche nach einem Konkurrenzangebot als Ausnahme vom Abwehrverbot zu statuieren.[138] Auch hier ist das Übernahmerecht des Staates Delaware (jedenfalls im Grundsatz) klar und eindeutig und in der Wertung leicht nachzuvollziehen. Wenn sich das Management entschieden hat, dass eine Übernahme sinnvoll ist, ändert sich seine Rolle vom „Verteidiger" des Unternehmens zu einem „Auktionator". Es ist dann die Pflicht des Managements, den besten Preis bzw. die beste Transaktion für die Anteilsinhaber zu sichern.[139] Nimmt man eine solche „Revlon Duty" an, stellen sich interessante Folgefragen in Bezug auf die Zulässigkeit von „no shop"-Klauseln, Vertragsstrafen bzw. break-up-fee-Regelungen[140] und sonstigen Vergünstigungen für einen Bieter (z.B. Gewährung von Optionsrechten auf Aktien).[141]

3. Erzwingung eines Pflichtangebotes

Die Unterbreitung eines Pflichtangebotes ist in machen Fällen für den Verpflichteten lästig und er versucht sich ihr zu entziehen. Damit stellt sich die Frage, ob und wer die Erfüllung einer Pflichtangebotsverpflichtung durchsetzen kann. Wenn die BaFin aus freien Stücken selbst gegen den Verpflichteten vorgeht, ist dem Aktionär schon ein wenig gedient. Allerdings sind die Handlungsmöglichkeiten der BaFin beschränkt und es wird empfohlen[142] und im Finanzministerium wurde offensichtlich erwogen, die

---

[137] Vgl. § 33b Abs. 5 WpÜG i.d.F. des RegE-ÜRU, BT-Drucks. 16/1003, nach den Beschlussempfehlungen des Finanzausschusses, BT-Drucks. 16/1541.
[138] Zur Einordnung der Vorschrift vgl. *H. Krause/T. Pötzsch* a.a.O., § 33 Rz. 163 ff.
[139] *Revlon, Inc. vs Mac Andrews & Forbes Holdings, Inc.*, 506 A. 2d 174 (1985).
[140] Vgl. hierzu *H. Krause/T. Pötzsch* a.a.O., § 22 Rz. 74 ff.
[141] Vgl. *Paramount Communications, Inc. vs. QVC Network*, 637 A. 2d 34 (1994).
[142] *K. Hopt/P. O. Mülbert/C. Kumpan*, AG 2005, 109, 113.

BaFin mit einer entsprechenden Anordnungsbefugnis auszustatten; die Überlegungen haben aber keinen Eingang in den RegE ÜRU gefunden.[143]

Was ist aber, wenn die BaFin selbst gegen den Angebotsverpflichteten nicht vorgehen will. Die BaFin[144] und auch die Rechtsprechung haben den Aktionären unter Verweis auf § 4 Abs. 2 WpÜG bescheinigt, dass sie keinen Anspruch auf Tätigwerden der BaFin haben.[145] Hier werden im Hinblick auf drohende Amtshaftung vor allem Fiskalinteressen einer Reform im Wege stehen.[146] § 38 WpÜG enthält mit der etwas erstaunlichen Zinsverpflichtung keinen wirklich zwingenden Rechtsbehelf für den Aktionär. Ob darüber hinausgehende Ansprüche der Aktionäre bestehen, ist streitig.[147] Der Bieter riskiert den Verlust von Rechten aus den von ihm gehaltenen Aktien[148] und eine angesichts der häufig im Risiko stehenden Werte eher moderate Geldbuße.[149] Auf der anderen Seite ist natürlich klar, dass die Eröffnung von Klagemöglichkeiten hier schnell zu Massenklagen führen kann und ein weiteres Spielfeld für diejenigen eröffnet, die landläufig als „räuberische Aktionäre" bezeichnet werden.

4. Verhinderung des Unterlaufens der Pflichtangebots-Pflicht (acting in concert)

Die Fälle der schlichten Nichterfüllung der Pflichtangebotsverpflichtung werden eher selten sein. Meistens versuchen die Beteiligten, sich ein Mäntelchen umzuhängen, so dass sie als Angebotsverpflichtete nicht sofort erkennbar sind. Ein beliebtes Mittel ist insoweit die Aufteilung des Aktienbesitzes auf mehrere Spieler. Das Gesetz hat dies als Problem gesehen und in § 30 Abs. 2 Satz 1 eine wechselseitige Zurechnungsnorm geschaffen für den Fall der Abstimmung mehrerer Personen „aufgrund einer Vereinbarung oder in sonstiger Weise". Die BaFin hat sich mit dem Nachweis des Vorliegens dieser sog. „acting in concert"-Voraussetzung bisher vergleichsweise schwer

---

[143] Vgl. FAZ „Finanzministerium will Bafin stärken", v. 25.10.2005, Nr. 248, S. 15; zum Meinungsstand de lege lata vgl. *H. Krause/T. Pötzsch* a.a.O., § 35 Rz. 248 ff.; KK-WpÜG/*H. Hirte* § 35 Rz. 187 ff.; vgl. § 40 WpÜG i.d.F. des RegE-ÜRU, BT-Drucks. 16/1003, nach den Abschlussempfehlungen des Finanzausschusses, BT-Drucks. 16/1541.

[144] BaFin, Presseerklärung v. 01.08.2002 *(G. Schmidt/France Télécom)*.

[145] Vgl. OLG Frankfurt ZIP 2003, 1251 *(Wella I)*; OLG Frankfurt AG 2003, 513 ff. *(Wella II)*; OLG Frankfurt ZIP 2003, 1297 ff. *(ProSiebenSat1 I)*; OLG Frankfurt ZIP 2003, 2206 ff. *(ProSiebenSat1 II)*.

[146] Zur Europarechts- und Verfassungskonformität des Haftungsausschlusses vgl. *H. Krause/T. Pötzsch* a.a.O, § 4 Rz. 36 ff. m.w.N.

[147] Vgl. Darstellung des Streitstands bei *H. Krause/T. Pötzsch* a.a.O, § 35 Rz. 250 ff.; KK-WpÜG/*H. Hirte*, § 35 Rz. 199.

[148] § 59 Abs. 1 WpÜG.

[149] Vgl. § 60 WpÜG.

getan und die Rechtsprechung ist ihr nicht gerade zur Hilfe geeilt. So soll ein „acting in concert" noch nicht bei einer Vorabstimmung unter Aktionären über die Wahl zum Aufsichtsrat vorliegen, sondern erst dann, wenn sie begleitet wird von einer gemeinsamen unternehmerischen Strategie.[150] Des Weiteren soll die schlichte Existenz gleichgerichteten Willens das Untenehmen in Fortführung eines bereits vorhandenen Konzepts zu sanieren, nicht ausreichend sein, um das Tatbestandsmerkmal des „acting in concert" auszufüllen.[151] Die umstrittenen Entscheidungen[152] haben nun offensichtlich auch den Gesetzgeber auf den Plan gerufen, um im Bereich des „acting in concert" jedenfalls die Ermittlungsbefugnisse der BaFin zu stärken.[153]

5. Vom Regen in die Traufe bei einer Gegenleistung in Aktien?

Bei einem Pflichtangebot kann die Gegenleistung in einer Barleistung oder in der Leistung „liquider Aktien" bestehen, die zum Handel an einem organisierten Markt zugelassen sind.[154] Nun haben wir bei der Betrachtung der Genese der Übernahmerichtlinie gelernt, dass das Pflichtangebot (auch) als Schutz vor Kontrollwechsel und damit als Schutz vor einer Konzernierung oder einem Wechsel des Konzernherrn verstanden werden will. Interessanterweise hat man dann allerdings bei den Details vergessen, diesem Gedanken auch wirklich Geltung zu verschaffen. Unter dem geltenden Recht ist der Bieter nämlich nicht gehindert, den Aktionären der Zielgesellschaft Aktien einer ebenfalls konzernierten Gesellschaft anzubieten. Dann kann der Aktionär aber aus seiner Sicht unter Umständen nur zwischen zwei Übeln, keineswegs aber zwischen der Unfreiheit und der Freiheit wählen. Der Ruf nach einer Korrektur dieser Systeminsuffizienz[155] sollte nicht ungehört verhallen, wenn es einem mit dem Kontrollwechselschutz wirklich ernst ist. Natürlich ist eine konsequente Umsetzung dieser Regelungsidee eine bittere Pille für viele Übernahmewillige in Zeiten, in denen der Cash nicht ganz so locker sitzt. Gerade in Zeiten hoher Aktienkurse werden dann Übernahmemöglichkeiten beschnitten. Vielleicht ist diese Beschneidung aber volkswirtschaftlich gar nicht so unsinnig.

---

[150] OLG München ZIP 2005, 856.
[151] OLG Frankfurt ZIP 2004, 1309.
[152] Vgl. nur *T. Kuthe/G. Brockhausen* DB 2005, 1266; *Louven* BB 2005, 1414.
[153] Vgl. FAZ „Finanzministerium will Bafin stärken" v. 25.10.205, Nr. 248, S. 15; vgl. jetzt § 40 WpÜG i.d.F. des RegE-ÜRU, BT-Drucks. 16/1003, nach den Beschlussempfehlungen des Finanzausschusses, BT-Drucks. 16/1541.
[154] Vgl. § 31 Abs. 2 WpÜG.
[155] Vgl. *K. Hopt/P. O. Mülbert/C. Kumpan* AG 2005, 109, 114; zum Streitstand de lege lata vgl. *H. Krause* a.a.O. § 31 Rz. 45.

6. Gesellschaftliche Akzeptanz

Der Lackmustest der gesellschaftlichen Akzeptanz der im Zuge der Einführung des Übernahmerechts geschaffenen Bewegungs- und Veränderungsmöglichkeiten steht jedoch noch aus. Man wird sehen, wie sich die öffentliche Meinung gestalten wird, wenn es zur Übernahme einer der großen deutschen Publikums-Aktiengesellschaften mit zentraler Bedeutung für den Wirtschaftsstandort Deutschland durch einen ausländischen Investor kommen sollte. Unlängst hat man bei dem Versuch der Übernahme der kalifornischen *UNOCAL* durch ein chinesisches Unternehmen feststellen können, dass selbst bei einem so Übernahme-erprobten Land wie den USA die Nerven bei interessanten strategischen Industrien schon einmal blank liegen können. Ähnliches ist in Spanien im Fall *Endesa/Eon* und in Luxemburg/Frankreich im Fall *Arcelor/Mital* zu beobachten. Ob man in Deutschland innerlich bereit ist, dem Kapitalmarkt das Ruder zu überlassen, wird man sicherlich auch daran ersehen können, ob die Kraft gefunden wird, aus freien Stücken das mit dem VW-Gesetz[156] geschaffene Höchststimmrecht[157] abzuschaffen. Die EU-Kommission sieht hierin einen Verstoß gegen die Kapitalverkehrsfreiheit und hat Klage vor dem Europäischen Gerichtshof eingereicht.[158]

---

[156] BGBl. I. 1960, 585; BGBl. I. 1970, 1149.

[157] Gemäß § 2 des VW-Gesetzes kann kein Aktionär mehr als 20 Prozent der Stimmrechte ausüben.

[158] Vgl. hierzu auch *H. Krause*, NJW 2002, 2747 ff., sowie *W. Kilian*, NJW 2003, 2653, 2654 f. Die Frage hat mit dem Einstieg von *Porsche* bei *VW* an praktischer Relevanz verloren.

Sassenrath

Diskussionsbericht zu dem Vortrag von Gerd Sassenrath

Stephanie Honnefelder[1]

I.

Anknüpfungspunkt für die Diskussion waren die im Schlussteil des Vortrags angesprochenen offenen Fragen, die das Übernahmerecht zukünftig noch beschäftigen werden. Es ging zunächst um den Gedanken, ob und wie zugunsten der Anteilseigner der Zielgesellschaft ein Pflichtangebot des Bieters erzwungen werden könne. In der Praxis zeige sich, dass Bieter versuchten, diese Pflicht zu umgehen, um den Unternehmenserwerb günstiger zu erreichen. Mit Sanktionen müssten solche Bieter aber nicht rechnen, weil von der Bundesanstalt für Finanzdienstleistungsaufsicht (BaFin) als zuständiger Aufsichtsbehörde in diesem Zusammenhang keine Verwaltungsakte erlassen würden. Die BaFin argumentiere, sie werde im öffentlichen Interesse tätig, der Schutz von Individualinteressen sei nicht ihre Aufgabe.

Bei Unternehmensübernahmen überwacht die BaFin das Angebotsverfahren[2] und wirkt Missständen[3] entgegen, die das Verfahren beeinträchtigen oder Nachteile für den Wertpapiermarkt insgesamt bewirken können. Diese Aufgaben nimmt sie nach § 4 Abs. 2 WpÜG „nur im öffentlichen Interesse wahr". Die Aufgabenübertragung im öffentlichen Interesse korrespondiert

---

[1] Die Verfasserin ist Referentin in der Abteilung Verbraucherschutz und Recht der Bundesanstalt für Finanzdienstleistungsaufsicht. Der Text gibt den Gang der Diskussion wieder und ist keine Äußerung der Behörde.

[2] Vgl. über die Tätigkeit in diesem Bereich die Jahresberichte der BaFin, abrufbar unter www.bafin.de, unter dem Stichwort Presse&Publikationen/Publikationen/Jahresberichte. Berichte über Unternehmensübernahmen finden sich im Bericht 2002 ab S. 171, Bericht 2003 ab S. 202 und Bericht 2004 ab S. 202 und Bericht 2005 ab S. 170. Darin auch weitere Informationen zu besonderen Einzelfällen (s. dazu auch Pressemitteilungen), Rechtsfragen im WpÜG wie z.B. „acting in concert", Bericht 2005, S. 177 f. sowie statistische Angaben. Grafik über den Ablauf eines Angebotsverfahrens im Jahresbericht 2003, S. 204.

[3] „Missstand" ist ein unbestimmter Rechtsbegriff. Er liegt vor, wenn bestimmte vom Gesetz nicht unmittelbar gebotene oder verbotene Handlungsweisen die ordnungsgemäße Durchführung des Verfahrens beeinträchtigen oder zu erheblichen Nachteilen für den Wertpapiermarkt führen können, vgl. *U. Noack,* in: E. Schwark, Kapitalmarktrechtskommentar, 3. Aufl., München 2004, § 4 Rz. 4 m.w.N.

mit den Vorschriften zur Errichtung der BaFin, insbesondere in § 4 Abs. 4 Finanzdienstleistungsaufsichtsgesetz (FinDAG),[4] der ebenfalls die Aufgabenwahrnehmung allein im öffentlichen Interesse anordnet. Der Schwerpunkt der Aufsicht liegt bei der Prüfung von Angebotsunterlagen und Anträgen auf Befreiung vom Pflichtangebot.[5]

Hier wurde die Frage nach einem möglichen Rechtsschutz gegen das Verhalten der Aufsichtsbehörde aufgeworfen und ob gesetzgeberische Initiativen zu erwarten seien, die ein Einschreiten vorschrieben.

Eine Änderung sei so lange nicht zu erwarten, wie ein Tätigwerden auch im Individualinteresse bei Fehlentscheidungen Amtshaftungsansprüche nach sich ziehe. So habe beispielsweise die BaFin im Übernahmefall *France Télécom/MobilCom* ihre Position, dass ein Anspruch auf ein Tätigwerden nicht bestehe, nur mit wenigen rechtlichen Argumenten untermauert. Dem wurde entgegengehalten, man dürfe die Überwachungsbehörde keinem Haftungsrisiko aussetzen, um sie nicht daran zu hindern, einzuschreiten, wo dies nötig sei. Eine spezielle Vorschrift, die die Haftung regele, hätte unkalkulierbare fiskalische Folgen. Der Gesetzgeber müsse dann eine Lösung finden, aus welchen Mitteln eventuelle Schadensersatzleistungen finanziert werden sollten.[6] Vergleichbare Problemlagen gebe es auch im Bereich des Kreditwesengesetzes.[7] *Sassenrath* führte aus, er sähe eine Lösung eher in einer stärkeren Betonung der Privatautonomie. Verbraucher könnten ihre Rechte selbst auf dem Zivilrechtsweg durchsetzen. Ebenso wie beispielsweise im Kartellrecht sei dann eine Entwicklung hin zu Sammelklagen nach dem Vorbild amerikanischer class actions zu erwarten.

---

[4] Vgl. dazu auch die Entscheidung des EuGH nach Art. 234 Abs. 3 EG v. 12.12.2004, Rs. C-222/02, in: NJW 2004, 3479. Der BGH hatte dem Gerichtshof die Frage vorgelegt, ob Sparern und Anlegern durch EG-Richtlinien das Recht verliehen worden sei, dass Maßnahmen der Bankenaufsicht im EG-rechtlich harmonisierten Bereich auch in ihrem Interesse wahrzunehmen seien, Vorlagebeschluss v. 16.05.2002, in: NJW 2002, 2464. In seiner abschließenden Entscheidung urteilte der BGH, dass die Bankenaufsicht ihre Aufgaben nur im öffentlichen Interesse wahrnehme und bestätigte, dass § 6 Abs. 4 KWG und der an seine Stelle getretene § 4 Abs. 4 FinDAG mit dem Europäischen Gemeinschaftsrecht und dem GG vereinbar seien, VersR 2005, 1287. Vgl. dazu auch Besprechung von *J.-H. Binder*, in: WM 2005, 1781 sowie BGH v. 02.06.2005, in: BKR 2005, 453.

[5] § 37 WpÜG sowie Nichtberücksichtigung von Stimmrechten nach § 36 WpÜG.

[6] Bei der Frage nach einer Haftung für Fehlverhalten ist insb. zu berücksichtigen, dass die BaFin nicht aus öffentlichen Mitteln finanziert wird, sondern die Kosten der Aufsicht auf die beaufsichtigten Unternehmen umgelegt werden, vgl. § 16 FinDAG.

[7] Ähnliche Fragestellungen für eine Haftung lassen sich auch für den Bereich des Versicherungsaufsichtsgesetzes und des Weiteren bspw. für Entscheidungen des Bundeskartellamtes oder der Bundesnetzagentur aufwerfen. Fehlentscheidungen dieser Behörden ziehen für die betroffenen Unternehmen ebenso schwerwiegende und allein durch Schadensersatzzahlungen kaum wieder gut zu machende Konsequenzen nach sich.

II.

Eine weitere Frage richtete sich auf die Schnittpunkte zwischen Corporate-Governance-Vorschriften und den Übernahmeregelungen des WpÜG bei der Höhe der Vergütungen für die Unternehmensleitung.

Hier traten unterschiedliche Sichtweisen in Deutschland und den USA zu Tage. In den USA herrsche die Auffassung vor, dass mit hohen Vergütungen auch ein Mehrwert für die Aktionäre geschaffen werden könne. Das Management handele als Agent der Aktionäre. Vergütungen seien die dabei entstehenden agency costs. So könne sich beispielsweise ein vertraglich geregelter Schutz vor Übernahmen, der die Leitung des Unternehmens zu Neutralität verpflichte, kontraproduktiv auswirken, weil möglicherweise bei den Aktionären ein Wille zum Verkauf bestehe. Ferner sei akzeptiert, dass besonders qualifizierte Personen auch außerordentlich gut bezahlt werden müssten. Große Einheiten erfolgreich und für die Anteilseigner gewinnbringend zu leiten sei eine Qualifikation, die nur wenige Manager wirklich besäßen.[8]

III.

Im Zentrum der Diskussion standen Rechte von Minderheitsaktionären und der Konzernschutz.

1. Zunächst wurde nach der ökonomischen Legitimation für das Pflichtangebot gefragt. §§ 35 i.V.m. 29 Abs. 2 WpÜG[9] verpflichten den Bieter bereits ab einem Anteil von 30 Prozent der Stimmrechte (Kontrollerwerb), ein Angebot zur Übernahme aller Anteile abzugeben. Diese Regelung biete den bisherigen Anteilseignern der Zielgesellschaft ein großzügiges Austrittsrecht, das für den Erwerber sehr teuer sei. Gegen eine solche Verpflichtung spreche, dass das Risiko der Anteilseigner der Zielgesellschaft überschaubar sei. Durch den neu hinzutretenden Erwerber müsse sich die Situation für die bisherigen Anteilseigner nicht verschlechtern. Zudem trete ein Erwerber selten überraschend auf, wie aktuell das Beispiel des Einstiegs von *Porsche* bei *Volkswagen* zeige.

Hier wurde erwidert, diese Argumente, die der früheren deutschen Position in der Diskussion über eine europäische Regelung für öffentliche Übernahmeangebote entsprächen, würden gegenwärtig kaum noch diskutiert. Die als Erwerber auftretenden player seien heute nicht mehr kleinere Aktionäre,

---

[8] Beispielhaft wurden hier einige große traditionsreiche deutsche Unternehmen genannt, die von Ausländern geleitet werden, weil es offenbar nur eine sehr überschaubare Menge solcher Spitzenmanager gebe.

[9] Vgl. auch Art. 5 RL 2004/25/EG v. 21.04.2004, ABl. L Nr. 142, S. 12 (Übernahmerichtlinie). Nach Art. 5 Abs. 3 Übernahmerichtlinie bestimmen die Mitgliedstaaten die Höhe des Schwellenwerts für den Kontrollerwerb.

sondern oftmals Hedge-Fonds. Solchen Investoren sei daran gelegen, möglichst häufig in eine Situation zu kommen, Anteile mit Gewinn veräußern zu können. Sie nutzten kurstreibende Übernahmephantasien und Kapitalerhöhungen, um die Zielgesellschaft für die Übernahme möglichst teuer zu machen. Vor diesem Hintergrund sei ein Schutzbedürfnis der Aktionäre der Zielgesellschaft allgemein akzeptiert.

2. Des Weiteren kam die Frage auf, ob eine Gefahr für die zu schützende Minderheit in der Zielgesellschaft nicht erst ab Erreichen der für das Beherrschungsverhältnis im Konzern maßgeblichen Schwelle von mehr als 50 Prozent der Stimmrechte (Mehrheit der Stimmrechte) vorliege.

Hier hätten Untersuchungen gezeigt, dass infolge der geringen Präsenz der Anteilseigner bei Hauptversammlungen von einer Unternehmenskontrolle bereits ab einem Wert von 30 Prozent der Stimmrechte auszugehen sei. Für Deutschland sei daher keine Änderung des Schwellenwerts mehr zu erwarten.[10] Schwierigkeiten ergäben sich aber bei den Regeln für die Zurechnung von Anteilen.[11] Innerhalb von WpÜG und WpHG seien die Vorschriften gut aufeinander abgestimmt. Unterschiede gebe es aber im Verhältnis zu den Konzernregeln[12] und zum faktischen Konzern,[13] weil sich beide Rechtsgebiete nicht im gleichen Tempo entwickelt hätten. Auch mit Blick auf eine bessere Ablesbarkeit, ab welchem Zeitpunkt ein Unternehmen von einem anderen beherrscht werde, sei daher eine Vereinheitlichung der Zurechnungsregeln wünschenswert.

3. Gleichsam spiegelbildlich wurde ein Schutzbedürfnis der Aktionäre der Bietergesellschaft diskutiert.

Während zugunsten der Anteilseigner der Zielgesellschaft Schutzvorschriften im WpÜG und der Übernahmerichtlinie niedergelegt seien, fehlten solche Regelungen zum Schutz der Aktionäre der Bietergesellschaft. Im Hinblick auf Prämienversprechen für erfolgreiche Übernahmen gegenüber der Unternehmensleitung, müssten die Aktionäre vor strategisch unsinnigen Übernahmen geschützt werden, die allein aus einem Prämieninteresse heraus vorbereitet würden.

Dem wurde entgegnet, ein solches Schützbedürfnis lasse sich nicht pauschal beobachten. Vielmehr müsse unterschieden werden zwischen einem

---

[10] Dies gelte auch für den noch andauernden Umsetzungsprozess der Übernahmerichtlinie in deutsches Recht. Am 19.12.2005 wurde der Gesetzentwurf für die Umsetzung der Übernahmerichtlinie (Übernahmerichtlinie-Umsetzungsgesetz) vorgestellt und am 15.02.2006 vom Kabinett gebilligt. Der Entwurfstext ist abrufbar unter www.bundesfinanzministerium.de Er lässt die Schwelle von 30 Prozent für den Kontrollerwerb unverändert und gewährt Zielgesellschaften vielfältige Abwehrmöglichkeiten („Opt-Out", vgl. Alt. 12 der Übernahmerichtlinie). Vgl. zu den weiteren Regelungen des Entwurfs *M. Schüppen*, in: BB 2006, 165

[11] Einzelheiten zur Zurechnung von Stimmrechten nach § 30 WpÜG auch im Jahresbericht der BaFin 2004, a.a.O., S. 205 f.

[12] § 16 Abs. 4 AktG.

[13] §§ 311 ff. AktG.

Management, das langfristig am Unternehmenserfolg interessiert sei und dementsprechend strategische Entscheidungen treffe, deren Erfolge kurzfristig kaum messbar seien. Vor diesem Hintergrund seien etwa die Kosten für die Übernahme eines Konkurrenten als strategische Kosten zu werten. Gefährlicher seien im Unterschied dazu Investoren, wie z.B. manche Investmentbanken, die keine langfristigen Interessen verfolgten und auch nicht die Konsequenzen trügen, wenn der Zusammenschluss der Unternehmen misslänge.

Als Beispiel in diesem Zusammenhang wurde der Fall *Mannesmann* angeführt. Hier sei eine Prämie für einen erfolgreichen Übernahmekampf im Vorfeld nicht vereinbart worden. Die nachträgliche Gewährung stoße nun auf rechtliche Bedenken.[14]

IV.

Die Schlussfrage zielte auf das Recht der Kapitalfreiheit für Investoren. Welche Regelungen gibt es, um die Investitionsfreiheit sicher zu stellen? Die Frage nahm Bezug auf den kürzlich gescheiterten Versuch chinesischer Investoren, in den USA das erdölverarbeitende Unternehmen *Unocal* zu übernehmen.

Aus dem europäischen Raum werde hierzu die Auffassung vertreten, die europäischen Regeln dienten unter anderem auch dazu, ein Abwehrrecht gegen unerwünschte Übernahmen Dritter zu schaffen. So gebe es auch in Europa Beispiele, in denen die jeweiligen Regierungen versuchten, über gesetzliche Vorschriften[15] hinaus Einfluss zu nehmen, weil sie nationale Interessen gefährdet sähen. Als Reaktion darauf versuchten die bietenden Gesellschaften die zuständigen Ministerien bereits im Vorfeld zu überzeugen, dass z.B. Arbeitsplätze erhalten würden. Diese Vorgehensweise erinnere ein wenig an die ursprünglichen Londoner Regeln für Unternehmensübernahmen.[16]

---

[14] Problematisch insb. § 87 AktG, vgl. dazu sehr übersichtlich *M. Lutter* und *W. Zöllner,* in: FAZ v. 10.02.2004 „Die *Mannesmann*-Prämien durften nicht gezahlt werden"; ebenso *M. Peltzer,* in: FAZ v. 04.10.2004 „Der *Mannesmann*-Freispruch ist gut begründet", der indes den Vorwurf der Untreue (§ 266 StGB) für nicht erfüllt hält. Am 21.12.2005 hat der BGH die Freisprüche des LG Düsseldorf aufgehoben, ZIP 2006, 72. Vgl. dazu Besprechung von *M. Peltzer,* in: ZIP 2006, 206; Anm. *H. Fleischer,* in: DB 2006, 542 sowie zur Gestaltung von Vorstandsverträgen *H. Bauer/J.-H. Arnold,* in: DB 2006, 546.
[15] In Deutschland z.B. Vorschriften der Außenwirtschaftsgesetzes.
[16] City Code on Takeovers and Mergers, ein auf freiwilliger Selbstkontrolle beruhender Verhaltenskodex der britischen Finanzwirtschaft, erstmals publiziert 1968, abgedr. in: A Practitioners Guide to the City Code on Takeovers and Mergers 2005/2006, 18. Aufl., London 2005, ältere Fassungen auch bei *F.B. Palmer,* Palmer's Company Law, Vol. II, Part D.

Honnefelder

Europäisches Unternehmenssteuerrecht. Eine Einführung

Stefan Lammel und Ekkehart Reimer

A. Überblick

Das Unternehmenssteuerrecht ist ein vollständiges System von Rechtssätzen, die – quer durch alle Steuerarten – einen Lebensbereich (die Besteuerung von Unternehmensträgern) regeln. Legt man diese Definition zugrunde, so gibt es kein europäisches Unternehmenssteuerrecht.[1] Das Recht der Europäischen Gemeinschaft enthält lediglich punktuelle Regelungen, die hier und da auf die mitgliedstaatlichen Steuerrechtsordnungen einwirken. Darin liegt kein Defizit, sondern ein Charakteristikum des europäischen Staatenverbunds: EU und EG haben – von Randbereichen abgesehen – keine Finanzautonomie und daher auch kaum eigene Steuerquellen.[2] Die Ertragskompetenz für den Bereich der Unternehmensbesteuerung liegt ganz überwiegend bei den Mitgliedstaaten; daher behalten sie auch die Gesetzgebungskompetenz (Konnexitätsprinzip).

Je besser der Binnenmarkt auf anderen Rechtsgebieten und hier namentlich auf dem Gebiet des Gesellschaftsrechts gewährleistet ist, desto deutlicher wird aber auch das Bedürfnis nach einem Mindestmaß an Abstimmung zwischen den mitgliedstaatlichen Steuerrechtsordnungen. Ohne diese Abstimmung drohen drei Gefahren. Die erste – klassische – Gefahr ist das Entstehen von Doppel- und Mehrfachbesteuerungen, die sich prohibitiv auf die grenzüberschreitende Wirtschaftstätigkeit auswirken. In einem weiteren Sinne sind hier auch spezifische Steuernachteile zu nennen, die ihren Grund bereits in unilateralen (in nur einer nationalen Rechtsordnung angelegten) Regelungen haben.

Dieser Gefahr ist die zweite genau entgegengesetzt: Es kommt zu unerwünschten Lücken in der Besteuerung, die von grenzüberschreitend agierenden Marktteilnehmern und ihren Beratern systematisch ausgenutzt werden, das Steueraufkommen der Mitgliedstaaten einbrechen lassen und ebenfalls zu Verzerrungen der Märkte führen können.

In den letzten zehn Jahren ist daneben zunehmend eine dritte Gefahr in den Mittelpunkt der steuerpolitischen Aufmerksamkeit gerückt: Je mobiler die ökonomischen Faktoren (Arbeitskräfte, Kapital, Know-how) innerhalb

---

[1] Vgl. *D. Birk,* Das sog. „Europäische" Steuerrecht, in: FR 2005, 121 (127).
[2] Hierzu umfassend *B. Meermagen,* Beitrags- und Eigenmittelsystem (2002).

Europas werden, desto heftiger wird auch der Wettbewerb zwischen den Staaten. Gerade im Steuerrecht ist ein *race to the bottom* längst im Gange.[3] Die Mitgliedstaaten müssen ihre Steuern senken, um das Steuersubstrat nicht ganz zu verlieren.

Das Gemeinschaftsrecht versucht, allen drei Gefahren zu begegnen. Die nachfolgende Darstellung zeigt dies am Beispiel der deutschen Steuern auf die Gewinne von Kapitalgesellschaften (Körperschaftsteuer, Gewerbesteuer). Hingewiesen sei aber darauf, dass der Grad an gemeinschaftsrechtlicher Durchdringung bei anderen Steuerarten teilweise erheblich differiert. So ist namentlich im Bereich der Umsatzsteuer (Mehrwertsteuer) eine engmaschige, fast lückenlose Harmonisierung anzutreffen; andere Steuerarten wie etwa die Grund- und Grunderwerbsteuer sind dagegen wegen ihres stark territorialen Bezugs europarechtlich überhaupt nicht angeglichen.

Im Vordergrund der nachfolgenden Darstellung stehen zunächst die besonders dichten, aber nur einige wenige Wirtschaftsvorgänge abdeckende Regelungen des Sekundärrechts (nachfolgend B.). Soweit eine Harmonisierung fehlt, kommt vor allem den Grundfreiheiten (unten C.), vereinzelt auch dem Beihilfenrecht (unten D.) Bedeutung zu. Den Abschluss bildet ein kurzer Blick auf sonstige Regelungen, die in den Bereich der intergouvernementalen Zusammenarbeit oder des soft law fallen (unten E.). Die Darstellung verfolgt dabei einen doppelten Zweck: Ihr didaktisches Anliegen liegt darin, eine Einführung in das Recht der Besteuerung von im Binnenmarkt tätigen Kapitalgesellschaften zu geben; ihr wissenschaftliches Bestreben ist die Identifikation von Gemeinsamkeiten und Unterschieden, die sich bei der Europäisierung des Steuerrechts im Vergleich zum Gesellschaftsrecht ergeben.

B. Sekundärrecht

Trotz ihres beschränkten Anwendungsbereichs bilden die Richtlinien auf dem Gebiet der direkten Steuern das Rückgrat des Europäischen Unternehmenssteuerrechts. Im Wesentlichen sind hier drei Richtlinien zu nennen: die Mutter-Tochter-Richtlinie zur Besteuerung von Dividenden, die eine Tochter- an ihre Muttergesellschaft ausschüttet (nachfolgend I.), die parallel konstruierte, aber deutlich jüngere Richtlinie über die Zahlung von Zinsen und Lizenzgebühren bei verbundenen Unternehmen (unten II.) und die steuerliche Fusionsrichtlinie (unten III.). Kursorisch ist ferner auf die Amtshilferichtlinie (unten IV.) und die Beitreibungsrichtlinie (unten V.) einzugehen.

---

[3] Vgl. die Tabelle im Beitrag von *Johanna Hey* (in diesem Band), S. 300.

I. Mutter-Tochter-Richtlinie

Die Mutter-Tochter-Richtlinie (MTRL[4]) dient der Vermeidung einer Doppelbesteuerung und einer wirtschaftlichen Doppelbelastung, wenn eine Tochtergesellschaft Gewinne erzielt und an ihre Muttergesellschaft ausschüttet. Persönliche Voraussetzungen für die beteiligten Gesellschaften sind, dass es sich um körperschaftsteuerpflichtige, in einem EU-Mitgliedstaat ansässige Gesellschaften einer der im Anhang zur MTRL aufgeführten Rechtsform handelt. In sachlicher Hinsicht muss die Mindestbeteiligung von derzeit 20 Prozent[5] erfüllt sein. Außerdem muss die Ausschüttung einen grenzüberschreitenden Bezug aufweisen.[6]

1. Besteuerung im Sitzstaat der Tochtergesellschaft

Die Gewinne der Tochtergesellschaft werden – nach Maßgabe des innerstaatlichen Rechts der Staaten, in denen die Tochtergesellschaft wirtschaftlich tätig ist – im Veranlagungszeitraum ihres Entstehens auf der Ebene der Tochtergesellschaft besteuert. Die MTRL setzt erst auf der Ebene der Dividendenausschüttungen an. Sie verbietet dem Sitzstaat der ausschüttenden Tochtergesellschaft die Besteuerung der an die Muttergesellschaft gezahlten Dividende (Art. 5 Abs. 1 MTRL). Deutschland hat diese Regelung durch §§ 43b i.V.m. 50d EStG umgesetzt.

2. Besteuerung im Sitzstaat der Muttergesellschaft

Daneben enthält die MTRL aber auch Vorgaben für die Besteuerung im Sitzstaat der empfangenden Muttergesellschaft.

a) Dividendenfreistellung oder Anrechnung der Besteuerung

Auch im Ansässigkeitsstaat der Muttergesellschaft besteht grundsätzlich ein Besteuerungsverbot. Der Sitzstaat der Muttergesellschaft kann allerdings für eine Besteuerung optieren, muss in diesem Fall aber die von der Tochtergesellschaft[7] auf ihre Gewinne entrichtete Steuer („indirekt", weil keine

---

[4] RL des Rates v. 23.07.1990 über das gemeinsame Steuersystem der Mutter- und Tochtergesellschaften verschiedener Mitgliedstaaten (90/435/EWG), ABl. L 225 v. 02.08.1990, S. 6; zuletzt umfassend geändert durch RL 2993/123/EG v. 22.12.2003, ABl. L 7 v. 13.01.2004, S. 41.

[5] Ab 2007: 15 Prozent, ab 2009: 10 Prozent.

[6] Seit der Änderung von 2003 sind auch Zahlungen der Tochtergesellschaft an Betriebstätten der Muttergesellschaft erfasst, soweit in dieser die Beteiligung gehalten wird.

[7] Und jeder Enkelgesellschaft – Art. 1 Abs. 1a, 2. Unterabs. MTRL.

Personenidentität besteht) anrechnen.[8] Im Ergebnis wird dadurch nicht nur die Doppelbesteuerung der Muttergesellschaft selber, sondern zugleich auch die Doppelbelastung der Gesamtheit beider Gesellschaften vermieden. Die Besteuerung wird im Fall der indirekten Anrechnung jedoch auf das Niveau im Ansässigkeitsstaat der Muttergesellschaft hochgeschleust.

Entsprechendes gilt für den Fall, dass der Sitzstaat der Muttergesellschaft die Tochtergesellschaft nicht wie eine Kapital-, sondern wie eine Personengesellschaft behandelt und sie als steuerlich transparent ansieht.[9]

Deutschland hat sich für die erstgenannte Variante entschieden und stellt sämtliche Dividenden, die eine in Deutschland ansässige Muttergesellschaft bezieht, nach § 8b Abs. 1 KStG frei. Dabei kommt es nicht auf die Beteiligungshöhe an; auch eine Mindesthaltefrist ist nicht zu wahren. Damit geht Deutschland über die Vorgaben der MTRL weit hinaus. Zugleich werden auf diese Weise Doppelbelastungen vermieden, die sich bei Verwendung der Methode der indirekten Anrechnung in drei- und mehrstufigen Konzernen bis zur Revision der MTRL im Jahr 2003 ergeben konnten.[10]

b) Versagung des Abzugs von Betriebsausgaben

Trotz dieser Regelungen können Schachtelbeteiligungen gegenüber Einheitsgesellschaften steuerlich weiterhin Nachteilen ausgesetzt sein. Der gravierendste Nachteil liegt in einer vollständigen Versagung des Abzugs derjenigen Betriebsausgaben, die sich auf die Beteiligung an einer Tochtergesellschaft beziehen, auf der Ebene der Muttergesellschaft. Die MTRL lässt diese Versagung zu;[11] Deutschland hat von der Ermächtigung allerdings nicht Gebrauch gemacht.[12]

Darüber hinaus erlaubt es die MTRL dem Sitzstaat der Muttergesellschaft aber auch, die mit der Beteiligung zusammenhängenden Verwaltungskosten pauschal, d.h. unabhängig von ihrer tatsächlichen Existenz und Höhe, auf bis zu 5 Prozent der von der Tochtergesellschaft an sie ausgeschütteten Gewinne festzusetzen und bis zu dieser Höhe vom Betriebsausgabenabzug auszuschließen. Auf dieser Grundlage beruht die Vorschrift des deutschen § 8b Abs. 5 KStG. Er löst eine außerbilanzielle Hinzurechnung in Höhe von 5 Prozent der ausgeschütteten (und in Höhe der Ausschüttung selber freiges-

---

[8] Art. 4 Abs. 1 MTR.
[9] Art. 4 Abs. 1a UAbs. 2 MTR.
[10] RL 2003/123/EG des Rates v. 22.12.2003 zur Änderung der RL 90/435/EWG über das gemeinsame Steuersystem der Mutter- und Tochtergesellschaften verschiedener Mitgliedstaaten, ABl. EG L 7 v. 13.01.2004, S. 41 ff. Vgl. zur Bedeutung dieser Änderung *M. Lehner/E. Reimer/A. Rust,* Europäisches Steuerrecht, in: G. Frotscher (Hrsg.), Lehrgang Internationale Unternehmensbesteuerung (2004), Bd. 3, S. 57.
[11] Art. 4 Abs. 2 Satz 1 MTRL.
[12] Vgl. *O. H. Jacobs,* Internationale Unternehmensbesteuerung, 5. Aufl. (2002), S. 534. Insb. kommt § 3c Abs. 1 EStG nicht zum Zug, da § 8b Abs. 5 KStG insoweit *lex specialis* ist und die Aussage enthält, dass die Muttergesellschaft ihre beteiligungsbezogenen Betriebsausgaben grundsätzlich abziehen kann.

168 *Europäisches Unternehmenssteuerrecht. Eine Einführung*

tellten) Dividende aus und führt im Ergebnis dazu, dass die Dividendenfreistellung (oben a)) sich auf 95 Prozent der ausgeschütteten Dividende beschränkt und es im Übrigen zur regulären Belastung mit Körperschaftsteuer und Solidaritätszuschlag auf der Ebene der Muttergesellschaft kommt.[13]

Rechenbeispiel:

Dividende:		100 €
außerbilanzielle Kürzung		
davon freigestellt (§ 8b Abs. 1 KStG)	100 €	
als Dividende zu versteuern		0 €
außerbilanzielle Hinzurechnung:		
Bemessungsgrundlage: Dividende	100 €	
5 % hieraus	5 €	
zu versteuern		5 €
Steuerbelastung:		
KSt	25 %	1,25 €
Solidaritätszuschlag (5,5 % hieraus)	1,375 %	0,07 €
Gesamtbelastung		1,32 €

Wenngleich diese Belastung auf den ersten Blick als gering erscheint, kann sie in der Praxis erheblich ins Gewicht fallen. Denn erstens geht sie von der Bruttodividende aus, wird also durch tatsächliche Betriebsausgaben nicht reduziert. Wenn die Muttergesellschaft in dem vorstehenden Rechenbeispiel tatsächliche Betriebsausgaben von 90 hatte, beträgt der Nettogewinn nur noch 10. Die Steuerbelastung bleibt aber absolut gleich (1,32 €); relativ zum Nettogewinn verzehnfacht sie sich (auf 13,2 Prozent). Sind die Finanzierungsaufwendungen der Muttergesellschaft gleich hoch oder höher als die vereinnahmte Dividende, kommt es dennoch zu einer Besteuerung bzw. zu einer Reduzierung der anzurechnenden Verluste. Zweitens vervielfacht sich die hier ausgewiesene Belastung von 1,32 Prozent der Dividende mit jeder zusätzlichen Beteiligungsstufe (Weiterausschüttung); es kommt zum sog. Kaskadeneffekt.

II. Richtlinie über Zahlung von Zinsen und Lizenzgebühren

Als „jüngere Schwester" der MTRL hat der Rat im Sommer 2003 eine Parallelrichtlinie über die Behandlung von Zins- und Lizenzgebührenzahlungen

---

[13] Im Inlandsfall kann diese Belastung durch die Begründung einer Organschaft vermieden werden; im grenzüberschreitenden Fall kommt dieser Weg nach geltendem Recht dagegen nicht in Betracht. Allerdings liegt darin eine unzulässige (europarechtswidrige) Diskriminierung. Vgl. statt aller *Körner*, BB 2003, 2436, 2440.

bei verbundenen Unternehmen verabschiedet (ZLRL[14]). Im Vergleich zur MTRL weist die ZLRL einen deutlich höheren Komplexitätsgrad auf, weil sie neben der Einnahmenseite (Frage der Besteuerung der Zinsen bzw. Lizenzgebühren auf Seiten der vereinnahmenden Gesellschaft; dies in Parallelität zur Frage der Dividendenbesteuerung auf Seiten der Muttergesellschaft nach Maßgabe der MTRL) auch die Ausgabenseite in den Blick nimmt (Frage der Abziehbarkeit gezahlter Zinsen bzw. Lizenzgebühren auf der Ebene der Schuldnergesellschaft) und beide Ebenen miteinander verknüpft: Die ZLRL verbietet dem Quellenstaat die Besteuerung aller im Konzernverbund gezahlten Zinsen und Lizenzgebühren[15] und ordnet zugleich an, dass diese Zinsen und Lizenzgebühren im Sitzstaat der zahlenden Gesellschaft als Betriebsausgaben abzugsfähig sein müssen. Anders gewendet: Konzernintern gezahlte Zinsen bzw. Lizenzgebühren dürfen nur im Sitzstaat der empfangenden Gesellschaft besteuert werden; und mit dieser Belastung korrespondiert eine Entlastung im Sitzstaat der zahlenden Gesellschaft. Damit wird erstens jede juristische und wirtschaftliche Doppelbesteuerung beseitigt.[16] Zweitens ist dadurch – sieht man von den möglichen Folgen unterschiedlicher Steuerniveaus in den beteiligten Mitgliedstaaten ab – auf Ebene der Muttergesellschaft[17] eine doppelte Neutralität garantiert:

– Erstens wird die konzerninterne *Fremd*finanzierung nicht anders behandelt als eine konzerninterne *Eigenkapital*finanzierung (für die die MTRL gilt); beide Finanzierungsarten lösen – sieht man von der 5-Prozent-Regel ab[18] – keine Steuerbelastung aus (Finanzierungsneutralität).
– Zweitens wird der mehrstufige Konzern nicht anders behandelt als die Einheitsgesellschaft; hier wie dort führen Innentransaktionen (Kapitalausstattung, Ausstattung mit immateriellen Wirtschaftsgütern) in der Summe nicht zu einer Erhöhung der steuerlichen Bemessungsgrundlage (Konzernstufenneutralität).

Der persönliche Anwendungsbereich der ZLRL erfasst dabei primär Kapitalgesellschaften, von denen eine zu mindestens 25 Prozent[19] unmittelbar an der anderen beteiligt ist oder die eine gemeinsame Muttergesellschaft haben, die an jeder der beiden Tochtergesellschaften eine unmittelbare Beteiligung von mindestens 25 Prozent hält. Die Festlegung einer Mindesthaltefrist von

---

[14] RL 2003/49/EG des Rates v. 03.06.2003 über eine gemeinsame Steuerregelung für Zahlungen von Zinsen und Lizenzgebühren zwischen verbundenen Unternehmen verschiedener Mitgliedstaaten, ABl. EG L/157 v. 26.06.2003, S. 49 ff.
[15] Art. 1 Abs. 1 ZLRL.
[16] Weiter gehende Verpflichtungen aus innergemeinschaftlichen DBA bleiben allerdings unberührt: Art. 9 ZLRL.
[17] Auf Ebene der Tochtergesellschaft bleibt es hingegen bei einer gravierenden Ungleichbehandlung: Während Zinszahlungen als Betriebsausgaben vom zu versteuernden Gewinn der Tochtergesellschaft abgezogen werden, ist dies bei Dividendenzahlungen nicht der Fall.
[18] Oben B.I.2. b).
[19] Eine Angleichung an die Änderungen der MTRL ist bislang nicht erfolgt.

Lammel/Reimer

zwei Jahren ist den Mitgliedstaaten vorbehalten.[20] Neben den in einem Mitgliedstaat ansässigen Gesellschaften erstreckt sich die ZLRL daneben auf deren Betriebstätten, soweit sie sich in einem Mitgliedstaat befinden und ihr die Zinsen oder Lizenzgebühren auch wirtschaftlich zuzuordnen sind.[21] Ist die Betriebstätte auf Seiten der zahlenden Gesellschaft zwischengeschaltet, hängt die Anwendbarkeit der Richtlinie auf sie weiter davon ab, dass ihr im Hinblick auf die Zinsen bzw. Lizenzgebühren in ihrem Belegenheitsstaat der Betriebsausgabenabzug zusteht.[22]

Der Kreis der betroffenen Zahlungen ist dabei sehr weit gefasst. Der Zinsbegriff der Richtlinie umfasst Einkünfte aus Forderungen jeder Art. Lizenzgebühren i.S.d. Richtlinie sind Vergütungen jeder Art für die Benutzung oder das Recht auf die Benutzung von Urheberrechten, Patenten, Marken, Mustern oder Modellen, Plänen, Formeln oder Verfahren, ferner Vergütungen für Mitteilungen gewerblicher, kaufmännischer oder wissenschaftlicher Erfahrungen.

Den Mitgliedstaaten ist nur dann noch eine Quellenbesteuerung erlaubt, wenn die betreffenden Entgelte einem Drittvergleich nicht standhalten oder wenn ein Betrug/Missbrauch vorliegt.

III. Fusionsrichtlinie

Zeitgleich mit der Mutter-Tochter-Richtlinie hat der Europäische Rat die Fusionsrichtlinie (FRL) verabschiedet.[23] Es ist ihrem Gegenstand geschuldet, dass die FRL viel deutlicher als die beiden vorgenannten Richtlinien Bezüge zu gesellschaftsrechtlich vorgeprägten Sachverhalten aufweist. Im Rahmen der vorliegenden Untersuchung ist die Darstellung ihrer Regelungen deshalb von besonderem Interesse.

1. Grundlagen

Die FRL enthielt ursprünglich nur Regeln für
– die Fusion,
– die Spaltung (= Aufspaltung i.S.d. § 123 Abs. 1 UmwG),

---

[20] Art. 3 lit. b ZLRL.
[21] Art. 1 Abs. 3 i.V.m. Abs. 5 ZLRL.
[22] Art. 1 Abs. 3 ZLRL.
[23] Heute: RL des Rates v. 23.07.1990 über das gemeinsame Steuersystem für Fusionen, Spaltungen, Abspaltungen, die Einbringung von Unternehmensteilen und den Austausch von Anteilen, die Gesellschaften verschiedener Mitgliedstaaten betreffen, sowie für die Verlegung des Sitzes einer Europäischen Gesellschaft oder einer Europäischen Genossenschaft von einem Mitgliedstaat in einen anderen Mitgliedstaat (90/434/EWG), ABl. EWG L 225 v. 20.08.1990, S. 1, zuletzt geändert durch RL 2005/19/EG des Rates v. 17.02.2005, ABl. EG L 58 v. 04.03.2005, S. 19.

– die Einbringung von Unternehmensteilen und
– den Austausch von Anteilen von Kapitalgesellschaften
(ausnahmsweise) in Fällen, in denen die beteiligten Gesellschaften – nach Maßgabe des jeweiligen innerstaatlichen Steuerrechts – in unterschiedlichen Mitgliedstaaten ansässig waren.[24] Seit einer substanziellen Revision Anfang 2005 erfasst die FRL darüber hinaus die Abspaltung und die innergemeinschaftliche Sitzverlegung der Europäischen Aktiengesellschaft (SE) und der Europäischen Genossenschaft (SCE).

Der persönliche Anwendungsbereich der FRL ist ähnlich beschränkt wie derjenige der MTRL und ZLRL: Die beteiligten Gesellschaften müssen der Körperschaftsteuer unterliegen, in einem EU-Mitgliedstaat ansässig sein und eine der im Anhang zur FRL aufgeführten Rechtsformen aufweisen.[25]

2. Sitzstaat der übertragenden/wegziehenden Gesellschaft

Zentrales Anliegen der Richtlinie ist der Verzicht des Mitgliedstaats, in dem die übertragende/wegziehende Gesellschaft ansässig war, auf jede Besteuerung anlässlich der Strukturmaßnahme.[26] Dies soll allerdings nur unter Beachtung der fiskalischen Interessen des betroffenen Mitgliedstaates erfolgen, d.h. wenn der Steuerpflichtige die bisherigen Buchwerte und damit die in den Beteiligungen oder sonstigen Wirtschaftsgütern verkörperten stillen Reserven fortführt und diese steuerverhaftet bleiben.[27] Hintergrund dieser Regelung ist das in den DBA verankerte Betriebstättenprinzip. Soweit eine Betriebstätte zurückbleibt, verliert der Mitgliedstaat das Besteuerungssubstrat nicht;[28] es findet nur ein Wechsel von der unbeschränkten zur beschränkten Steuerpflicht statt, der nicht notwendigerweise mit steuerlichen Einbußen verbunden ist.[29] Wenn und soweit dieser Mitgliedstaat dagegen die Befugnis zur Besteuerung der Gewinne aus der Veräußerung bestimmter Wirtschaftsgüter verliert, soll er die stillen Reserven besteuern dürfen.[30] Für

---

[24] Art. 1 lit. a i.V.m. Art. 3 FRL.
[25] Art. 3 FRL. Die Freistellung des Übernahmegewinns im Sitzstaat der übernehmenden Gesellschaft unterliegt zudem einem Mindestbeteiligungserfordernis. Siehe dazu nachfolgend B.III.3.
[26] Art. 4 Abs. 1 FRL; die FRL schreibt zwar keine Methode zur Gewährung der Steuerneutralität vor, im deutschen Steuersystem kommt jedoch nur die Buchwertfortführung in Betracht.
[27] Art. 4 Abs. 3 FRL.
[28] Art. 7 Abs. 1 Satz 2, 13 Abs. 2 OECD-MA.
[29] Gemäß Art. 10 Abs. 1, 3. Unterabs. FRL gilt dies auch für den Staat, in dem sich eine Betriebstätte der übertragenden/wegziehenden Gesellschaft befindet. Für diesen ändert sich durch die Fusion/Spaltung/Sitzverlegung schließlich regelmäßig gar nichts.
[30] Explizit spricht die FRL dies (abgesehen von dem Sonderfall in Art. 10) allerdings nirgendwo aus.

Holdinggesellschaften und Gesellschaften, die z.B. viele Patente, Marken o.ä. halten, hat dies zur Folge, dass eine Steuerneutralität des Umwandlungsvorgangs nach der FRL regelmäßig nicht in Betracht kommt.

Flankiert wird das Besteuerungsverbot von einigen weiteren Regelungen: Der Staat der übertragenden/wegziehenden Gesellschaft muss die Übertragung von Rückstellungen und Rücklagen[31] sowie von Verlustvorträgen, soweit dies bei gleichartigen inländischen Maßnahmen möglich ist,[32] auf die zurückbleibende Betriebstätte zulassen.

3. Sitzstaat der übernehmenden/zuziehenden Gesellschaft

Für den Sitzstaat der übernehmenden/zuziehenden Gesellschaft enthält die FRL kaum Regelungen. Insbesondere die Frage der Bewertung der neu in die Steuerhoheit dieses Staates gelangenden Wirtschaftsgüter ist nicht geregelt. Da ein Besteuerungsrecht grundsätzlich nur für die Gewinne in Betracht kommt, die unter der eigenen Steuerhoheit entstanden bzw. angelegt sind, müsste eine Bewertung zum gemeinen Wert/Teilwert erfolgen.

Klar geregelt ist hingegen, dass ein eventueller Übernahmegewinn von einer Besteuerung freizustellen ist, wenn die übernehmende Gesellschaft eine Beteiligung von mehr als 25 Prozent[33] an der übertragenden Gesellschaft hält. Hintergrund dieser Regelung ist ein angestrebter Gleichlauf mit der MTRL. Nach dieser könnte die Tochtergesellschaft vor einer Einbringung oder Verschmelzung die Wirtschaftsgüter auch veräußern, d.h. die darin ruhenden stillen Reserven aufdecken, und steuerfrei (siehe oben) eine Dividende an ihre Muttergesellschaft ausschütten. Da der Übernahmegewinn nichts an deres als eine kumulierte Ausschüttung oder Aufdeckung der (in den Anteilen der Tochtergesellschaft enthaltenen) stillen Reserven darstellt, muss dieser unter gleichen Voraussetzungen steuerfrei bleiben.

4. Sitzstaat der Gesellschafter

Art. 8 Abs. 1 FRL verpflichtet schließlich den Sitzstaat des Gesellschafters zur Steuerneutralität. Soweit die Umwandlung bei dem Gesellschafter einen Anteilstausch verursacht, muss dieser Anteilstausch steuerneutral gestellt werden. Dies ist Ausdruck des regelmäßig in den DBA verankerten

---

[31] Art. 5 FRL.
[32] Art. 6 FRL.
[33] Erst die Neufassung der FRL 2005 hat diese sprachliche Differenz zur Regelung in der MTRL beseitigt. 2007 sinkt die Mindestbeteiligung auf 15 Prozent; 2009 auf 10 Prozent. Die in der Neufassung verankerte 20-Prozent-Grenze spielt in der Praxis hingegen keine Rolle, da die Neufassung der FRL erst zum 01.01.2007 umgesetzt werden muss und dann schon die 15-Prozent-Grenze gilt.

Wohnsitzstaatsprinzips, wonach der Ansässigkeitsstaat das Besteuerungsrecht für den Gewinn aus der Veräußerung der Gesellschaftsanteile hat.[34] Da durch die Umwandlung dieses Besteuerungsrecht (mangels Ortsveränderung des Gesellschafters) nicht tangiert ist, bleibt das Besteuerungsrecht unverändert.

Probleme tauchen auf, soweit DBA ausnahmsweise – abweichend von Art. 13 Abs. 5 OECD-MA - nicht dem Wohnsitzstaat des Gesellschafters, sondern dem Sitzstaat der Gesellschaft die Besteuerung zuweisen. Dies ist im Verhältnis Deutschlands zu drei neuen EU-Mitgliedstaaten der Fall.[35] Soweit die Gesellschaft bei der Umwandlung ihren Sitz verlegt (Sitzverlegung, Verschmelzung etc.), verliert der bisherige Sitzstaat die Befugnis zur Besteuerung. Art. 8 FRL verbietet dennoch eine Besteuerung; ob endgültig oder nur für den Moment ist umstritten.[36]

IV. Amtshilferichtlinie

Die Amtshilferichtlinie[37] ermöglicht einen steuerlichen Auskunftsverkehr zwischen den Mitgliedstaaten der Europäischen Union. Er erstreckt sich auf die Steuern vom Einkommen, vom Ertrag und vom Vermögen, ferner auf Steuern auf Versicherungsprämien.[38] Bezüglich dieser Steuern sind die Mitgliedstaaten auf Ersuchen eines anderen Mitgliedstaates zur Erteilung von Auskünften verpflichtet. Daneben gibt es – in begrenztem Umfang – einen automatischen Austausch von Auskünften; er betrifft allerdings nur bestimmte Fallgruppen und Branchen, auf die sich die Mitgliedstaaten in einem informellen Konsultationsverfahren festlegen können.

Streng davon zu unterscheiden sind Spontanauskünfte (Auskünfte, die ohne ein Ersuchen des anderen Mitgliedstaates im Einzelfall erteilt werden).

---

[34] Art. 13 Abs. 5 OECD-MA.

[35] Art. 13 Abs. 3 DBA Zypern (1974) und Art. 13 Abs. 3 des alten DBA mit der ČSSR (1980), das im Verhältnis zur Slowakei und zu Tschechien noch fortgilt (BGBl. II 1993, 762). Mit allen drei Ländern steht aber der Abschluss neuer DBA bevor (BMF v. 11.01.2006, IV B 5 - S 1301 - 1/06), die voraussichtlich keine entsprechende Klausel mehr enthalten werden.

[36] S. hierzu *St. Lammel/G. Maier*, in: G. Manz/B. Mayer/A. Schröder, SE, Teil D, Kap. 2, Rdnr. 68 ff.; *A. Schmalz*, Internationalisierung des Umwandlungssteuergesetzes, 2004, S. 68; *S. Griemla*, Grenzüberschreitende Verschmelzung, 2003, S. 510 f.

[37] RL 77/799/EWG, ABl. EWG L 336/15 v. 19.12.1977, in Deutschland umgesetzt durch EG-Amtshilfegesetz v. 19.12.1985, BGBl. I 1985, 2436, zuletzt geändert durch EG-Amtshilfe-Anpassungsgesetz v. 02.12.2004, BGBl. I 2004, 3112.

[38] Demgegenüber sind die Verbrauchsteuern und die Umsatzsteuer, auf die sich die Amtshilferichtlinie zwischenzeitlich erstreckte (s. *Takacs,* Das Steuerrecht der Europäischen Union, 1998, S. 487 f.), im Jahr 2004 aus dem Anwendungsbereich dieser Richtlinie in eine Verordnung ausgegliedert worden: VO (EG) Nr. 2073/2004 des Rates v. 16.11.2004 über die Zusammenarbeit der Verwaltungsbehörden auf dem Gebiet der Verbrauchsteuern, ABl. EG L 359 v. 04.12.2004, S. 1 ff.

Wann die Mitgliedstaaten einander zur Erteilung von Spontanauskünften verpflichtet sind, regelt die Richtlinie abschließend. Wichtigster Fall ist die drohende Steuerverkürzung. Hier setzt die Erteilung einer Spontanauskunft aber tatsächliche Anhaltspunkte für die Vermutung voraus, dass Steuern desjenigen Mitgliedstaats verkürzt worden sind oder verkürzt werden könnten, dem die Spontanauskunft erteilt wird.[39] Im Übrigen gelten für alle Auskünfte strenge Voraussetzungen; i.d.R. müssen kumulativ die Datenschutzregeln des mitteilenden und des empfangenden Mitgliedstaats erfüllt sein; außerdem muss der empfangende Mitgliedstaat außer Stande sein, sich die Informationen im Inland zu beschaffen. Auch die in der Richtlinie vorgesehenen Verfahren gelten in der Praxis als schwerfällig. Die grenzüberschreitende Amtshilfe fristet daher bis heute ein Schattendasein.

V. Beitreibungsrichtlinie

Die EG-Beitreibungsrichtlinie[40] ermöglicht die Steuererhebungs- und -vollstreckungshilfe zwischen den Mitgliedstaaten der Europäischen Union. Ursprünglich waren von der Richtlinie nur gemeinschaftsrechtlich geprägte Abgaben wie die Ein- und Ausfuhrabgaben, die Verbrauchsteuern auf Tabak, Alkohol und Mineralöle sowie Rückforderungen von Landwirtschaftsbeihilfen erfasst. Nach einer umfassenden Änderung im Jahre 2001 geht die Bedeutung der Richtlinie aber weit über diese Abgaben hinaus; inzwischen fallen auch alle Steuern vom Einkommen, Ertrag und Vermögen, Zinsen sowie von Verwaltungsbehörden verhängte Bußgelder und Geldstrafen in den sachlichen Anwendungsbereich der Richtlinie. Ausgeklammert bleibt dagegen z.B. die Erbschaftsteuer.

Soweit die Richtlinie reicht, verpflichtet sie die Mitgliedstaaten dazu, auf Anforderung Steuerforderungen anderer Mitgliedstaaten gemäß den eigenen Rechtsvorschriften beizutreiben oder Sicherungsmaßnahmen zu ergreifen.

VI. Vergleichende Würdigung

Insgesamt ist die Harmonisierung des Rechts der Unternehmensbesteuerung innerhalb der EG damit außerordentlich bruchstückhaft. Dies gilt insbesondere für die materiellrechtlichen Regelungen: Sieht man von der ZLRL ab (oben B.II.), fehlt es an einheitlichen Vorgaben für die steuerliche Be-

---

[39] BFH, Beschl. v. 15.02.2006, I B 87/05, DB 2006, 877 = DStR 2006, 795.
[40] RL 76/308/EWG v. 15.03.1976, zuletzt geändert durch RL 2001/44/EG, ABl. EG L 175, 17, in Deutschland umgesetzt durch EG-Beitreibungsgesetz v. 10.08.1979, BGBl. I 1979, 2150, zuletzt geändert durch StÄndG 2001 v. 20.12.2001, BGBl. I 2001, 3794. Zu dieser RL *J. Mueller,* IWB 1999/12 Aktuell 1999, 563 f.; und *M. Engelschalk,* in: K. Vogel/M. Lehner, DBA, 4. Aufl. (2003), Art. 27 Rdnr. 5 ff.

handlung grenzüberschreitender Innenumsätze. Selbst eine unternehmensinterne innergemeinschaftliche Verlagerung von Wirtschaftsgütern kann eine Steuerbelastung auslösen. Verluste können vielfach innerhalb eines Mitgliedstaats (nach dessen nationalem Recht), nicht aber grenzüberschreitend mit anderweitigen Gewinnen verrechnet werden; dadurch kann es zum „Verlust der Verluste", jedenfalls aber zu Zins- und Liquiditätsnachteilen kommen. Zudem fehlen einheitliche Regeln zur Quantifizierung der dem Grunde nach steuerbaren Umsätze (Desiderat einheitlicher Gewinnermittlungsvorschriften), und schließlich divergieren die Steuersätze.

Stellt man auf dieser Grundlage einen wertenden Vergleich mit dem Harmonisierungsstand des Gesellschaftsrechts an, so erweist sich das Europäische Steuerrecht als deutlich unterentwickelt. Im Gesellschaftsrecht fand schon frühzeitig eine echte Rechtsangleichung mit der Verabschiedung einer Reihe von Richtlinien statt, die sich allerdings auf Kapitalgesellschaften, insbesondere die Aktiengesellschaft, konzentrierten.[41] Vorläufiger Höhepunkt war zunächst die Schaffung der supranationalen Rechtsform der EWIV.[42] Nach mehr als zehnjähriger Pause bekam die europäische Integration im Gesellschaftsrecht durch die Verabschiedung der SE-VO auf dem Gipfel von Nizza neuen Schwung.[43] Kurz danach folgten weitere Integrationsmaßnahmen wie die Verabschiedung der Europäischen Genossenschaft,[44] der Übernahmerichtlinie[45] und der Verschmelzungsrichtlinie.[46] Weitere Richtlinien liegen als Entwürfe vor oder sind mittelfristig angekündigt.[47]

Nur in einer Hinsicht kommt der Harmonisierung auf dem Gebiet des Steuerrechts eine Pionierfunktion zu: Grenzüberschreitende Verschmelzungen und Spaltungen, die steuerlich seit 1990 in der FRL geregelt sind, waren lange Zeit weder im Europäischen Gesellschaftsrecht noch in vielen mitgliedstaatlichen Rechtsordnungen, darunter der deutschen, vorgesehen. Erst die Verabschiedung der SE-VO und numehr die Verschmelzungsrichtlinie haben diese steuerrechtlichen Vorschriften zum Leben erweckt.[48]

---

[41] 1. bis 12. RL.

[42] VO 2137/85/EWG, ABl. Nr. L 199/1 v. 31.07.1985.

[43] VO (EG) Nr. 2157/2001 des Rates v. 08.10.2001 über das Statut der Europäischen Gesellschaft (SE), ABl. Nr. L 294/1 v. 10.11.2001.

[44] VO (EG) Nr. 1435/2003 des Rates v. 22.07.2003 über das Statut der Europäischen Genossenschaft (SCE), ABl. Nr. L 207/1 v. 18.08.2003.

[45] RL 2004/25/EG des Europäischen Parlaments und des Rates v. 21.04.2004 betreffend Übernahmeangebote, ABl. Nr. L 142/12 v. 30.04.2004.

[46] RL 2005/56/EG des Europäischen Parlaments und des Rates v. 26.10.2005 über die Verschmelzung von Kapitalgesellschaften aus verschiedenen Mitgliedstaaten, ABl. Nr. L 310/1 v. 25.11.2005.

[47] Zum Stand der Entwicklung des Gesellschaftsrechts s. Überlick z.B. bei *W. Bayer*, BB 2004, 1.

[48] Allerdings sind eine Reihe von Mitgliedstaaten ihrer Umsetzungspflicht immer noch nicht nachgekommen.

Im Ganzen bleibt es aber bei dem Befund, dass die steuerrechtliche Harmonisierung weit hinter der gesellschaftsrechtlichen zurückbleibt. Rechtlich liegt der wesentliche Grund für diesen unterschiedlichen Integrationsstand in dem Einstimmigkeitserfordernis des Art. 94 EG, der für das Steuerrecht nicht – wie für das Gesellschaftsrecht - durch Art. 95 i.V.m. Art. 14 und Art. 251 EG derogiert wird (vgl. Art. 95 Abs. 2 EG). Politisch geht das Einstimmigkeitserfordernis im Bereich der Besteuerung darauf zurück, dass das fiskalische Eigeninteresse der Mitgliedstaaten einer Harmonsierung in weit stärkerem Maße entgegensteht als das rein ordnungsrechtliche, das dem Gesellschaftsrecht zugrunde liegt. Im ordungsrechtlichen Bereich geht es den Mitgliedstaaten - vereinfacht gesprochen – primär um die Durchsetzung eines bestimmten Schutzniveaus; dessen Herkunft („Heimatrecht" oder „Fremdrecht") ist regelmäßig aber von sekundärer Bedeutung. Demgegenüber ist im Steuerrecht die Frage der anwendbaren Rechtsordnung fest mit der staatlichen Ertragshoheit verknüpft: Solange es kein grenzüberschreitendes Clearing zwischen den Mitgliedstaaten oder einen horizontalen Europäischen Finanzausgleich gibt, fließen dem Mitgliedstaat, dessen Steuerrechtsordnung angewendet werden darf, auch die Steuereinnahmen aus den tatbestandsmäßigen Einkünften zu. Damit ist die gesetzgeberischen Interessenlage hier grundsätzlich anders als im Gesellschaftsrecht.

C. Grundfreiheiten

Verlängert man diese Perspektive eines wertenden Vergleichs zwischen Steuerrecht und Gesellschaftsrecht in den Bereich der Grundfreiheiten hinein, so verändert sich der Befund.[49] In der Rechtsprechung des EuGH haben die Grundfreiheiten während der zurückliegenden zehn Jahre die Erhebung der direkten Steuern durch einen Mitgliedstaat aufgrund seines innerstaatlichen Rechts vielfach und oftmals überraschend eingeschränkt.[50] Diese Entwicklung nahm ihren Ausgangspunkt bei der Belastung natürlicher Per-

---

[49] Hierzu zusammenfassend unten C.IV.
[50] Gesamtdarstellungen: *B. Knobbe-Keuk*, in: EuZW 1995, 177 ff.; die Beiträge bei M. Lehner (Hrsg.), Steuerrecht im Europäischen Binnenmarkt, DStJG Bd. 19 (1996); Institut Finanzen und Steuern (Bearbeiter: *H. Hahn*), Die Vereinbarkeit von Normen des deutschen internationalen Steuerrechts mit EG-Recht, IFSt-Schrift Nr. 378 (1999); *E. Reimer,* Die Auswirkungen der Grundfreiheiten auf das Ertragsteuerrecht der Bundesrepublik Deutschland, in: M. Lehner (Hrsg.), Grundfreiheiten im Steuerrecht der EU-Staaten (2000), S. 39 ff.; *S. Fischer,* Primäres Gemeinschaftsrecht und direkte Steuern (2001); *A. Cordewener,* Europäische Grundfreiheiten und nationales Steuerrecht, 2002, passim; *H. Hahn,* DStZ 2005, 433 ff., 469 ff., 507 ff.; *J. Englisch,* StuW 2003, 88 ff.; ferner *H. Weber-Grellet,* Europäisches Steuerrecht (2005), S. 43 ff.

sonen; der EuGH– nicht frei von *judicial activism*[51] - aber in mindestens gleichem Maße auch auf andere Unternehmensträger, namentlich die juristischen Personen.

I. Schutzbereich

Der Schutzbereich der Grundfreiheiten umfasst nahezu jede wirtschaftliche Betätigung innerhalb des Binnenmarkts. Eine dominierende Rolle im Bereich der direkten Besteuerung von Kapitalgesellschaften nehmen die Niederlassungs- und inzwischen auch die Kapitalverkehrsfreiheit ein. Die Niederlassungsfreiheit ist berührt, sobald ein Unternehmen eine dauerhafte wirtschaftliche Betätigung in einem anderen Mitgliedstaat ausübt; die Kapitalverkehrsfreiheit betrifft Finanztransaktionen und alle Formen von Investitionen einschließlich reiner Immobilieninvestitionen.

Häufig ist durch eine steuerliche Maßnahme (z.B. die unterschiedliche Besteuerung von Betriebstätten ausländischer Kapitalgesellschaften und inländischer Kapitalgesellschaften) sogar der Schutzbereich beider Grundfreiheiten eröffnet,[52] was in der Literatur zu der Bezeichnung als *Komplementärverhältnis* geführt hat.[53] Der EuGH macht sich jedoch regelmäßig nicht die Mühe einer genauen Abgrenzung der beiden Schutzbereiche. Sobald eine der beiden Grundfreiheiten betroffen ist, wird die Einschlägigkeit der anderen nicht mehr überprüft.[54]

---

[51] Allgemein *P. Häberle,* Europäische Verfassungslehre, 3. Aufl. (2005), S. 421; *T. Tridimas,* The Court of Justice and Judicial Activism, in: ELR Bd. 21 (1996), 199 ff. Speziell zur Entwicklung im Steuerrecht *J. Hey,* StuW 2004, 193 ff. (197); *P. Fischer,* FR 2005, 457 ff.

[52] *M. Sedlaczek,* in: R. Streinz, EUV/EGV, 2003, Art. 56 EGV, Rdnr. 12 f.; *J. Tiedje/P. Troberg,* in: H. von der Groeben/ J. Schwarze (Hrsg.), EU-/EG-Vertrag, 2003, Art. 43 EG, Rdnr. 26; *G. Ress/J. Ukrow,* in: E. Grabitz/M. Hilf, Das Recht der Europäischen Union, Kommentar, Stand: August 2003, Art. 56 EGV, Rdnr. 31; *P. von Wilmowsky,* in: D. Ehlers, Europoäische Grundrechte und Grundfreiheiten, 2003, § 12, Rdnr. 3; *W. Frenz,* Handbuch Europarecht – Europäische Grundfreiheiten, 2004, Rdnr. 1967, 2770 f.; *W. Kessler/K. Eicker/R. Obser,* IStR 2004, 325 (326); *W. Schön,* in: GS Knobbe-Keuk, 1997, S. 749 f.; *ders.,* in: FS Wassermeyer, 2005, S. 499. Nach a.A. ist in diesen Fällen nur die Niederlassungsfreiheit eröffnet: *R. Eckhoff,* in: A. Bleckmann, Europarecht, 1997, Rdnr. 1726; *A. Randelzhofer/U. Forsthoff,* in: E. Grabitz/M. Hilf, Das Recht der Europäischen Union, Kommentar, Stand: August 2003, Art. 43 EG, Rdnr. 115

[53] *W. Kessler/K. Eicker/R. Obser,* IStR 2004, 325 (326).

[54] S. nur EuGH v. 04.02.2002, Rs. C-367/98 (Goldene Aktie I, Kommission/Portugal), Slg. 2002, I-4731, Rdnr. 56; EuGH v. 04.06.2002, Rs. C-483/99 (Goldene Aktie II, Kommission/Frankreich), Slg. I-4781, Rdnr. 56; EuGH v. 18.11.1999, Rs. C-200/98 (X AB und Y AB), Slg. 1999, I-8261, Rdnr. 30. Der EuGH scheint dabei selbst in der Prüfungsreihenfolge kein Rangverhältnis zwischen der Niederlassungs- und der Kapitalverkehrsfreiheit anzunehmen. In den Rs. Goldene Aktie I und II hat er

Nicht verzichtet hat der EuGH nach wie vor auf die Voraussetzung eines grenzüberschreitenden Moments. Soweit eine rein inländische Betätigung vorliegt, sind die Grundfreiheiten nicht betroffen und der EuGH für die Überprüfung nicht zuständig. Das Tatbestandsmerkmal der Grenzüberschreitung wurde jedoch zunehmend weiter ausgelegt, so dass nur noch von der Notwendigkeit eines grenzüberschreitenden Moments gesprochen werden kann.[55]

Schuldner der Grundfreiheiten sind gleichermaßen der Herkunftsstaat und der Zielstaat. Gläubiger der Grundfreiheiten ist jeder, der unmittelbar oder mittelbar von der staatlichen Maßnahme betroffen ist. Daher kann sich auch die „Marktgegenseite" vielfach auf die Grundfreiheiten berufen (passive Dienstleistungsfreiheit, passive Kapitalverkehrsfreiheit). Dieses auch als Korrelarberechtigung bezeichnete Phänomen hat in einer Reihe von EuGH-Urteilen im Bereich der direkten Unternehmensbesteuerung eine Rolle gespielt.[56]

II. Die Tatbestände von Diskriminierung und Beschränkung

Ausgangspunkt ist das in den Grundfreiheiten konkretisierte europarechtliche Diskriminierungsverbot. Von dessen ursprünglichen Verständnis eines Verbots der Diskriminierung von Aus- gegenüber Inländern hat es sich weiterentwickelt und erfasst auch indirekte (versteckte) Diskriminierungen, die nicht an die Staatsangehörigkeit (Herkunft) anknüpfen, sondern z.B. die Ansässigkeit als Kriterium wählen. In dieser Wirkungsweise richten sich die Grundfreiheiten gegen den Zielstaat einer wirtschaftlichen Betätigung des Steuerpflichtigen. Daneben verpflichten sie aber auch seinen Herkunftsstaat. Dieser darf die grenzüberschreitende Betätigung nicht schlechter behandeln als den Inlandsfall. Verboten sind dabei auch geringfügige Behinderungen.

---

jeweils die Kapitalverkehrsfreiheit geprüft und eine Verletzung der Niederlassungsfreiheit dahinstehen lassen; in der Rs. X und Y war es umgekehrt.

[55] Ausführlich: *J. Gebauer*, Grundfreiheiten als Gemeinschaftsgrundrechte, 2004, S. 79 ff.; *A. Randelzhofer/U. Forsthoff*, in: E. Grabitz/M. Hilf, vor Art. 39-55 EGV, Rdnr. 43 ff. m.w.N.; *D. Ehlers*, in: D. Ehlers, Europäische Grundrechte und Grundfreiheiten, 2003, § 7, Rdnr. 50.

[56] EuGH v. 12.04.1994, Rs. C-1/93 (Halliburton Services), Slg. 1994, I-1137 (Kläger = Grundstückserwerber; in Niederlassungsfreiheit Verletzter = Grundstücksveräußerer); EuGH v. 16.07.1998, Rs. C-264/96 (ICI), Slg. 1998, I-4695 (Kläger = Großmuttergesellschaft; in Niederlassungsfreiheit Verletzter = Enkelgesellschaft); EuGH v. 12.12.2002, Rs. C-324/00 (Lankhorst-Hohorst), Slg. 2002, I-11779 (Kläger = Tochtergesellschaft; in Niederlassungsfreiheit Verletzter = Muttergesellschaft). S. dazu auch *A. Randelzhofer/U. Forsthoff*, in: E. Grabitz/M. Hilf, Das Recht der Europäischen Union, Kommentar, Stand: August 2003, vor Art. 39-55 EGV, Rdnr. 39 ff., die von Korrelarberechtigten sprechen. Dies ablehnend: *W. Frenz*, Handbuch Europarecht – Europäische Grundfreiheiten, 2004, Rdnr. 290 f.

In diesem Zusammenhang spricht der EuGH von einem Beschränkungsverbot. Trotz dieser freiheitsrechtlich gefärbten Terminologie handelt es sich dogmatisch aber bei den Beschränkungsverboten nach wie vor ebenfalls (wenn auch nicht ausschließlich) um Diskriminierungsverbote; auch in dieser Wirkungsweise verbieten die Grundfreiheiten die Schlechterstellung des grenzüberschreitenden Falls gegenüber dem Inlandsfall.

Noch nicht geklärt ist die Frage der Behandlung „echter" Beschränkungen im Bereich der direkten Unternehmensbesteuerung. Teile der Literatur beharren darauf, dass die Grundfreiheiten lediglich weit zu verstehende Diskriminierungsverbote darstellen. Außerhalb des Steuerrechts hat der EuGH zwar auch nichtdiskriminierende Beschränkungen[57] für unzulässig erklärt; jedenfalls für das materielle Steuerrecht hat diese Rechtsprechung aber bislang keine Bedeutung.[58] Die steuerliche Belastungsentscheidung bedarf dem Grunde nach keiner Rechtfertigung vor dem Gemeinschaftsrecht; sie ist vielmehr als Ausdruck mitgliedstaatlicher Steuerhoheit gemeinschaftsrechtlich hinzunehmen. Allenfalls dann, wenn diskriminierungsfreie nationale Steuerregelungen im Extremfall verbotsgleiche (weil „erdrosselnde") Wirkung haben, kommt ein Verstoß gegen die Grundfreiheiten in Betracht. In diesem Sinn kann auch die Bosman-Rechtsprechung des EuGH verstanden werden.

III. Rechtfertigungsgründe

Die tatbestandliche Diskriminierung indiziert die Verletzung der anwendbaren Grundfreiheit(en). Im Einzelfall ist aber eine Rechtfertigung möglich, wenn ein zwingender Grund des Allgemeininteresses vorliegt[59]. Als derartige Rechtfertigungsgründe hat der EuGH (nicht abschließend) folgende Belange anerkannt:

---

[57] EuGH v. 15.12.1995, Rs. C-415/93, Slg. 1995, I-4921 – Bosman (Gemeinschaftsrechtswidrigkeit der Pflicht eines Fußballvereins zur Zahlung einer Ablösesumme beim grenzüberschreitenden Vereinswechsel eines Profifußballspielers, obwohl der Vertrag des Betroffenen mit dem alten Verein ausgelaufen war); seither st. Rspr.

[58] Ansätze finden sich allerdings im Bereich des Verfahrensrechts (Belastung mit doppelter „Compliance"; vgl. etwa EuGH v. 15.05.1997, Rs. C-250/95, Slg. 1997, I-2471 – *Futura Participations und Singer*; BFH v. 14.7.2004, I R 94/02, BFHE 206, 350 = BStBl. II 2005, 721, unter II.2.c. der Gründe; *E. Reimer*, SWI 2006, 197 ff.). Auch dort lassen sich die Beschränkungen aber noch als Diskriminierungen deuten. Siehe hierzu auch unten C.IV. und F.

[59] EuGH v. 06.06.2000, Rs. C-35/98, Slg. 2000, I-4073 - *Verkooijen*, Rdnr. 46; v. 07.09.2004, Rs. C-319/02, Slg. 2004, I-7477 - *Manninen*, Rdnr. 29; v. 19.01.2006, Rs. C-265/04 - *Bouanich*, Rdnr. 38; v. 14.09.2006, Rs. C-386/04 - *Stauffer*, Rdnr. 42.

– die Bekämpfung der Steuerverkürzung[60] und des Missbrauchs von Gestaltungsmöglichkeiten[61],
– die Wirksamkeit der Steueraufsicht, insbesondere die Durchsetzung von Erklärungspflichten und die Amtsermittlung[62],
– die Wahrung der inneren Stimmigkeit („Kohärenz") der mitgliedstaatlichen Steuerrechtsordnung[63].

Wenn ein Rechtfertigungsgrund der Sache nach eingreift, ist weiter zu prüfen, ob die tatbestandliche Diskriminierung geeignet ist, das rechtfertigende Ziel zu erreichen oder mindestens zu fördern, und ob sie nicht über das erforderliche Maß hinausgeht[64].

Insbesondere bei der Erforderlichkeitsprüfung ist der EuGH deutlich strenger als es das BVerfG in vergleichbaren Grundrechtsfällen wäre. Der EuGH gesteht dem mitgliedstaatlichen Gesetzgeber keine umfassende Einschätzungsprärogative zu. Vielmehr wählt er eine zweistufige Prüfung.

Auf der ersten Stufe stellt er grundsätzlich eine eigene Sachprüfung an. So verweist er z.B. im Falle verfahrensrechtlicher Ungleichbehandlungen stereotyp auf die (praxisferne) Möglichkeit zwischenstaatlicher Amts- und Beitreibungshilfe[65]. Auf der zweiten Stufe prüft der EuGH, ob das Recht des betroffenen Mitgliedstaats die angegriffene Maßnahme wirklich in allen Fällen vorsieht, in denen sie nach der Sachlogik des behaupteten Rechtferti-

---

[60] EuGH v. 16.07.1998, Rs. C-264/96, Slg. 1998, I-4695 – *ICI*, Rdnr. 26; v. 08.03.2001, Rs. C-397/98 und C-410/98, Slg. 2001, I-1727 – *Metallgesellschaft u.a.*, Rdnr. 57.

[61] Vgl. etwa EuGH v. 09.03.1999, Rs. C-212/97, Slg. 1999, I-1459 – *Centros*, Rdnr. 25; v. 21.11.2002, Rs. C-436/00, Slg. 2002, I-10829 – *X und Y*, Rdnr. 42.

[62] Hierzu z.B. EuGH v. 15.05.1997, Rs. C-250/95, Slg. 1997, I-2471 – *Futura/Singer*, Rdnr. 31; v. 08.07.1999, Rs. C-254/97, Slg. 1999, I-4809 – *Baxter*, Rdnr. 18; v. 21.11.2002, Rs. C-436/00, Slg. 2002, I-10829 – *X und Y*, Rdnr. 51; aus dem nichtsteuerlichen Bereich zuletzt EuGH v. 18.07.2006, Rs. C-406/04 – *De Cuyper*, m. Anm. *Wollenschläger,* EuZW 2006, 503 ff.

[63] Hierzu wegweisend EuGH v. 28.01.1992, Rs. C-204/90, Slg. 1992, I-249 – *Bachmann*; GA Kokott, Schlussanträge v. 18.03.2004, Rs. C-319/02, IStR 2004, 313 – *Manninen*. Vgl. auch *E. Reimer,* in: Lehner (Hrsg.), Grundfreiheiten im Steuerrecht der EU-Staaten (2000), S. 39 ff.; *M. Elicker,* IStR 2005, 89 ff.

[64] Dazu EuGH v. 15.05.1997, Rs. C-250/95, Slg. 1997, I-2471 – *Futura/Singer*, Rdnr. 26; v. 21.11.2002, Rs. C-436/00, Slg. 2002, I-10829 – *X und Y*, Rdnr. 49; und zuletzt v. 07.09.2006, Rs. C-470/04 – *N. gegen Inspecteur van de Belastingdienst Oost*, Rdnr. 40.

[65] EuGH v. 28.01.1992, Rs. C-204/90, Slg. 1992, I-249 – *Bachmann*, Rdnr. 18 und 20; v. 28.01.1992, Rs. C-300/90, Slg. 1992, I-305 – *Kommission/Belgien*, Rdnr. 11 und 13; v. 14.02.1995, Rs. C-279/93, Slg. 1995, I-225 – *Schumaker*, Rdnr. 43-45; v. 15.05.1997, Rs. C-250/95, Slg. 1997, I-2471 – *Futura/Singer*, Rdnr. 41; v. 07.09.2006, Rs. C-470/04 – *N. gegen Inspecteur van de Belastingdienst Oost*, Rdnr. 52 f.; aus der Literatur v. a. *A. Cordewener,* Europäische Grundfreiheiten und nationales Steuerrecht (2002), S. 637 und 640; ferner *A. Schnitger,* BB 2002, S. 336.

gungsgrunds vorgesehen werden müsste. Ist das nicht der Fall, versagt der EuGH die Rechtfertigung in toto (sog. Anerkennungsgrundsatz[66]).

IV. Vergleichende Würdigung

Vergleicht man abschließend die Bedeutung, die die Grundfreiheiten für das Steuerrecht erlangt haben, mit ihrer Bedeutung für das Gesellschaftsrecht, zeigen sich auf Tatbestandsseite zunächst viele Gemeinsamkeiten: Hier wie dort hat der EuGH die Grundfreiheiten bislang ausschließlich als Gleichheitssätze verstanden. Eine Ausdehnung auf „echte" Beschränkungen hat jedenfalls für das materielle Steuerrecht nicht stattgefunden;[67] im Gegenteil: Die (in den Entscheidungen *Überseering* und *Inspire Art* aufrechterhaltene[68]) *Daily-Mail*-Entscheidung,[69] wonach nationale Gesellschaften nur soweit existieren können, wie ihr nationales Recht dies zulässt, könnte sogar als Ablehnung „echter" Beschränkungen im Gesellschafts- und Steuerrecht gesehen werden.

Gemeinsam ist beiden Rechtsgebieten außerdem, dass der EuGH gleichermaßen Inbound- und Outbound-Fälle den primärrechtlichen Bindungen unterstellt. Auch die Anforderungen an die Vergleichspaarbildung und die Rechtfertigung von Ungleichbehandlungen weisen parallele Entwicklungslinien auf: „Diskriminierungen" i.e.S. (Inbound-Fälle) waren seit jeher fast immer unzulässig. Die ursprünglich leichter zu rechtfertigenden „Beschränkungen" (Outbound-Fälle) werden allmählich ebenfalls an diesen strengen Maßstab herangeführt.

Größere Unterschiede zwischen Steuer- und Gesellschaftsrecht zeigen sich dagegen auf der Rechtsfolgeseite. Lange Zeit galt hier der Befund, dass die Rechtsfolgen der Grundfreiheiten für das Gesellschaftsrecht eindimensional, für das Steuerrecht dagegen mehrdimensional sind.[70] Die Rechtsprechungslinie *Centros-Überseering-Inspire Art* lässt sich dahin zusammenfassen, dass die Gründungstheorie in Europa gesiegt hat; die Unternehmen können das Recht ihres Heimatstaates in den Zuzugsstaat mitnehmen. Damit wirkt der Anwendungsvorrang des Gemeinschaftsrechts primär auf das

---

[66] Zu dieser Argumentationsfigur EuGH, Urt. v. 15.5.1997, Rs. C-250/95, Slg. 1997, I-2471 - *Futura/Singer*, Rdnr. 40; Urt. v. 17.10.2002, Rs. C-79/01, EuZW 2003, S. 94 - *Payroll Data Services*, Rdnr. 37. Zu dieser Argumentationsfigur vgl. die Anm. von *N. Dautzenberg*, FR 1997, S. 570 (571); weitere Nachweise bei *A. Cordewener* (oben Fn. 65), S. 636 mit Fn. 954.

[67] Vgl. oben Fn. 58.

[68] EuGH v. 05.11.2002, Rs. C-208/00 (Überseering), Slg. 2002, I-9919, Rdnr. 61 ff., 81; EuGH v. 30.09.2003, Rs. C-167/01 (Inspire Art), Slg. 2003, I-10155, Rdnr. 103.

[69] EuGH v. 27.09.1988, Rs. 81/87 (Daily Mail), Slg. 1988, I-5483, Rdnr. 19 ff.

[70] Vgl. *W. Schön*, Playing Different Games? Regulatory Competition in Tax and Company Law Compared, in: CMLR Bd. 42 (2005), 331 ff. (344 f.).

mitgliedstaatliche IPR ein. Er bestimmt binär (im Sinne eines statusbezogenen „Alles oder Nichts") über die Anwendbarkeit des deutschen Gesellschaftsrechts in toto auf eine bestimmte ausländische Gesellschaft. Durch diese Einwirkung der Grundfreiheiten auf Meta-Tatbestände (das Kollisionsrecht) könnte sich im Gesellschaftsrecht der eigenwillige Effekt einer Segmentierung von Teilrechtsgebieten (v.a. eine Ausgliederung der Regelungen des Gläubigerschutzes oder der Arbeitnehmermitbestimmung aus dem Gesellschaftsrecht) ergeben.[71]

Demgegenüber sind die Einwirkungen der Grundfreiheiten auf das Steuerrecht seit jeher fein ausdifferenziert. Weil es hier kein Kollisionsrecht nach dem Vorbild des IPR gibt (sondern jeder Staat grundsätzlich nur sein eigenes Steuerrecht anwendet, niemals ein fremdes), wirkt das Gemeinschaftsrecht unmittelbar auf das Sachrecht, d.h. das materielle (Außen-)Steuerrecht ein. Im Steuerrecht betreffen die Grundfreiheiten damit eine Vielzahl von Einzelnormen und machen einzelne von ihnen im Hinblick auf Fälle mit Auslandsberührung ganz oder teilweise unanwendbar. Natürlich bleibt es auch im Steuerrecht dabei, dass die Grundfreiheiten lediglich eine negative Integration herbeiführen; indem sie aber die Modalitäten der Besteuerung modifizieren, wurden sie als wirkmächtiger und gestaltungskräftiger wahrgenommen als im Gesellschaftsrecht.

Erst mit seiner Entscheidung in der Rechtssache *Sevic*[72] hat der EuGH auch für das Gesellschaftsrecht den Einfluss des Europarechts auf materielle Normen des nationalen Rechts etabliert. Der Siegeszug der Gründungstheorie lässt erwarten, dass sich in Zukunft auch im Gesellschaftsrecht die Streitigkeiten vom IPR in den Bereich des Sachrechts verlagern werden. Hier kommt dem Steuerrecht aber eine Pionierfunktion zu.

Demgegenüber eilt das Gesellschaftsrecht dem Steuerrecht bei der Ableitung des Herkunftslandprinzips aus den Grundfreiheiten voraus. Anders als im Gesellschaftsrecht sind Effekte einer „Mitnahme der Heimatrechtsordnung" im Steuerrecht bislang nur in Ansätzen erkennbar: Im Fall *Futura* hat der EuGH zwar die Ausgestaltung einer einzelnen *compliance*-Regelung dem Herkunftslandprinzip unterworfen;[73] ähnliche Tendenzen zeigt jüngst – allerdings noch weitgehend unreflektiert – auch der BFH.[74] Diese Tenden-

---

[71] *Ders.*, S. 354 f.
[72] EuGH v. 13.12.2005, C-411/03, *Sevic Systems AG*, IStR 2006, 32; dazu C. *Teichmann* (in diesem Band), S. 68 (unter B.II.2.); M. *Siems,* EuZW 2006, 135.
[73] EuGH, Urt. v. 15.5.1997, Rs. C-250/95, Slg. 1997, I-2471, Rdnr. 23 ff. Vgl. auch oben Fn. 58.
[74] Beispiel: BFH, Beschl. v. 14.07.2004, I R 94/02, im Hinblick auf die Anforderungen, die an die Satzung einer gemeinnützigen Körperschaft zu stellen sind. (Wegen eines anderen Gesichtspunkts hat der BFH den Fall dem EuGH vorgelegt; s. EuGH v. 14.09.2006, Rs. C-386/04 - *Stauffer*). In ausdrücklicher Abweichung von der erstinstanzlichen Entscheidung des FG München v. 30.10.2002, EFG 2003, 481, lässt der BFH es hier genügen, dass eine gebietsfremde Körperschaft bestimmte (materiell-rechtliche!) Gemeinnützigkeitsvoraussetzungen nach Maßgabe ihres Hei-

zen beschränken sich aber auf steuerordnungsrechtliche Normen. Demgegenüber folgt die materielle Steuerbelastungsentscheidung weiterhin dem Bestimmungslandprinzip. Dabei wird es auch bleiben, solange es im Steuerrecht bei den für das öffentliche Recht prägenden Verkettungen des anwendbaren Eingriffsrechts mit dem den Eingriff ausübenden Staat und seiner Finanzierungsverantwortung/Ertragszuständigkeit bleibt.

D. Beihilfenrecht

Gänzlich steuerspezifisch, d.h. ohne gesellschaftsrechtliches Gegenstück ist der Einfluss des Beihilfenrechts (Art. 87 f. EG) auf die Rechtsordnungen der Mitgliedstaaten.[75] Es enthält ein grundsätzliches Verbot aller den Binnenmarkt verzerrenden staatlichen Subventionen. Ausnahmen sind in Art. 87 Abs. 2 (Legalausnahmen) und Abs. 3 (Ermessensausnahmen) geregelt. Nach Art. 87 Abs. 3 EG steht das Verbot also unter dem Vorbehalt einer besonderen – tatsächlichen oder fingierten – Erlaubnis der Kommission.

I. Grundlagen

Für das Recht der Unternehmensbesteuerung ist entscheidend, ob und unter welchen Voraussetzungen körperschaft- oder gewerbesteuerliche Vergünstigungen oder Verschonungen, die auf bestimmte Steuerpflichtige oder Gruppen von Steuerpflichtigen zugeschnitten sind, dem Beihilfenregime des EG (Art. 87 ff.) und damit der Beihilfenaufsicht der Kommission unterfallen.

Im Grundsatz erfasst Art. 87 alle Maßnahmen, „die durch die Begünstigung bestimmter Unternehmen oder Produktionszweige den Wettbewerb verfälschen oder zu verfälschen drohen, [...] soweit sie den Handel zwischen den Mitgliedstaaten beeinträchtigen" (Art. 87 Abs. 1 EG). Sofern steuerliche Regelungen den danach erforderlichen Binnenmarktbezug aufweisen, müs-

---

matrechts erfüllt und dann von - abweichenden und teilweise weitergehenden – Anforderungen des deutschen Gemeinnützigkeitsrechts entbunden wird.

[75] S. hierzu vor allem die Mitteilung der Kommission v. 01.11.1998, ABl. EG Nr. C 384/3 v. 10.12.1998 = BStBl. I 1999, 205. Literatur: *W. Schön*, CMLR Bd. 36 (1999), 911 ff.; *M. M. Koschyk*, Steuervergünstigungen als Beihilfen nach Artikel 92 EG-Vertrag (1999); *J. Blumenberg/M. Lausterer*, FS für A. Rädler, S. 1 ff.; *V. Kluge*, Das Internationale Steuerrecht, 4. Aufl. (2000), Rdnr. B54 und K6; *L. Wartenburger*, IStR 2001, 397 ff.; *B. Jansen,* Vorgaben des europäischen Beihilferechts für das nationale Steuerrecht (2003); *G. Jochum*, Die Steuervergünstigung (2006), S. 422 ff. Allgemein zum Beihilfenrecht v.a. *C. Koenig/J. Kühling/N. Ritter*, EG-Beihilfenrecht (2002); aus der Kommentarliteratur statt aller *H. J. Cremer*, in: C. Calliess/M. Ruffert (Hrsg.), Kommentar zu EU-Vertrag und EG-Vertrag, 2. Aufl. (2002), Art. 87 EG Rdnr. 1 ff.

sen sie diesen materiellen Anforderungen genügen. Die Beihilfenregeln kennen insbesondere keinerlei Steuervorbehalt.[76]

Materielle Voraussetzung des Beihilfenverbots ist erstens die Existenz eines staatlich induzierten Vorteils für den Begünstigten, durch den dessen reguläre Steuerlast vermindert wird. Derartige Vorteile können sich auf der Ebene der Bemessungsgrundlage, des Tarifs oder des Besteuerungsverfahrens ergeben. Daher können z.B. auch notorische Erhebungsdefizite Anlass für ein Beihilfenaufsichtsverfahren sein.

Zweitens muss der Vorteil durch einen Mitgliedstaat oder jedenfalls aus staatlichen Mitteln gewährt werden; Steuermindereinnahmen genügen.

Drittens ist die Selektivität der betreffenden Maßnahme erforderlich; die Begünstigung muss als Abweichung von der Standardbelastung anzusehen und darf nicht „durch die Natur oder den inneren Aufbau" der betroffenen mitgliedstaatlichen Steuerrechtsordnung gerechtfertigt sein.[77] Damit ist zugleich klargestellt, dass alle „allgemeinen Maßnahmen", die der notwendig unterschiedlichen Festsetzung von Steuersätzen, der Vermeidung von Doppelbesteuerung o.ä. dienen, von Art. 87 grundsätzlich nicht erfasst werden. Gleiches gilt für allgemeine, d.h. diskriminierungsfrei ausgestaltete wirtschaftspolitische Maßnahmen wie etwa die Förderung von Forschung und Entwicklung, Umweltschutz, Bildung oder Ausbildung. Umgekehrt können Vergünstigungen, die speziell kleineren und mittleren Unternehmen gewährt werden, auch ohne weitere Tatbestandsmerkmale (wie etwa eine ausdrückliche Beschränkung auf inländische Unternehmen) gegen Art. 87 EG verstoßen, wenn man in der betroffenen Branche davon ausgehen kann, dass es sich bei den begünstigten Kleinunternehmen regelmäßig um einheimische handelt, die größeren ausländischen Konkurrenten gegenüber stehen.

Viertens muss durch den Vorteil der Wettbewerb zwischen den Mitgliedstaaten beeinträchtigt werden. Ähnlich wie die Grundfreiheiten setzen damit auch die Art. 87 ff. EG einen spezifischen Auslandsbezug voraus.

Nur hingewiesen sei darauf, dass die Überprüfung innerstaatlicher Regelungen am Maßstab des Beihilfenrechts weitere Rechtsfragen nach sich zieht. In jüngerer Zeit zählen dazu vor allem Fragen von Vertrauensschutz und Rechtssicherheit bei der Rückforderung und bei der rückwirkenden Absenkung von Beihilfen. Die damit zusammenhängenden Fragen sind aber nicht spezifisch steuerrechtlicher Natur.

---

[76] Mitteilung der Kommission v. 01.11.1998, ABl. EG Nr. C 384/3 v. 10.12.1998 = BStBl. I 1999, 205 (206), Rdnr. 8.

[77] EuGH v. 02.07.1974, Rs. C-173/73, Slg. 1974, 709 - *Italien/Kommission*, Rdnr. 33; v. 15.12.2005, Rs. C-148/04, Slg. 2005, I-11137 – *Unicredito Italiano*, Rdnr. 51; v. 06.09.2006, Rs. C-88/03 – *Portugal u.a./Kommission*, Rdnr. 52 und 81 ff.; sowie die Mitteilung der Kommission v. 01.11.1998, ABl. EG Nr. C 384/3 v. 10.12.1998 = BStBl. I 1999, 205 (206), Rdnr. 12, 15, 23 ff.

II. Ausgestaltung des Steuertatbestandes

Im Hinblick auf die Ausgestaltung deutscher Steuertatbestände ist das Beihilfenrecht zunächst für die Sonderabschreibungen nach § 7g EStG relevant geworden, die nur kleinen und mittleren Unternehmen gestattet sind. In dieser Begrenzung wird z.t. eine versteckte Förderung der heimischen Wirtschaft erblickt.[78]

Ähnliches gilt für § 52 Abs. 8 EStG i.d.F. des JStG 1996. Nach dieser Regelung konnten Rücklagen nach § 6b Abs. 1 Satz 2 Nr. 5 EStG in voller Höhe (nicht nur zur Hälfte, wie es der Grundsatz des § 6b Abs. 1 Satz 1 EStG damals vorsah) auf Anteile an Kapitalgesellschaften übertragen werden, wenn diese ihren Sitz in den neuen Bundesländern oder Berlin hatten und nicht mehr als 250 Arbeitnehmer beschäftigten. Die EG-Kommission hat in § 52 Abs. 8 EStG einen Verstoß gegen Art. 87 EG gesehen und die Bundesrepublik zur Abschaffung dieser steuerlichen Beihilfe aufgefordert.[79]

III. Gewährung regionaler Privilegien

Quer zur beihilfenrechtlichen Prüfung einzelner Vergünstigungstatbestände wegen des Zuschnitts ihres persönlichen oder sachlichen Anwendungsbereichs (Mikro-Ebene, „materielle Selektivität"[80]) liegen Bedenken, die sich aus der geographischen Selektivität innerstaatlicher Regelungen und hier insbesondere aus dem Entstehen von Steueroasen innerhalb eines Mitgliedstaats ergeben (Makro-Ebene). Hierzu hat der EuGH jüngst eine Leitentscheidung erlassen, die Steuervergünstigungen für die portugiesischen Azoren betraf.[81] Er hat dabei deutlich gemacht, dass steuerliche Regelungen auch dann wegen geographischer Selektivität gegen Art. 87 EG verstoßen können, wenn sie von einer untergeordneten Gebietskörperschaft (Land, autonome Region, Gemeinde) für ihr gesamtes Gebiet festgesetzt worden sind. Wenn sie dabei von einer an sich für das gesamte Staatsgebiet des Mitgliedstaats angeordneten Normalbelastung abweicht *und* diese Vergünstigung im haushaltswirtschaftlichen Innenverhältnis durch Transferleistungen der Zentralebene an die begünstigte Gebietskörperschaft ausgeglichen wird, liegt eine verbotene Beihilfe vor. Besteht dagegen kein landesweiter *default*, weil die betroffene Steuerquelle generell der Regelungskompetenz der niedrigeren Ebene anvertraut ist, liegt niemals eine verbotene Beihilfe

---

[78] So etwa *M. M. Koschyk*, Steuervergünstigungen als Beihilfen nach Artikel 92 EG-Vertrag (1999), S. 233 ff. m.w.N.; *D. Kellersmann/C. Treisch,* Europäische Unternehmensbesteuerung (2002), S. 301.

[79] Hierzu statt aller *B. Jansen,* Vorgaben des europäischen Beihilferechts für das nationale Steuerrecht (2003), S. 39 f. m.w.N.

[80] GA *Geelhoed*, Schlussanträge v. 20.10.2005, Rs. C-88/03 – *Portugal u.a./Kommission*, Rdnr. 45.

[81] EuGH v. 06.09.2006, Rs. C-88/03 – *Portugal u.a./Kommission*.

vor.[82] Für Deutschland war vor Inkrafttreten von § 16 Abs. 4 Satz 2 GewStG (Mindesthebesatz von 200 Prozent) fraglich, ob sich eine Gemeinde einen Null-Hebesatz von der Kommission genehmigen lassen musste. Das geltende Recht ist diesen Bedenken nicht mehr ausgesetzt.[83]

E. Sonstige Regelungen

In einem weiteren Sinne zählen zum Europäischen Unternehmenssteuerrecht schließlich eine Reihe von Regelwerken, die teils nur Empfehlungscharakter haben (sog. *soft law*; dazu nachfolgend I. und II.), teils im Wege der sog. intergouvernementalen Zusammenarbeit zustandegekommen sind und deshalb nicht zum Gemeinschaftsrecht i.e.S. zählen, sondern dem gewöhnlichen Völkerrecht zuzuordnen sind (unten III.).

I. Verhaltenskodex zur Bekämpfung des Steuerwettbewerbs

Eine Mehrheit der Mitgliedstaaten ist bestrebt, zusätzlich zu den verbotenen Beihilfen[84] auch andere Maßnahmen auf dem Gebiet der direkten Steuern zu unterbinden, die in nicht diskriminierender Weise wirken oder die aus anderen Gründen nicht unter Art. 87 EG fallen, wenn einzelne Mitgliedstaaten durch diese Maßnahmen ein „Steuerdumping" betreiben. Hierzu haben sie einen Verhaltenskodex zur Bekämpfung des unfairen Steuerwettbewerbs bei der Unternehmensbesteuerung erarbeitet.[85] Während das Beihilfenrecht den einzelnen Unternehmer vor einer Benachteiligung gegenüber seinem Konkurrenten schützt und damit dem Binnenmarkt dient, schützt der Verhaltenskodex die Steuerhoheit (und -ertragskraft) der Mitgliedstaaten. Der Verhaltenskodex ist damit tendenziell ein Gegenlager zu den Binnenmarktnormen: Er ist erforderlich geworden, weil der Binnenmarkt (insbesondere im Bereich besonders mobiler Faktoren wie dem Kapitalverkehr und der Ansiedlung von Holdinggesellschaften) inzwischen so gut funktioniert, dass Hochsteuerländer dadurch in fiskalische Schwierigkeiten geraten sind und einen über das erträgliche Maß hinaus gehenden Abfluss an Steuerkraft beklagen.

---

[82] GA *Geelhoed*, Schlussanträge v. 20.10.2005, Rs. C-88/03 – *Portugal u.a./Kommission*, Rdnr. 53.

[83] Vgl. GA *Geelhoed*, Schlussanträge v. 20.10.2005, Rs. C-88/03 – *Portugal u.a./Kommission*, Rdnr. 49 m.w.N.: Wenn landesweit ein Mindestniveau gilt und es dann zu selektiven Zusatzbelastungen in einzelnen Teilgebieten kommt, soll kein Fall des Art. 87 EG vorliegen.

[84] Art. 87 ff. EG und oben D.

[85] Bericht der Gruppe „Verhaltenskodex" (Unternehmensbesteuerung) v. 29.11.1999 (veröffentlicht am 28.2.2000), PM Nr. 4901/99 v. 29.2.2000.

Der Verhaltenskodex entfaltet keine rechtliche Bindungswirkung, sondern ist primär eine politische Vereinbarung zwischen den EG-Mitgliedstaaten. Er kann aber als tatbestandskonkretisierendes oder ermessenslenkendes Regelwerk primärrechtliche Normen wie etwa das Beihilfenrecht anreichern und so zumindest mittelbar indirekte Wirksamkeit erlangen. Der Kodex hält die Mitgliedstaaten dazu an, künftig auf schädliche Steuervergünstigungen zu verzichten (*stand still*). Zudem wirkt er auf den Abbau bestehender wettbewerbsschädigender Maßnahmen hin (*roll back*). Dazu hat eine Arbeitsgruppe unter Vorsitz der britischen Generalzahlmeisterin *Dawn Primarolo* in den Jahren 1998/99 über 200 steuerrechtliche Regelungen aus allen Mitgliedstaaten einer Prüfung unterzogen, von denen 66 als „unfair" bewertet wurden. Von den 13 geprüften deutschen Steuervergünstigungen wurde lediglich der Gewinnaufschlagsatz für konzerninterne Leistungen bei Kontroll- und Koordinierungsstellen ausländischer Konzerne in Deutschland gerügt.

Dass der Verhaltenskodex auch eine kontraproduktive Wirkung entfaltet hat, zeigt das Beispiel der irischen Körperschaftsteuer: Die im *Primarolo*-Bericht noch gerügte Vorzugsbesteuerung ausländisch beherrschter Holdinggesellschaften in den Dublin Docks (die sog. *International Financial Service Centers*, IFSCs), die einer Körperschaftsteuer von lediglich 10 Prozent unterlegen hatten, ist dort zwar mittlerweile abgeschafft worden. Dafür ist der allgemeine Körperschaftsteuersatz in Irland seit dem 01.01.2003 auf 12,5 Prozent gesenkt worden. Da diese Maßnahme nunmehr systemprägend ist, ist sie immun gegen die im Code of Conduct enthaltenen Kriterien.

Insgesamt ist die Bedeutung dieses Verhaltenskodex für die Fortentwicklung des Europäischen Steuerrechts im Rückblick zwiespältig zu bewerten. Über weite Strecken hat er seine Funktion erfüllt und spezifisch grenzüberschreitende Sonderregelungen geschleift; anderseits hat er dem *race to the bottom* Vorschub geleistet. Entgegen früheren Erwartungen hat seine Bedeutung insgesamt eher ab- als zugenommen; es ist nicht zu erwarten, dass sich dieser Verhaltenskodex in Zukunft normativ verfestigen wird.

II. Verhaltenskodex über Verrechnungspreise

Eine gegenläufige Entwicklung lässt sich im Bereich des Rechts der steuerlichen Konzernverrechnungspreise beobachten. Zu den jüngsten Entwicklungen im Europäischen Steuerrecht gehört ein Verhaltenskodex über unternehmerische Dokumentationspflichten im Zusammenhang mit der Bestimmung von Verrechnungspreisen bei grenzüberschreitend tätigen Unternehmen. Vorarbeiten hierzu hatte ein *EU Joint Transfer Pricing Forum* geleistet, auf denen ein im November 2005 veröffentlichter Vorschlag der Kommission beruhte. Der Rat und *uno actu* auch die Vertreter der Mitgliedstaaten hat diesen Vorschlag im Sommer 2006 angenommen.[86] Rechtsqualität kommt ihm nicht zu; er will aber eine „politische Verpflichtung" der Mitgliedstaaten sein. Sie sind angehalten, verbundenen Unternehmen und Einheitsunternehmen mit EU-ausländischen Betriebstätten eine standardisierte und teilweise zentralisierte Dokumentation zu ermöglichen. Unternehmen, die sich für die Anfertigung einer derartigen Dokumentation entscheiden, sollen auf der Grundlage der dort fixierten Verrechnungspreise besteuert werden. Diese Dokumentation besteht aus zwei Teilen:

– einem für alle beteiligten Mitgliedstaaten einheitlichen Teil (das sog. *Masterfile*) mit allgemeinen Unternehmensdaten, einer abstrakten Beschreibung der für die Verrechnungspreisbildung verwendeten Maßstäbe, Katalogen der abgeschlossenen *cost contribution agreements* (CCA) und der mit einzelnen Finanzverwaltungen getroffenen Vereinbarungen über Verrechnungspreise (*advance pricing agreements,* APA);

– einem Teil mit Einzeldokumentationen, der für jeden Mitgliedstaat, in dem der Konzern tätig ist, gesondert angelegt wird und u.a. Informationen zum Marktumfeld, ferner detaillierte Angaben zu den Maßstäben für die Verrechnungspreisbildung und ihrer organisatorischen Umsetzung enthält.

Ob der neue Verhaltenskodex bei den mitgliedstaatlichen Gesetzgebern auf Akzeptanz stößt, ist schwer zu prognostizieren. Integrationspolitisch ist aber die gewählte Handlungsform zumindest offen für eine spätere normative Verfestigung, etwa durch eine Zusammenführung mit den steuerlichen Rechnungslegungsvorschriften oder durch den Erlass einer eigenen Richtlinie.

Dabei ist die Beschränkung des Regelwerks auf formellrechtliche Fragen (Erklärungspflichten) bemerkenswert. Sie ist dem Umstand geschuldet, dass das materielle Recht der Verrechnungspreise einer Harmonisierung oder auch nur einer Koordination offenbar kaum zugänglich ist. Das findet seinen Grund zunächst in der Sachmaterie: Die voraussetzungsreichen ökonomischen Abläufe bei der Preisbildung lassen sich nur unvollkommen in festen (Rechts-)Regel einfangen; auch die Formulierung äußerer Grenzen (sog. Rahmenregeln) ist zumindest problematisch. So enthalten auch das innerstaatliche Recht (§ 1 AStG) und das Recht der Doppelbesteuerungsabkommen (Art. 7 Abs. 2 und Art. 9 OECD-MA) mit dem Fremdvergleichsmaßstab nur einen unscharfen Obersatz, dessen Konkretisierung große Schwierigkeiten bereitet. Hinzu kommt ein deutliches Bestreben der Mitgliedstaaten um Wahrung ihres mit der Verrechnungspreiskontrolle verbundenen materiellen Einflusses auf die steuerliche Bemessungsgrundlage.

---

[86] Entschließung des Rates und der im Rat vereinigten Vertreter der Regierungen der Mitgliedstaaten zu einem Verhaltenskodex zur Verrechnungspreisdokumentation für verbundene Unternehmen in der Europäischen Union (EU TPD) v. 20.06.2006, 9738/06 – FISC 74 OC 405, Internet: http://register.consilium.europa.eu/pdf/de/06/st09/st09738.de06.pdf. Hierzu *E. Zach,* SWI 2006, 351 ff.

III. EG-Gewinnberichtigungsübereinkommen (Schiedsverfahrenskonvention)

1. Rechtsqualität des Übereinkommens

Ebenfalls nur in einem weiten Sinne zählt das sog. Gewinnberichtigungsübereinkommen zum Europäischen Unternehmenssteuerrecht.[87] Im Unterschied zu den Verhaltenskodizes (oben I., II.) begründet es zwar Rechte und Pflichten der Mitgliedstaaten, hat also Rechtsqualität. Als multilateraler Vertrag zwischen den EU-Mitgliedstaaten ist es ausschließlich dem Bereich der intergouvernementaler Zusammenarbeit und damit dem Völkerrecht zuzurechnen (Art. 293 EG), gehört also nicht i.e.S. zum Gemeinschafts- oder Unionsrecht, beansprucht keinen generellen Anwendungsvorrang und unterliegt nicht der Jurisdiktion des EuGH. Allerdings haben der Rat und - wiederum *uno actu* - die im Rat versammelten Vertreter der Mitgliedstaaten zur Konkretisierung der Regelungen des Übereinkommens im Jahr 2004 einen begleitenden Verhaltenskodex beschlossen, der erstmals auch die Europäische Kommission in die Überwachung des Übereinkommens einbezieht und einen ersten Schritt zur Vergemeinschaftung der in dem Übereinkommen niedergelegten Regelungen bedeutet.[88]

2. Inhalt des Übereinkommens

In der Sache sieht das Gewinnberichtigungsabkommen vor, dass zwei Mitgliedstaaten ein Schlichtungsverfahren einzuleiten haben, um Doppelbesteuerungen zu vermeiden, die auftreten können, wenn zwischen ihnen Meinungsverschiedenheiten über die von einem verbundenen Unternehmen für seine Innenumsätze angesetzten Verrechnungspreise bestehen. Im Falle einer Doppelbesteuerung unterbreitet der betroffene Steuerpflichtige (das verbundene Unternehmen) die Angelegenheit zunächst den zuständigen Finanzbehörden seines Sitzstaates, die nun versuchen, unilateral eine befriedigende Lösung herbeizuführen. Wo dies nicht möglich ist (weil sie die Verantwortung für die Doppelbesteuerung bei einem anderen EG-Mitgliedstaat sieht), hat sie sich gemeinsam mit den zuständigen Behörden dieses anderen Mitg-

---

[87] Übereinkommen 90/436/EWG über die Beseitigung der Doppelbesteuerung im Falle von Gewinnberichtigungen zwischen verbundenen Unternehmen (sog. Schiedsverfahrenskonvention) v. 23.07.1990, ABl. EWG L 225 v. 20.08.1990, S. 10 ff., geändert durch Protokoll v. 25.05.1999, ABl. EG C 202 v. 16.07.1999, S. 1 ff.

[88] Verhaltenskodex zur wirksamen Durchführung des Schiedsübereinkommens, EU-Ratsdokument Nr. 12695/04 vom 09.11.2004 = BMF v. 25.01.2005, IV B 6-S 1316-337/04 (juris); vgl. auch OFD Münster v. 20.04.2005, S 1300-135-St 14-32 (juris), Tz. 6.1.3.2.

liedstaats darum zu bemühen, die Doppelbesteuerung im Wege einer gütlichen Einigung zu beseitigen.

Wenn die beiden Mitgliedstaaten auch bilateral keine Verständigung erzielen, ersuchen sie einen beratenden Ausschuss um eine Stellungnahme. Die zuständigen Behörden können zwar auch nach dem Votum dieses Ausschusses noch eine hiervon abweichende einvernehmliche Entscheidung treffen. Wenn sie allerdings nicht zu einer derartigen Entscheidung finden, erlangt die Stellungnahme des beratenden Ausschusses Bindungskraft. Eine praktische Bedeutung des Gewinnberichtigungsübereinkommens ist bislang kaum wahrzunehmen; jedenfalls sind Schiedsverfahren auf der Grundlage des Abkommens noch nicht in nennenswertem Umfang eingeleitet worden.

F. Ausblick

Ähnlich wie das Europäische Gesellschaftsrecht ist auch das Europäische Steuerrecht nach allgemeiner Wahrnehmung ein noch in der Entwicklung begriffenes Rechtsgebiet. Während im Gesellschaftsrecht allerdings lange die positive Integration (Setzung von Sekundärrecht) vorherrschte, die Bedeutung der negativen Integration (Rechtsprechung des EuGH zu den Grundfreiheiten) demgegenüber peripher blieb, war es im Steuerrecht exakt umgekehrt: Das Europäische Steuerrecht ist von einer grundlegenden Disproportionalität engmaschiger negativer Integration (v.a. durch die Rechtsprechung des EuGH zu den Grundfreiheiten) einerseits und lückenhafter positiver Integration durch Richtlinien anderseits geprägt.

Daher gilt für das Steuerrecht in weitaus stärkerem Maße als für das Gesellschaftsrecht, dass die negative Integration stets Gefahr läuft, zu einer Auffangordnung für die – fehlende - positive Integration zu werden. Diese negative Integration stößt indes längst an sachlogische, aber auch an rechtliche Grenzen. Die *sachlogischen* Grenzen zeigen sich v.a. in den Belastungen und Verwerfungen, denen ein Steuerpflichtiger gerade durch das unabgestimmte Aufeinandertreffen zweier nationaler Rechtsordnungen ausgesetzt ist, von denen jede für sich genommen kohärent ist. Zudem erlaubt die Eigenart der Steuer als gegenleistungsfreie, keinem wägbaren Zweck verpflichtete Geldleistungspflicht nicht die Anwendung der Grundfreiheiten als Beschränkungsverbote i.S.v. Freiheitsrechten. *Rechtliche* Grenzen ergeben sich *vertikal* aus der fortbestehenden Gesetzgebungskompetenz der Mitgliedstaaten, *horizontal* aus der Gewaltenteilung zwischen Rat und Gerichtshof und hier insbesondere aus dem Einstimmigkeitserfordernis des Art. 94 EG, das der EuGH nicht unterlaufen darf.

Wie im Gesellschaftsrecht hegt die Kommission zwar auch für das Steuerrecht und hier insbesondere die Besteuerung von Unternehmensgewinnen ausgreifende Harmonisierungspläne.

- Danach soll bis 2008 der Vorschlag für eine einheitliche Bemessungsgrundlage für die Körperschaftsteuer für Fälle gemeinschaftsweiter Geschäftstätigkeit ausgearbeitet werden.[89] Nach dem Willen einzelner Mitgliedstaaten sollen aber auch die Steuersätze nicht vollständig in das Belieben der Mitgliedstaaten gestellt werden; vielmehr wird – zur Bekämpfung eines als schädlich empfundenen Verdrängungswettbewerbs - die Einführung von Mindeststeuersätzen gefordert.
- Daneben wird die Einführung einer Sitzlandbesteuerung (einer *home state taxation*) erwogen. Nach dem Prinzip „einer für alle" würde das Herkunftsland des Steuerpflichtigen dessen gemeinschaftsweiten Gewinn nach seinen nationalen Vorschriften ermitteln und den Gewinn dann auf der Grundlage einer gemeinschaftsrechtlich vorgegebenen Formel auf die beteiligten Mitgliedstaaten aufteilen, die dann auf den ihnen zugewiesenen Gewinnanteil ihren jeweiligen nationalen Steuersatz anwenden.
- Schließlich ist eine Vollharmonisierung nach dem Vorbild der Umsatzsteuer denkbar.

Die Aussichten auf eine politische Verwirklichung dieser Harmonisierungspläne bleiben aber gering, solange das Einstimmigkeitserfordernis des Art. 94 EG gilt.

Vergleicht man diese Möglichkeiten mit den gesellschaftsrechtlichen Integrationsperspektiven, fällt die hier wie dort vorherrschende Präferenz des Gemeinschaftsrechts für einen moderierten Systemwettbewerb zwischen den Mitgliedstaaten auf. Das Gesellschaftsrecht kennt einen Wettbewerb der verschiedenen Gesellschaftsrechtsformen; die englische *Limited* befindet sich auf Siegeszug in Europa. Frankreich und Spanien haben darauf bereits mit Veränderungen ihres Gesellschaftsrechts reagiert; in Deutschland stehen ebenfalls Novellierungen (v.a. des GmbH-Rechts) bevor, die auf eine Reduzierung des Mindestkapitals abzielen. Parallel wird eine „Mindestharmonisierung" durch Erlass einer VO zu bestimmten Status- und Existenzfragen der Kapitalgesellschaft (Gründung, Sitzverlegung, Auflösung) angeregt.

In der Gesamtschau bilden Steuerrecht und Gesellschaftsrecht damit ungleiche Geschwister. Als Referenzgebiete für die Analyse der Einwirkungen des Gemeinschaftsrechts auf das innerstaatliche Wirtschaftsrecht liefern sie zwar durchaus ähnliche oder sogar gleiche Ergebnisse. Augenfällig sind aber die Ungleichzeitigkeiten zwischen beiden Gebieten. Vordergründig spielt dabei das Einstimmigkeitserfordernis des Art. 94 EG eine große Rolle; in der politischen Tiefenstruktur ist es vor allem die Sorge der Mitgliedstaaten um einen Verlust ihrer Finanzautonomie, die das Steuerrecht der positiven Integration entzieht. Gerade dadurch, ferner durch die exakte Quantifizierbarkeit und Kommensurabilität von Eingriffen wächst dem Steuerrecht eine Leitfunktion bei der Entwicklung der Dogmatik der Grundfreiheiten und des Beihilfenrechts zu.

---

[89] Vgl. zuletzt Mitteilung der Kommission IP/06/448 v. 5.4.2006.

Steuerrechtliche Probleme bei der Ausübung der neuen gesellschaftsrechtlichen Möglichkeiten

– Wegzug, grenzüberschreitende Verschmelzung, EU-Umstrukturierung –

Stephan Eilers und Tina Dondorf

A. Einleitung

Schon seit 1990 stellt die Fusionsrichtlinie (**FRL**),[1] ein Regelwerk für europäische Umstrukturierungen zur Verfügung. Mit Ablauf der Umsetzungsfrist am 01.01.1993 ist die Fusionsrichtlinie in Deutschland unmittelbar geltendes Recht geworden, wie erst kürzlich das FG Baden-Württemberg festgestellt hat. Das deutsche Umwandlungssteuerrecht ist jedenfalls für umwandlungsrechtliche Vorgänge nicht an diese Vorgaben angepasst worden. Als Begründung wurde darauf hingewiesen, in Deutschland sei schon gesellschaftsrechtlich eine Umwandlung nach § 1 UmwG auf das Inland begrenzt.[2]

Mit Inkrafttreten der Verordnung (EG) Nr. 2157/2001 über das Statut der Europäischen Gesellschaft (SE-VO)[3] am 08.10.2004 kann dieser Verweis – jedenfalls in dieser Allgemeinheit – nicht mehr tragen. Damit ist es Aktiengesellschaften nun gesellschaftsrechtlich möglich, durch grenzüberschreitende Verschmelzung eine SE zu gründen. Nachdem der EuGH in Sachen *Sevic*[4] entschieden hat, die Begrenzung des § 1 UmwG auf Inlandssachverhalte verstoße gegen die europäischen Grundfreiheiten, scheinen sich die gesellschaftsrechtlichen Möglichkeiten zur grenzüberschreitenden Verschmelzung ausgeweitet zu haben. Damit hat jedenfalls das europäische Gesellschaftsrecht den seit 1990 bestehenden Vorsprung des europäischen Steuerrechts bei den europäischen Umstrukturierungen eingeholt. Mit der SE-VO besteht seit 2004 darüber hinaus gesellschaftsrechtlich die Möglichkeit, den Sitz einer SE innerhalb des Gemeinschaftsgebiets grenzüberschrei-

---

[1] RL 90/434/EWG des Rates der Europäischen Gemeinschaften v. 23.07.1990 über das gemeinsame Steuersystem für Fusionen, Spaltungen, die Einbringung von Unternehmensteilen und den Austausch von Anteilen, die Gesellschaften verschiedener Mitgliedsstaaten betreffen, ABl. EG Nr. L225 v. 20.08.1990, S. 1
[2] Vgl. *G. Kraft/J. Bron*, RIW 2005, 641 (644).
[3] ABl. EG Nr. L 294 v. 10.11.2001, S. 1.
[4] EuGH v. 13.12.2005, C-411/03, *Sevic Systems AG*, IStR 2006, 32.

tend zu verlegen. Die Fusionsrichtlinie in ihrer ursprünglichen Fassung deckte diesen Tatbestand nicht ab. Mit der Änderungsrichtlinie zur Fusionsrichtlinie vom 17.02.2005[5] hat die EU steuerliche Leitlinien zur Sitzverlegung einer SE vorgegeben. Damit ist nun dieser Vorsprung des europäischen Gesellschaftsrechts vom europäischen Steuerrecht wieder eingeholt worden.

Da die beschriebenen gesellschaftsrechtlichen Instrumentarien unmittelbar zur Verfügung stehen, besteht schon heute die Möglichkeit, bestimmte grenzüberschreitende Verschmelzungen und Sitzverlegungen durchzuführen. Die geänderte Fusionsrichtlinie ist mangels Ablauf der Umsetzungsfrist jedenfalls teilweise noch nicht unmittelbar anwendbares Recht.[6] Daher soll im Folgenden der Frage nachgegangen werden, welche steuerrechtlichen Probleme das nationale Recht, aber auch das Gemeinschaftsrecht bei der Umsetzung der genannten grenzüberschreitenden und europarechtlich bereit gestellten Umstrukturierungen bewirken können. Darüber hinaus soll ein Ausblick gewährt werden, wie die Planungen des deutschen Gesetzgebers ausgestaltet sind, um die europäischen Vorgaben umzusetzen (vgl. Entwurf eines Gesetzes über steuerliche Begleitmaßnahmen zur Einführung der Europäischen Gesellschaft und zur Änderung weiterer steuerrechtlicher Vorschriften – *SEStEG*[7]). Dabei hat der Gesetzgeber zusätzlich auf die oben schon erwähnte Rechtsprechung des EuGH zu reagieren, aber auch auf den weiteren „Meilenstein" der Harmonisierungsbestrebungen der EU, nämlich auf die Richtlinie 2005/56/EG über die Verschmelzung von Kapitalgesellschaften aus verschiedenen Mitgliedsstaaten.[8] Dabei steht der deutsche Steuergesetzgeber unter enormem Anpassungsdruck, nicht nur rechtlich (Umsetzung), sondern auch wirtschaftlich. Er muss zur Sicherung des Steueraufkommens gewährleisten, dass er bei der Ausübung der gesellschaftsrechtlichen Freiheiten sein Besteuerungsrecht ausüben kann; ohne Änderungen der bestehenden Regelungen könnte er europarechtlich an der Besteuerung gehindert sein. Gleichzeitig muss er sicherstellen, dass das deutsche Steuersystem mit einem attraktiven Steuerkonzept reagiert, das im Binnenmarkt dem verstärkten Druck des Wettbewerbs der Standorte standhält und nicht als Sonderweg des deutschen Steuerrechts einen Wettbewerbsnachteil bedeutet.

---

[5] ABl. EG Nr. L 58 v. 04.03.2005, S. 19.
[6] Ihr Anwendungsbereich könnte auch verschlossen sein, vgl. *G. Kraft/J. Bron*, IStR 2006, 26.
[7] Referentenentwurf des BMF v. 21.04.2006 (*Referentenentwurf*) vollständig abrufbar unter www.steuerrecht.org.
[8] RL 2005/56/EG über die Verschmelzung von Kapitalgesellschaften aus verschiedenen Mitgliedstaaten, ABl. EG Nr. L 310 v. 25.11.2005, S. 1.

B. Wegzugs-/Zuzugsfälle bei der SE

In den Fällen der Sitzverlegung der SE greift das nationale bestehende und geplante Steuerrecht und das europäische Steuerrecht wie folgt ineinander. Bei der Darstellung soll zwischen der Sitzverlegung vom Inland in das Ausland (Wegzug) und der Sitzverlegung vom Ausland in das Inland (Zuzug) differenziert werden.

I. Wegzug

Wie darzustellen sein wird, ähneln sich in den Wegzugsfällen die deutschen Steuerfolgen, die sich nach einer verbreiteten Literaturansicht ergeben würden, und die gemeinschaftsrechtlichen Vorgaben. Dabei stößt auch das gemeinschaftsrechtliche Besteuerungskonzept im Hinblick auf die europäischen Grundfreiheiten auf gewichtige Kritik, die gerade im Hinblick auf das geplante SEStEG zu analysieren ist.

1. Nationales Steuerrecht

Der Wegzug der SE kann sowohl auf der Ebene der Gesellschaft als auch auf der Ebene der Gesellschafter eine Besteuerung auslösen.

a) Ebene der Gesellschaft

Eine SE mit Sitz oder Geschäftsleitung in Deutschland wird wegen ihrer Vergleichbarkeit mit einer deutschen Aktiengesellschaft allgemein als im Inland unbeschränkt körperschaftsteuerpflichtig eingestuft.[9] In Art. 8 Abs. 1-13 SE-VO wird ein Verfahren zur Verfügung gestellt, mit Hilfe dessen eine SE mit Sitz in Deutschland diesen in einen anderen Mitgliedsstaat verlegen kann und zwar – wie ausdrücklich in Art. 8 Abs. 1 Satz 2 SE-VO angeordnet – unter Wahrung der Identität der SE (ohne Auflösung und/oder Neugründung). Da wegen Art. 7, 64 SE-VO die Verlegung des (Satzungs-)[10]Sitzes einer SE in einen anderen Mitgliedsstaat auch zwingend die Verlegung der Hauptverwaltung und damit der Geschäftsleitung der SE nach sich zieht, scheidet die SE unausweichlich aus der unbeschränkten Körperschaftsteuerpflicht nach § 1 Abs. 1 Nr. 1 KStG aus. Ein allgemeiner gesetzlich geregelter Entstrickungstatbestand existiert bislang nicht.[11] Für den Fall des Ausscheidens einer Körperschaft aus der unbeschränkten Steuerpflicht soll § 12

---

[9] Vgl. *I. Graffe*, in: E. Dötsch/W. Jost/H. Eversberg, KStG, § 1 Rdnr. 66; *E. Kalbfleisch*, in: Ernst & Young, KStG, § 1 Rdnr. 79.

[10] *M. Wenz*, in: M. R. Theisen/M. Wenz, Die Europäische Aktiengesellschaft, 2002, S. 202.

[11] *K. Tipke/J. Lang*, Steuerrecht, 2005, § 17 Rdnr. 204.

Abs. 1 KStG gewährleisten, dass die während der Dauer des deutschen Besteuerungsrechts gebildeten stillen Reserven im Zeitpunkt des Ausscheidens aus der Steuerverstrickung (Entstrickung) aufgedeckt und steuerlich erfasst werden. Rechtsfolge des § 12 Abs. 1 KStG ist eine Schlussbesteuerung in Analogie zur Liquidationsbesteuerung nach § 11 KStG. Auf den Zeitpunkt der Verlegung (Wegfall der unbeschränkten Körperschaftsteuerpflicht) wird eine Gewinnermittlungsschlussbilanz mit den gemeinen Werten (§ 9 Abs. 2 BewG), also unter Aufdeckung ggf. vorhandener stiller Reserven, aufgestellt.[12] Es kommt zu einer Besteuerung sowohl des laufenden Gewinns/Verlusts als auch des Gewinns aus der Aufdeckung der stillen Reserven.[13]

In der Literatur wird jedoch gefordert, § 12 Abs. 1 KStG in Fällen teleologisch zu reduzieren, in denen ein Besteuerungsrecht des deutschen Fiskus trotz Wegzugs fortbesteht, insbesondere wenn der Wegzug nur einen Übergang von der unbeschränkten zur beschränkten Steuerpflicht bewirke (inländische Betriebstätte/Grundvermögen).[14] Ein Bedürfnis nach einer Schlussbesteuerung zur Sicherung der Besteuerung der während der Zeit des deutschen Besteuerungsrechts gebildeten stillen Reserven sei in solchen Fällen nicht erkennbar. Angesichts des eindeutigen Wortlauts des Gesetzes wird die Finanzverwaltung diesen differenzierten Ansatz aber ablehnen.[15] In der Praxis besteht daher in vergleichbaren Fällen nach nationalem Recht keine steuerplanerische Sicherheit zur steuerneutralen Umsetzung einer grenzüberschreitenden Sitzverlegung einer SE.

Beim Wegzug einer SE sind auch die Entstrickungstatbestände des UmwStG zu beachten.[16] Hält die SE Anteile, die sie als Gegenleistung für eine nach dem UmwStG privilegierte Einbringung (§§ 20 Abs. 1, 23 Abs. 1-4 UmwStG) erhalten hat, greift bei ihrem Wegzug im Regelfall der Ersatzrealisationstatbestand des § 21 Abs. 2 Nr. 2 UmwStG. Scheidet die SE aus der deutschen unbeschränkten Steuerpflicht aus, und besteht mit dem Zuzugsstaat kein DBA, das das Besteuerungsrecht der Bundesrepublik Deutschland aufrechterhält (durch Anknüpfung an den Sitz der Beteiligungsgesellschaft,[17]) tritt Entstrickung i.S.d. § 21 Abs. 2 Nr. 2 UmwStG ein.

b) Ebene der Gesellschafter

Auf der Ebene der Anteilseigner ergibt sich zunächst durch die Verlegung des Satzungssitzes (und damit gezwungenermaßen auch der Geschäftsleitung) keine Besteuerung. Die Sitzverlegung der SE erfolgt identitätswahrend, also ohne Auflösung und/oder Neugründung. Ein Besteuerungstatbes-

---

[12] Gilt nur bei bestehender Buchführungsverpflichtung.
[13] Dabei kann ggf. § 8b Abs. 2, 3 KStG eingreifen, vgl. *W. Blumers/U. Kinzl*, AG 2005, 196 (197).
[14] *M. Wacht*, in: Ernst & Young, KStG, § 12 Rdnr. 30 ff. m.w.N.
[15] Vgl. *J. Thiel*, GmbHR 1994, 277 (278 f.); *E. Dötsch*, DB 1989, 2296 (2303).
[16] *J. Nave*, BB 2005, 2660 (2661).
[17] Sonderfall, vgl. Art. 13 Abs. 5 OECD-MA.

tand ist für diesen Vorgang nicht ersichtlich; eine Liquidationsbesteuerung (§ 17 Abs. 4 EStG) kommt nicht in Betracht. Diese Situation würde angesichts einer bislang fehlenden gesetzlichen Regelung dazu führen, dass Anteile eines im Inland beschränkt steuerpflichtigen Anteilseigners, die bislang wegen Überschreitens der 1-Prozent-Grenze im Inland steuerverhaftet waren (§ 49 Abs. 1 Nr. 2e), Nr. 8 EStG), steuerneutral entstrickt würden. Die SE hat in dieser Konstellation, anders als in § 49 Abs. 1 Nr. 2e), Nr. 8 EStG gefordert, nicht mehr ihren Sitz oder ihre Geschäftsleitung im Inland. Von Gewicht dürfte dieser Umstand allenfalls dann sein, wenn der Bundesrepublik Deutschland vor der Sitzverlegung nach den einschlägigen DBA das Besteuerungsrecht an Veräußerungsgewinnen des nicht im Inland ansässigen Anteilseigners zustand.[18] Angesichts des Art. 13 Abs. 5 OECD-MA dürfte dies für den europäischen Raum nur im Ausnahmefall zutreffen. Ähnlich unbedeutend ist daher auch der Fall, dass bei im Inland ansässigen Gesellschaftern durch die Sitzverlegung das Besteuerungsrecht der Bundesrepublik Deutschland durch entsprechende DBA-Regelungen an den Sitzstaat der SE verloren geht. Solange auch nach der Sitzverlegung ein Anknüpfungspunkt für die inländische Besteuerung fortbesteht (z.B. unbeschränkte Steuerpflicht des Anteilseigners; Zugehörigkeit der Beteiligung zu einem inländischen Betriebsvermögen nach § 49 Abs. 1 Nr. 2a) EStG) besteht diese Gefahr der steuerneutralen Entstrickung von vornherein nicht.

2. Fusionsrichtlinie

Die Fusionsrichtlinie in ihrer geänderten Fassung schreibt nun in Art. 10b Abs. 1 für die Sitzverlegung der SE vor, dass eine Schlussbesteuerung jedenfalls für solches Vermögen nicht mehr erfolgen darf, das in der Folge einer Betriebstätte der SE in dem Staat, aus dem der Sitz verlegt wurde, zugerechnet bleibt und das zur Erzielung des steuerlich zu berücksichtigenden Ergebnisses beiträgt. Für solches Vermögen gilt jedoch nach Art. 10b Abs. 2 FRL das Gebot der Buchwertfortführung. Parallel soll die Betriebstätte steuerfrei gebildete Rückstellungen und Rücklagen sowie noch nicht berücksichtigte Verluste übernehmen dürfen (vgl. Art. 10c FRL). Auf der Ebene der Gesellschafter darf nach Art. 10d Abs. 1 FRL anlässlich der Sitzverlegung keine Besteuerung stattfinden; lediglich bei tatsächlicher späterer Veräußerung der Beteiligung an der sitzverlegenden SE ist der ursprüngliche Sitzstaat gemäß Art. 10d Abs. 2 FRL zu einer Veräußerungsgewinnbesteuerung berechtigt.

---

[18] *W. Kessler/C. Achilles/F. Huck*, IStR 2003, 715 (719): Besteuerungsrecht ist bspw. nach dem DBA dem Sitzstaat der Beteiligungsgesellschaft zugewiesen.

3. SEStEG

Die Planungen zum SEStEG lassen für die Besteuerung der SE und ihrer Anteilseigner im Fall der Sitzverlegung der SE in das Ausland die folgenden Prinzipien erkennen:

§ 12 KStG soll auf der Ebene der SE einen allgemeinen Entstrickungstatbestand festschreiben, der anordnen würde:

> *"Wird bei einer Körperschaft, Personenvereinigung oder Vermögensmasse das Besteuerungsrecht der Bundesrepublik Deutschland hinsichtlich des Gewinns aus der Veräußerung eines Wirtschaftsgutes ausgeschlossen oder beschränkt, gilt dieses Wirtschaftsgut als zum gemeinen Wert veräußert."*

Damit ist grundsätzlich für die identitätswahrende Sitzverlegung sichergestellt, dass (wie bisher) bei Entstrickung der bei der SE bestehenden stillen Reserven die SE einer Schlussbesteuerung unterliegt (Aufhebung der inländischen Steuerpflicht führt zu Veräußerungsfiktion auf der Basis des gemeinen Werts). Der geplante Wortlaut differenziert dabei jedoch nach *einzelnen* Wirtschaftsgütern. Daher wird davon ausgegangen, dass ein Betriebstättenvorbehalt im oben erläuterten Sinne eingeführt werden soll.[19] Soweit für einzelne Wirtschaftsgüter das Besteuerungsrecht der Bundesrepublik Deutschland fortbesteht, etwa wegen Zugehörigkeit zu einer inländischen Betriebstätte, greift die Schlussbesteuerung des § 12 KStG-E auf der Ebene der SE nach dem so verstandenen Wortlaut nicht. Bedeutsame Beispiele für Wirtschaftsgüter, die der inländischen (beschränkten) Steuerpflicht entzogen werden, sind ausländische Beteiligungen oder ausländische Betriebstätten. Diese Regelung kann daher bei HoldingBetriebstätten erhebliche Belastungen verursachen, wenn Wirtschaftsgüter keiner Betriebstätte eines Mitgliedsstaates zuzuordnen sind.

Die weiteren Anforderungen der Fusionsrichtlinie (insb. Art. 10b Abs. 2, Art. 10c) sollen durch die Anwendung der allgemeinen Regeln erfüllt werden.[20]

Das Besteuerungsprinzip auf der Ebene der Anteilseigner ergibt sich aus einem neu angefügten § 17 Abs. 5 EStG/§ 4 Abs. 1 Satz 2 EStG.[21] Danach soll der Wegzug einer Kapitalgesellschaft, der eine Entstrickung der Kapitalgesellschaftsbeteiligung zur Folge hat, eine Schlussbesteuerung auf der Basis des gemeinen Werts auslösen. Dies soll jedoch nicht gelten – entsprechend der Anordnung der Fusionsrichtline (Art. 10d Abs. 1) – für die Sitzverlegung der SE. In einem solchen Fall soll eine Besteuerung entsprechend

---

[19] *H. Hahn*, IStR 2005, 677 (684).
[20] *H. Hahn*, IStR 2005, 677 (684).
[21] Der Referentenentwurf trennt diese Regelung ausdrücklich in § 4 Abs. 1 S. 2 ff. EStG-E einerseits und § 17 Abs. 5 EStG-E andererseits.

der Vorgabe des Art. 10d Abs. 2 FRL erfolgen (aufgeschobene Veräußerungsgewinnbesteuerung ungeachtet der Bestimmungen eines DBA).

4. Europäische Grundfreiheiten

Die Bestimmungen der geänderten Fusionsrichtlinie zur prinzipiellen Steuerneutralität der Sitzverlegung unter Betriebstättenvorbehalt sind mit Ablauf der Umsetzungsfrist nach Art. 2 Abs. 1 der Änderungsrichtlinie zur Fusionsrichtlinie bis zum 01.01.2006 unmittelbar anwendbares Recht. Zwar gilt die (nicht in nationales Recht transformierte) Richtlinie nicht unmittelbar. Der Steuerpflichtige kann in einem solchen Fall allerdings dem Staat ihn eindeutig begünstigende Regelungen der Richtlinie direkt entgegenhalten; der Staat kann sich nicht auf seine eigene Säumnis berufen.[22]

Soweit das deutsche Steuerrecht über die Fusionsrichtlinie hinausgreift, können sich betroffene SE's ab dem 01.01.2006 prinzipiell unmittelbar auf die Fusionsrichtlinie berufen. Soweit danach der Betriebstättenvorbehalt eingreift, d.h. Vermögen vorhanden ist, das nicht einer im Inland zurückbleibenden Betriebstätte zugeordnet werden kann, löst der Wegzug einer SE eine sofortige Schlussbesteuerung aus. Diese verbleibende Steuerbelastung beim Wegzug lässt die Frage nach der Vereinbarkeit des Betriebstättenvorbehalts mit dem Gemeinschaftsrecht aufkommen. § 12 KStG-E würde zwar den Anwendungsbereich der sofortigen Schlussbesteuerung einengen, da auch Wirtschaftsgüter von der Besteuerung ausgenommen werden, die zwar nicht einer Betriebstätte zuzuordnen sind, aber eine beschränkte Steuerpflicht der SE begründen (insb. inländische Grundstücke). Aber auch nach diesem Konzept würde für andere Wirtschaftsgüter die sofortige Schlussbesteuerung greifen.

Dementsprechend folgern zunehmend Stimmen in der Literatur aus den Urteilen *X und Y*[23] sowie *Hughes de Lasteyrie du Saillant*,[24] auch in den noch verbleibenden Entstrickungsfällen verbiete die Niederlassungsfreiheit der Art. 43, 48 EG eine sofortige Schlussbesteuerung der nicht weiter steuerverhafteten Wirtschaftsgüter.[25] Diese habe zugunsten eines Besteuerungsaufschubs zu unterbleiben. Daher verstoße sowohl die Fusionsrichtlinie[26] als

---

[22] *W. Schön*, GmbH-StB 2006, 9 (13).

[23] EuGH v. 21.11.2002, C-436/00, *X und Y*, DStRE 2003, 400.

[24] EuGH v. 11.03.2004, C-9/02, *Hughes de Lasteyrie du Saillant*, GmbHR 2004, 504.

[25] *T. Rödder*, DStR 2004, S. 1629 (1633); *F. Wassermeyer*, GmbHR 2004, 613 (614); *W. Schön* IStR 2004, 289 (297); *W. Blumers/U. Kinzl*, BB 2005, 971 (973).

[26] Es wird aus der FRL nicht deutlich, ob eine solche Schlussbesteuerung den Mitgliedsstaaten offengehalten werden soll oder angesichts der schlichten Nichterwähnung auch nicht geregelt wurde. Seit *Sevic* ist jedenfalls klar, dass die Ausübung der Grundfreiheiten nicht der Konkretisierung durch gemeinschaftliches Sekundärrecht bedürfe, vgl. EuGH v. 13.12.2005, C-411/03, *Sevic Systems AG*, IStR 2006, 32,

auch die geplanten Änderungen des § 12 KStG gegen die Grundfreiheiten. Ein solcher Besteuerungsaufschub soll wie folgt umgesetzt werden: Die steuerpflichtigen stillen Reserven werden im Zeitpunkt des Wegzugs festgestellt und dementsprechend die Steuer festgesetzt. Es wird ein unverzinslicher Zahlungsaufschub bis zur endgültigen Veräußerung gewährt. Spätere Wertverluste, die sich bei Veräußerung realisieren, können in Abzug gebracht werden.

Mit dem derzeitigen Vorschlag des SEStEG hat sich das BMF ausdrücklich gegen einen solchen Besteuerungsaufschub entschieden. Dabei sind offensichtlich die mit der Umsetzung dieser Stundungslösung verbundenen Belastungen für Staat und Steuerpflichtigen, d.h. die Nachweis- und Überprüfungspflichten, die entscheidenden Gegenargumente gewesen.

Frotscher[27] vertritt darüber hinaus die Ansicht, eine SE könne sich gar nicht auf einen Verstoß des Betriebstättenvorbehalts gegen die Niederlassungsfreiheit berufen. Eine SE sei von vorneherein dem vollen Anwendungsbereich der Niederlassungsfreiheit entzogen. Vielmehr könne sie sich nur auf die Konkretisierungen der Niederlassungsfreiheit berufen, die das (sekundäre) Gemeinschaftsrecht zur Verfügung stelle, da sie nur kraft solchen Gemeinschaftsrechts existiere. Diese Ansicht ist offensichtlich angelehnt an die Entscheidung des EuGH in Sachen *Daily Mail*,[28] aus der sich ergibt, eine Gesellschaft habe jenseits der nationalen Rechtsordnung, unter der sie gegründet sei, keine Realität. Abgesehen davon, dass auch die Niederlassungsfreiheit Gemeinschaftsrecht darstellt, das die Realität der SE gestaltet, kann diese Feststellung nicht den sachlichen Anwendungsbereich der Niederlassungsfreiheit für die SE verengen. Dies ist mit dem gemeinschaftsrechtlichen Konzept der SE nicht vereinbar. Würden sich die Rechte der SE unter der Niederlassungsfreiheit durch das Sekundärrecht konkretisieren, könnte es zu Ungleichbehandlungen gegenüber vergleichbaren nationalen Rechtsformen der Mitgliedsstaaten kommen. Es ist in der Vergangenheit mehrfach darauf hingewiesen worden, dass auch gemeinschaftsrechtliches Sekundärrecht an den Grundfreiheiten zu messen ist.[29] Würde sich danach ein Verstoß des konstituierenden Sekundärrechts für die SE gegen die Grundfreiheiten ergeben, würde die SE schlechter gestellt als vergleichbare nationale Rechtsformen. Letztere könnten sich auf die weitreichenderen Grundfreiheiten berufen; der SE wäre dies verwehrt. Dies widerspricht dem Sinn der SE als Vollendung des Binnenmarktes, die mit umfassenden Freiheiten ausgestattet sein soll und keiner Diskriminierung der Mitgliedsstaaten

---

Rz. 26. Daher kann Sekundärrecht gegen die Grundfreiheiten verstoßen, so auch *W. Schön/C. Schindler* IStR 2004, 571 (574 ff.); *C. Beul/C. Klatt*, IStR 2006, 34 (35).
[27] *G. Frotscher*, IStR 2006, 65 (70).
[28] EuGH v. 27.09.1988, Rs. 81/87, *Daily Mail*, Slg. 1988, 5483.
[29] Vgl. *C. Schindler*, IStR 2005, 551 (556 f.).

unterliegen darf.[30] Sie kann nicht schlechter stehen, als nationale Gesellschaften, die sich ebenfalls Verwirklichung des Binnenmarkts auf die Grundfreiheiten berufen. Wäre ggf. bei einer nationalen Gesellschaft – etwa in den Staaten, die die Gründungstheorie vertreten – aus der Sicht des Gründungsstaates eine identitätswahrende Sitzverlegung[31] möglich, könnten diese trotz der *Daily Mail*-Rechtsprechung mit Blick auf die Niederlassungsfreiheit den Betriebstättenvorbehalt anfechten.

Allerdings ist der Verstoß des Betriebstättenvorbehalts gegen die Grundfreiheiten nach heutigem Stand des Gemeinschaftsrechts nicht so eindeutig, wie sich die entsprechenden Stellungnahmen lesen.

Richtig ist, dass sich der EuGH in den Rechtssachen *Hughes de Lasteyrie du Saillant* und *X und Y* sehr kritisch zu einer pauschalen Wegzugsbesteuerung geäußert hat. In der Entscheidung *Hughes de Lasteyrie du Saillant* hat der EuGH entschieden, dass ein Ersatzrealisationstatbestand Rechtfertigungsgründe nicht in Anspruch nehmen kann, wenn er bewirkt, dass zur Vorbeugung gegen Steuerflucht latente Wertsteigerungen (stille Reserven) pauschal aufgedeckt werden, wenn ein Steuerpflichtiger seinen Wohnsitz ins Ausland verlegt. Der EuGH hat allerdings ausdrücklich darauf hingewiesen, dass mit der Verwerfung der geprüften Norm auch entschieden sei, dass dem Wegzugsstaat i.S.d. Aufteilung der Besteuerungsrechte zwischen Wegzugsstaat und Zuzugsstaat nicht das Recht entzogen sei, latente Wertsteigerungen zu besteuern. Nur die Ausgestaltung der dazu erlassenen Maßnahmen wurde vom EuGH missbilligt. Dabei scheint sich der EuGH auf den Rechtfertigungsgrund der Kohärenz des Steuersystems zu berufen, da der jährliche Besteuerungsaufschub für stille Reserven in unmittelbaren Zusammenhang mit der endgültigen Besteuerung der Wertsteigerungen zum Realisationszeitpunkt steht.[32] Daraus ergibt sich einerseits, dass solange trotz eines Wegzugs der Wegzugsstaat sein Besteuerungsrecht an im Inland weiter steuerverhafteten Wirtschaftsgütern behält, eine Rechtfertigung für eine Schlussbesteuerung von vornherein ausscheidet.[33]

Soweit darüber hinaus eine Schlussbesteuerung stattfindet, ist diese im Rahmen einer Abwägung zwischen Rechtfertigungsgrund und Grundfreiheit am Verhältnismäßigkeitsgrundsatz zu messen.[34] Der EuGH hat in der Entscheidung *X und Y* ausdrücklich im Zusammenhang mit der Wegzugsbe-

---

[30] Erwägungsgründe 1-5 SE-VO; *M. R. Theisen/M. Wenz*, in: dies. (Hrsg.), Die Europäische Aktiengesellschaft, 2002, S. 36 f.

[31] Die Sitzverlegung aus Staaten mit Sitztheorie ist nicht identitätswahrend, was nach wie vor als Rechtfertigung für eine Besteuerung aus Anlass der Sitzverlegung herangezogen wird, vgl. unten C.I.1.

[32] Vgl. EuGH v. 11.03.2004, C-9/02, *Hughes de Lasteyrie du Saillant*, GmbHR 2004, 504, Rz. 46, 51, 61, 67 f.

[33] Vgl. auch *T. Stapperfeld*, FR 2003, 165 (173).

[34] EuGH v. 13.12.2005, C-411/03, *Sevic Systems AG*, IStR 2006, 32, Rz. 23; EuGH v. 13.12.2005, C-446/03, *Marks & Spencer*, IStR 2006, 19, Rz. 35, 53.

steuerung zur Wahrung der Kohärenz des nationalen Steuersystems auf „mildere Sicherungsmittel" wie Garantien[35] verwiesen. Dem entspricht das oben vorgestellte Konzept des Besteuerungsaufschubs. Allerdings ist zu berücksichtigen, dass der EuGH in der Entscheidung zu *Marks & Spencer*[36] tendenziell die Bedeutung der Interessen der Mitgliedsstaaten auf der Rechtfertigungsebene gestärkt hat. Die nationalen Vorschriften müssen nicht an dem mildesten denkbaren Mittel zur Wahrung der angeführten Allgemeininteressen gemessen werden. Gleichzeitig könnten nach dieser Entscheidung aber auch die Mitgliedsstaaten diese Allgemeininteressen nicht bis zu einem Umfang in Anspruch nehmen, der jegliche Gefährdung der geltend gemachten Belange ausschließt.[37]

Auf dieser Grundlage könnte die verbleibende Belastung durch die sofortige Schlussbesteuerung bei nicht weiter steuerverhafteten Wirtschaftsgütern von den Steuerpflichtigen hinzunehmen sein. Der deutsche Steuergesetzgeber könnte auf die Schwierigkeiten bei der Durchsetzung und Festsetzung der aufgeschobenen Steuer hinweisen. Ob der Staat auf die europäische Beitreibungsrichtlinie verwiesen werden kann, ist fraglich. In der Entscheidung in Sachen *Marks & Spencer* hat sich der EuGH mit dem Verweis des nationalen Gesetzgebers auf europäische Richtlinien neuerdings zurückgehalten.[38] Allerdings hat das BMF für den Wegzug natürlicher Personen einen Steueraufschub eingeführt.[39] Soweit für den betrieblichen Bereich ein höherer Verwaltungsaufwand entsteht, ließe sich dieser durch eine erhöhte Mitwirkungspflicht des Steuerpflichtigen abfangen, was der EuGH wohl angesichts seiner neueren Rechtsprechung akzeptieren würde.[40] Zudem hat Österreich eine Stundungslösung bereits eingeführt.[41] Das weist darauf hin, dass die praktischen Bedenken in den Griff zu bekommen sind. Insgesamt ist es derzeit nicht absehbar, wie der EuGH seine eigene Rechtsprechung konkretisieren wird. Eine sofortige Schlussbesteuerung nicht weiter steuerverhafteter Wirtschaftsgüter könnte in bestimmten Fällen enorme Härten verursachen, wenn etwa die überwiegende Zahl der Wirtschaftgüter keiner Betriebstätte zuzuordnen sind oder sonst steuerverhaftet sind (z.B. HoldingBetriebstätten). Da in solchen Fällen der Betriebstättenvorbehalt nicht ausreicht, die Niederlassungsfreiheit in ausreichendem Umfang zu gewährleisten, sehen wir trotz

---

[35] EuGH v. 21.11.2002, C-436/00, X und Y, DStRE 2003, 400, Rz. 59; selbst Sicherheiten halten für unzulässig: *W. Kessler/F. Huck/R. Obser/A. Schmalz*, DStZ 2004, 855 (864 f.); *T. Rödder*, DStR 2004, 1629 (1633).

[36] EuGH v. 13.12.2005, C-446/03, *Marks & Spencer*, IStR 2006, 19, Rz. 35 ff., 53 ff.

[37] *J. Hey*, GmbHR 2006, 113 (120 f.); Saß, DB 2006, 123 (126 f.); *J. T. Sedemund/I. Sterner*, DStZ 2006, 29 (35); *O. Thömmes*, IWB 2005, 1188 (1189); *J. Englisch*, IStR 2006, 22 (23).

[38] Vgl. *N. Herzig/T. Wagner* DStR 2006, 1 (3)

[39] BMF, Schreiben v. 08.06.2005 – IV B 5 – S 1348 – 35/05, IStR 2005, 463.

[40] Kritisch vor *Marks & Spencer C. Schindler*, IStR 2004, 711 (713) m.w.N.

[41] Vgl. zum damaligen Stand *C. Schindler*, IStR 2004, 711 ff.

der neueren Entscheidung des EuGH in Sachen *Marks & Spencer* seine Einführung als europarechtlich fragwürdig an.

Dagegen dürfte wohl bezweifelt werden, ob die Umsetzung des Betriebstättenvorbehalts der Fusionsrichtlinie (tatsächliche Zuordnung zu einer Betriebstätte) durch die geplanten Entstrickungstatbestände (§§ 4 Abs. 1 Satz 2, 17 Abs. 5 EStG-E; § 12 KStG-E[42]) auch EU-rechtskonform ist, wenn sie über das Konzept des Betriebstättenvorbehalts nach den Vorschriften der Fusionsrichtlinie hinausgreifen würde[43].

II. Zuzug

Im Fall des Zuzugs einer SE würde der im geplanten SEStEG vorgesehene allgemeine Verstrickungstatbestand einen neuen Bewertungsansatz der verstrickten Wirtschaftsgüter einführen.

1. Nationales Steuerrecht

Der Zuzug einer SE führt zur Steuerverstrickung der SE im Inland. Steuerbelastungen werden dadurch nicht ausgelöst.

a) Ebene der Gesellschaft

Mit der Sitzverlegung in das Inland wird die SE in Deutschland unbeschränkt körperschaftsteuerpflichtig nach § 1 Nr. 1 KStG.[44] Da die Sitzverlegung identitätswahrend ausgestaltet ist, kann sie nicht zu einer Realisation oder Aufdeckung stiller Reserven hinsichtlich vor der Sitzverlegung bereits steuerverhafteter Wirtschaftsgüter (inländische Betriebstätte) kommen (etwa nach § 12 Abs. 2 KStG), da kein Rechtsträgerwechsel stattfindet.[45] Diese können daher zum Buchwert fortgeführt werden. Für die durch den Zuzug erstmals der deutschen Besteuerung unterliegenden Wirtschaftsgüter stellt sich steuerlich gerade im Hinblick auf eine spätere Veräußerung die Frage nach ihrer Bewertung. Hiervon betroffen sein können von vornherein nur solche Wirtschaftsgüter, die nicht schon einer ausländischen Betriebstätte zuzuordnen sind oder sonst im Ausland steuerverhaftet bleiben („vagabundierende Wirtschaftsgüter"). Angesichts von Art. 13 Abs. 1, 2 OECD-MA

---

[42] Referentenentwurf: §§ 4 Abs. 1 Satz 2 ff., 17 Abs. 5 EStG-E; § 12 KStG-E.

[43] Hier könnte es u.U. zu Friktionen kommen, etwa wenn nach der Sitzverlegung ins Ausland die tatsächliche Zuordnung einer Drittstaatenbeteiligung zu einer inländischen Betriebstätte besteht, der Entstrickungstatbestand jedoch – etwa wenn das (maßgebliche) DBA des neuen Sitzstaats mit dem Sitzstaat der Beteiligungsgesellschaft (Drittstaat) das Besteuerungsrecht letzterem zuweist – greift (vgl. *R. Prokisch*, in: K. Vogel/M. Lehner, DBA, Art. 1 Rdnr. 8).

[44] *A. Schulz/S. Petersen*, DStR 2002, 1508 (1513).

[45] *T. Rödder*, DStR 2005, 893 (898).

dürfte es in vielen Zuzugsfällen nicht zur Begründung des inländischen Besteuerungsrechts kommen. Auf der Basis des geltenden Rechts wird bei der Bewertung neu verstrickter Wirtschaftsgüter für einen Teilwertansatz plädiert, da es sich um eine Betriebseröffnung i.S.d. § 6 Abs. 1 Nr. 6 EStG handele. Diese Lösung würde gewährleisten, dass bei einer späteren Veräußerung nur die in Deutschland gebildeten stillen Reserven besteuert werden. Einzelfragen – der Ansatz eines Firmenwertes – sind jedoch streitig.[46] Je nach Ausgestaltung der Wegzugsbesteuerung im Herkunftsstaat könnten so theoretisch auch weiße Einkünfte generiert werden.

b) Ebene der Gesellschafter

Auf der Ebene der Gesellschafter findet spiegelbildlich zu der oben schon dargestellten Rechtslage keine Realisation in Bezug auf die an der SE gehaltenen Anteile statt. Nur im Ausnahmefall wird die Bundesrepublik Deutschland das endgültige Besteuerungsrecht an den SE-Anteilen erlangen (Steuerverstrickung), etwa wenn das einschlägige DBA das Besteuerungsrecht dem Sitzstaat der Kapitalgesellschaft zuweist.

2. Fusionsrichtlinie

Die Fusionsrichtlinie macht keine besonderen Vorgaben für die Behandlung beim Zuzugsstaat.

3. SEStEG

Die Planungen zum SEStEG sehen nun einen allgemeinen Verstrickungstatbestand vor (§ 6 Abs. 1 Nr. 5a EStG-E), der grundsätzlich den Buchwertansatz für verstricktes Betriebsvermögen einführt. Auf Antrag kann jedoch – soweit eine Schlussbesteuerung im Wegzugsstaat stattgefunden hat – der dieser zugrunde liegende Wert angesetzt werden. Dabei kann nicht über den gemeinen Wert der relevanten Wirtschaftsgüter hinaus gegangen werden.[47] Damit dürfte eine Doppelbesteuerung vermieden werden. Allerdings wäre die Einfügung angesichts des § 6 Abs. 1 Nr. 6 EStG, der für eine Betriebseröffnung den Teilwert vorschreibt, unsystematisch. Welche Anforderungen

---

[46] *H. Büsching*, in: D. Jannott/J. Frodermann, Handbuch der Europäischen Aktiengesellschaft – Societas Europaea –, 2004, 14. Kapitel Rdnr. 174; *N. Herzig/S. Griemla*, StuW 2002, 55 (76).

[47] Der Referentenentwurf wird wohl dieses Regel-Ausnahmeverhältnis umkehren (der Wert, mit dem das Wirtschaftsgut der Besteuerung unterlegen hat, ist der Grundsatz, höchstens Fremdvergleichspreis); sonst Anschaffungs- und Herstellungskosten ggf. vermindert um AfA).

an den Nachweis der ausländischen Schlussbesteuerung gelegt werden sollen, ist zudem nicht klar.

4. Europäische Grundfreiheiten

Die europäischen Grundfreiheiten dürften – mangels Steuerbelastung – nicht betroffen sein.

C. Wegzug/Zuzug einer sonstigen Kapitalgesellschaft

Angesichts der zur Sitzverlegung der SE angestellten Überlegungen liegt es nahe, diese – gerade im Hinblick auf die Grundfreiheiten – mit den Steuerfolgen bei der Sitzverlegung einer sonstigen Kapitalgesellschaft zu vergleichen.

I. Wegzug

Beim Wegzug einer deutschen Kapitalgesellschaft greifen noch keine sekundärrechtlichen europäischen Vorgaben.[48] Daher sind die nationalen Steuerfolgen direkt an den europäischen Grundfreiheiten zu messen.

1. Nationales Steuerrecht

Der Wegzug einer in Deutschland ansässigen Kapitalgesellschaft ist wiederum für die Ebene der Gesellschaft als auch für die Ebene der Gesellschafter getrennt zu betrachten. Der Wegzug einer Kapitalgesellschaft aus Deutschland wird – wie auszuführen sein wird – maßgeblich von der Tatsache beeinflusst, dass der EuGH in Sachen *Überseering* die grenzüberschreitende Anerkennung der Gründungstheorie auf Zuzugsfälle beschränkt hat.[49] Das würde bedeuten, dass aus gesellschaftsrechtlicher Sicht im Zeitpunkt des Wegzugs aus Deutschland die Gesellschaft auf der Grundlage der Sitztheorie jedenfalls als aufgelöst gelten würde.[50]

---

[48] Allerdings hat die EU-Kommission im April 1997 einen Vorschlag für eine RL zur Verlegung des Gesellschaftssitzes innerhalb der EU als Vorentwurf für einen Richtlinienvorschlag vorgelegt. Damit würden – sollte die RL jemals in Kraft treten – andere Kapitalgesellschaften der SE gleichgestellt, da sie identitätswahrend ihren Sitz verlegen können. Eine eigene steuerliche Vorgabe ist in diesem Vorentwurf nicht vorgesehen. Abdruck des Vorentwurfs in ZGR 1999, 157 ff.

[49] *D. Birk*, IStR 2003, 469 (472).

[50] Vgl. *W. Schön*, IStR 2004, 289 (297); OLG Brandenburg v. 30.11.2004, 6 Wx 4/04, GmbHR 2005, 486 (487); teilweise wird auch von der Zwangsabwicklung

a) Ebene der Gesellschaft

Eine Besteuerung findet anlässlich des Wegzugs nur statt, wenn einer der Tatbestände der §§ 11, 12 KStG erfüllt ist. Die Liquidationsbesteuerung nach § 11 KStG greift in einem solchen Fall solange nicht ein, wie die Kapitalgesellschaft nicht tatsächlich abgewickelt wird.[51] Tatbestandsvoraussetzung des § 11 KStG ist die Auflösung *und* Abwicklung der Kapitalgesellschaft. Solange die Kapitalgesellschaft (oder auf der Grundlage der Sitztheorie der nichtrechtsfähige Verein) im Inland Geschäftsleitung (Verwaltungssitz) oder Sitz (Satzungssitz) behält, bleibt sie zudem in Deutschland unbeschränkt körperschaftsteuerpflichtig, § 1 Abs. 1 KStG bzw. ggf. nach § 1 Abs. 1 Nr. 5 KStG.[52] Sobald es im Rahmen des Wegzugs zur Verlegung von Geschäftsleitung und Sitz kommt, findet aber die Schlussbesteuerung des § 12 Abs. 1 KStG mit den oben geschilderten Folgen und Einschränkungen (fortdauernde Steuerverhaftung) nach dessen eindeutigen Wortlaut statt. Dies ist unabhängig von der zivilrechtlichen Behandlung der Kapitalgesellschaft im Wegzugsstaat.[53] Die gleiche Rechtsfolge tritt ein, wenn nach der Verlegung von Geschäftsleitung oder Satzungssitz kein Anknüpfungspunkt mehr in Deutschland für die unbeschränkte Steuerpflicht besteht, wie z.B. bei vorher aus Staaten mit Gründungstheorie zugezogenen Gesellschaften (z.B. Verlegung des Ortes des Geschäftsleitung).

b) Ebene der Gesellschafter

Auf der Ebene der Gesellschafter wirkt die zivilrechtliche Sicht auf den Wegzug in das Steuerrecht. § 17 Abs. 4 Satz 1 1. Alt. KStG knüpft ausdrücklich an die Auflösung der Gesellschaft an. Wäre die Sitztheorie für die Subsumption unter das Tatbestandsmerkmal „Auflösung" maßgeblich, würde eine solche Zwangsauflösung durch den Wegzug eintreten. Die oben geschilderte EuGH-Rechtsprechung bietet derzeit jedenfalls einen Anknüpfungspunkt, die Sitztheorie im Wegzugsstaat für weiter anwendbar zu halten.

---

ausgegangen vgl. OLG Hamm, Urt. v. 01.02.2001, 15 W 390/00, NZG 2001, 562. Die Sitztheorie hat zur Folge, dass die wegziehende Gesellschaft durch die Verlegung ihres effektiven Verwaltungssitzes nur rechtsfähig bleiben kann, wenn sie die entsprechenden Voraussetzungen im Zuzugsstaat erfüllt. Dies sei regelmäßig nicht der Fall, vgl. *J. Hey*, Der Konzern 2004, 577 (578). Die Verlegung des Satzungssitzes (Satzungsänderungsbeschluss) wird von der herrschenden Meinung als Auflösungsbeschluss gewertet, vgl. zu weiteren, auch zivilrechtlichen Details *W. Kessler/ F. Huck/R. Obser/A. Schmalz* DStZ 2004, 813 (817); *H. Hügel*, ZGR 1999, 71 ff.

[51] *I. Graffe*, in: E. Dötsch/W. Jost/H. Eversberg, KStG, § 11 Rdnr. 5; *A. Bergemann/ F. Schönherr/W. Stäblein*, BB 2005, 1706 (1718).

[52] Einstufung nach § 1 Abs. 1 Nr. 5 KStG umstritten, vgl. *M. Wacht*, in: Ernst & Young, KStG, § 12 Rdnr. 16 m.N. zur Gegenansicht; offen BFH v. 16.12.1998, BStBl. II 1999, 437.

[53] Vgl. *E. Dötsch*, in: E. Dötsch/H. Eversberg/W. Jost/A. Pung/G. Witt, KStG, § 12 Rdnr. 15, 20.

Auf dieser Grundlage könnte für die Gesellschafter die Liquidationsbesteuerung des § 17 Abs. 4 Satz 1 1. Alt EStG greifen.[54] Allerdings ist fraglich, ob in diesem Fall tatsächlich eine Besteuerung nach § 17 Abs. 4 Satz 1 1. Alt. EStG geboten ist. Denn § 17 Abs. 4 EStG soll Tatbestände erfassen, bei denen – wie bei einer Übertragung der Anteile auf einen Dritten – die Vermögensmehrung oder -minderung der Kapitalgesellschaft auf der Ebene der Gesellschafter realisiert wird.[55] Diese Betrachtung ist für den Regelfall des § 17 Abs. 4 EStG auch gerechtfertigt, weil es bei der Liquidation einer Kapitalgesellschaft zu Umsatzgeschäften hinsichtlich des Gesellschaftsvermögens kommt, was zur Aufdeckung der in den Wirtschaftsgütern enthaltenen stillen Reserven führt. Durch die Verteilung des Gesellschaftsvermögens haben sich auch die Wertsteigerungen bezüglich des Gesellschaftsanteils am Markt bestätigt. Anders ist dies jedoch beim Wegzug einer Kapitalgesellschaft. Am Markt bestätigt worden sind die stillen Reserven hinsichtlich des Gesellschaftsvermögens mangels Umsatzakts nicht.[56] Allerdings werden Entstrickungstatbestände als „Ersatzrealisationstatbestände" verstanden, bei denen es zur Realisation der sich hinsichtlich bestimmter Wirtschaftsgüter gebildeter stillen Reserven kommen soll, sobald das deutsche Besteuerungsrecht an diesen Wirtschaftsgütern entfällt.[57] Können solche Ersatzrealisationstatbestände noch die Anwendung des § 17 Abs. 4 KStG mit Hilfe des Realisationsgedankens rechtfertigen, muss dies ausscheiden, sobald ein solcher Entstrickungstatbestand nicht eingreift. Solange das Besteuerungsrecht der Bundesrepublik Deutschland fortbesteht, muss daher der § 17 Abs. 4 EStG so einschränkend ausgelegt werden, dass eine Besteuerung der Gesellschafter entfallen muss, wenn die Beteiligung weiter steuerverstrickt bleibt.[58]

2. SEStEG

Die geplante Neuregelung in § 12 Abs. 1 KStG-E mit den schon dargestellten steuerlichen Folgen soll nach der Begründung des Entwurfes nur identitätswahrende Sitzverlegungen erfassen, die bislang nur bei der SE möglich sind.[59] Der Wortlaut des § 12 Abs. 1 KStG-E soll wohl auch den

---

[54] So *D. Birk*, IStR 2003, 469 (474).
[55] *H. Weber-Grellet*, in: L. Schmidt, EStG, 2005, § 17 Rdnr. 210.
[56] Vgl. zum Realisationsprinzip *R. Winnefeld*, Bilanzhandbuch 2002, E Rdnr. 86 ff.; *K. Tipke/J. Lang*, Steuerrecht, 2005, § 179 Rdnr. 200 ff.
[57] *K. Tipke/J. Lang*, Steuerrecht, 2005, § 17 Rdnr. 231 ff.
[58] Vgl. im Ergebnis *K. Ebling*, in: W. Blümich, EStG – KStG – GewSt, § 17 EStG, Rdnr. 248b; *St. Eilers/R. Schmidt*, in: C. Herrmann/G. Heuer/A. Raupach, EStG, § 17 Anm. 288 a.E.
[59] Vgl. *T. Kunde*, IWB 2005, 1001 (1003 f.); *H. Hahn*, IStR 2005, 677 (684). *A. Bergemann/F. Schönherr/W. Stäblein*, BB 2005, 1706 (1718) und *W. Kessler/*

Wegfall der Körperschaftsteuerpflicht erfassen, so dass eine Sitzverlegung, durch die eine Kapitalgesellschaft aus der deutschen Steuerpflicht ausscheidet, genauso wie bislang von § 12 Abs. 1 KStG erfasst würde. Auch für diesem Fall würde also, entsprechend der bisher auch geforderten einschränkenden Auslegung des § 12 Abs. 1 KStG, ein Betriebstättenvorbehalt eingeführt. Man scheint jedoch über eine Änderung des § 11 KStG nachzudenken, nach der die Abwicklung nicht länger Voraussetzung für die Liquidationsbesteuerung sein soll.[60] Dann wäre die Anknüpfung an die Entstrickung verloren gegangen, und die Verlegung nur des Satzungssitzes oder nur des effektiven Verwaltungssitzes könnte trotz unterbliebender tatsächlicher Abwicklung/Realisation für sich eine volle Schlussbesteuerung auslösen.

3. Europäische Grundfreiheiten

Soweit heute oder nach Inkrafttreten des § 12 Abs. 1 KStG-E eine Steuerbelastung bei Wegzug entsteht, stellt sich wiederum die Frage nach der Vereinbarkeit derselben mit den Grundfreiheiten.

a) Ebene der Gesellschaft

Bei der Schlussbesteuerung anlässlich des Wegzugs einer Kapitalgesellschaft ist angesichts des Urteils des EuGH in Sachen *Daily Mail*[61] derzeit nicht eindeutig geklärt, ob sich eine Gesellschaft, die Satzungssitz und Sitz der Geschäftsleitung von Deutschland in einen anderen Mitgliedsstaat der EU verlegt, überhaupt auf die Niederlassungsfreiheit der Art. 43, 48 EG berufen kann. Soweit dies der Fall wäre, gelten zur Frage der Vereinbarkeit einer Schlussbesteuerung die oben unter B.I.4. dargelegten Überlegungen.

In seiner *Daily Mai*-Entscheidung entnahm der EuGH dem EG-Vertrag, die Sitzverlegung einer Gesellschaft sei aus dem Anwendungsbereich der Niederlassungsfreiheit ausgeklammert, da deren Regelung angesichts der theoretischen Unterschiede in den Mitgliedsstaaten der Harmonisierung durch die EU vorbehalten sei. In seiner *Überseering*-Entscheidung[62] hat der EuGH dieses Verständnis dahingehend präzisiert, dass sich die Möglichkeit für eine nach dem Recht eines Mitgliedsstaats gegründete Gesellschaft, ihren satzungsmäßigen Sitz oder tatsächlichen Verwaltungssitz in einen anderen Mitgliedsstaat zu verlegen, ohne die ihr durch die Rechtsordnung des Gründungsmitgliedsstaates zuerkannte Rechtspersönlichkeit zu verlieren, allein

---

F. Huck/R. Obser/A. Schmalz, DStZ 2004, 813 (817 f.) halten dagegen identitätswahrende Sitzverlegungen auch für Nicht-SE-Gesellschaften für möglich.

[60] Fn. 14 zu Art. 2 Nr. 3 des geplanten SEStEG – der Referentenentwurf scheint diesen Punkt nicht mehr zu reflektieren.
[61] EuGH v. 27.09.1988, Rs. 81/87, *Daily Mail*, Slg. 1988, 5483.
[62] EuGH v. 05.11.2002, C-208/00, *Überseering*, IStR 2002, 809, Rz. 64 ff, 70.

nach den nationalen Rechtsvorschriften beurteilt, nach denen diese Gesellschaft gegründet worden ist. Beschränkungen hinsichtlich solcher Verlegungsmaßnahmen seien daher zulässig.

Aus diesem Verständnis heraus wären alle Maßnahmen, die die Rechtsfähigkeit einer Gesellschaft betreffen, und damit auch eine fingierte Zwangsauflösung, dem Anwendungsbereich der Niederlassungsfreiheit entzogen. Auch die Steuerfolgen der Sitzverlegung als Austritt aus der Rechtsordnung wären diesen Maßnahmen zuzuordnen.[63] Dieser Standpunkt kann für sich in Anspruch nehmen, dass bei einer zulässigerweise fingierten Zwangsauflösung einer Gesellschaft eine Schlussbesteuerung wie bei inländischen Liquidationen gerechtfertigt erscheint.[64] Allerdings ist die Auflösung als solche auch nach § 11 KStG nicht Auslöser einer Liquidationsbesteuerung, sondern die Abwicklung, die faktisch auch unterbleiben könnte.[65] Die bisherige deutsche Wegzugsbesteuerung nach § 12 Abs. 1 KStG ist völlig unabhängig von der zivilrechtlichen Vorfrage der fingierten Zwangsauflösung. Aus unserer Sicht verfängt daher die Gleichstellung von Wegzugsbesteuerung und Zwangsauflösung nicht. Anders wäre die Rechtslage ggf. zu beurteilen, wenn § 11 KStG tatsächlich geändert würde oder eine Abwicklung stattfindet. Dann käme es schon eher darauf an, ob die betroffene Kapitalgesellschaft gegen eine Schlussbesteuerung die Niederlassungsfreiheit ins Feld führen kann.

Aus den Entscheidungen des EuGH in *Hughes de Lasteyrie du Saillant*[66] und *X und Y*[67] wird verbreitet abgeleitet, der EuGH habe ganz grundlegend die Aufdeckung der stillen Reserven aus Anlass des Wegzugs als unzulässig verworfen. Damit deute sich eine Weiterentwicklung der EuGH-Rechtsprechung an, die auch die *Daily Mail*-Rechtsprechung überholen könnte[68]. Der EuGH hatte bislang jedoch noch keine Gelegenheit, erneut zu der Frage des Wegzugs von Gesellschaften Stellung zu nehmen. So sehr seine Erwägungen in diesen Entscheidungen sachlich die Wegzugsbesteuerung bei Kapitalgesellschaften auch betreffen, bedarf es dennoch der positiven Rechtfertigung der Übertragung dieser Grundsätze von natürlichen Personen auf Kapitalgesellschaften.[69] Wie Schön anmerkt, steht diese jedoch ohne weiteres zur Verfügung.[70] Das *Daily Mail*-Urteil übersieht, dass eine nach dem Recht eines Mitgliedsstaates gegründete Kapitalgesellschaft ab

---

[63] G. *Frotscher*, IStR 2006, 65 (69).
[64] A. *Körner*, IStR 2004, 424 (430 f.); ähnlich A. *Engert*, DStR 2004, 664 (667 f.).
[65] Vgl. H. *Schaumburg*, GmbHR 1996, 585 (592).
[66] EuGH v. 11.03.2004, C-9/02, *Hughes de Lasteyrie du Saillant*, GmbHR 2004, 504.
[67] EuGH v. 21.11.2002, C-436/00, *X und Y*, DStRE 2003, 400.
[68] T. *Rödder*, DStR 2004, 1629 (1633).
[69] Vgl. i.E. O. *Thömmes*, IWB 2003, 625 (632), a.A. wohl J. *Kleinert/P. Probst*, DB 2004, 673 (674).
[70] W. *Schön*, IStR 2004, 289 (297); vgl. auch D. *Weber*, ET 2003, 350 (352 f.).

dem Zeitpunkt ihrer Rechtsfähigkeit in den Anwendungsbereich der Niederlassungsfreiheit fällt. Betätigt sich die Kapitalgesellschaft im Anschluss in einer Form, die auch bei natürlichen Personen der Niederlassungsfreiheit unterfällt,[71] muss – mit der gleichen Reichweite wie bei einem Wegzug – bei einer SE die Niederlassungsfreiheit der Maßstab beschränkender Normen bleiben.

Eine Kapitalgesellschaft, die aus einem Staat mit Gründungstheorie durch Verlegung ihres effektiven Verwaltungssitzes zugezogen ist, kann sich bei Wegzug (Aufgabe des tatsächlichen Verwaltungssitzes) allein aufgrund der *Überseering*-Rechtsprechung gegenüber dem Wegzugsstaat auf die Niederlassungsfreiheit berufen.

b) Ebene der Gesellschafter

Die Gesellschafter der wegziehenden Kapitalgesellschaft können sich entweder direkt aufgrund der Niederlassungsfreiheit oder bei einer nicht einflussvermittelnden Beteiligung aufgrund der Kapitalverkehrsfreiheit des Art. 56 EG auf diese Erwägungen berufen.[72]

4. Auswirkungen der Differenzen

Abschließend ist festzuhalten, dass die Planung zum SEStEG auf einer Schlechterstellung der Sitzverlegung von Nicht-SE-Kapitalgesellschaften basiert. Ein „Hereintreiben" inländischer Gesellschaften in die SE könnte nur durch eine eindeutige Gleichstellung verhindert werden.

II. Zuzug

Beim Zuzug ergeben sich insbesondere Bewertungsfragen, die durch den SEStEG neu geregelt werden sollen.

1. Nationales Steuerrecht

Beim Zuzug anderer Kapitalgesellschaften ist bei der Darstellung der Rechtsfolgen wiederum auf die zivilrechtliche Beurteilung des Zuzugs zu achten. Nach der Sitztheorie begründet die Aufgabe des tatsächlichen Verwaltungssitzes im Ausland eigentlich aus deutscher Sicht (Sitztheorie) die

---

[71] Vgl. zu natürlichen Personen *J. Tiedje/P. Troberg*, in: H. von der Groeben/ J. Schwarze (Hrsg.), EU-/EG-Vertrag, 2003, Art. 43 EG Rdnr. 32.
[72] Vgl. zu den Anwendungsbereichen der Grundfreiheiten EuGH v. 21.11.2002, C-436/00, *X und Y*, DStRE 2003, 400 Rz. 37, 68, 72.

Auflösung der Gesellschaft.⁷³ Denn trotz eines inländischen tatsächlichen Verwaltungssitzes sind die weiteren (gesellschaftsrechtlichen) Voraussetzungen für den Erwerb der Rechtsfähigkeit in der Rechtsform einer Kapitalgesellschaft im Inland nicht gegeben. Für den Fall des Zuzugs einer ausländischen Gesellschaft aus einem Staat, der der Gründungstheorie folgt, hat jedoch der EuGH ausdrücklich entschieden, dass in diesem Fall der Aufnahmestaat der Kapitalgesellschaft deren bereits verliehene Rechtsfähigkeit weiter anerkennen muss.⁷⁴ Für den Zuzug aus Staaten mit Sitztheorie scheint das Gegenteil zu gelten.⁷⁵

a) Ebene der Gesellschaft

Auf der Ebene der Gesellschaft haben diese Überlegungen Auswirkungen einerseits für die Frage, ob die Kapitalgesellschaft nach § 1 Abs. 1 Nr. 1 KStG oder nach § 1 Abs. 1 Nr. 5 KStG unbeschränkt steuerpflichtig wird. Das entscheidet sich danach, ob man ggf. dem Zuzugsstaat die Berufung auf die Aberkennung der Rechtsfähigkeit durch den Wegzugsstaat zugesteht oder nicht. In den mit der Konstellation des *Überseering*-Urteils identischen Sachverhalten dürfte jedenfalls eine unbeschränkte Steuerpflicht nach § 1 Abs. 1 Nr. 1 KStG mit dem Zuzug begründet werden.⁷⁶ Dieser Wechsel des Umfangs der Steuerpflicht begründet für sich genommen keine unmittelbare Besteuerung.⁷⁷ Weitere Bedeutung erhält die Statusanknüpfung bei der Prüfung der Voraussetzungen einer Schlussbesteuerung nach § 12 Abs. 2 KStG, wenn schon vor dem Zuzug eine inländische Betriebstätte bestand. Im Untergang der Kapitalgesellschaft liegt förmlich gesehen ein Wechsel des Rechtsträgers der vormals ihm zuzuordnenden Wirtschaftsgüter auf eine nicht rechtsfähige Person. Der Tatbestand des § 12 Abs. 2 Satz 2 1. HS KStG wäre erfüllt. Demgegenüber vertritt der überwiegende Teil der Literatur für diese Fälle die Auffassung, es komme nicht auf die zivilrechtliche, sondern auf die steuerliche Subjekteigenschaft an. Solange die persönliche Steuerpflicht beibehalten werde, ob beschränkt oder unbeschränkt, scheide eine Schlussbesteuerung nach § 12 Abs. 2 KStG aus.⁷⁸ Auch § 11 KStG könne mangels Abwicklung kein Anknüpfungspunkt sein für eine Liquidationsbesteuerung von im Inland steuerverhafteten Vermögen.⁷⁹

---

⁷³ *D. Birk*, IStR 2003, 469 (470).
⁷⁴ EuGH v. 05.11.2002, C-208/00, *Überseering*, IStR 2002, 809.
⁷⁵ *J. Hey*, Der Konzern 2004, 577 (582).
⁷⁶ Sonst § 1 Abs. 1 Nr. 5 KStG, vgl. BFH v. 23.06.1992, IX R 182/87, BStBl. II 1992, 972.
⁷⁷ *H. Schaumburg*, Internationales Steuerrecht, 1998, § 17 Rz. 148, § 6 Rz. 53.
⁷⁸ *F. Haase*, IStR 2004, 232 (234 f); *P. Dörrfuß*, IStR 2001, 147 (148); diese Auffassung liegt offenbar auch den Ausführungen des BFH in seinem Urteil v. 17.05.2000, I R 19/98, BStBl. II 2000, 619 zugrunde.
⁷⁹ *W. Schön*, IStR 2004, 289 (298).

Hinsichtlich der Bewertung dürfte im Ergebnis der für die SE vorgenommene Hinweis gelten, wonach die Wirtschaftsgüter der ausländischen Kapitalgesellschaft in deren Eröffnungsbilanz anlässlich der Begründung der unbeschränkten Steuerpflicht mit dem Teilwert zu bewerten wären. Allerdings kommt auch § 6 Abs. 1 Nr. 5 Satz 1 1. HS EStG als Rechtsgrundlage in Betracht.[80] Auch hier könnten theoretisch weiße Einkünfte generiert werden.

b) Ebene der Gesellschafter

Soweit eine Gesellschaft aus einem Staat mit Gründungstheorie zuzieht, kann keine Besteuerung nach § 17 Abs. 4 EStG erfolgen, da keine Auflösung stattfindet.[81] Bei Zuzug aus einem Staat mit Sitztheorie wäre dies jedoch denkbar, da Deutschland als Zuzugsstaat die durch den Herkunftsstaat bewirkte Auflösung aufgreifen könnte.

2. SEStEG

Da ein allgemeiner Verstrickungstatbestand eingeführt wird, gilt der Buchwertansatz mit Wahlrecht zugunsten des gemeinen Werts bei Wegzugsbesteuerung nach § 6 Abs. 1 Nr. 5a EStG-E auch beim Zuzug anderer Kapitalgesellschaften.[82]

3. Europäische Grundfreiheiten

Der Verzicht auf eine Besteuerung nach § 12 Abs. 2 KStG und nach § 17 Abs. 4 EStG ist nach unserem Dafürhalten angesichts der *Überseering*-Rechtsprechung des EuGH für den Zuzug aus einem Staat mit Gründungstheorie zwingend. Ansonsten kann auf „C.I.3." verwiesen werden.

D. Verschmelzungsgründung einer SE

Seit dem Inkrafttreten der SE-VO am 08.10.2004 ist es nach deren Art. 2 Abs. 1 gesellschaftsrechtlich möglich, eine SE durch Verschmelzung einer deutschen Aktiengesellschaft mit einer Gesellschaft eines anderen EU-Mitgliedsstaates, die einer Aktiengesellschaft vergleichbar ist, zu gründen.

---

[80] Mit ausführlicher Begründung *St. Eilers/H. Wienands*, IStR 1999, 289 (293 f.); der Teilwertgedanke liegt wohl auch dem Urteil des BFH v. 05.06.2002, I R 81/00; BStBl. II 2004, 344 zugrunde für zum 01.01.1994 durch Gesetzesänderung steuerverstrickte Grundstücke.

[81] *D. Birk*, IStR 2003, 469 (473).

[82] Vgl. Fn. 49.

Daneben stehen gemäß Art. 2 Abs. 2 – 4 SE-VO weitere Möglichkeiten der Gründung einer SE durch Umwandlungsvorgänge zur Verfügung, nämlich die Gründung einer Holding-SE, einer Tochter-SE sowie durch Formwechsel einer Kapitalgesellschaft in eine SE. Was die zuletzt genannten Gründungsformen angeht, lassen sich diese jedenfalls im Ansatz ertragsteuerlich anhand vorhandener Regelungen des UmwStG steuerneutral durchführen.[83] Auf dieser Basis begegnet die Gründung einer SE unterschiedlichen steuerlichen Schwierigkeiten.[84]

Die grenzüberschreitende Gründung einer SE durch Verschmelzung zweier EU-Aktiengesellschaften stellt den Rechtsanwender jedoch vor eine größere Herausforderung. Denn einerseits sind gesellschaftsrechtlich die entsprechenden Verschmelzungen schon jetzt aufgrund der SE-VO möglich. Daher könnte – mangels Umsetzung – die Fusionsrichtlinie in ihrer ursprünglichen Fassung Anwendung finden.[85] Im Grundsatz wären damit schon jetzt die noch zu schildernden Regelungen anwendbar. Allerdings ist nicht sicher, ob der Anwendungsbereich der Fusionsrichtlinie in dem konkreten Fall eröffnet ist, insbesondere angesichts des Missbrauchsvorbehalts des Art. 11 Abs. 1 lit a) FRL.[86] Daher sollen vor allem die Rechtsfolgen nach nationalem Recht beleuchtet werden.

Art. 17 Abs. 2 SE-VO erlaubt eine Gründung der SE durch Verschmelzung durch Aufnahme (mit gleichzeitigem Formwechsel der aufnehmenden Gesellschaft in eine SE) oder durch Neugründung. Für die Darstellung der deutschen Steuerfolgen der Gründung des SE durch grenzüberschreitende Verschmelzung ist zu unterscheiden zwischen einer Herausverschmelzung aus und einer Hereinverschmelzung nach Deutschland.

I. Herausverschmelzung

Die Verschmelzungsgründung einer SE würde derzeit noch Steuerfolgen auslösen, die von den Vorgaben der Fusionsrichtlinie abweichen. Zwar läuft die Umsetzungsfrist für die geänderte Fusionsrichtlinie noch bis zum

---

[83] Gründung der Holding-SE richtet sich als Anteilstausch nach §§ 23 Abs. 4, 20 Abs. 1 Satz 2 UmwStG (*T. Rödder*, DStR 2005, 893, 896 f.); Gründung der Tochter-SE richtet sich als Betriebseinbringung nach § 23 Abs. 1-3 i.V.m. § 20 Abs. 1 Satz 1 UmwStG (*W. Kessler/C. Achilles/F. Huck*, IStR 2003, 715); Formwechsel einer inländischen Aktiengesellschaft ist an sich steuerneutral (*H. Büsching*, in: D. Jannott/J. Frodermann, Handbuch der Europäischen Aktiengesellschaft – Societas Europaea –, 2004, 14. Kapitel Rdnr. 155).
[84] Dabei ist u.a. auf die Gefahr einer Hinzurechnungsbesteuerung bei deutschbeherrschtem Ausländer, der in den Genuss ausländischer Umwandlungsregelungen kommt, hinzuweisen, vgl. *D. Klingberg/I. van Lishaut*, Der Konzern 2005, 698 (719).
[85] *R. Eismayr*, IWB 2005, 1075 (1082).
[86] *G. Kraft/J. Bron*, IStR 2005, 26.

01.01.2007, doch könnten die Grundfreiheiten schon jetzt zugunsten einer weitgehenden Steuerneutralität fruchtbar gemacht werden.

1. Nationales Steuerrecht

Bei der Herausverschmelzung einer deutschen Kapitalgesellschaft ist nicht eindeutig geklärt, ob es zu Aufdeckung und Besteuerung der in ihrem Vermögen ruhenden stillen Reserven kommt. Das UmwStG trifft angesichts der doppelten Inlandsanknüpfung keine Regelung.[87]

a) Ebene der beteiligten Gesellschaften

Dabei werden für die Gesellschaftsebene unterschiedliche Ansätze vertreten. Einig ist sich die herrschende Meinung, dass durch die Herausverschmelzung auf der Ebene des übertragenden Rechtsträgers kein *laufender* Gewinn realisiert wird und mangels Liquidation oder Wegzugs §§ 11, 12 KStG nicht anwendbar sind.[88] Uneinig ist sich die Literatur, ob die Herausverschmelzung als Sachausschüttung des Vermögens der übertragenden Gesellschaft mit anschließender Übertragung auf die aufnehmende Gesellschaft gegen Gewährung von Anteilsrechten zu bewerten ist.[89] Raum für einen Betriebstättenvorbehalt ließe dies wohl nicht. Es spricht wohl viel dafür, dass die Finanzverwaltung in der Praxis eine Schlussbesteuerung vornehmen wird, da ein Rechtsträgerwechsel (Realisation) stattfindet, ohne dass gleichzeitig ausdrücklich dessen Steuerneutralität angeordnet wird.[90] Bei der übertragenden inländischen Körperschaft vorhandene Beträge nach §§ 37, 38 KStG können (mangels ausdrücklicher Anordnung) nicht auf die Übernehmerin übertragen werden, sondern wären ggf. steuererhöhend oder steuermindernd aufzulösen.[91] Verlustvorträge sind nicht übertragbar.

b) Ebene des Gesellschafter des übertragenden Rechtsträgers

Auf der Ebene der Gesellschafter stellt die Herausverschmelzung entweder eine Sachdividende[92] oder einen Anteilstausch[93] dar. Handelt es sich um einen Anteilstausch, würden die an der Beteiligung bestehenden stillen Re-

---

[87] *W. Kessler*, IStR 2004, 841 (846).
[88] Vgl. *O. Thömmes*, in: M. Theisen/Wenz, Die Europäische Aktiengesellschaft, 2002, 492.
[89] Befürwortend *G. Förster/C. Lange*, DB 2002, 288 (289); *T. Rödder*, DStR 2005, 893 (894); a.A. *W. Schön*, Arbeitsbuch 53. Steuerrechtliche Jahresarbeitstagung der Arbeitsgemeinschaft der Fachanwälte für Steuerrecht, 2002, 6 (15).
[90] Vgl. *T. Rödder*, DStR 2005, 893 (894); beachte aber auch ggf. § 8b Abs. 2, 3 KStG.
[91] *D. Klingberg/I. van Lishaut*, Der Konzern 2005, 698 (716).
[92] *G. Förster/C. Lange*, DB 2002, 288 (289 f.)
[93] *H. Büsching*, in: D. Jannott/J. Frodermann, Handbuch der Europäischen Aktiengesellschaft – Societas Europaea –, 2004, 14. Kapitel Rdnr. 39.

serven aufgedeckt. Der Veräußerungsgewinn kann im Inland der Besteuerung unterliegen, wenn der Gesellschafter im Inland unbeschränkt steuerpflichtig wäre, das einschlägige DBA das Besteuerungsrecht dem Sitzstaat der Beteiligungsgesellschaft zuweist oder die Beteiligung einer inländischen Betriebstätte zuzuordnen ist. Handelt es sich um eine Sachdividende, gelten diese Überlegungen entsprechend; es käme zur Aufdeckung der im Gesellschaftsvermögen ruhenden stillen Reserven.[94] Die Besteuerung des Veräußerungsgewinns bzw. der Sachdividende erfolgt nach den allgemeinen Grundsätzen, d.h. es sind insbesondere die Regelungen der § 3 Nr. 40 EStG ggf. i.V.m. §§ 17, 22 Nr. 2, 23 EStG (Halbeinkünfteverfahren) sowie des § 8b Abs. 1-3, 5 KStG zu beachten. Im Ergebnis kann die Herausverschmelzung also eine Besteuerung auf der Ebene der Gesellschafter auslösen.

2. Fusionsrichtlinie

Auf der Ebene der Gesellschaft darf demgegenüber nach Art. 4 Abs. 1 FRL die Verschmelzung nicht zu einer Besteuerung der stillen Reserven führen, soweit das Vermögen einer Betriebstätte der übernehmenden Gesellschaft im Mitgliedstaat der übertragenden Gesellschaft zugeordnet werden kann. Dies setzt voraus, dass auf der Ebene der übernehmenden Gesellschaft bei der verbleibenden Betriebstätte die Buchwerte fortgeführt und die bislang angewendeten Abschreibungsmethoden beibehalten werden (vgl. Art. 4 Abs. 3, 4 FRL). Insgesamt können daher die Mitgliedsstaaten bei einer Verschmelzung, die zu einer Entstrickung von Wirtschaftsgütern führt, eine Schlussbesteuerung durchführen. Dies wird wohl bei solchen Wirtschaftsgütern der Fall sein, die nicht einer spezifischen Betriebstätte, sondern vielmehr einem Stammhaus zuzuordnen sind.

Wird eine Betriebstätte im Inland beibehalten, ordnet Art. 6 FRL an, dass die Betriebstätte bei der übertragenden Gesellschaft vorhandene Verlustvorträge entsprechend den für Inlandssachverhalte maßgeblichen Regelungen nutzen können muss.

Auf der Ebene der Gesellschafter bestimmt Art. 8 Abs. 1 FRL, dass der Anteilstausch keine Veräußerungsgewinnbesteuerung auslösen darf, wenn der Gesellschafter die Buchwerte bzw. Anschaffungskosten an der aufnehmenden Gesellschaft beibehält (vgl. Art. 8 Abs. 4 FRL).[95]

---

[94] *H. Büsching*, in: D. Jannott/J. Frodermann, Handbuch der Europäischen Aktiengesellschaft – Societas Europaea –, 2004, 14. Kapitel Rdnr. 26.

[95] Bei einem upstream-merger soll nach Art. 7 FRL und einer mehr als 20prozentigen Beteiligung der übernehmenden Gesellschaft ein etwaiger Übernahmegewinn keiner Besteuerung unterliegen.

3. SEStEG

Die Planungen zum SEStEG greifen die Regelungen der Fusionsrichtlinie auf.[96] Dazu wird zunächst das UmwStG auch auf Heraus- und Hineinverschmelzungen erstreckt, allerdings nur auf solche, die sich aufgrund dem UmwG vergleichbarer ausländischer oder europäischer Vorschriften ergeben.[97] Im Detail sind die folgenden Regelungen geplant.[98]

Auf der Ebene der Gesellschaft wird durch Änderung des § 11 UmwStG auch umwandlungsteuerrechtlich ein Entstrickungstatbestand eingeführt: Bei einer Verschmelzung soll das Vermögen der übertragenden Gesellschaft in der Schlussbilanz grundsätzlich mit dem gemeinen Wert angesetzt werden. Nur auf Antrag können die übergehenden Wirtschaftgüter einheitlich mit dem Buchwert angesetzt werden, soweit die später bei der übernehmenden Körperschaft der Körperschaftsteuer unterliegen, das deutsche Besteuerungsrecht nicht eingeschränkt wird und eine Gegenleistung nicht gewährt wird oder in Gesellschaftsrechten besteht. Die übernehmende Gesellschaft ist an die Werte aus der Schlussbilanz der übertragenden Gesellschaft hinsichtlich ihres eigenen Wertansatzes gebunden. Sie tritt zwar insgesamt in die Rechtsstellung der übertragenden Gesellschaft ein; einen Verlustvortrag kann sie jedoch nicht nutzen (Streichung des § 12 Abs. 3 Satz 2 UmwStG).

Auf der Ebene der Gesellschafter soll ein Wahlrecht eingeführt werden. Grundsätzlich gelten nach § 13 UmwStG-E die Anteile an der übertragenden Kapitalgesellschaft als zum gemeinen Wert veräußert und die übernommenen Anteile als zu diesem Wert angeschafft. Jedoch können auf Antrag die Buchwerte an diesen Anteilen fortgeführt werden, wenn das deutsche Besteuerungsrecht an den Anteilen nicht eingeschränkt wird.

4. Europäische Grundfreiheiten

Bei der Herausverschmelzung gelten aus europarechtlicher Sicht die oben unter „B.I.4." und „C.I.3." zum Wegzug und einer eventuellen sofortigen Schlussbesteuerung ausgeführten Erwägungen sowohl für die übertragende Gesellschaft als auch für deren Gesellschafter entsprechend.

Die Herausverschmelzung wirft jedoch mit Blick auf das *Daily Mail*-Urteil wiederum das Problem auf, ob der Herkunftsstaat eine Kapitalgesellschaft identitätswahrend „entlassen" muss. Dabei ist das *Sevic*-Urteil bereits als Aufgabe der *Daily Mail*-Rechtsprechung gewertet worden, da ausdrück-

---

[96] Ungeklärt geblieben ist die Anwendung der §§ 37, 38 KStG, vgl. *J. Thiel*, DB 2005, 2316 (2321).
[97] Der Referentenentwurf wird wohl die Anwendbarkeit des UmwStG auf Rechtsträger mit Ansässigkeit innerhalb der EU/EWR begrenzen.
[98] Vgl. *J. Thiel*, DB 2005, 2316 (2318); weitere Details: *S. Hölscher/T. Loose*, IWB 2006, 59 (63 ff.) (Fach 3 Deutschland Gr. 4 S. 475, [479]).

lich die Übertragung des Vermögens auf eine andere Gesellschaft, also die Sicht des „wegziehenden" übertragenden Rechtsträgers dem Schutz der Niederlassungsfreiheit unterstellt werde.[99] Unseres Erachtens nach lassen die Urteilsgründe jedoch erkennen, dass das Gericht mit der Niederlassungsfreiheit des übertragenden Rechtsträgers argumentiert hat, der seine bisherige Tätigkeit in neuem Rechtskleid fortführen soll.[100] Bei der Herausverschmelzung kann sich der übertragende Rechtsträger aber nicht nur – wie beim Wegzug – darauf berufen, er könne ab Gründung die Niederlassungsfreiheit für sich in Anspruch nehmen. Vielmehr kann – wie der Generalanwalt *Tizzano* in seinen Schlussanträgen ausgeführt hat – auch der übernehmende Rechtsträger auf die Niederlassungsfreiheit verweisen, da er durch die Verschmelzung faktisch eine (unselbständige) Niederlassung in dem Mitgliedsstaat der übertragenden Gesellschaft gründet.[101] Der EuGH hat sich in der Entscheidung in Sachen *Sevic* nicht auf diese Überlegung gestützt. Da es sich um eine Hereinverschmelzung handelte, kam es darauf auch nicht an.

II. Hereinverschmelzung

Bei der Hereinverschmelzung ergeben sich gewisse Steuerrisiken, die jedoch durch das geplante Recht teilweise abgestellt werden. Darüber hinaus sind wiederum die europarechtlichen Implikationen zu berücksichtigen.

1. Nationales Steuerrecht

Bei der Hereinverschmelzung stellt sich auf der Ebene der übertragenden Gesellschaft die Frage nach der Anwendbarkeit des § 12 Abs. 2 Satz 2 KStG, wenn die übertragende Gesellschaft schon vor der Verschmelzung im Inland wegen Bestehens einer Betriebstätte beschränkt steuerpflichtig war. Nach § 12 Abs. 2 Satz 2 KStG führt der Rechtsträgerwechsel hinsichtlich einer inländischen Betriebstätte zu einer Schlussbesteuerung nach § 12 Abs. 1 KStG, es sei denn, der Rechtsträgerwechsel ist im Ausland im Rahmen eines Vorgangs, der einer Verschmelzung gemäß § 2 UmwG vergleichbar ist, zu Buchwerten erfolgt und keine Entstrickung von der Betriebstätte zuzuordnenden stillen Reserven bewirkt. Die SE-VO gestaltet gemäß Art. 17 Abs. 2 die Gründung der SE durch Verschmelzung entsprechend den Art. 3

---

[99] *T. Drygala*, EuGH EWiR § 1 UmwG 1/06, S. 25 (26); *C. Beul/C. Klatt*, IStR 2006, 34 (36).

[100] EuGH v. 13.12.2005, C-411/03, Sevic Systems AG, IStR 2006, 32, Rz. 21; ebenso *W.-G. Ringe*, DB 2005, 2806; eine gewisse Übertragbarkeit angesichts der Allgemeinheit der Ausführungen: *O. Thömmes*, IWB 2006, 47 (48).

[101] Vgl. Schlussanträge des GA *A. Tizzano* v. 07.07.2005, C-411/03, Sevic Systems AG, DB 2005, 1510, Rz. 21, 22, 34 ff; *W. Meilicke/D. Rabback*, GmbHR 2006, 123 (126).

Abs. 1, 4 Abs. 1 der dritten gesellschaftsrechtlichen Richtlinie (78/855/ EWG)[102] aus. Aus Art. 29 SE-VO ergibt sich daher, dass (wie unter Art. 19 der dritten gesellschaftsrechtlichen Richtlinie) das Vermögen der übertragenden Gesellschaft im Wege der Gesamtrechtsnachfolge übertragen wird, der übertragende Rechtsträger ohne Abwicklung erlischt und auf der Ebene der Gesellschafter ein Anteilstausch stattfindet.[103] Die Hauptversammlungen der beteiligten Rechtträger müssen nach Art. 23 Abs. 1 SE-VO der Verschmelzung zustimmen. Damit liegt insgesamt ein der Verschmelzung nach § 2 UmwG vergleichbarer Vorgang vor.[104] Allerdings ist unklar, ob die weitere Vorgabe, dass die Buchwerte fortzuführen seien, erfüllt sein kann. Nach dem Wortlaut scheint § 12 Abs. 2 Satz 2 KStG zu fordern, dass die diesen Fall der grenzüberschreitenden Verschmelzung regelnde Fusionsrichtlinie in dem Staat der übertragenden Gesellschaft so umgesetzt ist, dass eine Übertragung zu Buchwerten möglich ist.[105] Daher wäre eine Steuerneutralität im Inland vom Stand der Umsetzung der Fusionsrichtlinie in dem Herkunftsmitgliedstaat abhängig, d.h. je nach Sachverhaltskonstellation könnte die Aufdeckung auch der stillen Reserven in einer inländischen Betriebstätte mit anschließender Schlussbesteuerung drohen.

Auf der Ebene der übernehmenden Gesellschaft ist insbesondere problematisch, wie die auf sie übergegangenen Wirtschaftsgüter zu bewerten sind. Bei inländischem Betriebstättenvermögen der ausländischen Übertragerin kommt der Buchwertansatz – wie gezeigt – unter den Voraussetzungen des § 12 Abs. 2 Satz 2 KStG in Betracht. Übriges Vermögen der Übertragerin soll nach § 6 Abs. 1 Nr. 5 EStG mit dem Teilwert anzusetzen sein, da es sich um einen einlagenähnlichen Vorgang handelt.[106] Für die Ebene der übernehmenden Gesellschaft wird zusätzlich ein Risiko gesehen, dass bei der Verschmelzung durch Neugründung eine Realisation auch auf der Ebene der übernehmenden inländischen Gesellschaft analog zur Betriebsaufgabe stattfindet.[107]

Für die Gesellschafter gelten im wesentlichen die zur Herausverschmelzung dargestellten Rechtsfolgen entsprechend, d.h. bei Steuerverhaftung der

---

[102] Dritte RL 78/855/EWG des Rates v. 09.10.1978 gemäß Art. 54 Abs. 3 Buchstabe g) des Vertrages betreffend die Verschmelzung von Aktiengesellschaften, ABl. EG Nr. L 295 v. 20.10.1978, S. 36.

[103] *R. Hörtnagel*, in: J. Schmitt/R. Hörtnagel/R. Stratz, UmwG/UmwStG, 2006, § 29 SE-VO Rdnr. 2 ff.; § 17 SE-VO Rdnr. 5 ff., 13.

[104] Vgl. schon *S. Kolbe*, in: C. Herrmann/G. Heuer/A. Raupach, KStG, § 12 Rdnr. 59 „Societas Europaea"; dieses Ergebnis soll wohl auch bei der Herausverschmelzung durch Neugründung die übernehmende Gesellschaft bei Bestehen einer inländischer Betriebstätten vor einer Schlussbesteuerung schützen, vgl. *A. Schulz/S. Petersen*, DStR 2002, 1508 (1512).

[105] *O. Thömmes*, in: M. Theisen/M. Wenz, Die Europäische Aktiengesellschaft, 2002, S. 496.

[106] *D. Klingberg/I. van Lishaut*, Der Konzern 2005, 698 (715).

[107] So *A. Schulz/S. Petersen*, DStR 2002, 1508 (1511).

Anteile an der übertragenden Gesellschaft im Inland kann sich eine Besteuerung der Gesellschafter im Inland ergeben, insbesondere da § 13 UmwStG keine Anwendung finden kann.[108]

2. Fusionsrichtlinie/SEStEG

Die Fusionsrichtlinie bzw. die Planungen zum SEStEG regeln mit den oben zur Herausverschmelzung dargestellten Vorgaben auch die Hereinverschmelzung. Das SEStEG dürfte durch den allgemeinen Entstrickungstatbestand dem oben geschilderten Risiko aus § 12 Abs. 2 KStG bei der Hereinverschmelzung vorbeugen. Die Fusionsrichtlinie dürfte in Art. 10 Abs. 1 3. Abschnitt die Steuerneutralität auch in den Fällen anordnen, dass durch die Verschmelzung formal ein Rechtsträgerwechsel stattfindet.

3. Europäische Grundfreiheiten

Die Hereinverschmelzung muss sich angesichts der jüngsten Entscheidung des EuGH in Sachen *Sevic*[109] ebenfalls an den oben dargelegten europarechtlichen Vorgaben messen lassen. Der EuGH hat festgestellt, dass der Zugang zu einem anderen Mitgliedsstaat als dem Sitzmitgliedstaat, um sich dort wirtschaftlich zu betätigen, in den Anwendungsbereich der Niederlassungsfreiheit fällt. Besonders wichtige Formen der so geschützten wirtschaftlichen Tätigkeiten stellen die grenzüberschreitende Verschmelzung und andere Gesellschaftsumwandlungen dar, die den Zusammenarbeits- und Umgestaltungsbedürfnissen von Gesellschaften mit Sitz in verschiedenen Mitgliedsstaaten entsprechen.[110]

Abschließend ist darauf hinzuweisen, dass die geplante Abschaffung des § 12 Abs. 3 Satz 2 UmwStG angesichts der diskriminierungsfreien Streichung (vgl. § 8a KStG) europarechtlich „entschärft" ist. Art. 6 FRL würde dadurch ebenfalls ins Leere greifen. Da dies gravierende Auswirkungen auf nationale Verschmelzungen haben wird, bleibt abzuwarten, ob diese Regelung tatsächlich umgesetzt wird. Europarechtlich sind jedenfalls seit der Entscheidung des EuGH in Sachen „*Marks & Spencer*"[111] Zweifel angebracht, ob eine über die Bindung an die Betriebstätte hinausgehende Verlustverrechnung europarechtlich zulässig bzw. eine Verrechnung mit den aufgedeckten stillen Reserven vorrangig gewesen wäre. Die Regelung der Fusi-

---

[108] Vgl. IDW Stellungnahme: Entwurf des Gesetzes zur Fortentwicklung des Unternehmensteuerrechts, WPg 2001, 1258 (1264 f.); G. Förster/C. Lange, DB 2002, 288 (291).
[109] EuGH v. 13.12.2005, C-411/03, *Sevic Systems AG*, IStR 2006, 32.
[110] EuGH v. 13.12.2005, C-411/03, *Sevic Systems AG*, IStR 2006, 32, Rz. 18 f.
[111] EuGH v. 13.12.2005, C-446/03, *Marks & Spencer*, IStR 2006, 19.

onsrichtlinie allerdings wäre angesichts der Forderung des geltenden § 12 Abs. 3 Satz 2 UmwStG nach Fortführung des Betriebs im Hinblick auf die Grundfreiheiten wohl zu akzeptieren gewesen.

E. Verschmelzung jenseits der Gründung einer SE

Bei der grenzüberschreitenden Verschmelzung jenseits des Anwendungsbereichs des Art. 17 SE-VO gelten im wesentlichen die zur Verschmelzungsgründung der SE gemachten Ausführungen. Einige ergänzende Anmerkungen sind jedoch nötig. Seit der *Sevic*-Entscheidung des EuGH ist die Hereinverschmelzung entgegen § 1 Abs. 1 UmwG gesellschaftsrechtlich möglich.[112] Soweit die trotz der Liberalisierung durch die *Sevic*-Entscheidung bestehenden praktischen Schwierigkeiten bei der Durchführung einer grenzüberschreitenden Verschmelzung gelöst werden können,[113] stellen sich auch steuerliche Anschlussfragen, die nach den geschilderten Grundsätzen zu lösen sind. Zwar können sich die betroffenen Gesellschaften wiederum nicht auf die geänderte Fusionsrichtlinie berufen, da deren Umsetzungsfrist erst am 01.01.2007 abläuft. Es kommt jedoch in Betracht, ggf. die Regelungen der ursprünglichen Fusionsrichtlinie anzuwenden.

F. EU-Umstrukturierungen

Somit lässt sich abschließend festhalten, dass die derzeit geplanten Reaktionen des deutschen Steuergesetzgebers auf die europarechtlichen Veränderungen bei grenzüberschreitender Sitzverlegung und Verschmelzung nur teilweise im Hinblick auf die europäischen Grundfreiheiten Zustimmung finden können. Insbesondere der Betriebstättenvorbehalt begegnet Bedenken. Dies könnte in die Überlegungen einbezogen werden, ob entsprechende grenzüberschreitende Umstrukturierungen schon jetzt umgesetzt werden sollen. Vor diesem Hintergrund ist im Sinne eines Ausblicks kurz auf andere Normen hinzuweisen, die EU-Umstrukturierungen gegenüber nationalen

---

[112] § 1 Abs. 1 UmwG beschränkt den sachlichen Anwendungsbereich des UmwG auf Umwandlungen unter passiver und aktiver Beteiligung von Rechtsträgern mit Sitz im Inland. Gleichzeitig besteht nach §§ 1 Abs. 2, 3, 124, 175, 191 UmwG ein numerus clausus der Umwandlungsmöglichkeiten und der möglichen beteiligten Rechtsträger (vgl. *S. Sagasser*, in: B. Sagasser/T. Bula/T. Brünger, Umwandlungen, 2002, B 25, 31 ff.; *R. Hörtnagel*, in: J. Schmitt/R. Hörtnagel/R. Stratz, UmwG – UmwStG, 2006, § 1 UmwG Rdnr. 55). Damit dürfte auch eine Verschmelzung unter Beteiligung doppelansässiger Kapitalgesellschaften am sachlichen Anwendungsbereich des UmwG scheitern, vgl. *S. Sagasser*, a.a.O., B. 32 f.

[113] Vgl. *V. Geyrhalter/T. Weber*, DStR 2006, 146 (147 ff.); *G. Wenglorz*, BB 2004, 1061 (1062 f.); *H. Bungert*, BB 2006, 53 (54 f)

Umstrukturierungen benachteiligen. Mit Blick auf die EuGH-Entscheidung „*X und Y*"[114] sowie „*Hughes de Lasteyrie du Saillant*"[115] dürften die folgenden Regelungen ebenfalls europarechtlich bedenklich sein:

— In Betracht kommt dazu zunächst die Fallgruppe der grenzüberschreitende Überführung von Wirtschaftsgütern. Anwendungsbereich dieser Fallgruppe ist die Überführung von Wirtschaftsgütern aus einer inländischen Betriebstätte in eine ausländische Betriebstätte desselben Steuerpflichtigen. Soweit in der ausländischen Betriebstätte der deutsche Besteuerungszugriff ausgeschlossen ist, kommt der finale Entnahmebegriff des BFH zur Anwendung. Danach liegt eine Entnahme vor, sobald anderenfalls stille Reserven der deutschen Besteuerung entzogen würden.[116] Es wird ein Besteuerungsaufschub nur für die Überführung aus dem inländischen Stammhaus in die ausländische Betriebstätte gewährt.[117]

— Weiterhin sind Übertragungstatbestände nach § 6 Abs. 5 Sätze 1-3 EStG auf das Inland beschränkt, soweit sich anderenfalls ein Ausschluss des Besteuerungsrechts der Bundesrepublik Deutschland an den stillen Reserven der Wirtschaftsgüter ergeben würde. Damit ist auch die grenzüberschreitende Einbringung von Wirtschaftsgütern eine ungerechtfertigte Beschränkung der Niederlassungs- oder Kapitalverkehrsfreiheit.[118]

— Zuletzt besteht keine Möglichkeit der steuerneutralen Einbringung von Unternehmensteilen, wenn nach § 20 Abs. 3 UmwStG das deutsche Besteuerungsrecht an dem eingebrachten Vermögen bei der Übernehmerin ausgeschlossen ist. Hier wird — wie zu § 21 Abs. 2 Satz 1 Nr. 2 UmwStG auch — erwogen, Europarechtskonformität der Regelung könne nur durch eine Stundungslösung erreicht werden.[119]

Abschließend ist noch darauf zu verweisen, dass das FG Baden-Württemberg in einer aktuellen Entscheidung für den grenzüberschreitenden Anteilstausch die Fusionsrichtlinie als unmittelbar anwendbares Recht anerkannt hat.[120] Davon betroffen war ein grenzüberschreitender Anteilstausch i.S.d. § 23 Abs. 4 i.V.m. § 20 Abs. 4 Satz 1 UmwStG. Die im deutschen Gesetz angeordnete grenzüberschreitende doppelte Buchwertverknüpfung bestimmt, dass die Übernehmerin die Buchwerte fortführt und dadurch der Veräußerungspreis und die Anschaffungskosten auf der Eben des Gesell-

---

[114] EuGH v. 21.11.2002, C-436/00, *X und Y*, DStRE 2003, 400.

[115] EuGH v. 11.03.2004, C-9/02, *Hughes de Lasteyrie du Saillant*, GmbHR 2004, 504.

[116] Vgl. *F. Wassermeyer*, GmbHR 2004, 613 (616); *A. Bergemann/F. Schönherr/W. Stäblein*, BB 2005, 1706 (1718 ff.)

[117] BMF, Schreiben v. 24.12.1999, BStBl. I 1999, 1076, Rz. 2.6.1.

[118] Vgl. *A. Körner*, IStR 2004, 424 (429).

[119] Wiss. Beirat *Ernst & Young*, BB 2005, 2166 (2168); *A. Schnitger*, BB 2004, 804 (811); *J. Ettinger/T. Eberl*, GmbHR 2005, 152 (158).

[120] FG Baden-Württemberg v. 17.02.2005, 6 K 209/02, IStR 2005, 278 (Rev. eingelegt – I R 25/05).

schafters festgelegt werden. Diese Regelung wird in der deutschen Literatur seit geraumer Zeit bemängelt.[121] Das FG hat nun ausgeführt, die Fusionsrichtlinie erlaube in Art. 8 Abs. 2 allenfalls, die Steuerneutralität von einer Buchwertfortführung auf der Ebene des Gesellschafters, also des Einbringenden, nicht aber von der Buchwertfortführung bei der Übernehmerin (in einem anderen Mitgliedsstaat) abhängig zu machen. Da die Fusionsrichtlinie unmittelbar anwendbares Recht sei, hat das FG die Regelung des Art. 8 Abs. 2 FRL wegen Verstoßes des nationalen Rechts gegen europäisches Sekundärrecht als günstigere Regelung unmittelbar angewendet. Diese Grundsätze werden in der Literatur auch auf die grenzüberschreitende Einbringung von Unternehmensteilen übertragen (§ 23 Abs. 3 UmwStG i.V.m. § 20 Abs. 4 Satz 1).[122]

---

[121] Vgl. *J. Schmitt*, in: J. Schmitt/R. Hörtnagel/R. Stratz, UmwG – UmwStG, § 23 UmwStG Rdnr. 80.
[122] *A. Benecke*, IStR 2005, 283.

Diskussionsbericht zu dem Vortrag von Stephan Eilers

Ulrich Lambrecht

Die europarechtlichen Aspekte des Steuerrechts bieten ein interessantes Feld für die juristische Beratung. Mehr noch als in vielen traditionellen Bereichen gibt es hier gute Chancen für die steuerrechtliche Gestaltung. Der Vortrag von *Stephan Eilers* und ebenso die sich daran anschließende Diskussion hatten den Charakter praktischer, in hohem Maße von konkreter Fallanschauung getragener Überlegungen.

Ein erster Fragenkreis betraf die Besteuerung des laufenden Unternehmensgewinns für den Fall, dass ein Unternehmen weggezogen ist. *Eilers* skizzierte hier das Ineinandergreifen von unbeschränkter Steuerpflicht im Zuzugstaat und beschränkter Steuerpflicht in dem oder den Staat(en), aus denen einzelne Unternehmenseinkünfte stammen. Die beschränkte Steuerpflicht besteht dort, wo sich der Gegenstand der Besteuerung befindet, z.B. eine Lizenz (vgl. Art. 12 UN-MA), oder wo das Unternehmen eine Betriebsstätte unterhält (vgl. Art. 7 OECD-MA). Wenn Quellenstaat und Sitzstaat nicht identisch sind, tritt die Besteuerung im Sitzstaat regelmäßig zurück; vielfach stellt der Sitzstaat ausländische Einkünfte ganz von der Besteuerung frei. Ein Unternehmen wird deshalb versuchen, Gegenstände, bei denen die Wertschöpfung und damit auch der Ertrag besonders hoch sind, dort produzieren zu lassen, wo der Steuersatz niedrig ist.

Davon zu trennen ist die Frage nach der einmaligen, d.h. punktuellen Besteuerung des Wegzugs. Der Fiskus hat natürlich ein großes Interesse an der Wegzugsbesteuerung stiller Reserven, also an der *exit tax*. *Eilers* prognostizierte allerdings, dass die Versuche, die – seines Erachtens europarechtlich fragwürdige - *exit tax* auf innergemeinschaftliche Sachverhalte aufrecht zu erhalten, nicht erfolgreich sein werden. In fünf Jahren könne es ganz neue gestalterische Möglichkeiten geben, wenn z.B. die Privilegierung der SE gegenüber nationalen Rechtsformen als gleichheitswidrig angesehen wird. Der EuGH werde seines Erachtens die steuerliche Privilegierung der SE auch auf andere Kapitalgesellschaften ausdehnen.

Daran schloss sich die Frage an, wie die EG-Mitgliedstaaten ein fiskalisches Ausbluten durch den Wegzug von Unternehmen im Rahmen einer Europäischen Aktiengesellschaft überhaupt noch verhindern könnten. *Eilers* stellte dazu zunächst fest, dass für den Staat nicht nur der Wegzug im Rahmen einer SE, sondern jeder Wegzug aus steuerlichen Gründen bedeutsam sei. Zur Lösung des Problems der damit sinkenden Steuereinnahmen bleibe seiner Ansicht nach nichts als eine Steuerreform im unternehmerischen Bereich, und zwar auch im Sinne einer Senkung der Steuertarife. Momentan liege die steuerliche Gesamtbelastung bei Unternehmsgewinnen in Deutschland im Bereich zwischen 38 und 42 Prozent. International marktfähig seien dagegen nur 25 Prozent. Mehr dürfe ein Unternehmen im Ergebnis nicht zahlen müssen, um konkurrenzfähig zu bleiben. Der Referent plädierte daher für die Einführung einer *flat tax* von 25 bis 30 Prozent und empfahl dazu die Lektüre eines Buchs des ifo-Präsidenten *Hans-Werner Sinn*[1], in dem dieser die „Basarisierung unserer Produktionsverhältnisse" beschreibt. *Sinn* sehe ebenfalls den klaren Trend dahin, dass die Wertschöpfung in Deutschland kontinuierlich abnehme. Der Druck auf die Politik, dem entgegenzuwirken und Steuern zu senken, werde ständig zunehmen.

Die Einführung einer *flat tax* sei, so *Eilers,* nach den Ergebnissen der Bundestagswahl allerdings schwieriger geworden.

Daran schloss sich die abschließende Frage an, ob das wegzugsteuerliche Sonderregime für die Europäische Aktiengesellschaft gegen Gemeinschaftsrecht, insbesondere das Beihilfenrecht (Art. 87 EG) verstoße. Ein Diskussionsteilnehmer bejahte diese Frage und prognostizierte, dass dieses Sonderregime nicht lange aufrecht zu erhalten sei. Auf Dauer müsse es auch im Hinblick auf die Entstrickung stiller Reserven zu einer Gleichbehandlung von SE und inländischen Kapitalgesellschaften kommen. Der EuGH habe schon in der Vergangenheit gezeigt, dass er sich nicht von fiskalischen Folgeproblemen beeindrucken lasse.

---

[1] *H.-.W. Sinn*, Die Basar-Ökonomie: Deutschland: Exportweltmeister oder Schlusslicht?, 2005

EuGH und Steuerrecht – Steuerrechtliche Probleme bei Ausübung der Grundfreiheiten

Hanno Kube

A. EG-rechtliche Grundfreiheiten und nationales Steuerrecht

I. Unterschiedliche Perspektiven auf denselben Sachverhalt

Will man grenzüberschreitendes Unternehmertum in seinen steuerlichen Belastungsfolgen erfassen und beurteilen, lassen sich zwei grundlegend unterschiedliche Perspektiven einnehmen. Zum einen die Perspektive des Unternehmers, der bestrebt ist, von hoheitlichen Beschränkungen seiner grenzüberschreitenden Tätigkeit möglichst frei zu bleiben und Steuern in möglichst geringer Höhe, jedenfalls aber nur einmal abzuführen, in welchem Staat auch immer; zum anderen die Perspektive des Staates, der beansprucht, einen bestimmten wirtschaftlichen Sachverhalt nach den Maßstäben des eigenen, international abgestimmten Steuerrechts zu besteuern.

Die Perspektive des Unternehmers ist die Perspektive der EG-rechtlichen Grundfreiheiten, deren Ziel es ist, einen nichtdiskriminierenden und in marktwirtschaftlicher Freiheit organisierten Verkehr von Waren, Personen, Dienstleistungen und Kapital im europäischen Binnenraum zu gewährleisten. Die EG-vertraglichen Garantien der Warenverkehrsfreiheit nach Art. 28 EG, der Arbeitnehmerfreizügigkeit nach Art. 39 EG, der Niederlassungsfreiheit nach Art. 43 EG, der Dienstleistungsfreiheit nach Art. 49 EG und schließlich der Kapital- und Zahlungsverkehrsfreiheit nach Art. 56 EG richten sich deshalb gegen alle staatlichen Maßnahmen, auch steuerrechtlicher Natur, die das wirtschaftliche Handeln der Angehörigen anderer Mitgliedstaaten ungleich benachteiligen oder grenzüberschreitende wirtschaftliche Tätigkeiten in sonstiger Weise behindern.

Die Perspektive des besteuerungswilligen Staates findet sich demgegenüber in den staatlich vorbehaltenen Kompetenzen zur Erhebung direkter Steuern aufgenommen, im einzelnen in den Kompetenzen zur Steuergesetzgebung, zum Steuerrechtsvollzug und zur Einbehaltung der Steuererträge, in Deutschland nach Art. 105 ff. GG.

Die EG-rechtlichen Grundfreiheiten und die mitgliedstaatlichen Steuerrechtsordnungen gehen danach von unterschiedlichen Perspektiven auf denselben Sachverhalt – das grenzüberschreitende wirtschaftliche Handeln eines

Unternehmers – aus. Sie haben unterschiedliche Zwecksetzungen, zum einen die Gewährleistung eines diskriminierungs- und beschränkungsfreien Binnenmarkts, zum anderen die Verwirklichung des staatlichen Besteuerungsanspruchs.

II. Unterschiedliche dogmatische Ebenen

Doch nicht nur das. Denn abgesehen von ihren unterschiedlichen Perspektiven und Zwecksetzungen unterscheiden sich die EG-rechtlichen Grundfreiheiten und die mitgliedstaatlichen Steuerkompetenzen auch insoweit, als sie auf unterschiedlichen dogmatischen Ebenen liegen.

Die Steuerkompetenzen bilden einen Bestandteil der in sich – jedenfalls idealtypisch – überschneidungsfreien Kompetenzordnung,[1] innerhalb derer die Kompetenzkompetenz und ebenso die Steuerkompetenzen beim Staat liegen, bestimmte andere Kompetenzen nach dem völkerrechtlichen, in Art. 5 Abs. 1 EG bestätigten Prinzip der begrenzten Einzelermächtigung zur Ausübung auf die EG übertragen sind.

Die Grundfreiheiten sind dagegen, ähnlich wie die Grundrechte des Grundgesetzes, ergänzende materielle Rechtmäßigkeitsmaßstäbe, denen das der Kompetenzordnung entsprechende Hoheitshandeln zusätzlich genügen muss.[2] Anders als die inhaltsoffenen, im allgemeinen Verhältnismäßigkeitsprinzip gemäßigten Grundrechte des Grundgesetzes[3] wirken die Grundfreiheiten dabei als streng auf die Marktwirtschaft ausgerichtete, in diesem Sinne inhaltsprägende Kompetenzausübungsschranken mit Querschnittcharakter; dies auch im Bereich des kompetenzrechtlich vorbehaltenen direkten Steuerrechts.

Wenn sich der grenzüberschreitend tätige Unternehmer dem staatlichen Besteuerungsanspruch gegenüber auf die EG-rechtlichen Grundfreiheiten beruft, sind also erstens unterschiedliche Perspektiven auf denselben Sach-

---

[1] Die Kompetenzordnung folgt dem Prinzip der Ausschließlichkeit und Alternativität; s. *H. Krüger*, Allgemeine Staatslehre, 1966, S. 108 ff.; *R. Stettner*, Grundfragen einer Kompetenzlehre, 1983, S. 293 f.; *J. Isensee*, in: J. Isensee/P. Kirchhof (Hrsg.), HStR, Bd. IV, 2. Aufl. 1999, § 98, Rz. 187; speziell zur bundesstaatlichen Kompetenzordnung BVerfGE 106, 62 (132) („Zweck, Bundes- und Länderkompetenzen möglichst eindeutig voneinander abzugrenzen"); zur verfassungsrechtlichen Unzulässigkeit von Doppelkompetenzen BVerfGE 104, 249 (266 f.) m.w.N.; dazu auch *K. Stern*, Staatsrecht, Bd. I, 2. Aufl. 1984, S. 676 f.; *S. Haack*, Widersprüchliche Regelungskonzeptionen im Bundesstaat, 2002, S. 81.

[2] *C. Seiler*, StuW 2005, 25 (25 ff.).

[3] Diese inhaltliche Offenheit dürfte – freilich neben anderen Faktoren wie der vergleichsweise starken Integration von Bund und Ländern – dazu beitragen, dass es in der bundesstaatlichen Praxis in Deutschland bislang kaum zu nennenswerten Spannungen gekommen ist, wenn eine Kompetenzausübung der Länder an den Grundrechten des bundesrechtlichen Grundgesetzes gemessen wird.

verhalt im Spiel – diskriminierungs- und beschränkungsfreier Binnenmarkt versus staatliche Steuerhoheit –, und zweitens unterschiedliche dogmatische Ebenen, die Kompetenz- und die Rechtmäßigkeitsebene. So verwundert es nicht, dass es gegenwärtig zu vielfältigen, erheblichen Spannungen zwischen den Geltungsansprüchen der Grundfreiheiten und der nationalen Besteuerungskompetenzen kommt.[4]

B. Marks & Spencer
– Ausübung der Niederlassungsfreiheit und Versagung der grenzüberschreitenden Verlustverrechnung –

Plastisch veranschaulichen lassen sich diese Spannungen in einem aktuellen und zugleich hochbrisanten Beispielsfall aus dem Bereich der konzerninternen Verlustverrechnung.

I. Sachverhalt

Der Sachverhalt ist schnell berichtet.[5] Die im Vereinigten Königreich ansässige *Marks & Spencer plc*, ein großes Einzelhandelsunternehmen, hielt über eine niederländische Holdinggesellschaft Tochtergesellschaften mit Sitz in Deutschland, Belgien und Frankreich. Die Tochtergesellschaften erwirtschafteten durchweg Verluste, weshalb ihre Tätigkeit nach wenigen Jahren wieder eingestellt wurde. Für die in den Jahren 1998 bis 2001 entstandenen Verluste der Tochtergesellschaften beantragte *Marks & Spencer* nun im Vereinigten Königreich den Konzernabzug, also den Ausgleich der Verluste der Tochtergesellschaften mit den Gewinnen des Stammhauses im Vereinigten Königreich. Der Antrag wurde jedoch abgelehnt, weil die Verlustverrechnung nach der gesetzlichen Regelung im Vereinigten Königreich nur insoweit zulässig ist, als die verlustübertragende Tochtergesellschaft im Vereinigten Königreich ansässig oder jedenfalls eine Gesellschaft sein muss, die über eine Zweigniederlassung oder Agentur eine Geschäftstätigkeit im Vereinigten Königreich ausübt.[6] Im konkreten Fall waren die verlustübertragenden Tochtergesellschaften aber weder im Vereinigten Königreich ansässig noch übten sie dort entsprechende geschäftliche Tätigkeiten aus. Dem abschlägigen Bescheid gegenüber berief sich *Marks & Spencer* im Instanzenzug auf die EG-rechtlich garantierte Niederlassungsfreiheit nach Art. 43 und 48 EG. Das Unternehmen argumentierte, dass es aufgrund der Be-

---

[4] Aus jüngerer Zeit *J. Englisch*, StuW 2003, 88 ff.; *T. Rödder*, DStR 2004, 1629 ff.; *W. Schön*, IStR 2004, 289 ff.; *J. Thiel*, DB 2004, 2603 ff.; *H. Schaumburg*, DB 2005, 1129 ff.; *C. Seiler*, StuW 2005, 25 ff.; *H. Schießl*, NJW 2005, 849 ff.
[5] Auch *I. Dörr*, IStR 2004, 265 ff.
[6] Section 402 des Einkommen- und Körperschaftsteuergesetzes 1988.

schränkung der Verlustverrechnungsmöglichkeit weniger attraktiv gemacht werde, Tochtergesellschaften im Ausland zu unterhalten. Der zuletzt befaßte High Court of Justice legte dem Europäischen Gerichtshof schließlich im Wege des Vorabentscheidungsverfahrens nach Art. 234 EG die Frage vor, ob es gegen die Niederlassungsfreiheit verstößt, wenn die konzerninterne Verlustverrechnung nur im Binnenraum eines Staates zugelassen wird.

II. Die Schlussanträge des Generalanwalts

Das beim EuGH nach wie vor anhängige[7] Verfahren schlägt zu Recht hohe Wellen. Wenngleich der deutsche Steuergesetzgeber bislang nur sehr zögerlich auf EuGH-Entscheidungen reagiert hat, die nicht direkt zum deutschen Steuerrecht ergangen sind, und in der Vergangenheit noch zurückhaltender darin war, schon im Vorfeld eines drohenden Verfahrens oder einer drohenden Entscheidung gesetzesändernd tätig zu werden, ist im Zusammenhang der Sache *Marks & Spencer* doch augenfällig, dass die deutsche Rechtslage der Rechtslage im Vereinigten Königreich nicht nur ähnelt, sondern hinsichtlich der Voraussetzungen der Verlustverrechnung sogar noch strenger ist als das zur Prüfung stehende Recht des Vereinigten Königreichs. Denn § 14 KStG, die Ausgangsnorm zur körperschaftsteuerlichen Organschaft in Deutschland, lässt den Konzernabzug allein dann zu, wenn sowohl Sitz als auch Geschäftsleitung der Organgesellschaft im Inland liegen.[8] Sollte der EuGH zum Ergebnis gelangen, dass die Beschränkung konzerninterner Ergebnis-, gerade Verlustabführungen auf Inlandssachverhalte im Vereinigten Königreich grundfreiheitswidrig ist, wäre deshalb davon auszugehen, dass der EuGH auch § 14 KStG als grundfreiheitswidrig betrachtet.[9] Würde der deutsche Gesetzgeber die körperschaftsteuerliche Organschaft dementsprechend großzügiger ausgestalten,[10] hätte dies – so wird vermutet – finanzielle Steuermindereinnahmen in Deutschland in Milliardenhöhe zur Folge. Denn als Hochsteuerland dürfte gerade Deutschland ausländische Konzernverluste in besonderer Weise anziehen.

Starke Indizwirkung dafür, wie der EuGH entscheiden wird, haben die im April 2005 vorgelegten Schlussanträge von Generalanwalt *M. P. Maduro*,[11] orientiert sich der EuGH doch typischerweise stark an den jeweiligen

---

[7] Das Urteil des EuGH v. 13.12.2005, Rs. 446/03 – *Marks & Spence*, war zum Zeitpunkt der Abgabe des Manuskripts noch nicht ergangen. Weil das Urteil jedoch im wesentlichen an die Schlussanträge des Generalanwalts anknüpft, hat die folgende Analyse der Schlussanträge auch für das Urteil Bedeutung.

[8] *S. Neumann*, in: D. Gosch (Hrsg.), KStG, 2005, § 14, Rz. 56 ff.

[9] Auch *I. Dörr*, IStR 2004, 265 (268).

[10] Zu den Ländern, die schon aktuell eine grenzüberschreitende Gruppenbesteuerung kennen, *I. Dörr*, IStR 2004, 265 (269), dort auch zur Alternative, die Organschaft abzuschaffen (S. 270).

[11] Schlussanträge v. 07.04.2005, Rs. C-446/03 – *Marks & Spencer*.

Schlussanträgen. Der die Maßstäbe der Grundfreiheiten anlegende Generalanwalt nimmt eindeutig die eingangs beschriebene Perspektive des Unternehmers im Binnenmarkt ein, der in seiner grenzüberschreitenden Tätigkeit möglichst nicht behindert werden möchte, und dem es gleichgültig ist, wo die Steuererträge anfallen.

Den Ausgangspunkt der Prüfung durch den Generalanwalt bildet die an die ständige Rechtsprechung des EuGH[12] anknüpfende Feststellung, dass das direkte Steuerrecht zwar nicht in die Zuständigkeit der Gemeinschaft fällt, dass die Mitgliedstaaten ihre Befugnisse aber unter Wahrung des Gemeinschaftsrechts ausüben müssen.[13] Dies verweist auf den soeben skizzierten Befund, dass die Grundfreiheiten auf einer anderen dogmatischen Ebene liegen als die Kompetenzen und dass sie als Kompetenzausübungsschranken grundsätzlich auch bei mitgliedstaatlichem Kompetenzvorbehalt greifen. In den Worten des Generalanwalts haben die Mitgliedstaaten deshalb die Folgen, die sich aus ihren Entscheidungen im steuerlichen Bereich für das Funktionieren des Binnenmarkts ergeben können, gebührend zu berücksichtigen.[14]

1. Tatbestandsebene: Nachteile aufgrund des Orts des Sitzes der Tochtergesellschaft

Dies eröffnet die Prüfung der britischen steuerrechtlichen Verlustverrechnungsbeschränkung am Maßstab der Niederlassungsfreiheit nach Art. 43 und 48 EG. Auf Tatbestandsebene plädiert der Generalanwalt hier einleitend dafür, die Grundfreiheiten – auch in Anwendung auf das Steuerrecht – nicht allein als direkte oder indirekte Verbote zu verstehen, die Angehörigen anderer Mitgliedstaaten zu diskriminieren, sondern die Grundfreiheiten darüber hinaus auch als Beschränkungsverbote zu interpretieren, also als Verbote jedweder staatlicher Maßnahmen, die die Ausübung der Grundfreiheiten – auch durch Inländer – unterbinden, behindern oder weniger attraktiv erscheinen lassen.[15]

---

[12] EuGH v. 14.02.1995, Rs. C-279/93 – *Schumacker*, Slg. 1995, I-225, Rz. 21; EuGH v. 07.09.2004, Rs. C-319/02 – *Manninen*, Slg. 2004, I-7477, Rz. 19.
[13] Schlussanträge v. 07.04.2005, Rs. C-446/03 – *Marks & Spencer*, Rz. 21.
[14] Schlussanträge v. 07.04.2005, Rs. C-446/03 – *Marks & Spencer*, Rz. 24.
[15] Schlussanträge v. 07.04.2005, Rs. C-446/03 – *Marks & Spencer*, Rz. 25 ff.; der Generalanwalt verweist insoweit auf die Entscheidung in der Rs. *Kraus* aus dem Jahr 1993 (EuGH v. 31.03.1993, Rs. C-19/92 – *Kraus*, Slg. 1993, I-1663, Rz. 32), in der der EuGH ausgeführt hat, dass „die Art. 48 und 52 jeder nationalen Regelung ... entgegen[stehen], die zwar ohne Diskriminierung aus Gründen der Staatsangehörigkeit anwendbar ist, die aber geeignet ist, die Ausübung der durch den EWG-Vertrag garantierten grundlegenden Freiheiten durch die Gemeinschaftsangehörigen einschließlich der Staatsangehörigen des Mitgliedstaats, der die Regelung erlassen hat, zu behindern oder weniger attraktiv zu machen". Der Generalanwalt hält es für „be-

Auf dieser dogmatischen Grundlage erwägt der Generalanwalt zunächst, ob es eine Beschränkung der Niederlassungsfreiheit darstellen könnte, wenn Unternehmen, die Tochtergesellschaften im Ausland unterhalten, von der Verlustverrechnung ausgeschlossen werden, während Unternehmen, die Zweigniederlassungen oder Betriebstätten im Ausland unterhalten, deren Verluste übertragen können. Zu Recht kommt der Generalanwalt insoweit zum Ergebnis, dass diese Unterscheidung keine grundfreiheitswidrige Beschränkung zulasten von Unternehmen mit ausländischen Tochtergesellschaften bedeutet. Denn unterschiedliche Unternehmensausgestaltungen, zum einen Muttergesellschaft/Tochtergesellschafts-Verhältnisse, zum anderen Stammhaus-/Betriebstätten-Verhältnisse, werden nach britischem Steuerrecht schon bei Inlandssachverhalten unterschiedlich behandelt. In diesem Fall erlauben die Grundfreiheiten, diese Ausgestaltungen auch in grenzüberschreitenden Konstellationen unterschiedlich zu behandeln. Denn die Grundfreiheiten sollen den Mitgliedstaaten keine Vorgaben über die allgemeine Ausgestaltung ihrer Steuerrechtsordnungen machen.[16]

Der richtige Ansatzpunkt zu einer grundfreiheitsrechtlich erheblichen Vergleichspaarbildung sei demgegenüber, so der Generalanwalt, der Vergleich paralleler Unternehmensstrukturen, die sich nur in Hinsicht auf die inländische oder ausländische Ansässigkeit der beteiligten Gesellschaften unterscheiden. Weil inländische Tochtergesellschaften ihre Verluste an die Muttergesellschaften abführen dürfen, ausländische Tochtergesellschaften nach britischem Recht dagegen nicht, sieht der Generalanwalt insoweit grenzüberschreitende Sachverhalte gegenüber vergleichbaren Inlandssachverhalten benachteiligt. Das britische Recht konstituiere hier, wie die Schlussanträge formulieren, ein Hemmnis beim grenzüberschreitenden wirtschaftlichen Engagement, eine Beschränkung im Outbound-Fall.[17]

---

merkenswert ..., dass der Gerichtshof gezögert hat, diese Rspr. auf den Bereich der direkten Besteuerung auszudehnen".

[16] Schlussanträge v. 07.04.2005, Rs. C-446/03 – *Marks & Spencer*, Rz. 42 ff.; analysiert werden dabei die Entscheidungen EuGH v. 28.01.1986, Rs. 270/83 – Kommission/Frankreich, Slg. 1986, 273, EuGH v. 29.04.1999, Rs. C-311/97 – *Royal Bank of Scotland*, Slg. 1999, I-2651 und EuGH v. 21.09.1999, Rs. C-307/97 – *Saint-Gobain ZN*, Slg. 1999, I-6161. Der Generalanwalt kommt zum Ergebnis, „dass in all diesen Fällen die Diskriminierung in Bezug auf die Wahl der Niederlassungsform untrennbar mit einer Diskriminierung in Bezug auf die Wahl des Ortes verbunden ist".

[17] Schlussanträge v. 07.04.2005, Rs. C-446/03 – *Marks & Spencer*, Rz. 51 ff.

2. Rechtfertigungsebene:
Zum Territorialitätsgrundsatz und zur Kohärenz

Auf Tatbestandsebene unzulässige direkte Diskriminierungen ausländischer Staatsangehöriger[18] können nur durch die engen Rechtfertigungsgründe gerechtfertigt werden, die der EG-Vertrag ausdrücklich vorsieht. Indirekte Ausländerdiskriminierungen[19] und ebenso Beschränkungen der Grundfreiheiten lassen sich nach ständiger EuGH-Rechtsprechung darüber hinaus auch durch ungeschriebene Rechtfertigungsgründe legitimieren. Allgemein formuliert der EuGH, eine Grundfreiheit stehe einer beschränkenden Maßnahme nicht entgegen, wenn mit dieser Maßnahme ein legitimes Ziel verfolgt wird, das mit dem Vertrag vereinbar und durch zwingende Gründe des Allgemeininteresses gerechtfertigt ist und wenn die Maßnahme angesichts der Bedeutung ihres Ziels darüber hinaus verhältnismäßig ist.[20]

In Anwendung auf das Steuerrecht hat der EuGH die Rechtfertigungsgründe, die er in diesem Sinne als zwingend anerkennt, näher typisiert. Grundsätzlich zugelassen hat er zunächst das mitgliedstaatliche Argument, eine grundfreiheitsbeschränkende Regelung gewährleiste eine angemessene Steueraufsicht oder verhindere steuerlichen Mißbrauch, also Steuerumgehungen. Allerdings interpretiert das Gericht gerade den Rechtfertigungsgrund der Mißbrauchsverhinderung regelmäßig so eng, dass er im Ergebnis nicht zum Zuge kommt.[21] Der EuGH sieht in diesem Bereich einen sehr schmalen Grat zum staatlichen Regelungsziel, schlicht Steuermindereinnahmen zu vermeiden. Dieses Ziel aber hat das Gericht als Rechtfertigungsgrund für eine Beschränkung bislang von vornherein ausgeschlossen.[22]

---

[18] Direkte Diskriminierungen sind solche, bei denen schon im Regelungswortlaut explizit zwischen Angehörigen des Mitgliedstaats und Angehörigen anderer Mitgliedstaaten unterschieden wird.

[19] Im Fall der indirekten oder versteckten Diskriminierung ergibt sich die Benachteiligung der Angehörigen anderer Mitgliedstaaten erst daraus, dass sie ein bestimmtes Tatbestandsmerkmal der Regelung typischerweise erfüllen oder nicht erfüllen.

[20] Erstmals in EuGH v. 20.02.1979, Rs. 120/78 – *Cassis de Dijon*, Slg. 1979, 649, Rz. 8; Generalanwalt *M. P. Maduro* zitiert EuGH v. 15.05.1997, Rs. C-250/95 – *Futura Participations und Singer*, Slg. 1997, I-2471, Rz. 26. Diese Rechtfertigungsmöglichkeit, die im *Cassis*-Urteil auf einen Beschränkungssachverhalt bezogen war, wird inzwischen ganz überwiegend auch in Fällen indirekter Diskriminierungen angenommen; im einzelnen *R. P. Schenke*, JZ 2005, 946 (948) m.w.N.

[21] S. etwa EuGH v. 28.04.1998, Rs. C-118/96 – *Safir*, Slg. 1998, I-1897, Rz. 33; EuGH v. 16.07.1998, Rs. C-264/96 – *ICI*, Slg. 1998, I-4695, Rz. 26; EuGH v. 12.12.2002, Rs. C-324/00 – *Lankhorst-Hohorst*, Slg. 2002, I-11779, Rz. 37 ff.; EuGH v. 11.03.2004, Rs. C-9/02 – *de Lasteyrie du Saillant*, Slg. 2004, I-2409, Rz. 50.

[22] EuGH v. 07.09.2004, Rs. C-319/02 – *Manninen*, Slg. 2004, I-7477, Rz. 49; bemerkenswert ist vor diesem Hintergrund, dass Generalanwalt *A. Tizzano* in seinen Schlussanträgen in der Rs. *Meilicke* die „Gefahr schwerwiegender wirtschaftlicher Auswirkungen" in Betracht zieht, die sich aus der Rückwirkung einer möglichen EuGH-Entscheidung ergeben können, gerade auch im Fall der EG-rechtlich veran-

Immer stärkere Bedeutung erlangen demgegenüber, und dies zeigen auch die Schlussanträge in der Sache *Marks & Spencer*, die weiteren Rechtfertigungsgründe des Territorialitätsgrundsatzes und der Kohärenz. Zunächst zum Territorialitätsgrundsatz: Die Regierung des Vereinigten Königreichs hatte vorgetragen, dass sie im Einklang mit dem im internationalen Steuerrecht wie auch gemeinschaftsrechtlich anerkannten Territorialitätsgrundsatz keine steuerliche Vergünstigung gewähren dürfe, wo sie über keine Zuständigkeit zur Besteuerung der Gewinne verfüge. Da die Gewinne der im Ausland ansässigen Tochtergesellschaften nicht der inländischen Steuerhoheit unterfielen, dürften also auch die Verluste dieser Tochtergesellschaften nicht steuerwirksam ins Inland verlagert werden.

Der Generalanwalt weist dieses Argument jedoch unter Hinweis darauf zurück, dass die britische Regierung den gemeinschaftsrechtlichen Territorialitätsgrundsatz falsch ausgelegt habe. Zwar anerkenne das Gemeinschaftsrecht die grundsätzliche Ordnung der unbeschränkten und beschränkten Besteuerungszuständigkeiten der Staaten nach Maßgabe des internationalen Steuerrechts und damit auch den Territorialitätsgrundsatz.[23] Gleichwohl aber dürfe das Vereinigte Königreich den Konzernabzug schon deshalb nicht vom Vorliegen einer Besteuerungsbefugnis gegenüber der Tochtergesellschaft abhängig machen, weil der Antrag auf den Konzernabzug von der Muttergesellschaft gestellt worden sei, die im Inland der unbeschränkten Steuerpflicht unterfiele.[24]

Nach diesen Ausführungen zum Territorialitätsgrundsatz wendet sich der Generalanwalt abschließend und am ausführlichsten dem Rechtfertigungsgrund der steuerlichen Kohärenz zu. Dieser Rechtfertigungsgrund war Anfang der 1990er Jahre in den Verfahren *Bachmann* und *Kommission/Belgien* entwickelt worden[25] und soll dazu dienen, der übergreifenden, inneren Systematik der nationalen Steuersysteme Rechnung zu tragen. Nach dem Kohärenzgrundsatz in seinem ursprünglichen Verständnis kann eine grundfreiheitsbeschränkende steuerliche Begünstigung eines Inlandssachverhalts dann zulässig sein, wenn sie mit einer Benachteiligung desselben Steuerpflichtigen in derselben Steuerart unmittelbar in Zusammenhang steht. In der *Bachmann*-Entscheidung wurde dementsprechend gewürdigt, dass und inwieweit zwischen der steuerlichen Abzugsfähigkeit von gezahlten Versiche-

---

lassten Rückforderung von staatlich vereinnahmten Abgaben; s. Schlussanträge v. 10.11.2005, Rs. C-292/04 – *Meilicke* u.a., Rz. 34 ff.

[23] Generalanwalt *M. P. Maduro* verweist hier auf EuGH v. 15.05.1997, Rs. C-250/95 – *Futura Participations und Singer*, Slg. 1997, I-2471.

[24] Schlussanträge v. 07.04.2005, Rs. C-446/03 – *Marks & Spencer*, Rz. 58 ff.

[25] EuGH v. 28.01.1992, Rs. C-204/90 – *Bachmann*, Slg. 1992, I-249; EuGH v. 28.01.1992, Rs. C-300/90 – *Kommission/Belgien*, Slg. 1992, I-305.

rungsprämien und der Steuerpflichtigkeit der nachfolgenden Versicherungsleistungen ein unmittelbarer Zusammenhang besteht.[26]

Nachdem schon Generalanwältin *Kokott* in der Rechtssache *Manninen* gefordert hatte, den Kohärenzgedanken weiter zu fassen, um der Binnenstruktur der nationalen Besteuerungssysteme gerecht zu werden,[27] geht auch Generalanwalt *Maduro* im *Marks & Spencer*-Verfahren über die ursprüngliche Definition der steuerlichen Kohärenz hinaus. So schlägt er – seinerseits in Anknüpfung an den EuGH in der Rechtssache *Lenz*[28] – vor, im Rahmen der Kohärenzprüfung zunächst die Zielsetzung der in Rede stehenden Steuerregelung in Betracht zu ziehen.[29]

Die Zielsetzung der britischen Regelung des Konzernabzugs bestehe nun, so der Generalanwalt, darin, die Folgewirkungen der Bildung eines Konzerns steuerlich zu neutralisieren, Mutter- und Tochtergesellschaften also so zu stellen wie Gesellschaften im Verhältnis zu ihren unselbständigen Betriebstätten. Einem Unternehmer solle kein steuerlicher Nachteil daraus erwachsen, dass er sein Unternehmen zu einem Konzern umstrukturiere. Im Hinblick auf diese Zielsetzung sei es aber, so der Generalanwalt weiter, nicht sachdienlich, die Verlustverrechnung im grenzüberschreitenden Fall zu untersagen. Wenn die britische Regierung die Übertragung von Auslandsverlusten in das Inland deshalb verbieten wolle, weil auch die Auslandsgewinne nicht im Inland berücksichtigungsfähig seien, laufe dies vielmehr darauf hinaus, der Regelung des Konzernabzugs fremde Zwecke hinzuzufügen. Dies sei „zum Schutz der Kohärenz" der Konzernregelung nicht erforderlich. Auch der Kohärenzgedanke rechtfertige es danach nicht, den Konzernabzug auf das Inland zu beschränken.[30]

Annexartig wendet sich der Generalanwalt schließlich dem Einwand der Niederlande zu, dass eine Verpflichtung der Mitgliedstaaten, die grenzüberschreitende Verlustverrechnung zuzulassen, in einer regelrecht organisierten Verlusteverschiebung in die Länder mit den höchsten Steuersätzen münden könne, weil die Verluste dort am meisten wert seien. Diesem gewichtigen Einwand begegnet der Generalanwalt mit dem – im Steuerrecht – als innovativ zu bezeichnenden Vorschlag, die grenzüberschreitende Verlustübertragung von der Voraussetzung abhängig zu machen, dass die Tochtergesellschaft den ihr entstandenen Verlust in ihrem Sitzstaat nicht in gleichwertiger

---

[26] EuGH v. 28.01.1992, Rs. C-204/90 – *Bachmann*, Slg. 1992, I-249, Rz. 21 ff.
[27] Schlussanträge v. 18.03.2004, Rs. C-319/02 – *Manninen*, Rz. 49 ff.
[28] EuGH v. 15.07.2004, Rs. C-315/02 – *Lenz*, Slg. 2004, I-7063, Rz. 37 („das auf die Notwendigkeit der Wahrung der Kohärenz einer Steuerregelung gestützte Vorbringen" ist „an dem mit der fraglichen Steuerregelung verfolgten Ziel zu messen"); vgl. auch EuGH v. 11.03.2004, Rs. C-9/02 – *de Lasteyrie du Saillant*, Slg. 2004, I-2409, Rz. 67.
[29] Schlussanträge v. 07.04.2005, Rs. C-446/03 – *Marks & Spencer*, Rz. 68.
[30] Schlussanträge v. 07.04.2005, Rs. C-446/03 – *Marks & Spencer*, Rz. 72 ff.

Weise nutzen kann, insbesondere durch einen Verlustvortrag.[31] Auf den ersten Blick erscheint diese Lösung und erscheinen diese Schlussanträge im ganzen als im Grundansatz konsequent und im Ergebnis konziliant.

III. Kritische Würdigung

Wie aber sind die Schlussanträge in diesem für die Wirtschaft wie auch für die Finanzminister höchst bedeutsamen Verfahren bei näherer, kritischer Betrachtung zu beurteilen? Vorweggeschickt sei, dass die Ausführungen des Generalanwalts ganz deutlich machen, wie stark sich die Perspektiven der Grundfreiheiten – in der Luxemburger Interpretation – und der staatlichen Steuerrechtsordnungen unterscheiden. Zwar ist sich der Generalanwalt, wie er ausdrücklich betont, der Schwierigkeiten bewusst, die EG-rechtliche Niederlassungsfreiheit und die nationale Besteuerungsbefugnis zum Ausgleich zu bringen, und zwar beteuert er sein Bemühen, diesen Ausgleich herstellen zu wollen; tatsächlich aber fragt der Generalanwalt an keiner Stelle seiner Erwägungen nach der steuerlich richtigen Zuordnung von Gewinnen und Verlusten und damit auch nach der steuerlich richtigen Zuordnung von Steuererträgen.

1. Tatbestandsebene: Die Sachgerechtigkeit einer gleichheitsrechtlichen Prüfungsstruktur

Auf Tatbestandsebene stellt der Generalanwalt zu Recht fest, dass ein alleiniger Vergleich der rechtlichen Situation von Inländern und Ausländern in einem Staat das grundfreiheitsrechtlich erhebliche Problem des Outbound-Falls nicht zu erfassen vermag, also des Falls, in dem ein Inländer grenzüberschreitend tätig werden möchte und dabei schlechter gestellt wird als ein anderer Inländer, der allein im Inland Geschäfte macht. Den Grundfreiheiten auch ein Verbot zu entnehmen, das grenzüberschreitende Wirtschaften eines Inländers zu beschränken,[32] ist deshalb vor dem Hintergrund des Ziels der Grundfreiheiten, den Binnenmarkt zu gewährleisten, sachgerecht.

---

[31] Schlussanträge v. 07.04.2005, Rs. C-446/03 – *Marks & Spencer*, Rz. 76 ff.; der Generalanwalt weist an dieser Stelle darauf hin, dass „diese auf dem Vergleich und der Gleichwertigkeit der in verschiedenen Mitgliedstaaten angebotenen Behandlungen beruhende Lösung ... vom Gerichtshof bereits im Bereich der Gesundheitsleistungen im Rahmen der nationalen Systeme der sozialen Sicherheit entwickelt worden" sei; zitiert wird zum Beleg EuGH v. 23.10.2003, Rs. C-56/01 – *Inizan*, Slg. 2003, I-12403 und EuGH v. 12.07.2001, Rs. C-157/99 – *Smits und Peerbooms*, Slg. 2001, I-5473.

[32] Erstmals ausdrücklich zum Beschränkungsverbot EuGH v. 11.07.1974, Rs. 8/74 – *Dassonville*, Slg. 1974, 837.

Wenn ein solches Beschränkungsverbot allerdings rein freiheitsrechtlich strukturiert wird, ähnlich wie ein Freiheitsgrundrecht, verliert es seine Handhabbarkeit. Denn die meisten staatlichen Regelungen grenzüberschreitender Sachverhalte wirken, nicht anders als die meisten staatlichen Regelungen inländischer Sachverhalte, freiheitsbeschränkend. Wenn auf Rechtfertigungsebene der Grundfreiheiten zugleich – anders als auf Rechtfertigungsebene der deutschen Freiheitsgrundrechte – keine allgemeine Verhältnismäßigkeitsprüfung, sondern lediglich die Prüfung besonderer, zwingender Rechtfertigungsgründe zugelassen wird, erscheint potentiell jede staatliche Regelung grenzüberschreitenden Wirtschaftens als grundfreiheitswidrig und damit verboten. Der grundfreiheitsrechtliche Schutz würde sich hier in Maßstablosigkeit verlieren.[33]

Auch der Outbound-Fall ist deshalb, wie es – trotz seiner darüber hinausgehenden einleitenden Bemerkungen – in der Sache auch der Generalanwalt unternimmt, gleichheitsrechtlich zu fassen. Das relevante Vergleichspaar bilden dabei zum einen der im Inland tätige und zum anderen der aus dem Inland heraus grenzüberschreitend tätige Unternehmer. Dies bestätigt, dass das europäische Wettbewerbsrecht einschließlich des Rechts der Grundfreiheiten in erster Linie Gleichheitsrecht ist, dass es den Anspruch des Unternehmers auf die gleiche Wirtschaftsfreiheit verbürgt, die auch sein Konkurrent genießt.[34] Wenn der Generalanwalt die steuerrechtliche Verlustverrechnungsmöglichkeit bei einem inländischen Konzern mit der entsprechenden Möglichkeit bei einem grenzüberschreitend angelegten Konzern vergleicht, setzt er hier also grundsätzlich richtig an.

In der Folge changiert der Generalanwalt gleichwohl in eigenwilliger Weise zwischen einer gleichheitsrechtlichen und einer freiheitsrechtlichen Prüfungsstruktur. So verweigert er sich der Beantwortung der von den Verfahrensbeteiligten aufgeworfenen, vor dem Hintergrund der Systematik des internationalen Steuerrechts naheliegenden Frage, ob sich eine Muttergesellschaft, die eine im Ausland ansässige Tochtergesellschaft hat, angesichts der Nichtbesteuerung der Gewinne der Tochtergesellschaft im Inland im Hinblick auf die Frage der Verlustverrechnung überhaupt in einer vergleichbaren Situation mit einer Muttergesellschaft befindet, deren Tochtergesellschaft im Inland ansässig ist und dementsprechend im Inland besteuert wird.

Stattdessen verweist der Generalanwalt insoweit schlicht auf den freiheitshemmenden Charakter des Verlustverrechnungsverbots im grenzüberschreitenden Fall. Konsequent ist dies nur insoweit, als der Generalanwalt die Aussicht, eine – aus seiner Sicht schwierige – Vergleichbarkeitsprüfung vornehmen zu müssen, zuvor als Argument dafür anführt, sich von der

---

[33] Vgl. etwa EuGH v. 11.07.2002, Rs. C-60/00 – *Carpenter*, Slg. 2002, I-6279.
[34] Zu den EG-rechtlichen Wettbewerbsmaßstäben als Maßstäben der Gleichheit H. *Kube*, EuR 2002, 230 ff.

Kube

gleichheitsrechtlichen Prüfungsstruktur lösen zu wollen.[35] Ebendiese Prüfungsstruktur legt er sodann allerdings mit der Gegenüberstellung des inländischen und des grenzüberschreitend angelegten Konzerns – zu Recht – selbst zugrunde.[36]

2. Rechtfertigungsebene: Das Erfordernis internationaler steuerrechtlicher Abstimmung

So betrachtet der Generalanwalt das Verbot der grenzüberschreitenden Verlustverrechnung als tatbestandlich grundfreiheitsbeschränkend und fragt auf der zweiten Ebene nach einer möglichen Rechtfertigung dieser Beschränkung. Auch auf dieser Ebene werden die Schlussanträge der Systematik des nationalen und internationalen Steuerrechts in seiner Unterscheidung zwischen unbeschränkter und beschränkter Steuerpflicht und in seiner prinzipiellen Symmetrie von Gewinnbesteuerung und Verlustberücksichtigung nicht gerecht. Die Argumentation der britischen Regierung, die auf die entsprechenden Grundsätze des internationalen Steuerrechts, insbesondere auf das Territorialitätsprinzip, aufmerksam macht, weist der Generalanwalt schroff zurück und beruft sich stattdessen auf ein gemeinschaftsrechtliches Territorialitätsprinzip, das im herangezogenen *Futura*-Urteil allerdings nur in Anwendung auf einen ganz bestimmten Sachverhalt entfaltet worden war und dessen Konturen bis heute weitgehend unscharf sind.

Klar lässt sich freilich folgendes sagen: Der Hinweis des Generalanwalts darauf, dass den Antrag auf Verlustverrechnung die inländische Muttergesellschaft gestellt habe, die unbeschränkt steuerpflichtig sei, offenbart eine unter steuerrechtlichen Gesichtspunkten unvollständige Sichtweise. Denn die Verluste, die übertragen werden sollen, sind – unabhängig von den wirtschaftlichen Gestaltungs- und Entfaltungswünschen der Muttergesellschaft als der im Outbound-Fall Grundfreiheitsberechtigten – bei der Tochtergesellschaft entstanden, die im Ausland unbeschränkt steuerpflichtig ist.

Diese Scheuklappenhaltung gegenüber einer auch steuerrechtlich umfassenden Beurteilung des Sachverhalts prägt ebenso die Ausführungen des Generalanwalts zur Kohärenz. Der Kohärenzgedanke, der in verwandter Form auch in der Beihilfeprüfung steuerrechtlicher Regelungen zunehmend

---

[35] Schlussanträge v. 07.04.2005, Rs. C-446/03 – *Marks & Spencer*, Rz. 31 ff., insb. Rz. 32.

[36] Der Generalanwalt merkt insoweit im übrigen selbst an, dass sich „Gebietsansässige und Gebietsfremde im Hinblick auf die direkten Steuern in einem Staat i.d.R. nicht in einer vergleichbaren Situation" befinden; Schlussanträge v. 07.04.2005, Rs. C-446/03 – *Marks & Spencer*, Rz. 32 unter Zitierung von EuGH v. 01.07.2004, Rs. C-169/03 – *Wallentin*, Slg. 2004, I-6443, Rz. 15 (zur Steuerpflicht einer natürlichen Person).

zur Blüte gelangt,[37] ist zutreffend und unerlässlich, öffnet er doch den Blick für die Einbettung einer bestimmten Steuerrechtsnorm in die Systematik einer Steuerrechtsordnung. So ist es zu begrüßen, wenn der Generalanwalt in diesem Rahmen – wie zuvor schon der EuGH in anderen Verfahren – auch den Zweck der betreffenden mitgliedstaatlichen Regelung würdigt. Nicht gelingen kann eine dergestalt verstandene Kohärenzprüfung allerdings dann, wenn ein allzu enger Normzweck vorausgesetzt wird. Freilich zielt die Ermöglichung der Verlustverrechnung im Konzern grundsätzlich darauf, die Konzernstruktur mit anderen Unternehmensstrukturen steuerlich gleichzustellen; und freilich ist es im Hinblick auf dieses Gleichstellungsziel nicht erforderlich, ja steht es mit diesem Ziel in keinerlei Zusammenhang, die Verlustverrechnung im grenzüberschreitenden Fall auszuschließen. Doch ist darüber hinaus zu berücksichtigen, dass das Verbot der grenzüberschreitenden Verlustverrechnung ein weitergehendes Ziel verfolgt, nämlich das Ziel der internationalen steuerrechtlichen Abstimmung. Auch dieses Ziel ist den steuerrechtlichen Verlustverrechnungsregelungen wie dem Steuerrecht insgesamt immanent, weil das Steuerrecht auch internationale Sachverhalte regeln muss. Wenn der Generalanwalt die Zielsetzung der internationalen Abstimmung demgegenüber als „fremde", im Rahmen der Kohärenzprüfung nicht zu berücksichtigende Zielsetzung bezeichnet, ignoriert er den systemimmanenten Charakter der auf den internationalen Ausgleich ausgerichteten Regelungselemente des Steuerrechts.

So zeigt sich, in welchem Maße sich das Recht der Grundfreiheiten in der Interpretation durch diese Schlussanträge und allgemein auch durch den EuGH um einer mißverstandenen Unternehmerfreiheit willen über die Systematik des nationalen und internationalen Steuerrechts hinwegsetzt.

3. Kohärenz im Sinne internationaler steuerrechtlicher Abstimmung als sachgerechtes Element der Prüfung auf Tatbestandsebene

Was ließe sich ändern? Vor dem Hintergrund des Gesagten sollte die Systematik des nationalen und internationalen Steuerrechts grundfreiheitsdogmatisch im Rahmen einer hinreichend umfassenden Kohärenzprüfung berücksichtigt und diese Prüfung – ähnlich wie in der Beihilfedogmatik, die insoweit nach der Natur und dem inneren Aufbau des Steuersystems fragt[38]

---

[37] Zur Ähnlichkeit der grundfreiheitsrechtlichen Prüfung nach Maßgabe des Kohärenzgedankens mit der beihilferechtlichen Prüfung nach Maßgabe des Kriteriums des inneren Aufbaus des Steuersystems zu Recht *M. Strüber/C. v. Donat*, BB 2003, 2036 (2041, Fn. 58).

[38] Zur Prüfung des Tatbestands des Art. 87 Abs. 1 EG in Anwendung auf das mitgliedstaatliche Steuerrecht *W. Schön*, ZHR Beiheft 69, 2001, 106 ff.; *V. Götz*, in: FS K. Vogel, 2001, S. 579 ff.; *B. Jansen*, Vorgaben des europäischen Beihilferechts für das nationale Steuerrecht, 2003; *H. Kube*, EuR 2004, 230 ff.; aus der Rspr. EuGH v.

– im ersten Schritt schon auf Tatbestandsebene angelegt werden. Dies könnte das Recht der Grundfreiheiten für den – dem Steuerrecht in einigem Umfang zugrunde liegenden – Gedanken empfänglich machen, dass jedenfalls laufende unternehmerische Gewinne wie auch Verluste bei hinreichender organisatorischer Verfestigung der unternehmerischen Einheit grundsätzlich in dem Hoheitsgebiet zu erfassen sind, in dem sie entstanden sind, also dort, wo ein Unternehmer nachhaltig den staatlich mitkonstituierten Markt der Erwerbschancen genutzt hat.[39]

Natürlich spricht nicht bereits die Tatsache, dass es sich zum einen um einen grenzüberschreitenden Sachverhalt, zum anderen um einen Inlandssachverhalt handelt, ohne weiteres dafür, dass die Sachverhalte in kohärenter und damit grundfreiheitskonformer Weise unterschiedlich behandelt werden dürften; ebenso wie Ansässige und Gebietsfremde grundfreiheitsrechtlich keineswegs von vornherein unvergleichbar sind.[40] Dies würde dem Grundfreiheitsmaßstab im Outbound-Fall jegliche Wirkung nehmen.

Doch mag es bei näherer Betrachtung durchaus Fälle geben, in denen sich aus den konkreten Umständen des Besteuerungssachverhalts eine Regelungskohärenz und deshalb eine Grundfreiheitskonformität auf Tatbestandsebene der Prüfung ergibt. Indiz für eine solche Kohärenz könnte es insbesondere sein, wenn Gewinne und Verluste, die im Inland bzw. im Ausland entstanden sind, nach Maßgabe des nationalen und internationalen Steuer-

---

22.11.2001, Rs. C-53/00 – *Ferring*, Slg. 2001, I-9067; EuGH v. 24.07.2003, Rs. C-280/00 – *Altmark Trans*, Slg. 2003, I-7747; EuGH v. 20.11.2003, Rs. C-126/01 – *GEMO*, Slg. 2003, I-13769; EuGH v. 27.11.2003, verb. Rs. C-34/01 bis C-38/01 – *Enirisorse*, Slg. 2003, I-14243. Entsprechend die beihilferechtliche Rspr. zu staatlichen Gebührenausgestaltungen; s. EuGH v. 14.04.2005, Rs. C-128/04 – *AEM SpA* u.a., Rz. 39.

[39] S. Art. 7 OECD-MA; ausführlich zur Besteuerung von Gewinnen und Verlusten nach internationalem Recht und nach EG-Recht *A. Cordewener/M. Dahlberg/ P. Pistone/E. Reimer/C. Romano*, ET 2004, 135 ff. und 218 ff.; zu den – nicht unproblematischen – Maßstäben der Betriebsstättengewinnermittlung *F. Wassermeyer*, IStR 2004, 733 ff.; *F. Hruschka*, IStR 2005, 76 ff.

[40] *A. Cordewener*, Europäische Grundfreiheiten und nationales Steuerrecht, 2002, S. 483 ff. Zwar nehmen zahlreiche EuGH-Entscheidungen zur Steuerpflicht natürlicher Personen anspruchsvollere Prüfungen schon auf Tatbestandsebene vor; doch sind dabei vor allem Besteuerungsmerkmale aus dem Bereich der persönlichen Lebensführung betroffen; vgl. EuGH v. 14.02.1995, Rs. C-279/93 – *Schumacker*, Slg. 1995, I-225, Rz. 31 ff.; EuGH v. 12.06.2003, Rs. C-234/01 – *Gerritse*, Slg. 2003, I-5933, Rz. 43 ff.; EuGH v. 01.07.2004, Rs. C-169/03 – *Wallentin*, Slg. 2004, I-6443, Rz. 15 ff.; EuGH v. 12.07.2005, Rs. C-403/03 – *Schempp*, Rz. 29 ff.; Schlussanträge v. 12.05.2005, Rs. C-512/03 – *Blanckaert*, Rz. 62. Mit einer Analyse der Vergleichbarkeitsprüfungen auf Tatbestandsebene in diesen Fällen *M. Lang*, SWI 2005, 411 (412 f.); *ders.*, in: R. Mellinghoff (Hrsg.), DStJG Bd. 29 (2006), sub II. 4. (im Erscheinen). Letztlich zeigt auch diese Rspr., dass die Tatbestandsebene der Grundfreiheiten dogmatisch noch nicht ausgeschöpft ist.

rechts im Inland bzw. im Ausland steuerlich verhaftet bleiben.[41] Der Kohärenzgedanke wird hierdurch dem Territorialitätsgedanken angenähert. Das Verlustverrechnungsverbot im *Marks & Spencer*-Verfahren ist danach als auf Tatbestandsebene grundfreiheitskonform zu beurteilen.

Mit dem Verständnis der Grundfreiheiten als Gewährleistungen gleicher Wirtschaftsfreiheit ist diese Konkretisierung der Kohärenzprüfung auf Tatbestandsebene vollauf vereinbar. Denn der im Inland verbleibende und der grenzüberschreitend tätige Unternehmer üben ihre – im Ausgangspunkt gleiche – Freiheit in unterschiedlicher Weise aus. Der eine Unternehmer agiert allein im staatlichen Binnenraum. Der andere Unternehmer strebt nach Gewinnchancen im Ausland, sucht die dortigen Infrastrukturen zu nutzen und unterstellt sich dabei bewußt einer fremden (Steuer-)Rechtsordnung.[42] Die Folgen dieser Entscheidung sind ihm freiheits- und gleichheitsgerecht zurechenbar. Wiederum im Bereich der Besteuerung natürlicher Personen formuliert der EuGH insoweit völlig zutreffend: „Nach der Rechtsprechung des Gerichtshofes garantiert der EG-Vertrag einem Unionsbürger ... nicht, dass die Verlagerung seiner Tätigkeiten in einen anderen Mitgliedstaat als demjenigen, in dem er bis dahin gewohnt hat, hinsichtlich der Besteuerung neutral ist. Aufgrund der Unterschiede im Steuerrecht der Mitgliedstaaten kann eine solche Verlagerung für den Bürger je nach Einzelfall Vor- oder Nachteile bei der mittelbaren Besteuerung haben."[43]

4. Die Grenzen grundfreiheitsrechtlicher Zurechnung an den Staat

Dieses Ergebnis deutet zugleich auf die Grenzen, die der grundfreiheitsrechtlichen Zurechnung von Umständen des unternehmerischen Wirtschaftens an den Staat gesetzt sind.

Hilfreicher Ausgangspunkt zur näheren Konkretisierung dieser Grenzen ist dabei ein Vergleich mit der Dogmatik zu Art. 3 Abs. 1 GG. Der allgemeine Gleichheitssatz des Grundgesetzes verbürgt Gleichheit vor dem Gesetz. Dies bedeutet, dass der einzelne vom Staat den gleichheitsgerechten Gesetzesvollzug und darüber hinaus die gleichheitsgerechte inhaltliche Ausgestaltung staatlicher Gesetze verlangen kann. Die tatsächliche Gleichstellung des einzelnen in der Gesellschaft, so durch den Abbau faktischer Ungleichheiten, ist dem Staat dagegen nur im Umfang objektiver Programmsätze oder auch Zielbestimmungen wie Art. 3 Abs. 2 Satz 2 GG (Gleichstellung von Mann und Frau) oder Art. 6 Abs. 5 GG (Gleichstellung unehelicher Kinder) aufge-

---

[41] Das Welteinkommensprinzip, das nach staatlichem Recht gelten mag, ist insoweit mit den DBAs gemeinsam zu betrachten.
[42] Hierzu auch *P. Fischer*, FR 2005, 457 ff. („Konzept der Anerkennung mitgliedstaatlicher Ursprünge von Steuersubstraten").
[43] EuGH v. 12.07.2005, Rs. C-403/03 – *Schempp*, Rz. 45 unter Verweis auf EuGH v. 15.07.2004, Rs. C-365/02 – *Lindfors*, Slg. 2004, I-7183, Rz. 34.

geben. Faktische Ungleichheit wird dem Staat verfassungsrechtlich also nur sehr eingeschränkt zugerechnet.[44] Prinzipiell keinerlei verfassungsrechtlich aufgegebene gleichheitsrechtliche Verantwortung hat ein Hoheitsträger schließlich für das normative Handeln eines anderen Hoheitsträgers,[45] etwa ein Bundesland für die Ungleichheit, die daraus entsteht, dass ein anderes Bundesland einen Parallelsachverhalt anders regelt; ein Student in Land A beispielsweise Studiengebühren bezahlen muss, ein Student in Land B dagegen nicht.

So selbstverständlich diese Grundeinsichten zur Gleichheitsdogmatik im Rahmen des deutschen Verfassungsrechts sind, setzt sich der Generalanwalt doch ohne Begründung über sie hinweg, wenn er ein staatliches Verlustverrechnungsverbot im letzten Teil seiner Ausführungen nur dann als grundfreiheitsgemäß anerkennen will, wenn die ausländische Tochtergesellschaft ihre Verluste gleichwertig wie bei einer Verlustverlagerung ins Inland im Ausland nutzbar machen kann, insbesondere durch einen Verlustvortrag. Die EG-rechtliche Rechtmäßigkeit einer staatlichen Steuerrechtsnorm soll hiernach also davon abhängen, wie ein anderer Hoheitsträger sein Steuerrecht ausgestaltet hat. Genau dies widerspricht aber dem Axiom, dass sich die gleichheitsrechtliche Verantwortlichkeit eines Hoheitsträgers – vorbehaltlich legislativ selbst gewählter und zulässiger weitergehender Vergleichsbildungen – nicht auf Ungleichheiten erstreckt, die sich erst aus der Zusammenschau mit den Regelungen eines anderen Hoheitsträgers ergeben.

Konnte die Berücksichtigung ausländischer Verlustnutzungsmöglichkeiten auf den ersten Blick als konziliant erscheinen, zeigt sich nunmehr, dass sie schlicht über das hinausgeht, was grundfreiheitsrechtlich vom Staat gefordert werden kann. Eben hier verläuft die Scheidelinie zwischen den Gewährleistungen der Grundfreiheiten und dem Bereich EG-rechtlicher Harmonisierung. Der inhaltliche Regelungsausgleich zwischen den Mitg-

---

[44] Bestätigt wird dies durch den Begründungsaufwand des BVerfG in weiteren Ausnahmefällen, in denen sich der Staat faktische Ungleichheit zurechnen lassen musste. Zu nennen ist hier der Fall der Deutschlandwahl 1990, als die neuen Parteien in den neuen Bundesländern erfolgreich darauf hinwiesen, dass sie aufgrund der staatlich rasch vorangetriebenen Einigung (Anknüpfungspunkt für die Zurechnung der tatsächlichen Situation an den Staat) keine hinreichenden Möglichkeiten hatten, vor der Wahl umfangreiche Strukturen aufzubauen, um im Westen nachdrücklich um Stimmen werben zu können. Die 5-Prozent-Hürde wurde deshalb vom BVerfG getrennt für die alten und die neuen Bundesländer angelegt; BVerfGE 82, 322. Auch bei der Frage nach der Nichtigkeit einer Steuerrechtsnorm aufgrund struktureller Vollzugsdefizite (BVerfGE 84, 239; 110, 94) steht das Problem faktischer Ungleichheit, ihrer Zurech-nung und ihrer Konsequenzen inmitten, hier unter dem weiteren Gesichtspunkt der Funktionentrennung zwischen Legislative und Exekutive; dazu auch C. Seiler, JZ 2004, 481 ff. Vgl. zur Wehrgerechtigkeit bei einer zunehmenden Diskrepanz zwischen der Zahl der verfügbaren und der tatsächlich herangezogenen Wehrpflichtigen BVerwG, NJW 2005, 1525 ff.

[45] Ausführlich S. *Boysen*, Gleichheit im Bundesstaat, 2005.

liedstaaten ist Sache der Rechtsharmonisierung. Soweit es zu einer solchen Harmonisierung nicht gekommen ist, wie – nach aktuellem Integrationsstand – im Bereich der Verlustverrechnung,[46] sind die Mitgliedstaaten nach Maßgabe der Grundfreiheiten allein verpflichtet, für die Gleichheitsgerechtigkeit im Binnenbereich der von ihnen jeweils verantworteten oder mitverantworteten Regelungsräume zu sorgen. Diese auf den Geltungsbereich der Normen bezogene Umgrenzung gleichheitsrechtlicher Verantwortlichkeit geht mit dem oben formulierten Vorschlag einher, die Nichtzulassung der Verrechnung von Verlusten, die unter dem Regime einer anderen Steuerrechtsordnung entstanden sind, als tatbestandlich kohärent und deshalb grundfreiheitskonform zu betrachten.

Dass der innovative Vorstoß des Generalanwalts systemsprengend wirkt, zeigt sich im übrigen daran, dass ein staatliches Verbot der grenzüberschreitenden Verlustverrechnung danach in einem Sachverhalt, der den verlustvortragsfreundlichen Staat A betrifft, als grundfreiheitsgemäß, in einem Sachverhalt, der verlustvortragsfeindlichen Staat B betrifft, dagegen als grundfreiheitswidrig einzuordnen wäre. Eine solche relative Rechtswidrigkeit ist jedenfalls dann, wenn sich die Grundfreiheitswidrigkeit auf die Gesetzesnorm selbst und nicht allein auf ihren Vollzug beziehen sollte, unter rechtsstaatlichen Gesichtspunkten kaum vertretbar. Hinzu kommt freilich die Schwierigkeit für den normanwendenden Finanzbeamten oder Finanzrichter, im Einzelfall überhaupt festzustellen, wie sich die Verlustnutzungsmöglichkeiten im jeweiligen Ausland und im jeweils maßgeblichen Zeitpunkt darstellen und wie sie im Vergleich zu den hypothetischen Verlustnutzungsmöglichkeiten im Inland zu beurteilen sind, zumal aus der Perspektive des grundfreiheitsberechtigten Unternehmers.

Dass der Vorschlag, die grundfreiheitsrechtliche Zulässigkeit eines staatlichen Verlustverrechnungsverbots von der Möglichkeit der Verlustnutzung im jeweils anderen Staat abhängig zu machen, in der Nähe der Rechtsharmonisierung steht bzw. auf eine solche Harmonisierung drängt, zeigen auch die voraussichtlichen mitgliedstaatlichen Reaktionen auf diesen Vorschlag, sollte er Eingang in die EuGH-Entscheidung finden. Die kleinen, insbesondere osteuropäischen Staaten könnten sich veranlaßt sehen, ihre Regelungen zur Verlustnutzung – noch stärker als bereits gegenwärtig – restriktiv auszugestalten, um sich damit als Investitionsstandorte noch attraktiver zu machen. Denn eventuell entstehende Verluste könnten dann in die Länder der

---

[46] Ein Richtlinienvorschlag der Kommission über den grenzüberschreitenden Verlustausgleich (KOM (1990) 595 endg. v. 28.11.1990 „Vorschlag für eine RL des Rates über eine Regelung für Unternehmen zur Berücksichtigung der Verluste ihrer in anderen Mitgliedstaaten belegenen Betriebstätten und Tochtergesellschaften") wurde im Jahr 2001 zurückgezogen (KOM (2001) 763 endg. v. 11.12.2001). Die Kommission hat allerdings eine erneute Initiative zur Ausarbeitung eines entsprechenden Vorschlags gestartet; dazu KOM (2003) 726 endg. „Ein Binnenmarkt ohne unternehmenssteuerliche Hindernisse: Ergebnisse, Initiativen, Herausforderungen", Punkt 3.3.

Stammhäuser der Investoren, nicht selten Hochsteuerländer, übertragen werden. Die betreffenden Länder kämen damit in den Genuß höherer Investitionen, ohne zugleich mit dem Nachteil konfrontiert zu sein, am Investitionsrisiko im Wege steuerlicher Verlustberücksichtigungen teilhaben zu müssen. Diese Perspektive wiederum könnte die großen Hochsteuerländer dazu drängen, einer europaweiten Rechtsharmonisierung der Verlustberücksichtigung zuzustimmen; womit ein weiterer Bestandteil des direkten Steuerrechts über das Recht der Grundfreiheiten, „auf kaltem Wege", europäisiert[47] und der – gerade von Seiten der EU-Organe – vielbeschworene Steuerwettbewerb zwischen den Mitgliedstaaten, auch als Leistungs- und Standortwettbewerb, um ein weiteres eingeschränkt wäre.

C. Weitere jüngere EuGH-Verfahren zu Grundfreiheiten und nationalem Steuerrecht

Die Rechtssache *Marks & Spencer* diente hier nur als Beispielsfall. Sie verdeutlicht, dass der Titel dieser Untersuchung auch „Die Grundfreiheiten als Problem für die Systematik des nationalen und internationalen Steuerrechts" lauten könnte. In Dutzenden von Entscheidungen hat der EuGH bereits Steuerrechtsnormen oder ganze Bereiche mitgliedstaatlichen Steuerrechts für grundfreiheitswidrig erklärt. Dutzende weiterer Verfahren sind anhängig[48] oder stehen vor dem Hintergrund der extensiven EuGH-Rechtsprechung vermutlich kurz bevor.[49] Allein aus der jüngeren Vergangenheit lässt sich eine ganze Reihe einschneidender Verfahren nennen, von denen hier neben dem *Marks & Spencer*-Verfahren nur wenige weitere mit besonderer Bedeutung für die Unternehmensbesteuerung hervorgehoben werden können.

I. Lankhorst-Hohorst

So hat der EuGH in der Rechtssache *Lankhorst-Hohorst* von Dezember 2002 die deutsche Regelung zur Gesellschafter-Fremdfinanzierung nach § 8a KStG a.F. für unvereinbar mit der Niederlassungsfreiheit gemäß Art. 43 und 48 EG erklärt.[50] Nach § 8a KStG wurden Darlehenszinsen für die Kapitalüberlassung durch wesentlich beteiligte Gesellschafter dann in verdeckte

---

[47] Ganz anders noch EuGH v. 27.09.1988, Rs. C-81/87 – *Daily Mail*, Slg. 1988, 5483, Rz. 20 ff.

[48] S. allein zu den steuerrechtlichen Vorabentscheidungsersuchen von Seiten deutscher Gerichte aus dem Jahr 2004 *A. Schnitger/A. Papantonopoulos*, BB 2005, 407 ff.

[49] Vgl. *W. Kessler/C. Spengel*, DB 2004, Beilage 6/2004 zu Heft Nr. 43.

[50] EuGH v. 12.12.2002, Rs. C-324/00 – *Lankhorst-Hohorst*, Slg. 2002, I-11779.

Gewinnausschüttungen umqualifiziert, wenn in der Gesellschaft ein bestimmtes Verhältnis zwischen Eigen- und Fremdkapital überschritten war, wenn nicht nachgewiesen werden konnte, dass das Darlehen zu gleichen Bedingungen von einem Dritten hätte erlangt werden können und wenn der Darlehensgeber Steuerausländer war. Ratio der Regelung war es, Mißbrauchsfälle zu erfassen, in denen Gewinnausschüttungen durch die Umetikettierung als Zinszahlungen an der deutschen Besteuerung vorbei ins Ausland geschleust wurden. Der EuGH ging auf Tatbestandsebene der Grundfreiheitsprüfung davon aus, dass § 8a KStG Unternehmer davon abschreckt, Tochtergesellschaften im Ausland zu gründen, weil grenzüberschreitende Zinszahlungen danach hinsichtlich ihrer steuerlichen Anerkennung höheren Anforderungen unterliegen als Zinszahlungen im Inland. Dies, so der EuGH, benachteilige grenzüberschreitende Sachverhalte gegenüber Inlandssachverhalten. Einen Rechtfertigungsgrund sah der EuGH nicht. Insbesondere den Rechtfertigungsgrund der Mißbrauchsbekämpfung lehnte das Gericht ab, weil § 8a KStG jeden Fall der grenzüberschreitenden Zinszahlung erfasse, nicht nur „rein künstliche Konstruktionen".

Auch in diesem Verfahren ist nicht hinreichend erwogen worden, ob der Vergleich des Inlandssachverhalts mit dem grenzüberschreitenden Sachverhalt nicht möglicherweise wesentlich Ungleiches in Beziehung setzt, weil die Sachverhalte in ganz unterschiedlichen steuerlichen Zusammenhängen stehen und die Gefahr der „Gewinnabsaugung" ins Ausland aufgrund dessen nur im grenzüberschreitenden Fall vorhanden ist. Im übrigen war § 8a KStG a.F. in grundsätzlich zutreffender Weise um eine nähere Typisierung der tatsächlichen Mißbrauchsfälle bemüht, indem die Regelung auf den Fremdvergleich und wirtschaftlich unvernünftig erscheinende Gestaltungen abstellte.[51]

Doch steht das *Lankhorst*-Urteil des EuGH unverrückbar. Der deutsche Gesetzgeber hat inzwischen auf das Verdikt der Grundfreiheitswidrigkeit reagiert und § 8a KStG durch eine gesetzestechnisch verunglückte und teleologisch weitgehend sinnlose Änderung auf rein inländische Fremdfinanzierungssachverhalte erstreckt.

II. de Lasteyrie du Saillant

Ein weiteres bedeutsames Verfahren aus jüngerer Zeit ist die Rechtssache *de Lasteyrie du Saillant*, in der der EuGH, aufbauend auf die Entscheidung in der Sache *X und Y*,[52] im März 2004 kritisch zur französischen Wegzugsbesteuerung bei Wohnsitzverlegung ins Ausland Stellung genommen hat, im Kern also zur Besteuerung des bislang nicht versteuerten Steuersubstrats

---

[51] Ausführlich dazu *H. Kube*, IStR 2003, 325 ff. m.z.w.N.
[52] EuGH v. 21.11.2002, Rs. C-436/00 – X und Y, Slg. 2002, I-10829.

eines Steuerpflichtigen in dem Zeitpunkt, in dem seine unbeschränkte Steuerpflicht entfällt.[53] Der EuGH betrachtete eine solche Wegzugsbesteuerung im *de Lasteyrie du Saillant*-Urteil jedenfalls in der Form, in der sie vom zugrundeliegenden französischen Recht ausgestaltet worden war, als unvereinbar mit der Niederlassungsfreiheit, weil sie von einer Verlagerung des Wohnsitzes in einen anderen Mitgliedstaat abschrecke, indem sie eine zusätzliche, zumal nicht auf gesteigerte Liquidität zugreifende Steuer auferlege. Selbst die nach französischem Recht eröffneten Möglichkeiten der Steuerstundung veranlaßten den EuGH nicht zu einer anderen Beurteilung. Die Entscheidung wird allgemein als richtunggebend auch für die unternehmenssteuerrechtliche Wegzugsbesteuerung angesehen, die bei Verlegung des Sitzes oder der Geschäftsleitung eines Unternehmens ins Ausland greift. Mit Blick auf das deutsche Recht erscheinen danach sowohl § 6 AStG zum Wegzug natürlicher Personen als auch §§ 12 und 11 KStG zum Wegzug von Kapitalgesellschaften als EG-rechtlich problematisch. Das Bundesfinanzministerium arbeitet vor diesem Hintergrund mit Nachdruck an möglichen Neugestaltungen.

Über die Sitzverlegung hinaus ist die *de Lasteyrie*-Rechtsprechung im übrigen für das gesamte Umwandlungssteuerrecht von Belang, dürfte es nach dieser Rechtsprechung doch grundfreiheitsrechtlich erforderlich sein, grenzüberschreitende Verschmelzungen wie auch andere Umwandlungsvorgänge grundsätzlich steuerneutral zu ermöglichen. Der EuGH geht mit *de Lasteyrie du Saillant* in dieser Lesart sogar über die Anforderungen der EG-Fusionsrichtlinie[54] hinaus. Denn diese Richtlinie verlangt die Steuerneutralität von Umwandlungen nur unter der Voraussetzung, dass die stillen Reserven steuerlich im Inland verstrickt bleiben (Betriebsstätten- und Steuerverhaftungsbedingung).

III. Manninen/Meilicke

Wirkungskraft haben die Grundfreiheiten schließlich auch im Bereich des Verhältnisses von Kapitalgesellschaft und Anteilseigner entfaltet. So wurde das in Deutschland im Jahr 2001 abgelöste Anrechnungsverfahren in der Rechtssache *Manninen* von September 2004 zum finnischen Recht für EG-rechtswidrig insoweit erklärt, als die Anrechnung der von der Kapitalgesellschaft gezahlten Steuer – wie es auch in Deutschland der Fall war – nur dann

---

[53] EuGH v. 11.03.2004, Rs. C-9/02 – *de Lasteyrie du Saillant*, Slg. 2004, I-2409; dazu insb. unter dem Gesichtspunkt der Kohärenz *M. Elicker*, IStR 2005, 89 ff.; auch *P. Fischer*, FR 2004, 630 ff.

[54] RL 90/434/EWG v. 23.07.1990 über das gemeinsame Steuersystem für Fusionen, Spaltungen, die Einbringung von Unternehmensteilen und den Austausch von Anteilen, die Gesellschaften verschiedener Mitgliedstaaten betreffen; geändert durch RL 2005/19/EG v. 17.02.2005.

gewährt wurde, wenn diese Gesellschaft im Inland unbeschränkt steuerpflichtig war.[55] Diese Beschränkung mache es, so der EuGH, für inländische Kapitalgeber weniger attraktiv, in ausländische Unternehmen zu investieren, und verstoße damit gegen die Kapitalverkehrsfreiheit. Zugleich halte die Beschränkung ausländische Unternehmen davon ab, sich im Inland um Kapitalgeber zu bemühen. Ein deutsches Vorabentscheidungsersuchen zu entsprechenden Altfällen in Deutschland ist noch anhängig; sein Ausgang dürfte aber – auch unter Berücksichtigung der Schlussanträge – eindeutig sein.[56] In möglicherweise nur vermeintlich weiser Voraussicht hat der deutsche Gesetzgeber zwischenzeitlich versucht, sich gegenüber den zu erwartenden Steuererstattungsforderungen von Seiten der Anteilseigner an ausländischen Gesellschaften verfahrensrechtlich zu immunisieren; § 175 Abs. 2 Satz 2 AO.[57]

IV. Sonstige aktuelle Verfahren

Auch diese wenigen weiteren Beispiele belegen, wie vielgestaltig und intensiv die Einflüsse der Grundfreiheiten auf das nationale Steuerrecht sind. Neben dem Unternehmenssteuerrecht erfassen die Grundfreiheiten den Bereich der direkten Besteuerung von Privatpersonen,[58] den Bereich der Umsatzsteuer und selbst Bereiche des Steuerrechts, die dem Wettbewerb eher fern stehen, wie insbesondere den Bereich des Gemeinnützigkeitsrechts.[59]

Aus dem Spektrum der aktuell anhängigen Verfahren soll hier noch auf die – *Marks & Spencer* nicht ganz unverwandte – Rechtssache *Rewe Zentralfinanz* hingewiesen werden, in der das Finanzgericht Köln den EuGH um Vorabentscheidung darüber ersucht hat, ob es mit der Niederlassungsfreiheit vereinbar ist, dass § 2a EStG den sofortigen steuerlichen Ausgleich von Verlusten aus der Abschreibung auf Beteiligungwerte an Tochtegesellschaften im EG-Ausland beschränkt.[60] Von den Vorabentscheidungsersuchen

---

[55] EuGH v. 07.09.2004, Rs. C-319/02 – *Manninen*, Slg. 2004, I-7477.

[56] Schlussanträge v. 10.11.2005, Rs. C-292/04 – *Meilicke* u.a.

[57] Dazu *M. Loose*, in: K. Tipke/H. W. Kruse (Hrsg.), AO/FGO, § 175, Rz. 49 f.; *D. Gosch*, DStR 2004, 1988 ff.

[58] EuGH v. 14.02.1995, Rs. C-279/93 – *Schumacker*, Slg. 1995, I-225; EuGH v. 12.06.2003, Rs. C-234/01 – *Gerritse*, Slg. 2003, I-5933; EuGH v. 01.07.2004, Rs. C-169/03 – *Wallentin*, Slg. 2004, I-6443; EuGH v. 12.07.2005, Rs. C-403/03 – *Schempp*; EuGH v. 08.09.2005, Rs. C-512/03 – *Blanckaert*.

[59] S. insb. EuGH v. 14.09.2006, Rs. C-386/04 - *Stauffer*; dazu *M. Helios/T. Müller*, BB 2004, 2332 ff.; *H. Kube*, IStR 2005, 469 ff.; *U. Hufeld*, in: FS R. Mußgnug, 2005, S. 255 ff.

[60] Schlussanträge v. 31.05.2006, Rs. C-347/04 – *Rewe Zentralfinanz*; zur Berücksichtigung von Aufwendungen und Verlusten aus jüngerer Zeit darüber hinaus EuGH v. 21.02.2006, Rs. C-152/03 – *Ritter-Coulais* und EuGH v. 23.02.2006, Rs. C-471/04 – *Keller Holding*.

anderer Mitgliedstaaten ist etwa die Sache *Cadbury Schweppes* von gesteigerter Bedeutung für Deutschland.[61] Hier steht die grundfreiheitsrechtliche Zulässigkeit der britischen CFC-Regelungen in Frage, die in Deutschland den Regelungen zur Hinzurechnungsbesteuerung nach §§ 7-14 AStG entsprechen.[62]

D. Ausgleich und Kooperation als Elemente europäischer Rechtstradition

Das Verhältnis zwischen den EG-rechtlichen Grundfreiheiten, auf die sich der grenzüberschreitend tätige Unternehmer stützt, einerseits, und dem nationalen Steuerrecht, das einen Besteuerungsanspruch für bestimmte Sachverhalte wirtschaftlichen Erfolgs erhebt, andererseits, ist alles andere als geklärt. Die aktuelle Grundfreiheitsdogmatik geht nicht in hinreichender Weise auf die Systematik des nationalen und internationalen Steuerrechts ein und beschreitet damit einen Weg, der so nicht in die Zukunft weist.[63] Im Bemühen um die bestmögliche Förderung des Wirtschaftsverkehrs im europäischen Binnenmarkt gerät völlig aus dem Blick, dass der Unternehmer seine Gewinne auf Grundlage einer staatlich mitkonstituierten Infrastruktur und im Rahmen einer staatlichen Rechtsordnung erzielt, was es rechtfertigt, diese Gewinne am Ort ihres Entstehens zu besteuern – und entsprechend auch Verluste am Ort ihres Entstehens steuerlich zu berücksichtigen. So betrachtet Generalanwalt *Maduro* den *Marks & Spencer*-Fall ausschließlich aus der Perspektive des gestaltungs- und entfaltungswilligen Mutterunternehmens, nicht aber, wie es das nationale und internationale Steuerrecht erfordern, zugleich aus der Perspektive der Staaten, in denen die einzelnen Konzerngesellschaften ansässig bzw. nicht ansässig sind.

Freilich kann es angesichts der Kompetenzverteilung nicht Aufgabe der EG sein, ein eigenes Steuerrecht oder auch eine eigene Steuerrechtfertigungslehre zu entwickeln. Gleichwohl aber müssen die Gemeinschaftsorgane nach einem besseren Ausgleich zwischen den materiellen Rechtsmaßstäben der binnenmarktorientierten Grundfreiheiten in ihrem Querschnittcharakter und den staatlich vorbehaltenen Steuerkompetenzen streben. Der alleinige Verweis auf den Anwendungsvorrang des EG-Rechts[64] ist dabei keine Lösung, gilt dieser Anwendungsvorrang doch jeweils bereichsbezo-

---

[61] Schlussanträge v. 02.05.2006, Rs. C-196/04 – *Cadbury Schweppes*. Inzwischen liegt das Urteil vor (Urt. v. 12.09.2006, Internet: http://curia.europa.eu).
[62] S. *A. Körner*, IStR 2004, 697 ff., zur Vergleichbarkeit mit dem deutschen Recht S. 703 ff.
[63] Dazu *P. Fischer*, FR 2004, 630 (633 f.).
[64] EuGH v. 15.07.1964, Rs. 6/64 – *Costa/ENEL*, Slg. 1964, 1251.

gen;[65] zwischen den Bereichen der Grundfreiheiten und der direkten Steuern ergibt sich aber eine in diesem Sinne indirekte, diagonale Kollision.[66]

Konkrete Ansätze zu dem danach erforderlichen Ausgleich ließen sich innerhalb der Grundfreiheitsdogmatik ausmachen. So sollte die Systematik des nationalen und internationalen Steuerrechts im Rahmen einer angemessen weiten Kohärenzprüfung, im ersten Schritt schon auf Tatbestandsebene der Grundfreiheitsprüfung gewürdigt werden. Dabei sind, wie gerade die Rechtssache *Marks & Spencer* verdeutlicht, die Grenzen des grundfreiheitsrechtlich dem Staat Zurechenbaren zu wahren. Insbesondere kann der einzelne Mitgliedstaat nach Maßgabe der Grundfreiheiten nicht für das Steuerrecht eines anderen Mitgliedstaats mitverantwortlich gemacht werden.

Eine Grundfreiheitsdogmatik, die in dieser Weise den Ausgleich mit dem staatlich vorbehaltenen und internationalrechtlich abgestimmten Steuerrecht sucht, steht fest in der europäischen Rechtstradition, die von Ausgleich, Vermittlung und Kooperation geprägt ist.[67] Schließlich bleiben die Gemeinschaftsorgane, wenn sie die Gewinn- und Verlustzuordnungen nach Maßgabe des nationalen und internationalen Steuerrechts ernst nehmen, auch ihrem eigenen Anliegen treu, den Wettbewerb zwischen den nationalen Steuerrechtsordnungen und insgesamt zwischen den Mitgliedstaaten zu fördern.[68] Denn konstitutive Voraussetzung dieses Wettbewerbs ist es, dass den Staaten die Folgen ihrer Rechts- und sonstigen Standortausgestaltungen zugerechnet bleiben, dass es also nicht zu einer verdeckten, wettbewerbshemmenden Nivellierung der Steuererträge durch grenzüberschreitende Gewinn- und Verlustverlagerungen der Unternehmen kommt.

Wird die Dogmatik in dieser Weise geöffnet, könnte sich das konfrontative Gegeneinander von Grundfreiheiten und Steuerhoheit auflösen lassen und in einem kooperativen Miteinander bei gegenseitigem Verständnis für die unterschiedlichen systemprägenden Maßstäbe münden.

---

[65] Zur Unanwendbarkeit eines Vorrangprinzips zur Lösung des Problems der „Kompetenztrennung" *T. Schilling*, Rang und Geltung von Normen in gestuften Rechtsordnungen, 1994, S. 193; ebenso *F. C. Mayer*, Kompetenzüberschreitung und Letztentscheidung, 2000, S. 64, der hier vom „Vorrang in der jeweiligen Kompetenzsphäre" spricht.

[66] *K. Huthmacher*, Der Vorrang des Gemeinschaftsrechts bei indirekten Kollisionen, 1985; *C. Schmid*, in: C. Joerges/O. Gerstenberg (Hrsg.), Private governance, democratic constitutionalism and supranationalism, 1998, S. 185 ff.; *S. Haack*, Widersprüchliche Regelungskonzeptionen im Bundesstaat, 2002, S. 90 m.w.N.

[67] Zu Maß, Ausgleich und Zusammenwirken (klassischen, typisch europäischen Rechtsidealen) als Grundlage der Kooperation zwischen europäischen und mitgliedstaatlichen Organen *P. Kirchhof*, JZ 1999, 965 (973).

[68] S. etwa die Mitteilung der Kommission KOM (2001) 260 endg. v. 23.05.2001 „Steuerpolitik in der Europäischen Union – Prioritäten für die nächsten Jahre".

Diskussionsbericht zu dem Vortrag von Hanno Kube

Matthias Michael Schmitz

Was ist legitimer Steuerwettbewerb, wo wird der Wettbewerb missbräuchlich? Dieses Spannungsfeld, das im Vortrag bereits angeklungen war, bildete den ersten Schwerpunkt der Diskussion. Erforderlich war hier zunächst eine Klärung des ambivalent verwendeten Missbrauchsbegriffs: Denn Missbrauch ist zunächst die bewusste Steuerumgehungskonstruktion. In dieser Variante bezieht sich das Missbrauchskriterium auf den Einzelnen; es ist auf die Rechtsanwendungsebene begrenzt. Dieses erste Begriffsverständnis wird ergänzt durch den staatlichen Missbrauch auf der Ebene der Steuergesetzgebung. Darin liegt die zweite Bedeutungsvariante; sie bildet das gedankliche Gegenstück zum Systemwettbewerb der Staaten.

Im Hinblick auf die bisherige Rechtsprechung des EuGH betonte der Referent die sehr restriktive Zulassung des Missbrauchs als Argument zur Rechtfertigung für Regeln, die die Grundfreiheiten beschränken. Ein Missbrauch durch einzelne Gestaltungsweisen, unter Ausnutzung der Grundfreiheiten, könne selten eine abstrakt-generell geltende Norm rechtfertigen. Daher sei das Kohärenzkriterium weitaus trennschärfer. Ein Wettbewerb zwischen Staaten wird darum bemüht sein, das eigene Steuersubstrat durch Investitionsanreize nach außen zu vergrößern oder zumindest zu erhalten. Ein Wettbewerb um Eigenkapitalinvestitionen findet aber nicht allein im Steuerrecht statt; hier ist vielmehr eine Einbeziehung weiterer Rechtsgebiete erforderlich.

Auch die begriffliche Abgrenzung zwischen „free mover" und „free rider" kann nur im Zusammenspiel mit dem Gesellschaftsrecht erfolgen. Nach der gesellschaftsrechtlichen Dogmatik des EuGH ist die reine Nutzung der durch die Niederlassungsfreiheit eröffneten Möglichkeiten nie ein Missbrauch. Als Indiz für eine missbräuchliche Ausnutzung im Steuerrecht – und damit für die Bezeichnung als „free rider" – kann jedoch die Tatsache dienen, dass der Steuerpflichtige durch steuerplanerische Maßnahmen weniger Steuern zahlt als in dem Land mit dem geringeren Steuersatz.

Daran schloss sich die Bitte um genauere Erläuterung des Kohärenzkriterums an. Hier wurde die Frage gestellt, ob und inwiefern die in ihm enthaltenen Wertungen im Rahmen einer europarechtlichen Rechtmäßigkeitsprüfung möglicherweise bereits auf Tatbestandsebene geprüft werden sollten. Das Kohärenzkriterium, so der Referent, sei ein bewusst offenes Kriterium, um die ungleichen Sachverhalte in den unterschiedlichen Mitgliedstaaten auch unterschiedlich behandeln zu können. Ob ein Kriterium auf Tatbestands- oder Rechtfertigungsebene zu berücksichtigen sei, sei in den meisten Fällen eine Wertungsfrage. Gegen eine Prüfung des Kriteriums auf Rechtfertigungsebene spreche vor allem, das die Kohärenz keinen Zweck darstellt und daher nicht im Rahmen des Vier-Konditionen Tests[1] als legitimer Zweck geprüft werden könne. Geht man davon aus, das im Rahmen dieser Prüfung auch die Verhältnismäßigkeit im engeren Sinne zu prüfen ist, so ist kein Zweckvergleich der Kohärenz möglich. Dies verdeutliche, warum die Kohärenz eher auf Tatbestandebene geprüft werden sollte.

Wie ist also der Fall *Marks und Spencer* zu lösen? Aus der isolierten Perspektive eines jeden Mitgliedstaats muss die Verlustverrechnung pro Mitgliedstaat genügen. Aber auch wenn man unterstellt, dass die Grundfreiheiten eine staatenübergreifende Perspektive voraussetzen, ist nicht gesagt, dass sie wirklich eine zwischenstaatliche Verlustverrechnung gebieten. Bei Steuerkompetenz jedes Staates müsste der innerstaatliche (und hier u.U. intertemporale) Verlustausgleich genügen. Ansonsten, so der Referent, bestehe die Gefahr, dass Gewinne zu leicht in Niedrigsteuerländer verlagert werden könnten, was im Zusammenspiel mit der Gründungstheorie zu einem *race to the bottom* (hier: des mitgliedstaatlichen Steueraufkommens) führen könne. Die Perspektive des Unternehmers stellt interessengemäß auf eine weite Geltung der Grundfreiheiten auch im Steuerrecht ab.[2] In jeder unternehmerischen Entscheidung sei jedoch auch die Entscheidung für eine Rechtsordnung inbegriffen. Daher könnte es legitim sein, wenn die Verluste aus entsprechender Geschäftstätigkeit in dieser Rechtsordnung verbleiben, also eine gleichheitsgebundene Kompetenzausübung nur innerhalb jedes Territoriums erfolgen müssten. Wenn der EuGH in diesem Punkt anders entscheidet, so *Hanno Kube* pragmatisch, werde dies jedoch zu akzeptieren sein. Weiterführend könnten aufgrund der weit reichenden Folgen einer solchen Entscheidung insoweit Bedenken bestehen, als sie mittelfristig die Finanzhoheit der Mitgliedstaaten aushöhlen würde und ihnen so die Grundlage jeglichen Tätigwerdens entzöge. Es kann daher bezweifelt werden, dass ein solches Vorgehen mit dem Subsidiaritätsprinzip sowie dem Gedanken eines Kooperationsverhältnisses[3] zwischen Gemeinschaftsorganen und den Mitgliedstaaten vereinbar ist.

Kritisch zum Kohärenzmaßstab äußerte sich *Christoph Spengel*. Er fragte, ob dieser Maßstab nicht voraussetze, dass man genau wisse, wo Gewinne und Verluste entstünden. Gerade diese Verortung sei aber sehr schwierig. Empirisch sei jedenfalls zu erkennen, dass Gewinne nicht zwingend beim Sitzunternehmen entstünden.

---

[1] Ausführlich dazu: H. Eidenmüller(Hrsg.) Ausländische Kapitalgesellschaften im deutschen Recht, 2004, § 3 Rz. 20 ff. m.w.N. aus der Rspr. des EuGH.

[2] Hier konnte auf den Vortrag von *St. Eilers* verwiesen werden.

[3] Vergleichbar mir dem nationalen Begriff der „Bundestreue".

Dies sei in der Tat oft das praktische Hauptproblem, bei der Erfolgszuordnung zwischen Konzernteilen, bzw. zwischen Gesellschaft und Betriebstätte handele es sich jedoch um ein Problem, das dem Problem der Verlustverrechnung gedanklich vorgelagert zu betrachten sei.

Weitere Kritik an der Heranziehung der Kohärenz als Rechtfertigungsgrund ging dahin, dass dieses Modell eine Art Sonderdogmatik für die Anwendung der Grundfreiheiten auf das Steuerrecht bilde. Dabei werde neben dem freiheitsrechtlichen Gehalt der Grundfreiheiten deren europarechtlich noch bedeutsamerer gleichheitsrechtlicher Anteil für eine Rechtfertigungsausnahme zu wenig berücksichtigt.

Das Steuerrecht zeichnet sich laut dem Referenten dadurch aus, dass es in besonderem Maße international abgestimmt sein muss, damit jedes Steuerobjekt nur einmal besteuert wird. Das Kohärenzkriterium sei daher keine echte Sonderdogmatik, sondern der nahe liegende und sachgerechteste Maßstab. Bei der Prüfung einer Verletzung der Grundfreiheiten sei – anders als etwa bei der Prüfung deutscher Grundrechtsverletzungen – der Gleichheitsgehalt stärker betont. Die Rechtfertigung von Gleichheitsverletzungen ist erheblich schwerer, Rechtfertigungskriterien dafür sind enger. Hier ist der EuGH in der Vergangenheit allerdings teilweise zu streng gewesen. Die Wichtigkeit der Einschränkung des Wirkungsbereichs der Grundfreiheiten zeigt das bizzar anmutende Ergebnis der Entscheidung im Fall *Carpenter*,[4] in dem die Abschiebung der Ehefrau eines Dienstleistungserbringers als Verstoß gegen die Dienstleistungsfreiheit bewertet wurde (später revidiert).

In der bereits angerissenen Frage danach, welche Sachverhalte als gleich und welche als ungleich zu bewerten sind, wurde unter Hinweis auf die Rechtsprechung des EuGH[5] der Grundsatz aufgegriffen, wonach zwischen beschränkt und unbeschränkt Steuerpflichtigen zu unterscheiden sei – so dass für diese unterschiedlichen Sachverhalte auch unterschiedliche Behandlungen zugelassen werden müssten. Der Referent griff diesen Vorschlag auf.

Diskussionsbedarf bestand hier aber bei der Frage eines Zusammenhangs zwischen Infrastrukturbereitstellung und Steuerlast. So bezweifelte *Ekkehart Reimer*, ob juristische Maßstäbe überhaupt für die Steuerrechtfertigung herangezogen werden könnten. Diese Frage habe besondere Bedeutung für die Steuerpflicht der juristischen Person. Die Anordnung der unbeschränkten Steuerpflicht im Sitzstaat sei von der tatsächlichen Nutzung staatlicher Infrastruktur nahezu völlig losgelöst. Auch *Hanno Kube* sah darin eine Frage von erheblicher Bedeutung; sie sei der normativen Abstimmung mit den Grundfreiheiten jedoch weit vorgelagert. Die Frage nach der Steuerrechtfer-

---

[4] So der in der Literatur aufsehen erregende Fall EuGH C-60/00, Slg. 2002, I-06279.
[5] EuGH, Urt. v. 14.02.1995, Rs. C-279/93, Slg. 1995, I-225 – *R. Schumacker*, Rdnr. 31 ff.; st. Rspr.

tigung allgemein ist also von der Frage nach normativer Rechtfertigung steuerlicher Regeln dogmatisch klar abzugrenzen.

Kube betonte aber, dass man über die Fragen der Vergleichspaarbildung nicht die besondere Problematik der Rechtfertigungsbedürftigkeit einer Gleichbehandlung ungleicher Sachverhalte übersehen dürfe. Nur im umgekehrten Fall der Ungleichbehandlung gleicher Sachverhalte lasse der EuGH bisher die notwendige Sorgfalt walten. Das Kohärenzkriterium kann insbesondere im Steuerrecht dazu dienen, auf Tatbestandsebene eben die nicht vergleichbaren Sachverhalte von einer sachlich falschen Gleichheitsprüfung fern zu halten.

Bleiben trotz des weiten Geltungsbereichs, den der EuGH den Grundfreiheiten zuzumessen scheint, noch Spielräume für mitgliedstaatliches Handeln im Bereich der Steuergesetzgebung?

Je umfassender steuerliche Eingriffsnormen in den Mitgliedsstaaten als vergleichbar bewertet würden, desto strenger seien die gemeinschaftsrechtlichen Rechtmäßigkeitsprüfungen – und desto enger sei der Spielraum der Mitgliedstaaten, sich durch eigene Regeln zu profilieren. Zudem bestehe die Gefahr, dass zu strenge Prüfungsmaßstäbe den gewünschten Wettbewerb zwischen den Rechtsordnungen verhindern.

Die Steuersätze in einem solchen System seien ja grundsätzlich frei, ein faktischer Druck zur Angleichung auf das niedrigste Niveau bestehe jedoch schon dadurch, dass kaum noch Unternehmen bereit seien, sich in einem Land mit einer Unternehmenssteuerquote von 50 Prozent anzusiedeln.

Bei der gesamten Problematik sei die Ungleichzeitigkeit zwischen Gesellschafts- und Steuerrecht zu beachten, für die es sachlogische Gründe gebe. Es gebe eben (noch) keine *home state taxation,* während die Gültigkeit der Gründungstheorie im Internationalen Gesellschaftsrecht zumindest innerhalb Europas anerkannt zu sein scheint. Die temporale Disparität im Hinblick auf den Harmonisierungsfortschritt zwischen Gesellschafts- und Steuerrecht zeigt, dass das Europarecht mit beiden Materien unterschiedlich umgeht und umgehen muss. Insofern hält der Referent die Schlussanträge des Generalanwalts im Fall *Marks & Spencer* eher für ein trojanisches Pferd denn für einen konzilianten Vorschlag[6].

Da Einigungsregeln bezüglich eines grenzüberschreitenden Sachverhalts juristisch in vielen Fällen nicht isoliert von einem Staat gefordert werden könnten, aber auch eine „Gesamtschuldnerschaft" problematisch erscheine, könne die steuerrechtliche Einigung am ehesten durch Harmonisierung auf europäischer Ebene erfolgen.

---

[6] GA *M. P. Maduro*, Schlussantrag v. 07.04.2005, Rs.C-446/03.

Schmitz

Gewinnermittlung und Bemessungsgrundlage als eigentliches Problem des Steuerwettbewerbs?

Christoph Spengel

A. Ziele des Europäischen Binnenmarkts und Anforderungen an die Besteuerung von Unternehmen in wirtschaftlicher und rechtlicher Hinsicht

Das Europäische Vertragswerk ist von wirtschaftlichen Aufgaben und Zielen bestimmt.[1] Durch die Errichtung eines Gemeinsamen Marktes und einer Wirtschafts- und Währungsunion sollen in der ganzen Gemeinschaft u.a. eine harmonische, ausgewogene und nachhaltige Entwicklung des Wirtschaftslebens, ein hohes Beschäftigungsniveau, ein beständiges, nichtinflationäres Wachstum, ein hoher Grad von Wettbewerbsfähigkeit sowie eine Konvergenz der Wirtschaftsleistung gefördert werden (Art. 2 EG). Der gemeinsame Markt schließt den nach innen gerichteten Binnenmarkt ein, der durch die Beseitigung der Hindernisse für den freien Waren-, Personen-, Dienstleistungs- und Kapitalverkehr zwischen den Mitgliedstaaten gekennzeichnet ist (Art. 3 Abs. 1 Buchstabe c EG). Ferner hat die gemeinsame Wirtschaftspolitik auf einer engen Koordinierung der nationalen Wirtschaftspolitik, dem Binnenmarkt sowie der Festlegung gemeinsamer Ziele zu beruhen und sie ist dem Grundsatz einer offenen Marktwirtschaft mit freiem Wettbewerb verpflichtet (Art. 4 Abs. 1 EG), um u.a. einen effizienten Einsatz der Ressourcen zu fördern (Art. 98 EG).

Infolge der rasch voranschreitenden wirtschaftlichen und rechtlichen Integration im Binnenmarkt ist eine autonome Steuerpolitik für Unternehmen seitens der Mitgliedstaaten kaum mehr denkbar. Dies gilt zunächst für die Einhaltung rechtlicher Mindeststandards, welche der Europäische Gerichtshof (EuGH) den nationalen Steuergesetzgebern auferlegt. Die Diskriminierungs- und Beschränkungsverbote der EU-rechtlichen Grundfreiheiten, das Beihilferecht und die Auslegungskompetenz des EuGH für das sekundäre Gemeinschaftsrecht begrenzen die steuerliche Gestaltungsfreiheit der Mitgliedstaaten. Die damit verbundenen Eingriffe in die Grundwertungen der überwiegend binnenwirtschaftlich ausgerichteten nationalen Steuerrechtsordnungen haben diese schon lange aus dem Gleichgewicht gebracht.

---

[1] Vgl. *W. Schön,* DStJG 2000, 191-192.

Die Begrenztheit der nationalen Steuerpolitik zeigt sich aber vor allem dann, wenn man die ökonomischen Folgen der anzutreffenden Steuerpluralität an den selbst gesteckten Zielen der Union misst. Die anlässlich des Gipfels von Lissabon im Jahr 2000 verkündete strategische Zielsetzung folgt den ökonomischen Leitlinien des EG-Vertrags. Sie besteht darin, „die Union bis 2010 zum wettbewerbsfähigsten und dynamischsten wissensbasierten Wirtschaftsraum der Welt zu machen".[2] Das Festhalten an dieser Zielsetzung wurde im Juli 2005 bekräftigt.[3] Die allgemeinen Ziele der Steuerpolitik der Gemeinschaft sind dieser strategischen Zielsetzung untergeordnet.[4]

In gesamtwirtschaftlicher Hinsicht geht es um die Gewährleistung von Steuereffizienz im Binnenmarkt, was insoweit kompatibel ist mit der betriebswirtschaftlichen Forderung nach einer Verbesserung der Entscheidungsneutralität der Unternehmensbesteuerung.[5] Beide Ideale sind regelmäßig erfüllt, wenn Investitionen auch nach Berücksichtigung von Steuern dort erfolgen, wo die höchsten Bruttogewinne zu erwarten sind. Dagegen ist eine effiziente Verteilung des Kapitals gestört, wenn an sich unrentable Investitionen nur infolge einer begünstigenden Besteuerung in Niedrigsteuerländern durchgeführt und Investitionen, die höhere Bruttogewinne erwirtschaften, aufgrund einer höheren Besteuerung an anderen Standorten unterlassen werden. Die Beseitigung derartiger Verzerrungen würde demnach zu einer Steigerung des Sozialprodukts innerhalb der EU beitragen. Dabei stehen prinzipiell alle Elemente der nationalen Steuerrechtsordnungen auf dem Prüfstand, da diese in der Summe die steuerlichen Investitions- und Standortbedingungen ausmachen. Diese umfassen die nationalen Steuersysteme, Steuerarten, Bemessungsgrundlagen und Tarife sowie die Maßnahmen zur Vermeidung der Doppelbesteuerung bei grenzüberschreitender Geschäftstätigkeit.

Die Sicherstellung von Steuerneutralität im Binnenmarkt erfordert allerdings keine bis ins Detail reichende Steuerrechtsangleichung innerhalb der EU. Vielmehr geht es darum, herauszufinden, welche Elemente der nationalen Steuerrechtsordnungen im Hinblick auf die Verbesserung der steuerlichen Wettbewerbsverhältnisse in der EU vordringlich zu koordinieren bzw.

---

[2] Vgl. Punkt 5 der Schlussfolgerungen des Vorsitzes, Europäischer Rat (Lissabon), 23./24.03.2000.

[3] Vgl. Mitteilung der Kommission an den Rat und das Europäische Parlament: Gemeinsame Maßnahmen für Wachstum und Beschäftigung: Das Lissabon-Programm der Gemeinschaft KOM (2005) 330 endg. v. 20.07.2005.

[4] Vgl. Mitteilung der Kommission an den Rat, das Europäische Parlament und den Wirtschafts- und Sozialausschuss, Steuerpolitik der Europäischen Union – Prioritäten für die nächsten Jahre, KOM (2001) 260 endg. v. 23.05.2001, insb. S. 9; Mitteilung der Kommission an den Rat und das Europäische Parlament: Der Beitrag der Steuer- und Zollpolitik zur Lissabon-Strategie, KOM (2005) 532 endg. v. 25.10.2005, S. 3.

[5] Vgl. zur Gleichsetzung *S. Homburg*, Allgemeine Steuerlehre, 4. Aufl. 2004, S. 329-330, 341, 346-347; Wissenschaftlicher Beirat beim BMF, Reform der internationalen Kapitaleinkommensbesteuerung, 1999, S. 95.

harmonisieren sind. Aus rechtlicher Sicht lässt sich eine Angleichung der Unternehmenssteuern auch nicht erzwingen.[6] Während der EG-Vertrag einen Harmonisierungsauftrag für alle indirekten Steuern enthält (Art. 93 EG), besteht für die direkten Steuern kein vergleichbarer Auftrag. Stattdessen sind gemäß dem Subsidiaritätsprinzip (Art. 5 EG) zunächst die nationalen Gesetzgeber aufgefordert, ihre Steuerrechtsordnungen an die Erfordernisse des Binnenmarkts anzupassen. Die Gemeinschaft sollte jedoch dann tätig werden, falls die Mitgliedstaaten vertragswidrige Regelungen nicht beseitigen können. Darüber hinaus ist auch dann eine Harmonisierung notwendig, wenn eine einheitliche Regelung zur Sicherung der Funktionsfähigkeit des Binnenmarkts erforderlich ist. Das Subsidiaritätsprinzip umfasst somit zwei Ebenen, die auch für die Steuerpolitik zu beachten sind:[7] Die nationalen Gesetzgeber sind zunächst aufgefordert, im Alleingang steuerliche Vorschriften an die Erfordernisse des Binnenmarkts anzupassen. Soweit dies für einzelne Sachgebiete nicht ausreichend und wirksam gelingt, ist zu prüfen, welche weitergehenden Maßnahmen auf Gemeinschaftsebene erforderlich sind. Erforderlichkeit und Inhalte dieser Maßnahmen müssen sich an den o.a. ökonomischen Zielen der Gemeinschaft messen lassen, d.h. für die Steuerpolitik gilt die Verbesserung der Allokationseffizienz als Beurteilungsmaßstab. Im Ergebnis wird hier dem Subsidiaritätsprinzip eine große Reichweite im Hinblick auf Maßnahmen der steuerlichen Rechtsangleichung zugestanden.[8] Eine andere Frage ist es, ob sich eine u.U. weitgehende Steuerrechtsangleichung aufgrund der gebotenen Einstimmigkeit auch politisch durchsetzen lässt.

Im Jahr 2001 hat die EU-Kommission zur Fortentwicklung der Unternehmensbesteuerung im Binnenmarkt die Schaffung einer EU-weiten konsolidierten Körperschaftsteuerbemessungsgrundlage vorgeschlagen.[9] Dieser Vorschlag wurde in den Jahren 2003[10] und 2005[11] erneut bekräftigt. Dagegen beabsichtigt die Kommission nicht, einen harmonisierten Körperschaft-

---

[6] Vgl. *M. Lehner,* DStJG 2000, 285; *W. Schön,* DStJG 2000, 225.

[7] Vgl. *O. H. Jacobs,* Internationale Unternehmensbesteuerung, 5. Aufl. 2002, S. 98.

[8] So auch *W. Schön,* DStJG 2000, 216-221.

[9] Vgl. Mitteilung der Kommission an den Rat, das Europäische Parlament und den Wirtschafts- und Sozialausschuss, Ein Binnenmarkt ohne steuerliche Hindernisse, KOM (2001) 582 endg. v. 23.10.2001.

[10] Vgl. Mitteilung der Kommission an den Rat, das Europäische Parlament und den Wirtschafts- und Sozialausschuss, Ein Binnenmarkt ohne unternehmenssteuerliche Hindernisse. Ergebnisse, Initiativen, Herausforderungen, KOM (2003) 726 endg. v. 24.11.2003.

[11] Vgl. Mitteilung der Kommission an den Rat und das Europäische Parlament: Der Beitrag der Steuer- und Zollpolitik zur Lissabon-Strategie, KOM (2005) 532 endg. v. 25.10.2005, S. 5-6.

steuersatz vorzuschlagen.¹² Außerdem ist auch kein Eingriff in die nationalen Einkommensteuersysteme beabsichtigt. Denn die Einkommensteuer soll – da sie neben der Umsatzsteuer die Haupteinnahmequelle der Mitgliedstaaten darstellt – auch bei einem höheren Integrationsgrad der Gemeinschaft in den ausschließlichen Kompetenzbereich der Mitgliedstaaten fallen.¹³ Keine Beachtung bei den Harmonisierungsüberlegungen der Kommission finden schließlich die lokalen Ertrags- und Substanzsteuern wie z.B. die deutsche Gewerbesteuer.

Das Hauptaugenmerk des Kommissionsansatzes liegt somit auf einer Angleichung der Bemessungsgrundlagen. Dagegen sollen die Steuersätze weiterhin dem allgemeinen Steuerwettbewerb ausgesetzt werden. Im Folgenden wird eine Bewertung der von Kommission initiierten Maßnahmen zur Weiterentwicklung der Unternehmensbesteuerung in der EU vorgenommen. Den Ausgangspunkt bildet eine Analyse des Status quo im Jahr 2005.¹⁴ Dazu wird ein Überblick über die steuerlichen Rahmenbedingungen für Kapitalgesellschaften innerhalb der EU gegeben, der die Steuerarten, Steuersätze, Körperschaftsteuersysteme, Gewinnermittlungsvorschriften sowie die Maßnahmen zur Vermeidung der internationalen Doppelbesteuerung einschließt und eine Abschätzung der daraus resultierenden effektiven Steuerbelastungen bei nationaler und grenzüberschreitender Geschäftstätigkeit vornimmt (Punkt B.). Auf dieser Grundlage werden einige Folgerungen für die Fortentwicklung der Unternehmensbesteuerung in der EU abgeleitet (Punkt C.). Anschließend werden die Vorschläge der Kommission konkretisiert und dahingehend analysiert, inwieweit sie zum Abbau von Behinderungen der grenzüberschreitenden Geschäftstätigkeit beitragen können. Dabei wird auch der Frage nachgegangen, ob, gemessen an den ökonomischen Zielen des Binnenmarkts, eine Angleichung der Bemessungsgrundlagen bei gleichzeitigem Fortbestand der Steuersatzautonomie der Mitgliedstaaten zielführend sein kann (Punkt D.). Eine thesenartige Zusammenfassung der Ergebnisse beschließt den Beitrag (Punkt E.).

---

¹² Vgl. Mitteilung der Kommission an den Rat und das Europäische Parlament: Der Beitrag der Steuer- und Zollpolitik zur Lissabon-Strategie, KOM (2005) 532 endg. v. 25.10.2005, S. 6.

¹³ Vgl. Mitteilung der Kommission an den Rat, das Europäische Parlament und den Wirtschafts- und Sozialausschuss, Steuerpolitik der Europäischen Union – Prioritäten für die nächsten Jahre, KOM (2001) 260 endg. v. 23.05.2001.

¹⁴ Die Erhebung sämtlicher Daten sowie die Durchführung der Steuerbelastungsanalysen erfolgten am Zentrum für Europäische Wirtschaftsforschung (ZEW), Mannheim. Hierfür danke ich *Christina Elschner, Michael Grünewald, Timo Reister* und *Carsten Wendt.*

B. Unternehmensbesteuerung in Europa: Bestandsaufnahme

I. Nationale Investitionen

1. Tarifliche Belastung der Unternehmensgewinne

Die Tarifbelastung von Unternehmensgewinnen ergibt sich aus den Spitzensätzen der Ertragsteuern unter Berücksichtigung ihrer Interdependenzen. Für Gewinne von Kapitalgesellschaften bewegen sie sich zwischen 10 v.H. (Zypern) und 39,9 v.H. (Spanien) (Tabelle 1). Die deutsche Tarifbelastung mit Körperschaftsteuer, Solidaritätszuschlag und Gewerbesteuer nimmt mit 39,4 v.H. innerhalb der EU den zweithöchsten Wert an. Im Durchschnitt ergibt sich ein Wert von 26,5 v.H., wobei der Durchschnittswert in den alten Mitgliedstaaten (30,4 v.H.) deutlich höher ist als derjenige in den Beitrittsstaaten (20,6 v.H.). Die Differenz beträgt nahezu zehn Prozentpunkte. Eine Besonderheit besteht in Estland, das einbehaltene Gewinne nicht besteuert und Ausschüttungen einer Ausschüttungsbelastung von 24 v.H. unterwirft. Insoweit ist dort die Thesaurierung von Gewinnen begünstigt. Die Ausschüttungsbelastung stellt allerdings eine unzulässige Dividendenquellensteuer i.S.d. Mutter-Tochterrichtlinie dar. Sie wird Ende 2008 aufgehoben, ab 2009 soll der Körperschaftsteuersatz einheitlich 22 v.H. betragen.[15]

Tab. 1: Tarifliche Belastung der Gewinne von Kapitalgesellschaften (2005)

	Tarifbelastung (v.H.)		
	KSt inkl. Zuschläge	Lokale Ertragsteuer[1]	Gesamt
AT (Österreich)	25,0	-	25,0
BE (Belgien)	34,0	-	34,0
CY (Zypern)	10,0	-	10,0
CZ (Tschechien)	26,0	-	26,0
DE (Deutschland)	26,4	17,6[2]	39,4
DK (Dänemark)	28,0	-	28,0
EE (Estland)	24,0	-	24,0
ES (Spanien)	35,0	7,5[2]	39,9
FI (Finnland)	26,0	-	26,0
FR (Frankreich)	34,9	-	34,9
GR (Griechenland)	32,0	-	32,0
HU (Ungarn)	16,0	2,3[3]	17,7
IE (Irland)	12,5	-	12,5

---

[15] Vgl. *E. Uustalu,*, ET 2003, 165.

	Tarifbelastung (v.H.)		
	KSt inkl. Zuschläge	Lokale Ertragsteuer[1]	Gesamt
IT (Italien)	33,0	4,3	37,3
LT (Lettland)	15,0	-	15,0
LU (Luxemburg)	22,9	9,8[2]	30,4
LV (Litauen)	15,0	-	15,0
MT (Malta)	35,0	-	35,0
NL (Niederlande)	31,5	-	31,5
PL (Polen)	19,0	-	19,0
PT (Portugal)	27,5	-	27,5
SE (Schweden)	28,0	-	28,0
SK (Slowakei)	19,0	-	19,0
SL (Slowenien)	25,0	-	25,0
UK (Großbritannien)	30,0	-	30,0
Durchschnitt EU-25	25,2	-	26,5
EU-15	28,5	-	30,4
Beitrittsstaaten	20,4	-	20,6

1 Landesdurchschnittliche Steuer- bzw. Hebesätze (DE: 428 v.H.)
2 Lokale Ertragsteuer als Betriebsausgabe abzugsfähig
3 125 % als Betriebsausgabe abzugsfähig

Ausschlaggebend für die hohe Tarifbelastung deutscher Kapitalgesellschaften ist die Zusatzbelastung mit Gewerbesteuer. Wird diese vernachlässigt und ausschließlich auf die Körperschaftsteuer einschließlich Solidaritätszuschlag abgestellt, ergibt sich mit 26,4 v.H. eine im EU-Vergleich durchschnittliche Tarifbelastung. Vergleichbare Zusatzbelastungen mit lokalen Ertragsteuern existieren in keinem anderen Mitgliedstaat. Neben Deutschland erheben noch Spanien, Ungarn, Italien und Luxemburg lokale Ertrag- bzw. Wertschöpfungsteuern.

2. Steuerliche Gewinnermittlung

Die ertragsteuerlichen Bemessungsgrundlagen leiten sich in allen Mitgliedstaaten aus der handelsrechtlichen Rechnungslegung ab. Zwischen beiden Rechnungslegungskreisen bestehen Verbindungen; EU-weit ist somit eine mehr oder weniger stark ausgeprägte Maßgeblichkeit der handelsrechtlichen für die steuerliche Gewinnermittlung der Regelfall.[16] Zudem wurde das Handelsbilanzrecht der Altmitgliedstaaten durch die Bilanzrichtlinie aus

---

[16] Vgl. CEPS, Tax Bases, 2005; *W. Schön*, Steuerliche Maßgeblichkeit in Deutschland und Europa, 2005, S. 6-7.

dem Jahr 1978[17] auf eine gemeinsame Grundlage gestellt. Die derzeit zu beobachtende Anpassung bestehender Bilanzrichtlinien an die internationalen Rechnungslegungsgrundsätze (International Financial Reporting Standards, IFRS)[18] unterstützt diesen EU-weiten Prozess der Rechtsangleichung auch im Hinblick auf die Beitrittsstaaten. Von daher ergäben sich bei einer Identität sowie uneingeschränkter Gültigkeit der handelsrechtlichen Grundsätze für die steuerliche Gewinnermittlung identische Bemessungsgrundlagen. Hiergegen sprechen allerdings drei Gründe: Erstens stimmen die handelsrechtlichen Ausgangsgrößen nicht überein, da bei der Transformation der Bilanzrichtlinie gewährte Wahlrechte unterschiedlich ausgeübt wurden und IFRS mit unterschiedlicher Intensität in den Einzelabschluss eindringen. Zweitens sind die Verbindungen zwischen handelsrechtlichem und steuerlichem Ergebnis unterschiedlich stark ausgeprägt. Drittens weichen steuerliche Gewinnermittlungsvorschriften selbst bei formal identischer Ausgangsgröße voneinander ab.

Im Ergebnis weisen deshalb zunächst nur die Rahmenbedingungen der steuerlichen Gewinnermittlung größere Gemeinsamkeiten auf. So bilden die Anschaffungs- und Herstellungskosten den grundlegenden Maßstab zur Bewertung von Wirtschaftsgütern. Die Periodisierung der Aufwendungen und Erträge folgt dem Realisationsprinzip. Systemtragende Prinzipien der steuerlichen Gewinnermittlung sind ferner die Grundsätze der Objektivierung und Rechtssicherheit. Geringfügige Unterschiede bestehen schließlich hinsichtlich der Abzugsfähigkeit laufender Aufwendungen wie Löhne, Mieten oder Zinsen. Mehrheitlich bestehen dagegen unterschiedliche Detailregelungen.[19] Einige Beispiele sind in den Abbildungen 2 und 3 getrennt für die Altmitgliedstaaten und die Beitrittsstaaten aufgeführt und werden nachfolgend erörtert.

---

[17] Vgl. 4. RL des Rates v. 25.07.1978 (78/660/EWG), ABl. EG Nr. L 222/11.

[18] Vgl. RL 2003/51/EG des Europäischen Parlaments und des Rates v. 18.06.2003 zur Änderung der RLn 78/660/EWG, 83/349/EWG, 86/635/EWG und 91/674/EWG über den Jahresabschluss und den konsolidierten Abschluss von Gesellschaften bestimmter Rechtsformen, von Banken und anderen Finanzinstituten sowie von Versicherungsgesellschaften, ABl. EG Nr. L 176/1.

[19] Vgl. CEPS, Tax Bases, 2005; *Ernst & Young/ZEW, Company Taxation*, 2004; IBFD, Tax Handbook, 2005.

Abb. 1: Ausgewählte Gewinnermittlungsvorschriften (EU-15, 2005)

	AT	BE	DE	DK	ES	FI	FR	GR	IE	IT	LU	NL	PT	SE	UK
Maßgeblichkeit Handelsbilanz	Ja	Ja	Ja	N	Ja	Ja	Ja	Ja	N	Ja	Ja	N	Ja	Ja	Ja
Maschinen (AfA) L = Linear D = Degressiv	L -	L D	L D	- D	L D	- D	L D	L D	L -	L -	L D	L D	L -	L D	- D
Vorräte (Bewertungsvereinfachung) D = Durchschnitt F = FiFo L = LiFo	D F L	D F L	D - L	- F -	D F L	- F -	D F -	- F -	D F L	D F -	D F L	D F L	D F L	- F -	- F -
Altersversorgung F = Pensionsfonds/-kasse R = Pensionsrückstellung	F R	F -	F R	F -	F -	F -	F -	F -	F -	F -	F R	F R	F -	F R	F -
Verlustabzug Rücktrag (Jahre) Vortrag (Jahre)	- ∞	- ∞	1 ∞	- ∞	- 15	- 10	3 ∞	- ∞	1 ∞	- 5	- ∞	3 ∞	- 6	- ∞	1 ∞

Abb. 2: Ausgewählte Gewinnermittlungsvorschriften (Beitrittsstaaten, 2005)

	CY	CZ	EE	HU	LT	LV	MT	PL	SK	SL
Maßgeblichkeit Handelsbilanz (IFRS)	Ja	Ja	Ja	Ja	Ja	Ja	Ja	Ja	Ja	Ja
Maschinen (AfA) L = Linear D = Degressiv	L -	L D	L -	L -	L D	L -	L -	L -	L D	L -
Vorräte (Bewertungsvereinfachung) D = Durchschnitt F = FiFo L = LiFo	D F -	D F -	D F -	D F -	D F -	D F -	D F -	D F L	D F -	D F L
Altersversorgung F = Pensionsfonds/-kasse R = Pensionsrückstellung	F -	F -	F -	F -	F -	F -	F -	F -	F -	F -
Verlustabzug Rücktrag (Jahre) Vortrag (Jahre)	- ∞	- 5	- -	- ∞	- 5	- 5	- ∞	- 5	- 5	- 5

Bewegliche Wirtschaftsgüter: Bei maschinellen Anlagen gewähren die meisten Altmitgliedstaaten ein Wahlrecht zwischen linearer und degressiver Abschreibung. Lediglich Irland, Italien, Österreich und Portugal schreiben zwingend die lineare Abschreibung vor. Dagegen ist die lineare Abschreibung in sieben der zehn Beitrittsstaaten vorgeschrieben. Im Regelfall erfolgt eine Abschreibung über die betriebsgewöhnliche Nutzungsdauer, es sei denn, es kommt wie in Dänemark, Finnland und Großbritannien die degressive „Pool-Methode" zur Anwendung, bei der ein Übergang zur linearen Methode und somit eine Abschreibung auf Null i.d.R. nicht möglich ist. Allgemeingültige Aussagen über die Höhe und Unterschiede der degressiven Abschreibungsprozentsätze sind nicht möglich, da diese von der betriebsgewöhnlichen Nutzungsdauer der Wirtschaftsgüter abhängen. Im Einzelfall sind Prozentsätze von 50 v.H. möglich. Da die degressiven Abschreibungssätze eine absolute Begrenzung haben und häufig an den linearen Prozentsatz gekoppelt sind, fallen die EU-weiten Unterschiede umso geringer aus, je länger die Nutzungsdauer angesetzt wird.

Vorratsvermögen: Bewertungsmaßstab für Vorräte bilden die Anschaffungs- oder Herstellungskosten. Bestandsveränderungen werden mit Ausnahme von Dänemark, Finnland Griechenland, Schweden und Großbritannien mit der Durchschnittsmethode bewertet, die meisten Mitgliedstaaten gestatten alternativ die FIFO-Methode. Dagegen ist die LIFO-Methode für steuerliche Zwecke in Dänemark, Finnland, Frankreich, Irland, Schweden und Großbritannien sowie in acht Beitrittsstaaten nicht zulässig, was sich bei steigenden Preisen steuererhöhend auswirkt.

Pensionsverpflichtungen: Aufwendungen für die Altersversorgung der Mitarbeiter sind in allen Mitgliedstaaten prinzipiell abzugsfähig. Unterschiede bestehen hinsichtlich der steuerlich anerkannten Organisationsformen. Eckpunkte bilden die insbesondere in Deutschland noch vorherrschenden Direktzusagen, für die Pensionsrückstellungen zu bilden sind, sowie mittelbare Zusagen über Pension-Funds, die im anglo-amerikanischen Rechtskreis allgemein üblich und in den meisten Mitgliedstaaten anzutreffen sind. Sämtliche Beitrittsstaaten gestatten den steuerlichen Abzug von Vorsorgeaufwendungen nur im Fall mittelbarer Zusagen.

Verlustbehandlung: Ein Verlustvortrag ist in allen Mitgliedstaaten – mehrheitlich unter Beachtung zeitlicher Restriktionen – zulässig. In einigen Ländern – darunter Deutschland, Österreich und Polen – bestehen darüber hinaus betragsmäßige Begrenzungen durch Regelungen zur Mindestbesteuerung. Dagegen schließen zwei Drittel der Altmitgliedstaaten sowie sämtliche Beitrittsstaaten einen Verlustrücktrag aus. Von den verbleibenden fünf Ländern beschränken drei den Rücktragszeitraum auf ein Jahr (Deutschland, Großbritannien und Irland), und zwei Länder (Frankreich und die Niederlande) haben eine Begrenzung von drei Jahren.

Festzuhalten ist, dass keine allgemeingültigen Aussagen über das Ausmaß der zwischenstaatlichen Bemessungsgrundlagenunterschiede möglich sind. Dieses hängt entscheidend davon ab, inwieweit die Unternehmen in den relevanten Faktoren – d.h. der Zusammensetzung und Gewichtung der Investitionen bzw. Wirtschaftsgüter – ausgeprägt sind, an denen unterschiedliche Vorschriften anknüpfen. Erkennbar ist jedoch, dass die Bemessungsgrundlagen in den Beitrittsstaaten im Vergleich zu den Altmitgliedstaaten aufgrund der geringeren Wahlrechte einen höheren Grad an Objektivierung aufweisen und infolge der eingeschränkten Möglichkeiten zum Verlustabzug breiter sind. Im Vergleich zu den Altmitgliedstaaten trifft in den Beitrittstaaten die niedrigere Tarifbelastung somit auf eine breitere Bemessungsgrundlage, weshalb dort insoweit die effektive näher an der tariflichen Steuerbelastung liegen dürfte.

3. Körperschaftsteuersysteme

Wird auf den Umfang der Integration der Körperschaftsteuer in die Einkommensteuer abgestellt, können Körperschaftsteuersysteme in drei Gruppen eingeteilt werden: Klassisches System sowie Doppelbesteuerung mildernde oder vermeidende Systeme.[20] Die Doppelbesteuerung kann auf Ebene der Gesellschaft oder auf Anteilseignerebene gemildert bzw. vermieden werden. Maßnahmen auf Gesellschaftsebene sind der Abzug von Dividenden als Betriebsausgabe oder ein ermäßigter Steuersatz, auf Ebene der Anteilseigner kommt eine Anrechnung der Körperschaftsteuer oder eine begünstigte Besteuerung von Dividenden in Betracht. Von neun denkbaren Alternativen sind in der EU sechs anzutreffen (Abbildung 3).

Abb. 3: Körperschaftsteuersysteme in der EU (2005)

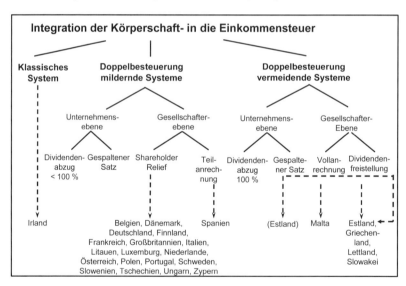

Das klassische System, bei dem Dividenden weder auf Gesellschafts- noch auf Anteilseignerebene im Vergleich zu den sonstigen Einkünften entlastet werden, besteht nur in Irland. Dort kommt es im Ausschüttungsfall

---

[20] Vgl. *O. H. Jacobs,* Unternehmensbesteuerung, 2002, S. 116-129.

zu einer ungemilderten Doppelbelastung der Gewinne, da diese mit Körperschaft- und Einkommensteuer belastet sind.

Dem klassischen System stehen die Systeme zur Vermeidung der Doppelbesteuerung gegenüber. Im Vollanrechnungssystem wird die Doppelbesteuerung ausgeschütteter Gewinne durch die vollständige Anrechnung der auf der Dividende lastenden Körperschaftsteuer auf die Einkommensteuer vermieden. Im Ergebnis sind ausgeschüttete Gewinne somit nur mit Einkommensteuer nach Maßgabe der persönlichen Verhältnisse der Anteilseigner belastet. Alternativ kann die Doppelbesteuerung von Gewinnausschüttungen durch das Dividendenfreistellungssystem vermieden werden. Da in diesem Fall Dividenden von der Einkommensteuer befreit sind, unterliegen ausgeschüttete ebenso wie einbehaltene Gewinne ausschließlich der Körperschaftsteuer. Das Dividendenfreistellungssystem kommt in Estland, Griechenland, Lettland und der Slowakei zur Anwendung. In Estland wird das das Dividendenfreistellungssystem mit einem gespaltenen Körperschaftsteuersatz kombiniert: Thesaurierte Gewinne sind von der Körperschaftsteuer befreit; erst im Ausschüttungsfall kommt es zu einer Belastung mit Körperschaftsteuer.

Die Doppelbesteuerung mildernden Systeme nehmen eine Zwischenstellung ein. In der EU gibt es mit dem Teilanrechnungssystem und den Shareholder-Relief-Verfahren zwei Ausprägungen. Im Teilanrechnungssystem werden Dividenden zusammen mit dem Anrechnungsguthaben, das geringer als die auf der Dividende lastende Körperschaftsteuer ist, in die einkommensteuerliche Bemessungsgrundlage einbezogen. Da die Körperschaftsteuer nicht vollständig auf die Einkommensteuer angerechnet werden kann, wird ein Teil davon stets definitiv, weshalb die Gesamtsteuerbelastung grundsätzlich höher als im Vollanrechnungssystem ausfällt. Kennzeichen der sog. Shareholder-Relief-Verfahren ist eine mehr oder weniger pauschale Ermäßigung der Einkommensteuer auf Dividendeneinkünfte. Anknüpfungspunkte für die Einkommensteuerermäßigung bilden der persönliche Steuersatz, der im Vergleich zum allgemeinen Einkommensteuertarif geringer ausfällt, oder die einkommensteuerliche Bemessungsgrundlage, sofern wie im deutschen Halbeinkünfteverfahren ein Teil der Dividenden freigestellt ist. Wie hoch die Gesamtbelastung im Vergleich zum Vollanrechnungssystem ausfällt, lässt sich nur für den konkreten Einzelfall entscheiden. In Abhängigkeit von der Höhe des Körperschaftsteuersatzes und des Ausmaßes der Einkommensteuerermäßigung kann die Gesamtbelastung durchaus geringer als im Vollanrechnungssystem sein.

Innerhalb der EU dominieren Shareholder-Relief-Verfahren. Mit dem Wechsel vom Vollanrechnungssystem zum Halbeinkünfteverfahren im Jahr 2001 hat sich Deutschland diesem internationalen Trend angeschlossen. Diesem Trend folgen auch sechs der zehn Beitrittsstaaten, weshalb deren Körperschaftsteuersysteme durchaus dem europäischen Standard entsprechen. Im Jahr 2005 haben sich Finnland und Frankreich angeschlossen, so dass innerhalb der EU nur noch Malta und Spanien Anrechnungsverfahren anwenden.

Für multinationale Investoren ist die Ausgestaltung des Körperschaftsteuersystems weniger relevant. Denn im Hinblick auf Standortentscheidungen spielt in erster Linie die Besteuerung auf Unternehmensebene eine Rolle. Dagegen ist die Heterogenität der Körperschaftsteuersysteme ursächlich für unterschiedliche steuerliche Wettbewerbsbedingungen bzw. Gesamtsteuerbelastungen, denen national tätige mittelständische Unternehmen ausgesetzt sind. Das Grundproblem der Shareholder-Relief-Verfahren ist es, dass sie zwar grundsätzlich neutral in Bezug auf grenzüberschreitende Investitionen wirken und somit EU-rechtlich unbedenklich sind, allerdings bei inländischen Investitionen keine Neutralität im Hinblick auf die Rechtsform und die Finanzierung von Unternehmen gewährleisten. Denkbar wäre zwar eine Rückkehr zum Vollanrechnungssystem, das bei rein nationaler Betrachtung unbestrittene Vorteile aufweist. Die EU-rechtlichen Diskriminierungsverbote machen es allerdings erforderlich, dass auch eine ausländische Körperschaftsteuer auf die inländische Einkommensteuer angerechnet wird.[21] Die Erfahrungen der Vergangenheit gerade in Deutschland haben gelehrt, dass diesem Vorgehen unüberwindbare administrative Hindernisse entgegenstehen und große fiskalische Einbußen zu befürchten wären.

Die Unternehmensbesteuerung in der Mehrzahl der EU-Mitgliedstaaten ist somit wie in Deutschland Verzerrungen ausgesetzt. Zu ihrem Abbau sind grundsätzlich die nationalen Gesetzgeber aufgerufen. Eine nennenswerte Unterstützung durch entsprechende Initiativen der EU-Kommission ist hierbei nicht zu erwarten. Denn jeder Eingriff in die nationalen Körperschaftsteuersysteme stellt gleichzeitig einen Eingriff in die Einkommensteuer dar, die nach dem Willen der Kommission in den ausschließlichen Kompetenzbereich der Mitgliedstaaten fällt. Es ist deshalb nach Alternativen jenseits des Vollanrechnungssystems zu suchen, sofern die Neutralität der Besteuerung im Hinblick auf Rechtsform- und Finanzierungsunterscheidungen von Unternehmen keine Fiktion bleiben soll. Die Überlegungen von *P. Kirchhof*[22] und des Sachverständigenrats[23] tendieren in Richtung einer (partiellen) Dividendenfreistellung, verbunden mit Anpassungen bei der Abgrenzung der Einkunftsarten und beim Verlauf des Einkommensteuertarifs. Die Optionen zur Reform der nationalen Unternehmensbesteuerung in Deutschland sollen an dieser Stelle jedoch nicht vertieft werden.

---

[21] Vgl. EuGH v. 07.09.2004 (*Manninen*), IStR 2004, 680.
[22] Vgl. *P. Kirchhof*, Einkommensteuergesetzbuch, 2003, S. 218-223.
[23] Vgl. Sachverständigenrat/MPI/ZEW, Reform der Einkommens- und Unternehmensbesteuerung durch die Duale Einkommensteuer, 2006.

4. Lokale Ertrag- und Substanzsteuern

Auf Betriebsgrundstücke von Kapitalgesellschaften fällt in allen Altmitgliedstaaten eine Grundsteuer an. Als Resultat der weitgehenden Abschaffung von Vermögen-, Lohnsummen- und Gewerbekapitalsteuern in den 80er und 90er Jahren des vorherigen Jahrhunderts werden zusätzliche ertragsunabhängige Steuern nur noch vereinzelt erhoben.

Abb. 4: Lokale Gewinn- und Substanzsteuern in der EU (2005)

	AT	BE	CY	CZ	DE	DK	EE	ES	FI	FR	GR	HU	IE	IT	LT	LU	LV	MT	NL	PL	PT	SE	SK	SL	UK
GrSt	X	X	X	X	X	X		X	X	X	X	X	X	X	X	X	X		X	X	X	X	X		X
VSt																X									
LSSt	X									X															
GewSt-E					X									X	X	X									
GewSt-K						X	X																		

Eine Ausnahme bildet insoweit Frankreich, wo mit der „taxe professionnelle" eine Art Gewerbesteuer sowie darüber hinaus drei kleinere Lohnsummensteuern(LSSt) anfallen. Schließlich sind in Deutschland und Luxemburg mit der Gewerbesteuer sowie in Italien und ^{Spanien} mit regionalen Wertschöpfungsteuern zusätzliche Gewinnsteuern zu berücksichtigen. Luxemburg ist der einzige Mitgliedstaat, der das Betriebsvermögen von Kapitalgesellschaften einer allgemeinen Vermögensteuer unterwirft. Aufgrund ihrer Anrechenbarkeit auf die Körperschaftsteuer gehen von der Vermögensteuer allerdings regelmäßig keine nennenswerten Belastungswirkungen aus. In den Beitrittsstaaten haben lokale Steuern eine noch geringere Bedeutung. So wird in Estland, Malta und Slowenien auf Betriebsgrundstücke nicht einmal eine Grundsteuer erhoben. Ungarn ist der einzige Staat, der mit einer Art Wertschöpfungsteuer neben der Körperschaftsteuer und der Grundsteuer eine zusätzliche Steuer erhebt.

Im Hinblick auf die EU-weiten Harmonisierungsüberlegungen ist festzuhalten, dass lokale Gewinn- und Substanzsteuern somit „mangels Masse" kein Gegenstand europäischer Rechtsangleichung (mehr) sein können.

5. Effektive Steuerbelastungen

Mit Hilfe von Modellrechnungen lassen sich die unterschiedlichen Elemente der nationalen Steuerrechtsordnungen zur effektiven Steuerbelastung verdichten. Zur Ermittlung effektiver Steuerbelastungen existieren unterschiedliche Modelle, die unterschiedliche Investitionen betrachten und unterschiedliche Belastungsmaße ermitteln.[24] Wenn es um die Beurteilung der steuerlichen Standortattraktivität und die Ansiedlung von Investitionen geht, kommt der effektiven Durchschnittssteuerbelastung (EATR, Effective Average Tax Rate) eine zentrale Bedeutung zu. Diese Belastungsziffer gibt an, um wie viel Prozent der Gewinn einer gemessen an der Alternativanlage rentablen Investition durch die Besteuerung gemindert wird. Die in der Öffentlichkeit derzeit weit verbreiteten Berechnungsergebnisse basieren auf einer Methode, die von den beiden britischen Wissenschaftlern Devereux und Griffith entwickelt wurde.[25] Es handelt sich um eine international anerkannte Methode, die beispielsweise auch von der EU-Kommission[26] und vom Sachverständigenrat[27] für internationale Steuerbelastungsvergleiche herangezogen wird. Die Berechnungen erfolgen regelmäßig für ein Musterunternehmen in der Rechtsform der Kapitalgesellschaft.[28] Investitionen erfolgen in fünf Wirtschaftsgüter (Gebäude, maschinelle Anlagen, immaterielle Wirtschaftsgüter, Finanzanlagen und Vorräte), die Finanzierung wird alternativ über einbehaltene Gewinne, eine Kapitalerhöhung oder ein Gesellschafterdarlehen vorgenommen. Es werden im Grundfall für alle Investitionen (20 Prozent) und Finanzierungsformen (33,33 Prozent) proportionale Gewichte unterstellt; und weiterhin angenommen wird weiterhin, dass die Investitionen vor Steuern bei einem nominalen Kapitalmarktzins von 7,1 Prozent eine Rendite von 20 Prozent abwerfen. Zur Ermittlung der Effektivbelastung werden sämtliche Steuerarten berücksichtigt, denen die Gewinne und das Vermögen von Kapitalgesellschaften unterliegen, ferner die tariflichen Steuersätze sowie die Bemessungsgrundlagen der einbezogenen Steuerarten.

Stellt man ausschließlich auf die für multinationale Investoren relevante Ebene des Unternehmens ab und vernachlässigt die persönlichen Steuern der Anteilseigner, ergibt sich folgendes Bild (Tabelle 2): Innerhalb der EU streuen die effektiven Durchschnittsteuerbelastungen (EATR) für Kapitalgesellschaften zwischen 9,7 v.H. (Zypern) und 36,1 v.H. (Spanien). Die Spannweite der Effektivbelastung beträgt somit 26,4 Prozentpunkte, im Mittel ergibt sich ein Wert von 24,2 v.H. Analog zur Tarifbelastung liegt auch bei der EATR der Durchschnittswert in den Beitrittsstaaten (18,8 v.H.) deutlich unter demjenigen in den EU-15 Mitgliedstaaten (27,9 v.H.). Unter den zehn Ländern mit der niedrigsten EATR im Binnenmarkt befinden sich denn auch acht Beitrittsstaaten. Kapitalgesellschaften in Deutschland unterliegen mit

---

[24] Vgl. *C. Spengel/L. Lammersen,* StuW 2001, 222 ff.
[25] Vgl. *M. P. Devereux/R. Griffith,*The Taxation of Discrete Investment Choices, 1999; *U. Schreiber/C. Spengel/L. Lammersen,* sbr 2002, 2 ff.
[26] Vgl. European Commission (Fn. 10).
[27] Vgl. Sachverständigenrat, JG 2001/02; ders., JG 2003/04; ders., JG 2005/06.
[28] Vgl. *C. Spengel,* Internationale Unternehmensbesteuerung in der Europäischen Union, 2003, S. 86-88.

36,0 v.H. nach Spanien der zweithöchsten effektiven Durchschnittsteuerbelastung.

Tab. 2: Effektive Steuerbelastungen von Kapitalgesellschaften (2005)

Deutlich wird, dass innerhalb der EU weder ein investitionsneutrales Gewinnermittlungsrecht existiert noch eine Gleichbehandlung der Finanzierungsformen gegeben ist. Bei den Investitionen werden abnutzbare Wirtschaftsgüter in der Reihenfolge „immaterielle Werte", „Maschinen" und

Land	Belastungen				Effektive Durchschnittsteuerbelastung[b]							
					Investition					Finanzierung		
	Tarif-belastung[a]	Rangfolge	Durchschnitts-belastung	Rangfolge	Immaterial-werte	Gebäude	Maschinen	Finanzanlage	Vorräte	Selbst-finanzierung	Beteiligungs-finanzierung	Fremd-finanzierung
AT	25,0	9	23,1	11	23,5	23,1	22,4	24,6	22,1	26,0	26,0	17,3
BE	34,0	20	29,7	20	23,5	33,4	28,2	33,4	30,0	33,7	33,7	21,8
CY	10,0	1	9,7	1	9,4	9,6	9,7	9,8	9,8	10,8	10,8	7,3
CZ	26,0	11	22,9	10	22,0	22,0	20,8	25,5	24,3	25,9	25,9	16,9
DE	39,4	24	36,0	24	33,0	36,8	35,3	39,4	35,5	39,8	39,8	28,4
DK	28,0	14	25,2	15	19,6	26,9	24,7	27,5	27,5	28,5	28,5	18,7
EE	24,0	8	21,8	9	20,8	26,0	20,8	20,8	20,8	19,0	27,4	19,0
ES	39,9	25	36,1	25	34,5	36,5	33,9	39,7	35,8	40,2	40,2	28,0
FI	26,0	11	24,6	12	24,4	24,7	23,0	25,5	25,5	27,6	27,6	18,6
FR	34,9	21	34,8	23	28,6	38,4	40,2	34,3	32,6	38,9	38,9	26,7
GR	32,0	19	28,0	17	30,1	24,9	25,2	31,4	28,3	31,7	31,7	20,6
HU	17,7	5	17,9	7	18,1	21,2	17,5	16,7	15,9	19,7	19,7	14,1
IE	12,5	2	14,7	4	11,8	14,2	11,5	24,6	11,7	16,5	16,5	11,2
IT	37,3	23	32,0	21	28,9	32,9	32,3	32,4	33,4	35,8	35,8	24,3
LT	15,0	3	14,4	3	12,3	18,7	12,1	14,7	14,0	16,1	16,1	10,9
LU	30,4	17	26,7	16	24,9	28,6	23,3	29,8	26,9	30,2	30,2	19,6
LV	15,0	3	12,8	2	11,0	13,1	12,1	14,7	13,3	14,6	14,6	9,3
MT	35,0	22	32,8	22	34,7	31,2	29,4	34,4	34,4	36,9	36,9	24,7
NL	31,5	18	28,5	18	25,8	29,8	28,2	30,9	27,8	32,2	32,2	21,2
PL	19,0	6	17,0	6	14,5	18,2	16,7	18,7	16,8	19,2	19,2	12,6
PT	27,5	13	24,7	13	25,9	23,8	22,6	27,0	24,3	27,9	27,9	18,3
SE	28,0	14	24,8	14	22,6	24,7	23,2	26,8	26,6	28,0	28,0	18,5
SK	19,0	6	16,7	5	15,6	15,6	15,9	18,7	17,7	18,9	18,9	12,3
SL	25,0	9	21,6	8	20,5	20,7	20,2	24,6	22,1	24,5	24,5	15,8
UK	30,0	16	28,9	19	25,8	33,3	26,5	29,5	29,5	32,4	32,4	21,9
EU-Schnitt	26,5		24,2		22,5	25,1	23,0	26,2	24,3	27,0	27,3	18,3
EU-15	30,4		27,9		25,5	28,8	26,7	30,5	27,8	31,3	31,3	21,0
Beitritts-staaten	20,6		18,8		17,9	19,6	17,5	19,9	18,9	20,6	21,4	14,3

a) Siehe Tabelle 1.
b) Die Berechnung der effektiven Durchschnittsteuerbelastung basiert auf einem Kapitalmarktzins von 5 v.H. (effektiv) bzw. 7,1 v.H. (nominal) und unterstellt in allen Ländern eine Gesamtkapitalrendite vor Steuern von 20 v.H.

„Gebäude" belastet.[29] Die Begünstigung von Immaterialwerten und Maschinen im Vergleich zu Gebäuden ist zum einen auf vergleichsweise geringe steuerliche Abschreibungszeiträume oder verhältnismäßig hohe degressive Abschreibungsprozentsätze zurückzuführen. Zum anderen sind Gebäude die einzigen Investitionen, die mit der Grundsteuer einer generellen[30] Zusatzbelastung unterliegen. Die höchste Effektivbelastung ergibt sich bei Finanzanlagen infolge der Steuerpflicht nominaler Zinsen, ohne dass Aufwendungen gegengerechnet werden können. Vorratsinvestitionen sind dagegen in den meisten Mitgliedstaaten geringer belastet, was auf die Anwendung der LIFO-Methode oder der Durchschnittsmethode zurückzuführen ist, die eine Scheingewinnbesteuerung vermeiden bzw. mildern. Lediglich bei Anwendung der FIFO-Methode ergeben sich im Modell gleich hohe Belastungen für Vorräte und Finanzanlagen. Im Ergebnis sind somit kapitalintensive Branchen aufgrund der Möglichkeit der Verrechnung von Abschreibungen begünstigt, wenn man typisierend einen hohen Anteil an abnutzbaren Wirtschaftsgütern unterstellt. Allerdings werden die Unterschiede zwischen den Bemessungsgrundlagen i.d.R. durch die Unterschiede zwischen den tariflichen Steuersätzen überlagert, so dass die unterschiedlichen Gewinnermittlungsvorschriften in den hier betrachteten Fällen nicht besonders ins Gewicht fallen.

Hinsichtlich der drei Finanzierungswege unterliegen Selbst- und Beteiligungsfinanzierung mit Ausnahme von Estland, das bis einschließlich 2008 nur Ausschüttungen besteuert, einer gleich hohen Belastung. Demgegenüber ist die Fremdfinanzierung infolge des steuerlich wirksamen Abzugs von Fremdkapitalzinsen deutlich bevorzugt.

Bei der Betrachtung der Positionierung der einzelnen Länder zeigt sich für die Mehrzahl der Mitgliedstaaten ein deutlicher Zusammenhang zwischen dem Niveau der effektiven Durchschnittsteuerbelastung und der Tarifbelastung der Unternehmensgewinne. In zehn Mitgliedstaaten (Belgien, Tschechische Republik, Deutschland, Dänemark, Estland, Spanien, Lettland, die Niederlande, Polen und Slowenien) stimmen die Rangfolgen, die sich anhand der EATR und der tariflichen Steuersätze ergeben, überein; in den übrigen 15 Staaten belaufen sich die Abweichungen zwischen beiden Belastungsmaßen nach oben und unten auf maximal drei Positionen. Die Tarifbelastung ist auch ausschlaggebend für die Belastungsdifferenzen zwischen den einzelnen Finanzierungsformen innerhalb eines Landes. So fallen beispielsweise in Frankreich als Land mit einem der höchsten Ertragsteuerniveaus die Belastungsdifferenz zwischen der Eigenfinanzierung und der Fremdfinanzierung am höchsten aus. Dieser Zusammenhang ist zu modifizieren, wenn wie in Deutschland der Abzug von Fremdkapitalzinsen (infolge

---

[29] In den Beitrittsstaaten werden dagegen Maschinen geringfügig niedriger als immaterielle Werte belastet.

[30] Zu Ausnahmen in einigen Beitrittsstaaten vgl. Abbildung 4.

der gewerbesteuerlichen Hinzurechnungsvorschriften) nicht uneingeschränkt möglich ist. Umgekehrt sind in Irland, Lettland und Litauen und auf Zypern die geringsten Unterschiede zwischen der Eigen- und Fremdfinanzierung festzustellen, wofür die niedrigen Körperschaftsteuersätze verantwortlich sind. Analog zur Finanzierungsseite fallen die Verzerrungen zwischen den Investitionsarten ebenfalls umso geringer aus, je niedriger der tarifliche Steuersatz ist. Der dominierende Faktor für die Höhe und die zwischenstaatlichen Unterschiede der effektiven Durchschnittsteuerbelastungen ist somit die Tarifbelastung der Unternehmensgewinne. Vor diesem Hintergrund fällt der Einfluss der ertragsunabhängigen Steuern und vor allem auch der Bemessungsgrundlagen auf die effektive Unternehmenssteuerbelastung spürbar weniger ins Gewicht.

II. Grenzüberschreitende Investitionen

1. Besteuerungsregeln

Ausschlaggebend für die Standortwahl bei grenzüberschreitenden Investitionen ist unter rein steuerlichen Gesichtspunkten häufig die nationale Steuerbelastung am jeweiligen Unternehmensstandort. Sofern Gewinne thesauriert werden, determiniert aufgrund der weltweiten Anerkennung des Trennungsprinzips die am jeweiligen Standort der Tochtergesellschaft vorherrschende Steuerbelastung die Belastung grenzüberschreitender Direktinvestitionen. Im Sitzstaat der Muttergesellschaft sind von ausländischen Tochtergesellschaften transferierte Gewinne entweder steuerfrei (Freistellungsmethode) oder die darauf lastenden ausländischen Ertragsteuern werden im Fall der Steuerpflicht der Auslandsgewinne von der inländischen Steuerschuld abgezogen (Anrechnungsmethode), wobei der Abzug regelmäßig auf die anteilige inländische Steuer begrenzt ist.

Abb. 5: Vermeidung der Doppelbesteuerung von Schachteldividenden

AT	Freistellung
BE	Freistellung
CY	Freistellung
CZ	Freistellung
DE	Freistellung
DK	Freistellung
EE	Indirekte Anrechnung
ES	Freistellung
FI	Freistellung
FR	Freistellung
GR	Indirekte Anrechnung
HU	Freistellung
IE	Indirekte Anrechnung
IT	Freistellung
LT	Freistellung
LU	Freistellung
LV	Freistellung
MT	Indirekte Anrechnung
NL	Freistellung
PL	Indirekte Anrechnung
PT	Freistellung
SE	Freistellung
SK	Freistellung
SL	Freistellung
UK	Indirekte Anrechnung

Unternehmenssteuern wirken im grenzüberschreitenden Bereich somit definitiv, weshalb das EU-weite Steuergefälle die Standortwahl für Tochtergesellschaften und demnach auch den Ort der Investition beeinflussen kann. In Abhängigkeit von der Methode zur Vermeidung der Doppelbesteuerung ergeben sich für die Belastung von Direktinvestitionen allerdings unterschiedliche wettbewerbspolitische Konsequenzen. Während die ausländische Belastung bei Anwendung der Freistellungsmethode definitiv ist und insoweit eine kapitalimportneutrale Besteuerung vorherrscht, determiniert im Fall der indirekten Anrechnungsmethode das Steuerniveau am jeweiligen Standort der Tochtergesellschaft nur dann die Mindestbelastung grenzüberschreitender Direktinvestitionen, wenn es unter dem Inlandsniveau liegt. Andernfalls kommt das Steuerniveau im Sitzstaat der Muttergesellschaft zum Tragen; es ergibt sich insoweit eine kapitalexportneutrale Besteuerung. Die Mehrzahl der Mitgliedstaaten wendet bei Dividenden die Freistellungsmethode an (Abbildung 5). In Bezug auf Direktinvestitionen herrscht somit eine kapitalimportneutrale Besteuerung vor.

Gleichzeitig geht von diesem Steuergefälle ein Einfluss auf grenzüberschreitende Finanzierungsentscheidungen aus. Denn alternativ können Gewinne auf schuldrechtlicher Basis von der Tochter- an die Muttergesellschaft transferiert werden. Zinszahlungen der Tochtergesellschaft an ihre Muttergesellschaft sind vorbehaltlich von „thin capitalisation rules"[31] bei der Tochtergesellschaft abzugsfähig und von der Muttergesellschaft zu versteuern. M.a.W. unterliegen die über Zinsen transportierten Auslandsgewinne regelmäßig dem inländischen Steuerniveau (Kapitalexportneutralität).

Die Steuerbelastung grenzüberschreitender Investitionen hängt somit neben dem Steuerniveau in den betreffenden Staaten vom Ausschüttungsverhalten der Tochtergesellschaft, von deren Finanzierung und von der Maßnahme zur Vermeidung der Doppelbesteuerung von Dividenden im Sitzstaat der Muttergesellschaft ab. Sofern die Tochtergesellschaft einer niedrigen Belastung unterliegt und ihre Gewinne thesauriert, ist deren Belastung ausschlaggebend für die Höhe Steuerbelastung. Bei Ausschüttung an die Muttergesellschaft profitieren lediglich Investoren in Freistellungsländern vom niedrigeren ausländischen Steuerniveau; in Anrechnungsländern erfolgt eine Hochschleusung auf das inländische Steuerniveau. Domiziliert die Tochtergesellschaft in einem Hochsteuerland, kann deren Belastung durch Zahlung von Entgelten auf Basis schuldrechtlicher Verträge regelmäßig auf das geringere Steuerniveau der Muttergesellschaft heruntergeschleust werden.

Im Ergebnis ist die Besteuerung grenzüberschreitender Direktinvestitionen geprägt von einem Mischsystem[32] aus kapitalimportneutraler und kapitalexportneutraler Besteuerung. De facto haben Investoren aus Freistellungsländern über die Art der Finanzierung ihrer Tochtergesellschaften ein Wahlrecht, Gewinne entweder auf Basis des niedrigeren ausländischen (Eigenfinanzierung = Kapitalimportneutralität) oder inländischen Steuerniveaus (Fremdfinanzierung = Kapitalexportneutralität) zu versteuern. Ferner lassen sich durch Einschaltung von Finanzierungs- oder Holdinggesellschaften in Drittstaaten weitere Steuerersparnisse erzielen, indem die Gewinne der Tochtergesellschaften auf ein noch niedrigeres Drittstaatenniveau heruntergeschleust werden.[33]

---

[31] Vgl. den Überblick bei *R. Obser,* Gesellschafter-Fremdfinanzierung im europäischen Konzern, 2005, S. 102 ff.
[32] Vgl. *C. Spengel,* Internationale Unternehmensbesteuerung in der Europäischen Union, 2003, S. 41-45.
[33] Vgl. zu entsprechenden Gestaltungen *O. H. Jacobs,* Internationale Unternehmensbesteuerung, 2002, S. 852.

2. Effektive Steuerbelastungen

Multinationale Konzerne verfügen über Standorte in zahlreichen Ländern; Investitionen im Ausland werden dabei überwiegend über rechtliche selbständige Tochterkapitalgesellschaften abgewickelt. Erweitert man das Modell von Devereux und Griffith um grenzüberschreitende Investitionen und damit verbundene Steuerplanungsstrategien,[34] können für deutsche Muttergesellschaften beispielsweise folgende Sachverhalte unterschieden werden (Tabelle 3).

Tab. 3: Effektive Durchschnittssteuerbelastungen bei grenzüberschreitenden Investitionen aus deutscher Sicht[35]

Investition in Deutschland	Investition einer deutschen Muttergesellschaft mit Tochtergesellschaften in allen anderen EU-Mitgliedstaaten			Investition einer deutschen Muttergesellschaft mit einer Tochtergesellschaft in ...	
	Proportionale Gewichtung der Finanzierungswege (Beteiligungs-, Selbst- und Fremdfinanzierung)	Steuereffizienter Finanzierungsweg	Zwischenschaltung einer Finanzierungsgesellschaft	Irland bei steuereffizienter Finanzierung	Litauen mit Investitionsvergünstigung bei steuereffizienter Finanzierung
36,0	26,8	24,8	23,5	8,9	5,0

Wird zunächst eine deutsche Konzernmuttergesellschaft betrachtet, die jeweils über eine Tochtergesellschaft in den übrigen 24 EU-Mitgliedstaaten verfügt, ergibt sich bei einer proportionalen Gewichtung der Standorte und sämtlicher Finanzierungswege grenzüberschreitender Investitionen eine effektive Durchschnittssteuerbelastung von nur noch 26,8 v.H. Bleibt es bei einer proportionalen Gewichtung der Standorte, unterstellt man aber die im bilateralen Verhältnis zwischen Deutschland und dem Standort der ausländischen Tochtergesellschaft jeweils steueroptimale Finanzierungsform, sinkt die effektive Steuerbelastung auf 24,8 v.H. Die effektive Steuerbelastung lässt sich sogar auf 23,5 v.H. reduzieren, wenn zwischen die deutsche Mut-

---

[34] Vgl. zu den entsprechenden Erweiterungen des Modells *C. Spengel*, Internationale Unternehmensbesteuerung in der Europäischen Union, 2003, S. 134 f; Sachverständigenrat, JG 2001/02, Rdnr. 542.

[35] Abweichend vom nationalen Fall, der den Rechtsstand 2005 abbildet, basieren die Belastungsziffern für Direktinvestitionen auf dem Rechtsstand 2004 (Beitrittsstaaten) sowie 2001 (EU-15). Vgl. *C. Spengel*, Internationale Unternehmensbesteuerung in der Europäischen Union, 2003, S. 134-171, für die EU-15; *C. Spengel*, IStR 2004, 620-623, für die Beitrittsstaaten.

tergesellschaft und die ausländischen Tochtergesellschaften eine Finanzierungsgesellschaft in einem Drittstaat mit vergleichsweise niedriger Steuerbelastung zwischengeschaltet wird (z.B. in den Niederlanden).[36] Werden darüber hinaus nur einzelne ausländische Standorte betrachtet, ergeben sich für grenzüberschreitende Investitionen deutscher Konzerne auch Effektivbelastungen von weniger als 10 v.H. Beispielsweise ergibt sich im Fall einer irischen Tochtergesellschaft ein Wert von 8,9 v.H.; für eine Tochtergesellschaft in Litauen, die dort Investitionsvergünstigungen in Anspruch nimmt, beträgt die effektive Durchschnittssteuerbelastung gerade einmal 5,0 v.H. Im Vergleich zu rein national tätigen deutschen Unternehmen unterliegen multinationale Konzerne somit einer deutlich geringeren effektiven Steuerbelastung. Ausschlaggebend ist in erster Linie das mitunter deutlich niedrigere Steuerniveau an ausländischen Standorten.

C. Folgerungen für die Fortentwicklung der Unternehmensbesteuerung in der EU

Im Hinblick auf die Unternehmensbesteuerung sind die maßgebenden Einflussfaktoren der nationalen Steuerrechtsordnungen (Steuerarten, Körperschaftsteuersysteme, Bemessungsgrundlagen und Steuersätze) sehr heterogen. Daraus resultieren beträchtliche Unterschiede zwischen den effektiven Steuerbelastungen von Kapitalgesellschaften innerhalb der EU. Das EU-weite Steuergefälle führt zu Beeinträchtigungen der Geschäftstätigkeit von Unternehmen im Binnenmarkt; es kommt zu Verzerrungen hinsichtlich der Wahl des Standorts und der Finanzierung von Unternehmen. Eine effiziente Ressourcenallokation ist somit nicht gewährleistet; die Wettbewerbsfähigkeit EU-basierter Unternehmen ist eingeschränkt und es ergeben sich Wohlfahrtseinbußen für die Gemeinschaft als Ganzes. M.a.W. erscheinen die ökonomischen Vorgaben des EG-Vertrags und die strategische Zielsetzung der Union (siehe Punkt A.) gefährdet zu sein.

Deutsche Kapitalgesellschaften unterliegen im EU-Vergleich sowohl im Hinblick auf die tariflichen Steuersätze als auch auf die effektive Durchschnittssteuerbelastung der zweithöchsten Belastung. Für national tätige, mittelständische Unternehmen ist die steuerliche Wettbewerbsfähigkeit gegenüber Konkurrenten eingeschränkt, die in anderen Mitgliedstaaten ansässig sind. In erster Linie sind hierfür die unterschiedlichen Möglichkeiten der Finanzierung über einbehaltene Gewinne (Selbstfinanzierung) verant-

---

[36] Die Zwischenschaltung einer Finanzierungsgesellschaft ist vorteilhaft, falls deren Steuerbelastung geringer als im Sitzstaat der Mutter- und im Sitzstaat der Tochtergesellschaft ist. Vgl. zur Modellerweiterung *C. Spengel,* Internationale Unternehmensbesteuerung in der Europäischen Union, 2003, S. 164 ff.

wortlich.³⁷ Außerdem sind die hohe tarifliche und effektive Steuerbelastung der Unternehmensgewinne sowie die vorherrschenden Regelungen zur Besteuerung grenzüberschreitender Investitionen mit verantwortlich für den rückläufigen Anteil der in Deutschland versteuerten Gewinne und somit das rückläufige Aufkommen aus Unternehmenssteuern. Gewinne ausländischer Tochtergesellschaften, die an deutsche Muttergesellschaften ausgeschüttet werden, sind zu 95 v.H. steuerbefreit (§ 8b Abs. 1, 5 KStG). Da somit deutsche Muttergesellschaften im Fall der Eigenfinanzierung unmittelbar vom niedrigeren ausländischen Steuerniveau profitieren, ist die Eigenfinanzierung der konzerninternen Fremdfinanzierung, bei der die Investitionsrückflüsse in Form von Zinsen in Deutschland zu versteuern wären, grundsätzlich überlegen. Bei deutschen Investitionen im Ausland (Outbound-Investitionen) verbleiben Deutschland deshalb aber gerade einmal Steuereinnahmen in Höhe von etwa 2 v.H. (tariflicher Steuersatz von 39,4 v.H. auf den steuerpflichtigen Teil der Dividende von 5 v.H.) der an die Muttergesellschaft transferierten Gewinne. Umgekehrt werden ausländische Investitionen in Deutschland (Inbound-Investitionen) aufgrund der hohen Tarifbelastung vorzugsweise zu Lasten des deutschen Steueraufkommens mit Fremdkapital finanziert. Für Beides finden sich empirische Belege.³⁸ Hinzu kommt, dass sämtliche Kosten im Zusammenhang mit Auslandsinvestitionen trotz der pauschalen Steuerbefreiung der Gewinne in Deutschland abzugsfähig sind. Insbesondere wegen der hohen Tarifbelastung sind Investoren bestrebt, solche Kosten – beispielsweise Refinanzierungszinsen für globale Investitionen des Konzerns – sowie Verluste vorzugsweise in Deutschland anfallen zu lassen.³⁹

Die Ursachen für die zwischenstaatlichen Besteuerungsunterschiede sind vielschichtig. Es hat sich jedoch gezeigt, dass die tarifliche Steuerbelastung der Unternehmensgewinne sowohl für die Rangfolge der Länder als auch für die Belastungsdifferenzen zwischen verschiedenen Investitionen und Finanzierungswegen eine herausragende Bedeutung hat. Vordergründig würde deshalb eine Harmonisierung der Steuersätze auf Unternehmensgewinne zum Abbau der Verzerrungen bei Standort-, Investitions- und Finanzierungsentscheidungen innerhalb der EU beitragen und Effizienz- bzw. Wohlfahrtsgewinne für die Gemeinschaft mit sich bringen. Eine EU-weite Harmonisierung der Steuersätze wird mangels Harmonisierungsauftrag für die direkten Steuern allerdings nicht angestrebt. Außerdem ist das Tarifniveau unbestimmt. Entsprechend dem Subsidiaritätsprinzip (Art. 5 EG) ist dessen Festlegung Sache der Mitgliedstaaten und somit eine Frage politischer Ent-

---

³⁷ Vgl. *C. Spengel*, Internationale Unternehmensbesteuerung in der Europäischen Union, 2003, S. 66-68.
³⁸ Vgl. *F. Ramb./A. J. Weichenrieder*, Taxes and the Financial Structure of German Inbound FDI, CESifo Working Paper 1335, 2004; *C. Spengel*, Internationale Unternehmensbesteuerung in der Europäischen Union, 2003, S. 215 ff.
³⁹ Vgl. *L. Jarass*, Wirtschaftsdienst 2005, S. 216.

scheidungen.⁴⁰ Einer koordinierten Vorgehensweise bedarf es dazu prinzipiell nicht.

Schließlich ist eine ausschließliche Angleichung der Steuersätze auch nicht zielführend. Wesentliche Behinderungen der grenzüberschreitenden Geschäftstätigkeit im Binnenmarkt resultieren nämlich daraus, dass die nationalen Steuerrechtsordnungen weitgehend unkoordiniert nebeneinander stehen. Die damit verbundene uneinheitliche Aufteilung der Steuerquellen führt zu einer Abschottung der steuerlichen Bemessungsgrundlagen zwischen in- und ausländischen Aktivitäten.

– Für Unternehmen⁴¹ resultieren aus dem Umgang mit 25 unterschiedlichen Steuersystemen bei grenzüberschreitender Geschäftstätigkeit steuerliche Befolgungskosten bzw. „compliance costs", die sich gemäß einer Umfrage der EU-Kommission im Jahr 2004 bei multinationalen Unternehmen auf immerhin 1,9 v.H. und bei mittelständischen Unternehmen sogar auf 30,9 v.H. der Steuerschuld belaufen.⁴²

– Daneben treffen nahezu alle Mitgliedstaaten Vorkehrungen gegen die Verlagerung von Steuersubstrat in andere Länder. Sämtliche unilaterale Abwehrmaßnahmen führen zu weiteren Behinderungen der grenzüberschreitenden Geschäftstätigkeit und stehen in Konflikt mit den EU-rechtlichen Diskriminierungs- und Beschränkungsverboten. Im Blickfeld stehen insbesondere folgende Regelungen:⁴³ Begrenzung der Gesellschafter-Fremdfinanzierung, Abzugsverbote für Refinanzierungsaufwendungen, Hinzurechnungsbesteuerung, Beschränkungen des grenzüberschreitenden Verlustausgleichs, Behinderungen des Wegzugs von Unternehmen und Reorganisationen sowie verschärfte Kontrollen von Verrechnungspreisen.

Eine Verbesserung der steuerlichen Rahmenbedingungen für Investitionen im Binnenmarkt erfordert deshalb eine EU-weite Koordinierung der Bemessungsgrundlagen. Andernfalls sind auch die nationalen Gesetzgeber vermutlich nicht in der Lage, die Besteuerung grenzüberschreitender Sachverhalte EU-rechtskonform auszugestalten. Denn im Hinblick auf die hierfür bestehenden Optionen tritt in zunehmendem Maße ein Zielkonflikt auf. Den nationalen Gesetzgebern muss es einerseits darum gehen, die fiskalischen Rückwirkungen für die Staatshaushalte in Grenzen zu halten. Andererseits muss die innere Systematik der nationalen Systeme der Unternehmensbesteuerung aufrechterhalten werden:

– Im Fall der Ausweitung nationaler Regelungen auf die Besteuerung grenzüberschreitender Sachverhalte bestehen erhebliche fiskalische Risiken.

---

[40] Vgl. Europäische Kommission, KOM (2001) 582 endg. v. 23.10.2001, S. 9-11.
[41] Für die Verwaltungen ergeben sich umgekehrt Verwaltungskosten bzw. „administrative costs".
[42] Vgl. European Commission, European Tax Survey, 2004, S. 22.
[43] Vgl. *C. Spengel/R. Braunagel,* StuW 2006; *K. Tipke/J. Lang,* Steuerrecht, 18. Aufl. 2005, S. 791-792; *J. Hey,* StuW 2004, 198, jeweils m.w.N.

Dies gilt bspw. für die grenzüberschreitende Verlustverrechnung[44] oder den Abzug von Beteiligungsaufwendungen.
– Werden dagegen die bisher diskriminierenden Regelungen für die Besteuerung grenzüberschreitender Sachverhalte auch auf rein innerstaatliche Sachverhalte angewendet, leidet die Systematik der nationalen Unternehmensbesteuerung. Dies gilt bspw. für die Gesellschafter-Fremdfinanzierung oder eine mögliche Abschaffung der Organschaft. Wie die Diskussion um den § 8a KStG in Deutschland zeigt, gelingt es dem Gesetzgeber selbst in diesen Fällen nicht, sämtliche EU-rechtliche Bedenken zu beseitigen.[45] Zudem bestehen bspw. im Zusammenhang mit der Wegzugsbesteuerung[46] Zweifelsfragen, die nicht EU-rechtssicher beantwortet werden können.

Im Mittelpunkt der folgenden Erörterung steht deshalb die Schaffung einer EU-weiten konsolidierten Körperschaftsteuerbemessungsgrundlage.

D. Schaffung einer EU-weiten Körperschaftsteuerbemessungsgrundlage

I. Hintergrund und Grundidee

Die von der Kommission angestoßenen Initiativen zur Weiterentwicklung der Unternehmensbesteuerung in der EU basieren auf einem Bericht des damaligen Binnenmarktkommissars *Mario Monti* aus dem Jahr 1996.[47] Drei Jahre später, am 22.07.1999, erteilte der Ministerrat der Kommission ein Mandat zur Untersuchung der Unternehmensbesteuerung in den Mitgliedstaaten.[48] Dabei sollten einmal die Unterschiede der effektiven Steuerbelastungen von Unternehmen in der EU, die daraus resultierenden Auswirkungen auf Standort-, Investitions- und Finanzierungsentscheidungen sowie die hierfür maßgeblichen steuerlichen Ursachen (tax drivers) herausgefiltert werden. Zudem sollten Vorschläge zur Beseitigung bedeutsamer Hindernisse der grenzüberschreitenden Geschäftstätigkeit in Europa entwickelt werden.

---

[44] Schätzungen zufolge betragen die in EU-Tochtergesellschaften deutscher Muttergesellschaften aufgelaufenen Verlustvorträge 30 Mrd. Euro. Vgl. *C. Fuest/T. Hemmelgarn/F. Ramb,* Wirtschaftsdienst 2005, 367.
[45] Vgl. *R. Obser,* IStR 2005, 799-804.
[46] Vgl. *T. Rödder,* IStR 2005, 297 ff.
[47] Vgl. Kommission der Europäischen Gemeinschaften, Die Steuern in der Europäischen Union, KOM (96) 546 endg.
[48] Vgl. Commission of the European Communities, Company Taxation in the Internal Market, 2001, S. 7.

Am 23.10.2001 haben die Kommissionsdienstellen ihre Studie zur „Unternehmensbesteuerung im Binnenmarkt"[49] vorgelegt und die Kommission dazu eine Mitteilung[50] veröffentlicht, die steuerpolitische Folgerungen aus den Ergebnisse der Studie enthält. Danach liegt das Hauptaugenmerk auf der Schaffung einer einheitlichen, konsolidierten Körperschaftsteuerbemessungsgrundlage für die EU-weiten Aktivitäten von Konzernen. Aus der Perspektive des Binnenmarktes verspricht sich die Kommission von einer Harmonisierung – zumindest aber einer stärkeren Koordination – der steuerlichen Gewinnermittlung folgende Vorteile:[51]
– Reduzierung von steuerlichen Befolgungskosten bzw. „compliance costs" aus dem Umgang mit 25 unterschiedlichen Steuersystemen.
– Abbau weiterer Beeinträchtigungen der internationalen Geschäftstätigkeit wie
  – Doppelbesteuerungen infolge widerstreitender Festsetzungen konzerninterner Verrechnungspreise;
  – Versagung eines grenzüberschreitenden Verlustausgleichs;
  – Behinderungen grenzüberschreitender Reorganisationen.

II. Funktionsweise, Fragestellungen und Modelle der Konzernbesteuerung

Um die angesprochenen Vorteile möglichst umfassend zu realisieren, hat die EU-Kommission im Jahr 2001 verschiedene Vorschläge zur Schaffung einer EU-weiten konsolidierten Körperschaftsteuerbemessungsgrundlage unterbreitet. Unabhängig vom konkreten Ansatz wird der anteilige steuerpflichtige Gewinn in drei Schritten ermittelt:[52]
1. In einem ersten Schritt ermitteln die Konzernglieder (Tochtergesellschaften, Betriebstätten) ihre Gewinne separat nach einheitlichen Vorschriften.
2. In einem zweiten Schritt erfolgt eine Zusammenfassung der Einzelgewinne zum konsolidierten Gesamterfolg.
3. In einem dritten Schritt erfolgt eine Aufteilung des konsolidierten Gesamterfolgs durch Schlüsselgrößen auf die Gliedgesellschaften in den einzelnen Mitgliedstaaten.

---

[49] Vgl. Commission of the European Communities, Company Taxation in the Internal Market, 2001.

[50] Vgl. Commission of the European Communities, Company Taxation in the Internal Market, 2001; Mitteilung der Kommission an den Rat, das Europäische Parlament und den Wirtschafts- und Sozialausschuss, Ein Binnenmarkt ohne steuerliche Hindernisse, KOM (2001) 582 endg. v. 23.10.2001.

[51] Vgl. Commission of the European Communities, Company Taxation in the Internal Market, 2001, S. 24-25.

[52] Vgl. Commission of the European Communities, Company Taxation in the Internal Market, 2001, S. 373-383.

Die Kompetenz der Mitgliedstaaten zur Festlegung der Steuersätze bleibt unangetastet. Deshalb ergibt sich die Steuerschuld in jedem Sitzstaat durch Anwendung des nationalen Steuersatzes auf den zugewiesenen Gewinnanteil.

Die Schritte zwei und drei sind sachlogisch miteinander verknüpft. Soweit es zu einer Konsolidierung der Einzelergebnisse kommt, kann die Konzerngewinnabgrenzung nicht mehr nach der herkömmlichen direkten Methode mittels transaktionsbezogener Verrechnungspreise erfolgen. Vielmehr ist in diesem Fall eine Aufteilung nach der indirekten Methode mittels Schlüsselgrößen unabdingbar.

Mit der Verwirklichung einer EU-weiten (konsolidierten) Besteuerung von Konzernen werden zahlreiche Fragen aufgeworfen:
- auf welcher Basis ist der steuerliche Gewinn zu ermitteln (Bemessungsgrundlage),
- wie ist der Konsolidierungskreis abzugrenzen (Höhe der Beteiligungsquote bei finanzieller Eingliederung, ggf. weitere Eingliederungsvoraussetzungen),
- welche Konsolidierungsmethode ist anzuwenden (Art und Weise sowie Umfang der Konsolidierung),
- welche Unternehmensrechtsformen (neben Kapitalgesellschaften und Betriebstätten auch Personengesellschaften) sind einzubeziehen,
- welche Steuerarten sind betroffen (z.B. in Deutschland neben der Körperschaftsteuer auch die Gewerbesteuer) und
- welche Schlüsselgrößen (Aufteilungsmaßstab) sind für die zwischenstaatliche Aufteilung des Gesamtergebnisses heranzuziehen und wie sind diese zu gewichten?

Zur Diskussion werden vier Alternativen gestellt: „Home State Taxation", „Common (Consolidated) Tax Base", „European Union Company Income Tax" sowie „Harmonised Tax Base".[53] Die Modelle bieten unterschiedliche Lösungskonzepte und Freiheitsgrade hinsichtlich der Bereiche Bemessungsgrundlage, Konsolidierungsmethode, Konsolidierungskreis, Unternehmensrechtsformen sowie einzubeziehende Steuerarten. Dagegen erfordern sämtliche Alternativen einen Maßstab für die Aufteilung des Konzernerfolgs auf die beteiligten Mitgliedstaaten.

Das Modell der „Home State Taxation" (HST) bietet eine Option für eine konsolidierte steuerliche Gewinnermittlung von EU-Muttergesellschaften und ihren EU-Tochtergesellschaften nach den Regelungen des Sitzlandes der Muttergesellschaft. Ebenfalls als optionale Regelung für grenzüberschreitend tätige EU-Konzerne konzipiert ist das Modell der „Common (Consolidated) Tax Base" (CCTB), das im Gegensatz zur HST ein einheitliches, harmonisiertes Regelwerk für die Ermittlung des konsolidierten Konzernerfolgs

---

[53] Vgl. Commission of the European Communities, Company Taxation in the Internal Market, 2001, S. 461 ff.

erfordert. Das dritte Konzept, die „Harmonised Tax Base" (HTB), sieht ebenfalls ein EU-einheitliches Rechungslegungsregelwerk vor, geht aber einen Schritt weiter, indem es eine rechtsformübergreifende Angleichung der Gewinnermittlungsvorschriften auch für rein national tätige Unternehmen vorsieht. Das vierte Konzept, die „European Union Company Income Tax" (EUCIT), würde eine noch weitere Einschränkung der Steuersouveränität der Staaten bewirken, da es neben der einheitliche Ermittlung der steuerlichen Bemessungsgrundlage auch deren Besteuerung mit einem europaweit einheitlichen Steuersatz vorsieht. Je nach Modell ergäbe sich ein unterschiedlicher Regelungsbedarf.[54] In kurzfristiger Hinsicht bietet die HST Vorteile, da das Konzept auf den steuerlichen Vorschriften des Sitzstaats der Muttergesellschaft basiert und somit kein neues Rechnungslegungsregelwerk erarbeitet werden müsste. Bei allen anderen Modellen ist dagegen eine Harmonisierung erforderlich.

III. Gewinnermittlungsvorschriften

1. Anknüpfung am Einzel- oder am Konzernabschluss

Infolge der eingeleiteten Harmonisierung der handelsrechtlichen Rechnungslegungsvorschriften für EU-basierte Konzerne konzentrieren sich die Arbeiten der EU-Kommission, an denen sich alle 25 Mitgliedstaaten seit Herbst 2004 beteiligen, auf den ersten Teilbereich einer konsolidierten Körperschaftsteuerbemessungsgrundlage, die steuerliche Gewinnermittlung. In diesem Zusammenhang wird insbesondere untersucht, inwieweit die internationalen Rechnungslegungsgrundsätze (IFRS, International Financial Reporting Standards) als Ausgangspunkt (starting point) einer gemeinsamen Bemessungsgrundlage in Frage kommen können.[55] Die Verbindung zu den IFRS hat folgenden Hintergrund: Nach der EU-Verordnung vom Juni 2002[56] sind kapitalmarktorientierte EU-Unternehmen seit dem Jahr 2005 verpflichtet, ihre Konzernabschlüsse nach den IFRS aufzustellen. Die Mitgliedstaaten können die Anwendung der IFRS auf die Einzelabschlüsse kapitalmarktorientierter Unternehmen und die Einzel- und/oder Konzernabschlüsse nicht kapitalmarktorientierter Unternehmen ausdehnen. Nach allgemeiner Einschätzung werden IFRS eine über die Informationsvermittlung hinaus gehende Bedeutung für den Einzelabschluss erlangen. Denn insbesondere den

---

[54] Vgl. *C. Spengel*, Einheitliche Bemessungsgrundlage für die laufende Besteuerung der Europäischen Aktiengesellschaft, in: N. Herzig (Hrsg.), Besteuerung der Europäischen Aktiengesellschaft (Societas Europaea – SE), 2004, S. 106-108.
[55] Vgl. zum Stand der Arbeiten die Nachw. auf der Homepage der EU-Kommission.
[56] Vgl. Verordnung (EG) Nr. 1606/2002, ABl. EG Nr. L 243/1 v. 11.09.2002.

"Global Player" dürfte es nur schwer zu vermitteln sein, dass für die Informationsvermittlung im Einzelabschluss andere Regeln gelten sollen als im Konzernabschluss.[57]

Vor dem Hintergrund der in der EU-Verordnung angelegten Verbindung zwischen „financial accounting" und „tax accounting" ist es aus Vereinfachungs- und Praktikabilitätsgesichtspunkten nahe liegend, dass die EU-Kommission in den IFRS eine geeignete Ausgangsgröße für eine harmonisierte Steuerbemessungsgrundlage sieht.[58] Da sich die EU-Verordnung zur Anwendung von IFRS explizit nur auf den Konzernabschluss kapitalmarktorientierter EU-Muttergesellschaften bezieht, stellt die Ermittlung einer konsolidierten Steuerbemessungsgrundlage auf Grundlage des Konzernabschlusses die pragmatischste Vorgehensweise dar. Allerdings sprechen folgende Erwägungen dagegen:

a) Die räumliche Abgrenzung zwischen dem Konzernabschluss und dem steuerlich maßgebenden Abschluss ist unterschiedlich. Während es sich beim IFRS-Konzernabschluss um einen Weltabschluss handelt, ist der Steuerabschluss auf das Gemeinschaftsgebiet begrenzt.[59]

b) Aufgrund unterschiedlicher Zwecksetzungen sind für die Abgrenzung des Konsolidierungskreises aus steuerlicher Sicht andere Kriterien anzulegen.[60]

c) Bei Vorhandensein von Minderheitsgesellschaftern sind für die Einkommensermittlung der betreffenden Tochtergesellschaften besondere Regelungen vorzusehen.[61]

d) Aufgrund der nicht harmonisierten nationalen Steuerrechtsordnungen beispielsweise im Hinblick auf die Besteuerung von Veräußerungsgewinnen oder die Behandlung konzerninterner Gewinntransfers stellen sich steuerliche Spezialfragen, die eigenständige Lösungen erforderlich machen.[62]

---

[57] Vgl. *M. Glaum*, Internationale Rechnungslegung: Stand und Entwicklungsperspektiven, in: W. Brandt/A. Picot (Hrsg.), Unternehmenserfolg im internationalen Wettbewerb: Strategie – Steuerung – Struktur, Tagungsband des 58. Deutschen Betriebswirtschafter-Tags, 2005, S. 160; *U. Schreiber*, StuW 2002, 106.

[58] Vgl. Commission of the European Communities, Company Taxation in the Internal Market, 2001, S. 399 ff.

[59] Vgl. *C. Spengel*, Einheitliche Bemessungsgrundlage für die laufende Besteuerung der Europäischen Aktiengesellschaft, in: N. Herzig (Hrsg.), Besteuerung der Europäischen Aktiengesellschaft (Societas Europaea – SE), 2004, S. 110.

[60] Vgl. *N. Herzig*, Einheitliche Bemessungsgrundlage für die laufende Besteuerung der Europäischen Aktiengesellschaft, in: N. Herzig (Hrsg.), Besteuerung der Europäischen Aktiengesellschaft (Societas Europaea – SE), 2004, S. 96; *U. Schreiber*, StuW 2004, 222-223.

[61] Vgl. *D. Schneider*, BB 2003, 303.

[62] Vgl. *C. Spengel*, Einheitliche Bemessungsgrundlage für die laufende Besteuerung der Europäischen Aktiengesellschaft, in: N. Herzig (Hrsg.), Besteuerung der Europäischen Aktiengesellschaft (Societas Europaea – SE), 2004, S. 110-111.

e) Die Begrenzung einer IFRS-basierten konsolidierten Gewinnermittlung auf Gesellschaften multinationaler Unternehmen würde ein gespaltenes Gewinnermittlungsrecht schaffen, da rein national tätige Unternehmen weiterhin die nationalen Grundsätze anwenden müssten. Demgegenüber erforderte das steuerliche Gleichbehandlungsgebot in Ländern wie Deutschland rechtsformübergreifend ein gleiches Gewinnermittlungsrecht für Unternehmen.[63]

Im Ergebnis bietet sich nur der IFRS-Einzelabschluss als Ausgangspunkt an. Dieser Sichtweise hat sich mittlerweile auch die EU-Kommission angeschlossen.[64] Zur Ermittlung der Steuerbemessungsgrundlage wäre der IFRS-Einzelabschluss in einem ersten Schritt unter Beachtung der Zielsetzungen der Besteuerung in einen steuerlichen Abschluss zu transformieren, der entsprechend dem Modell der „Harmonised Tax Base" durchaus Grundlage für die Besteuerung rein national tätiger Unternehmen bilden könnte. Auf dieser Basis wäre in einem zweiten Schritt der konsolidierte Steuerabschluss zu entwickeln.

2. Internationale Rechnungslegungsvorschriften (IFRS) als Ausgangspunkt der steuerlichen Gewinnermittlung

Gegen eine steuerliche Gewinnermittlung mit den IFRS als Ausgangspunkt werden mit den unterschiedlichen Zielsetzungen, Prinzipien und Lösungsansätzen sowie der geringen Verbreitung der IFRS-Bilanzierung innerhalb der EU mehrere Vorbehalte angeführt.[65] Diese Vorbehalte sind grundsätzlich gerechtfertigt, eine generelle Ablehnung von IFRS als steuerlichem „starting point" können sie allerdings nicht begründen.

– Unterschiedliche Zielsetzungen: Die Kapitalmarktorientierung von IFRS vollzieht sich im Wesentlichen außerhalb der Bilanz im Rahmen der Kapitalflussrechnung, der Segmentberichterstattung und des Eigenkapitalspiegels.[66] Da der Gewinn durch einen umsatzbasierten Betriebsvermögensvergleich ermittelt wird, bestehen keine generell unterschiedlichen Zielsetzungen bzw. ein Zielkonflikt mit der steuerlichen Gewinnermittlung.

– Unterschiedliche Prinzipien: Umfassende Untersuchungen belegen mittlerweile, dass IFRS eine breite Basis an objektivierten Regeln bieten, die

---

[63] Vgl. *W. Schön,* ET 2004, 436; *U. Schreiber,* StuW 2002, 113-114; *A. Oestreicher/C. Spengel,* RIW 2001, 890.

[64] Vgl. Mitteilung der Kommission an den Rat, das Europäische Parlament und den Wirtschafts- und Sozialausschuss, Ein Binnenmarkt ohne unternehmenssteuerliche Hindernisse. Ergebnisse, Initiativen, Herausforderungen, KOM (2003) 726 endg. v. 24.11.2003, S. 21.

[65] Vgl. z.B. *N. Herzig,* Einheitliche Bemessungsgrundlage für die laufende Besteuerung der Europäischen Aktiengesellschaft, in: N. Herzig (Hrsg.), Besteuerung der Europäischen Aktiengesellschaft (Societas Europaea – SE), 2004, S. 92-93.

[66] Vgl. *H. Kahle,* KoR 2002, 98.

für die steuerliche Gewinnermittlung übernommen werden können.[67] Im Einzelnen gilt dies beispielsweise für die Dokumentations-, Rahmen- und Systemgrundsätze (z.B. Unternehmensfortführung und Einzelbewertung), dem Realisationszeitpunkt beim Verkauf von Gütern sowie einzelne Grundsätze der Bilanzierung (z.B. Wirtschaftsgutbegriff (einschließlich selbststerstellter immaterieller Wirtschaftgüter[68]) und Schuldenbegriff, Aktivierungsverbot für Forschungsaufwendungen, Verzicht auf reine Aufwandsrückstellungen) und Bewertung (z.B. Bewertung zu Anschaffungs- oder vollen Herstellungskosten, verlässliche Bewertbarkeit von Rückstellungen und Ansatz des Barwertes, Normierung von Abschreibungs- und Bewertungsvereinfachungsverfahren). Wie die bisherige Praxis zeigt, sind ferner „matching principle", wirtschaftliche Betrachtungsweise („substance over form") oder der Grundsatz der Wesentlichkeit („materiality") für die Besteuerung nicht störend. Diese unbestimmten Rechtsbegriffe haben auch Eingang in das deutsche Steuerrecht gefunden. Im Zuge einer Harmonisierung der steuerlichen Gewinnermittlung müssten unbestimmte Rechtsbegriffe allerdings länderübergreifend einheitlich definiert werden.

– Unterschiedliche Lösungsansätze: Eine pauschale Anknüpfung an IFRS scheidet allerdings aus, da bekanntermaßen mehrere Regelungen nicht in Einklang mit den Zielen der steuerlichen Gewinnermittlung stehen. Es können deshalb nur zweckmäßige Einzelregelungen übernommen werden. Dabei kommt der Festlegung der Zielsetzungen der steuerlichen Gewinnermittlung eine Schlüsselfunktion zu, da diese für den konkreten Einzelfall festlegen, welche IFRS der Besteuerung zugrunde gelegt werden können. Wird das Realisationsprinzip als tragender Eckpfeiler der steuerlichen Gewinnermittlung akzeptiert, kommen eine Gewinnrealisierung bei langfristiger Fertigung gem. der percentage of completion-Methode sowie die fair value-Bewertung bei Finanzinstrumenten und bestimmten Immobilien von vornherein nicht in Frage.[69] Je nach Konkretisierung der Gewinnermittlungsprinzipien können sich umfangreiche eigenständige steuerliche Lösungsansätze ergeben, welche die Übernahme von IFRS limitieren. Dies spricht allerdings nicht gegen eine Zugrundelegung von IFRS für die Besteuerung. Beispielsweise sieht auch das steuerliche Gewinnermittlungsrecht in Deutschland zahlreiche Durchbrechungen der Maßgeblichkeit der handelsrechtlichen GoB vor, etwa das Abzinsungsgebot bei lang-

---

[67] Vgl. CEPS, Tax Bases, 2005; *F. Esterer*, Maßgeblichkeit der IAS/IFRS, in: D. Endres/A. Oestreicher/W. Scheffler/U. Schreiber/C. Spengel (Hrsg.), Die internationale Unternehmensbesteuerung im Wandel, 2005, S. 119-125; *N. Herzig*, WPg 2005, 214-231; *W. Schön*, Steuerliche Maßgeblichkeit in Deutschland und Europa, 2005, S. 248-256.

[68] Vgl. *R. Schnorr*, StuW 2004, 308-317.

[69] Vgl. CEPS, Tax Bases, 2005; *N. Herzig*, WPg 2005, 217; *W. Schön*, ET 2004, 439; *W. Kahle*, WPg 2002, 186; *U. Schreiber*, StuW 2002, 114; *A. Oestreicher/C. Spengel*, RIW 2001, 893-894.

fristigen Verbindlichkeiten und Rückstellungen. Im Ergebnis haben diese steuerlichen Modifikationen bereits zu einer Annäherung – wenn nicht sogar Übereinstimmung – mit den IFRS geführt.[70] Eine Beschränkung auf Standards, die für die Besteuerung zweckmäßig sind, begegnet auch Bedenken gegen IFRS, die aufgrund ihrer induktiven Ermittlung sowie Änderungsdynamik geäußert werden. Denn die Steuergesetzgeber behalten ihren Einfluss auf die Festlegung der Bemessungsgrundlage.

– Geringe Verbreitung der IFRS-Bilanzierung: Die Anzahl der kapitalmarktorientierten EU-Muttergesellschaften, die im Zuge der EU-Verordnung einen IFRS-Konzernabschluss aufstellen müssen, wird gemeinhin mit 7.000 beziffert.[71] Die tatsächliche Verbreitung der IFRS-Bilanzierung ist allerdings erheblich größer. Zusätzlich zu berücksichtigen sind die in die Konzernabschlüsse einzubeziehenden EU-Tochtergesellschaften, deren Anzahl schätzungsweise 50.000 beträgt. Hinzu kommen aufgrund der vorgesehenen Anwendung der EU-Verordnung auf nicht kapitalmarktorientierte Gesellschaften eine nicht genau zu beziffernde Anzahl von Unternehmen in Frankreich, Großbritannien, Österreich und Spanien sowie in den mittel- und osteuropäischen Beitrittsstaaten.[72]

Festzuhalten ist, dass eine Anlehnung der steuerlichen Gewinnermittlung an IFRS möglich ist. Die Divergenzen hinsichtlich Zielsetzungen, Prinzipien und Lösungsansätzen zwischen IFRS und Steuern sind grundsätzlich überwindbar. Voraussetzung hierfür ist eine Konkretisierung der Ziele und Inhalte der steuerlichen Gewinnermittlung, auf deren Grundlage eine Zweckmäßigkeitsüberprüfung konkreter IFRS erfolgen und somit die Steuerbemessungsgrundlage im engeren Sinne festgelegt werden kann. Das Hauptproblem liegt dabei in der Bestimmung der Eckpfeiler der steuerlichen Gewinnermittlung. Denn eine EU-weit konsensfähige Lösung macht es erforderlich, dass länderspezifische nationale Wertvorstellungen in den Hintergrund treten. Auf diesem Gebiet besteht noch erheblicher Forschungsbedarf.[73]

Im Vergleich zu nationalen GoB als Ausgangspunkt der steuerlichen Gewinnermittlung führt eine IFRS-basierte Besteuerung weder zu einer verbesserten Messung steuerlicher Leistungsfähigkeit noch zu einer erhöhten Neutralität der Gewinnermittlung. Da sich sowohl gegenüber den IFRS als auch gegenüber den derzeitigen GoB Einschränkungen ergeben, führt dies (wie bisher auch) zu einer de facto Eigenständigkeit der steuerlichen Gewinnermittlung.[74] Eine Einheitsbilanz kommt somit nicht in Frage. Sucht man nach

---

[70] Vgl. *N. Herzig*, Gefahren der internationalen Rechnungslegung für den Mittelstand?, in: A. G. Coenenberg/K. Pohle (Hrsg.), Internationale Rechnungslegung, 2001, S. 51-52.
[71] Vgl. *A. Haller*, The European Accounting Review 2002, S. 166.
[72] Vgl. zur internationalen Verbreitung der IFRS-Bilanzierung *W. Schön*, Steuerliche Maßgeblichkeit in Deutschland und Europa, 2005.
[73] Vgl. CEPS, Tax Bases, 2005.
[74] Vgl. *K. van Hulle*, ZGR 2000, 548.

einem Vorrat an Normen, an welche neben den handelsrechtlichen Vorschriften auch die steuerliche Gewinnermittlung anknüpfen kann, sind IFRS nationalen GoB überlegen. Diese Überlegenheit basiert weniger auf systematischen Überlegungen, sondern auf den übergeordneten Gesichtspunkten der Schaffung einer einheitlichen europäischen Steuerbasis, die ihren Ausdruck im Abbau von Behinderungen der grenzüberschreitenden Geschäftstätigkeit findet.

Aus heutiger Sicht ist offen, wie die steuerliche Anknüpfung an IFRS technisch vollzogen werden kann. Zielführend könnte eine (Gewinnermittlungs-)Richtlinie (Art. 94 EG) sein, welche die steuerlich akzeptablen IFRS spezifiziert und Lücken durch eigenständige steuerliche Gewinnermittlungsgrundsätze schließt. Im Vergleich zur EU-Verordnung ist eine Richtlinie besser geeignet, IFRS der steuerlichen Gewinnermittlung zugrunde zu legen.[75] Denn durch die Schaffung eines originären steuerlichen Gewinnermittlungsrechts in der EU könnte die Diskussion um die Rechtsgrundlage der Verordnung entfallen.[76]

IV. Vorteile einer gemeinsamen Körperschaftsteuerbemessungsgrundlage

1. Ausschließliche Angleichung der Gewinnermittlungsvorschriften

Es ist noch nicht ganz klar, was die Kommission unter einer gemeinsamen Körperschaftsteuerbemessungsgrundlage genau versteht:[77] handelt es sich um eine ausschließliche Angleichung der steuerlichen Gewinnermittlungsvorschriften oder wird darüber hinaus auch eine Konsolidierung mit anschließender Gewinnaufteilung durch Schlüsselgrößen angestrebt? Die folgende Analyse differenziert deshalb danach, ob ausschließlich die Gewinnermittlungsvorschriften angeglichen werden oder darüber hinaus auch eine Konsolidierung mit Gewinnaufteilung durch Schlüsselgrößen erfolgt. Abbildung 6 fasst die Ergebnisse zusammen.

---

[75] Vgl. *N. Herzig,* WPg 2005, 235; *C. Spengel,* Unternehmensbesteuerung in der EU-quo vadis?, in: J. Lüdicke (Hrsg.), Deutsches Steuerrecht im europäischen Rahmen, 2004, S. 148.

[76] Vgl. *W. Schön,* Steuerliche Maßgeblichkeit in Deutschland und Europa, 2005, S. 257-265; *N. Herzig/K. M. Gellrich/L. Jensen-Nissen,* BFuP 2004, 554-555; Arbeitskreis Bilanzrecht der Hochschullehrer Rechtswissenschaft, BB 2002, 2378-2381.

[77] Vgl. CEPS, Tax Bases, 2005, S. 9 f.

Abb. 6: Verminderung/Beseitigung von Behinderungen der grenzüberschreitenden Geschäftstätigkeit durch eine gemeinsame Körperschaftsteuerbemessungsgrundlage

	Stufen einer gemeinsamen Körperschaftsteuerbemessungsgrundlage		
Verminderung/ Beseitigung von Behinderungen der grenzüberschreitenden Geschäftstätigkeit	- Angleichung der Gewinnermittlungsvorschriften	- Angleichung der Gewinnermittlungsvorschriften - Grenzüberschreitender Verlustausgleich	- Angleichung der Gewinnermittlungsvorschriften - Konsolidierung - (Globale) Aufteilung der Bemessungsgrundlage mittels Schlüsselgrößen
Compliance Costs	Erfüllt	Erfüllt	Erfüllt
Grenzüberschreitender Verlustausgleich	Nicht erfüllt Ausnahme: Unilaterale Gewährung durch Mitgliedstaaten	Erfüllt Verluste von Tochtergesellschaften können mit Gewinnen der Muttergesellschaft verrechnet werden	Erfüllt Konzernweiter Verlustausgleich (vertikal und horizontal)
Finanzierung (Gesellschafter-Fremdfinanzierung, Abzug von Beteiligungsaufwendungen, Hinzurechnungsbesteuerung)	Nicht erfüllt	Nicht erfüllt	Erfüllt
Verrechnungspreise (Leistungsbeziehungen)	Nicht erfüllt Direkte Gewinnabgrenzung (Verrechnungspreise) weiterhin erforderlich	Nicht erfüllt Direkte Gewinnabgrenzung (Verrechnungspreise) weiterhin erforderlich	Erfüllt Verrechnungspreise werden durch globale Aufteilung ersetzt
Wegzug, Reorganisationen, Transfer von Wirtschaftsgütern	Nicht erfüllt	Nicht erfüllt	Erfüllt

Als Minimalziel einer gemeinsamen Körperschaftsteuerbemessungsgrundlage gilt die Harmonisierung der steuerlichen Gewinnermittlungsvorschriften. Dies schließt eine Angleichung der Regelungen zum steuerli-

chen Verlustabzug in zeitlicher und betragsmäßiger Hinsicht ein, da der Verlustabzug die steuerlichen Bemessungsgrundlagen über die Zeit miteinander verknüpft.[78] Für die Unternehmensbesteuerung im Binnenmarkt ergäben sich zwei wesentliche Vorteile:
– Aus der Sicht der Unternehmen käme es zu einer spürbaren Reduzierung von steuerlichen Befolgungskosten bzw. „compliance costs", die aus dem Umgang mit 25 unterschiedlichen Steuersystemen resultieren.
– Außerdem stellten sich Erleichterungen und Verbesserungen im Hinblick auf die grenzüberschreitende Verrechnung von Verlusten ausländischer Betriebstätten und Tochtergesellschaften ein, die im Einzelfall zur Vermeidung EU-rechtlicher Diskriminierungen erforderlich ist.[79] Die Auslandsverluste könnten nach einheitlichen Regeln ermittelt werden, womit auch bei Tochtergesellschaften die Notwendigkeit von u.U. 24 Parallelrechnungen entfiele.

2. Konsolidierung und formelhafte Gewinnaufteilung

Erfolgt zusätzlich eine Konsolidierung der Einzelergebnisse, welche eine Kapital-, Forderungs- und Schuldenkonsolidierung sowie eine Eliminierung von Zwischenerfolgen beinhaltet, ist Besteuerungsgrundlage das (aufzuteilende) Nettoergebnis des Konzerns. Die Zugrundelegung eines Nettokonzernergebnisses führt zu drei weiteren wesentlichen Vorteilen:
– Innerhalb des Konzerns kommt es zu einem umfassenden Verlustausgleich. So werden auch Verluste der Muttergesellschaft mit Gewinnen von Tochtergesellschaften sowie Gewinne und Verluste von Schwestergesellschaften verrechnet. Da der Verlust konzernweit nur einmal festgestellt wird, wird eine doppelte oder gar mehrfache Verlustnutzung unterbunden.[80]
– Beteiligungsaufwendungen des Konzerns mindern in jedem Fall die gemeinsame Bemessungsgrundlage, unabhängig davon, ob sie auf Ebene der Spitzeneinheit oder der Grundeinheiten angefallen sind. Das Problem der grenzüberschreitenden Aufwandsverrechnung zu einzelnen Einkunftsquellen entfällt; sog. vagabundierender Aufwand infolge von Abzugsverboten kann nicht entstehen.
– Durch die Aufteilung des Nettoergebnisses partizipieren alle Mitgliedstaaten, in denen Konzernglieder domizilieren, anteilig an den Aufwendungen und Verlusten des Konzerns. Damit ist steuerplanerischen Bestrebungen, Verluste und Beteiligungsaufwendungen in erster Linie in Hochsteuerländern zum Abzug zu bringen, ihre Wirksamkeit genommen.

---

[78] Vgl. CEPS, Tax Bases, 2005, S. 41.
[79] Vgl. EuGH v. 13.12.2005 (*Marks & Spencer*), www.curia.eu.int.
[80] Vgl. *N. Herzig/T. Wagner*, DB 2005, 9.

Die selbstständige Steuersubjektivität der Konzernglieder bleibt im Grundsatz erhalten, lediglich das Steuerobjekt wird anders ermittelt. Dieses entspricht dem anteiligen Nettokonzernergebnis, darauf werden die nationalen Steuersätze angewandt. Zur Vermeidung von Mehrfachbesteuerungen des Konzernergebnisses darf die konzerninterne Repatriierung von Gewinnen der Tochter- an die Muttergesellschaft keine Zusatzbelastung auslösen; Dividenden einbezogener Gesellschaften sind insoweit freizustellen. Durch eine Kapital-, Forderungs- und Schuldenkonsolidierung bleiben konzerninterne Finanzierungsvorgänge – Eigen- und Fremdfinanzierung – ohne Einfluss auf das aufzuteilende Nettokonzernergebnis. Beteiligungsbuchwerte werden gegen das anteilige Eigenkapital der Tochtergesellschaften verrechnet; Forderungen und Verbindlichkeiten aus Gesellschafterdarlehen heben sich gegenseitig auf. Regelungen zur Begrenzung der Gesellschafterfremdfinanzierung innerhalb von EU-Konzernen sind somit nicht weiter erforderlich. Konzerninterne Finanzierungsgesellschaften bzw. Koordinationszentren verlieren infolge der Konsolidierung ebenfalls ihre Effektivität, sofern sie Mitglied des Konzerns sind. Auf Regelungen zur Hinzurechnungsbesteuerung kann innerhalb der EU ebenfalls verzichtet werden.

Eine konsolidierte Körperschaftsteuerbemessungsgrundlage vermeidet schließlich Diskussionen im Zusammenhang mit Angemessenheitskontrollen bei konzerninternen Verrechnungspreisen und entschärft den Problembereich der Wegzugsbesteuerung. Zur Verdeutlichung wird zwischen konzerninternen Leistungs- und Lieferbeziehungen unterschieden:

– Konzerninterne Leistungsbeziehungen (z.B. Dienst-, Beratungs- oder Serviceleistungen) führen nicht zum Ansatz von Wirtschaftsgütern bzw. Schulden, sondern lediglich zu Aufwendungen bei der empfangenden und zu Erträgen bei der leistenden Konzerneinheit. Da sich diese Aufwendungen und Erträge gerade saldieren, hat die Höhe des Verrechnungspreises keinen Einfluss auf das Nettoergebnis des Konzerns.

– Konzerninterne Lieferbeziehungen führen im Zusammenhang mit einer Zwischenerfolgseliminierung im Zeitpunkt der Lieferung nicht zu einer Auflösung und Versteuerung der in den Wirtschaftsgütern gebundenen stillen Reserven. Die stillen Reserven gehen erst in dem Zeitpunkt erfolgswirksam in die gemeinsame Bemessungsgrundlage ein, in dem sie nach den allgemeinen Gewinnermittlungsgrundsätzen als realisiert gelten. Dies ist regelmäßig bei Transaktionen mit Außenstehenden – fremde Dritte oder nichteinbezogene Gesellschaften – der Fall. Bis zu diesem Zeitpunkt sind die stillen Reserven in der gemeinsamen Bemessungsgrundlage gebunden; im Auflösungszeitpunkt werden sie nach dem gleichen Verhältnis wie der laufende Gewinn aufgeteilt. Deswegen partizipieren grundsätzlich alle Mitgliedstaaten, in denen stille Reserven gebildet wurden, an diesen Wertänderungen. Die formelmäßige Aufteilung des Nettoergebnisses ist somit neutral gegenüber dem grenzüberschreitenden Transfer von

Wirtschaftsgütern einschließlich der Verlagerung betrieblicher Funktionen sowie grenzüberschreitenden Umstrukturierungen.[81]

V. Begründung einer formelhaften Gewinnaufteilung und Folgen für den Steuerwettbewerb und die Steuersätze in der EU

Die Rechtfertigung der formelhaften Gewinnaufteilung bzw. indirekten Methode gründet sich auf ihre theoretische Überlegenheit gegenüber der direkten Methode mittels transaktionsbezogener Verrechnungspreise auf Basis von Fremdvergleichspreisen (arm's length principle):

– Im Hinblick auf die bezweckte verursachungsgerechte Erfolgslokalisation ist der in der Praxis vorherrschende Ansatz transaktionsbezogener Verrechnungspreise logischen Widersprüchen ausgesetzt.[82] Denn bei wirtschaftlich integrierten Unternehmen stellt sich das Problem, dass der Konzernerfolg zunehmend auf der Nutzung immaterieller Werte beruht. Die Aufteilung des Konzernerfolgs auf die Gliedgesellschaften mittels transaktionsbezogener Verrechnungspreise nach dem „arm's length principle" stößt somit an Grenzen, da ein Drittvergleich mangels Marktpreisen nicht möglich ist und Vorteile aus der Integration nicht unmittelbar einzelnen Transaktionen zugerechnet werden können. Die materielle Bedeutung dieses Problems wird dadurch unterstrichen, dass Ende der neunziger Jahre des vorigen Jahrhunderts mehr als 60 v.H. des Welthandels innerhalb internationaler Konzerne, also nicht über Marktpreise abgewickelt wurden. Das Volumen der dahinter stehenden Gesellschaften umfasst ca. 63.000 Muttergesellschaften mit 690.000 Tochtergesellschaften.[83]

– Die formelhafte Gewinnaufteilung nach dem Vorbild Nordamerikas (formulary apportionment)[84] gilt zwar ebenfalls als problematisch. Als Schlüsselgrößen kommen dort das eingesetzte Vermögen, die Lohnsumme und der erzielte Umsatz zur Anwendung. Die Kritik gründet sich allerdings weniger auf konzeptionelle Schwächen, sondern eher pragmatisch darauf, dass die Gewinnzuweisung relativ pauschal anhand von Schlüssel-

---

[81] Vgl. *W. Scheffler*, Gemeinsame konsolidierte Steuerbemessungsgrundlage (CCTB) in der EU – Das Ende der Steuerplanung mit Verrechnungspreisen?, in: A. Oestreicher (Hrsg.), Konzernbesteuerung, 2005, S. 322 ff.

[82] Vgl. *A. Oestreicher*, Gewinnaufteilung, in: D. Endres/A. Oestreicher/W. Scheffler/U. Schreiber/C. Spengel (Hrsg.), Die internationale Unternehmensbesteuerung im Wandel, 2005, S. 76 ff.; *O. H. Jacobs/C. Spengel/A. Schäfer*, Intertax 2004, 268 ff.

[83] Vgl. Commission of the European Communities, Company Taxation in the Internal Market, 2001, S. 63, 66.

[84] Vgl. z.B. *A. Oestreicher*, Konzern-Gewinnabgrenzung, 2000, S. 125 ff.

größen erfolgt und deswegen ebenfalls nur Näherungslösungen für die tatsächliche Erfolgslage der Gliedgesellschaften erzielt werden.[85]

Angesichts der großen Steuersatzdifferenzen zwischen den Mitgliedstaaten (siehe Tabelle 1) würde ein Übergang zu einer formelhaften Gewinnaufteilung den Steuerwettbewerb in der EU tendenziell verschärfen.[86] Es ist davon auszugehen, dass die steuerplanerischen Anreize der Unternehmen zur Umschichtung der Aufteilungsbasis durch Verlagerung betrieblicher Funktionen in Mitgliedstaaten mit niedrigeren Steuersätzen zunehmen werden, bspw. durch die Verlagerung lohnintensiver Aktivitäten, sofern bei der Aufteilung an die Lohnsumme angeknüpft wird. Begünstigt werden diese Maßnahmen dadurch, dass Funktionsverlagerungen innerhalb der konsolidierten Körperschaftsteuerbemessungsgrundlage keine Besteuerung stiller Reserven auslösen. Konsequenz wäre verglichen mit dem Status quo eine noch stärkere Bedrohung des Steueraufkommens von Hochsteuerländern wie Deutschland.

Die Intensivierung des Steuerwettbewerbs wirft zwangsläufig die Frage auf, ob neben der Bemessungsgrundlage auch die Steuersätze im Sinne eines Mindeststeuersatzes anzugleichen sind. Man wird diese Forderung nicht zuletzt auch im Hinblick auf die wirtschaftlichen Ziele des Binnenmarkts unterstützen, sofern die Sicherstellung von Effizienz bzw. Neutralität der Besteuerung keine Fiktion bleiben soll.[87] Politisch dürfte die Frage nach dem angemessenen Steuersatz noch schwieriger zu beantworten sein als jene Fragen, die sich im Zusammenhang mit der Ermittlung und Aufteilung der Bemessungsgrundlage stellen. Dies sollte jedoch nicht davon abhalten, die Schaffung einer konsolidierten Körperschaftsteuerbemessungsgrundlage voranzutreiben. Dabei sind vor allem die derzeitigen Schwierigkeiten, welche die Mitgliedstaaten bei der Besteuerung grenzüberschreitender Sachverhalte haben, gegen den notwendigen Harmonisierungsbedarf abzuwägen.

---

[85] Vgl. *A. Oestreicher,* Gewinnaufteilung, in: D. Endres/A. Oestreicher/W. Scheffler/U. Schreiber/C. Spengel (Hrsg.), Die internationale Unternehmensbesteuerung im Wandel, 2005, S. 85 ff.

[86] Vgl. *U. Schreiber,* StuW 2004, 220, 226; *D. Wellisch,* StuW 2004, 272 f.; *A. Oestreicher,* StuW 2002, 353 f.

[87] Vgl. Sachverständigenrat, JG 2004/05, Rdnr. 783; *C. Spengel,* ifo Schnelldienst Nr. 13/2004, 6.

E. Zusammenfassung in Thesen

1. Das EU-weite Steuergefälle und das Nebeneinander 25 verschiedener Steuersysteme beeinträchtigen die Funktionsfähigkeit des Binnenmarkts.

2. Deutschland ist im Bereich der Unternehmensbesteuerung ein Hochsteuerland. Dies beeinträchtigt die Wettbewerbsfähigkeit mittelständischer Unternehmen und gefährdet Arbeitsplätze sowie das nationale Steueraufkommen.

3. Haupteinflussfaktor für das EU-weite Steuergefälle sind die zwischenstaatlichen Unterschiede der tariflichen Steuersätze auf Unternehmensgewinne.

4. Eine (ausschließliche) Harmonisierung der Steuersätze ist politisch weder gewollt noch (aufgrund des Subsidiaritätsprinzips) notwendig. Die Senkung der tariflichen (und effektiven) Steuerbelastung ist Aufgabe der nationalen Gesetzgeber.

5. Die Abschottung der nationalen Steuerbemessungsgrundlagen ist ausschlaggebend für wesentliche Behinderungen der grenzüberschreitenden Geschäftstätigkeit im Binnenmarkt. Diese Behinderungen kollidieren mit den EU-rechtlichen Grundfreiheiten und können durch die nationalen Gesetzgeber nicht auf unilateralem Weg beseitigt werden.

6. Eine konsolidierte Bemessungsgrundlage mit formelhafter Gewinnaufteilung kann einen systematischen Beitrag zum Abbau dieser Behinderungen leisten.

7. Internationale Rechnungslegungsgrundsätze (IFRS) können Ausgangspunkt der konsolidierten Besteuerung sein; in diesem Fall sind sie auch der nationalen steuerlichen Gewinnermittlung zu Grunde zu legen.

8. Eine konsolidierte Besteuerung verschärft den Steuerwettbewerb in der EU und erfordert gleichzeitig eine Angleichung der Steuersätze i.S.v. Mindeststeuersätzen.

Diskussionsbericht zu dem Vortrag von Christoph Spengel

Dipl.-Kfm. Stefan Zimmermann

Im Anschluss an die fundierte Analyse des Referenten kam in der Diskussion zunächst die Grundunterscheidung zwischen innergemeinschaftlichen Fällen und Sachverhalten mit Drittstaatsberührung zur Sprache. Hier zeige sich, dass selbst bei einer EG-weiten Harmonisierung der Körperschaftsteuer die Probleme im Verhältnis zu Nicht-EU-Staaten erhalten bleiben.

Doch auch für sich genommen ist die Harmonisierung der Körperschaftsteuer mit erheblichen Problemen behaftet. So wurde v.a. die zentrale Frage aufgeworfen, wo letztlich die Wertschöpfung stattfinde. Denn diese gelte es zu besteuern. *Spengel* wies in diesem Zusammenhang zunächst auf den unbefriedigenden Status quo hin. Die derzeitige Gewinnaufteilung sei weder gerecht noch fair. Auch aufgrund von Verrechnungspreisen könne man nicht wissen, welche Gewinne wo entstehen. Man müsse die derzeitigen Regelungen der nationalen Steuerrechtsordnungen, des sekundären Gemeinschaftsrechts, vor allem aber auch der Doppelbesteuerungsabkommen kritisch hinterfragen und dürfe nicht automatisch annehmen, dass diese richtig seien. Die von ihm aufgezeigte Methode sei konzeptionell überlegen. Faktoren wie Lohnsumme, Immobilienwerte, etc. könnten genutzt werden, um zumindest näherungsweise festzustellen, wo Wertschöpfung entstehe.

Weiter wurde diskutiert, dass die Diskussion auf europäischer Ebene sich nahezu ausschließlich auf die Körperschaftsteuer beschränke. Zu Personengesellschaften werde kaum etwas gesagt. *Spengel* unterstrich, dass Personengesellschaften v.a. in Deutschland von Bedeutung seien (ca. 80 Prozent der Gesellschaften in Deutschland seien Personengesellschaften) und allenfalls noch in Österreich und Italien vergleichbare Wertschätzung genießen. International werde diese Gruppe nicht thematisiert; dort stünden vielmehr Kapitalgesellschaften im Zentrum des Interesses. Vor allem aus diesem Grund wurden Äußerungen zur Harmonisierung der unternehmensbezogenen Einkommensteuer auf europäischer Ebene allgemein vermieden; insoweit wird traditionell auf nationale Zuständigkeiten verwiesen.

In diesem Zusammenhang wurde auch das Modell eines einheitlichen Steuersatzes von *Paul Kirchhof* (25 Prozent linear) als pragmatische Zwischenlösung bewertet, die dem mehrheitlich in Personengesellschaften organisierten Mittelstand „Luft zum Atmen" gebe. Aus betriebswirtschaftlicher Sicht könne die Kombination aus einer verbreiterten Bemessungsgrundlage und einen damit möglichen niedrigeren Steuersatz Effizienzsteigerungen herbeiführen. Denn auf diese Weise ließen sich Verzerrungen reduzieren, die derzeit durch interperiodische Gewinnverlagerungen entstehen. Je niedriger und v.a. gleichmäßiger der Steuersatz ausgestaltet sei, desto geringer sei der Anreiz, die Verteilung der Gewinne auf die einzelnen Perioden zu beeinflussen. Folglich nehme dann die Verzerrung durch Zeiteffekte ab.

Ausgehend von diesen positiven Effizienzwirkungen wurden die Schwierigkeiten diskutiert, die Auswirkungen von Gesetzesvorschlägen tatsächlich zu quantifizieren und hier insbesondere das Ausmaß eines möglichen Selbstfinanzierungseffekts durch einen niedrigen Steuersatz abzuschätzen (Laffer-Effekt). Das Aufkommen aus der Körperschaftsteuer beträgt in Deutschland 13,1 Mrd. Euro für das Jahr 2004. Für 2005 werden 15,4 Mrd. Euro erwartet – bei einem gesamten Steueraufkommen von 448 Mrd. Euro. Eine Reduktion von 5 Prozentpunkten hätte keine dramatischen Auswirkungen auf die Finanzierung des Gesamthaushalts. Das Problem sei eher das politische Signal, denn optisch würde sich der Abstand zu den Personengesellschaften, die mit dem Einkommensteuer(spitzen)satz belastet werden, noch vergrößern. Dieser Unterschied sei jedoch tatsächlich nicht mehr so groß, wenn man berücksichtige, wie hoch das jeweils frei verwendbare Einkommen letztlich belastet sei. Für einen Vergleich müsste nämlich zusätzlich die Besteuerung einer Gewinnausschüttung der Kapitalgesellschaft auf der Ebene des Gesellschafters berücksichtigt werden. Wichtig sei, wieviel dem Gesellschafter im Ergebnis als disponibles Einkommen zur Verfügung stehe. Fortbestehende Diskriminierungen der Rechtsformen ließen sich durch die Einführung eines steuerneutralen Rechtsformwechsels ermöglichen. Die finanzwirtschaftlichen Konsequenzen einer solchen Reform seien indes nur schwer zu beziffern. Eine Quantifizierung des auf die Besteuerung von Gesellschaftern von Personengesellschaften entfallenden Einkommensteueraufkommens sei nicht möglich, da die verschiedenen Einkunftsarten (hier die Einnahmen aus Gewerbebetrieb) bei der Veröffentlichung nicht gesondert aufgeführt würden. Vielmehr stünden in der öffentlichen steuerpolitischen Diskussion nur unzureichende Eckdaten zur Verfügung. So werde für das Jahr 2005 ein Aufkommen von 8,9 Mrd. Euro für die veranlagte Einkommensteuer und 119,3 Mrd. für die Lohnsteuer erwartet.

Daran schloss sich die Frage nach der Notwendigkeit einer sog. *dual income tax* an. Der häufig als „scheues Reh" bezeichnete Produktionsfaktor Kapital verfüge über eine sehr hohe Mobilität. Müsste man im Rahmen des internationalen Steuerwettbewerbs auf seine Besteuerung letztlich ganz verzichten? Dies wurde allgemein verneint. Der Staat könne sich nicht nur durch konsumorientierte Steuern finanzieren. Außerdem gelte auch der Grundsatz der Äquivalenz: Steuern seien auch als Beitrag für das Nutzen der Infrastruktur zu sehen und folglich auch von Steuerpflichtigen mit Kapitaleinkünften zu zahlen. Die differenzierte Behandlung von Kapital- und Arbeitseinkommen könnte eine geringere und damit international wettbewerbsfähige Belastung des Produktionsfaktors Kapital ermöglichen.

Die Mobilität der Arbeitnehmer nehme zwar ebenfalls zu. Allerdings sei diese Mobilität quantitativ nur eingeschränkt mit der des Kapitals vergleichbar, so dass hier keine steuerpolitischen Reaktionen auf Wanderungsbewegungen nötig seien.

Abschließend wurde betont, dass letztlich eine europaweite Harmonisierung dringend notwendig sei, um Arbitrage und das sog. *free riding* zu verhindern.

Zimmermann

Wettbewerb der Rechtsordnungen oder Europäisierung des Steuerrechts?

Johanna Hey

A. Einführung

Die Kluft zwischen Steuerwettbewerbsadepten und Harmonisierungsbefürwortern ist tief.[1] Während die einen die weitgehende Harmonisierung auch des Steuerrechts für das Funktionieren des Gemeinsamen Marktes für unerlässlich erachten, befürchten die anderen Gleichmacherei und bürokratische Bevormundung. Ursache des Disputs sind grundverschiedene wirtschafts- und staatstheoretische Konzepte. Doch ob dem Wettbewerb oder einer Harmonisierung der Vorzug zu geben ist, kann nicht allein anhand theoretischer Modelle beantwortet werden, sondern hängt auch davon ab, inwieweit die mit diesen verbundenen Effekte in der Rechtswirklichkeit Niederschlag finden.

B. Begriffsklärung

Ein erstes Klarstellungsbedürfnis besteht hinsichtlich der Begrifflichkeit. Sehr viel häufiger als vom „Wettbewerb der (Steuer-)Rechtsordnungen" ist vom „Steuerwettbewerb" die Rede. Dies wirft die Frage auf, ob es sich lediglich um unterschiedliche Bezeichnungen ein und desselben Phänomens oder um unterschiedliche Phänomene handelt.

In dem Gegensatzpaar „Wettbewerb der Rechtsordnungen" und „Europäisierung (durch Harmonisierung)" lässt sich der Wettbewerb zwischen unterschiedlichen Rechtsordnungen als Entdeckungsverfahren[2] zum Auffinden der besten Lösung verstehen. Ohne Harmonisierung entwickeln die einzelnen Rechtsordnungen unterschiedlichste Problemlösungen. Es werden Antworten gefunden und erprobt, die auf einer zentralen Ebene nicht gefunden

---

[1] Zu dieser Auseinandersetzung s. etwa den Bericht von *P. Morton*, ET 2005, 25, über das gemeinsame Seminar „Tax Competition versus Tax Harmonisation" des CFE Fiscal Committees und des Centre for European Policy Studies (CEPS).

[2] *F. A. v. Hayek*, Der Wettbewerb als Entdeckungsverfahren (1968), in: M. Streit (Hrsg.), Rechtsordnung und Handelsordnung. Aufsätze zur Ordnungsökonomik, 2003.

würden. Die nationalen Steuerrechtssysteme bilden eine Art Ideenreservoir. Erweist sich eine Problemlösung als den anderen überlegen, wird sie, so die weitere Annahme, von allen Staaten, die ähnliche Probleme haben, übernommen und dies führt zu einer *selbsttätigen* Harmonisierung auf dem besten konzeptionellen Niveau.[3] Der Wettbewerb der Steuerrechtsordnungen ist folglich von der Hoffnung auf eine evolutionäre Entwicklung des Steuerrechts hin zu einer besseren Ordnung geprägt.

Mit dem Begriff des „Steuerwettbewerbs" ist ein solches Qualitätsurteil dagegen nicht verbunden. Vielmehr charakterisiert der Begriff des Steuerwettbewerbs ein Teilsegment des allgemeinen Standortwettbewerbs, bei dem Staaten sowohl um Steuersubstrat als auch allgemein um Arbeitsplätze und Investitionen konkurrieren.[4] Ziel ist es, ausländische Investitionen durch möglichst attraktive (steuerliche) Rahmenbedingungen anzuziehen. Selbst ein Verzicht auf Steuereinnahmen kann dabei für den im Wettbewerb agierenden Staat im Rahmen einer Gesamtbetrachtung vorteilhaft sein, etwa wenn es zur Schaffung von Arbeitsplätzen durch zusätzliche Investitionen kommt und hierdurch die sozialen Sicherungssysteme entlastet werden. Zudem führt die Senkung der Steuersätze keineswegs zwingend zu Mindereinnahmen. Im Gegenteil sind Aufkommenssteigerungen zu erwarten, wenn ausreichend zusätzliches Steuersubstrat ins Inland gelockt wird. Gerade bei mobilen Steuerquellen spricht viel für die Wirksamkeit des *Laffer*-Theorems und den Selbstfinanzierungseffekt von Steuersenkungen. Ziehen zusätzliche Inlandsinvestitionen keine oder nur geringfügige Infrastrukturkosten nach sich, wie etwa im Fall von Finanzdienstleistungen, dann ergibt sich selbst bei niedrigen Steuersätzen ein positiver Saldo. Dabei sind aus Wettbewerbssicht solche Strategien besonders Erfolg versprechend, die eine gezielte Begünstigung nur der mobilen Faktoren, am besten zusätzlich beschränkt auf ausländische Investoren, verfolgen. Im Steuerwettbewerb werden die Steuerquellen besteuert, derer der Staat habhaft werden kann, entweder weil sie immobil sind oder – wenn es sich um mobile Steuerquellen handelt – weil sie dem Angebot niedriger Steuerbelastung folgen. Anders als im Wettbewerb der Steuerrechtsordnungen geht es dabei gerade nicht um das aus systematischer Sicht beste System, mit dem sich am ehesten Steuergleichheit verwirklichen lässt, sondern um das unter Wettbewerbsbedingungen aufkommensstärkste System.

---

[3] Hierzu insb. Report of the Committee of Independent Experts on Company Taxation (*Ruding*-Bericht), Brüssel/Luxemburg 1992 (deutsche Fassung BT-Drucks. 13/4138 vom 18.03.1996), Kap. 7 und 8; krit. *C. Esser*, Internationaler Steuerwettbewerb – Vorteile und Gefahren, IFSt-Schrift Nr. 422, Bonn 2004, 35.

[4] *C. Esser*, Internationaler Steuerwettbewerb – Vorteile und Gefahren, IFSt-Schrift Nr. 422, Bonn 2004, 10 ff.

C. Wettbewerb um Steuersubstrat

I. Vor- und Nachteile aus theoretischer Sicht

Die Theorie des Steuerwettbewerbs setzt den Wettbewerb der Staaten um Investitionen, Kapital, Arbeitsplätze und Steuerquellen gleich mit dem Wettbewerb von Unternehmen um Abnehmer. Dabei differenzieren die theoretischen Modelle des Steuerwettbewerbs i.d.R. nicht zwischen dem Wettbewerb um Steuersubstrat und dem Wettbewerb um das beste Steuersystem. Inhaltlich konzentrieren sie sich aber auf den Steuersubstratwettbewerb.

Zugunsten des Steuerwettbewerbs wird angeführt, er helfe, den Leviathan zu bändigen, wirke sich einerseits mäßigend auf das Ausgabeverhalten aus und zwinge gleichzeitig zu Effizienzsteigerungen im Angebot öffentlicher Güter.[5] Denn in der von einem Investor anzustellenden Gesamtschau ist nur der Standort attraktiv, der trotz niedriger Steuerlasten ein gutes staatliches Infrastrukturangebot unterbreiten kann. Allerdings verkennt dieser Ansatz, dass der Staat vielfältige Möglichkeiten der Erwirtschaftung von Einnahmen hat. Aufkommensverzichte bei den mobilen Steuerquellen (insbesondere Kapital) müssen nicht zwangsläufig zu Einsparungen und Effizienzsteigerungen führen, sondern können durch Steuererhöhungen an anderer Stelle auf weniger mobile Steuerquellen substituiert werden.[6]

Gleichzeitig soll der Steuerwettbewerb zum Abbau von Vorschriften führen, die ausländische Investoren diskriminieren, mithin zu einer Öffnung der nationalen Steuersysteme und Verminderung internationaler Doppelbelastungen und -besteuerungen. Ein solches Verhalten ist theoretisch betrachtet rational. In praxi bedarf es gleichwohl häufig der Intervention des EuGH, um die Mitgliedstaaten zur Abschaffung diskriminierender Praktiken zu bewegen. Zugleich verhängen die Mitgliedstaaten, die im Wettbewerb ins Hintertreffen geraten, gegen Steuerinländer gerichtete Beschränkungen, um diese von einer Abwanderung oder der Verlagerung von Steuersubstrat ins Ausland abzuhalten.[7] Damit kommt es zu neuerlichen Wettbewerbsverzerrungen. Diese begründen die Hauptkritik am Steuerwettbewerb. Punktuelle Steuervergünstigungen für besonders mobile Steuerquellen oder ausländische Investoren werden in einem „Wettbewerb der Steuergeschenke" erkauft

---

[5] *J. Edwards/M. Keen*, Tax competition and Leviathan, European Economic Review 1996, 113 ff.

[6] *J. Hey*, Harmonisierung der Unternehmensbesteuerung in Europa, 1997, S. 103.

[7] Tendenz zur Verschärfung des Außensteuerrechts, vgl. StSenkG v. 23.10.2000 (BGBl. I, 1433); UntStFG v. 20.12.2001 (BGBl. I, 3858) und StVergAbG v. 16.05.2003 (BGBl. I, 660), vgl. auch *W. Ritter*, Nationale Steuerverschärfung als Beitrag zum internationalen Steuerwettbewerb?, in: FS für L. Fischer, Berlin 1999, S. 179.

durch eine Verlagerung der Steuerlast auf die weniger mobilen Faktoren Arbeit und Konsum. Deshalb wird der befürchtete *race to the bottom* im Bereich der mobilen Steuerquellen, an dessen Ende rein theoretsich ein Körperschaftsteuersatz von 0 Prozent, ja sogar ein negativer Steuersatz stehen kann, wohl erst sehr spät die Handlungsfähigkeit des Staates beschneiden, nämlich erst dann, wenn diese Entwicklung nicht mehr durch Belastung anderer Steuerquellen aufgefangen werden kann.

II. Maßnahmen gegen unfairen Steuerwettbewerb

Um die verzerrenden und damit schädlichen Wirkungen des Steuerwettbewerbs einzudämmen und die beteiligten Staaten von einer „beggar-my-neighbour-policy" abzuhalten, sind sowohl auf EU-Ebene[8] als auch auf OECD-Ebene[9] Maßnahmen zur Bekämpfung unfairen Steuerwettbewerbs entwickelt worden. Im – rechtlich unverbindlichen – Verhaltenskodex der EU gegen unfairen Steuerwettbewerb werden unfaire Praktiken definiert. Dies ermöglicht es, die nationalen Steuerrechtsordnungen anhand eines einheitlichen Maßstabs zu durchleuchten.

Als schädlich bezeichnet der Verhaltenskodex vor allem
– die Gewährung von Vorteilen nur an Gebietsfremde bzw. für Transaktionen, an denen Gebietsfremde beteiligt sind;
– Vorteile, die für den heimischen Markt nicht zur Verfügung stehen, und keine Auswirkungen auf die nationale Steuergrundlage haben (ringfencing);
– Vorteile, die ohne Rücksicht auf das Vorhandensein tatsächlicher wirtschaftlicher Tätigkeit gewährt werden;
– Sonderregeln für die Gewinnermittlung multinationaler Unternehmensgruppen, die vom OECD-Standard abweichen; mangelnde Transparenz der Maßnahmen, nachsichtige Handhabung der Rechtsvorschriften auf Verwaltungsebene.

Im sog. Primarolo-Report[10] wurden die nationalen Vorschriften zusammengetragen, die gegen diese Kriterien verstoßen. Derart an den Pranger gestellt, besteht die Hoffnung, dass die Mitgliedstaaten von selbst als unfair identifizierte Maßnahmen unterlassen. I.d.R. bedarf es jedoch rechtlicher Nachhilfe. Hierzu hat die EU-Kommission den Verhaltenskodex flankierend

---

[8] Verhaltenskodex zur Bekämpfung schädlichen Steuerwettbewerbs v. 01.12.1997, ABl. EG 1998 Nr. C 2/2 Anhang 1, BR-Drucks. 814/97.
[9] Aktuell: OECD, The OECD's Project on Harmful Tax Practices: The 2004 Progress Report, Paris 2004; dazu *I. Hofbauer*, Aktuelles aus dem Bereich „Harmful Tax Competition" – Der 2004-Progress-Report, SWI 2004, 238.
[10] Bericht der Gruppe „Verhaltenskodex" an den Rat „Wirtschaft und Finanzen" für die Tagung am 29.11.1999, Press Release Nr. 4901/99 v. 29.02.2000.

das Beihilferecht in Stellung gebracht.[11] Verhaltenskodexwidrige Maßnahmen erfüllen i.d.R. auch das Merkmal der Selektivität des Art. 87 Abs. 1 EG-Vertrag, so dass ihre Abschaffung bei Uneinsichtigkeit des unfair agierenden Mitgliedstaates im Wege des Vertragsverletzungsverfahrens durchgesetzt werden kann.

III. Vom unfairen zum fairen Steuersubstratwettbewerb

Weder unter den Verhaltenskodex noch unter Art. 87 EG-Vertrag lässt sich dagegen eine allgemeine Absenkung der Steuerbelastung auf mobile Faktoren fassen. So ist ein allgemein niedriger Körperschaftsteuersatz, wie ihn Irland in Abkehr zu den früheren unfairen Praktiken der nur für Steuerausländer erhältlichen Steuervergünstigungen der Dublin Docks und der Shannon Area seit 2001 offeriert, rechtlich nicht zu beanstanden. Auch der Europäische Gerichtshof hat bisher in niedrigen Steuersätzen keine unfaire, zur Abwehr berechtigende Maßnahme gesehen.[12] Mit seiner gegen Beschränkungsverbote des Herkunftsstaates gerichteten Rechtsprechung hat er den Steuerwettbewerb eher noch beflügelt. Lediglich rein künstliche Gestaltungen, mit denen Steuersubstrat in Niedrigsteuerländer verlagert wird, soll sich unter dem Aspekt der Missbrauchsabwehr bekämpfen lassen.[13] Ein neuer Zungenschlag findet sich allerdings in der Rechtssache *Marks & Spencer*. Hier ist – ohne Beschränkung auf missbräuchliche Gestaltungen im engeren Sinne – vom berechtigten Interesse der Mitgliedstaaten an der Abwehr von Steuerflucht durch Ausnutzen des Steuergefälles zwischen den Mitgliedstaaten die Rede.[14]

Die Maßnahmen der EU gegen unfairen Steuerwettbewerb zeigen, wie das Beispiel Irlands belegt, durchaus Wirkung. Die Mitgliedstaaten schaffen ihre unfairen Praktiken ab[15] und verlegen sich weitgehend auf den fairen Steuersatzwettbewerb. Die Senkung der Körperschaftsteuersätze innerhalb der

---

[11] Mitteilung der Kommission über die Anwendung der Vorschriften über staatliche Beihilfen auf Maßnahmen im Bereich der direkten Unternehmensbesteuerung, BStBl. I 1999, 205.

[12] EuGH v. 16.07.1998 Rs. C-264/96 – *ICI*, Slg. 1998, I-4695, Rz. 26; EuGH v. 26.10.1999 Rs. C-294/97 – *Eurowings*, Slg. 1999, I-7447, Rz. 43 f.

[13] EuGH v. 16.07.1998 Rs. C-264/96 – *ICI*, Slg. 1998, I-4695, Rz. 26; EuGH v. 26.09.2000 Rs. C-478/98 – *Eurobonds*, Slg. 2000, I-7587, Rz. 37 ff.; EuGH v. 08.03.2001 Rs. C 397/98 – *Metallgesellschaft*, Slg. 2001, I-1727, Rz. 57; EuGH v. 12.12.2002 Rs. C-324/00 – *Lankhorst-Hohorst*, Slg. 2002, I-1179; EuGH v. 21.11.2002 Rs. C-436/00 – *X und Y*, Slg. 2002, I-10829, Rz. 61.

[14] EuGH v. 13.12.2005 Rs. C-446/03, Rz. 49, einschränkend interpretiert in den Schlussanträgen zur Rs. *Cadbury Schweppes* v. 02.05.2006, Rs. C-196/04, Rz. 102 ff.

[15] Deutlich im Vergleich der OECD-Berichte von 2000 und 2004, vgl. *C. Esser*, Internationaler Steuerwettbewerb – Nationale und internationale Maßnahmen zur Eindämmung „schädlichen Steuerwettbewerbs", IFSt-Schrift Nr. 427, Bonn 2005, S. 43 ff.

Hey

letzten 15 Jahre, der verstärkte Einsatz niedriger Abgeltungssteuern auf Zinseinkünfte, die Einführung Dualer Einkommensteuern in den Nordischen Staaten[16] – all dies ist Ausdruck eines sich stetig verschärfenden *fairen* Steuerwettbewerbs.

Entwicklung der Körperschaftsteuersätze (in vH) in der EU seit 1980							
	1980	1985	1991	1999	2003	2005	UStSatz 2005
Belgien	48	45	39	39	33,99	33,99	21
Dänemark	37	50	38	34	30	30	25
Deutschland	56/36	56/36	50/36	40/30	26,5/39,4	25/38,6	16
Finnland	-	-	23	28	29	26	22
Frankreich	50	50	34/42	33,33	33,33	33,33	19,6
Griechenland	-	49	46/40	35	35	32	19
Großbritannien	52	40	35	31	30	30	17,5
Irland	45	50/10	43/10	32	12,5	12,5	21
Italien	36,3	47,8/36	47,8/36	37	34	33	20
Luxemburg	45,5	45,5	33,3	30	22,88	22,88	15
Niederlande	46	42	35	35	34,5	31,5	19
Österreich	55/27,5	55/27,5	30	34	34	25	20
Portugal	51,2/44	51,2/44	36	34	30	25	21
Schweden	40	52	33	28	28	28	25
Spanien	33	33	35	35	35	35	16
EU ∅	46	46,9	40,1	33,7	30,7	29,12	19,8
zum Vergleich: Durchschnitt der Einkommensteuerspitzensätze 2002: **45 %**							

IV. Ausmaß des fairen Steuersubstratwettbewerbs

Dabei ist die Attraktivität eines Standorts allerdings nur schwer quantifizierbar. Am einfachsten lassen sich nominelle Steuersätze vergleichen. Deshalb werden an ihnen häufig Aussagen über die Qualität eines Steuerstandortes festgemacht. Von seiner Signalwirkung nicht zu unterschätzen, ist der nominelle Steuersatz jedoch letztlich wenig aussagekräftig, wenn die Be-

---

[16] Dazu *J. Hey*, in: C. Herrmann/G. Heuer/A. Raupach, Einf. KStG (Stand: Sept. 1999) Anm. 225; *J. Englisch*, Die Duale Einkommensteuer – Reformmodell für Deutschland? IFSt-Schrift Nr. 432, Bonn 2005, 20 ff.

messungsgrundlage außer Acht gelassen wird, auf die dieser Steuersatz angewendet wird. Dies gilt umso mehr, als mit der Senkung der Unternehmensteuersätze häufig eine Verbreiterung der Bemessungsgrundlage einhergeht, so dass sich ein niedriger Steuersatz als irreführendes Lockangebot entpuppen kann. Da die sehr viel aussagekräftigeren effektiven Steuerbelastungsvergleiche[17] aber nur auf der Grundlage konkreter Investitionsszenarien angestellt werden können, lassen sich ihre Aussagen nur bedingt verallgemeinern. Deshalb wird – vor allem auf politischer Ebene – häufig auch mit Steuer- und Abgabenquoten argumentiert. Soweit nicht einzelne Steuerarten in den Blick genommen werden, sind auf dieser Grundlage aber keine Aussagen zur Wettbewerbsfähigkeit eines Standortes möglich, da hier nur die wettbewerbsrelevanten Steuern eine Rolle spielen. Deshalb ist etwa der (zutreffende) Hinweis, Deutschland habe nach der Slowakei die niedrigste Steuerquote innerhalb der EU, irreführend. Nicht die absolute Steuerquote, sondern der Steuermix, die Verteilung des Aufkommens zwischen direkten und indirekten Steuern, entscheidet über die Wettbewerbsfähigkeit eines Steuerstandortes. Und selbst Belastungsquoten, bezogen auf den mobilen Faktor Kapital, sind nur begrenzt aussagekräftig, wenn nicht zwischen unternehmerischen und privaten Kapitaleinkommen differenziert wird.[18]

Auch das Ausmaß der Verlagerung der Steuerlasten von den mobilen hin zu den immobilen Steuerquellen lässt sich nur schwer abschätzen. Die bloße Betrachtung von Körperschaft- und Einkommensteuersätzen ist zu grob, da auch der Einkommensteuer mobiles Kapitaleinkommen unterliegt. So lässt sich feststellen, dass im gleichen Zeitraum, in dem die Körperschaftsteuersätze signifikant gesunken sind, auch die Einkommensteuerspitzensätze – wenn auch in geringem Ausmaß – gefallen sind.[19] Die Einkommensteuer kann Steuersatzsenkungen bei der Körperschaftsteuer selbst in den Staaten, in denen das Gros der Unternehmen anders als in Deutschland der Körperschaft- und nicht der Einkommensteuer unterliegt, nicht beliebig auffangen, da auch qualifiziertes „Humankapital" heutzutage mobil ist. Einfacher sind die Verlagerungstendenzen anhand eines Vergleichs zwischen Körperschaft- und Umsatzsteuersatz zu quantifizieren. Es existiert durchaus eine Korrelation zwischen niedrigen Körperschaftsteuersätzen und vergleichsweise hohen Umsatzsteuersätzen.[20]

---

[17] Vgl. etwa die Berechnungen von *Ernst & Young* und ZEW, Company Taxation in the New EU Member States, 2003; *U. Schreiber*, StuW 2004, 212 ff.
[18] *M. Broer/F. Schneider*, Unternehmensteuerbelastung im internationalen Vergleich, BB 2005, 1419 (1424).
[19] Vgl. *J. Hey*, in: C. Herrmann/G. Heuer/A. Raupach, Einf. KStG (Stand: Sept. 1999) Anm. 448 Tabelle 3.
[20] Vgl. die Abbildung oben S. 300 und die nachfolgende Abbildung.

	2003	2005	weitere Entwicklung	USt 2005
Zypern	10/15	10/15	10	15
Estland	0/26	0/26	0/20 (bis 2007)	18
Tschechien	31	28	24 (bis 2006)	19
Ungarn	18	16	15 evtl. 12	25
Lettland	19	15		18
Litauen	15	15		18
Malta	35	35		18
Polen	27	19		22
Slowakei	25	19		19
Slowenien	25	25		20
Neue Mitgliedstaaten EU ⌀	**23,1**	**20,8**	**19,7**	**19,2**

V. Möglichkeiten der Eindämmung des fairen Steuersubstratwettbewerbs?

Anders als gegen die unfairen, selektiven Maßnahmen des Steuerwettbewerbs, denen mit Mitteln des Europarechts Einhalt geboten werden kann, scheint der faire Steuersatzwettbewerb kaum zu stoppen.

Zwar ist im Zuge der dramatischen Verschärfung des Steuerwettbewerbs durch den Beitritt der neuen EU-Mitgliedstaaten

im Jahr 2004 die Forderung nach einem Mindestkörperschaftsteuersatz erhoben worden.[21] Dass es in absehbarer Zeit zu der notwendigerweise einstimmigen Annahme eines Steuersatzkorridors kommt, ist jedoch mehr als unwahrscheinlich, zumal die osteuropäischen Mitgliedstaaten – aber auch Irland – mit ihrer Taktik niedriger Steuersätze sehr positive Erfahrungen gemacht haben. Die Rechnung geht – jedenfalls vorübergehend – auf. Durch vermehrte Investitionen aus dem Ausland bleiben die Steuereinnahmen trotz niedriger Sätze stabil oder steigen sogar, zugleich wird der Staat durch die Schaffung zusätzlicher Arbeitsplätze entlastet. Zwar treten die steuerlichen Standortvorteile in den Hintergrund, sobald die anderen Mitgliedstaaten nachziehen. Doch der „First-mover-Effekt" ist nicht zu unterschätzen und bleibt den Mitgliedstaaten über einen längeren Zeitraum erhalten, da die auf

---

[21] S. Handelsblatt v. 28.05.2004; ablehnend *J. Hey*, StuW 2004, 193 (206); *C. Esser*, Internationaler Steuerwettbewerb – Vorteile und Gefahren, IFSt-Schrift Nr. 422, Bonn 2004, 107 f.

dieser Grundlage getroffenen Investitionsentscheidungen i.d.R. nicht unmittelbar wieder revidiert werden.

VI. Steuersubstratwettbewerb versus Direkttransfers

Unter dem Aspekt des Steuerdumpings ist alternativ zu Mindestkörperschaftsteuersätzen in Erwägung gezogen worden, diejenigen Mitgliedstaaten, die Steuermindereinnahmen aufgrund niedriger Unternehmensteuersätze durch Inanspruchnahme der europäischen Strukturfonds kompensieren, von den Transfers abzukoppeln. Diese Rechnung wird jedoch nicht aufgehen, denn i.d.R. sind niedrige Steuersätze gerade nicht mit geringen Aufkommen verbunden. So ist der Anteil des Körperschaftsteueraufkommens am BIP in Irland trotz eines mit 12,5 Prozent halb so hohen Steuersatzes fast viermal so hoch wie in Deutschland,[22] wobei allerdings auch Steuerstrukturunterschiede nicht außer Acht gelassen werden dürften. Das deutsche Körperschaftsteueraufkommen ist in erster Linie deshalb so niedrig, weil Unternehmen mehrheitlich personalistisch organisiert sind und damit der Einkommensteuer unterliegen. Gegen ein Junktim zwischen europäischen Transfers und einem bestimmten Unternehmensteuerniveau spricht indes vor allem, dass die Mitgliedstaaten, die aus eigener Kraft durch die Schaffung eines attraktiven Investitionsumfeldes Kapital anziehen, ohnehin früher aus den europäischen Transfers herauswachsen. Der Steuerwettbewerb begünstigt die Aufholmöglichkeiten der ökonomisch weniger weit entwickelten Staaten.[23]

D. Wettbewerb der Steuerrechtsordnungen

I. Flexibilität und Vielfalt im Wettbewerb der Rechtsordnungen

Wenden wir den Blick nun vom Steuersubstratwettbewerb zum Systemwettbewerb der nationalen Rechtsordnungen. Für eine Rechtsevolution im Wettbewerb der Mitgliedstaaten wird vor allem die größere Flexibilität und Vielfalt sowie die Wahrung der nationalstaatlichen Souveränität angeführt. Mit einer zentral gesteuerten Rechtsangleichung verknüpft sich dagegen die Befürchtung, es werde – schon deshalb, weil es sich notwendig um Kompromisse handelt – eine weniger geeignete Lösung allen übergestülpt. Zudem ermöglicht der „Wettbewerb der Rechtsordnungen", flexibel den nationalen

---

[22] OECD-Revenue Statistics 2004; *M. Broer/F. Schneider*, BB 2005, 1419 (1422).
[23] Europäisches Parlament, Tax Co-ordination in the EU: the latest position, Working paper 2002 ECON 128 EN, S. 69.

Eigenheiten Rechnung zu tragen.[24] Hierfür besteht insbesondere aufgrund der Wechselbezüglichkeiten mit anderen, ebenfalls nicht harmonisierten Rechtsgebieten ein Bedürfnis. Kann der einzelne Mitgliedstaat frei entscheiden, so wird er aus anderen Rechtsordnungen nur die Regelungen importieren, die sich in das rechtliche Umfeld der eigenen Rechtsordnung einpassen lassen. Diese Vorteile eines Wettbewerbs der Steuerrechtsordnungen sollen den Nachteil der durch das Nebeneinander von 25 Steuerrechts-ordnungen erhöhten Befolgungskosten der Steuerpflichtigen[25] überwiegen. Schließlich wird gegen eine Rechtsangleichung auf EU-Ebene auch das Demokratiedefizit[26] europarechtlicher Legislativakte angeführt – im modernen Steuerrecht mit der Tradition von „no taxation without representation"[27] ein gewichtiges Argument.

II. Betonung des Wettbewerbs als Antwort auf die Schwerfälligkeit der Harmonisierungspolitik

Von Beginn der 1990er Jahre an setzte auch die EU-Kommission verstärkt auf den Systemwettbewerb. Dieser Rückzug auf die Koordinierung des Systemwettbewerbs – deutlich zum Ausdruck gebracht im Monti-Bericht[28] – kann als Reaktion auf die ablehnende Haltung der Mitgliedstaaten zu den umfassenden Harmonisierungsvorschlägen des Ruding-Reports[29] gedeutet werden. Nicht mehr Einheitlichkeit stand im Vordergrund, sondern Abbau diskriminierender und beschränkender Regelungen. So wurden zu Beginn der 1990er Jahre verschiedene Richtlinienvorschläge zurückgezo-

---

[24] *J Lang*, Besteuerung in Europa zwischen Harmonisierung und Differenzierung, in FS für H. Flick, Köln 1997, S. 873 ff.

[25] *P. Morton*, ET 2005, 25.

[26] *J. Lang*, in: K. Tipke/J. Lang, Steuerrecht, 18. Aufl., Köln 2005, § 2 Rz. 47; aber auch umgekehrt besteht die Befürchtung, der Steuerwettbewerb enge den Spielraum demokratisch legitimierter Entscheidungen ein, vgl. dazu *C. Esser*, Internationaler Steuerwettbewerb – Vorteile und Gefahren, IFSt-Schrift Nr. 422, Bonn 2004, 57 ff. Dieses Argument dürfte aber in erster Linie auf den Steuersubstratwettbewerb zutreffen.

[27] Dazu *A. Pausch*, No Taxation without Representation, DStZ/A 1976, 235.

[28] Kommission der Europäischen Gemeinschaft v. 22.10.1996, Die Steuern in der Europäischen Union, KOM (96) 546 endg.

[29] *Ruding*-Bericht (Fn. 3): Plädoyer für eine Harmonisierung auf der Basis eines Shareholder-Relief-Systems.

gen.³⁰ Ein Vorentwurf für eine Gewinnermittlungs-Richtlinie wurde wegen offensichtlicher Aussichtslosigkeit nicht weiterverfolgt.³¹

III. Harmonisierung im Wettbewerb der Steuerrechtsordnungen?

1. Selbsttätige (stille) Harmonisierung

Eine selbsttätige Angleichung im Wettbewerb der Rechtsordnungen hat gegenüber einer Harmonisierung nicht nur politisch, sondern auch rechtlichen Vorrang, wenn sie gleich effektiv ist. Das Subsidiaritätsprinzip steht einer Harmonisierung von oben allerdings nur dann entgegen, wenn der Systemwettbewerb tatsächlich zu einem Abbau oder einer Angleichung der für die Errichtung oder das Funktionieren des Gemeinsamen Marktes hinderlichen nationalen Vorschriften führt.³²

Bemerkenswerterweise lässt sich dies gerade für den Regelungsbereich der Körperschaftsteuersysteme, der über Jahrzehnte ganz im Zentrum der – erfolglosen – Harmonisierungsbemühungen³³ stand, bejahen. Die große Bandbreite von Vollentlastungs- über Teilentlastungs- bis hin zu klassischen Systemen ist einer allgemeinen Hinwendung zu sog. Shareholder-Relief-Systemen gewichen. Zwar hat sich auch diese Entwicklung nicht ganz ohne äußeren Druck vollzogen. Die Abschaffung des auf Inlandssachverhalte beschränkten Vollanrechnungsverfahrens in Deutschland geschah nicht zuletzt vor dem Hintergrund eines drohenden Vertragsverletzungsverfahrens.³⁴ Andere Staaten zogen aus den Entscheidungen des EuGH in den Rechtssachen *Verkooijen*³⁵, *Lenz*³⁶ und *Manninen*³⁷ die Konsequenz, diskri-

---

³⁰ Richtlinienvorschlag zu grenzüberschreitenden Zins- und Lizenzzahlungen vom 28.11.1990 (ABl. EG Nr. C 53 v. 28.02.1998, S. 26) 1993 zurückgezogen; Richtlinienvorschlag zu einem gemeinsamen Körperschaftsteuersystem vom 01.08.1975, ABl. EG 1975 Nr. C 253, zurückgezogen 1990 (Mitteilung der Kommission SEK (90) 601 endg., BR-Drucks. 160/90).

³¹ S. *F.-C. Zeitler/R. Jüptner*, BB Beil. 17/1988 und *R. Kreile*, DB Beil. 18/1988.

³² S. dazu auch *J. Hey*, in C. Herrmann/G. Heuer/A. Raupach, Einf. KStG (Stand: Sept. 1999) Anm.69.

³³ Vgl. Bericht des Steuer- und Finanzausschusses, Kommission der Europäischen Wirtschaftsgemeinschaft (Neumark-Bericht), Brüssel 1962; *Van den Tempel*, Corporation Tax and Individual Income Tax, Brüssel 1970; Vorschlag einer RL des Rates zur Harmonisierung der KStSysteme und der Regelungen der Quellensteuer auf Dividenden v. 01.08.1975, ABl. EG Nr. C 253 vom 05.11.1975; ergänzt durch Vorschlag v. 24.07.1978, ABl. EG Nr. C 184 v. 02.08.1978, S. 8.

³⁴ Sog. *Rädler*-Verfahren, s. jetzt Rs. *Meilicke*, Vorlage des FG Köln v. 24.06.2004, EFG 2004, 1374 Rs. C-292/04.

³⁵ EuGH v. 06.06.2000 Rs. C-35/98 – *Verkooijen*, Slg. 2000, I-4071.

³⁶ EuGH v. 15.07.2004 Rs. C-315/02 – *Lenz*, IStR 2004, 522.

minierende Vollentlastungssysteme gegen auch auf grenzüberschreitende Sachverhalte anwendbare Teilentlastungsverfahren einzutauschen. Selbsttätig war die Angleichung aber insofern, als es keines Einschreitens des Gemeinschaftsgesetzgebers bedurfte. Begünstigt wurde die Verbreitung der Shareholder-Relief-Systeme durch die Absenkung der Körperschaftsteuersätze im Steuersatzwettbewerb, denn das Belastungsprinzip der heute gebräuchlichen Shareholder-Relief-Verfahren beruht auf einer niedrigen Vorbelastung auf Unternehmensebene, kombiniert mit einer niedrigen Nachbelastung beim Anteilseigner.[38] Damit hat sich im Wege selbsttätiger Rechtsangleichung das System durchgesetzt, das sich am einfachsten grenzüberschreitend verwirklichen lässt und das bei überschlägiger Betrachtung zu einer Aufkommensteilung zwischen dem Sitzstaat der ausschüttenden Kapitalgesellschaft und dem Ansässigkeitsstaat des Anteilseigners führt, ohne dass es eines besonderen Finanzausgleichs bedarf. Ungeachtet dieser Stärken im grenzüberschreitenden Sachverhalt stellen Teilentlastungsverfahren, was die Vermeidung wirtschaftlicher Doppelbelastung angeht, gegenüber den zuvor praktizierten Vollentlastungssystemen jedoch einen Rückschritt dar,[39] so dass die Frage, ob sich das aus steuersystematischer Sicht beste System im Wettbewerb durchgesetzt hat, verneint werden muss.

In den meisten anderen Bereichen hat die selbsttätige Rechtsangleichung bisher versagt und damit ist auch die erhoffte Einbeziehung von Auslandssachverhalten ausgeblieben, da diese vielfach ohne eine Vereinheitlichung der nationalen Normen nicht verwirklicht werden kann. Sehr deutlich wird dies anhand der jüngst vom EuGH beurteilten grenzüberschreitenden Konsolidierung.[40] Eine zeitnahe grenzüberschreitende Verlustverrechnung im Konzern unter Einbeziehung ausländischer Tochtergesellschaften würde zum einen eine Angleichung der sehr stark divergierenden Verlustverrechnungsvorschriften[41] erfordern, zum anderen ein Clearing System, um zu verhindern, dass Verluste sich primär im Staat der Muttergesellschaft aufkommensmindernd auswirken, obwohl in der Systematik des Quellenstaatsprinzips die Verantwortung für die Verlustverrechnung vorrangig beim Quellenstaat, d.h. dem Ansässigkeitsstaat der Tochtergesellschaft, liegt.[42]

---

[37] EuGH v. 07.09.2004 Rs. C-319/02 – *Manninen*, Slg. 2004, I-7477.
[38] „Integration through double taxation", vgl. *J. Hey*, Unternehmenssteuerreform, DStJG-Sonderband, Köln 2001, 5 (8).
[39] Vgl. den von 78 Professoren unterzeichneten Aufruf von *Th. Siegel*, „Verteidigt das Anrechnungsverfahren gegen unbedachte Reformen!", BB 2000, 1269 f.
[40] Vgl. EuGH v. 13.12.2005 Rs. C-446/03 – *Marks & Spencer*.
[41] Übersicht bei *M. Scheunemann*, IStR 2005, 303 (309).
[42] So auch EuGH v. 13.12.2005 Rs. C-446/03 – *Marks & Spencer*, Rz. 55. Die Nachbesteuerung im Staat der Muttergesellschaft, sobald die Tochtergesellschaft wieder Gewinne erwirtschaftet, kann dieses Risiko nur unvollkommen auffangen, da sich die Durchsetzung der Nachversteuerung häufig schwierig gestaltet.

Die vorgefundenen Unterschiede in den Verlustverrechnungsregimen haben auch den EuGH zur Zurückhaltung veranlasst. Nachdem der Gerichtshof in der Vergangenheit die Verwirklichung der Grundfreiheiten ohne Rücksicht auf den Grad der Harmonisierung und die Harmonisierungsbereitschaft der Mitgliedstaaten eingefordert hat, deutet sich in der Rechtssache *Marks & Spencer* eine Wende an, indem er die grenzüberschreitende Verlustverrechnung nur als ultima ratio zur Vermeidung eines vollständigen Ausfalls der Verlustverrechnung fordert, alle weiteren Maßnahmen aber in die Harmonisierungskompetenz des Gemeinschaftsgesetzgebers verweist[43].

2. Einvernehmliche Beseitigung internationaler Doppelbesteuerung?

Die fehlende Rechtsangleichung steht der Verwirklichung des Binnenmarktes als Ursache von Mehr-, gelegentlich aber auch Minderbelastungen der grenzüberschreitenden Betätigung in vielen Bereichen entgegen, gleichwohl sind die Mitgliedstaaten zumeist nicht zu einer Harmonisierung, noch nicht einmal zu einer Koordinierung ihrer nationalen Vorschriften bereit. So haben die Mitgliedstaaten das Koordinierungsangebot der EU-Kommission nach der EuGH-Entscheidung in der Rechtssache Lankhorst-Hohorst ausgeschlagen, obwohl es auf der Hand liegt, dass unterschiedliche Gesellschafterfremdfinanzierungsregime innerhalb der EU zu Friktionen führen.[44] Praktisch alle Mitgliedstaaten bringen § 8a KStG ähnelnde Regelungen zur Anwendung.[45] Da aber Kriterien und Rechtsfolgen unzulässiger Gesellschafterfremdfinanzierung ganz unterschiedlich ausgestaltet sind, kommt es entweder zu Doppelbelastungen oder es besteht die Gefahr der doppelten Nichtbelastung.[46]

Dass die Mitgliedstaaten so wenig Engagement zeigen, internationale Doppelbesteuerungen als Haupthemmnis grenzüberschreitender Betätigung systematisch zu beseitigen, liegt sicherlich auch daran, dass nach wie vor nicht gerichtlich geklärt ist, ob internationale Doppelbesteuerung europa-

---

[43] EuGH v. 13.12.2005 Rs. C-446/03 – *Marks & Spencer*, Rz. 58.
[44] *J. Hey*, in: K. Tipke/J. Lang, Steuerrecht, 18. Aufl., Köln 2005, § 11 Rz. 85.
[45] *W. Kessler/R. Obser*, IStR 2004, 187.
[46] Letzterer begegnet die deutsche Finanzverwaltung, indem die Umqualifizierung bei einer deutschen Muttergesellschaft in gem. § 8b Abs. 1 KStG steuerfreie Dividenden davon abhängig gemacht wird, dass die Tochtergesellschaft nicht zum Abzug ihres Zinsaufwandes berechtigt war, vgl. BMF Anwendungsschreiben v. 15.07.2004, BStBl. I 2004, 593 Rdnr. 27. Der umgekehrte Fall der Doppelbesteuerung, zu der es kommen kann, wenn der Staat der ausländischen Muttergesellschaft, die nach § 8a KStG bereits in Deutschland besteuerten Aufwendungen den Zinseinkünften zuordnet und nochmals besteuert, ist ungelöst.

Hey

rechtswidrig ist.[47] Wenn man aber – wie dies neuerdings auch der EuGH tut[48] – zur Beurteilung der steuerlichen Situation des grenzüberschreitenden Sachverhalts eine Gesamtbetrachtung anstellt, dann folgt hieraus meines Erachtens zwingend, dass auch solche Nachteile, die erst aus dem Zusammenspiel zweier oder mehrerer Staaten resultieren, gegen die Grundfreiheiten verstoßen.[49] Allerdings stellt sich dann die Frage, welcher der beteiligten Staaten zur Beseitigung einer Doppelbesteuerung verpflichtet ist, auf sein Besteuerungsrecht zu verzichten. Dem EG-Vertrag lassen sich keine Hinweise auf eine zwischenstaatliche Zuteilung der Steuerquellen entnehmen.[50] Vielmehr besteht insoweit eine Gesamtschuld beider beteiligter Staaten. Im Übrigen respektiert der EuGH die durch das OECD-Musterabkommen getroffene Verteilung der Besteuerungsrechte.[51] Sollte sich die Erkenntnis, dass internationale Doppelbesteuerung gemeinschaftsrechtswidrig ist, durchsetzen, mag dies den Prozess der Beseitigung derartiger Besteuerungskonflikte beflügeln. Der bloße Umstand des Steuerwettbewerbs war dazu bisher nicht in der Lage.

3. Harmonisierende Wirkung der Rechtsprechung des Europäischen Gerichtshofs?

Allerdings befördert selbst drohende Europarechtswidrigkeit und die Rechtsprechung des EuGH die selbsttätige Harmonisierung im Systemwettbewerb nur bedingt. Zwar zwingt der Anwendungsvorrang des Europarechts[52] nicht nur den Mitgliedstaat, dessen Vorschrift unmittelbar Gegenstand eines Vertragsverletzungsverfahrens ist, zur Beseitigung des europarechtswidrigen Zustandes, sondern auch alle übrigen Mitgliedstaaten mit vergleichbaren Normen. Doch zum einen ermöglicht die Vielgestaltigkeit

---

[47] Vgl. *J. Englisch*, Dividendenbesteuerung. Europa- und verfassungsrechtliche Vorgaben im Vergleich der Körperschaftsteuersysteme Deutschlands und Spaniens, Diss. Köln 2005, S. 252 f.

[48] Insb. in EuGH v. 07.09.2004 Rs. C-319/02 – *Manninen*, Slg. 2004, I-7477; EuGH v. 13.12.2005 Rs. C-446/03 – *Marks & Spencer* Rz. 47 f.

[49] Ebenso *A. Cordewener*, Europäische Grundfreiheiten und nationales Steuerrecht, Köln 2002, S. 877; *W. Schön*, in Gedächtnisschrift für B. Knobbe-Keuk, Köln 1997, S. 743 (773); *J. Englisch*, Dividendenbesteuerung. Europa- und verfassungsrechtliche Vorgaben im Vergleich der Körperschaftsteuersysteme Deutschlands und Spaniens, Diss. Köln 2005, S. 253 f.

[50] *J. Hey*, in C. Herrmann/G. Heuer/A. Raupach, Einf. KStG (Stand: Sept. 1999) Anm. 124; ebenso *J. Englisch*, Dividendenbesteuerung. Europa- und verfassungsrechtliche Vorgaben im Vergleich der Körperschaftsteuersysteme Deutschlands und Spaniens, Diss. Köln 2005, S. 256 ff.; *A. Cordewener*, Europäische Grundfreiheiten und nationales Steuerrecht, Köln 2002, S. 880.

[51] EuGH v. 13.12.2005 Rs. C-446/03 – *Marks & Spencer* Rz. 46: Rechtfertigungsgrund: Wahrung der Aufteilung der Besteuerungsrechte.

[52] Vgl. nur EuGH v. 15.07.1964 Rs. 6/64 – *Costa/E.N.E.L.*, Slg. 1964, 1251.

der nationalen Steuerrechtsordnungen den Mitgliedstaaten Ausflüchte, indem sie die Unterschiede betonen, um ihren Anpassungspflichten nicht nachkommen zu müssen. Zum anderen macht der EuGH grundsätzlich keine Vorgaben, wie der europarechtswidrige Zustand zu beseitigen ist, sondern überlässt dies der Gestaltungsfreiheit der nationalen Gesetzgeber, die insofern auch frei sind, ob sie die Ungleichbehandlung durch Begünstigung des Auslandssachverhalts oder Schlechterstellung des Inlandssachverhalts abstellen. Wie unterschiedlich die Reaktionen auf EuGH-Entscheidungen ausfallen können, zeigt etwa die Reaktion auf die gegen die Niederlande gerichtete Rechtssache Bosal,[53] aus der die Niederlande die Konsequenz gezogen haben, den Abzug von Beteiligungsaufwand auch bei ausländischen Schachtelbeteiligungen zu gewähren,[54] während Deutschland genau umgekehrt durch Ausdehnung von § 8b Abs. 5 KStG den Inlandssachverhalt dem Auslandssachverhalt angepasst hat.[55]

4. Mangelnde Effizienz der Europäisierung im Wettbewerb der Systeme

Insgesamt lässt sich festhalten, dass es bisher eher zufällig und nur in wenigen Bereichen zu einer selbsttätigen Angleichung des Rechts im Wettbewerb der Steuerrechtsordnungen und damit zum Abbau der durch die Verschiedenartigkeit hervorgerufenen Hindernisse für die Entfaltung des Binnenmarktes gekommen ist. Der Systemwettbewerb, die stille Harmonisierung ist damit unter Subsidiaritätsgesichtspunkten gegenüber einer Harmonisierung durch den Gemeinschaftsgesetzgeber jedenfalls nicht *gleich* geeignet. Enttäuscht werden zudem die Erwartungen, im Systemwettbewerb setze sich die systematisch „beste" Lösung durch. Diese Erwartung kann schon deshalb nicht in Erfüllung gehen, weil die Auffassungen darüber, was die beste Lösung ist, zwischen Steuerstaat, Steuerpflichtigen und Wissenschaft naturgemäß auseinander gehen. Zwar wird Rechtsvergleichung nicht nur von Seiten der Wissenschaft betrieben, sondern auch das Bundesfinanzministerium fahndet im Ausland nach Antworten auf Probleme der nationalen Rechtsordnung. Doch tendiert der Steuergesetzgeber dazu, sich aus dem reichhaltigen Angebot steuerrechtlicher Problemlösungen diejenigen Regelungen herauszusuchen, die bei möglichst geringem Widerstand und Verwaltungsaufwand möglichst hohe Steuereinnahmen erzeugen.

---

[53] EuGH v. 18.09.2003 Rs. C-168/01 – *Bosal*, Slg. 2003, I-9409.
[54] *I. Dörr/C. Küppers*, IWB 2005, Niederlande, Fach 5, Gruppe 2 S. 411 (419).
[55] Durch ProtErklG v. 22.12.2003, BGBl. I 2003, 2840.

E. Fortbestehende Notwendigkeit der Koordinierung und Harmonisierung auf Gemeinschaftsebene

Damit bleibt in erheblichem Umfang ein Bedürfnis nach Koordinierung durch den Gemeinschaftsgesetzgeber. Gerade wenn sich der EuGH, wie es sich in den jüngsten Entscheidungen andeutet,[56] zurückzieht, ist der Ball wieder in das Feld der Mitgliedstaaten gespielt. Unter dem Gesichtspunkt der Gewaltenteilung zwischen EuGH und Gemeinschaftsgesetzgeber ist die neue Zurückhaltung zu begrüßen[57]. Mit nachlassendem Druck durch den EuGH dürften Einigungen der Mitgliedstaaten auf Harmonisierungsmaßnahmen indessen eher noch unwahrscheinlicher werden. Wenn sich die Mitgliedstaaten hinter dem Systemwettbewerb zurückziehen, um ihre Untätigkeit und Abneigung gegenüber der Abgabe von Souveränität auf steuerlichem Gebiet zu verbrämen, ist dies aus der Sicht von Nationalstaaten nachvollziehbar, der Verwirklichung des Binnenmarktes aber abträglich.

Dabei ist es gar nicht erforderlich, die Mitgliedstaaten auf ein europäisches Einheitssteuerrecht zu verpflichten. In einer Balance zwischen Unter- und Überregulierung[58] besteht nicht die Gefahr, dass die Vielfalt mitgliedstaatlicher Vorstellungen über Steuergerechtigkeit eingeebnet wird. Im Zentrum der Bemühungen sollte die konsequente Vermeidung internationaler Doppelbesteuerung stehen, aber auch, um keine verzerrenden Gestaltungsanreize zu setzen, die Vermeidung doppelter Nichtbesteuerung. Hierzu könnten sich die Mitgliedstaaten – unter weitgehender Beibehaltung ihrer nationalen Steuerrechtsordnungen – in einem über den status quo des OECD-Musterabkommens hinausgehenden Ausmaß auf eine gerechte Aufkommensverteilung verständigen (z.B. Zuordnung von stillen Reserven, Verantwortung für Verlustverrechnung). Die Entwicklung eines EU-Musterabkommen zur Herstellung einer konsistenten Steuerabgrenzung im Binnenmarkt wäre ein wichtiger Schritt in diese Richtung, der noch nicht zu einer Angleichung zwingt.[59]

Soll der Binnenmarkt auch steuerlich noch stärker zusammenwachsen, führt indessen kein Weg an einer Angleichung vorbei. Deshalb ist es zu begrüßen, dass die Kommission 2001 ihre Zurückhaltung aufgegeben hat

---

[56] Insb. *Marks & Spencer* v. 13.12.2005 Rs C-446/03; ferner EuGH v. 12.07.2005 Rs. C-403/03 – *U. Schempp*, IStR 2005, 565; EuGH v. 05.07.2005 Rs. C-376/03 – „D", IStR 2005, 483.

[57] Dazu *M. Mössner*, Der EuGH als Steuergesetzgeber, ASA 2004, 673 ff

[58] Statement *von Sixten Korman*, wiedergegeben bei *P. Morton*, ET 2005, 25

[59] Vgl. Mitteilung der Kommission der Europäischen Gemeinschaften an den Rat, das Europäische Parlament und den Wirtschafts- und Sozialausschuss: Ein Binnenmarkt ohne steuerliche Hindernisse (Strategie zur Schaffung einer konsolidierten Bemessungsgrundlage für die grenzüberschreitende Unternehmenstätigkeit in der Europäischen Union) v. 23.10.2001, KOM (2001) 582 endg., s. BR-Drucks. 971/01, S. 17, wo die Kommission als Zwischenschritt zu einem EU-Musterabkommen notwendige Anpassungen des OECD-Musterabkommens ankündigt.

und neuerdings wieder mit Harmonisierungsplänen für den Bereich der Unternehmensbesteuerung aufwartet.[60] Das für 2008 in Angriff genommene Ziel einer Harmonisierung der körperschaftsteuerrechtlichen Bemessungsgrundlage ist gewiss ehrgeizig. Doch eine europaweite Konzernbesteuerung ist nur auf der Grundlage einer harmonisierten Bemessungsgrundlage denkbar. Sie ist Voraussetzung für eine Einigung über die Verteilung des Konzernergebnisses zwischen den beteiligten Mitgliedstaaten. Die Festlegung der gemeinsamen Bemessungsgrundlage sollte sich jedoch – ausgehend von der gemeinsamen Basis IAS/IFRS[61] – im Wettbewerb der nationalen Gewinnermittlungssysteme vollziehen, indem die besten Lösungen aus allen Systemen in die gemeinsame Bemessungsgrundlage einfließen. Dies mag es den Mitgliedstaaten erleichtern, einer derartigen Harmonisierungsmaßnahme zuzustimmen. Dass inzwischen alle Mitgliedstaaten, auch die ausgewiesenen Harmonisierungsgegner Großbritannien und Irland, zumindest fachlich am Projekt der „Consolidated Common Corporate Tax Base" mitwirken, dürfte auch auf den wachsenden Druck des Steuersubstratwettbewerbs zurückzuführen sein, dem man mit der gemeinsamen Bemessungsgrundlage Einhalt zu gebieten hofft.[62] Das Projekt könnte damit Modellcharakter für den Ausgleich zwischen dem Wettbewerb der Rechtsordnungen einerseits und einer moderaten Harmonisierung andererseits entwickeln.

---

[60] S. Mitteilung der Kommission an den Rat, das Europäische Parlament und den Wirtschafts- und Sozialausschuss: Steuerpolitik in der Europäischen Union – Prioritäten für die nächsten Jahre v. 23.05.2001, KOM (2001) 260 endg., ABl. EG 2001 Nr. C 284, 6 ff., BR-Drucks. 4449/01; Mitteilung der Kommission v. 23.10.2001 (Fn. 59), auf der Grundlage des umfangreichen Arbeitsdokuments der Kommissionsdienststellen v. 23.10.2001: „Unternehmensbesteuerung im Binnenmarkt" s. www.//europa.eu.int/comm/besteuerung_customs/publications/official_doc/sec/sec.htm; zum Arbeitsfortschritt der Kommission s. Mitteilung der Kommission an den Rat, das Europäische Parlament und den Europäischen Wirtschafts- und Sozialausschuss – Ein Binnenmarkt ohne unternehmenssteuerrechtliche Hindernisse: Ergebnisse, Initiativen, Herausforderungen v. 24.11.2003, KOM (2003) 726 endg.
[61] IAS/IFRS als „starting point" vgl. Mitteilung der Kommission v. 23.10.2001 (Fn. 59), Rdnr. 5.18; vgl. auch *N. Herzig*, Wpg. 2005, 211 ff.
[62] Zu diesen Zusammenhängen auch *U. Schreiber*, Unternehmensbesteuerung im Binnenmarkt. Angleichung der Gewinnermittlung und des Satzes der Körperschaftsteuer?, StuW 2004, 212 ff.

Hey

Wettbewerb der Gesetzgeber
im europäischen Gesellschaftsrecht

Christoph Teichmann

Deutsche Unternehmer beklagen häufig den bürokratischen Formalismus der deutschen Rechtsordnung. Sie dürfen nun aufatmen – so scheint es – denn unter www.tschuess-deutschland.de können sie schnell und unbürokratisch ihr Unternehmen in die Rechtsform einer englishen *Private Limited Company* kleiden. „England hat ein sehr einfaches Gesellschaftsrecht", so wird man dort informiert, und die Gründung einer englischen Gesellschaft kostet nur wenige britische Pfund – während die Gründung einer GmbH nicht selten schon daran scheitert, dass hierfür ein Mindestkapital von 25.000 Euro aufzubringen ist.

Es ist offenbar ein neuer Markt entstanden: ein Markt für Rechtsformen von Unternehmen. Er reicht weit über die Grenzen der deutschen Rechtsordnung hinaus; denn theoretisch stehen nicht nur englische, sondern auch Rechtsformen aus allen anderen EU-Mitgliedstaaten zur Auswahl. Wie stets, wenn sich unverhofft neue Geschäftsfelder eröffnen, ist nicht jede werbende Aussage für bare Münze zu nehmen und die Lobpreisung des Händlers über sein Produkt mit Vorsicht zu genießen.[1] Dennoch besteht gerade für deutsche Juristen kein Anlass, das Phänomen auf die leichte Schulter zu nehmen. Denn das Vordringen ausländischer Rechtsformen auf deutschem Boden stellt die Rechtsanwender aller Berufsgruppen vor neue Herausforderungen. *Private Limited Companies* werden in größerer Zahl als früher vor deutschen Gerichten auftauchen; Rechtsberater werden ihren Rat suchenden Mandanten die Vor- und Nachteile im Vergleich zu traditionellen deutschen Rechtsformen erläutern müssen; und auch der Gesetzgeber nimmt die Konkurrenz von der anderen Seite des Ärmelkanals ernst und denkt bereits laut

---

[1] Englische Juristen sehen das englische Gesellschaftsrecht etwas kritischer als die im Internet auftretenden Limited-Anbieter: „Too much of British company law frustrates, inhibits, restricts and undermines. It is over-cautious, placing too high a premium on regulation and avoidance of risk. ... significant parts are outmoded or have become redundant, and they are enshrined in law that is often unnecessarily complicated and inaccessible." (Final Report der Company Law Review Steering Group: Modern Company Law – For a Competitive Economy, Volume I, S. ix). Der Bericht wurde im Auftrag des britischen Department of Trade and Industry (DTI) erstellt, um eine Reform des englischen Gesellschaftsrechts vorzubereiten. Das DTI hat dazu im März 2005 ein umfangreiches White Paper zur Reform des Gesellschaftsrechts vorgelegt (abrufbar über www.dti.gov.uk/cld).

darüber nach, auf welche Weise die Rechtsform der GmbH für deutsche Unternehmen attraktiver ausgestaltet werden kann.[2]

Dies sind erste Anzeichen für einen Wettbewerb der Gesetzgeber, der in Europa bislang kaum existierte, in den USA hingegen schon lange zum Alltag gehört. Dort entscheiden Gesellschaften über ihren Sitz entsprechend dem Gesellschaftsrecht, dem sie sich unterstellen wollen. Dies hat zur Folge, dass derzeit etwa 50 Prozent der US-amerikanischen Großunternehmen nach dem Gesellschaftsrecht des kleinen US-Bundestaates Delaware organisiert sind. Wie es dazu kam, wird *unter A.* untersucht, ebenso die Bewertung dieser Entwicklung im US-amerikanischen Schrifttum. Daran schließt sich *unter B.* die Frage an, ob eine vergleichbare Entwicklung auch in der Europäischen Gemeinschaft denkbar ist. Dies wird *unter C.* näher spezifiziert hinsichtlich der Vor- und Nachteile, die ein Wettbewerb der Gesetzgeber unter den besonderen Bedingungen des Europäischen Binnenmarktes mit sich bringt.

A. Wettbewerb der Gesetzgeber in den USA

I. „... not a penny contributed by the people"

Der in der Überschrift auszugsweise zitierte Ausspruch stammt vom Gouverneur des Staates New Jersey und lautet in vollständiger Fassung: „Of the entire income of the government, not a penny was contributed directly by the people"[3]. Gouverneur *Wilson* verkündete damit am Ende des neunzehnten Jahrhunderts das Resultat eines fiskalischen Geniestreichs. Sein Bundesstaat New Jersey hatte als erster US-amerikanischer Bundesstaat die Gründung von Handelsgesellschaften (*Corporations*) liberalisiert. Bis 1894 hatte es dazu einer vom Parlament zu erteilende Zustimmung (sog. *Charter*) bedurft. New Jersey schaffte dieses schwerfällige Verfahren ab und erlaubte die einfache und unkomplizierte Errichtung von Gesellschaften zu nahezu jedem denkbaren Zweck. Es folgte ein derartiger Boom von Gesellschaftsgründungen, dass *Wilson* seinen Bürgern wenige Jahre mitteilen konnte, dass New Jersey seinen gesamten Staatshaushalt aus den Einnahmen der Registrierung

---

[2] S. hierzu nur den jüngst erschienenen Beitrag von *H.-J. Priester*, Unternehmensgründergesellschaft statt „GmbH-light", Zeitschrift für Wirtschaftsrecht (ZIP) 2006, 161 f.; außerdem *P. Hommelhoff/C. Teichmann*, Das Recht der GmbH im Wettbewerb der Gesetzgeber, Studentische Zeitschrift für Rechtswissenschaft (StudZR) 2006, 3 ff.; aktuell: RefE v. 29.05.2006 (unter www.bmj.bund.de).

[3] Dieses vielfach anzutreffende Zitat findet sich bspw. bei *O. Sandrock*, Ein amerikanisches Lehrstück für das Kollisionsrecht der Kapitalgesellschaften, RabelsZ 42 (1978), S. 227, 236.

von Gesellschaften decken und auf die Besteuerung seiner Bürger verzichten könne.

Es begann alsbald ein Wettlauf um das liberalste Gesellschaftsrecht, denn auch andere US-Bundesstaaten blieben nicht untätig.[4] Der Nachbarstaat Delaware führte im Jahre 1899 ein liberales Gründungsrecht nach dem Vorbild New Jerseys ein und errang 1917 erstmals die Führungsposition bei der Zahl neuer Registrierungen. Dass ein derartiger Wettstreit überhaupt möglich wurde, hat seinen Grund in mehreren Eigenarten des US-amerikanischen Gesellschaftsrechts: Zunächst muss eine US-amerikanische Gesellschaft ihren Registersitz nicht am Ort ihrer Haupttätigkeit haben. So ist es möglich, dass die in New York an der Börse notierten Unternehmen ihre Produktionsstätten beispielsweise in Kalifornien, ihren registrierten Sitz aber in Delaware haben. Unter dem Sitz versteht das US-amerikanische Recht lediglich den Ort, der in der Satzung als Sitz definiert und an dem die Gesellschaft im Handelsregister eingetragen ist. Er bezeichnet letztlich nur die Rechtsordnung, die der Gesellschaft die Rechtsfähigkeit verliehen hat. Geht es um Fragen des anwendbaren Rechts, respektiert das US-amerikanische Kollisionsrecht die Entscheidung der Gesellschaft für einen bestimmten Staat und wendet das Gesellschaftsrecht des Gründungsstaates an.[5] Im US-amerikanischen Gesellschaftsrecht besteht damit die Freiheit der Rechtswahl.[6] Dies ist deshalb relativ unproblematisch, weil das US-amerikanische Gesellschaftsrecht eine geringere Reichweite hat als beispielsweise das deutsche.[7] Die internen Angelegenheiten, also insbesondere die Rechtsstellung der Aktionäre und der Geschäftsleitung, richten sich nach dem Ort der Inkorporierung. Die Interessen Dritter hingegen sind traditionell nicht Ge-

---

[4] S. zum Wettbewerb der Gesetzgeber aus der Fülle der mittlerweile hierzu erschienenen Literatur bspw. die Beiträge von: *W. Ebke*, Unternehmensrecht und Binnenmarkt – E pluribus unum?, RabelsZ 62 (1998), S. 195 ff.; *St. Grundmann*, Wettbewerb der Regelgeber im europäischen Gesellschaftsrecht – jedes Marktsegment hat seine Struktur, ZGR 2001, S. 783 ff.; *H. Merkt*, Das Europäische Gesellschaftsrecht und die Idee des „Wettbewerbs der Gesetzgeber", RabelsZ 59 (1995), 545 ff.; *P. A. Papmehl*, Delaware Corporate Law: Entstehungsgeschichte und Gründe für den Führungsanspruch im US-Gesellschaftsrecht, ZVglRWiss 101 (2002), 200 ff.; *O. Sandrock*, Ein amerikanisches Lehrstück für das Kollisionsrecht der Kapitalgesellschaften, RabelsZ 42 (1978), 227 ff.; weiterhin die Monographien von *E.-M. Kieninger*, Wettbewerb der Privatrechtsordnungen im Europäischen Binnenmarkt, 2002, *K. Heine*, Regulierungswettbewerb im Gesellschaftsrecht, 2003 und *C. Teichmann*, Binnenmarktkonformes Gesellschaftsrecht, 2006 (im Druck), § 6 I.
[5] Diese auch als „Gründungstheorie" bezeichnete kollisionsrechtliche Lehre unterscheidet sich deutlich von der in Deutschland bislang angewandten „Sitztheorie", die auf den Ort der Hauptverwaltung abstellt; dazu näher unter B. I.
[6] Teilweise überlagern allerdings diejenigen Bundesstaaten, in denen die Gesellschaften ihr Haupttätigkeitsfeld haben, das Recht des Inkorporationsstaates durch den Erlass sog. *Outreach Statutes* (näher *E.-M. Kieninger* [Fn. 4], S. 109 ff. und *O. Sandrock* [Fn. 3], S. 246 ff.).
[7] Näher *W. Ebke* (Fn. 4), S. 214, *E.-M. Kieninger* (Fn. 4), S. 106 ff.

genstand des Gesellschaftsrechts, sondern folgen einer anderen Anknüpfung. Beispielsweise richtet sich das Arbeitsrecht nach dem Ort der Beschäftigung; und im Insolvenzrecht, das die Interessen der Gläubiger betrifft, gibt es bundesrechtliche Regelungen, die für alle Bundesstaaten einheitlich gelten.[8] Auch der kollisionsrechtliche Verweis auf das Gründungsrecht erfasst nur die inneren Angelegenheiten der Gesellschaft (*Internal Affairs Rule*).

II. Gründe für die Führungsstellung Delawares

Delaware hat, wie berichtet, dem Staat New Jersey sehr schnell den Rang abgelaufen. Diese Führungsrolle hat es bis heute nicht eingebüßt. Unmittelbarer Auslöser für das Überholmanöver war eine Reform des Gesellschaftsrechts von New Jersey. *Wilson*, der damals im Wahlkampf um das Präsidentenamt stand, betrieb im Jahre 1913 den Erlass mehrerer Reformgesetze zur Bekämpfung von Monopolen und untersagte dabei unter anderem die Gründung von Holding-Gesellschaften.[9] Politisch sollte dies die Ansiedelung kleiner Unternehmen fördern und die Expansion des Großkapitals eindämmen. Der unmittelbare Effekt war indessen ein Abwandern der großen Gesellschaften nach Delaware.

Dies allein erklärt aber noch nicht, aus welchen Gründen Delaware seine Führungsposition seitdem beständig behaupten konnte. Bis heute entscheiden sich die meisten großen Kapitalgesellschaften, darunter viele börsennotierte Unternehmen, für das Gesellschaftsrecht von Delaware.[10] Dies liegt nicht unbedingt daran, dass in Delaware stets das „beste" Gesellschaftsrecht anzutreffen ist. Die amerikanische Wissenschaftlerin *Roberta Romano* hat in einer ausführlichen Studie nachgewiesen, dass die besten Ideen keineswegs immer aus Delaware kommen.[11] Viele Innovationen im Gesellschaftsrecht stammen aus anderen Staaten, Delaware ist aber unter den „Nachahmern" immer einer der ersten. Offenbar rührt die besondere Attraktivität von Delaware also auch daher, dass die dort registrierten Gesellschaften sich darauf verlassen können, dass die Gesetzgebung in diesem Staat besonders schnell

---

[8] Weitere Ausführungen zur Aufteilung zwischen einzelstaatlicher und bundesgesetzlicher Gesetzgebung im US-amerikanischen Unternehmensrecht bei *W. Ebke* (Fn. 4), S. 216 ff.

[9] *M. A. Papmehl* (Fn. 4), S. 215 ff., *O. Sandrock* (Fn. 3), S. 236.

[10] Aus der Gruppe der sog. *Fortune 500* sind mehr als 50 Prozent in Delaware registriert (*P. A. Papmehl* [Fn. 4], S. 200).

[11] *R. Romano*, Law as a Product: Some Pieces of the Incorporation Puzzle, Journal of Law, Economics and Organization 1 (1985), S. 225 ff. Von den Vorzügen des US-amerikanischen Wettbewerbs der Gesetzgeber handelt ausführlich ihr Werk „The Genius of American Corporate Law" (1993). Vgl. hierzu aus dem deutschsprachigen Schrifttum namentlich *P. A. Papmehl* (Fn. 4), S. 215.

auf neue Entwicklungen reagiert.[12] Außerdem hat die anhaltend hohe Dichte von Gesellschaften zu einer sich selbst tragenden Entwicklung geführt: Gerichte und Anwaltschaft in Delaware verfügen über derart viel Erfahrung und Sachverstand im Gesellschaftsrecht, dass die Unternehmen sich dort auf eine besonders qualifizierte Rechtspflege verlassen können. Da Delaware ein kleiner Staat ist, werden die Rechtsfälle auch von einer überschaubaren Zahl von Richtern entschieden, was ebenso zur Zuverlässigkeit und Vorhersehbarkeit der Rechtspflege beiträgt. Die entscheidenden Faktoren für den dauerhaften Erfolg Delawares liegen also in „*Predictability and Stability*"[13] – Vorhersehbarkeit und Stabilität – der dortigen Rechtsordnung.

III. Bewertung des gesetzgeberischen Wettbewerbs in der US-amerikanischen Diskussion

1. „Race to the bottom"

Dass Delaware sich seine Führungsposition mit einem besonders effizienten Rechtssystem erarbeitet hat, dürfte mittlerweile weithin anerkannt sein. Uneinig ist man sich hingegen in der inhaltlichen Bewertung der Rechtsregeln, die der Wettbewerb hervorgebracht hat. Kritiker haben lange Zeit behauptet, der Wettbewerb im Gesellschaftsrecht führe zu einem „*race to the bottom*".[14] Die Einzelstaaten würden sich in ihrem Wettbewerb vor allem darin überbieten, die Rechte der Aktionäre zu reduzieren, um für das Management der Gesellschaft möglichst attraktiv zu erscheinen. Der Hintergrund dessen ist, dass faktisch zumeist das Management die Vorentscheidung über den Sitz der Gesellschaft trifft. Die meisten in Delaware ansässigen Gesellschaften wurden dort nämlich nicht gegründet, sondern siedeln sich im Wege der Sitzverlegung in Delaware an, nachdem sie eine gewisse Größe erreicht haben. In großen Kapitalgesellschaften besteht indessen immer das Problem,

---

[12] Aus rechtsstaatlich-demokratischer Sicht problematisch ist allerdings der Einfluss außerparlamentarischer Kreise auf die Gesetzgebung in Delaware. Es ist ein offenes Geheimnis, dass die meisten Gesetzgebungsvorschläge von den Schreibtischen der großen Anwaltskanzleien kommen und das Parlament ohne jede Debatte passieren. Diese besondere „Effizienz" der Gesetzgebung in Delaware beschreibt *S. C. Alva*, Delaware and the Market for Corporate Charters: History and Agency, 15 Delaware Journal of Corporate Law (1990) 885 ff.; vgl. dazu die kritische Bewertung bei *C. Teichmann*, Binnenmarktkonformes Gesellschaftsrecht, 2006, § 6 II 2 a.

[13] *R. Romano*, Law as a Product (Fn. 11), S. 281.

[14] Auslöser war namentlich die vehemente Kritik von *W. L. Cary*, Federalism and Corporate Law: Reflections upon Delaware, Yale Law Journal 83 (1974), 663 ff. Zur „race to the bottom"-These aus dem deutschsprachigen Schrifttum bspw. *St. Grundmann* (Fn. 4), S. 786, *K. Heine* (Fn. 4), S. 122 f. und *C. Teichmann* (Fn. 4), § 6 I 2.

dass die einzelnen Aktionäre wegen ihrer vergleichsweise geringen Beteiligung zu einer qualifizierten Willensbildung nicht in der Lage sind und bei Abstimmungen auf der Hauptversammlung zumeist den Vorschlägen des Management folgen.

In den Frühzeiten des gesetzgeberischen Wettbewerbs wurde in Delaware beispielsweise ganz unverhohlen mit dem Hinweis geworben: „Eine Prüfung der Bücher der Gesellschaft ist unter dem Recht von Delaware sehr viel schwieriger zu erreichen als unter dem Recht jedes anderen Staates."[15] Wenn aber die Prüfung der Bücher nicht erreichbar ist, kann die Leistung des Management letztlich nicht kontrolliert werden. Es verwundert daher nicht, dass das Recht der Rechnungslegung in den USA heutzutage nicht mehr in die Zuständigkeit der Einzelstaaten fällt, sondern bundesweit einheitlich geregelt ist. Offenbar hat sich auch in den USA die Auffassung durchgesetzt, dass nicht jede Materie dem Wettbewerb der Gesetzgeber anheimgestellt werden sollte.

Ein Bereich der weiterhin dem einzelstaatlichen Recht unterfällt, ist das Übernahmerecht. Aus ökonomischer Sicht ist der Übernahmemechanismus grundsätzlich als positiv anzusehen, weil schon die Furcht vor einer feindlichen Übernahme das Management dazu anspornt, den Aktienkurs auf einem hohen Niveau zu halten. Wenn die Kurse sinken, wird das Unternehmen für den Erwerber billiger und die Übernahme wahrscheinlicher. Die Übernahme ist dann aber auch ein Indiz dafür, dass die Werte des Unternehmens vom bisherigen Management nicht optimal genutzt werden. Aus rechtlicher Sicht stellt sich die Frage, ob es dem Management einer Gesellschaft erlaubt sein soll, sich gegen die Übernahme der Gesellschaft durch einen Kaufinteressenten zur Wehr zu setzen. In der US-amerikanischen Rechtspraxis hat das Management auch und gerade unter dem Recht von Delaware vielfältige Möglichkeiten, eine unerwünschte Übernahme der Gesellschaft zu verhindern.[16] Kritiker sehen darin einen Beleg dafür, dass der Wettbewerb der Gesetzgeber eher dem Management diene als den Aktionären.

2. „Race to the top"

Der Behauptung, der Wettbewerb führe zu einem *Race to the bottom*, lässt sich allerdings entgegenhalten, dass kein Aktionär gezwungen ist, die Aktien einer in Delaware registrierten Gesellschaft zu kaufen.[17] Da letztlich

---

[15] Zitiert bei *P. A. Papmehl* (Fn. 4), S. 213.
[16] Hierzu *L. A. Bebchuk/A. Cohen/A. Ferrell*, Does the Evidence favor State Competition in Corporate Law?, California Law Review 90 (2002) 1775 ff.
[17] Grundlegend *M. Winter*, State Law, Shareholder Protection, and the Theory of the Corporation, The Journal of Legal Studies 6 (1977), S. 251 ff. Zu dieser Diskussion im deutschsprachigen Schrifttum neben anderen: *St. Grundmann* (Fn. 4),

jedes Management darauf angewiesen ist, die Aktionäre zufriedenzustellen und für hohe Aktienkurse zu sorgen, werde, so die Befürworter des gesetzgeberischen Wettbewerbs, ein „Race to the top" eintreten. Alle Bundesstaaten würden sich darum bemühen, ihr Gesellschaftsrecht so auszugestalten, dass es für Aktionäre attraktiv erscheint, in die dort registrierten Gesellschaften zu investieren. Dass dabei auch Freiräume für das Management geschaffen würden, diene dem wohlverstanden Interesse der Aktionäre. Denn nur ein handlungsfähiges Management könne am Markt erfolgreich sein. Dies wiederum schlage sich in steigenden Aktienkursen nieder, wovon der Aktionär profitiere. Wenn die *Race to the bottom*-These richtig wäre, müsste die Sitzverlegung nach Delaware zu einem Kurssturz der Aktie führen. Denn jedermann weiß inzwischen, dass dort das Gesellschaftsrecht tendenziell das Management bevorzugt. Zumindest die professionellen und gut informierten Anleger würden also die Aktie verkaufen. Ein derartiger Zusammenhang ließ sich aber in empirischen Studien nicht nachweisen.[18] Für die Aktionäre ist also die Sitzverlegung nach Delaware offenbar kein Grund, ihren Anteil an der betreffenden Gesellschaft zu veräußern.

3. Differenzierende Sicht: Markterfolg und Marktversagen

Der Widerstreit von „Race to the bottom" und „Race to the top" hat mittlerweile in der US-amerikanischen Diskussion einer differenzierenden Sichtweise Platz gemacht. Der Nutzen eines Wettbewerbs der Gesetzgeber ist zwar im Grundsätzlichen anerkannt. Umstritten ist aber nunmehr, ob der Wettbewerb wirklich in jeder Hinsicht positive Effekte erzielt oder nicht in einzelnen Bereichen der Disziplinierung durch den Bundesgesetzgeber bedarf. Zu beachten sind auch die Börsenzulassungsregeln, die bisweilen sehr rigide in die unternehmerische Freiheit eingreifen. Berühmt-berüchtigt ist insoweit der US-amerikanische *Sarbanes-Oxley-Act*, der die rechtlichen Rahmenbedingungen für börsennotierte Gesellschaften erheblich verschärft hat.[19] Der US-amerikanische Wissenschaftler *Mark Roe* hat angesichts dessen die These entwickelt, dass der Wettbewerb zwischen den Einzelstaaten überhaupt nur deshalb zu annehmbaren Ergebnissen führe, weil er im Schatten des Bundesgesetzgebers geführt werde.[20] Delaware und die übrigen

---

S. 786 ff., *K. Heine* (Fn. 4), S. 123 ff., *E.-M. Kieninger* (Fn. 4), S. 99 ff. und *C. Teichmann* (Fn. 4), § 6 I.

[18] Dazu *D. Charny*, Competition among Jurisdictions in Formulating Corporate Law Rules: An American Perspective on the „Race to the Bottom" in The European Communities, Harvard International Law Journal 32 (1991), 423, 434.

[19] Vgl. *G. C. Schwarz/B. Holland*, Enron, WorldCom … und die Corporate-Governance-Diskussion, ZIP 2002, 1661 ff.

[20] *M. Roe*, Delaware's Competition, Harvard Law Review 117 (2003) 588 ff.

Bundesstaaten wüssten sehr genau, dass sie ihre gesetzliche Gestaltungsfreiheit nur innerhalb einer gewissen Bandbreite des auch für die Öffentlichkeit Akzeptablen ausüben dürften und andernfalls mit einem Eingreifen des Bundesgesetzgebers rechnen müssten.

Ein Defizit des gesetzgeberischen Wettbewerbs liegt auch darin, dass die realen Machtverhältnisse in börsennotierten Gesellschaften einer wirksamen Interessenwahrnehmung der Aktionäre häufig entgegenstehen. Auf dem US-amerikanischen Kapitalmarkt herrscht typischerweise eine breite Streuung der Aktien vor (sog. *dispersed ownership*), das heißt, es gibt in den meisten börsennotierten Gesellschaften keine Großaktionäre, die das Management effektiv kontrollieren und unter Druck setzen könnten. Wer hingegen nur kleine Beträge in eine Gesellschaft investiert hat, wendet typischerweise nicht die Zeit und das Geld auf, um sich intensiv um das Unternehmen zu kümmern. Daher bilden sich auf Hauptversammlungen zumeist keine festen Fraktionen und die Versammlung folgt häufig unkritisch den Vorschlägen des Management. Die Geschäftsleiter operieren dadurch in einem weitgehend kontrollfreien Raum; die seit vielen Jahren intensiv geführte Corporate Governance-Debatte legt beredt Zeugnis ab von den Bemühungen, die Nachteile dieser Entwicklung zu bekämpfen.[21]

Ein weiterer Bereich, in dem der Wettbewerb nicht wirken kann, sind die Interessen außenstehender Personen. Die Entscheidungsträger im Unternehmen, sei es das Management oder die Aktionäre, haben keinen besonderen Anlass, ihre Entscheidung von Drittinteressen abhängig zu machen. Ein Staat, der sein Gesellschaftsrecht beispielsweise am Schutz von Arbeitnehmern oder Gläubigern ausrichtet, wird im Wettbewerb kaum eine Spitzenposition einnehmen. Einzelstaaten, die um die Ansiedlung von Gesellschaften konkurrieren, blenden derartige Drittinteressen daher weitgehend aus; kleinen Staaten wie New Jersey oder Delaware fällt dies naturgemäß leichter, weil der Rechtsrahmen für Großunternehmen, die ihre Haupttätigkeit in anderen Staaten entfalten, ihre eigenen Bürger kaum betrifft. Ein Flächenstaat wie etwa Kalifornien kann es sich hingegen nicht erlauben, die Anliegen der Gläubiger oder Arbeitnehmer zu ignorieren, weil jeder Politiker auf diese Wählerstimmen angewiesen ist. Es ist daher kein Zufall, dass in den USA das für den Schutz der Gläubiger wichtige Insolvenzrecht auf der Ebene des Bundesrechts geregelt ist und andere Schutzregelungen wie etwa das Arbeitsrecht kollisionsrechtlich nicht am Registersitz der Gesellschaft, sondern an der tatsächlichen Betriebstätte angeknüpft werden. Beides bewirkt,

---

[21] Die Corporate Governance-Diskussion hat zu einem nicht mehr überschaubaren Schrifttum geführt. Vgl. neben dem bereits zit. Beitrag von *G. C. Schwarz/B. Holland* (Fn. 19) die zusammenfassenden Beiträge von *C. Escher-Weingart*, ZVglRWiss 99 (2000) 387 ff., *M. Lutter* (ZGR) 30 (2001), *C. Teichmann*, ZGR 30 (2001) 645 ff. und *P. C. Leyens*, RabelsZ 67 (2003) 57 ff.

dass die fraglichen Bereiche dem insoweit offenbar als schädlich angesehenen gesetzgeberischen Wettbewerb der Einzelstaaten entzogen werden.

B. Rahmenbedingungen für gesetzgeberischen Wettbewerb in Europa

Gesellschaftsrecht ist in den Vereinigten Staaten zum „Produkt" geworden, wie *Roberta Romano* treffend formuliert hat.[22] Dies legt es nahe, den Sachverhalt auch mit den Kategorien des Marktes – also unter dem Aspekt von Angebot und Nachfrage – zu betrachten: Nachfrager sind die Gesellschaften, die ein möglichst preiswertes und zugleich hochwertiges Gesellschaftsrecht suchen; Anbieter sind die Staaten, deren Rechtsordnung das Gesellschaftsrecht bereitstellt. Inwieweit die Europäische Gemeinschaft die geeigneten Rahmenbedingungen anbietet, damit die Nachfrager (*unter I.*) frei auswählen und die Anbieter (*unter II.*) sich auch wirklich dem Wettbewerb stellen können, soll nachfolgend untersucht werden.

I. Nachfrageseite: Rechtswahlfreiheit im europäischen Gesellschaftsrecht

1. Abschied vom Schutzzaun der „Sitztheorie"

Das freie Spiel der Kräfte, das in den USA viele überzeugte Anhänger hat, wurde in Europa lange Zeit kritisch beäugt. *Wiedemann* stand mit seiner 1980 niedergeschriebenen Auffassung gewiss nicht allein: „Das Wettbewerbsprinzip ist kein sachgerechter Maßstab für den Gesetzgeber."[23] Nach europäischem Verständnis dienen Rechtsnormen nicht allein der ökonomischen Effizienz, sondern folgen rechtsethischen Maßstäben. Sie sollen einen gerechten Interessenausgleich herstellen und haben häufig auch die Aufgabe, die schwächere Partei zu schützen. Das deutsche Gesellschaftsrecht regelt daher nicht nur die inneren Angelegenheiten einer Gesellschaft, sondern auch den Schutz der Gläubiger, der Minderheitsgesellschafter und der Arbeitnehmer. Zu denken ist etwa an die Vorschriften über Aufbringung und Erhaltung des Mindestkapitals (Gläubigerschutz), besondere Informations-, Beteiligungs- oder gar Austrittsrechte einzelner Gesellschafter oder Gesellschaftergruppen (Minderheitenschutz) und der für Deutschland spezifische

---

[22] Vgl. den Titel des in Fn. 11 zit. Beitrags von *R. Romano*: „Law as a Product".
[23] *H. Wiedemann*, Gesellschaftsrecht, 1980, § 14 II 1 (S. 783). Zurückhaltend auch die Einschätzung des gesetzgeberischen Wettbewerbs bei *G. C. Schwarz*, Europäisches Gesellschaftsrecht, 2000, S. 17 ff.

Aspekt der Mitbestimmung der Arbeitnehmer im Aufsichtsrat des Unternehmens.

Will man derartige Schutzziele zuverlässig durchsetzen, kann man die Wahl des anwendbaren Rechts nicht freistellen. Denn die Unternehmen würden sich der als lästig empfundenen Schutzvorschriften nur allzu gerne entledigen. Die gesellschaftsrechtlichen Schutznormen sind daher zwingendes Recht. Damit der Gebrauch ausländischer Rechtsformen nicht zur Flucht aus dem deutschen Gesellschaftsrecht führt, galt im deutschen Kollisionsrecht lange Zeit die sogenannte Sitztheorie.[24] Sie knüpft das anwendbare Gesellschaftsrecht am Verwaltungssitz der Gesellschaft an. Als Verwaltungssitz galt nach einer gängigen Formel der Ort, wo die grundlegenden Entscheidungen der Unternehmensleitung effektiv in laufende Geschäftsführungsakte umgesetzt werden.[25] Um der Theorie Gerechtigkeit widerfahren zu lassen, muss betont werden, dass damit eine englische Gesellschaft, die ihre Hauptverwaltung in England hatte, selbstverständlich auch in Deutschland nach englischem Gesellschaftsrecht behandelt wurde, wenn sie hier Geschäfte tätigte. Der Grundgedanke der Sitztheorie besteht darin, dass derjenige Staat, der am meisten betroffen ist, von sich aus für einen hinreichenden Schutz Dritter sorgen wird.[26]

Bedenklich waren vor diesem Hintergrund allein solche Gesellschaften, die im Staat ihrer Gründung keinerlei Tätigkeit entfalten und sich damit den dort geltenden Schutzmechanismen weitgehend entziehen. Diese konnten mit der Sitztheorie zur Einhaltung des deutschen Rechts gezwungen werden, wenn ihre Verwaltung in Deutschland ansässig war. Das praktische Ergebnis dessen war allerdings, dass eine ausländische Gesellschaft, die ihren Verwaltungssitz nach Deutschland verlegte, als aufgelöst angesehen wurde und sich – zur Erlangung von Rechtsfähigkeit – gemäß den Regeln des deutschen Gesellschaftsrechts neu gründen musste. Der Europäische Gerichtshof sah darin in der wegweisenden *Überseering*-Entscheidung einen Verstoß gegen die europäische Niederlassungsfreiheit.[27] Denn gemäß Art. 43, 48 EG-Vertrag hat eine Gesellschaft, die in einem der europäischen Mitgliedstaaten wirksam gegründet wurde, das Recht, sich in jedem anderen Mitgliedstaat niederzulassen. An die grenzüberschreitende Niederlassung den Verlust der Rechtsfähigkeit zu knüpfen, bedeutet letztlich eine Negierung der Niederlassungsfreiheit. Mit den Entscheidungen *Centros* und *Inspire Art* stellte der Gerichtshof außerdem klar, dass es für die Niederlassungsfreiheit einer Ge-

---

[24] Zu ihr m.w.N. *St. Leible*, IntGesR, in: L. Michalski (Hrsg.), Kommentar zum Gesetz betreffend die Gesellschaften mit beschränkter Haftung (GmbH-Gesetz), 2002, S. 88 f.
[25] BGHZ 97, 269, 272.
[26] *B. Großfeld*, in: J. v. Staudinger, IntGesR, 1998, Rdnr. 41.
[27] EuGH, Rs. C-208/00 (*Überseering*), Slg. 2002, I-9919.

sellschaft nicht auf die Nationalität der Anteilseigner ankommt.[28] Wenn also ein deutscher Unternehmer unter dem Dach einer englischen *Private Limited Company* in Deutschland tätig wird, ist dies kein Grund, der Gesellschaft englischen Rechts Hindernisse in den Weg zu legen – selbst dann, wenn sie einzig und allein zu dem Zweck gegründet wurde, die Regelungen des deutschen Gesellschaftsrechts zu umgehen.

2. Freie Rechtswahl bei der Gründung einer Gesellschaft

Um den europäischen Anforderungen gerecht zu werden, schwenken die deutschen Gerichte derzeit gegenüber ausländischen Gesellschaften auf die sogenannte Gründungstheorie um.[29] Diese Theorie, die beispielsweise in England seit jeher vorherrschend ist, knüpft das anwendbare Gesellschaftsrecht an den Ort der Gründung und damit de facto an den Ort der Eintragung in das Handelsregister.[30] Eine in England gegründete Gesellschaft, die im englischen Handelsregister, dem *Companies House*, eingetragen ist, unterliegt also dem englischen Gesellschaftsrecht. Solange das englische Recht die Existenz der Gesellschaft anerkennt und regelt, ist kein anderer Mitgliedstaat befugt, diese Gesellschaft seinem eigenen Gesellschaftsrecht zu unterstellen.

3. Überlagerung des Gründungsstatuts im Tätigkeitsstaat

Offen ist derzeit die Frage, inwieweit Überlagerungen des Gründungsstatuts denkbar sind. Staaten, die der Gründungstheorie folgen, waren es gewohnt, den Drittschutz aus ihrem Gesellschaftsrecht auszusondern und in andere Rechtsbereiche zu verlagern.[31] Beispielsweise droht das englische Recht den Geschäftsleitern einer Gesellschaft mit persönlicher Haftung, wenn sie die Geschäfte der Gesellschaft weiterbetreiben, obwohl sie erkennbar auf die Zahlungsunfähigkeit zusteuert. Dieses *Wrongful Trading*[32] hat

---

[28] EuGH, Rs. C-212/97 (*Centros*), Slg. 1999, I-1459; EuGH, Rs. C-167/01 (*Inspire Art*), Slg. 2003, I-10155. Vgl. die ausführliche Besprechung der Entscheidungen bei C. *Teichmann* (Fn. 4), § 3 II.
[29] BGH, II ZR 5/03, JZ 2005, 848 (m.Anm. *M. Rehberg*); vgl. auch die Nachw. zur Reaktion der deutschen Rspr. auf die EuGH-Entscheidungen bei *H. Hirte*, NJW 2005, 477, 478 f.
[30] St. *Leible* (Fn. 24), S. 89 f.
[31] Kollisionsrechtlich spricht man von der „Überlagerung" des Gründungsstatuts. In den USA ist dies ein beliebtes Mittel, um die unerwünschten Nebenwirkungen der Rechtswahlfreiheit einzudämmen. Hierzu grundlegend *O. Sandrock* (Fn. 3), S. 227 ff.
[32] Ausführlich analysiert von *M. Habersack/D. Verse.*, Wrongful Trading – Grundlage einer europäischen Insolvenzverschleppungshaftung?, Zeitschrift für das gesamte Handelsrecht und Wirtschaftsrecht (ZHR) 168 (2004), 174 ff. und *H. C. Hirt,* The

zwar gläubigerschützende Intention, gehört aber nach englischer Auffassung nicht in das Gesellschaftsrecht, sondern in das Insolvenzrecht[33]. Im Fall der Insolvenz einer Gesellschaft findet das Recht des Staates Anwendung, in dem die Gesellschaft ihren geschäftlichen Interessenschwerpunkt hat.[34] Damit kann das englische Recht seinen Gläubigerschutz auch gegenüber im Ausland gegründeten Gesellschaften durchsetzen, sofern diese ihren Tätigkeitsschwerpunkt nach England verlagern.

Inwieweit derartige Überlagerungen des Gründungsstatuts mit der Niederlassungsfreiheit zu vereinbaren sind, ist noch nicht abschließend geklärt. Die Niederlande sind mit ihrem Versuch, die Anwendung der Gründungstheorie mit einem Gesetz gegen „Scheinauslandsgesellschaften" zu kombinieren, vor dem Europäischen Gerichtshof gescheitert.[35] Gemäß der allgemeinen Dogmatik der Niederlassungsfreiheit können Beschränkungen zwar gerechtfertigt sein, wenn sie einem zwingenden Allgemeininteresse dienen. Sie dürfen aber nicht in diskriminierender Form angewandt werden; sie müssen außerdem zur Erreichung des Ziels erforderlich sein und dürfen nicht über das zur Zielerreichung notwendige Maß hinausgehen. Gemessen daran lässt sich insbesondere das Mindestkapital als traditioneller Gläubigerschutzmechanismus des kontinentaleuropäischen Rechts gegenüber Auslandsgesellschaften nicht mehr durchzusetzen, weil es die Niederlassungsfreiheit unverhältnismäßig behindert. Generell dürften alle Maßnahmen, die bereits bei Aufnahme der Tätigkeit ansetzen, als unzulässige Behinderung eingestuft werden. Statt dessen wird das Gesellschaftsrecht vieler Staaten auf Mechanismen umschalten müssen, die erst bei Auftreten einer konkreten Gläubigergefährdung einsetzen. Deutsche Unternehmer, die eine englische *Private Limited Company* benutzen, haben daher im Grundsatz keine Überlagerung durch deutsches Gesellschaftsrecht zu befürchten; die Anordnung persönlicher Haftung auf der Basis von Rechtsinstituten, die eher auf die Tätigkeit

---

Wrongful Trading Remedy in UK Law: Classification, Application and Practical Significance, European Company and Financial Law Review (ECFR) 2004, 71 ff.

[33] Dazu *R. S. Höfling,* Das englische internationale Gesellschaftsrecht, 2002, S. 222 ff. Kritisch gegenüber einer insolvenzrechtlichen Anknüpfung von Mechanismen, deren innere Rechtfertigung die Haftungsbeschränkung von Kapitalgesellschaften ist, *C. Teichmann* (o. Fn. 3), § 8 IV 3 b).

[34] Dies folgt aus der Europäischen Insolvenzverordnung (dazu *J. Kemper,* Die Verordnung (EG) Nr. 1346/2000 über Insolvenzverfahren, ZIP 2001, 1609 ff.; *St. Leible/ A. Staudinger,* Die europäische Verordnung über Insolvenzverfahren, Konkurs – Treuhand – Sanierung (KTS) 2000, 533 ff.). Allerdings sind die nationalen Gerichte mitunter bei ein und derselben Insolvenz uneinig darüber, in welchem Staat der Schuldner den Mittelpunkt seiner Interessen hatte. Zu den Bestrebungen nationaler Gerichte, Insolvenzverfahren auf diese Weise an sich zu ziehen: *M.-P. Weller,* Forum Shopping im Internationalen Insolvenzrecht?, IPRax 2004, 412 ff.

[35] EuGH, Rs. C-167/01 (*Inspire Art*), Slg. 2003, I-10155.

bezogen sind, etwa aus dem Deliktsrecht,[36] ist allerdings nicht ganz ausgeschlossen.

4. Sitzverlegung über die Grenze

Zur Freiheit der Rechtswahl gehört indessen nicht nur die freie Auswahl im Zeitpunkt der Gründung. Es muss auch möglich sein, das anwendbare Recht nach Gründung der Gesellschaft wieder zu ändern. In den USA ist dies sogar der weitaus häufigere Anwendungsfall. Denn viele Gesellschaften wechseln erst dann in den Staat Delaware, wenn sie eine gewisse Größe erreicht haben oder eine Börsennotierung planen.[37] Der übliche Weg ist die Verschmelzung auf eine in Delaware gegründete Vorratsgesellschaft ohne eigene Geschäftstätigkeit. In Europa ist nun zwar die Gründung im Ausland erleichtert worden, eine spätere Verlegung des Sitzes jedoch mit großen Unsicherheiten behaftet. Eine europäische Sitzverlegungs-Richtlinie ist seit Jahrzehnten in Vorbereitung, wurde aber bislang nicht verabschiedet. Immerhin aber ist mittlerweile die Richtlinie zur grenzüberschreitenden Verschmelzung in Kraft getreten.[38] Sie muss bis Ende 2007 in nationales Recht umgesetzt worden sein.

Eine weitere Bresche hat das *Sevic*-Urteil des EuGH vom Dezember 2005 geschlagen.[39] Es bestimmt, dass eine Gesellschaft aus einem anderen EU-Mitgliedstaat grundsätzlich die Möglichkeit haben muss, sich an einer Verschmelzung nach innerstaatlichem Recht zu beteiligen. Damit sind Vorschriften zur grenzüberschreitenden Verschmelzung nicht mehr zwingend notwendig, um derartige Transaktionen durchzuführen; eine Erleichterung im Sinne eines verlässlichen Rechtsrahmens bedeuten sie jedoch allemal, denn zum konkreten Verfahren einer grenzüberschreitenden Verschmelzung äußert sich der EuGH in der *Sevic*-Entscheidung nicht.

---

[36] Vgl. *P. Ulmer*, Gläubigerschutz bei Scheinauslandsgesellschaften, NJW 2004, 1201 ff. und *C. Teichmann* (Fn. 4), § 8 II 1 c.

[37] *R. Romano* (Fn. 11), S. 250 ff., hat die Anlässe der Sitzverlegung untersucht und festgestellt, dass das Recht von Delaware häufig erst dann gewählt wird, wenn bestimmte Transaktionen bevorstehen, für welche diese Rechtsordnung einen besonders günstigen Rahmen zu bieten scheint (insb. die Übernahme einer anderen Gesellschaft).

[38] Vgl. dazu *C. Teichmann*, Grenzüberschreitende Verschmelzungen (in diesem Band), S. 69 f.

[39] Vgl. dazu *C. Teichmann*, Grenzüberschreitende Verschmelzungen (in diesem Band), S. 68.

II. Angebotsseite: Wettbewerbs-Anreize für die europäischen Mitgliedstaaten

Um einen Wettbewerb der Gesetzgeber in Gang zu setzen muss zur Nachfrage auch das Angebot kommen. Insoweit sind die Handlungsmöglichkeiten und ökonomischen Anreize europäischer Staaten nicht direkt vergleichbar mit denjenigen von Delaware oder New Jersey.[40] Flächenstaaten haben ein Interesse an attraktiven Standortbedingungen, weil die Ansiedlung von Unternehmen Arbeitsplätze und Steuereinnahmen bringt. Allerdings müssen sie aus genau diesen Gründen auch die Interessen aller beteiligten Personengruppen berücksichtigen und können ihre Rechtsordnung nicht allein an den Interessen von Aktionären und Managern ausrichten. Hinzu kommt, dass ein großer Staat aus den Einnahmen, die sich mit der Registrierung von Gesellschaften verdienen lassen, nur einen Bruchteil seines Staatshaushaltes decken kann. US-Bundesstaaten wie New Jersey oder Delaware haben den Wettbewerb nicht zuletzt deshalb aufgenommen, weil sie mit den Einnahmen aus der Registrierung von Gesellschaften einen im Vergleich zu Flächenstaaten überproportional hohen Anteil ihres Staatshaushaltes decken können. In der Europäischen Gemeinschaft ist selbst das Steueraufkommen kleiner Staaten wie Luxemburg oder Irland deutlich größer als dasjenige von Delaware.[41] Zwar könnte es für einige der neu beigetretenen Staaten attraktiv sein, sich auf die Registrierung von Gesellschaften zu verlegen. Allerdings dürfte es eine Zeitlang dauern, bis dort die für Delaware ins Gewicht fallende Qualität der Rechtspflege angeboten werden kann. Dem Gewinnstreben einzelner Staaten setzt schließlich auch das europäische Recht Grenzen, das bei der Registrierung von Gesellschaften nur die Erhebung kostendeckender Gebühren erlaubt.[42]

Gerade die fiskalische Abhängigkeit von den entsprechenden Einnahmen sorgt aber für die rechtspolitische Kontinuität, die Unternehmen so schätzen. Delaware ist mittlerweile, wie *Romano* zutreffend schreibt, eine „Geisel des eigenen Erfolges".[43] Ein Nachlassen der Anstrengungen kann man sich nicht mehr erlauben, wenn von der Modernisierung des Gesellschaftsrechts

---

[40] Zum Folgenden *J. C. Dammann*, Freedom of Choice in European Corporate Law, The Yale Journal of International Law 29 (2004) 477, 520 ff., *E.-M. Kieninger* (Fn. 4), S. 175 ff. und *St. Grundmann*, Regulatory Competition in European Company Law – Some Different Genius?, in: G. Ferrarini/K. Hopt/E. Wymeersch (Hrsg.), Capital Markets in the Age of the Euro, 2002, S. 561, 570 f.

[41] Dazu *E.-M. Kieninger* (Fn. 4), S. 191. Allerdings verweist *J. C. Dammann* (Fn. 40), S. 529, darauf, dass Luxemburg bei einem Vergleich der Bruttosozialprodukte weit hinter Delaware liegt.

[42] EuGH, Rs. C-188/95, Østre Landsret/Dänemark, ZIP 1998, 206; dazu im Kontext des Wettbewerbs der Gesetzgeber *E.-M. Kieninger* (Fn. 4), S. 188 ff.

[43] *R. Romano*, Law as a Product (Fn. 11), S. 235: „In effect, these states are hostages to their own success".

20 Prozent des Staatshaushaltes abhängen.⁴⁴ Hinzu kommt das lukrative Geschäft der Rechtsberatung, das in Delaware eine Interessengemeinschaft aus Anwälten, Richtern und Gesetzgebern schmiedet. Den großen europäischen Flächenstaaten wird es schwerfallen, ein ähnliches Vertrauen in die Stabilität der rechtspolitischen Zielsetzung zu erwerben;⁴⁵ ihr Gesetzgebungsprozess wird nie in derart einzigartiger Weise, wie es in Delaware geschieht, von einer kleinen sachverständigen Zahl von Wirtschaftsjuristen gesteuert sein. Parteien, Verbände, Gewerkschaften und andere Gruppierungen nehmen Einfluss, womit das Ergebnis gesetzgeberischer Initiativen schwer vorhersehbar wird. Folglich ist mit dem Auftreten eines europäischen „Delaware" in absehbarer Zukunft kaum zu rechnen. Deutlich erkennbar ist aber schon, dass auch Flächenstaaten die Konkurrenz durchaus ernst und zum Anlass für Reformen nehmen.⁴⁶ Nicht ganz auszuschließen ist weiterhin, dass kleine EU-Staaten versuchen werden, zu einer „Gesellschaftsrechts-Oase" zu werden, wenngleich sie (noch) nicht in derselben Weise wie Delaware mit einer erfahrenen und zuverlässigen Rechtspflege werben können.

C. Bewertung des gesetzgeberischen Wettbewerbs in Europa

Wie unter B. gezeigt wurde, unterscheiden sich die Rahmenbedingungen für einen gesetzgeberischen Wettbewerb in der Europäischen Gemeinschaft deutlich von denjenigen in den USA. Dennoch wird die neu eröffnete Rechtswahlfreiheit einen gewissen Wettbewerb zwischen den Mitgliedstaaten auslösen und die US-amerikanischen Erfahrungen geben keinen Anlass, darin etwas grundlegend Schlechtes zu sehen. Gefragt ist statt dessen eine spezifisch auf den europäischen Binnenmarkt bezogene Analyse, aus der sich Handlungsanweisungen für die nationalen und den europäischen Gesetzgeber ableiten lassen. Zu diesem Zweck sollen die Vor- und Nachteile zentraler Gesetzgebung zunächst allgemein bewertet werden (*unter I*), bevor in einem zweiten Schritt bestimmte Themenbereiche herausgestellt werden,

---

⁴⁴ Nach Angaben von *L. A. Bebchuk*, Federalism and the Corporation: The desirable limits on state competition in corporate law, Harvard Law Review 105 (1992), 1435, 1443, Fn. 24, deckt das Geschäft mit der Inkorporation von Gesellschaften etwa 20 Prozent des Staatshaushaltes von Delaware.
⁴⁵ Ebenso *F. Munari/P. Terrile,* in: G. Ferrarini/K. Hopt/E. Wymeersch (Hrsg.), Capital Markets in the Age of the Euro, 2002, S. 529, 553 ff.
⁴⁶ Vgl. die in Fn. 2 zit. Beiträge; außerdem haben Frankreich (*P. Becker*, Verabschiedung des Gesetzes über die französische Blitz-S.A.R.L., GmbHR 2003, 1120 f.) und Spanien (*Embid Irujo*, Eine spanische „Erfindung" im Gesellschaftsrecht: Die „Sociedad limitada nueva empresa" – die neue unternehmerische GmbH, RIW 2004, 760 ff.) kürzlich ihr GmbH-Recht reformiert. Auch für die Modernisierung des deutschen GmbH-Rechts liegt seit dem 29.05.2006 ein RefE vor (www.bmj.bund.de)

I. Allgemeine Bewertung zentraler Regelsetzung

1. Vorteile zentraler Regelsetzung

Wenn das europäisches Recht Fragen des Gesellschaftsrechts regelt und sie im Wege der Rechtsangleichung oder -vereinheitlichung den Mitgliedstaaten verbindlich vorschreibt, unterdrückt es den gesetzgeberischen Wettbewerb und reduziert für die Unternehmen die Bandbreite der Gestaltungsoptionen. Dies lässt sich damit rechtfertigen, dass es einen positiven Standardisierungseffekt hat.[47] Die Unternehmen können ihre Rechtsbeziehungen standardisiert ausgestalten, brauchen ihr Personal nur hinsichtlich einer Rechtsregel zu schulen und können sich gegenüber Behörden auf gleichartige Verfahrensabläufe einstellen.[48] Auch Rechtsänderungen lassen sich leichter verfolgen, wenn nur ein Gesetzgeber im Spiel ist. Die Verlagerung der Regelungsverantwortung auf die zentrale Ebene mag bisweilen auch den politischen Nebeneffekt haben, dass sich dadurch Blockaden der nationalen Politik auflösen lassen. Gerade im europäischen Kontext lässt sich beobachten, dass es dem europäischen Gesetzgeber mitunter gelingt, Hürden zu überwinden, die im nationalen politischen Diskurs nicht zu nehmen waren.[49]

Eine einheitliche Regelung reduziert auch die Informationskosten für den Geschäftsverkehr.[50] Kunden oder Lieferanten müssen nicht bei jeder Gesellschaft, mit der sie Verträge abschließen, die anwendbaren gesellschaftsrechtlichen Regeln prüfen, sondern können davon ausgehen, dass überall in Europa ein einheitlicher Standard herrscht. Der Vorteil der Vereinheitlichung greift allerdings nur dann in vollem Umfang, wenn die allgemein

---

[47] *E. Kitch,* in: R. M. Buxbaum/G. Hertig/A. Hirsch/K. Hopt (Hrsg.), European Business Law, 1991, S. 40 f.

[48] *E. Kitch* (Fn. 47), S. 41.

[49] *G. Fitchew,* in: R. M. Buxbaum/G. Hertig/A. Hirsch/K. Hopt (Hrsg.), European Business Law, 1991, S. 14. Ein Beispiel ist die aktuell wieder aufflammende Diskussion um die deutsche Mitbestimmung. Europäische Rechtsakte – wie die SE-RL oder die RL zu grenzüberschreitenden Verschmelzungen – werden von der deutschen Wirtschaft vehement kritisiert, weil sie gemäß dem Vorher-Nachher-Prinzip den status quo der Mitbestimmung aufrechterhalten; dies obwohl für die Existenz der Mitbestimmung nicht die europäische, sondern die deutsche Gesetzgebung verantwortlich ist. Die Kritik kann demnach nur als Appell an Brüssel verstanden werden, Europa möge eine unerwünschte, national verfestigte Rechtslage von außen aufbrechen.

[50] *D. Charny,* Competition among Jurisdictions in Formulating Corporate Law Rules: An American Perspective on the „Race to the Bottom" in the European Communities, 32 Harvard International Law Journal (1991), 423, 436.

geltenden Regeln zwingender Natur sind.[51] Denn soweit Abweichungen erlaubt sind, beginnt die Informationssuche von neuem: Es muss für jede Gesellschaft, der man im Rechtsverkehr begegnet, herausgefunden werden, ob sie den allgemeinen Vorgaben folgt oder eigene Regeln entwickelt hat.

2. Nachteile zentraler Regelsetzung

Eine zentrale Rechtsangleichung oder -vereinheitlichung hat allerdings auch signifikante Nachteile. Die Einführung eines europaweiten Standards bedeutet für viele Staaten die Einführung neuer unbekannter Rechtsregeln. Sie werden gezwungen, ihr gewohntes Recht zu ändern und sich an die neuen Rechtsregeln zu gewöhnen. Dies verursacht in der Übergangszeit erhebliche Kosten (*transition costs*).[52] Denn die neuen Regeln müssen nicht nur formuliert, sondern auch verstanden und angewandt werden. Die Marktteilnehmer müssen sich entsprechend informieren und ihr Verhalten umstellen. Rechtliche und andere Berater müsen sich fortbilden; ihre bis dato aufgebrachten Aufwendungen für Aus- und Weiterbildung erweisen sich als teilweise nutzlos. Schließlich darf nicht außer acht gelassen werden, dass Rechtsregeln zumeist in ein System von anderen Rechtsregeln und auch von außerrechtlichen Verhaltensmustern und Gebräuchen eingebettet sind; dieses Netz wird zerrissen, dadurch arbeiten die neuen Regeln für eine beträchtliche Übergangszeit weniger effektiv als die zuvor geltenden.[53]

Die Zentralisierung von Regelungskompetenz führt auch dazu, dass der Wettbewerb zwischen den Staaten nicht mehr als Entdeckungsverfahren genutzt werden kann.[54] Gerade die Entwicklung einheitlicher europäischer Regeln zeigt, wie wertvoll der Fundus nationaler Traditionen und Erfahrungen ist: Zumeist greift der europäische Gesetzgeber auf Lösungen zurück, die zuvor bereits in dem einem oder anderen Mitgliedstaaten geltendes Recht waren. Dieser Ideenreichtum geht verloren, wenn das Recht erst einmal vereinheitlicht ist. Die weitere Modernisierung fällt dann auf europäischer Ebene zumeist schwerer als im nationalen Kontext, weil die Willensbildungsprozesse schwerfälliger sind.[55]

---

[51] *D. Charny* (Fn. 50), S. 436.

[52] *D. Charny* (Fn. 50), S. 440; *E. Kitch* (o. Fn. 47), S. 41.

[53] Diese Effekte sind ein wesentlicher Grund für die sog. *path dependence*, also eine Erklärung dafür, warum es für Rechtsgemeinschaften häufig billiger und effizienter ist, die ausgefahrenen Bahnen weiter zu benutzen als moderne Entwicklungen anderer Staaten in das eigene System zu implantieren (grundlegend dazu *L. A. Bebchuk/M. Roe*, A Theory of Path Dependence in Corporate Governance and Ownership, Stanford Law Review 52 [1999], 127 ff.).

[54] *D. Charny* (Fn. 50), S. 440; *E. Kitch* (Fn. 47), S. 40.

[55] In der Europäischen Union führte dies zum Stichwort der „Versteinerung" durch Rechtsangleichung (*R. M. Buxbaum/K. Hopt*, Legal Harmonization and the Business Enterprise, 1988, S. 241). Auch *R. Romano*, The Genius of American Corporate Law,

II. Themenbereiche für eine zentrale Rechtsetzung

1. Innenverhältnis zwischen Geschäftsleitern und Gesellschaftern

In der US-amerikanischen Diskussion wird die Auffassung vertreten, der Wettbewerb zwischen den Gesetzgebern sei zwar grundsätzlich positiv zu bewerten, versage aber in Bereichen, in denen es um den Interessenausgleich zwischen Geschäftsleitern und Gesellschaftern gehe, weil hier in einem Umfeld freier Rechtswahl der Gefahr eines opportunistischen Verhaltens der Geschäftsleiter nicht wirksam vorgebeugt werden könne.[56] Diese Gefahr ist möglicherweise unter den spezifisch europäischen Bedingungen etwas geringer. Denn bislang ist kein Staat mit dem Anliegen in Erscheinung getreten, in seinem Gesellschaftsrecht die Interessen der Aktionäre deutlich hinter denjenigen des Management zurückzustellen. Dies dürfte an der bereits diskutierten Problematik liegen, dass die europäischen Staaten zumeist auf alle beteiligten Interessengruppen gleichermaßen Rücksicht nehmen müssen. Hinzu kommt der im Vergleich zu den USA anders strukturierte Kapitalmarkt. Zumindest auf dem europäischen Kontinent werden viele Aktiengesellschaften von einem oder jedenfalls wenigen Großaktionären beherrscht,[57] die für eine effiziente Überwachung der Geschäftsleitung sorgen. Diese besondere Konstellation lässt weniger eine Schieflage zwischen Management und Aktionären befürchten als vielmehr einen Konflikt zwischen den Großaktionären und den Kleinaktionären. Bislang greift das Gemeinschaftsrecht in diese innergesellschaftlichen Konflikte mit Recht nur behutsam ein und überlässt die materielle Lösung weitgehend dem nationalen Recht. So wurde Ende 2004 eine – ihrer Natur nach nur unverbindliche – Empfehlung über Vergütungsregeln für Geschäftsleiter verabschiedet.[58] Weiterhin ist eine Richtlinie geplant, um die grenzüberschreitende Ausübung von Aktionärs-

---

1993, S. 75 ff., begründet ihre Skepsis gegenüber bundesstaatlicher Regelung nicht zuletzt mit der geringen Effizienz des Gesetzgebungsverfahrens im Kongress. Dass dies für die europäische Gemeinschaft noch in weit größerem Maß zutrifft als für die USA, betont *J. C. Dammann* (Fn. 40), S. 533 ff.

[56] *L. A. Bebchuk*, Federalism and the Corporation: The desirable limits on state competition in corporate law, Harvard Law Review 105 (1992), 1435 ff.

[57] In England überwiegt allerdings wie in den USA der Streubesitz. Zur Aktionärsstruktur auf den europäischen Kapitalmärkten *U. Wackerbarth*, ZGR 2005, 686, 691 ff. Umfassender Ländervergleich bei *F. Barca/M. Becht* (Hrsg.), The Control of Corporate Europe, 2001.

[58] Empfehlung der Kommission v. 14.12.2004 zur Einführung einer angemessenen Regelung für die Vergütung von Mitgliedern der Unternehmensleitung börsennotierter Gesellschaften (2004/913/EG), ABl. EU, 29.12.2004, S. L 385/55.

rechten zu erleichtern und damit zu einer effizienteren Interessenwahrnehmung beizutragen.[59]

2. Schutz der Investoren am Kapitalmarkt

Etwas anders liegen die Dinge bei Vorschriften, die dem Schutz der Investoren als Gesamtheit dienen. Dazu gehören weite Bereiche des sogenannten Kapitalmarktrechts. Sie dienen einem allgemeinen Interesse, indem sie die Funktionsfähigkeit und Vertrauenswürdigkeit des Kapitalmarktes stärken.[60] Deshalb müssen sie nicht immer von allen Aktionären einer konkreten Gesellschaft als wertsteigernd empfunden werden; ihr Sinn ergibt sich aus der allgemein-institutionellen Stärkung des Kapitalmarktes. Hier besteht einerseits ein Interesse an einer gewissen Vielfalt, die Freiraum für Experimente mit neuen Regelungsformen bietet,[61] auf der anderen Seite aber auch die Notwendigkeit, ein Abweichen von den Regeln zu verhindern. Der Anreiz, die Regeln zu umgehen, ist dort besonders groß, wo Geschäftsleiter und Aktionäre einheitlich der Ansicht sind, die Regeln würden in ihrem konkreten Fall nicht zur Wertsteigerung des Unternehmens beitragen. Regeln wie etwa das Übernahmerecht oder Publizitätsregeln können ihre ganze Wirksamkeit aber nur entfalten, wenn sich alle Marktteilnehmer daran halten. Sobald einzelne die Gelegenheit nutzen, sich einer Regelung zu entziehen, an die andere sich weiterhin halten, entsteht ein Ungleichgewicht, das die Regelung auszuhebeln droht. Kapitalmarktrechtliche Regelungen dienen außerdem der Stärkung der Marktkräfte, die gerade aus Sicht der „Race to the Top"-These unentbehrlich sind, um das Management zu disziplinieren. Daher sprechen die besseren Gründe dafür, in diesem Bereich einige Grundstandards zentral festzulegen. Das europäische Sekundärrecht folgt dieser Leitlinie mit einer Richtlinie zum Übernahmerecht[62] und zahlreichen Richtlinien zur Publizität auf den Kapitalmärkten[63].

---

[59] Richtlinienvorschlag v. 05.012006, KOM (2005)685 endgültig.

[60] Dazu umfassend *St. Heinze*, Europäisches Kapitalmarktrecht – Recht des Primärmarktes, 1999, und *N. Elster*, Europäisches Kapitalmarktrecht – Recht des Sekundärmarktes, 2002.

[61] Dies kann aber auch durch einen Wettbewerb der Börsen erreicht werden; dazu *J. Adolff*, Europäisches Gesellschaftsrecht: Vom Wettbewerb der nationalen Rechtsordnungen zum Wettbewerb der Börsen?, in: C.-H. Witt u.a. (Hrsg.), Jahrbuch Junger Zivilrechtswissenschaftler, 2003, S. 61 ff.

[62] Dreizehnte gesellschaftsrechtliche RL 2004/25/EG, Umsetzung in deutsches Recht durch Reform des Wertpapiererwerbs- und -übernahmegesetzes (vgl. Stellungnahme des Handelsrechtsausschusses des Deutschen AnwaltVereins zum jüngst vorgelegten Referentenentwurf, Neue Zeitschrift für Gesellschaftsrecht [NZG] 2006, 177 ff.).

[63] Zuletzt die sog. Transparenzrichtlinie RL 2004/109/EG (zu dieser und anderen kapitalmarktrechtlichen Richtlinien *K.-B. Caspari*, Anlegerschutz in Deutschland im Lichte der Brüsseler Richtlinien, NZG 2005, 98 ff.).

3. Regeln zum Schutze Dritter (Gläubiger und Arbeitnehmer)

Die Interessen von Personen, die weder Eigentümer noch Manager einer Gesellschaft sind, – im Mittelpunkt des Interesses stehen hier die Arbeitnehmer und die Gläubiger – blendet der gesetzgeberische Wettbewerb weitgehend aus. Zumindest ist dies die Lehre aus den Erfahrungen der Vereinigten Staaten. Für Geschäftsleiter und Aktionäre besteht kein besonderer Anreiz, sich Regeln zum Drittschutz freiwillig zu unterwerfen. Solche Regeln müssen daher zwingend sein – sofern man ein Regelungsbedürfnis überhaupt bejaht. Für den Gläubigerschutz herrscht insoweit in Europa ein Grundkonsens, dass der Schutz von Gläubigern nicht gänzlich dem Markt überlassen bleiben kann.[64] Auch das vielfach als liberal eingestufte englische Recht bildet hier keine Ausnahme, denn es schützt Gläubiger beispielsweise durch die Androhung persönlicher Haftung; das bereits erwähnte „Wrongful Trading" ist hierfür ein Beispiel. Dennoch ist die Diskussion darüber, ob dieser Fragenkreis auf europäischer Ebene geregelt werden sollte, noch nicht entschieden. Divergenzen bestehen vor allem in inhaltlichen Fragen, so dass die Entwicklung derzeit eher auf ein Konkurrieren verschiedener nationaler Modelle hindeutet.

Für Aktiengesellschaften ist der Bereich des Gläubigerschutzes ohnehin durch die zweite gesellschaftsrechtliche Richtlinie standardisiert. Diese folgt dem Modell des Kapitalschutzes, das zwar in der Kritik steht,[65] aber dennoch zunächst nur behutsam liberalisiert werden soll.[66] Hingegen wird es für kleinere Gesellschaften wohl auf absehbare Zeit nicht zu einer europäisch einheitlichen Lösung kommen. Da bislang in Europa kein Staat aufgetreten ist, der es sich erlauben könnte, Drittinteressen in seiner Gesetzgebung völlig auszublenden, erscheint dies auch akzeptabel. Problematisch ist allein der Umstand, dass einzelne Staaten ihre Gläubigerschutzmechanismen auf ihrem eigenen Territorium nicht mehr durchsetzen können, weil sie vom EuGH als Verstoß gegen die Niederlassungsfreiheit klassifiziert wurden. Solange ein europäisch einheitliches Modell nicht existiert, ist jeder Mitgliedstaat darauf verwiesen, sein nationales Recht so anzupassen, dass es den Gläubigerschutz in einer binnenmarktkonformen Weise sicherstellt.[67]

Hinsichtlich der Rechte von Arbeitnehmern ist die Entwicklung derzeit ebenso offen. Bislang halten diejenigen Staaten, die einen Arbeitnehmerschutz über das Gesellschaftsrecht – also durch unternehmerische Mitbes-

---

[64] Vgl. die nähere Begründung dieser These bei *C. Teichmann* (Fn. 4), § 8 I 2.
[65] Zur Kritik an diesem Modell umfassend *E.-A. Baldamus*, Reform der Kapitalrichtlinie, 2002.
[66] Der entsprechende Vorschlag der Europäischen Kommission (Dokument der Kommission v. 21.09.2004 COM(2004)endgültig) wurde im März 2006 vom Europäischen Parlament gebilligt; aktuelle Informationen hierzu unter
http://europa.eu.int/comm/internal_market/company/index_de.htm
[67] Vgl. dazu die Überlegungen bei *C. Teichmann* (Fn. 4), § 8.

timmung im Aufsichts- oder Verwaltungsorgan der Gesellschaft – regeln, an ihrem Modell fest. Ob dies als Beschränkung der Niederlassungsfreiheit zu rechtfertigen wäre, ist noch offen.[68] Eine gemeinsame Position aller Mitgliedstaaten ist hier nach aller Erfahrung der letzten Jahrzehnte nicht herstellbar. Der europäische Gesetzgeber behilft sich im Sekundärrecht mit einer Verhandlungslösung, die es in erster Linie den beteiligten Sozialpartnern anheimstellt, für welches Modell sie sich entscheiden, bei einem Scheitern der Verhandlungen allerdings dem Bestandsschutz der Arbeitnehmerrechte den Vorrang einräumt.[69]

4. Erweiterung von Gestaltungsoptionen

Der europäische Binnenmarkt unterscheidet sich von den USA durch seine weitaus stärker ausgeprägte Vielfalt der Rechtskulturen. Es fehlt eine gemeinsame Rechtssprache und Rechtstradition. Daher stellen die verbleibenden Unterschiede zwischen den Rechtsordnungen eine größere Belastung der Unternehmen dar, es fällt aber andererseits auch schwerer, für Rechtsangleichung oder -vereinheitlichung gemeinsame Lösungen zu entwickeln. Angesichts dieser Divergenzen besteht ein spezifisches Strukturelement des gesetzgeberischen Wettbewerbs in Europa darin, grenzüberschreitende Gestaltungsoptionen anzubieten.[70] Gerade weil die Rechtsordnungen weiterhin große Unterschiede aufweisen, bedarf es beispielsweise einer Regelung zur grenzüberschreitenden Sitzverlegung und Verschmelzung; die Unterschiede werden dadurch nicht beseitigt, sie werden aber überwindbar. Der Wechsel in eine andere Rechtsordnung mag dabei mit gewissen Schwierigkeiten verbunden sein,[71] er ist aber immerhin möglich – und dies unter zumindest

---

[68] Zu den gegensätzlichen Positionen: *O. Sandrock*, Gehören die deutschen Regelungen über die Mitbestimmung wirklich zum deutschen ordre public?, Die Aktiengesellschaft (AG) 2004, 57 ff., einerseits (der in einer Anwendung der deutschen Mitbestimmung auf ausländische Gesellschaften einen Verstoß gegen die Niederlassungsfreiheit sieht) und *W. Bayer*, Auswirkungen der Niederlassungsfreiheit nach den EuGH-Entscheidungen *Inspire Art* und *Überseering* auf die deutsche Unternehmensmitbestimmung, AG 2004, 534 ff., andererseits (der eine Beschränkung der Niederlassungsfreiheit zur Sicherung der Arbeitnehmerrechte grundsätzlich für zulässig hält).

[69] Dies ist die Lösung in der RL 2001/86/EG zur Ergänzung des Statuts der Europäischen Gesellschaft hinsichtlich der Beteiligung der Arbeitnehmer (ABl. EG, 10.11.2001, Nr. L 294/22 ff.), die sich auch in der RL zu grenzüberschreitenden Verschmelzungen (RL 2005/56/EG, ABl. EU, 25.11.2005, Nr. L 310/1 ff.) wiederfindet.

[70] I.d.S. bspw. auch *H. Eidenmüller*, in: ders. (Hrsg.), Ausländische Kapitalgesellschaften, 2004, S. 9 f. (Rdnr. 21 ff.).

[71] S. nur die Diskussion über den Schutz von Minderheitsgesellschaftern und Gläubigern bei der grenzüberschreitenden Gründung einer Europäischen Aktiengesellschaft: S. *Kalss*, Der Minderheitenschutz bei Gründung und Sitzverlegung der SE

partieller Respektierung der zuvor unter nationalem Recht erworbenen Besitzstände.

Zusätzliche Gestaltungsoptionen eröffnen auch die supranationalen Rechtsformen.[72] Sie treten neben die nach nationalem Recht existierenden Rechtsformen und bieten insoweit eine Alternative zur Vereinheitlichung des mitgliedstaatlichen Rechts, die sich politisch nur schwer durchsetzen ließe. Bislang existieren die Europäische Aktiengesellschaft, die Europäische Wirtschaftliche Interessenvereinigung und die Europäische Genossenschaft. Ähnlich wie bei Rechtsangleichung oder -vereinheitlichung stellt sich auch bei der Konzeption einer europäischen Rechtsformen die Frage, welchen Inhalt das dort geregelte Gesellschaftsrecht haben soll. Für die Rechtsform der Aktiengesellschaft (*Societas Europaea* – SE) ist der europäische Wurf nur dadurch gelungen, dass für viele Rechtsfragen auf das nationale Recht im jeweiligen Sitzstaat verwiesen wurde.[73] Immerhin aber erlaubt die SE erstmals die Durchführung einer grenzüberschreitenden Verschmelzung[74] und eine Sitzverlegung über die Grenze.[75] In derartigen Vorschriften, die den Unternehmen zusätzliche grenzüberschreitende Gestaltungsoptionen eröffnen, ohne sie in ihrem Entscheidungsfreiraum einzuengen, liegt das derzeit wohl erfolgversprechendste Betätigungsfeld des europäischen Gesetzgebers im Interesse einer Stimulierung des Wettbewerbs der Rechtsordnungen.

D. Schlussbemerkung

Ein Wettbewerb der Gesetzgeber führt nicht zwangsläufig zu einem Qualitätsverlust im Recht. Das US-amerikanische Beispiel zeigt, dass er auch durchaus Ansporn zu einer beständigen Modernisierung der Rechtsordnun-

---

nach dem Diskussionsentwurf, ZGR 2003, 593 ff. und *C. Teichmann*, Minderheitenschutz bei Gründung und Sitzverlegung der SE, ZGR 2003, 367 ff.

[72] S. bspw. zur Rolle der Europäischen Aktiengesellschaft (SE) im Wettbewerb der Rechtsordnungen: *L. Enriques*, Schweigen ist Gold: Die Europäische Aktiengesellschaft als Katalysator für regulative Arbitrage im Gesellschaftsrecht, ZGR 2004, 735 ff. Auch eine europäische Rechtsform für kleine und mittlere Unternehmen („Europäische Privatgesellschaft") könnte eine sinnvolle Ergänzung im Kontext des Wettbewerbs der Rechtsordnungen bilden: *C. Teichmann*, ‚Law as a Product' – Regulatory Competition in the Common Market and the European Private Company, in: S. Bartman (Hrsg.), European Company Law in Accelerated Progress, S. 145 ff.

[73] Zur Ermittlung des anwendbaren Rechts in der SE *P. Hommelhoff,* in: M. Lutter/P. Hommelhoff (Hrsg.), Die Europäische Gesellschaft, 2005, S. 5 ff. Zur Grundsatzfrage der Verknüpfung des europäischen Statuts mit dem nationalen Recht auch *C. Teichmann* (o. Fn. 4), § 5 IV.

[74] Dazu *C. Teichmann*, Grenzüberschreitende Verschmelzung (in diesem Band), S. 71 ff.

[75] Aus der Literatur: *J. Oechsler*, Die Sitzverlegung der Europäischen Aktiengesellschaft nach Art. 8 SE-VO, AG 2005, 373 ff.

gen sein kann. Allerdings ist in bestimmten Fragen ein Eingriff des zentralen Gesetzgebers – in den USA der Bund, in Europa die Europäische Gemeinschaft – vorzugswürdig. Diese Bereiche im Lichte der spezifischen Bedingungen des europäischen Binnenmarktes zu definieren, ist die große aktuelle Herausforderung bei der Übertragung der US-amerikanischen Erfahrungen auf den europäischen Kontext. Mehr als in den USA bietet es sich dabei an, von europäischer Seite Gestaltungsoptionen anzubieten, die den Handlungsspielraum der Unternehmen erweitern. Dazu gehören die grenzüberschreitende Verschmelzung und Sitzverlegung aber auch das erweiterte Angebot an supranationalen Rechtsformen. Auf diese Weise lässt sich die rechtliche Vielfalt bewahren und zugleich die Bewegungsfreiheit der Unternehmen im Binnenmarkt erhöhen.

Diskussionsbericht zu den Vorträgen von Johanna Hey und Christoph Teichmann

Dr. Stephanie Lumpp

Im Zentrum der Diskussion, die im Anschluss an die Vorträge von *Johanna Hey* und *Chistoph Teichmann* geführt wurde, standen der Steuerwettbewerb und damit verbundene Probleme. So wurden insbesondere die von *Johanna Hey* aufgestellten Thesen kritisch beleuchtet und um neue Aspekte ergänzt. Auf diese Weise entstand ein abgerundetes Bild der Thematik.

Zu Beginn der Debatte wurde unter Bezugnahme auf *Johanna Heys* Vortrag die Frage aufgeworfen, ob ein Steuersatzwettbewerb wirklich fair sein könne. Habe ein Staat nämlich niedrige Steuern, so wanderten alle Unternehmen dorthin. Für diesen Staat sei dies zwar vorteilhaft. Den anderen Staaten würde dadurch jedoch Steuersubstrat abgezogen, was zu einem ungerechten Ergebnis führe. *Johanna Hey* führte zunächst aus, dass das „Label ‚fair'" insbesondere daher rühre, dass der EuGH an derartigen Steuersatzwettbewerben keinen Anstoß nehme. Die angesprochenen Probleme des sog. „Steuerdumping" räumte auch sie ein. Gleichwohl gab sie zu bedenken, dass insbesondere die im Zuge der Osterweiterung beigetretenen neuen Mitgliedstaaten durch niedrige Steuersätze in der Lage seien, Unternehmen anzuziehen und durch den so gewonnenen Mehrwert an staatlichem Steueraufkommen ihre Infrastruktur auszubauen. Dies stelle folglich eine Alternative zu den ansonsten erforderlichen Transferleistungen dar und führe schließlich dazu, dass der Binnenmarkt harmonischer werde. Da Transferleistungen auf Grund ihrer belastenden Wirkung für die Geberstaaten stets als „notwendiges Übel" betrachtet würden, sei es inkonsequent, das Verhalten der neuen Länder, das Transferleistungen ja gerade entbehrlich machte, als unfair zu bezeichnen. Dem Argument von *Johanna Hey*, dass auch die neuen Mitgliedstaaten ihre Steuersätze bei Erreichen des Niveaus der alten Mitgliedstaaten wieder erhöhen und dann ihre momentan gute Wettbewerbsposition aufgeben könnten, wurde widersprochen. So erging der Hinweis auf kleine, wohlhabende Staaten wie die Schweiz oder Luxemburg, die teilweise durch attraktiv niedrige Steuersätze, darüber hinaus aber auch durch ein besonders weit reichendes Bankgeheimnis Kapital an sich ziehen und so eine führende Stellung im europäischen Wettbewerb um die Steuern einnehmen. Die daraus gezogene Schlussfolgerung, dass im Steuerwettbewerb generell die kleinen den großen Staaten überlegen sind, wurde im weiteren Verlauf der Diskussion widerlegt. So kristallisierte sich heraus, dass es auch und gerade die politischen Strukturen eines Staates sind, die eine führende Stellung im europäischen Wettbewerb um die Steuern begünstigen oder aber erschweren. *Johanna Hey* verwies beispielhaft auf Deutschland, wo es zumindest derzeit faktisch nicht möglich sei, den Steuersatz radikal zu senken, da ein Zusammenwirken des Bundestags und des Bundesrats notwendig sei.

Im Folgenden wurde die von *Johanna Hey* aufgestellte These, dass der Steuerwettbewerb ein Entdeckungsverfahren darstellt, thematisiert. Insbesondere wurde die Frage aufgeworfen, worin denn überhaupt die Entdeckung liege. Anders als etwa beim Produktwettbewerb, der darauf abziele, die beste Technik oder Qualität eines Produkts hervorzubringen, gehe es beim Steuerwettbewerb doch nicht darum, eine bestimmte Lösung im Wege eines Entdeckungsverfahrens aufzufinden, sondern vielmehr darum, möglichst viel staatliches Steueraufkommen zu generieren. *Johanna Hey* wies zunächst auf den auch im Rahmen ihres Vortrags herausgearbeiteten Unterschied zwischen dem Steuer*satz*wettbewerb und dem Steuer*substrat*wettbewerb hin. Wenn auch beide Varianten des Steuerwettbewerbs in systematischer Hinsicht berechtigterweise Zweifel an einer Einordnung als Entdeckungsverfahren aufkommen ließen, könne ihrer Meinung nach auch der Steuerwettbewerb Vorteile im technischen Bereich zu Tage bringen. So könne ein Steuersystem durchaus elegant oder weniger elegant sein. Letzteres treffe insbesondere dann zu, wenn die verschiedenen nationalen Gesetzgeber Neuerungen durch den Import ausländischer Rechtsinstitute und Regelungsmechanismen stückweise zusammensetzten (sog. „Patchworking").

Darüber hinaus wurden die Tatsachen problematisiert, dass Arbeit und Konsum höher besteuert werden als Kapital und dass – damit eng zusammenhängend – die Einkommen- und die Umsatzsteuer steigen oder auf hohem Niveau verharren, während es im Bereich der Körperschaftsteuer zu erheblichen Entlastungen gekommen sei. In diesem Kontext wurde insbesondere auf einen möglichen Verstoß gegen Art. 3 Abs. 1 GG hingewiesen. Da eine Verletzung des Gleichheitssatzes voraussetzt, dass vergleichbare Sachverhalte *ohne sachlichen Grund* ungleich behandelt werden,[1] setzte *Johanna Hey* bei der Frage der Rechtfertigung an. So stellten etwa eine unterschiedliche Leistungsfähigkeit von Arbeit und Konsum einerseits und Kapital andererseits einen sachlichen Grund für eine steuerliche Ungleichbehandlung dar. Diese Leistungsfähigkeit könne entweder traditionell pro Periode oder aber auf die gesamte Lebenszeit bezogen (sog. „Lebenszeitprinzip") bestimmt werden. Während eine unterschiedliche Leistungsfähigkeit im ersten Fall evident nicht gegeben sei, gelte dies nicht für den zweiten Fall: So spielten bei Zugrundelegung des Lebenszeitprinzips insbesondere solche Aspekte eine Rolle, die sich gerade auf das (Geld-)Kapital negativ

---

[1] Vgl. nur *W. Heun*, in: H. Dreier (Hrsg.), Grundgesetz Kommentar, 2. Aufl. 2004, Art. 3 Rz. 18 ff.

auswirken, so etwa Inflationseffekte. Diese geringere Leistungsfähigkeit der Empfänger von (Geld-)Kapital stelle einen sachlichen Grund für eine niedrigere Besteuerung der daraus erzielten Einkünfte dar. Die genaue Höhe des Abstandes lasse sich freilich auch aus dem Lebenszeitprinzip nicht ableiten.

Weiterhin wurden die Steuersysteme der skandinavischen Länder als mögliches Modell auch für Deutschland in die Debatte eingebracht. Einigkeit bestand dahingehend, dass in diesen Staaten die im Vergleich zu Deutschland noch größere Diskrepanz zwischen Einkommen- und Umsatzsteuer einerseits und Körperschaftsteuer andererseits allgemein akzeptiert werde. Laut *Johanna Hey* seien derartige duale Systeme, die das mobile Substrat (Kapital) äußerst niedrig, das (eher) immobile Substrat (Arbeit und Konsum) dagegen recht hoch besteuerten, geradezu „designed" für den internationalen Steuerwettbewerb. Die vor diesem Hintergrund angestellte Überlegung, dass eine Erhöhung der Umsatzsteuer, wie sie aller Voraussicht nach auch hierzulande in dieser Legislaturperiode kommen wird, zu begrüßen sei, wurde sogleich um den Hinweis auf den sog. „Laffer-Effekt" ergänzt: Dieser besagt, dass eine Erhöhung der Steuersätze nicht zwangsläufig zu Mehreinnahmen führt; und dass umgekehrt eine Senkung der Steuersätze eine Steigerung des staatlichen Steueraufkommens zur Folge haben kann.[2] In diesem Zusammenhang bemerkte *Johanna Hey*, dass es problematisch sei, wenn etwa der Körperschaftsteuersatz nicht „richtig" gesenkt und möglicherweise sogar noch darauf hingewiesen werde, dass die Steuersenkung unter voller Gegenfinanzierung durch eine Verbreiterung der körperschaftsteuerlichen Bemessungsgrundlage erfolge.[3] Da dies die Unternehmen wieder belaste, könne von einem „Signal" keine Rede mehr sein und es komme nicht zu den gewünschten Investitionen. Gerade vor dem Hintergrund einer „richtigen" Senkung etwa der Körperschaftsteuer wurde festgestellt, dass dies im Endeffekt dazu führe, dass die Steuersätze gegen Null gingen. Zur Vermeidung eines derartigen „race to the bottom" sei eine Harmonisierung erforderlich, die einen gewissen Mindeststeuersatz garantiere. Problematisch ist allerdings, dass sich eine solche Rechtsangleichung momentan nicht erzielen lässt, da die für den Erlass von Richtlinien gem. Art. 94 EG nötige Einstimmigkeit kaum erreicht werden wird.

Außerdem wurde die Ausschöpfung sog. „grauer Quellen", d.h. insbesondere der durch Schwarzarbeit dem Staat bislang entgangenen Steuermittel, angesprochen. Dies sei der sog. „bagger my neighbour-Lösung" vorzuziehen: Denn was Deutschland mehr an Steuern generiere, fehle anderen Län-

---

[2] Vgl. *H. Bartling/F. Luzius*, Grundzüge der Volkswirtschaftslehre, 13. Aufl. 2000, S. 125.

[3] Dies ist insb. vor dem Hintergrund relevant, dass die von *Laffer* beschriebenen Effekte erst langfristig eintreten sollen. Die bei einer Steuersenkung zunächst auftretenden Einnahmeausfälle müssen daher kurzfristig zwischenfinanziert oder im Wege einer Verringerung der Staatsausgaben kompensiert werden (*U. Blum*, Volkswirtschaftslehre, 3. Aufl. 2000, S. 507).

Lumpp

dern, so dass der Steuerwettbewerb ansonsten ein Nullsummenspiel sei. Einigkeit bestand aber dahingehend, dass bislang noch keine Lösung gefunden sei, wie der Staat auf diese Mittel zugreifen könne.

Anschließend wurde die Rolle des EuGH thematisiert und die Frage aufgeworfen, ob diese eher als positiv oder negativ zu bewerten sei. Die Debatte ergab unterschiedliche Antworten; die Grenzen verliefen dabei überwiegend zwischen den Vertretern des Gesellschaftsrechts und den Vertretern des Steuerrechts. So wurde die Rolle des EuGH auf dem Gebiet des Gesellschaftsrechts durchweg positiv eingeschätzt. Im Vordergrund stehe der Katalysatoreffekt. Wie auch die GmbH-Reform zeige, bringe der EuGH viel in Gang. Was demgegenüber das Gebiet des Steuerrechts angeht, wurde die Rolle des EuGH eher negativ beurteilt. Zwar gestand *Johanna Hey* dem EuGH zu, dass die von ihm angestoßene Entwicklung für sich genommen durchaus richtig sei. Allerdings sei der EuGH seinem Umfeld vier Jahrzehnte voraus, so dass die Entwicklung im Ergebnis fehl gehe. So führte sie beispielhaft das in einigen Mitgliedstaaten[4] existierende Verbot der grenzüberschreitenden Verlustverrechnung an, über das der EuGH damals in der Rechtssache *Marks & Spencer*[5] zu entscheiden hatte. Generalanwalt *M. P. Maduro* sah in seinem Schlussantrag die Beschränkung der Verrechnung ausländischer Verluste mit inländischen Gewinnen als mit der Niederlassungsfreiheit unvereinbar an. In seinem Urteil vom 13.12.2005 folgte der EuGH dieser – nicht bindenden – Ansicht des Generalanwalts. *Johanna Hey* rechnet nun damit, dass die Staaten zukünftig nicht etwa eine grenzüberschreitende Verlustverrechnung zulassen, sondern vielmehr die Möglichkeit einer Verlustverrechnung *gänzlich*, d.h. auch im Hinblick auf reine Inlandsfälle, abschaffen. Gerade vor dem Hintergrund der strengen Kriterien, die der Maastricht-Vertrag an den Staatshaushalt stellt, wollten die Staaten keinesfalls „Verluste anziehen" und so Steuerausfälle in Milliardenhöhe in Kauf nehmen. Dieses Ergebnis sei allerdings nicht begrüßenswert.

Zum Schluss der Diskussion wandte sich der Blick nochmals auf das Gesellschaftsrecht. Gerade aus steuerrechtlicher Sicht ruft es Erstaunen hervor, dass (auch) im Gesellschaftsrecht eine Harmonisierung auf europäischer Ebene nur äußerst schwer erzielt werden könne. Anders als im Steuerrecht „koste eine Einigung dort ja nichts" (*Johanna Hey*). *Christoph Teichmann* gab jedoch zu bedenken, dass gerade das psychologische Problem nicht unterschätzt werden dürfe. So hätten die einzelnen Mitgliedstaaten verschiedene, teilweise inkompatible gesellschaftsrechtliche Mechanismen. Wer verzichte nun aber auf sein vermeintlich bestes System? Darüber hinaus existiere ein sog. „Kenntnisproblem": Da jedes Gesellschaftsrecht nur innerhalb des nationalen Systems, von dem es geprägt sei, optimal funktioniere,

---

[4] Das Verbot der grenzüberschreitenden Verlustverrechnung gilt unter anderem auch in Deutschland, vgl. § 14 KStG.

[5] Rs. C-446/03 – *Marks & Spencer* gegen *David Halsey* (HM Inspector of Taxes).

könne man kaum objektiv feststellen, welche Lösung für den grenzüberschreitenden Binnenmarkt die „beste" sei. In der augenblicklichen Lage müsse man angesichts des Wettbewerbs der Rechtsordnungen, den der EuGH eröffnet habe, erst einmal die Waagschalen zwischen nationaler Gesetzgebung und Harmonisierung neu justieren. Die Frage, wie viel Harmonisierung der Binnenmarkt benötige, müsse neu gestellt werden und werde möglicherweise anders beantwortet als noch vor einigen Jahren.

Lumpp

Teilnehmerverzeichnis

Christoph Allmendinger
Alexandra Altrogge
Prof. Dr. Walter Bayer
Dr. Anja-Gitta Berger
Prof. Dr. Georg Bitter
Sonja Bohatschek
Tanja Bohnert
Markus Buhlmann
Matthias Bundschuh
Johanna Dickschen
Meiko Dillmann
Dr. Stephan Eilers, LL.M.
Monika Endres
Dr. Thomas Harks
Corinna Heibel
Prof. Dr. Johanna Hey
Dr. Stephanie Honnefelder
Hilmar Hütten
Sylvia Keck
Prof. Dr. Friedrich Klein-Blenkers
Prof. Dr. Hanno Kube, LL.M.
Dr. Wera Kuckertz
Andrea Kloster
Julia Kühn
Matthias Laier, LL.M.
Ulrich Lambrecht
Eva Lammel
Stefan Lammel
Dr. Jörn Lüdemann
Markus Ludwig
Dr. Stephanie Lumpp

Dr. Silja Maul
Gero Meeßen
Dr. Monika M. Meinke
Dr. Stefan Perschke, LL.M.
Mikolaj Pogorzelski
Benedikt Püttbach
Dr. Martin Raible, MALD
Dr. Michael Reiling, Maître en Droit
Priv.-Doz. Dr. Ekkehart Reimer
Tobias Riethmüller
Dr. Gerd Sassenrath
Sebastian Schalk
Werner Schalk
Judith Schmidt
Matthias Schmitz
Marcus Sonntag
Annette Späth
Prof. Dr. Christoph Spengel
Felix Steffek, LL.M.
Susanne Stehling
Priv.-Doz. Dr. Christoph Teichmann
Antje v. Ungern-Sternberg
Sonja Wenzel
Dr. Petra Wibbe
Richard Wiedemann
Christine Wilke
Dr. Ingmar Wolf
Dipl.-Kfm. Stefan Zimmermann
Sebastian Zurfähr
Tobias Zwingler